"十三五"普通高等教育本科系列教材

普通高等教育"十一五"国家级规划教材

能源与节能技术

（第三版）

编著　黄素逸　林一歆

主审　靳世平

中国电力出版社

CHINA ELECTRIC POWER PRESS

内 容 提 要

本书详细阐述了能量与能源的概念，能源资源，能源与社会发展的关系，能源与环境，能量的转换与储存，各种燃料，电能、核能、可再生能源、氢能等与能源有关的问题。特别是对节能进行了详尽的介绍，包括先进的节能技术、热能和电能的节约、高耗能领域的节能等。

本书取材新颖、内容丰富，既可作为高等学校能源动力类专业的教材，也可作为大学生自然科学素质教育课的教科书，还可供有关工程技术人员和管理干部参考。

图书在版编目（CIP）数据

能源与节能技术/黄素逸，林一歆编著. —3 版. —北京：中国电力出版社，2016.1（2022.7 重印）

"十三五"普通高等教育本科规划教材

ISBN 978-7-5123-8068-4

Ⅰ.①能… Ⅱ.①黄… ②林… Ⅲ.①能源管理-高等学校-教材 ②节能-高等学校-教材 Ⅳ.①TK01

中国版本图书馆 CIP 数据核字（2015）第 163286 号

中国电力出版社出版、发行

（北京市东城区北京站西街 19 号 100005 http://www.cepp.sgcc.com.cn）

北京雁林吉兆印刷有限公司印刷

各地新华书店经售

*

2004 年 8 月第一版

2016 年 1 月第三版 2022 年 7 月北京第十九次印刷

787 毫米×1092 毫米 16 开本 23.75 印张 583 千字

定价 **48.00** 元

前　言

　　能源是国民经济的命脉，与人民生活和人类的生存环境休戚相关，在社会可持续发展中起着举足轻重的作用。经过几十年的努力，我国能源发展成绩显著，基本满足了国民经济和社会发展的需要，为"十二五"及今后更长时期的能源发展奠定了坚实基础。面向未来，我国能源工业已经站在新的历史起点上。

　　本书第二版修订于 2009 年，虽仅几年，但中国经济发生了巨大的变化，人民的生活也有了显著的改善，其中能源的作用功不可没。"十二五"是我国建成小康社会的关键时期，新时期新阶段能源发展既有新的机遇，也面临更为严峻的挑战。其挑战主要表现在：消费需求不断增长，资源约束日益加剧；结构矛盾比较突出，可持续发展面临挑战；国际市场剧烈波动，安全隐患不断增加；能源效率亟待提高，节能降耗任务艰巨；科技水平相对落后，自主创新任重道远；体制约束依然严重，各项改革有待深化；农村能源问题突出，滞后面貌亟待改观。

　　最近几年，许多高等学校都相继开设能源相关的课程，并选用本书作为教材。为了适应能源形势的快速变化，我们再次对本书进行了修订。此次修订，有关能源的基础知识部分基本保留其框架，但对有关资料和数据进行了全面更新，补充了最近几年能源方面取得的成就和进展。由于我国经济的持续增长，能源形势日趋严峻，不仅是中国，就世界范围而言，节能已经成为解决当代能源问题的一个公认的重要途径。针对这一情况，将原书第十章"节约热能和电能"和第十一章"重点耗能领域的节能"整合成一章"高耗能企业的节能"，并对内容进行了扩充，包括冶金、建材、石油化工、电力、轻纺、机械加工等诸多行业的节能。不但介绍了这些行业的基本状况，还较为详细地叙述了相关的节能技术和节能监测的项目，可为相关行业的节能降耗提供参考。

　　本书由黄素逸、林一歆编著。感谢华中科技大学靳世平教授对书稿的认真审阅，感谢同行、同事们为本书提供的宝贵建议。

黄素逸　林一歆

2015 年 11 月于华中科技大学

第一版前言

　　能源是国民经济的命脉，与人民生活和人类的生存环境休戚相关，在社会可持续发展中起着举足轻重的作用。

　　人类的一切活动都与能量及其使用紧密相关。当人类使用薪柴作为主要能源时，社会发展迟缓，生产和生活水平都极低。当煤炭作为主要能源时，不但社会生产力有了大幅度的增长，而且生活水平也有了很大的提高。20世纪50年代，由于巨大油气田的相继开发，人类迎来了石油时代。近几十年来，世界上许多国家，特别是发达国家，依靠石油和天然气创造了人类历史上空前的物质文明。

　　然而，事物的发展总有相反的一面。一方面，煤炭、石油、天然气这类化石燃料总有耗尽之日；另一方面，它们给环境造成的污染也日益严重。能源、环境、人口、粮食、资源，也就成为困扰当今全人类的共同问题。因此，在新世纪，如何使经济、社会、环境协调和可持续发展仍是全世界面临的共同挑战。

　　科学技术的进步是对人类历史起推动作用的主导力量，是第一生产力。它不但通过不断创造、发明、创新，为人类创造财富，而且还为可持续发展的综合决策提供依据和手段，是实现社会可持续发展的保证。编写本书的目的就是为广大读者介绍有关能源科学的知识、世界和中国面临的能源问题、解决的对策和发展的前景。书中不但涉及能源的基础知识，包括能量与能源的概念、能源资源、能源与社会发展的关系、能源与环境、能量的转换与储存、各种燃料、电能、核能、可再生能源、氢能、能源管理和能源系统工程等，还特别对目前广泛采用的节能技术，如高效低污染燃烧技术、强化传热技术、余热回收技术、隔热保温技术、热泵技术、热管技术、建筑节能技术和工业窑炉节能技术等作了详尽的介绍。在取材上，本书力求资料新颖、涉猎面广、叙述简洁，以达到为读者提供更多新的能源信息的目的。

　　感谢教育部热工课程教育指导委员会各位委员对本书的支持和帮助，特别要感谢煤燃烧国家重点实验室主任郑楚光教授，他对书稿进行了认真的审阅。感谢同行、同事们为本书提供的宝贵资料和建议，也感谢学生们为本书所作的资料整理工作。

　　由于编者水平所限，且能源科学发展迅速，创新不断，书中不妥之处诚恳欢迎读者批评指正。

　　进入21世纪，由于科学技术的发展，一个清洁能源时代将随之到来，世界将变得更加美好。

黄素逸
2004年3月于华中科技大学

第二版前言

能源是国民经济的命脉，与人民生活和人类的生存环境休戚相关，在社会可持续发展中起着举足轻重的作用。在科学技术飞速发展的今天，如何使经济、社会、环境协调和可持续发展是全世界面临的共同挑战。

由于能源问题的日益凸现，许多高等学校都相继开设有关能源的课程，并选用本书作为教材，迄今已重印三次。最近几年，一方面，由于我国经济的持续增长，能源形势日趋严重，不仅是中国，就世界范围而言，节能已经成为解决当代能源问题的一个公认的重要途径；另一方面，能源生产、消费形势也有了很大的变化，能源科技发展迅速。以上情况都要求对本书内容进行修订。

此次修订，有关能源的基础知识部分基本保留其框架，但对有关资料和数据进行了全面更新，补充了最近能源方面取得的成绩和进展；对节能部分则进行了大篇幅的修订。第一版第九章"能源管理和能源系统工程"，一方面因该部分内容与节能关系不是很紧密，另一方面在作者的新书《能源经济学》中对其将有更为详细的介绍，故在此次修订时删去。为了让读者对节能有更深刻的了解，新增加了一章"节能概述"，它包括节能的意义和目标，法规及措施，节能应遵循的原则，节能相关的术语，节能的类型、技术和工艺节能的一般途径，节能的技术经济评价等。将比较通用的节能技术归纳为一章"先进的节能技术"。对应用最普遍的热能和电能，专设一章"节约热能和电能"。此外新增一章"重点耗能领域的节能"，主要介绍工业窑炉和锅炉的节能、建筑节能和交通运输系统节能。

在取材上本书仍保留资料新颖、涉猎面广、叙述简洁的特点，以达到既为读者提供更多新的能源信息，又通俗易懂的目的。

本书由华中科技大学郑楚光教授和武汉理工大学刘伟教授主审。编者对主审老师提出的意见和建议表示衷心的感谢，同时感谢同行、同事们为本书提供的宝贵资料，也感谢学生们为本书所作的资料整理工作。

由于编者水平所限，且能源科学发展迅速，创新不断，书中不妥之处在所难免，诚恳欢迎读者批评指正。

黄素逸　王晓墨
2009 年 1 月于华中科技大学

目　录

第一章　概　　述

第一节　能　量　与　能　源

一、能量

物质、能量和信息是构成客观世界的基础。科学史观认为，世界是由物质构成的，没有物质，世界便虚无缥缈。运动是物质存在的形式，是物质固有的属性。没有运动的物质正如没有物质的运动一样是不可思议的，能量则是物质运动的度量。由于物质存在各种不同的运动形态，因此能量也就具有不同的形式。信息是客观事物和主观认识相结合的产物，没有信息，物质和能量既无从认识，又毫无用处。

宇宙间一切运动着的物体都有能量的存在和转化。人类一切活动都与能量及其使用紧密相关。所谓能量，广义地说，就是产生某种效果（变化）的能力。反过来说，产生某种效果（变化）的过程必然伴随着能量的消耗或转化。例如，要使物体沿某一方向移动一定的距离 S，就需要消耗一定的功，若推动物体的力为 F，则所消耗的功为 $W=F\cdot S$，也就是说需要消耗 $W=F\cdot S$ 的能量才能产生上述效果。又如要使质量为 m 的物体从静止状态加速到速度为 v，则要消耗 $\frac{1}{2}mv^2$ 的能量；加热质量为 m 的水，使其温度由 T_1 升高到 T_2，则耗能为 $mc(T_2-T_1)$（c 为水的比热容）；同样，移动 q 电荷跨越电位差 U 时，也要消耗 qU 的能量。

科学史观还认为，物质是某种既定的东西，既不能被创造也不能被消灭，因此作为物质属性的能量也一样不能被创造和被消灭。能量和物质质量之间的关系是爱因斯坦于 1922 年揭示的，即

$$E=mc^2 \tag{1-1}$$

式中：E 为物质释放的能量，J；m 为转变为能量的物质的质量，kg；c 为光速，$c=3\times10^8\,\text{m/s}$。

式（1-1）表示的是一个可逆过程，其前提是质量和能量的总和在任何能量的转换过程中都必须保持不变。

在国际单位制中，能量、功及热量的单位通常都用焦（J）表示，而单位时间内所做的功或吸收（释放）的热量称为功率，单位为瓦（W）。因为在能量的转换和使用中焦和瓦的单位都太小，因此更多的是用千焦（kJ）和千瓦（kW），或兆焦（MJ）和兆瓦（MW）。在能源研究中还会用到更大的单位，如 GW、TW 等。能源利用中常用的国际单位制词头见表 1-1。

在工程应用和一些有关能源的文献中，还会见到其他一些单位，如卡、千卡、标准煤当量、标准油当量、百万吨煤当量（Mtce）、百万吨油当量（Mtoe）等。它们与国际标准单位之间的关系是：1 卡＝4.186 焦；1 千克标准煤当量（kgce）＝7000 千卡；1 千克标准油当量

（kgoe）＝10 000 千卡。据此可对有关数据进行换算。

表 1-1　　　　　　　　　　　　能源利用中常用的国际单位制词头

幂	词头	国际代号	中文代号	幂	词头	国际代号	中文代号
10^{18}	艾可萨（exa）	E	艾	10^6	兆（mega）	M	兆
10^{15}	拍它（peta）	P	拍	10^3	千（kilo）	k	千
10^{12}	太拉（tera）	T	太	10^2	百（hecto）	h	百
10^9	吉咖（giga）	G	吉	10	十（deca）	da	十

二、能量的形式

作为一个哲学上的概念，能量是一切物质运动、变化和相互作用的度量。具体而言，能量反映了一个由诸多物质构成的系统同外界交换功和热的能力的大小。利用能量从实质上讲就是利用自然界的某一自发变化的过程来推动另一人为的过程。例如，水力发电就是利用水会自发地从高处流往低处这一自发过程，使水的势能转化为动能，推动水轮机转动，水轮机又带动发电机，通过发电机将机械能转换为电能，供人类利用。显然，能量利用的优劣、利用效率的高低与具体过程密切相关。利用能量的结果必然和能量系统的始末状态相联系，例如，水力发电系统通过消耗一部分水能来获得电能，系统的始末状态（如水位、流量等）都发生了变化。

能量的分类方法没有统一的标准，到目前为止，人类认识的能量有以下六种主要形式。

1. 机械能

机械能是与物体宏观机械运动或空间状态相关的能量，前者称之为动能，后者称之为势能。它们都是人类最早认识的能量形式。具体而言，动能是指系统（或物体）由于机械运动而具有的做功能力。如果质量为 m 的物体的运动速度为 v，则该物体动能 E_k 的计算式为

$$E_k = \frac{1}{2}mv^2 \tag{1-2}$$

势能与物体的状态有关，除了受重力作用的物体因其位置高度不同而具有重力势能外，还有弹性势能（即物体由于弹性变形而具有的做功本领），以及表面能，即不同类物质或同类物质不同相的分界面上，由于表面张力的存在而具有的做功能力。

重力势能 E_p 的计算式为

$$E_p = mgH \tag{1-3}$$

式中：m 为物体的质量；g 为重力加速度；H 为高度。

弹性势能 E_τ 的计算式为

$$E_\tau = \frac{1}{2}kx^2 \tag{1-4}$$

式中：k 为物体的弹性系数；x 为物体的变形量。

表面能 E_s 的计算式为

$$E_s = \sigma S \tag{1-5}$$

式中：σ 为表面张力系数；S 为相界面的面积。

2. 热能

热能是能量的一种基本形式，所有其他形式的能量都可以完全转换为热能，而且绝大多数的一次能源都是首先经过热能形式而被利用的，因此热能在能量利用中有重要意义，也是本书讨论的重点。构成物质的微观分子运动的动能和势能总和称为热能。这种能量的宏观表现是温度的高低，它反映了分子运动的剧烈程度。通常热能 E_q 可表述为

$$E_q = \int T \mathrm{d}s \tag{1-6}$$

式中：T 为温度；$\mathrm{d}s$ 为熵增。

3. 电能

电能是和电子流动与积累有关的一种能量，通常是由电池中的化学能转换而来，或是通过发电机由机械能转换得到；反之，电能也可以通过电动机转换为机械能。如果驱动电子流动的电动势为 U，电流为 I，则其电能 E_e 的表达式为

$$E_e = UI \tag{1-7}$$

4. 辐射能

辐射能是物体以电磁波形式发射的能量。物体会因各种原因发出辐射能，从能量利用的角度而言，因热的原因而发出的辐射能（又称为热辐射能）是最有意义的，例如，地球表面所接受的太阳能就是最重要的热辐射能。物体辐射能 E_r 的计算式为

$$E_r = \varepsilon c_0 \left(\frac{T}{100} \right)^4 \tag{1-8}$$

式中：ε 为物体的发射率；c_0 为黑体辐射系数；T 为物体的温度。

5. 化学能

化学能是物质结构能的一种，即原子核外进行化学变化时放出的能量。按化学热力学定义，物质或物系在化学反应过程中以热能形式释放的热力学能为化学能。人类利用最普遍的化学能是燃烧碳和氢，而这两种元素正是煤、石油、天然气、薪柴等燃料中最主要的可燃元素。燃料燃烧时的化学能通常用燃料的发热量表示。

单位质量（对固体、液体）或体积（气体）的燃料在完全燃烧，且燃烧产物冷却到燃烧前的温度时所放出的热量称为燃料的发热量（发热值或热值），单位为 kJ/kg 或 kJ/m³。应用上又将发热量分为高位发热量和低位发热量。高位发热量是指燃料完全燃烧，且燃烧产物中的水蒸气全部凝结成水时所放出的热量；低位发热量是燃料完全燃烧，而燃料产物中的水蒸气仍以气态存在时所放出的热量。显然，低位发热量在数值上等于高位发热量减去水的汽化潜热。由于燃烧设备，如锅炉中燃料燃烧时，燃料中原有的水分及氢燃烧后生成的水均呈蒸汽状态随烟气排出，因此低位发热量接近实际可利用的燃料发热量，所以在热力计算中均以低位发热量作为计算依据。表 1-2 为不同燃料低位发热量的概略值。

表 1-2　　　　　　　　　　**不同燃料低位发热量的概略值**

固体燃料 （MJ/kg）	天然固体燃料	木　　材 泥　　煤 褐　　煤 烟　　煤	13.8 15.89 18.82 27.18
	加工成的固体燃料	木　　炭 焦　　炭 焦　　块	29.27 28.43 26.34
液体燃料 （MJ/kg）	天然液体燃料	石油（原油）	41.82
	加工成的液体燃料	汽　　油 液化石油气 煤　　油 重　　油 焦　　油 甲　　苯 苯 酒　　精	45.99 50.18 45.15 43.91 37.22 40.56 40.14 26.76
气体燃料 （MJ/m³）	天然气体燃料	天然气	37.63
	加工成的气体燃料	焦炉煤气 高炉煤气 发生炉煤气 水煤气 油　　气 丁烷气	18.82 3.76 5.85 10.45 37.65 125.45

6. 核能

核能是蕴藏在原子核内部的物质结构能。轻质量的原子核（氘、氚等）和重质量的原子核（铀等）其核子之间的结合力比中等质量原子核的结合力小，这两类原子核在一定的条件下可以通过核聚变和核裂变转变为在自然界更稳定的中等质量原子核，同时释放出巨大的结合能，这种结合能就是核能。由于原子核内部的运动非常复杂，目前还不能给出核力的完全描述。但在核裂变和核聚变反应中都有所谓的"质量亏损"，这种质量和能量之间的转换完全可以用式（1-1）来描述。

三、能源的分类

能源可简单地理解为含有能量的资源。能源常常有不同的表述。例如，《大英百科全书》对能源一词的解释为"能源是一个包括所有燃料、流水、阳光和风的术语，人类采用适当的转换手段，给人类自己提供所需的能量。"在现代汉语词典中，对能源的注解是"能够产生能量的物质，如燃料、水力、风力等"。总之，不论何种表述，其内涵都是基本相同的，即能源就是能量的来源，是提供能量的资源，这些来源或资源，要么来自物质，要么是来自物质的运动，前者如煤炭、石油、天然气等矿物燃料（又称化石燃料），后者如水流、风流、海浪、潮汐等。

从广义上讲，在自然界里有一些自然资源本身就拥有某种形式的能量，它们在一定条件下能够转换成人们所需的能量形式，这种自然资源就是能源，如煤、石油、天然气、太阳能、风能、水能、地热能、核能等。但在生产和生活过程中，由于需要或为便于运输和使用，常将上述能源经过一定的加工、转换，使之成为更符合使用要求的能量来源，如煤气、电力、焦炭、蒸汽、沼气、氢能等，它们也称为能源，因为它们同样能为人们提供所需的能量。

由于能源形式多样，因此通常有多种不同的分类方法，它们或按能源的来源、形成、使用分类，或从技术、环保角度进行分类。不同的分类方法，可从不同的侧重面来反映各种能源的特征。

1. 按地球上的能量来源分类

地球上能源的成因不外乎以下三方面：

(1) 地球本身蕴藏的能源，如核能、地热能等。

(2) 来自地球外天体的能源，如宇宙射线、太阳能，以及由太阳能引起的水能、风能、波浪能、海洋温差能、生物质能、光合作用、化石燃料（如煤、石油、天然气等，它们是一亿年前由积存下来的有机物质转化而来的）等。

(3) 地球与其他天体相互作用的能源，如潮汐能。

2. 按被利用的程度分类

从被开发利用的程度、生产技术水平和经济效果等方面对能源进行如下分类：

(1) 常规能源，其开发利用时间长、技术成熟、能大量生产并广泛使用，如煤炭、石油、天然气、薪柴燃料、水能等，常规能源有时又称为传统能源。

(2) 新能源，其开发利用较少或正在研究开发之中，如太阳能、地热能、潮汐能、生物质能等，核能通常也被看做新能源，尽管核燃料提供的核能在世界一次能源的消费中已占15%左右，但从被利用的程度看还远不能和已有的常规能源比。另外，核能利用的技术非常复杂，可控核聚变反应至今未能实现，这也是将核能仍视为新能源的主要原因之一。不过也有不少学者认为应将核裂变作为常规能源，核聚变作为新能源。新能源有时又称为非常规能源或替代能源。

3. 按获得的方法分类

(1) 一次能源，即自然界现实存在，可供直接利用的能源，如煤、石油、天然气、风能、水能等。

(2) 二次能源，即由一次能源直接或间接加工、转换而来的能源，如电、蒸汽、焦炭、煤气、氢等，它们使用方便，易于利用，是高品质的能源。

4. 按能否再生分类

(1) 可再生能源，它不会随其本身的转化或人类的利用而日益减少，如水能、风能、潮汐能、太阳能等。

(2) 不可再生能源，它随人类的利用而越来越少，如石油、煤、天然气、核燃料等。

5. 按能源本身的性质分类

(1) 含能体能源，其本身就是可提供能量的物质，如石油、煤、天然气、氢等，它们可以直接储存，因此便于运输和传输。含能体能源又称为载体能源。

(2) 过程性能源，它们是指由可提供能量的物质的运动所产生的能源，如水能、风能、潮汐能、电能等，其特点是无法直接储存。

6. 按是否能作为燃料分类

(1) 燃料能源，它们可以作为燃料使用，如各种矿物燃料、生物质燃料以及二次能源中的汽油、柴油、煤气等。

（2）非燃料能源，它们是不可作为燃料使用的能源，其含义仅指其不能燃烧，而非不能起燃料的某些作用。

7. 按对环境的污染情况分类

（1）清洁能源，即对环境无污染或污染很小的能源，如太阳能、水能、海洋能等。

（2）非清洁能源，即对环境污染较大的能源，如煤、石油等。

此外，在书籍和报刊中还常常看到另外一些有关能源的术语或名词，如商品能源、非商品能源、农村能源、绿色能源、终端能源等。它们也都是从某一方面来反映能源特征的。例如商品能源是指流通环节大量消费的能源，如煤炭、石油、天然气、电力等。而非商品能源则指不经流通环节而自产自用的能源，如农户自产自用的薪柴、秸秆，牧民自用的牲畜粪便等。表 1-3 给出了能源分类的情况。

表 1-3　　　　　　　　　　　　　　　　能 源 的 分 类

按使用状况分	按性质分	按一、二次能源分	
		一次能源	二次能源
常规能源	燃料能源	泥煤（化学能） 褐煤（化学能） 烟煤（化学能） 无烟煤（化学能） 石煤（化学能） 油页岩（化学能） 油砂（化学能） 原油（化学能、机械能） 天然气（化学能、机械能） 生物燃料（化学能） 天然气水合物（化学能）	煤气（化学能）余热（化学能） 焦炭（化学能） 汽油（化学能） 煤油（化学能） 柴油（化学能） 重油（化学能） 液化石油气（化学能） 丙烷（化学能） 甲醇（化学能） 酒精（化学能） 苯胺（化学能） 火药（化学能）
	非燃料能源	水能（机械能）	电（电能） 蒸汽（热能、机械能） 热水（热能） 余热（热能、机械能）
新能源	燃料能源	核燃料（核能）	沼气（化学能） 氢（化学能）
	非燃料能源	太阳能（辐射能） 风能（机械能） 地热能（热能） 潮汐能（机械能） 海水热能（热能、机械能） 海流、波浪动能（机械能）	激光（光能）

四、能源的评价

能源多种多样，各有优缺点。为了正确地选择和使用能源，必须对各种能源进行正确的评价。通常能源评价包括以下几方面。

1. 储量

储量是能源评价中的一个非常重要的指标。作为能源的一个必要条件是储量要足够丰富。人们对储量常有不同的理解。一种理解认为，对煤和石油等化石燃料而言，储量是指地质资源量；对太阳能、风能、地热能等新能源而言，则是指资源总量。另一种理解是，储量是指有经济价值的可开采的资源量或技术上可利用的资源量。在有经济价值的可开采的资源量中又分为普查量、详查量和精查量等几种情况。在油气开采中，通常又将累计探明的可采储量与可采资源量之比称为可采储资比，用于说明资源的探明程度。储量丰富且探明程度高的能源才有可能被广泛应用。

2. 能量密度

能量密度是指在一定的质量、空间或面积内，从某种能源中所能得到的能量。显然，如果能量密度很小，就很难用作主要能源。太阳能和风能的能量密度就很小，各种常规能源的能量密度都比较大，核燃料的能量密度最大。几种能源的能量密度见表1-4。

表1-4　　　　　　　　　　　　　几种能源的能量密度

能源类别	能量密度（kW/m²）	能源类别	能量密度（kJ/kg）
风能（风速 3m/s）	0.02	天然铀	5.0×10^8
水能（流速 3m/s）	20	^{235}U（核裂变）	7.0×10^{10}
波浪能（波高 2m）	30	氘（核聚变）	3.5×10^{11}
潮汐能（潮差 10m）	100	氢	1.2×10^5
太阳能（晴天平均）	1	甲烷	5.0×10^4
太阳能（昼夜平均）	0.16	汽油	4.4×10^4

3. 储能的可能性

储能的可能性是指能源不用时是否可以储存起来，需要时是否又能立即供应。在这方面，化石燃料容易做到，而太阳能、风能则比较困难。由于大多数情况下，用能是不均衡的，比如白天用电多、深夜用电少，冬天需要热、夏天需要冷，因此，在能量的利用中，储能是很重要的一环。

4. 供能的连续性

供能的连续性是指能否按需要和所需的速度连续不断地供给能量。显然，太阳能和风能就很难做到供能的连续性。太阳能白天有，夜晚无；风力则时大时小，且随季节变化大。因此，常常需要用储能装置来保证供能的连续性。

5. 能源的地理分布

能源的地理分布和能源的使用关系密切。能源的地理分布不合理，则开发、运输、基本建设等费用都会大幅度增加。例如，我国煤炭资源多在西北，水能资源多在西南，工业区却在东部沿海。因此，能源的地理分布对使用很不利，带来"北煤南运"、"西电东送"等诸多问题。

6. 开发费用和利用能源的设备费用

各种能源的开发费用以及利用该种能源的设备费用相差悬殊。例如太阳能、风能不需要任何成本即可得到。各种化石燃料从勘探、开采到加工却需要大量投资。但利用能源的设备费用则正好相反，太阳能、风能、海洋能的利用设备费按每千瓦计远高于利用化石燃料的设备费。核电厂的核燃料费远低于燃油电站，但其设备费却高得多。因此，在对能源进行评价时，开发费用和利用能源的设备费用是必须考虑的重要因素，需进行经济分析和评估。

7. 运输费用与损耗

运输费用与损耗是能源利用中必须考虑的一个问题。例如，太阳能、风能和地热能都很难输送出去，但煤、油等化石燃料却很容易从产地输送至用户。核电厂的核燃料运输费用极少，而燃煤电厂的输煤就是一笔很大的费用。此外，运输中的损耗也不可忽视。

8. 能源的可再生性

在能源日益匮乏的今天，评价能源时不能不考虑能源的可再生性。比如太阳能、风能、水能等都可再生，而煤、石油、天然气则不能再生。在条件许可和经济上可行的情况下，应尽量采用可再生能源。

9. 能源的品位

能源的品位有高低之分，例如，水能能够直接转变为机械能和电能，它的品位要比先由化学能转变为热能，再由热能转换为机械能的化石燃料高些。另外，热机中，热源的温度越高，冷源的温度越低，则循环的热效率就越高，因此温度高的热源比温度低的热源品位高。在使用能源时，特别要防止高品位能源降级使用，并根据使用需要适当安排不同品位的能源。

10. 对环境的影响

使用能源一定要考虑对环境的影响。化石燃料对环境的污染大；太阳能、氢能、风能对环境基本上没有污染。在使用能源时，应尽可能采取各种措施防止对环境的污染。

第二节　能　源　概　况

一、全球能源的基本概况

人类使用的能源最主要是非再生能源，如石油、天然气、煤炭和裂变核燃料占能源总消费量的 90% 左右，再生能源如水力、植物燃料等只占 10% 左右。世界能源储量最多的是太阳能，在再生能源中占 99.44%，而水能、风能、地热能、生物能等不到 1%。在非再生能源中，利用海水中的氘资源产生的人造太阳能（聚变核能）几乎占 100%，煤炭、石油、天然气、裂变核燃料加起来也不足千万分之一。所以，人类使用的能源归根结底要依靠太阳能，太阳能是人类永恒发展的能源保证。

世界能源资源分布是不均衡的。例如，石油储量最多的地区是中东，占 56.8%；天然气和煤炭储量最多的是欧洲，分别占 54.6% 和 45%。亚洲、大洋洲除煤炭稍多（占 18%）以外，石油、天然气都只有 5% 多一点。这种能源资源分布的不均衡，给世界的政治、经济格局带来重大的影响。

根据英国石油《BP 世界能源统计年鉴》，2012 年全球能源消费增速有所放缓，巴西、中国、欧盟、印度、日本、俄罗斯和美国的能源消费增长均低于历史平均水平。一方面是全球经济增长放缓，另一方面是由于能源使用效率的提高，加之随着全球能源市场不断调整、创新和演变，能源供应来源日趋多元化。

在供应侧，最引人注目的仍是美国页岩油气革命。2012年，美国石油和天然气产量增长均居全球首位，该年石油产量的增长也创下美国历史新高。在其他地区，石油输出国组织产油国的产量增长已经连续第二年抵消了非洲及中东部分地区石油供应中断所造成的缺口。在2011年石油产量出现大幅下降后，利比亚的石油生产出现强劲复苏。沙特阿拉伯、阿联酋和卡塔尔的产量均创下历史新高。

煤炭仍然是增长最快的化石燃料，其中中国的煤炭消费量首次达到全球煤炭消费总量的一半，但煤炭也是相对于其历史平均值而言增幅最小的化石燃料。

虽然增速低于历史平均水平，但天然气是2012年消费量加速增长的唯一一化石燃料。在北美，价格更为低廉的天然气与煤炭展开了强有力的竞争，并在发电领域取代煤炭。在全球范围内，水电和可再生能源也与煤炭展开了激烈角逐，用于发电的可再生能源消费量增长了15%。然而，由于欧洲天然气价格相对较高，欧洲通常首选煤炭进行发电，而曾经供应欧洲市场的液化天然气船舶已转向亚洲。

全球核能发电量出现历史最大降幅。由于福岛核事故，日本核能发电量下降了近90%。日本通过增加化石燃料的进口来弥补核能发电量下降的缺口。

展望未来，人口和收入增长仍是能源需求增长的关键驱动因素。根据英国石油（BP）2013年发布的2030年世界能源展望，到2030年，世界人口预计将达到83亿，这意味着有13亿新增人口需要能源。2030年的世界收入按实际价值计算预计约为2011年的两倍。2011—2030年，世界一次能源消费预计每年增长1.6%，全球消费量到2030年将增加36%。但是一次能源消费增长减速，2000—2010年期间的每年增速为2.5%，2010—2020年期间的每年增速减缓至2.1%，而2020—2030年期间的每年增速预计下降到1.3%。

到2030年，超过90%的人口增长将出现在经合组织外的低、中等收入经济体。由于其工业化、城市化和机动车化发展迅猛，这些经济体还将贡献70%的全球国内生产总值增长以及90%以上的全球能源需求增长。

图1-1为按区域分类的全球能源需求增长预测，图1-2为按一次能源使用分类的全球能源需求增长预测，图1-3为按一次燃料类型分类的全球能源需求增长预测。

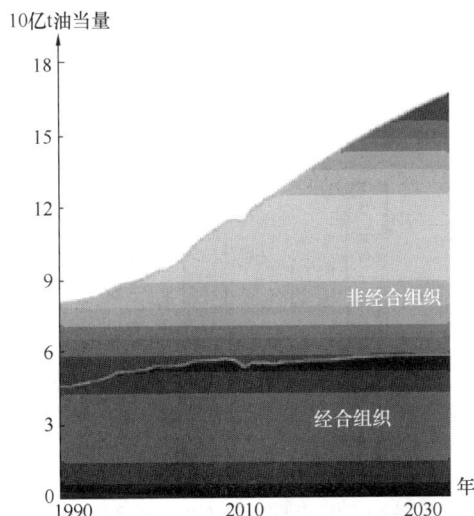

图1-1　按区域分类的全球能源需求增长预测

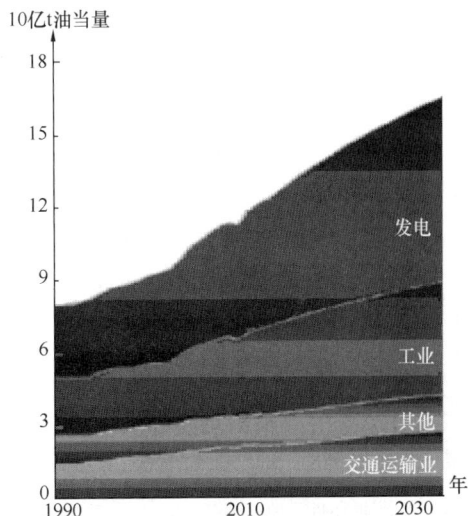

图1-2　按一次能源使用分类的全球能源需求增长预测

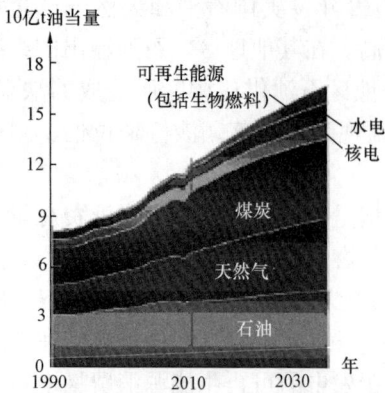

10亿t油当量

图 1-3　按一次燃料类型分类的
全球能源需求增长预测

从图 1-1～图 1-3 可以看出，1990—2030 年，几乎所有（约 93%）的能源消费增长都来自非经合组织。非经合组织 2030 年的能源消费将比 2011 年增加 61%，年均增长 2.5%（每年人均增速为 1.5%），届时将占全球能源消费的 65%（2011 年为 53%）。

经合组织 2030 年的能源消费量仅比 2011 年增加 6%（每年增长 0.3%），而且人均能源消费将有所减少（2011—2030 年期间平均每年降幅为 0.2%）。

用于发电的能源消费在 2011—2030 年期间将增长 49%（每年增长 2.1%），占全球一次能源消费增长的 57%。直接用于工业的一次能源消费将增长 31%（每年增长 1.4%），占一次能源消费增长的 25%。

增长最快的燃料类型是可再生能源（包括生物燃料），2011—2030 年期间的每年年均增幅为 7.6%。核电（每年增长 2.6%）和水电（每年增长 2.0%）的增速都会超过能源整体增长速度。在化石燃料中，天然气增速最快（每年增长 2.0%），其次是煤炭（每年增长 1.2%）、石油（每年增长 0.8%）。

未来十几年全球能源消费将迅速增长。图 1-4 为各行业和地区在 2011—2030 年期间的能源消费增长的预测。从图中可以看出，中国和印度将是能源消费增长最快的国家，在能源终端使用中工业能耗仍是最主要的能源消费。

图 1-5 为各种不同能源类型在 2011—2030 年期间所占份额的预测。从图中可以看出，虽然传统的化石能源仍占主要部分，但可再生能源和生物燃料将迅速增长。

根据英国石油（BP）2013 年发布的预测，电力行业燃料结构将实现多元化，超过一半的消费增长来自非化石燃料。可再生能源占增长量的 27%，略微超过煤炭（26%）和天然气（21%）。

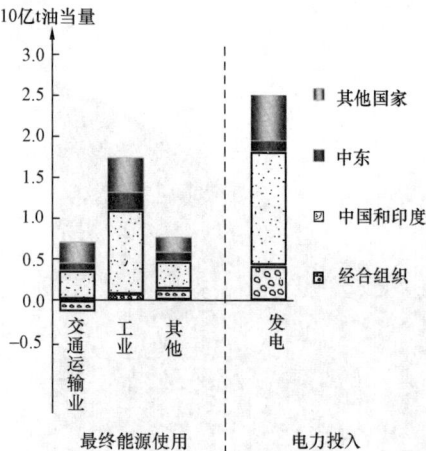

图 1-4　各行业和地区在 2011—2030 年期间
的能源消费增长预测

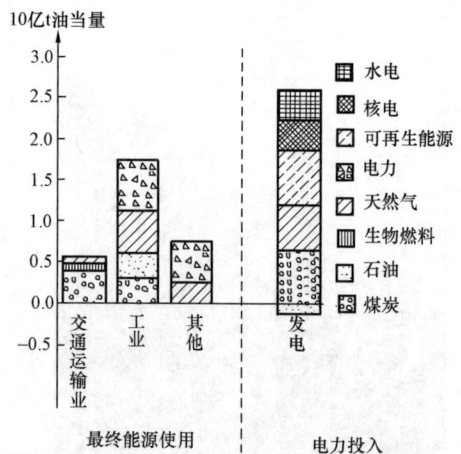

图 1-5　各种不同能源类型在 2011—2030 年
期间所占份额的预测

工业将引领最终能源消费的增长，尤其是在发展迅速的经济体。预计到 2030 年，工业部门占最终能源需求预期增长的 57%。

交通运输业的能源需求增长最为缓慢，经合组织的交通运输行业能源需求预计会减少。该行业开始在一定程度上摆脱对石油的依赖，实现能源供应多元化。交通运输业能源需求增长中天然气占 16% 的比重，另外 13% 来自生物燃料，2% 来自电力。

"其他"部门的能源需求（主要是民用和商用）增长多为电力，而非电力能源需求几乎全部为天然气。

有关煤炭、石油、天然气等主力能源的详细情况请参阅第三章燃料。

二、中国能源的基本状况

我国能源生产近年来取得了长足的进步，表 1-5 给出了我国能源生产总量及构成。从表中可以看出，2006 年我国能源生产总量比 1978 年增加了 2.5 倍，但我国能源以煤为主的格局仍旧没有改变，依然占能源生产总量约 70%。表 1-6 为我国钢及能源产品产量居世界位次。从 1995 年开始，我国煤炭产量已居世界第一，发电量居世界第二，原油产量约为世界第五。2006 年我国能源在世界能源生产和消费中所占的比例见表 1-7。从表中可以看出，我国人口众多，除煤炭外我国人均能源的生产和消费量仍旧很低。表 1-8 为我国能源加工转换效率。能源加工转换效率与很多因素有关，20 世纪末，我国颁布《节约能源法》后，能源加工转换效率已开始稳步提高，但仍远低于发达国家的水平。

表 1-5　　　　　　　　　　　　　我国能源生产总量及构成

年　份	能源生产总量（万 t 标准煤）	占能源生产总量的比重（%）			
		原　煤	原　油	天然气	水电、核电、风电
1978	62 770	70.3	23.7	2.9	3.1
1980	63 735	69.4	23.8	3.0	3.8
1985	85 546	72.8	20.9	2.0	4.3
1990	103 922	74.2	19.0	2.0	4.8
1991	104 844	74.1	19.2	2.0	4.7
1992	107 256	74.3	18.9	2.0	4.8
1993	111 059	74.0	18.7	2.0	5.3
1994	118 729	74.6	17.6	1.9	5.9
1995	129 034	75.3	16.6	1.9	6.2
1996	132 616	75.2	17.0	2.0	5.8
1997	132 410	74.1	17.3	2.1	6.5
1998	124 250	71.9	18.5	2.5	7.1
1999	125 935	72.6	18.2	2.7	6.6
2000	128 978	72.0	18.1	2.8	7.2
2001	137 445	71.8	17.0	2.9	8.2
2002	143 810	72.3	16.6	3.0	8.1
2003	163 842	75.1	14.8	2.8	7.3

续表

年　份	能源生产总量 （万 t 标准煤）	占能源生产总量的比重（%）			
		原　煤	原　油	天然气	水电、核电、风电
2004	187 341	76.0	13.4	2.9	7.7
2005	205 876	76.5	12.6	3.2	7.7
2006	221 056	76.7	11.9	3.5	7.9
2007	247 279	77.7	10.8	3.7	7.8
2008	260 552	76.8	10.5	4.1	8.6
2009	274 619	77.3	9.9	4.1	8.7
2010	296 916	76.6	9.8	4.2	9.4
2011	317 987	77.8	9.1	4.3	8.8

注　电力折算标准煤的系数根据当年平均发电煤耗率计算。

表 1-6　　　　　　　　　　我国钢及能源产品产量居世界位次

产品名称	1990 年	1995 年	1999 年	2000 年	2001 年	2002 年	2004 年	2005 年	2006 年	2007 年	2008 年	2009 年	2010 年
钢	4	2	1	1	1	1	1	1	1	1	1	1	1
煤	1	1	1	1	1	1	1	1	1	1	1	1	1
原　油	5	5	5	5	5	4	6	5	5	5	5	4	4
发电量	4	2	2	2	2	2	2	2	2	2	2	2	1

国外资料来源：联合国数据库、《工业产品统计年鉴》、联合国粮农组织数据库。

表 1-7　　　　　　我国能源在世界能源生产和消费中所占的比例　　　　　　　　　%

	石油	天然气	煤炭	核能	水力等
生产	4.7	2.0	39.4	—	—
消费	9.0	1.9	38.6	1.93	13.7

表 1-8　　　　　　　　　　我国能源加工转换效率　　　　　　　　　　%

年　份	总效率	发电及电厂供热	炼　焦	炼　油	年　份	总效率	发电及电厂供热	炼　焦	炼　油
1983	69.93	36.94	91.18	99.16	1998	69.44	37.06	94.97	97.42
1984	69.16	36.95	90.08	99.17	1999	69.19	37.04	96.21	97.51
1985	68.29	36.85	90.79	99.10	2000	69.04	37.36	96.21	97.32
1986	68.32	36.69	90.63	99.04	2001	69.03	37.63	96.50	97.92
1987	67.48	36.75	90.46	98.81	2002	69.04	38.73	96.63	96.71
1988	66.54	36.34	90.77	98.76	2003	69.40	38.83	96.13	96.80
1989	66.51	36.74	90.30	98.57	2004	70.71	39.46	97.61	96.43
1990	67.20	37.34	91.28	97.90	2005	71.16	39.87	97.61	96.86
1991	65.90	37.60	89.90	98.10	2006	71.24	39.87	97.77	96.86
1992	66.00	37.80	92.70	96.80	2007	70.77	40.24	97.56	97.17
1993	67.32	39.90	98.05	98.49	2008	71.55	41.04	97.75	97.17
1994	65.20	39.35	89.62	97.48	2009	72.01	41.73	97.38	96.63
1995	71.05	37.31	91.99	97.67	2010	72.83	42.43	96.44	96.86
1996	71.50	38.30	94.07	97.46	2011	72.32	42.44	96.41	97.01
1997	69.23	35.89	92.08	97.37					

注　电力折算标准煤系数采用当量值计算，每千瓦时折 0.122 9kg 标准煤。

　　表 1-9 为我国分品种生活能源年消费总量。从表中可以看出，由于人民生活水平的提高，能源消费品种也有很大的变化，煤炭的消费下降显著；相反，与生活息息相关的电力、热力、煤气、液化石油气的消费却急剧增长，其中液化石油气增长了近 10 倍。国内外能源消费结构的比较见表1-10。从表中可以看出，中外能源消费存在巨大差异。我国能源消费结构以煤为主，而发达国家则更多地采用油、气、水力等优质能源；大量燃用煤炭不但能源利用效率低，而且给环境带来极大的污染，这也正是我国能源面临压力的主要原因之一。

表 1-9　　　　　　　　　　　　　我国分品种生活能源年消费总量

能源品种	1990 年	1995 年	2000 年	2005 年	2008 年	2009 年	2010 年
合计（万 t 标准煤）	15 800	15 745	15 965	25 305	31 898	33 843	34 558
煤炭（万 t）	16 700	13 530	7907	10 039	9148	9122	9159
煤油（万 t）	105	64	72	26	13	19	19
液化石油气（万 t）	159	534	988	1329	1457	1496	1457
天然气（亿 m³）	19	19	32	79	170	178	227
煤气（亿 m³）	29	57	89	145	184	166	167
热力（万 GJ）	8972	12 637	23 234	52 044	62 765	67 000	67 410
电力（亿 kWh）	481	1006	1672	2885	4396	4872	5125

表 1-10　　　　　　　　2012 年国内外能源消费结构比较　　　　　　百万 t 油当量

国家	原油	天然气	原煤	核能	水力发电	可再生能源	总计
美国	819.9	654.0	437.8	183.2	63.2	50.7	2208.8
加拿大	104.3	90.6	21.9	21.7	86.0	4.3	328.8
墨西哥	92.6	75.3	8.8	2.0	7.1	2.0	187.7
巴西	125.6	26.2	13.5	3.6	94.5	11.2	274.7
法国	80.9	38.2	11.4	96.3	13.2	5.4	245.4
德国	111.5	67.7	79.2	22.5	4.8	26.0	311.7
意大利	64.2	61.8	16.2	—	9.4	10.9	162.5
俄罗斯	147.5	374.6	93.9	40.3	37.8	0.1	694.2
西班牙	63.8	28.2	19.3	13.9	4.6	14.9	144.3
土耳其	31.5	41.7	31.3	—	13.1	1.6	119.2
乌克兰	13.2	44.6	44.6	20.4	2.4	0.1	12
英国	68.5	70.5	39.1	15.9	1.2	8.4	203.6
伊朗	89.6	140.5	0.9	0.3	2.9	<0.05	234.2
沙特阿拉伯	129.7	92.5	—	—	—	—	222.2
南非	26.9	3.4	89.9	3.2	0.4	0.1	123.3
澳大利亚	46.7	22.9	49.3	—	4.1	2.8	125.7
中国	483.7	129.5	1873.3	22.0	194.8	31.9	2735.2
印度	171.6	49.1	298.3	7.5	26.2	10.9	563.5
印度尼西亚	71.6	32.2	50.4	—	2.9	2.2	159.4

国家	原油	天然气	原煤	核能	水力发电	可再生能源	总计
日本	218.2	105.1	124.4	4.1	18.3	8.2	478.2
韩国	108.8	45.0	81.8	34.0	0.7	0.8	271.1
中国台湾	42.2	14.7	41.1	9.1	1.2	1.1	109.4
泰国	52.4	46.1	16.0	—	2.0	1.2	117.6
世界总计	4130.5	2987.1	3730.1	560.4	831.1	237.4	12 476.6

三、世界能源的发展趋势

根据英国石油（BP）的报告，未来 20 年世界能源发展有以下特点：①世界一次能源生产的增长与消费增长齐头并进，2011—2030 年期间每年增长 1.6%；②与能源消费相同，生产增长的主力也是非经合组织国家，这些国家占全球生产增量的 78%，它们在 2030 年将贡献 71% 的全球能源产量，而 2011 年和 1990 年的比重分别为 69% 和 58%；③作为最大的区域性能源产地，亚太地区凭借大量本土煤炭的生产，产量增速最为迅猛（每年 2.2%），占全球能源生产增长的 48%，该地区到 2030 年将提供 35% 的全球能源产量；④其他几大产量增长地区为中东和北美，北美仍然是第二大能源产区，除欧洲外，所有地区的能源产量都将有所提高。

到 2030 年，全球能源需求与供应将同步增长（见图 1-6）。与此同时，一次能源的生产地区也会有较大的变化（见图 1-7），各种能源占一次能源的份额也有很大的不同（见图 1-8）。

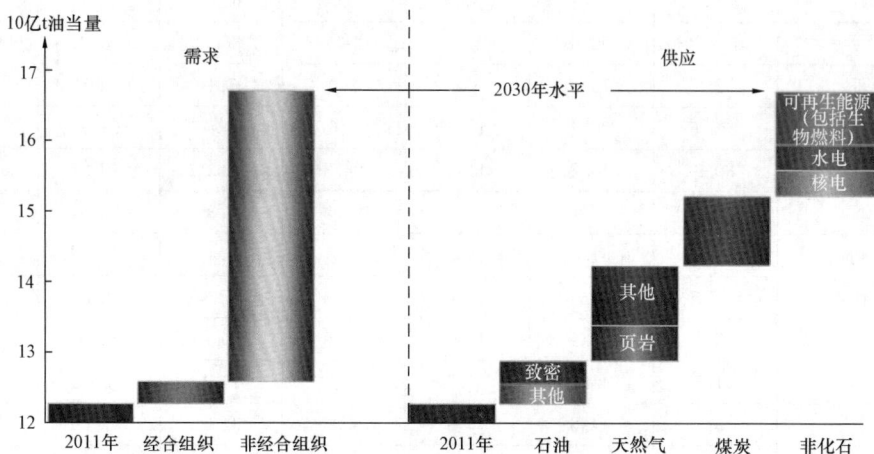

图 1-6　全球能源需求与供应

值得指出的是，化石燃料的高价格促进了非化石能源的发展。可再生能源供应在 2011—2030 年期间将增长 3 倍以上，占全球能源供应增量的 17%。水电与核电增量总和也将在增量中占 17%。与此同时"页岩革命"，首先是页岩气，继而是页岩油方兴未艾，2011—2030 年，页岩气供应将增长 3 倍，而致密油供应增长超过 6 倍。两者到 2030 年将合力占据全球能源供应增量的近五分之一。但是尽管页岩油气、可再生能源和其他类型能源的供应都有所增长，常规化石燃料供应仍会进一步增加，贡献近一半的能源供应增长。

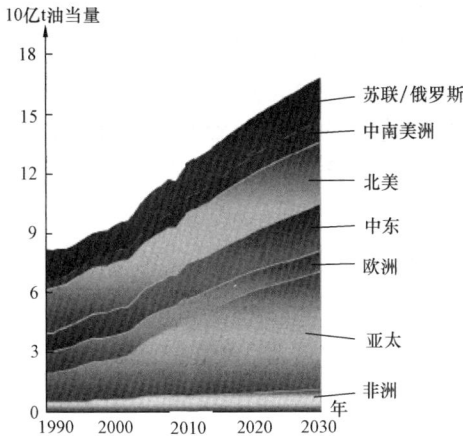

图 1-7　全球一次能源生产的预测

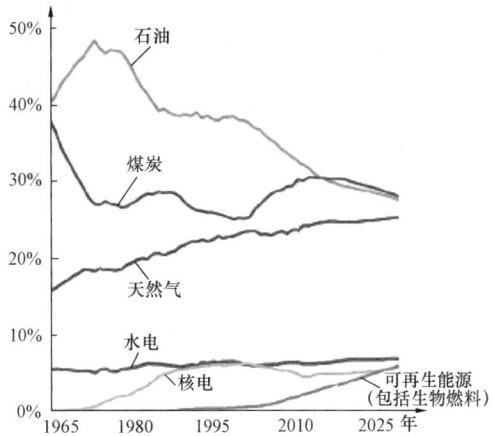

图 1-8　各种能源占一次能源的份额

可再生能源的市场份额继续提高。到 2030 年，包括生物燃料在内的可再生能源在全球一次能源中所占比重为 6%，而 2011 年的比重仅为 2%。可再生能源的增长最初由欧洲推动，但美国和中国从 2020 年开始将成为最大的增长来源。非经合组织的增长速度高于经合组织（分别为每年 10.9% 和 6.1%），但就增量而言，经合组织仍然领先于非经合组织。

可再生能源面临一系列不同的挑战，其中最紧迫的挑战，也是限制其发展的关键要素是补贴的可承受能力。需要通过持续快速地降低成本才能在大规模发展可再生能源的同时将补贴压力维持在可接受的水平。

电力行业是全球能源增长的关键动力，也是所有类型的一次能源同台竞争的唯一行业。电力与经济增长和工业化密切相关。由于中国开始大规模工业化，全球电力需求加速增长。随着中国在 2020 年后向能源强度较低的经济转型，全球电力增速届时将会放缓。2030 年的电力消费总量将比 2011 年高 61%，每年增长 2.5%（而 2000—2010 年期间平均每年增长 3.4%，1999—2000 年期间平均每年增长 2.7%）。电力在最终能源使用

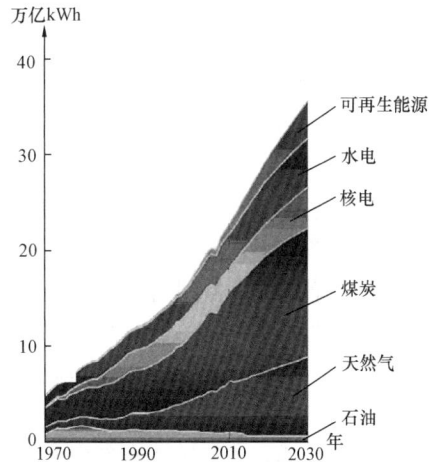

图 1-9　全球的发电量和各种能源
在发电中所占的比例

中所占比重继续提高，2030 年将满足 33% 的非交通运输能源需求，而 2011 年为 28%。发电部门能源转换效率的提高意味着发电燃料总投入的增速低于电力需求增速，年均增长 2.1%。全球的发电量和各种能源在发电中所占的比例见图 1-9。

第三节　能源与环境保护

一、环境概述

地球是人类赖以生存的环境。地球上的生物和非生物物质被视为环境要素，与人类息息

相关。人类环境既包含自然环境，也包含社会和经济环境。

世界经济发展和人类赖以生存的环境是不协调的，经济发展和人口增长给环境造成了巨大的压力，发展中国家这种情况尤为突出。联合国最新公布的研究结果显示，在过去 30 多年中，虽然国际社会在环保领域取得了一定成绩，但全球整体环境状况持续恶化。国际社会普遍认为，贫困和过渡消费导致人类无节制地开发和破坏自然资源，这是造成环境恶化的罪魁祸首。

全球环境恶化主要表现在大气和江海污染加剧、大面积土地退化、森林面积急剧减少、淡水资源日益短缺、大气层臭氧空洞扩大、生物多样化受到威胁等多方面，同时温室气体的过量排放导致全球气候变暖，使自然灾害发生的频率和程度大幅增加。

我国的环境状况也不容乐观，除了国内资源难以支撑传统工业文明的持续增长外，我国的环境更难以支撑当前这种高污染、高消耗、低效益生产方式的持续扩张。

人类从来没有像今天这样意识到和感受到生存环境所受的威胁，社会也从来没有像现在这样企盼生活质量的改善。

能源作为人类赖以生存的基础，在开采、输送、加工、转换、利用和消费过程中，都直接或间接地改变着地球上的物质平衡和能量平衡，必然对生态系统产生各种影响，成为环境污染的主要根源。能源对环境的污染主要表现在温室效应、酸雨、臭氧层破坏、热污染、放射性污染等。

二、温室效应

地球为什么会变暖？是由于人类大量使用能源，其放出的热量使地球变暖的吗？目前人类一年使用的全部能源约为 $33×10^{16}$ kJ，大约相当于 80 亿 t 石油。如果把这些热量全部用来加热海洋中的海水，仅可以使海水温度上升 $6×10^{-5}$ ℃，即加热一万年，海水的温度也只能上升 1℃。另外，人类使用能源一天所放出的热量约为 $0.1×10^{16}$ kJ；而地球一天从太阳获得的热量为 $1500×10^{16}$ kJ。因此地球变暖一定另有原因。

太阳射向地球的辐射能中约有 1/3 被云层、冰粒和空气反射回去；约 25％ 穿过大气层时暂时被大气吸收，起到增温作用，但以后又返回到太空；其余的大约 37％ 则被地球表面吸收。这些被吸收的太阳辐射能大部分在夜间又重新发射到天空。如果这部分热量遇到了阻碍，不能全部被反射出去，地球表面的温度就会增加。单原子气体和空气中的氮、氧、氢等双原子气体的辐射和吸收能力微不足道，均可看做透明体。然而二氧化碳、水蒸气、二氧化硫、甲烷、氟利昂（制冷剂）等三原子气体都有相当大的辐射能力和吸收能力。与固体不同，上述这些气体的辐射和吸收有选择性，即它们只能辐射和吸收某些波长区间的能量；对该波长区以外的能量，则既不辐射也不吸收。对于二氧化碳这类气体，它们只能吸收长波，不能吸收短波。太阳表面的温度约为 6000K，辐射能主要是短波（可见光）；地球表面温度约为 288K，辐射能主要为长波（红外线）。因此，从太阳发射出来的短波辐射被地球表面吸收后变成低温，向宇宙空间发射的是长波的红外线。这样一来，二氧化碳这类气体能让太阳的短波辐射自由地通过，同时却吸收地面发出的长波辐射。其结果是，大部分太阳短波辐射可以通过大气层到达地面，使地球表面温度升高；与此同时，由于二氧化碳等气体强烈地吸收地面的长波辐射，使散失到宇宙空间的热量减少，于是地面吸收的热量多，散失的热量少，导致地球温度升高，这就是所谓"温室效应"。像二氧化碳这类会使地球变暖的气体就称为温室气体。主要的温室气体其及来源如图 1-10 所示。

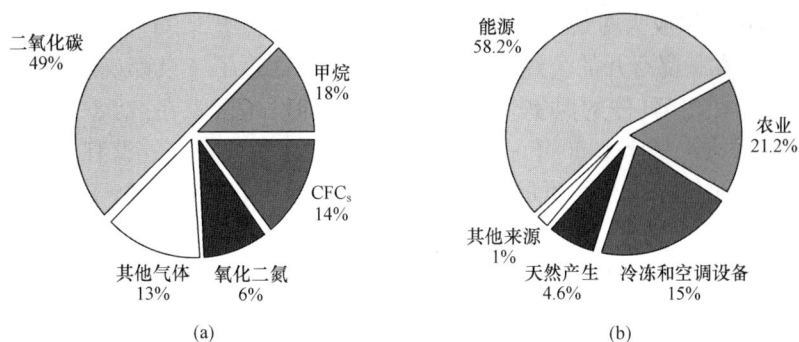

图 1-10　主要的温室气体及其来源

(a) 含量；(b) 来源

工业化时代开始以来，仅仅 200 多年的时间，人类的活动已使地球上层的大气发生了很大的变化。在过去的一个世纪里，由于燃烧化石燃料和砍伐森林，二氧化碳的含量已经增加了 20%；大气中的 N_2O 也增加了 1/3，它主要来自化石燃料的燃烧以及肥料脱氮和森林破坏所释放的污染物质。此外，甲烷在上层大气中的含量也增加了 1 倍，这主要是由于油气井的喷发，森林和原野转变成牧场和耕地，以及海洋捕捞活动中产生的有机废弃物腐烂所引起的。如果这种趋势继续下去，全球平均地表气温到 2100 年将比 1990 年上升 1.4～5.8℃。这一温增值，将是 20 世纪内增温值（0.6℃左右）的 2～10 倍。21 世纪全球平均降水将会增加，北半球雪盖和海冰范围将进一步缩小。2100 年全球平均海平面将比 1990 年上升 0.09～0.88m。一些极端事件（如高温天气、强降水、热带气旋强风等）发生的频率将会增加。

气候变化对自然生态系统已造成并将继续产生明显影响，具体如下：

（1）气候变化将改变植被群落的结构、组成及生物量，使森林生态系统的空间格局发生变化，同时也造成生物多样性减少等。

（2）冰川条数和面积减少，冻土厚度和下界会发生变化，高山生态系统对气候变化非常敏感，冰川规模将随着气候变化而改变，山地冰川普遍出现减少和退缩现象。

（3）气候变化将导致湖泊水位下降，面积萎缩。

（4）农业生产的不稳定性增加，产量波动大；农业生产布局和结构将出现变动；农业生产条件改变，农业成本和投资大幅度增加。

（5）气候变暖将导致地表径流、旱涝灾害频率以及水质等发生变化，水资源供需矛盾将更为突出。

（6）对气候变化敏感的传染性疾病的传播范围可能增加；与高温热浪天气有关的疾病和死亡率增加。

（7）气候变化将影响人类居住环境。

为了应对全球气候变化，1979 年主要由科学家参加的第一次世界气候大会呼吁保护气候。1988 年 11 月，世界气象组织和联合国环境署成立了政府间气候变化专门委员会（IPCC）。1991 年 2 月，联合国组成气候公约谈判工作组，并于 1992 年 5 月完成了公约的谈判工作。1992 年 6 月"联合国环境与发展大会"期间，153 个国家和区域一体化组织正式签署了气候变化框架公约。1994 年 3 月 21 日公约正式生效。截至 2001 年 12 月，共有 187 个国家和区域一体化组织成为缔约方。公约缔约方第一次大会于 1995 年 3 月在德国柏林召开。1997 年 12 月在日本京都召开的公约第三次缔约方大会通过了《京都议定书》，为发达国家规定了到 2008—2012 年具体的温室气体减排义务，即发达国家在 2008—2012 年内要将其 CO_2 等温室气体排放水平比 1990 年平均减少 5.2%。《京都议定书》没有为广大发展中国家规定新的义务，只是重申了公约下的义务。2012 年至今，有关应对全球气候变化的国际谈判仍在继续进行中。

在温室气体减排方面全球取得了一些进展：①燃料结构出现变化，特别是可再生能源比重提高以及以气代煤等，其结果是使排放增长与一次能源消费增长逐渐脱钩；②因为采取了碳减排政策，欧盟的碳排放量继续减少；③因石油需求降低（汽车能效提高），利用可再生能源发电和以气代煤，美国的排放量也出现下降；④中国经济结构的转变放慢了能源需求的增长，尤其是 2020 年后的煤炭增长下降最为明显，使中国的碳排放增长大幅度降低。

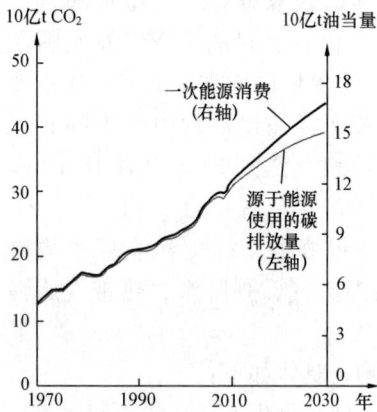

图 1-11　一次能源与 CO_2
排放量的增长预测

展望未来，能源需求增长将进一步推高 CO_2 排放。英国石油（BP）估计 2011—2030 年期间 CO_2 排放量将增加 26%（每年 1.2%）。即使为应对气候变化采取更严格的政策，CO_2 排放量增长仍远高于科学家建议的稳定温室气体浓度（450ppm）的增长水平。图 1-11 为一次能源与 CO_2 排放量的增长预测。

减缓温室效应的对策如下：

（1）提高能源的利用率，减少化石燃料的消耗量，大力推广节能新技术。

（2）开发不产生 CO_2 的新能源，如核能、太阳能、地热能、海洋能。

（3）推广植树绿化，限制森林砍伐，制止对热带森林的破坏。

（4）减慢世界人口增长速度，在农村发展"能源农场"，利用种植薪柴树木通过光合作用固定 CO_2。

（5）采用天然气等低含碳燃料，大力发展氢能。

进入 21 世纪，CO_2 资源化已日益受到重视。目前全球每年商品 CO_2 的量约为 800 万 t，占每年 CO_2 总消耗量的 20%。除直接利用外，将 CO_2 资源化是努力的方向。资源化是通过各种方法将 CO_2 转换成非 CO_2 的有用的有机物质。CO_2 资源化的方法有加氢催化还原法、电化学还原法、光化学还原法等。图 1-12 所示为 CO_2 加氢催化还原法的示意，图 1-13 所示为 CO_2 电化学还原法的示意。

通常燃烧烟气中的 CO_2 浓度低，回收成本高，新发展起来的富氧和纯氧燃烧技术可以使 CO_2 成为烟气中的主要成分，从而有利于 CO_2 的回收、利用和储存。图 1-14 所示为新型 O_2/CO_2 燃烧系统的示意。

三、酸雨

天然降水的本底 pH 值为 6.55，一般将 pH 值小于 5.6 的降雨称为酸雨。可能引起雨水酸化的主要物质是 SO_2 和 NO_x，它们形成的酸雨占总酸雨量的 90% 以上。而上述两类物质

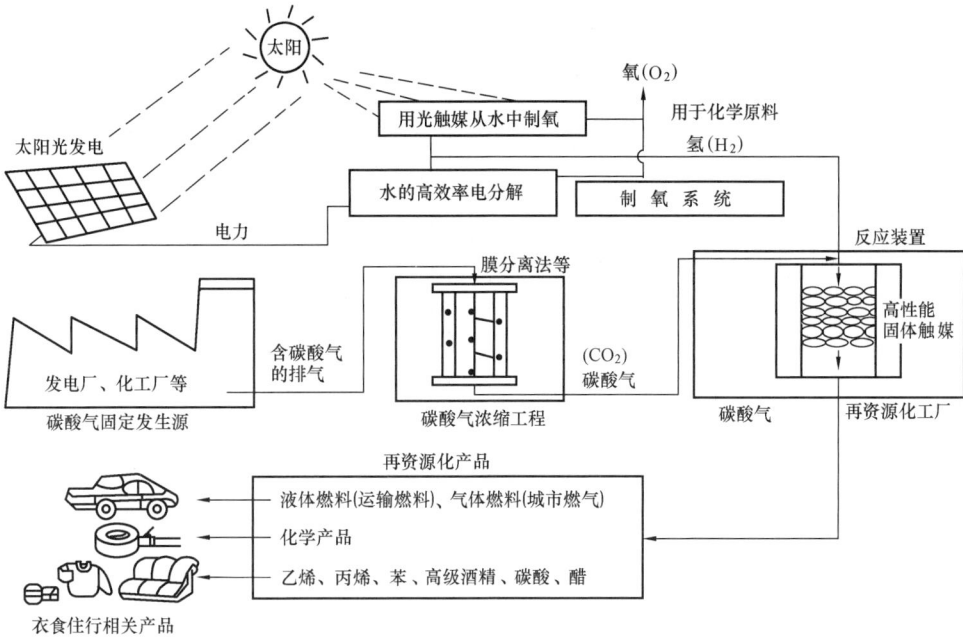

图 1-12　CO_2 加氢催化还原法的示意

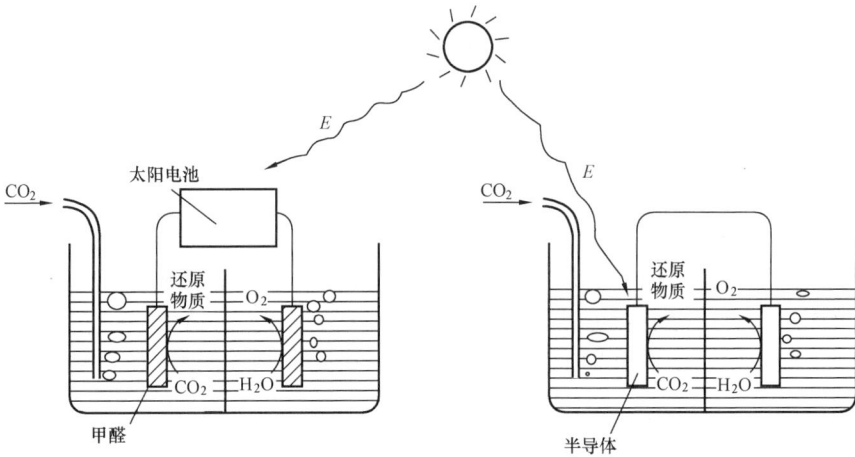

图 1-13　CO_2 电化学还原法的示意

的 90％以上都是燃烧化石燃料造成的。中国的酸雨以硫酸为主，硝酸的含量不到硫酸的 1/10，这与中国以煤为主的能源结构有关。

　　酸雨会以不同的方式危害水生生态系统、陆生生态系统、腐蚀材料和影响人体健康。首先酸雨会使湖泊变成酸性，引起水生生物死亡，其次酸雨是造成大面积森林死亡的原因。酸雨还加速了建筑结构、桥梁、水坝、工业设备、供水管网和名胜古迹的腐蚀，影响人体健康。例如，酸雨使地面水成酸性，地下水中的金属含量增加，饮用这种水或食用酸性河水中的鱼会对人体健康产生危害。20 世纪 70 年代，酸雨在世界上还是局部性问题，进入 80 年代后，酸雨危害更加严重，已扩展到全世界范围。

　　化石燃料燃烧，特别煤炭燃烧所产生的 SO_2 和 NO_x 是产生酸雨的主要原因。近一个多世纪以来，由于能源消耗的持续增长，全球的 SO_2 排放一直在上升；中国的能源消耗以煤

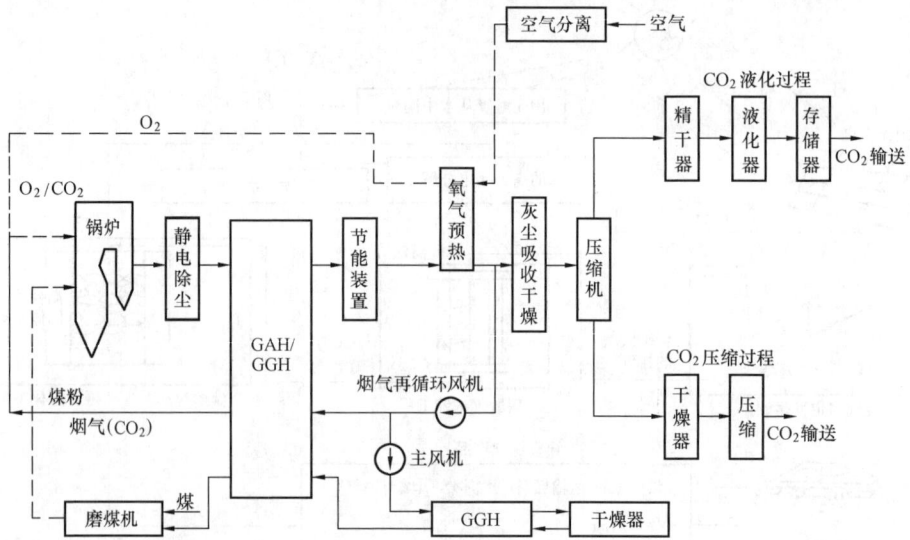

图 1-14　新型 O_2/CO_2 燃烧系统的示意

GAH—烟气/空气加热器；GGH—烟气/烟气加热器

为主，因此 SO_2 的排放更加严重。根据 2012 年《中国环境状况公报》，2012 年，全国酸雨分布区域主要集中在长江沿线及以南—青藏高原以东地区。主要包括浙江、江西、福建、湖南、重庆的大部分地区，以及长三角、珠三角、四川东南部、广西北部地区。酸雨区面积约占国土面积的 12.2%。

2012 年监测的 466 个市（县）中，出现酸雨的市（县）215 个，占 46.1%；酸雨频率在 25% 以上的 133 个，占 28.5%；酸雨频率在 75% 以上的 56 个，占 12.0%（见图 1-15）。2012 年，降水 pH 值年均低于 5.6（酸雨）、低于 5.0（较重酸雨）和低于 4.5（重酸雨）的市（县）分别占 30.7%、18.7% 和 5.4%。与 2011 年相比，酸雨、较重酸雨和重酸雨的市（县）比例分别下降 1.1 个百分点、0.5 个百分点和 1.0 个百分点（见图 1-16）。

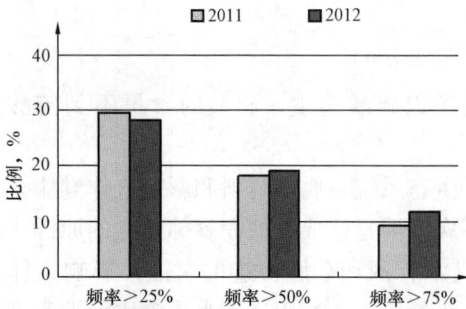

图 1-15　不同酸雨频率的市（县）比例年际变化

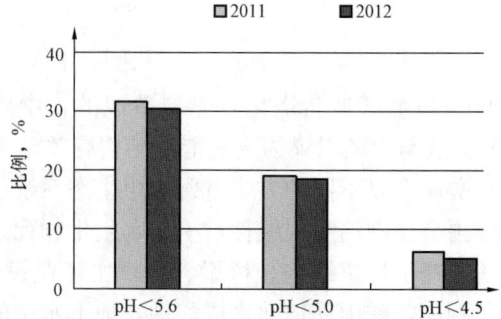

图 1-16　不同酸雨 pH 值的市（县）比例年际变化

针对上述情况，世界各国都在采取切实有效的措施控制 SO_2 的排放，其中最重要的是推进洁净煤技术（有关洁净煤技术详见第三章第一节）。

四、臭氧层破坏

1984 年英国科学家首次发现南极上空出现了臭氧空洞，随后的气象卫星证实，由于人类的活动，这个臭氧洞已在迅速扩大（见图 1-17）。目前不仅在南极，而且在北极也出现了臭氧层减少的现象，2000 年 1—3 月间，北极上空 18km 处的臭氧同温层里，臭氧含量累计减少了 60% 以上。造成臭氧层破坏的主要原因是人类过多地使用氟氯烃类物质和燃料燃烧产生的 N_2O。

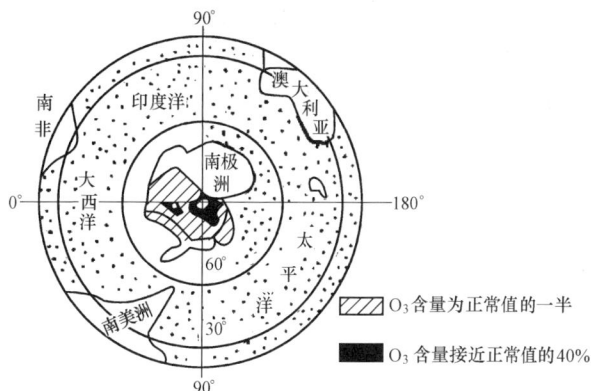

图 1-17　南极上空的臭氧空洞

臭氧（O_3）是氧的同位素，它存在于地面 10km 以上的大气平流层中，吸收掉太阳辐射中对人类、动物、植物有害的紫外光中的大部分，为地球提供了一个防止太阳辐射的屏障。研究表明，当臭氧浓度降低 1.0% 时，地面的紫外辐射强度将提高 2.0%，皮肤癌患者的数量也将增加。

大气中的 N_2O 的浓度每年正以 0.2%～0.3% 的速度增长，而 N_2O 浓度的增加将引起臭氧层中 NO 浓度增加，NO 和臭氧作用将生成 NO_2 和氧，最终导致臭氧层变薄。大气中的 N_2O 主要来源于自然土壤的排放和化石燃料及生物质燃料的燃烧。因此，发展低 NO_x 燃烧技术及烟气和尾气的脱硝是减少 N_2O 排放的关键。

五、热污染

人们一般认为，当今的环境污染是指有毒有害的化学物、粉尘、电磁波、放射物质等对空气和水造成的污染等。其实，除此之外，热污染也是一种严重威胁人类生存和发展的新的环境污染。热污染是指日益现代化的工农业生产和人类生活中排放的各种废热所造成的环境污染。

热污染可以污染水体和大气。例如，用江河、湖泊水作冷源的火（核）电厂和冶金、石油、化工、造纸等工业部门所使用的工业锅炉、工业窑炉等用热设备，冷却水吸收热量后温度将升高 6～9℃，然后再返回自然水源。于是大量的热量进入自然水域，引起自然水温升高，从而形成热污染。在工业发达的美国，每天所排放的冷却用水高达 4.5 亿 m^3，接近全美国用水量的 1/3，废热水含热量约 2500 亿 kcal。

热污染首当其冲的受害者是水生物。水温升高，一方面，导致水中的含氧量减少，水体处于缺氧状态；另一方面，又会使水生物代谢率增高而需要更多的氧。这样一来，水中鱼类和其他浮游生物的生长将受到影响。同时，水温升高还会使水中藻类大量繁殖，堵塞航道，破坏自然水域的生态平衡。此外，水体水温上升给一些致病微生物造成一个人工温床，使它们得以滋生、泛滥，引起疾病流行，危害人类健康。例如，1965 年澳大利亚曾流行过一种脑膜炎，后经科学家证实，其祸根是一种变形原虫，由于发电厂排出的热水使河水温度增高，这种变形原虫在温水中大量孳生，当人们取河水食饮、烹菜、洗涤时，变形原虫便进入人体，引起了这次脑膜炎的流行。还有资料表明，流行性出血热、伤寒、流感、登革热等许多疾病的发生，在一定程度上也与热污染有关。

　　随着人口的增加和能耗的增长，城市排入大气的热量日益增多。按照热力学原理，人类使用的全部能量终将转化为热，传入大气，逸向太空。这种对大气的热污染会造成大城市的所谓热岛效应，即城市气温比农村气温高出好几摄氏度，使一些原本十分炎热的城市变得更加炎热。城市气温过高会诱发冠心病、高血压、中风等，直接损害人体健康。世界上热岛效应最强的是中、高纬度的大中城市，如加拿大的温哥华其最大的城乡温差（城市热岛强度）为 11℃（1972 年 7 月 4 日），德国的柏林为 13.3℃，美国阿拉斯加首府费尔班克斯市曾达 14℃。我国观测到的城市热岛强度，上海是 6.8℃，北京是 9.0℃。美国航空航天局近年来实施了一个"城市热区监测计划"。科研人员采用先进的热像仪，从空中把一个城市的温度分布情况拍摄下来，不同的温度以不同的颜色表示，只要分析这些颜色的变化情况，就可以知道各个地方的温度差异。

　　火电厂和核电厂是水体热污染的主要来源，例如美国发电厂使用的冷却水就占全部冷却水用量的 80%；一座 1000MW 的火电厂，每小时就有 4.6×10^{12} J 的热量排放到自然水域中。位于法国吉隆河入海口的布来埃核电厂装有 4 台 900MW 的机组，每秒产生的温水高达 225m^3，致使吉隆河口几千米范围内的水温升高了 5℃。法国巴黎塞纳河水也由于大量废热的涌入，使水温比天然温度高出 5℃。另外，采用冷却塔的电厂，由于冷却水蒸发也会使周围空气温度增高，这种温度较高的湿空气对电厂周围的建筑物有强烈的腐蚀作用。例如，德国莱茵河畔的费森海姆核电厂，冷却水塔高达 180m，直径 100m，每小时耗水 3600t，冷却水的蒸发使周围空气升高了 15℃。

　　提高电厂和一切用热设备的热效率，不仅使能量有效利用率提高，而且由于排热减少，对环境的热污染也可随之减轻。

六、放射性污染

　　核能的开发和核技术在医疗、农业、工业和科学研究中的应用，在带给人类巨大利益的同时也造成了对环境的污染。这种环境污染主要是放射性污染。从污染物对人和生物的危害程度看，放射性物质要比其他污染物严重得多。正因为如此，从核能开发以来，人们就对放射性污染的防治极其重视，采取了一系列严格的措施，并将这些措施以法律的形式明确下来。例如，对核电厂，国际原子能机构和我国国家核安全局都制定了核电厂厂址选择、设计、运行和质量保证等四个安全法规。我国还制定了《中华人民共和国放射性污染防治法》，该法律已于 2003 年 10 月 1 日起正式实施。正是这些法规的实施，使核电厂的安全有了可靠的保证。

七、能源对人体健康的影响

　　能源对环境的影响是一种综合的影响。表 1-11 为各种能源在生产、加工和利用中对三个环境要素的影响。化石燃料燃烧时排放的大量粉尘、SO_2、H_2S、NO_x 等除了污染环境外，还会影响人体健康。例如，过量的 SO_2 会导致呼吸道疾病，最典型的例子是 1952 年发生的伦敦烟雾事件。事件的污染源是进入大气的大量烟尘和 SO_2，这些污染物在当时特定的气候条件下聚集起来，浓度越来越大并长时间不消散。4 天中死亡 4000 人，在发生事件的一周中，因支气管炎死亡 704 人，为事件发生前一周的 9.3 倍。后来的研究发现，煤尘中含有 Fe_2O_3 成分，它促使空气中的 SO_2 形成硫酸液沫，并附着在烟尘粒上进入人的呼吸道致病。

表 1-11　　　　　　　　各种能源在生产、加工和利用中对环境的影响

能源	对土地资源的影响			对水资源的影响			对空气资源的影响		
	生产	加工	利用	生产	加工	利用	生产	加工	利用
煤	地面破坏、侵蚀、沉降	固体废物	飞灰、渣的排放	酸性矿水、淤泥排出	废水、污染物排出	提高水温			氧化硫、氧化氮、颗粒物
油	废水排放			油泄漏、漏气、废水	油泄漏、漏气	提高水温	蒸发损失	蒸发损失	氧化硫、一氧化硫、氧化氮、烃类
天然气	废水排放					提高水温	泄漏	杂质	一氧化碳、氧化氮
铀	地面破坏、少量放射性固体废物	固体废物	放射性废物排放	排出物中很少量的放射性	放射性废物排放	提高水温、释放少量短半衰期核素	排放很少量的放射性		释放少量短半衰期核素
水电			淹没损失						
地热			地面沉降、地震活动			废水排出、提高水温			硫化氢、氧化硫
油页岩	地面破坏、沉降	大批的废物			需要大量水，排放有机、无机污染物	提高水温		硫化氢	氧化氮、一氧化碳、烃类
煤的气化	地面破坏、侵蚀、沉降	固体废物	飞灰、渣的排放	酸性矿水、淤泥排出		提高水温			氧化氮、一氧化碳

　　另外，原煤中均含有微量重金属元素，这些微量重金属元素在燃烧过程中会随烟尘和炉渣排出，从而对大气、水和土壤产生污染，并影响人体健康。例如，砷会使人体细胞正常代谢发生障碍，导致细胞死亡；铅会影响神经系统，抑制血红蛋白的合成代谢；镉中毒，会引起肾功能障碍；汞中毒会引起肾功能衰竭，并损害神经系统；镍是致癌物质，某些铬化合物可能导致肺癌。因此，化石燃料燃烧中的重金属污染已日益引起人们的重视。

　　我国是发展中国家，改革开放以来，随着经济的迅速发展和人民生活水平的提高，环境污染也日趋严重。因此在提高能源利用率的同时大力治理能源所造成的环境污染仍是我国的当务之急。2012 年，中央财政补助 10.9 亿元，支持《重点区域大气污染防治"十二五"规划》（以下简称《规划》）中 15 个重点城市实施燃煤锅炉综合整治工程，共改造燃煤锅炉 28 997 蒸吨，其中除尘设施改造 15 406 蒸吨，清洁能源替代 13 591 蒸吨。工程实施以来，相关城市环境空气质量显著改善。

2012 年 9 月，国务院正式批复《规划》，规划范围为京津冀、长三角、珠三角等 13 个重点区域，涉及 19 个省的 117 个地级及以上城市，明确提出"到 2015 年，空气中 PM10、SO_2、NO_2、PM2.5 年均浓度分别下降 10％、10％、7％、5％"的目标；明确了防治 PM2.5 的工作思路和重点任务，增强了区域大气环境管理合力。这是中国第一部综合性大气污染防治规划，标志着中国大气污染防治工作逐步由污染物总量控制为目标导向向以改善环境质量为目标导向转变。《规划》对贯彻落实中国共产党第十八次全国代表大会精神，大力推进生态文明建设，加快构建美丽中国，切实改善大气环境质量具有重要意义。

第四节　能源与可持续发展

一、能源在国民经济中的地位

回顾人类的历史，可以明显地看出能源和人类社会发展间的密切关系。人类社会已经经历了三个能源时期，即薪柴时期、煤炭时期和石油时期。

从人类学会利用"火"开始，就以薪柴、秸秆和动物的排泄物等生物质燃料来烧饭和取暖，同时以人力、畜力和一小部分简单的风力和水力机械作动力，从事生产活动。这个以薪柴等生物质燃料为主要能源的时代，延续了很长时间，生产和生活水平都很低，社会发展迟缓。

18 世纪的产业革命，以煤炭取代薪柴作为主要能源，蒸汽机成为生产的主要动力，于是工业得到迅速发展，劳动生产力有了很大的增长。19 世纪末，电力开始进入社会的各领域，电动机代替了蒸汽机，电灯代替了油灯和蜡烛，电力成为工矿企业的主要动力，成为生产和生活照明的主要来源。出现了电话、电影，不但社会生产力有了大幅度的增长，而且人类的生活水平和文化水平也有极大的提高，从根本上改变了人类社会的面貌。但这时的电力工业主要是依靠煤炭作为主要燃料的。

石油资源的发展开启了能源利用的新时期。特别是 20 世纪 50 年代，美国、中东、北非相继发现了巨大的油田和气田，于是西方发达国家很快从以煤为主要能源转换到以石油和天然气为主要能源。汽车、飞机、内燃机车和远洋客货轮的迅猛发展，不但极大地缩短了地区和国家之间的距离，也大大地促进了世界经济的繁荣。近 30 多年来，世界上许多国家依靠石油和天然气，创造了人类历史上空前的物质文明。

能源是国民经济发展不可或缺的重要基础，是现代化生产的主要动力来源。现代工业和现代农业都离不开能源动力。

工业方面，各种锅炉、窑炉都要用油、煤和天然气作燃料；钢铁冶炼要用焦炭和电力；机械加工、起重、物料传送、气动液压机械、各种电机、生产过程的控制和管理都要用电力；交通运输需要动力、油和煤；国防工业也需要大量的电力和石油。能源还是珍贵的化工原料，从石油中可以提炼出 5000 多种有机合成原料，其中最重要的基本原料有乙烯、丙烯、丁二烯、苯、甲苯、二甲苯、乙炔、萘等。由这些原料加工，就可以得到塑料、合成纤维、人造橡胶、化肥、人造革、染料、炸药、医药、农药、香料、糖精等各种工业制品。

在现代化农业生产中，农产品产量的大幅度提高，也是和使用大量能源联系在一起的。例如，耕种、收割、烘干、冷藏、运输等都需要直接消耗能源；化肥、农药、除草剂又都要间接消耗能源。

　　世界各国经济发展的实践证明，在经济正常发展的情况下，能源消耗总量和能源消耗增长速度与国民经济生产总值和国民经济生产总值增长率成正比。这个比例关系通常用能源消费弹性系数来表示。能源消费弹性系数是能源消费的年增长率与国民经济年增长率之比。这个数值越大，说明国民经济产值每增加1‰，能源消费的增长率就越高；这个数值越小，能源消费增长率就越低。能源消费弹性系数的大小与国民经济结构、能源利用效率、生产产品的质量、原材料消耗、运输以及人民生活需要等因素有关。

　　世界经济和能源发展的历史显示，处于工业化初期的国家，经济的增长主要依靠能源密集工业的发展，能源效率也较低，因此能源弹性系数通常多大于1。例如，发达国家工业化初期，能源增长率比工业产值增长率高一倍以上（见表1-12）。到工业化后期，一方面经济结构转向服务业，另一方面技术进步促使能源效率提高，能源消费结构日益合理，因此能源消费弹性系数通常小于1。尽管各国的实际条件不同，但只要处于类似的经济发展阶段，它们就具有大致相近的能源消费弹性系数。发展中国家的能源消费弹性系数一般大于1，工业化国家能源消费弹性系数大多小于1；人均收入越高，能源消费弹性系数就越低。我国的能源消费弹性系数见表1-13。

表 1-12　　　　　　　　　　几个发达国家工业化初期的能源消费弹性系数

国家	产业革命开始年份（年）	初步实现工业化年份（年）	工业化初期能源弹性系数	初步实现工业化时人均能耗（tce）	能源效率（％）	
					1860 年	1950 年
英国	1760	1860	1.96（1810—1860 年）	2.93	8	24
美国	1810	1900	2.76（1850—1900 年）	4.85	8	30
法国	1825	1900		1.37	12	20
德国	1840	1900	2.87（1860—1900 年）	2.65	10	20

表 1-13　　　　　　　　　　　　　　我国能源生产弹性系数

年份（年）	能源生产比上年增长（％）	电力生产比上年增长（％）	国内生产总值比上年增长（％）	能源生产弹性系数	电力生产弹性系数
1985	9.9	8.9	13.5	0.73	0.66
1990	2.2	6.2	3.8	0.58	1.63
1991	0.9	9.1	9.2	0.10	0.99
1992	2.3	11.3	14.2	0.16	0.80
1993	3.6	15.3	14.0	0.26	1.09
1994	6.9	10.7	13.1	0.53	0.82
1995	8.7	8.6	10.9	0.80	0.79
1996	2.8	7.2	10.0	0.28	0.72
1997	−0.2	5.0	9.3		0.54
1998	−6.2	2.9	7.8		0.37

年　份 （年）	能源生产比 上年增长（%）	电力生产比 上年增长（%）	国内生产总值比 上年增长（%）	能源生产 弹性系数	电力生产 弹性系数
1999	1.4	6.2	7.6	0.18	0.82
2000	2.4	9.4	8.4	0.29	1.12
2001	6.6	9.2	8.3	0.80	1.11
2002	4.6	11.7	9.1	0.51	1.29
2003	13.9	15.5	10.0	1.39	1.55
2004	14.3	15.3	10.1	1.42	1.51
2005	9.9	13.5	10.4	0.95	1.30
2006	7.4	14.6	11.1	0.66	1.32
2007	6.5	14.5	14.2	0.46	1.02
2008	5.4	5.6	9.6	0.56	0.58
2009	5.4	7.1	9.2	0.59	0.77
2010	8.1	13.3	10.4	0.78	1.28
2011	7.1	12.0	9.0	0.76	1.29

注　国内生产总值增长速度按可比价格计算。

能源还与人民生活休戚相关。不但人们的衣、食、住、行处处离不开能源，而且文化娱乐、医疗卫生都与能源有着密切的关系。随着生活水平的提高，所需的能源也越多。因此，从一个国家人民的能耗量就可以看出一个国家人民的生活水平。例如生活最富裕的北美地区比贫穷的南亚地区每年每人的平均能耗要高出 55 倍。

值得注意的是，传统工业文明比农耕文明先进，但持续性差。随着世界人口的增加，经济的飞速发展，能源消费量持续增长，能源给环境带来的污染也日益严重。与此同时，由于人类的活动，地球生态系统也受到破坏，森林锐减、物种消失、气候变暖、荒漠扩大、灾害频发等。因此，如何使能源和环境协调，使社会可持续发展是摆在全人类面前的共同任务。

二、可持续发展的概念

1992 年 6 月在巴西里约热内卢召开了联合国环境与发展大会（UN Conference on Environment and Development），该会议通常也称为地球峰会（Earth Summit）。地球峰会形成了若干重要的以保护环境为目的的方针性公约，其中包括《联合国气候变化框架公约》（UN Framework on Climate Change）、《生物多样性公约》（Convention on Biological Diversity）以及《二十一世纪议程》（Agenda 21）等。后者第一次正式提出了可持续发展的思想，是一份为实现人类社会的可持续发展而制定的长达 294 页的行动纲领。现在，可持续发展问题早已成为世界各国政府、学者和公众关注的热点。我国政府对此也非常重视，明确提出了实施可持续发展和科教兴国的两大战略，并于 1994 年率先制定了《中国二十一世纪议程——中国二十一世纪人口、环境与发展白皮书》。2003 年 1 月开始实施《中国二十一世纪初可持续发展行动纲要》。

朴素的可持续发展思想渊源已久。在春秋战国时代，我国就有"永续利用"的思想和封山育林、定期开禁的法令。19 世纪西方经济学界提出并分析了可再生资源的"可持续产量问题"。1987 年，世界环境与发展委员会在《我们共同的未来》长篇报告上首次采用了"可持续发展"的概念，但迄今为止，还没有统一严格的关于可持续发展的定义。比较通俗的提法是：可持续发展是既满足当代人的需求又不危害后代人满足自身需求能力的发展。这一定义强调了可持续发展的时间维，而忽视了其空间维。实际上，可持续发展是有其深刻内涵的，它表现在以下四方面：

(1)"发展"是大前提，即发展是人类永恒的主题。为了实现全球范围的可持续发展，应把发展经济、消除贫困作为首要条件。

(2)"协调性"是核心。可持续发展是由人与环境、资源间的矛盾引出的，因此可持续发展的基本目标是人口、经济、社会、环境、资源的协调发展。

(3)"公平性"是关键。可持续发展的关键性问题是资源分配和福利分享，它追求在时间和空间上的公平分配，也就是代际公平和代内不同人群、不同区域和国家之间的公平。

(4)"科学技术进步"是必要保证。科学技术进步是对人类历史起推动作用的主导力量，是第一生产力。它不但通过不断创造、发明、创新、提供新信息为人类创造财富，而且还为可持续发展的综合决策提供依据和手段，加深人类对自然规律的理解，开拓新的可利用的自然资源领域，提高资源的综合利用效率和经济效益，提供保护自然和生态环境的技术。

在经济日益全球化的今天，为了进一步推进可持续发展，并阻止人类生态环境的进一步恶化，2002 年 8 月 26 日—9 月 4 日在南非约翰内斯堡举行了联合国可持续发展世界峰会 (UN World Summit on Sustainable Development)。会议通过的长达 54 页的《约翰内斯堡实施计划》(Johannesburg Plan of Implementation) 是以《二十一世纪议程》和联合国针对可持续发展所开展的其他工作为基础而制定的实施计划。该文件对五个领域：水与卫生设施、能源、卫生保健、农业、生物多样性和生态系统管理等制定了实施日程。

三、能源问题

能源是国民经济的命脉，与人民生活和人类的生存环境休戚相关，在社会可持续发展中起着举足轻重的作用。从 20 世纪 70 年代以来，能源就与人口、粮食、环境、资源被列为世界上的五大问题。人们要在越来越恶劣的环境下求得发展，并让子孙后代生活得更好，首先就要解决这五大问题。

1. 世界能源所面临的问题

世界能源面临的主要问题是能源短缺及供需矛盾所造成的能源危机。第一次能源危机是 20 世纪 70 年代世界上的一次经济大危机，它使过去 20 年靠廉价石油发家的西方发达国家受到极大的冲击，严重地影响了那些国家的政治、经济和人民生活。例如，1973 年中东战争期间，由于阿拉伯国家的石油禁运，当年美国由于缺少 1.16 亿 t 标准煤的能源，致使生产损失达 930 亿美元；日本由于缺少 0.6 亿 t 标准煤的能源，使生产损失达 485 亿美元，致使 1974 年日本国民经济总产值下降，此前日本的生产总值每年递增 10%。由此可见，20 世纪 70 年代的能源危机，实质上是石油危机。

石油燃烧效率高、污染低，便于携带、使用、储存，又是多种化工产品的重要原料，特别在交通运输方面又是不可替代的燃料。20 世纪 50 年代以来，长期的低油价更使石油主宰了 20 世纪 50 年代后的能源市场。由于政治和经济等多方面原因，20 世纪 70 年代中，石油经两次提价，廉价石油已成为珍贵石油。由于石油是一种不可再生能源，储量有限。一方面，石油生产国为保持长期油价优势，采取限量生产的政策；另一方面，发达的用油国，由于受到石油危机的冲击和价格的压力，多方面采取了节油政策并研究石油代用技术。与此同时，天然气工业也迅速崛起。尽管在近期内世界上大多数国家还能依靠石油输出国供应石油，并更多地使用天然气，但需求的增加反过来又会刺激油价上涨。因此，从长远的角度看，无论如何，依靠大量采用廉价石油作为主要能源来促进国民经济迅速增长的情况将不会再度出现，而且继续依靠石油来满足不断增长的能源需求的日子也不会持续太久。这正是世界能源所面临的主要问题之一。

世界能源面临的另一问题是，随着经济的发展和生活水平的提高，人们对环境质量的要求也越来越高，相应的环保标准和环保法规也越来越严格。由于能源是环境的主要污染源，因此，为了保护环境，世界各国不得不在能源开发、运输、转换、利用的各个环节上投入更多的资金和科技力量，从而使能源消费的费用迅速增加。

随着化石燃料资源的不断消耗，易于探明和开采的燃料，特别是石油和天然气已逐渐减少。因此，能源资源的勘探、开采也越来越难，投入资金多，建设周期长，科技含量高，既是今后能源开发的特点，也是世界性的能源问题。

2. 我国能源面临的问题

（1）人均能源资源相对不足，资源质量较差，探明程度低。我国常规能源资源的总储量就其绝对量而言，是较为丰富的。然而，由于我国人口众多，就可采储量而言，人均能源资源占有量仅相当于世界平均水平的二分之一。

（2）能源生产消费以煤为主。改革开放以来，原煤在一次能源生产和消费结构中的比例均超过70%，给环境保护带来极大的压力。

（3）能源工业技术水平低下，劳动生产率较低。

（4）能源资源分布不均，交通运力不足，制约了能源工业的发展。我国能源资源西富东贫，大多远离人口集中、经济发达的地区。这种格局大大增加了能源输运的压力，形成了西电东送、北煤南运的输送格局。多年来，由于运力不足造成的煤炭积压，严重制约了煤炭工业的发展，也造成了电力供应的紧张局面。

（5）能源供需形势依然紧张。我国的能源生产经过多年的努力，取得了十分显著的成绩，能源紧张的矛盾明显缓解。然而与经济的长远发展需要相比，仍存在着较大的差距，特别是洁净高效能源，缺口依然很大。

（6）能耗水平高，能源利用率低下。我国能源系统的总效率不及发达国家的一半。工业产品单耗比工业发达国家高出30%～90%。如我国火电标准煤耗率是国外先进水平的1.25倍，吨水泥煤耗是国外的1.64倍，表1-14为国内外能耗的比较。2012年我国第一产业能耗水平为0.90t标准煤，第二产业为6.58t标准煤，第三产业为0.91t标准煤。产业结构的不合理、能源品质低下，管理落后等是造成能耗水平较高的重要原因。

表 1-14　　　　　　　　　　　　国内外能耗的比较（国内/国外）　　　　　　　　　　　　倍

原煤耗电	供电煤耗	吨钢可比能耗	合成氨综合能耗	水泥熟料耗标煤	铁路货运综合能耗
1.84	1.25	1.49	1.41	1.64	1.02

（7）农村能源问题日趋突出，影响越来越大，主要表现在下述三个方面。其一，农村生活用能严重短缺。过度的燃烧薪柴造成大面积植被破坏，引起水土流失和土壤有机质减少。其二，随着农业生产机械化和化学化的发展，农业生产的能耗量急剧增长。其三，乡镇工业

能耗直线上升，能源利用率严重低下。

（8）能源环境问题日趋严重，制约了经济社会发展。以城市为中心的环境污染进一步加剧，并开始向农村蔓延，生态破坏的范围仍在继续扩大。目前，在污染环境的各因素中，70％以上的总悬浮颗粒物，90％以上的二氧化硫，60％以上的氮氧化合物，85％以上的矿物燃料产生的 CO_2 均来自煤炭。

（9）能源开发逐步西移，开发难度和费用增加。随着中部地区能源资源的日渐枯竭，开发条件的逐步恶化，近年来，我国能源开发呈现出逐步西移的态势，特别是水能资源开发和油气资源的勘察更是如此。

（10）能源安全面临严峻挑战。能源安全是指保障能源可靠和合理的供应，特别是石油和天然气的供应。从 1993 年开始，中国成为石油净进口国。保障石油的可靠供应对国家安全至关重要，这是我国能源领域面临的重大挑战。

（11）能源建设周期长，投资超预算。能源建设是基础设施建设，建设时间长，难度大，投资多。一个大型煤矿，一个相当规模的油田，一个大型水电厂，一座核电厂，从勘探到投产，一般都要 8～10 年。这种建设周期拖长、投资大的情况，延缓了能源工业的发展。

（12）能源价格未能反映其经济成本和能源资源的稀缺性。尽管我国能源较为紧张，资源相对贫乏，但能源价格却更类似于资源丰富的美国。例如，煤炭价格偏低，而且目前的市场价格还不能完全反映煤炭中硫分和灰分的含量；小煤矿因为不受安全法规和职工福利的制约，可以低价出售质量差的煤炭，影响了优质煤炭的价格。天然气的生产和销售目前还受到严格控制，化肥工业不仅有供气的优先权，还享受价格补贴。此外，在一些能源使用部门中，能源占生产成本的比例很小，不利于节能和提高能源利用率。

四、中国能源可持续发展的对策

为了实现中国能源的可持续发展，应充分运用以下三方面的手段：加强政府的宏观管理和行政管理，运用市场机制的调节作用，利用经济增长的机遇。

政府行为在能源可持续发展中起着关键性的作用，它包括制定科学的能源政策和颁布相应的法规，采用行政手段进行能源管理。例如，根据国情制定开发与节约并重的能源工业的长期方针；确立优先发展水电、油气并举、大力开发天然气的能源政策；颁布《节约能源法》等。采用行政手段关闭能耗大、污染严重的小煤窑、土法炼油厂等。根据我国能源消费情况的变化，以及经济发展和当前的技术水平，对耗能越来越多的行业，如采暖行业、建筑行业、家电业制定或完善能源效率标准。

运用市场机制包括很多方面，例如，取消煤炭运输补贴，降低铁路运输分配量的比例，以鼓励多运优质煤炭；逐步放开天然气供应价格，使其真正反映消费者的支付意愿；取消煤气及区域集中供热的补贴，调整其价格，使之完全反映生产成本；建立一个透明的石油和天然气的价格体系，允许国外投资者进入石油和天然气工业的全过程，以加快发展煤炭的替代燃料；根据煤炭的含硫量及灰含量在试点省份征收煤炭污染税等。

利用经济增长的关键在于，要保证新的增长是由能源集约型投资和低污染的清洁投资所推动。例如，增加对洁净煤技术的研究、开发及其商业化应用的投资；大力开发国内天然气资源，投资天然气或液态天然气进口设施的建设，以尽快提高天然气的供应量；逐步关闭以煤为原料的小化肥厂，代之以天然气和石油为原料的化肥厂，同时废除对小化肥厂建设和运行的优惠政策；取消对洗煤项目进行商业投资的障碍，允许非公有制部门经营洗煤。

为了解决我国能源所面临的问题，应当采取以下对策：

（1）努力改善能源结构。为了解决我国一次能源以煤为主的结构，减轻能源对环境的压力，必须努力改善能源结构，包括优先发展优质、洁净能源，如水能和天然气；在经济发达而又缺能的地区，适当建设核电厂；进口一部分石油和天然气等。

（2）提高能源利用率，厉行节约。提高能源利用率、厉行节约的范围十分广泛，主要措施有：

1）对一次能源生产，应降低自身能耗。对一次能源使用，应合理加工、综合利用，以达到最大经济效益。

2）开发和推广节能的新工艺、新设备和新材料，如连续铸钢、平板玻璃浮选法生产、化纤高温湿法纺织、连续蒸煮造纸等。

3）发展煤矿、油田、气田、炼油厂、电厂的节能技术，提高生产过程中的余热、余压利用。

4）加强节能技术改造工作，如限期淘汰低效率、高能耗的设备；更新工业锅炉、风机、水泵、电动机、内燃机等量大面广的机电产品；改造工业炉窑和中、低压发电机组；改造城市道路、减少车辆耗油。

5）调整高耗能工业的产品结构。

6）设计和推广节能型的房屋建筑。

7）节约商业用能，推广冷冻食品、冷库储藏的节能新技术。

8）制订并实施鼓励和促进节能的经济政策，包括能源价格、节能信贷、税收优惠、节能奖罚等。

（3）加速实施洁净煤技术。洁净煤技术是旨在减少污染和提高效率的煤炭加工、燃烧、转换和污染控制新技术的总称，是世界煤炭利用技术的发展方向。由于煤炭在相当长一段时间内仍是我国最主要的一次能源，因此，除了发展煤坑口电厂，以输送电力来代替煤的运输外，加速实施洁净煤技术是解决我国能源问题的重要举措。

（4）合理利用石油和天然气，改造石油加工和调整油品结构。石油和天然气不仅是重要的化石燃料，而且是宝贵的化工原料，因此应合理利用石油和天然气，禁止直接燃烧原油并逐步压缩商品燃料油的生产。石油炼制和加工应大型化，要根据油品轻质化的趋势调整油品结构，进行油品的深加工，提高经济效益。

（5）加快电力发展速度。在国民经济中，电力必须先行。应根据区域经济的发展规划，建立合理的电源结构，提高水电的比重。加强区域电网，增加电网容量，扩大电网之间的互联和大电网的优化调度。

（6）积极开发利用新能源。我国应积极开发利用太阳能、地热能、风能、生物质能、潮汐能、海洋能等新能源，以补充常规能源的不足。在农村和牧区，应逐步因地制宜地建立新能源示范区。有关新能源的论述，详见本书第四章。

（7）建立合理的农村能源结构，扭转农村严重缺能局面。因地制宜地发展小水电、太阳灶、太阳能热水器、风力发电、风力提水、沼气池、地热采暖、地热养殖、种植快速生长的树木等是解决我国农村能源的主要措施。此外，提高农村生活用能的质量也是非常重要的，如推广节柴灶和烧民用型煤，前者可使热效率提高 $15\%\sim30\%$，后者除热效率可比烧散煤节约 $20\%\sim30\%$ 以外，还可使烟尘和 SO_2 减少 $40\%\sim60\%$，CO 减少 80%。

（8）改善城市民用能源结构，提高居民生活质量。煤气是今后城市生活能源的主要形式，供暖、供热水也将是城市居民的普遍要求，因此大力发展城市的煤气、实现集中供热和热电联产是城市能源的发展方向。

（9）重视能源的环境保护。防止能源对环境的污染将是能源利用中长期的，也是最困难的任务。为此必须从现在起就做出不懈的努力。

改革开放以来，我国经济迅猛发展，综合国力大大增强，基础设施日趋完善，科技水平不断提高，这些都为 21 世纪我国能源可持续发展创造了良好的条件。

能源在可持续发展中的作用既有积极的一面，又有消极的一面。正如联合国 1980 年通过的《世界自然资源保护大纲》中指出的"地球是宇宙中唯一已知的可维持生命的星球"；"人类寻求经济发展及享用自然界丰富的资源，必须符合资源有限的事实及生态系统的支持能力，还必须考虑子孙后代的需要"。因此使能源与环境协调发展是摆在全人类面前的共同任务。

第二章　能量的转换

第一节　能量的基本性质

一、能量的性质

能量的性质主要有状态性、可加性、传递性、转换性、做功性和贬值性。

1. 状态性

能量取决于物质所处的状态，物质的状态不同，所具有的能量也不同（包括数量和质量）。对于热力系统而言，其基本状态参数可以分为两类，一类与物质的量无关，不具有可加性，称之为强度量，例如温度、压力、速度、电势和化学势等；另一类与物质的量相关，具有可加性，称为广延量，例如体积、动量、电荷量和物质的量等。对能量利用中常用的工质，其状态参数为温度 T、压力 p 和体积 V，因此它的能量 E 的状态可表示为：$E = f(p, T)$ 或 $E = f(p, V)$ 等。

2. 可加性

物质的量不同，所具有的能量也不同，即可相加；不同物质所具有的能量也可相加，即一个体系所获得的总能量为输入该体系多种能量之和，故能量的可加性可表示为

$$E = E_1 + E_2 + \cdots + E_n = \Sigma E_i \tag{2-1}$$

3. 传递性

能量可以从一个地方传递到另一个地方，也可以从一种物质传递到另一种物质。例如对传热来讲，能量的传递性可表示为

$$Q = KA\Delta t \tag{2-2}$$

式中：Q 为传递的热量；K 为传热系数；A 为传热面积；Δt 为传热的平均温差。

4. 转换性

各种形式的能量可以互相转换，其转换方式、转换数量、难易程度均不相同，即它们之间的转换效率是不一样的。研究能量转换方式和规律的科学是热力学，其核心的任务就是如何提高能量转换的效率。有关能量转换的基本规律将在第二节中详细论述。

5. 做功性

利用能量来做功，是能量利用的基本手段和主要目的。这里所说的功是广义功，通常针对机械功而言。各种能量转换为机械功的本领是不一样的，转换程度也不相同。通常按其转换程度，可以把能量分为无限制转换（全部转换）能、有限制转换（部分转换）能和不转换（废）能，又分别称为高质能、低质能和废能，显然这一分类也是以转换为功的程度来衡量的。能量的做功性，通常也以能级 ε 来表示，即

$$\varepsilon = \frac{E_X}{E} \tag{2-3}$$

式中：E_X 为㶲。

6. 贬值性

能量不仅有量的多少，还有质的高低。能量在传递与转换等过程中，由于多种不可逆因素的存在，总伴随着能量的损失，表现为能量质量和品位的降低，即做功能力的下降，直至达到与环境状态平衡而失去做功能力，成为废能，这就是能的质量贬值。例如，最常见的有温差的传热与有摩擦的做功，就是两个典型的不可逆过程，在这两个不可逆过程中，能量都会贬值。能量的贬值性，即能量的质量损失（或称内部损失、不可逆损失），其贬值程度可用参与能量交换的所有物体熵的变化（熵增）来反映，即能量的贬值性 E_0 可表示为

$$E_0 = T_0 \Delta S \qquad\qquad (2-4)$$

式中：T_0 为环境温度；ΔS 为系统的熵增。

二、能量的转换

能量转换是能量最重要的属性，也是能量利用中最重要的环节。人们通常所说的能量转换是指能量形态上的转换，如燃料的化学能通过燃烧转换成热能，热能通过热机再转换成机械能等。广义地说，能量转换还应当包括以下两项内容：

（1）能量在空间上的转移，即能量的传输；

（2）能量在时间上的转移，即能量的储存。

任何能量转换过程都必须遵守自然界的普遍规律——能量转换和守恒定律，即

输入能量－输出能量＝储存能量的变化

在国民经济和日常生活中用得最多、最普遍的能量形式是热能、机械能和电能。它们都可以由其他形态的能量转换而来，它们之间也可以互相转换。显然，任何能量转换过程都需要一定的转换条件，并在一定的设备或系统中实现。不同能源与热能的转换及热能的利用情况如图 2-1 所示。能量转换过程及实现转换所需的设备或系统见表 2-1。

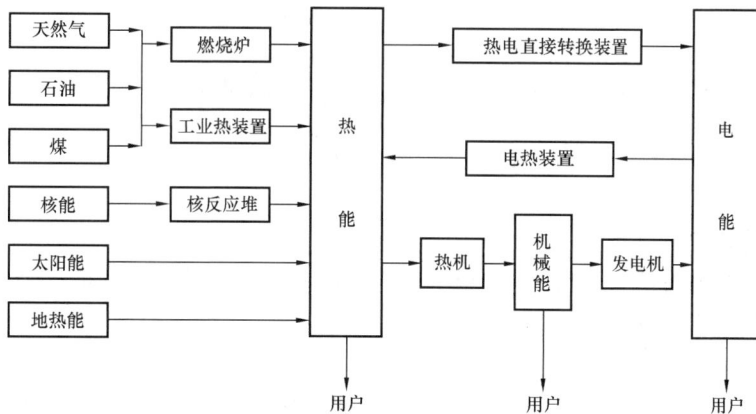

图 2-1 不同能源与热能的转换及利用情况

表 2-1   **能量转换过程及实现转换所需的设备或系统**

能 源	能量形态转换过程	转换设备或系统
石油、煤炭、天然气等化石燃料	化学能→热能 化学能→热能→机械能 化学能→热能→机械能→电能	炉子、燃烧器 各种热力发动机 热机、发电机、磁流体发电、压电效应

续表

能　源	能量形态转换过程	转换设备或系统
氢和酒精等二次能源	化学能→热能→电能 化学能→电能	热力发电、热电子发电 燃料电池
水能、风能潮汐能、海流能、波浪能	机械能→机械能 机械能→机械能→电能	水车、水轮机、风力机 水轮发电机组、风力发电机组、潮汐发电装置、海流能发电装置、波浪能发电装置
太阳能	辐射能→热能 辐射能→热能→机械能 辐射能→热能→机械能→电能 辐射能→热能→电能 辐射能→电能 辐射能→化学能 辐射能→生物能	热水器、采暖、制冷、太阳灶、光化学反应 太阳热发动机 太阳热发电 热力发电、热电子发电 太阳电池、光化学电池 光化学反应（水分解） 光合成
海洋温差能	热能→机械能→电能	海洋温度差发电（热力发动机）
海洋盐分（能）	化学能→电能 化学能→机械能→电能 化学能→热能→机械能→电能	浓度发电 渗透压发电 浓度差发电
地热能	热能→机械能→电能 热能→电能	热力发电机、发电机 热力发电
核能	核裂变→热能→机械能→电能 核裂变→热能 核裂变→热能→电能 核裂变→电磁能→电能 核聚变→热能→机械能→电能	核发电、磁流体发电 核能炼钢 热力发电、热电子发电 光电池 核聚变发电

三、能量的传递

能量的利用是通过能量传递来实现的，故能量的利用过程通常也是一个能量的传递过程。能量的传递过程有如下一些特点。

1. 能量的传递条件

能量传递是有条件的，其传递的推动力是所谓"势差"。如传热要有温差，导电要有电位差，流动要有压差或势差，扩散要有浓度差，化学反应要有化学势差等。

2. 能量传递的规律

能量传递遵循一定的规律，即能量传递的速率正比于传递的动力而反比于传递的阻力，由此有

$$传递速率 = \frac{传递动力}{传递阻力} \tag{2-5}$$

例如，对导电有 $I = \dfrac{U}{R}$，对于传热则有 $Q = \dfrac{\Delta t}{R_t}$。其中，$I$ 为电流强度；R 为电阻；R_t 为热阻。

3. 能量传递的形式

能量的传递包括转移与转换两种形式。转移是某种形态的能，从一地到另一地，从一物到另一物；转换则是由一种形态变为另一形态。这两种形式往往是一起或交替存在的，共同完成能量的传递。

4. 能量传递的途径

能量传递的途径有两条：由物质交换和质量迁移而携带的能量称为携带能，在体系边界面上的能量交换称为交换能。对开口系这两种途径同时存在，对封闭系则主要靠交换。

5. 能量传递的方法

在体系边界面上的能量交换，主要以两种形式进行：传热——由温差引起的能量交换，这是能量传递的微观形式；做功——由非温差引起的能量交换，这是能量传递的宏观形式。这里的功是指广义功。

6. 能量传递的方式

通过能量交换而实现的能量传递，即传热和做功，其具体方式为：传热的三种基本方式是热传导、热对流和热辐射；做功（这里指机械功）的三种基本方式是容积功、转动轴功和流动功（推动功）。

7. 能量传递的结果

能量传递的结果主要体现在两方面，即能量使用过程中所起的作用以及能量传递的最终去向。例如，以生产为例，能量在使用过程中的作用主要是用于物料并最终成为产品的一部分；或用于某一过程，包括工艺过程、运输过程和动力过程，并成为过程的推动力，使过程能够进行，生产得以实现。能量传递的最终去向通常只有两个：转移到产品或散失于环境，包括直接损失和用于过程后再进入环境这两种情况。

8. 能量传递的实质

能量传递的实质就是能量利用的实质。如果把产品的使用也包括在内，能量的最终去向只能是唯一的，即最终进入环境。也就是说能量的利用是通过能量的传递，使能量由能源最终进入环境。其结果是能量被利用了，能源被消耗了。而作为能量而言，它是守恒的，不会消失。故就能量利用的本质而言，人类利用的不是能量的数量而是能量的质量（品质、品位），即能量的质量急剧降低，直至进入环境，最终成为废能。

第二节　能量转换的基本原理

一、概述

研究能量属性及其转换规律的科学是热力学。从热力学的角度看，能量是物质运动的度量，运动是物质存在的形式，因此一切物质都有能量。物质的运动可以分为宏观运动和微观运动。度量物质宏观运动能量的是宏观动能和位能；度量物质微观运动能量的是热力学能。热力学能广义上讲包括分子热运动形成的内动能、分子间相互作用所形成的内位能、维持一定分子结构的化学能和原子核内部的核能。温度越高，分子的内动能就越大；内位能取决于分子之间的距离，距离越小，内位能就越大。在没有化学反应和核反应的物理过程中，化学能和核能都不变，所以热力学能的变化只包括内动能和内位能的变化。只要物质运动状态一定，物质拥有的能量就一定。所以物质的能量仅仅取决于物质的状态，即状态参数。

尽管物质的运动多种多样，但就其形态而论只有有序（有规则）运动和无序（无规则）运动两类。人们常将量度有序运动的能量称为有序能，量度无序运动的能量称为无序能。显然，一切宏观整体运动的能量和大量电子定向运动的电能都是有序能；而物质内部分子杂乱无章的热运动则是无序能。大量事实证明，有序能可以完全、无条件地转换为无序能；相反的转换却是有条件的、不完全的。能量和能量转换这一特性，导致能量不仅有"量"的多少，而且有"质"的高低，而这正是能量转换中两个最重要的方面。

二、能量守恒与转换定律

众所周知，能量在量方面的变化，遵循自然界最普遍、最基本的规律，即能量守恒与转换定律。这一定律和细胞学说及进化论，被称为19世纪自然科学的三大发现。能量守恒和转换定律指出：自然界的一切物质都具有能量；能量既不能创造，也不能消灭，而只能从一种形式转换成另一种形式，从一个物体传递到另一个物体；在能量转换与传递过程中能量的总量恒定不变。

热能是自然界广泛存在的一种能量，其他形式的能量（机械能、电能、化学能）都很容易转换成热能。热能与其他形式能量之间的转换也必然遵循能量守恒和转换定律——热力学第一定律。热力学第一定律指出：热能作为能量，可以与其他形式的能量相互转换，在转换过程中能量总量保持不变。在热力学第一定律提出前，许多人曾幻想制造一种不消耗任何能量却能连续获得机械能的永动机。热力学第一定律发现后，制造这种违背热力学第一定律的永动机（后人称之为第一永动机）的企图最终被科学理论所否定。因此热力学第一定律也常表述为"第一类永动机是不可能制成的"。

三、能量贬值原理

能量不仅有量的多少，还有质的高低。热力学第一定律只说明了能量在量上要守恒，并没有说明能量在质方面的高低。事实上能量有品质上的差别。比如一大桶水，所含热量可谓很多，却不足以煮熟一个鸡蛋；而一勺沸水所含热量可能很少，却可以烫伤人。所以两个热量相同的物体，如果它们的温度不同，产生的客观效果也不同，因此有加以区分的必要。

热力学第一定律只告诉我们某一个变化过程中的能量关系，并没有告诉我们这个变化过程进行的方向。比如在两个不同温度的物体所组成的孤立系统中，热力学第一定律只告诉我们，如果它们之间有热交换的话，则一个所得的热量必然等于另一个所失的热量。但热力学第一定律并不能告诉我们是哪一个失去热量或哪一个得到热量。事实上我们都知道，温度高的物体失去热量，温度低的物体得到热量；永远不会有这样一个孤立系统，其中热者得到热量变得更热，冷者失去热量变得更冷。热力学第一定律没有包含这个明显的事实。

上述例子说明自然界进行的能量转换过程是有方向性的。不需要外界帮助就能自动进行的过程称为自发过程，反之为非自发过程。自发过程都有一定的方向。前述温差传热就是典型的例子，即热量只能自发地（即不花代价地）从高温物体传向低温物体，却不能自发地由低温物体传向高温物体。

热能和机械能之间的转换也是有方向性的。因为机械能是有序能，热能是无序能。实践证明，机械能可以不花代价地全部转换成热能（如摩擦生热），而热能却不可能全部转变为机械能。可见机械能转换成热能是自发过程，反之则为非自发过程。

自由膨胀是另一个过程方向性的例子。一个刚性绝热容器分隔成两室，分别储有同类的高压和低压气体，若在隔板上开一个小孔，高压气体就会自动流入低压室，直到两室压力相等时宏观流动才停止。这种自由膨胀过程也是自发过程。若要恢复到初始状态，则必须花费一定的代价。

在上例中，若隔板两侧有不同种类的气体，则不论两侧的温度、压力是否相等，当抽去隔板后两侧的气体会互相扩散、混合，最后成为均匀一致、处处状态相同的混合气体。显然这种扩散混合过程也是自发的。若要使过程反向进行，并恢复到初始状态，也要花费代价。

由此可见，自发过程都是朝着一定方向进行的，若要使自发过程反向进行并回到初始状态，则需花费代价，所以自发过程都是不可逆过程。产生过程不可逆的原因有很多，如有序的机械能通过摩擦转换为无序的热能，有序的电能通过电阻转换为无序的热能。这种通过摩擦或电阻使有序能不可逆转换为无序能的现象称为耗散效应。而温差传热、扩散混合等过程是在温度差、浓度差的推动下进行的过程，它们虽然没有耗散效应，但也是不可逆过程。因此，有耗散效应以及在有限的势差推动下的过程都是不可逆过程。

过程的方向性反映在能量上，就是能量有品质的高低。由于能量分为有序能和无序能，有序能之间可以无条件地转换，但当能量转换或传递过程有无序能参与时就会产生转换的方向性和不可逆问题。由此可以看出，有序能比无序能更宝贵和更有价值。正如能量"量"的属性遵循热力学第一定律一样，能量"质"的属性遵循热力学第二定律。

考察一种普通的自然现象：摩擦生热。由于摩擦，机械能转换为热能，即有序能变成了无序能。从能量的数量上看没有变化，但品质却降低了，即它的使用价值变小了，这种情况称为能量贬值。因此从能量的品质上看，摩擦使高品质的能量贬值为低品质的能量。

能量贬值是自然界的普遍现象。例如在发电机中由于摩擦、内电阻等耗散结构，输入的机械能除绝大部分变成电能外，总有一小部分机械能变成热能，使总的能量品质下降。只有在完全理想的可逆条件下才能使机械能全部变成电能，能量品质保持不变，但这只是一种理想的情况。

就像热力学第一定律一样，热力学第二定律也是长期实践经验的总结。尽管有许多不同的表达方式，热力学第二定律的实质就是能量贬值原理。它指出，能量转换过程总是朝着能量贬值的方向进行。高品质的能量可以全部转换成低品质的能量。能量传递过程也总是自发地朝着能量品质下降的方向进行。能量品质提高的过程不可能自发地单独进行。一个能量品质提高的过程肯定伴随有另一个能量品质下降的过程，并且这两个过程是同时进行的，即这个能量品质下降的过程就是实现能量品质提高过程的必要的补偿条件。在实际过程中，作为代价的能量品质下降过程必须足以补偿能量品质提高过程，因为某一系统中实际过程之所以能进行都是以该系统中总的能量品质必定下降为代价，即任何实际过程的进行都会产生能量贬值。因此在以一定的能量品质下降作为补偿的条件下，能量品质的提高也必定有一个最高的理论限度。显然这个最高的理论限度是：能量品质的提高值正好等于能量品质的下降值。此时系统总的能量品质不变。

上述热力学第二定律深刻地指明了能量转换过程的限度、条件、方向。以热能和机械能之间的转换为例，机械能可以自发地无条件地转换为热能；热能转换为机械能或电能则是有条件的。即使在理想的完全可逆的条件下，也不可能连续不断地把热能全部转换成机械能，总有一部分热能不可避免地要传给低温热源，而无法转换成机械能，即必须以部分热能从高温传向低温作为补偿条件才能实现热能转换为机械能这一能量品质提高的过程。因此任何实现热能转换成机械能的热机的效率都不可能是100%。在完全可逆的条件下，可以算出热能转变为机械能的最高理论限度。在实际的转换过程中，由于不可逆因素的存在，热能转换成机械能的数量必定低于这个理论极限。两者之间的差距可以用来量度实际转换过程的不可逆损失，也可反映在改进转换过程时可能具有的潜力。

当存在有限势差（温差、浓度差等）时，自发过程总是朝着消除势差的方向进行，在势差消除时自发过程即终止（过程的极限）。例如当物体之间存在温差时，就会发生热量的传递过程，热量总是自发地从高温物体传向低温物体；当两物体温度相等时，热量的传递过程就结束。当热量从高温物体传给低温物体时，能量在数量上是守恒的，但能量品质却下降了。又如水总是自动地从高处流向低处；电流总是自发地由高电势流向低电势；气体总是自发地由高压膨胀到低压；气体分子总是自由地从高浓度向低浓度扩散；不同气体可以自动地混合，相变过程和化学反应过程能自动地向一定的方向进行等，这些都是司空见惯的自发过程的例子。它们进行的方向都朝着消除势差的方向，即朝着能量品质贬值的方向。虽然它们的反向过程并不违反热力学第一定律，但却是不可能自发进行的。

可以从概率论的角度来阐述过程存在方向性的原因。例如一个刚性绝热容器被隔板分成左、右两室，其中左室充满气体，右室为真空。当隔板抽出后气体分子必定均匀地充满全部容器。若无外力作用，气体分子绝不会自动地回到左室中去。从概率论的角度分析，若容器中只有一个分子，因为分子运动的不规则性，分子出现在左室和右室的可能性完全一样，其概率都是1/2；若容器中有4个分子，则4个分子同时出现在左室或右室的概率也相同，但只有$(1/2)^4 = 1/16$。这时左、右室中可能出现的分子分布情况共有16种。从微观的角度看，每一种分布的可能性都是一样的，均为1/16。所以4个分子均集中在左室的概率为1/16；而左室中3个分子，右室中1个分子的概率就为4/16；左室2个分子右室也是2个分子的均匀分布的概率则为6/16。由此可见，均匀分布的状态有最大的概率，较不均匀的状态有较小的概率，而最不均匀的状态概率最小。

实际上，一个宏观容器中所包含的气体分子数目是非常巨大的，所以气体集中分布在左室或右室的概率极小，实际上是不可能，而出现均匀分布的概率则极大。所以容器抽出隔板后的自由膨胀过程就是气体分子从概率小的状态变到概率大的状态的过程。由此可以得出：从概率较小的状态变化到概率较大的状态是自发过程，反之是非自发过程。显然自发过程是不能自动恢复的。

实践证明，在付出一定代价的条件下，自发过程的反向过程也是可以实现的。例如通过制冷装置，以机械能转换成热能的过程为代价；或者以热量从高温区传给低温区的过程作为补偿条件，可以实现把热量从低温区传给高温区的过程。又如，利用压气机，以消耗一定的机械能为代价可以实现对气体的压缩；应用水泵，也以消耗机械能为代价，可以把水由低处输向高处；利用气体分离装置，以消耗机械能为代价，可以把混合气体中的组成气体分离出来。可见这些非自发的过程（能量品质提高的过程）不可能自发地单独进行；一种能量品质提高的非自发过程必定有一个能量品质下降的自发过程作补偿；在一定的补偿条件下，非自发过程进行的程度不能超过一定的最大的理论限度。

热力学第二定律有各种不同的说法。例如克劳修斯的说法是：不可能把热量从低温物体传到高温物体而不引起其他变化。它指出了热量传递过程的单向性。开尔文的说法是：不可能从单一热源吸取热量使之完全转变成功而不产生其他影响。它说明了热能与机械能转换的方向性。显然，这些说法都是等效的。

人们常把能够从单一热源取热，使之完全变为功而不引起其他变化的机器叫做第二类永动机。人们设想的这种机器并不违反热力学第一定律。它在工作过程中能量是守恒的，只是这种机器的热效率是 100%，而且可以利用大气、海洋和地壳作热源，把其中无穷无尽的热能完全转换为机械能，机械能又可变为热，循环使用，取之不尽，用之不竭。这种机器显然违反开尔文的说法。因此热力学第二定律又可表述为：第二类永动机是不可能制成的。

值得指出的是，热力学第一定律和热力学第二定律是两条互相独立的基本定律。前者揭示在能量转换和传递过程中能量在数量上必定守恒；后者则指出在能量转换和传递过程中，能量在品质上必然贬值。一切实际过程必须同时遵守这两条基本定律，违背其中任何一条定律的过程都是不可能实现的。

能量从"量"的观点看，只有是否已利用、利用了多少的问题；而从"质"的观点看，还有个是否按质用能的问题。所谓提高能量的有效利用，其实质就在于防止和减少能量贬值。

四、能量转换的效率

根据能量贬值原理，不是每一种能量都可以连续地、完全地转换为任何一种其他的能量形式。从转换的角度，可以把能量分为㶲（Exergie）和㶲（Anergie）两部分。㶲是这样一种能量，即在给定的环境条件下，它可以连续地完全转换为任何一种其他形式的能量，所以㶲又称为可用能或有效能。㶲则是一种不可以转换的能量，称为无用能或无效能。由此，对于一切形式的能量都可以表示成

$$能量＝㶲＋㶲 \qquad (2\text{-}6)$$

或用符号表示成

$$E = E_X + A_n \qquad (2\text{-}7)$$

正如第一章第一节中指出的，各种不同形式的能量，按其转换能力可分为三大类：

（1）无限转换能（全部转换能）。它可以完全转换为功，称为高质能。高质能全部都是㶲，即 $E=E_X$，$A_n=0$，因此它的数量和质量是统一的，如电能、机械能、水能、风能、燃料储存的化学能等。从本质上讲，高质能是有序运动所具有的能量，而且各种高质能理论上可以无限地相互转换。

（2）有限转换能（部分转换能）。它只能部分地转换为功，称为低质能，即 $E_X<E$，$A_n>0$，因此它的数量和质量是不统一的。如热能、流动体系的总能（通常用焓表示总能的大小）等。

（3）非转换能（废能）。它受环境限制不能转换为功，称为废能。如处于环境条件下的介质的内能、焓等。根据能量贬值原理，尽管废能有相当的数量，但从技术上讲，无法使之转换为功，所以对废能而言，$E_X=0$，$E=A_n$。

根据㶲和㶲的概念，热力学第一定律也可表述为：在孤立系统的任何过程中，㶲和㶲的总和保持不变。热力学第二定律则可表述为：一切实际过程均朝着总㶲减少的方向进行，也就是说，由㶲转换为㶲是不可能的。

热力学的这两个基本定律告诉我们：欲节约能源，必须综合考虑能的量和质两方面。

对于能源利用中最重要的热能利用而言，可用能㶲可理解为，处于某一状态的体系可逆地变化到与基准态（周围环境状态）相平衡时，理论上能对外界所做出的最大有用功。采用周围环境作为基准态，是因为它是所有能量相关过程的最终冷源。

然而实际上由于各种过程都不可避免地存在损失，都是不可逆过程，因此即使对高品质能量而言，其传递和转换的效率也不可能是100%。例如在机械能的传递过程中，由于传动机构（如变速箱）或支撑件（如轴和轴承）之间的摩擦必然会损失一部分能量，即部分机械能被转换成热能。这部分热能不但毫无用处，而且还需设置专门的冷却装置以带走变速箱和轴承中热量。在机械能转换成电能的装置（如汽轮发电机组、水轮发电机组）中，由于摩擦、电阻和磁耗等因素，发电的效率也不是100%。

对热能利用而言，热设备存在的能量损失更多，它通常包括：

（1）从设备的壁面由于辐射、对流、导热而损失的能量。

（2）设备排出的物质带走的能量。

（3）设备内由于发生不可逆过程所损失的可用能。

对第一类损失，其引起的原因有：设备的保温性能不好，密封不严，有空隙；设备内的温度和压力波动，设备的频繁启动、停车等。

对第二类损失，有烟气、冷却水、炉渣等带走的热量；燃烧不完全，漏入的空气过多，传热不好，设备设计不完善，烟气旁通等原因。

第三类损失通常是没有注意到的，其特点是热量完全没有损失，而是发生了无益的能量质的降低。例如燃料具有的化学可用能，通过燃烧转换为燃烧气体的热可用能时，一部分可用能发生了损失，这相当于传热时由于温度降低而引起的可用能减少一样。此外，因冷空气侵入而产生的炉内温度降低，并不表现为热量的损失，而是可用能减少了。蒸汽由于节流作用而产生的压力损失，也不是热量损失，而是可用能损失。

概括起来说，以下几种情况都会带来可用能的损失：

（1）热量从高温传向低温，直至接近环境温度。

（2）流体从压力高处流向压力低处，直至接近与环境相平衡的压力。

（3）物质从浓度高处扩散转移到浓度低处，直至接近与环境相平衡的浓度。

（4）物体从高的位置降落到低的位置。

（5）电荷从高电位迁移到接近于环境的电位。

在能量利用中，热效率和经济性是非常重要的两个指标。由于存在着耗散作用、不可逆过程以及可用能损失，在能量转换和传递过程中，各种热力循环、热力设备和能量利用装置，其效率都不可能是100%的。根据热力学原理，对于一切热工设备有

$$经济性指标 = \frac{获得的收益}{花费的代价} \tag{2-8}$$

如对热设备则有

$$热效率\ \eta = \frac{有效利用热}{供给热} \tag{2-9}$$

对动力循环

$$\text{热效率 } \eta = \frac{\text{输出功}}{\text{供给热}} \tag{2-10}$$

对理想的卡诺循环

$$\eta = 1 - \frac{T_2}{T_1} \tag{2-11}$$

式中：T_2 为低温热源的温度；T_1 为高温热源的温度。

对制冷循环

$$\text{制冷系数 } \varepsilon_c = \frac{\text{从低温热源"抽"走的热}}{\text{消耗功}} \tag{2-12}$$

对理想的逆向卡诺制冷循环

$$\varepsilon_c = \frac{T_2}{T_0 - T_2} \tag{2-13}$$

式中：T_0、T_2 分别为高温热源（如大气）、低温热源（如冷库）的温度。

对供热循环

$$\text{供暖系数 } \varepsilon_n = \frac{\text{供给高温热源的热}}{\text{消耗功}} \tag{2-14}$$

对理想的逆向卡诺热泵循环

$$\varepsilon_n = \frac{T_1}{T_1 - T_0} \tag{2-15}$$

式中：T_1、T_0 分别为高温热源（如室温）和低温热源（如大气）的温度。

以上 η、ε_c、ε_n 不仅指出了在同样温度范围内实际的动力循环、制冷循环和供暖循环的经济指标的极限值，同时也指明了提高其经济性指标的途径。

第三节　主要的能量转换过程

一、概述

在能源利用中最重要的能量转换过程是将燃料的化学能通过燃烧转换为热能，热能再通过热机转换成机械能。机械能既可直接利用（例如驱动汽车和各种运输机械），也可通过发电机再将机械能转换为更便于应用的电能。

将燃料的化学能转变为热能是在燃烧设备中实现的。主要的燃烧设备有锅炉和各种工业炉窑。有关各种燃料的知识将在第三章中介绍。

将热能转换为机械能是目前获得机械能最主要的方式。这一转换通常是在热机中完成的。因为热机能为各种机械提供动力，故通常又将其称为动力机械。应用最广的热机是内燃机、蒸汽轮机、燃气轮机等。内燃机主要为各种车辆、工程机械提供动力，也用于可移动的发电机组。蒸汽轮机主要用于发电厂中，用它带动发电机发电；也作为大型船舶的动力，或拖动大型水泵和大型压缩机、风机。燃气轮机除用于发电外，还是飞机的主要动力来源，也作为船舶的动力。

根据能量贬值原理（热力学第二定律），热能不可能全部转换为机械能，任何企图制造一种能将热能 100% 地转换为机械能的热机是不可能实现的。换句话说，依靠单一热源做功的热机是没有的。因此所有的热机都是工作在一个高温热源和一个低温冷源之间。高温热源的温度越高，低温冷源的温度越低，热机将热能转换为机械能的数量就越多，也就是说热机的效率越高。

下面介绍主要的能量转换过程。

二、化学能转换为热能

（一）燃料燃烧

燃料燃烧是化学能转换为热能的最主要方式。能在空气中燃烧的物质称为可燃物，但不能把所有的可燃物都称作燃料（如米和砂糖之类的食品）。所谓燃料就是能在空气中容易燃烧并释放出大量热能的气体、液体或固体物质，是能在经济上值得利用其发热量的物质的总称。燃料通常按形态分为固体燃料、液体燃料和气体燃料。

天然的固体燃料有煤炭和木材，人工的固体燃料有焦炭、型煤、木炭等。其中煤炭应用最为普遍，是我国最基本的能源。天然的液体燃料有石油（原油），人工的液体燃料有汽油、煤油、柴油、重油等。通常所说的燃料油是指重油，它实际上是渣油、裂化残油及燃料重油的通称。燃料重油则是将渣油、裂化残油或其他油品按一定比例混合调制而成的。天然的气体燃料有天然气，人工的气体燃料有焦炉煤气、高炉煤气、水煤气和液化石油气等。

为了使燃料高效地燃烧，必须了解各种燃料的成分和化学组成，因此需要对燃料进行分析。通常燃料分析有元素分析、工业分析和成分分析。对固体燃料主要进行元素分析和工业分析，对液体燃料使用元素分析，气体燃料多用成分分析。

燃料的燃烧反应是一个氧化反应。燃料中的可燃元素碳、氢、硫和空气中的氧急剧化合时就会发出显著的光和热。同氢和硫相比，碳的氧化较为缓慢和困难，因此在任何燃烧过程中氢和硫都是在碳之前完全燃烧，其中氢燃烧最为激烈。

任何燃料的燃烧过程都有"着火"和"燃烧"两个阶段。由缓慢的氧化反应转变为剧烈的氧化反应（即燃烧）的瞬间称为着火，转变时的最低温度称为着火温度。燃烧的着火温度主要取决于燃料的组成，此外还与周围介质的压力、温度有关。各种燃料的着火温度见表2-2。

表 2-2　　　　　　　　　　　各种燃料的着火温度

燃　料　种　类		着火温度（℃）	燃　料　种　类		着火温度（℃）
固体燃料	硬木	250～300	液体燃料	汽油	300～320
	木炭（黑炭）	320～370		石油（原油）	400～450
	木炭（白炭）	350～400		重油	530～580
	褐煤（风干）	250～450		焦油	580～650
	烟煤	325～400			
	无烟煤	440～500	气体燃料	焦炉煤气	650～750
	半焦炭	450～500		水煤气	700～800
	焦炭	500～600		高炉煤气	700～800
	泥煤（风干）	225～280		煤层气	650～750

汽油、酒精之类的液体燃料极易挥发，即使在较低温度下其挥发物也能够与空气混合而形成可燃的混合气体。当它们与火焰或火花接近时，即使在低温下也可被引着火而燃烧起来，这种现象称为闪火或引火。使燃料引火的最低温度称为闪点或引火点。各种液体燃料的闪点见表 2-3。

表 2-3 各种液体燃料的闪点

燃 料	闪 点（℃）	燃 料	闪 点（℃）
石油（原油）	一般 0 以下	轻油	60～80
汽油	−50～0	重油	60～120
煤油	30～70	乙醇	9～32

（二）燃烧所需的空气量

1. 理论空气量

燃烧过程是一种剧烈的氧化反应过程，燃烧过程所需的氧气通常来自空气，空气可以看作主要是由氧和氮所组成的混合气体，两种气体的体积比为 21：79。提供充足的空气是完全燃烧的必备条件。

根据燃烧的化学反应式，单位燃料完全燃烧时理论上所需的干空气量称为理论空气量。理论空气量的单位：对固体及液体燃料为 m^3/kg 燃料，对气体燃料为 m^3/m^3 燃料。可以由燃料的化学反应式算出各种元素完全燃烧时的理论空气量，1kg 碳完全燃烧时需要的理论空气量为 $8.89m^3$。1kg 硫完全燃烧时所需要的理论空气量为 $3.33m^3$。1kg 氢完全燃烧时所需要的理论空气量为 $26.7m^3$。对于不同的燃料，由于燃料中所含碳、硫、氢的比例不同，因而其燃烧时的理论空气量也不相同。表 2-4 给出了各种燃料的理论空气量的大致范围。理论空气量的准确值则需依据燃料的工业分析结果再加以计算。

表 2-4 各种燃料的理论空气量的大致范围

燃料类型	燃料名称	理论空气量（m^3/kg 燃料或 m^3/m^3 燃料）	燃料类型	燃料名称	理论空气量（m^3/kg 燃料或 m^3/m^3 燃料）
固体燃料	褐煤	3.5～6.5	气体燃料	焦炉煤气	4.0～4.8
	烟煤	7.5～8.5		高炉煤气	0.6～0.8
	无烟煤	9～10		水煤气	2.1～2.2
	焦炭	8.5～8.8		城市煤气	4.0
液体燃料	重油	10～11		液化天然气	11.0
	轻油	11.2		液化石油气	21.5～31

2. 实际空气量

实际燃烧时，燃料中的可燃元素与空气中的氧不可能有理想的混合、接触和化合，因此对于任何燃料都要根据其特性和燃烧方式供应比理论空气量更为多些的空气，使燃料完全燃烧。为了使燃料完全燃烧而实际供应的空气量称为实际空气量。

实际空气量与理论空气量的比值称为过量空气系数（或空气系数）。表 2-5 列出了锅炉中常采用的过量空气系数的大致数值。显然，过量空气系数的大小与燃料的种类及燃烧方式有关。知道了过量空气系数即可由理论空气量求出实际燃烧时所需供应的空气量。通常燃烧设备中的过量空气系数均大于 1，只有对陶瓷窑炉，由于工艺上的需要，有时要求烟气中含有 CO，以采取还原焰烧成作业，此时过量空气系数小于 1。

表 2-5   锅炉中常采用的过量空气系数的大致数值

燃 料 种 类		燃 烧 方 法		
		手烧炉	机械炉排炉	室燃炉
固体燃料	无烟煤	1.5	1.3～1.4	
	烟　煤	1.5～2.0	1.3～1.7	
	煤　粉			1.2～1.4
液体燃料				1.1～1.3
气体燃料				1.05～1.2

（三）燃烧产生的烟气量

1. 理论烟气量

燃烧过程产生的热能都包含在烟气中，因此燃烧所产生的烟气是热能的携带者，烟气量则是热力计算中的基础数据。如供给燃料以理论空气量，燃料又达到完全燃烧，烟气中只含有 CO_2、SO_2、水蒸气及 N_2 四种气体，这时烟气所具有的容积就称为理论烟气量。其单位，对固体和液体燃料为 m^3/kg 燃料，对气体燃料为 m^3/m^3 燃料。

若已知燃料的化学组成，则可根据燃烧的化学反应式计算出理论烟气量，即理论烟气量等于燃烧所产生的 CO_2、SO_2、H_2O 及 N_2 四种气体之和。当缺少燃料的化学组成资料时，可利用经验公式近似地计算理论烟气量。

2. 实际烟气量

实际燃烧过程是在不同的过量空气系数下进行的。当完全燃烧时，实际烟气量可按下式计算：

$$V_a = V_0 + (\alpha - 1) L_0 \qquad m^3/kg \text{ 燃料或 } m^3/m^3 \text{ 燃料} \tag{2-16}$$

式中：V_a 为实际烟气量；V_0 为理论烟气量；α 为过量空气系数；L_0 为理论空气量。

（四）燃烧温度

燃料燃烧时燃烧产物达到的温度称为燃烧温度。燃烧温度与燃料的种类和成分、燃烧条件、传热情况等多种因素有关。实际的燃烧温度 T 可由热平衡方程求出，即

$$T = \frac{Q_{net,ar} + Q_a + Q_r + Q_{ch} + Q_b - Q_f}{V_a c_p} \tag{2-17}$$

式中：$Q_{net,ar}$ 为燃料低位发热量；Q_a 为空气带入的物理热；Q_r 为燃料带入的物理热；Q_{ch} 为燃烧产物传给周围物体的热量；Q_b 为未完全燃烧的热损失；Q_f 为某些气体热分解消耗的热量；V_a 为实际烟气量；c_p 为烟气的平均比定压热容。

根据不同燃料燃烧的特点，采用各种措施提高燃料的燃烧效率是节能的重要途径。此外，燃料燃烧时会产生严重的环境污染问题，因此发展和推广高效低污染的燃烧技术既是节能的需要，也是保护环境实现可持续发展的重要措施。

有关煤、油和气体燃料的燃烧特点以及先进的燃烧技术请参看第九章第一节高效低污染燃烧技术。

（五）燃烧设备

将燃料燃烧的化学能转变为工质热能的设备称为锅炉。锅炉产生的蒸汽或热水也是一种优质的二次能源，除用于发电外，也广泛用于冶金、化工、轻工、食品等工业部门，而且是采暖的热源。锅炉本体由"锅"和"炉"两部分组成。炉是指锅炉的燃烧系统，它通常包括炉膛、燃烧器、烟道、炉墙构架等，其作用是完成燃料（煤、重油、天然气或固体废弃物）

的燃烧放热过程。锅是指锅炉的汽水系统，由汽包、下降管、联箱、导管及各种受热面组成，其作用是吸收燃烧系统放出的热量，完成由水变成高温高压蒸汽的吸热过程。

吸收燃烧产物——高温烟气热量的锅炉受热面是由直径不等、材料不同的管件组成。根据受热面作用的不同，可以分为以下几种。

（1）水冷壁：布置在炉膛四周，吸收炉膛的辐射热，用以加热其中的工质，并对炉墙起保护作用。

（2）过热器：饱和蒸汽在其中加热成具有额定温度的过热蒸汽。

（3）再热器：将汽轮机高压缸的排汽再加热到较高的温度，然后送入汽轮机的中、低压缸做功，以提高发电厂的热效率。

（4）省煤器：布置在锅炉尾部，利用尾部烟气的余热加热给水，以降低排烟温度，节约燃料。

（5）空气预热器：布置在锅炉尾部，利用尾部烟气的余热加热助燃空气，用于强化着火和燃烧，同时使排烟温度进一步降低，以提高锅炉效率。

为了保证锅炉能正常运行，锅炉还有许多辅助装置：储存和运输燃料的燃料供应装置；将煤磨成很细的煤粉并将煤粉送入炉膛燃烧的磨煤装置；将空气送入预热器和炉膛的送风装置；将锅炉烟气排至大气的引风装置；把符合标准的给水送入锅炉的给水装置；将锅炉中灰渣排走的除灰装置；除去烟气中飞灰以保护环境的除尘装置；对锅炉运行进行自动检测、自动控制和自动保护的自控装置。图 2-2 为燃煤锅炉设备的示意。

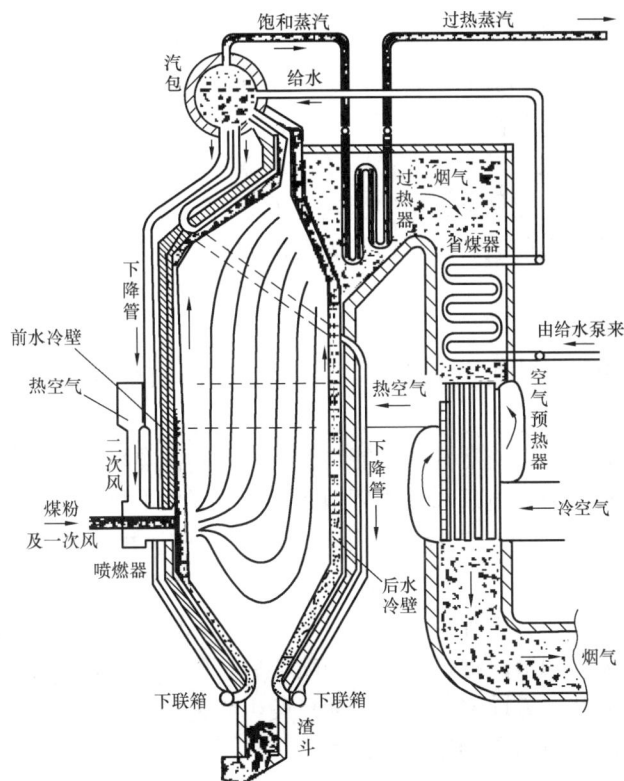

图 2-2　燃煤锅炉设备的示意

通常用以下指标描述电厂锅炉的特性：

（1）蒸发量，表示锅炉的容量，指锅炉每小时能连续提供的蒸汽量，单位为 t/h。

（2）蒸汽参数，指过热器出口过热蒸汽的压力和温度，以及再热器出口再热蒸汽的温度。

（3）给水温度，指省煤器入口处的水温。

（4）锅炉效率，指锅炉生产蒸汽的吸热量和锅炉输入燃料发热量之比，表示锅炉中燃烧热量的有效利用程度。

电厂锅炉的分类方法很多，例如按燃料种类可分为燃煤锅炉、燃油锅炉和燃气锅炉。我国能源以煤为主，因此燃煤锅炉多，发达国家则燃油和燃气锅炉占优势。通常电厂锅炉多按蒸汽的参数（主要指压力）来分类。表 2-6 为我国电厂锅炉分类（按压力）。

表 2-6　　　　　　　　　　我国电厂锅炉分类（按压力）

锅 炉 类 别	蒸汽压力 （MPa）	蒸汽温度 （℃）	锅炉容量 （t/h）	发电机组的额定功率 （MW）
高 压 锅 炉	9.8	510 540	220，230 410	50 100
超 高 压 锅 炉	13.7	555/550 540/540	400 670	125 200
亚临界压力锅炉	18.3	540/540	1025	300
超临界压力锅炉	25.3	543/569	1968	600

将燃料的化学能转换为热能的设备除锅炉外还有工业炉窑。工业炉窑量大面广，类型繁多。例如冶金工业中就有炼铁高炉，炼钢平炉、转炉，轧钢连续加热炉、罩式退火炉、炼铜反射炉；建材工业中有水泥回转窑、立窑，砖瓦焙烧窑，陶瓷和砖瓦隧道窑，玻璃池窑；机械工业中的各种热处理炉，化铁冲天炉等。这些工业炉窑有的烧煤，有的采用重油、焦炭或天然气作燃料，都是能耗大的装置。目前我国大多数工业炉窑技术落后，热效率低，节能潜力大，是技术改造的重点。

三、热能转换为机械能

热能转换为机械能是在热机中完成的，主要的热机有蒸汽轮机、燃气轮机、内燃机。

1. 蒸汽轮机

蒸汽轮机简称汽轮机，是将蒸汽的热能转换为机械功的热机。汽轮机单机功率大、效率高、运行平稳，在现代火力发电厂和核电厂中都用它驱动发电机。汽轮发电机组所发的电量占总发电量的 80% 以上。此外，汽轮机还用来驱动大型鼓风机、水泵和气体压缩机，也用作舰船的动力。

汽轮机的工作原理如图 2-3 所示，其中（a）为冲动式汽轮机。其工作原理是：锅炉产生的具有一定压力和温度的蒸汽通过汽轮机的喷嘴后，压力降低，速度增高；这股高速汽流冲到装在叶轮上的动叶片，方向有了改变，动量发生变化，从而对动叶片产生作用力，推动转子转动，便将热能转换成由主轴输出的机械功。

在冲动式汽轮机中，蒸汽的压降主要是在喷嘴叶片中。还有一种汽轮机，蒸汽同时在喷嘴（定叶片）和动叶片产生压降，此时除了从喷嘴出口的高速汽流冲击动叶片转动外，汽流还在动叶片中加速，从而产生反作用力，推动动叶片转动，这种汽轮机称为反动式汽轮机，如图 2-3（b）所示。

为了充分利用高温高压蒸汽膨胀的能量，大型汽轮机通常有多级叶片，并将汽轮机分为高压缸和低压缸。根据汽轮机的排汽压力通常有凝汽式汽轮机和背压式汽轮机之分。前者汽轮机带有凝汽器，它的排汽压力低于大气压力；后者无凝汽器，其排汽压力高于或等于大气压力。显然，从热机的热效率公式可知，进入汽轮机的高温蒸汽参数一定时，凝汽式汽轮机由于其排汽压力低，其排汽温度也低，所以它的热效率高于背压式汽轮机；但背压式汽轮机排出的低压蒸汽还可作其他用途。

汽轮机还可根据是否从中抽汽，分为抽汽式汽轮机和非抽汽式汽轮机。抽汽式汽轮机抽出的蒸汽既可供其他热用户使用，也可用来加热给水，以提高整个电厂的循环效率。在大型火力发电厂中，汽轮机通常分成高压

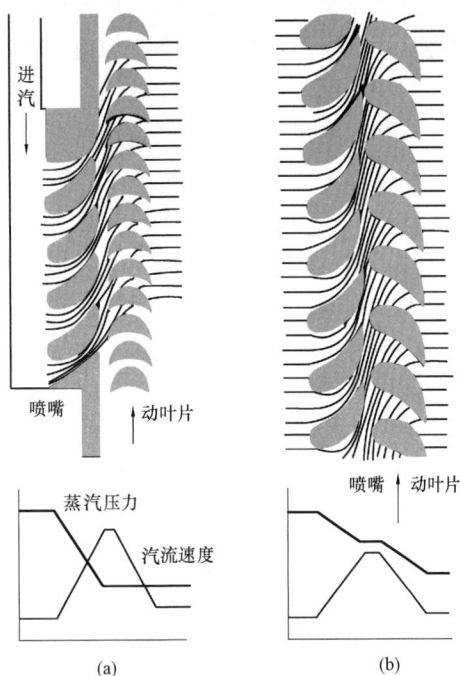

图 2-3　汽轮机的工作原理
（a）冲动式汽轮机；（b）反动式汽轮机

缸和低压缸，锅炉来的新蒸汽在高压缸中做功后，其排汽先被送到再热器，使蒸汽温度提高后再进入汽轮机的低压缸做功，这种汽轮机称为再热式汽轮机。采用再热方式可以提高循环的热效率。表 2-7 为火力发电厂用的国产凝汽式汽轮机的技术参数。

表 2-7　　　　　　　　　国产发电用凝汽式汽轮机的技术参数

型　号	形　式	额定功率（MW）	额定转速（r/min）	进　汽　参　数		给水温度（℃）	排汽压力（MPa）
				压力（MPa）	温度（℃）		
N200-12.75	双排汽	200	3000	12.75	535	240	0.004 9
N200-12.75	三排汽	200	3000	12.75	535	243.3	0.005 39
N300-16.7	双排汽	300	3000	16.67	537	272.4	0.005 4
N600-16.7	双缸双排	600	3000	16.67	537	273	0.005 39

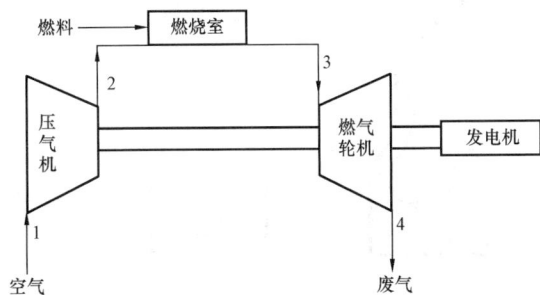

图 2-4　燃气轮机发电装置示意

2. 燃气轮机

燃气轮机和蒸汽轮机最大的不同是，它不是以水蒸气做工质而是以气体做工质。燃料燃烧时所产生的高温气体直接推动燃气轮机的叶轮对外做功，因此以燃气轮机作为热机的火力发电厂不需要锅炉。图 2-4 就是最简单的燃气轮机发电装置示意。它包括三个主要部件：压气机、燃烧室和燃气轮机。空气进入压气机，被压缩

升压后进入燃烧室，喷入燃油即进行燃烧，燃烧所形成的高温燃气与燃烧室中的剩余空气混合后进入燃气轮机的喷管，膨胀加速而冲击叶轮对外做功。做功后的废气排入大气。燃气轮机所做的功一部分用于带动压气机，其余部分（称为净功）对外输出，用于带动发电机或其他负载。和汽轮机相比，燃气轮机具有以下优点：

（1）质量和体积小、投资少。燃气轮机的质量及所占的容积只有汽轮机装置的几分之一或几十分之一，因此它耗材少，投资费用低，建设周期短。

（2）启动快、操作方便。从冷态启动到满载只需几十秒或几十分钟，同时由于燃气轮机结构简单、辅助设备少，运行时操作方便，能够实现遥控，自动化程度可以超过汽轮机。

（3）水、电、润滑油消耗少，只需少量的冷却水或不用水，因此可以在缺水的地区运行；辅助设备用电少，润滑油消耗少，通常只占燃料费的1％左右，而汽轮机要占6％左右。

鉴于燃气轮机的上述优点，以燃气轮机作热机的火力发电厂主要用于尖峰负荷，对电网起调峰作用。但燃气轮机在航空和舰船领域却是最主要的动力机械。由于燃气轮机小而轻，启动快，功率大，目前飞机上的涡轮喷气发动机、涡轮螺旋桨发动机、涡轮风扇发动机都是以燃气轮机作为主机或启动辅机。高速水面舰艇、水翼艇、气垫船也广泛采用燃气轮机作动力。

从热力学理论可知，提高热源温度和降低冷源温度是提高热功转换效率的关键。由于燃气轮机平均吸热温度远高于蒸汽轮机，因此其热功转换效率也比蒸汽轮机高许多。但燃气轮机的功率却远远小于蒸汽轮机，而且可靠性也不够高，故难以成为火力发电的主力机组。但是20世纪80年代以来，燃气轮机技术迅速发展，例如寻求耐高温材料，改进冷却技术，使燃气初温进一步提高，提高压比，充分利用燃气轮机余热，研制新的回热器等。现在燃气轮机的初温已超过1400℃，单机功率已高达250MW，循环效率达37％～42％，可靠性也大大提高。这些发展已使燃气轮机逐渐成为发电的主力机组。

3. 内燃机

内燃机包括汽油机和柴油机，是应用最广泛的热机。大多数内燃机是往复式的，有气缸和活塞。内燃机有很多分类方法，但常用的是根据点火顺序分类或根据气缸排列方式分类。按点火或着火顺序可将内燃机分成四冲程发动机和二冲程发动机。

四冲程发动机的工作过程如图2-5所示。它完成一个循环要求有四个完全的活塞冲程：

（1）进气冲程：活塞下行，进气门打开，空气被吸入而充满气缸。

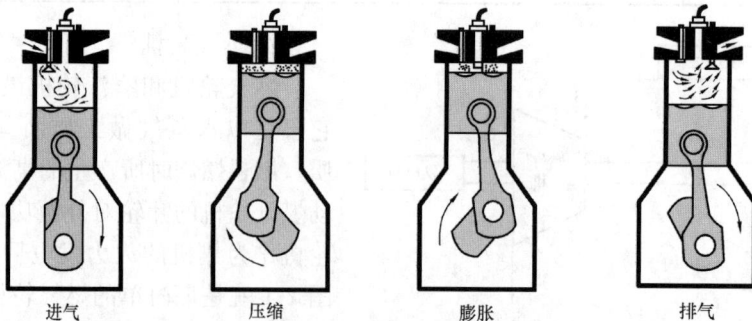

| 进气 | 压缩 | 膨胀 | 排气 |

图2-5 压燃式四冲程发动机的工作原理

（2）压缩冲程：所有气门关闭，活塞上行压缩空气，在接近压缩冲程终点时，开始喷射燃油。

（3）膨胀冲程（即下行冲程）：所有气门关闭，燃烧的混合气膨胀，推动活塞下行，此冲程是四个冲程中唯一做功的冲程。

（4）排气冲程：排气门打开，活塞上行将燃烧后的废气排出气缸，开始下一个循环。

二冲程发动机是将四冲程发动机完成一个工作循环所需要的四个冲程纳入二个冲程中完成的。图 2-6 为二冲程发动机的工作原理。当活塞在膨胀冲程中沿气缸下行时，首先开启排气口，高压废气开始排入大气。当活塞向下运动时，同时压缩曲轴箱内的空气-燃油混合气；当活塞继续下行时，活塞开启进气口，使被压缩的空气-燃油混合汽从曲轴箱进入气缸。在压缩冲程（活塞上行），活塞先关闭进气口，然后关闭排气口，压缩气缸中的混合气。在活塞将要到达上止点之前，火花塞将混合气点燃。于是活塞被燃烧膨胀的燃气推向下行，开始另一膨胀做功冲程。当活塞在上止点附近时，化油器进气口开启，新鲜空气-燃油混合气进入曲轴箱。在这种发动机中，润滑油与汽油混合在一起对曲轴和轴承进行润滑。这种发动机的曲轴每转一周，每个气缸点火一次。

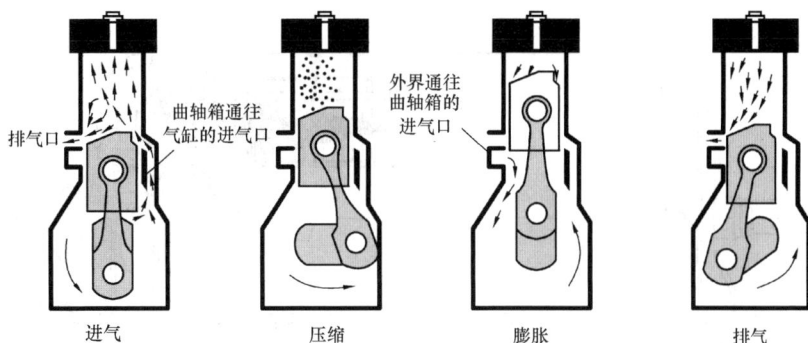

排气口　　曲轴箱通往　　外界通往
　　　　　气缸的进气口　曲轴箱的
　　　　　　　　　　　　进气口

进气　　　　　压缩　　　　　膨胀　　　　　排气

图 2-6　二冲程发动机的工作原理

四冲程发动机和二冲程发动机相比，经济性好，滑润条件好，易于冷却；但二冲程发动机运动部件少，质量小，发动机运动较平稳。

目前四缸和六缸汽车发动机一般采用直列布置，八缸汽车发动机一般采用 V 形布置。还有一种对置活塞发动机，它由两个活塞、两根曲轴和一个气缸组成。两根曲轴由齿轮结合在一起，以保证同步运转。这种对置活塞布置一般用于大型柴油机。在石油工业中还采用一种三角形发动机，它由三个对置活塞发动机组成，按三角形布置。

内燃机只能将燃料热能中的 25%～45% 转换成机械能，其余部分大多被排气或冷却介质带走。因此，如何利用内燃机排气中的能量就成了提高内燃机动力性和经济性中的主要问题。早在 20 世纪初，瑞士工程师就提出了涡轮增压的设想，即利用废气涡轮增压器给进入气缸的气体增压，使进入气缸的空气密度增加，从而大大提高缸内的平均指示压力，使内燃机的功率显著增加。近百年来，内燃机废气涡轮增压技术得到了迅速发展，国外 60% 以上车用柴油机都采用涡轮增压技术，车用汽油机采用增压技术也日益增多。由于废气涡轮增压能回收 25%～40% 的排气能量，所以采用增压技术不但能提高发动机的功率，而且能降低油耗和改善内燃机的排放性能。增压技术的发展主要表现在两方面：一方面是增压比和增压器效率不断提高；另一方面是增压系统向多种形式发展，使得变工况和低负荷下发动机都具有良好的运行特性。

随着科学技术的发展，绝热柴油机、全电子控制内燃机、燃用天然气、醇类代用燃料和氢的新型发动机都相继问世。进入 21 世纪，由于环境问题日益突出，因此研制新一代高效低排放的发动机已成为科学家们共同努力的目标。

四、机械能转换为电能

将蒸汽轮机或燃气轮机的机械能转换成电能是通过同步发电机实现的。同步发电机由定子（铁芯和绕组）、转子（钢芯和绕组）、机座等组成。转子绕组中通入直流电并在汽轮机的带动下高速旋转，此时转子磁场的磁力线被定子三相绕组切割，定子绕组因感应会产生电动势。当定子三相绕组与外电路连接时，会有三相电流产生。这一电流又会同步产生一个顺转子转动方向的旋转磁场，带有电流的转子绕组在该旋转磁场的作用下，将产生一个与转子旋转方向相反的力矩，这一力矩将阻止汽轮机旋转，因此为了维持转子在额定转速下旋转，汽轮机一定要克服该力矩而做功，也就是说汽轮机的机械能通过同步发电机中的电磁相互作用而转变为定子绕组中的电能。汽轮发电机的基本结构见图 2-7。表 2-8 为大型汽轮发电机的主要技术参数。

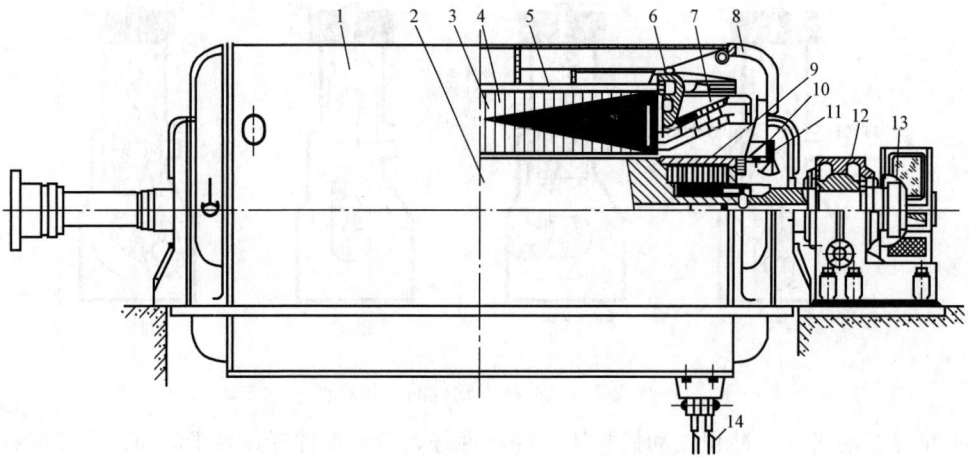

图 2-7　汽轮发电机的基本结构

1—定子；2—转子；3—定子铁芯；4—定子铁芯的径向通风沟；5—定位筋；
6—定子压圈；7—定子绕组；8—端盖；9—转子护环；10—中心环；
11—离心式风扇；12—轴承；13—集电环；14—定子电流引出线

表 2-8　　　　　　　　　　　大型汽轮发电机的主要技术参数

型　　号	QFSS-200-2	QFQS-200-2	QFS-300-2	QFSN-600-2
额定容量（MVA）	235	235	353	670
额定电压（kV）	15.75	15.75	18	20
额定功率因数	0.85	0.85	0.85	0.90
额定电流（kA）	8.625	8.625	11.32	19
额定转速（r/min）	3000	3000	3000	3000

第四节　能源利用分析

一、概述

能源的有效利用是能源利用中最重要的问题。通常能源的有效利用是指消耗同样的能源获得较多的效益，或者获得同样的效益，消耗较少的能源。对能量利用的分析评价常常包括两方面，即对能量利用过程进行分析评价和对能源消耗效果的分析评价。对于前者，从热力学角度分析，有能量平衡法、㶲分析法、熵分析法和能级分析法等；对于后者，有全能耗分析法、净能量分析法、价值分析法和能量审计法等。本节只讨论能量利用过程的分析评价法，对于能源消耗效果的分析评价，将在第八章第四节中介绍。

能量平衡法又称为热平衡法，它是依据热力学第一定律，对某一能量利用装置（或系统）考察其收入的能量和支出能量的数量上的平衡关系。这种方法简单，是多年来企业普遍采用的方法。

㶲分析法是从可用能的角度，即在给定的环境条件下，能量的最大做功能力来对能量利用系统进行分析，其主要依据是热力学第二定律。

熵分析法也是基于热力学第二定律，从能量做功能力损失的角度，利用最小熵产原理对能源利用过程进行分析。

能级分析法是用全面用能和节能的观点来对能源利用过程进行分析。该方法的核心思想是全面而有效地用能应该是"既要减少能量的数量损失，又要按能级匹配用能"。其理论依据也是热力学第二定律。

在上述几种分析方法中，应用最广的是能量平衡法和㶲分析法。

二、能量平衡法

能量平衡法是按照能量守恒的法则，采用所谓"黑箱方法"，对指定时期内，能量利用系统收入能量和支出能量在数量上的平衡关系进行考察，以定量分析用能的情况，为提高能量利用水平提供依据。

"黑箱"是指具有某种功能而不知其内部构造和机理的事物或系统。"黑箱方法"是利用外部观测、试验，通过输入和输出信息来研究黑箱的功能和特性，以探索其构造和机理的一种科学的研究方法。它强调的是外部观测和整体功能，而不注重内部构造与局部细节。

能量平衡既包括一次能源和二次能源所提供的能量，也包括工质和物料所携带的能量，以及在工艺过程、发电、动力、照明、物质输送等能源转换和传输过程的各项能量收支。由于热能往往是能量利用中的主要形式，因此，在考察系统的能量平衡时，通常将其他各种形式的能量（如电能、机械能、辐射能等）都折算成等价热能，并以热能为基础来进行能量平衡的计算，因此往往又将能量平衡称为热平衡。

能量平衡的理论依据是众所周知的能量守恒和转换定律，即对一个有明确边界的系统有

$$输入能量＝输出能量＋体系内能量的变化$$

对正常的连续生产过程，可以视其为稳定状态，此时系统内的能量将不发生变化，于是有

$$输入能量＝输出能量$$

由此可见，能量平衡主要是通过考察进出系统的能量状态与数量来分析该系统能量利用

的程度和存在的问题，而不细致考察系统内部的变化，因此它是一种典型的"黑箱方法"。

　　能量平衡具体应用于设备和装置时，称为设备的能量平衡；应用于车间、企业时则称为企业能量平衡。设备能量平衡着眼于设备单元的能量收支分析，而企业能量平衡则以企业为基本单位，着眼于企业整体能量利用的综合平衡分析。企业的能量平衡所涉及的范围、采用的方法、包含的内容，都远远超过了设备能量平衡，但设备的能量平衡却是企业能量平衡的基础。有时为了考察企业中某一种能源形式的收支关系，还可以用蒸汽平衡、油平衡、电平衡等方法。

　　企业能量平衡是提高企业能源管理水平、推动企业节能技术改造的一项基础性的技术工作。有关企业能量平衡的定义、方法和要求等，GB/T 3484—2009《企业能量平衡通则》中均有详细的说明和具体的规定。

　　企业能量平衡的技术指标，包括单位能耗、单位综合能耗、设备效率和企业能量利用率等。有关指标的定义，请参看第八章。值得指出的是，根据企业能量平衡对设备效率进行计算时，可以采用正平衡法或反平衡法，并可将两种方法进行比较，以确定测试的精确度。采用正平衡法时

$$设备效率 = \frac{有效能量}{供给能量} \times 100\% \tag{2-18}$$

采用反平衡法时

$$设备效率 = \left(1 - \frac{损失能量}{供给能量}\right) \times 100\% \tag{2-19}$$

　　企业能量平衡测试的结果常绘制成企业能量平衡表。通过能量平衡表可以获得企业的用能水平、耗能情况、节能潜力等诸多信息。

三、㶲分析法

　　能量平衡法对提高能源利用率、实现能量的有效利用有着不容低估的作用。但随着生产和能源消费的不断增长，能源供需矛盾日益突出，而且用能系统使用能源的种类和能量的品位也日趋多样化（如除燃料的化学能、电能外，还有余热能、地热能、风能、太阳能等），人们越来越认识到单纯地以热力学第一定律为基础的能量平衡法的不足之处。例如，能量平衡只能反映系统的外部损失（如排热、散热等损失），而不能揭示能量转换和利用过程中的内部损失（即不可逆损失）；能量平衡不能适用于不同品位能源同时存在的综合系统。能量平衡法的这种缺陷，从热力学理论看，并不难理解，因为单纯考察能量的数量平衡，而不考虑能量"质"的差异，就很难全面地反映能源利用的完善程度。㶲分析法是从"质"和"量"两方面来综合评价能源系统的新方法。

　　有关㶲的基本概念在第二节中已作介绍，㶲分析法的基本原理是以对平衡状态（基准态）的偏离程度作为㶲或者做功能力的度量。通常都采用周围环境作为基准态。因为从热力学第二定律可知，周围环境是所有能量利用过程的最终冷源。

　　任何不可逆过程都必定会引起㶲损失，只有可逆过程才没有㶲损失。因为实际过程均为不可逆过程，故㶲并不守恒，而且在能量利用过程中㶲是不断减少的。也就是说，一个实际的系统或过程，各项㶲的变化是不满足平衡关系的，需要附加一项㶲损失，才能给一个实际系统或过程建立㶲平衡方程式。

　　为了全面衡量设备或过程在能量转换方面的完善程度，通常采用㶲效率来作为全面反映能量在转换过程中的有效利用程度和判断能量利用的综合水平的统一标准尺度。具体而言，在进行㶲分析时对正平衡法有

$$㶲效率 = \frac{（净）收益的㶲}{消耗的㶲} \tag{2-20}$$

对反平衡法有

$$㶲效率 = 1 - \frac{各项㶲损耗之和}{消耗的㶲} \tag{2-21}$$

　　值得注意的是，从原则上讲，㶲效率是很容易定义的，它是指收益㶲与消费㶲之比。但采用什么标准来区分收益㶲与消费㶲，在某种程度上则有任意性。区分方法不同，就会有不同的㶲效率定义。在㶲分析法中常用的㶲效率有两种：㶲的传递效率和㶲的目的效率。

　　对节流阀、齿轮箱、换热器等装置常采用㶲的传递效率，其定义是

$$㶲的传递效率 = \frac{出口㶲总和}{入口㶲总和}$$

$$= \frac{通过某些设备（或过程）的传递而得到的㶲}{由此设备（或过程）来传递的㶲} \tag{2-22}$$

　　某些设备的采用或某过程的进行，往往与某一特定的目的相联系（例如为获取机械能或热量，或为改变物质的组成或状态），为达到此目的必须付出一定的代价，此时多采用㶲的目的效率，其定义是

$$㶲的目的效率 = \frac{工质㶲的增加＋输出功}{消耗的总㶲} \tag{2-23}$$

　　显然，目的不同，㶲的目的效率的内涵也有所不同，通常能源利用中的目的如下：
　　(1) 获取功（即热能转换机械能），如内燃机、蒸汽轮机、燃气轮机等热机。
　　(2) 增加工质的㶲（机械能变成焓），如水泵、空气压缩机等。
　　(3) 改变工质的物态，以增加工质的㶲（化学能转变为热能），如锅炉等。
　　常用的术语㶲损耗是㶲的消耗和损失的简称。某一工艺过程或能量转换过程，㶲损耗可能有三种情况：
　　(1) 㶲被转移。例如把原料的㶲转移到产品上，这是符合工艺目的的客观需要。最优的工艺过程是㶲被完全转移而没有损耗，这正是我们所希望实现的。
　　(2) 㶲被消耗。借以推动生产或能量转化中各种过程的进行，比如流体的流动，热量的传递，物质的扩散和混合、化学反应的进行等所消耗的㶲。显然对由此所消耗的㶲，需要进行具体的分析，不能简单地一概认为是浪费，因为实际过程的进行，总是需要一定的速率，并克服一定的阻力，而㶲的消耗就是过程推动的代价。过程速率的选择，直接影响生产的速率和投资的大小，是一个技术经济问题，而阻力的大小则要看其是否与当前的技术水平相适应，并从这个角度考察部分㶲损耗大小是否合理。
　　(3) 㶲被散失。㶲未产生实际效益而自发地转变为炕，如各种炉窑中燃料的不完全燃烧，锅炉和热机的排烟和排热损失，冷却水（随物流排弃）带走的㶲，蒸汽管道和水管中介

质的跑、冒、滴、漏，各种热力设备和热力管道向周围环境散热所损失的㶲（这些热量全部或部分变为炕）。以上这些都是可以节省的㶲，应在技术经济合理的范围内使这部分㶲散失减少至最小限度。

㶲分析法是一种新的方法，它正在能源有效利用和节能分析工作中发挥越来越大的作用。

四、能量流、物质流、信息流的协同

正如第一章第一节中指出的，构成客观世界的三大基础是物质、能量和信息。世界是由物质构成的，没有物质，世界便虚无缥缈；能量是物质的属性，是一切物质运动的动力，没有能量，物质就静止；信息是客观事物和主观认识相结合的产物，没有信息，物质和能量既无从认识，也毫无用处。

显然，任何一个系统（生态的、自然的、生产过程、社会的、市场的）在其内部各个环节之间及与外部环境之间都在不断地进行着物质、能量和信息的交换，在时间和空间上形成物质流、能量流和信息流。

在能源系统和能源工程中，人们广泛使用能流图，图 2-8 就是某一地区能源系统的能流图。从该能流图中人们可以全面地了解该地区的能源资源、开采、加工、运输、转换、分配、利用、消费等诸多信息。如各种能源的流向、数量、利用效率、发展趋势、使用合理程度等。

同样在物资的管理、分配中也有类似的物流图。在当今的信息社会中，各种有关能流、物流以及市场方面的信息越来越多，增长的速度也越来越快，如市场需求、客户的要求、商品价格、某一产品的研究开发情况等更是海量地增长，从而形成了信息流。

显然，大到一个地区、一个国家，小到一个工厂、一个企业，如何充分利用物质流、能量流与信息流来发现存在的问题，以及规划和指导其发展，是一个很有意义的工作。

以过程工业为例，过程工业涉及的都是大型企业，如炼油、化工、冶金、动力等，在这些企业中，不但有大量的能量流和物质流进出，而且其效益也与市场信息和科技信息紧密相关。因此近些年为了提高过程工业的效益，不少研究者提出了许多策略，如综合集成、整体优化等。这些策略分别在设计、运行、控制等几个层面上整合了资源和信息。在物流物业管理领域，人们也逐步更加注重研究其中的科学问题，包括对信息渠道的重视和物流及物业中涉及的能量消耗问题。在信息领域，人们日益重视产品的信息集成和适合于工业界优化、集成决策的数据库和专家系统。

尽管如此，但多年来能源工作者仅研究能量流，物质流工作者往往只注重物质流，在他们的研究中虽然也重视各种信息，但尚未将其看成一种信息流，即没有注意各种信息之间的关系（各种信息之间可能是相互印证的，也可能是相互矛盾的），更未将物质流、能量流和信息流三者联系起来进行研究。

在国外，已有学者开始重视物质流、能量流与信息流之间的关系，例如德国汽车工业已着手将消费者对汽车消费的诸多信息来指导新车的设计，而在新车的设计和生产过程中又将能量的消耗，配件、配套商的选择，材料的选用，直至销售网络等统一起来考虑，以求在尽快适应市场需要的同时，又实现能源、原材料和资源的节约。但上述工作还是很初步的，更没有提高到理论的高度。

目前国内外对能量流的数学描述还比较成熟，对物质流的描述次之，对信息流的描述和

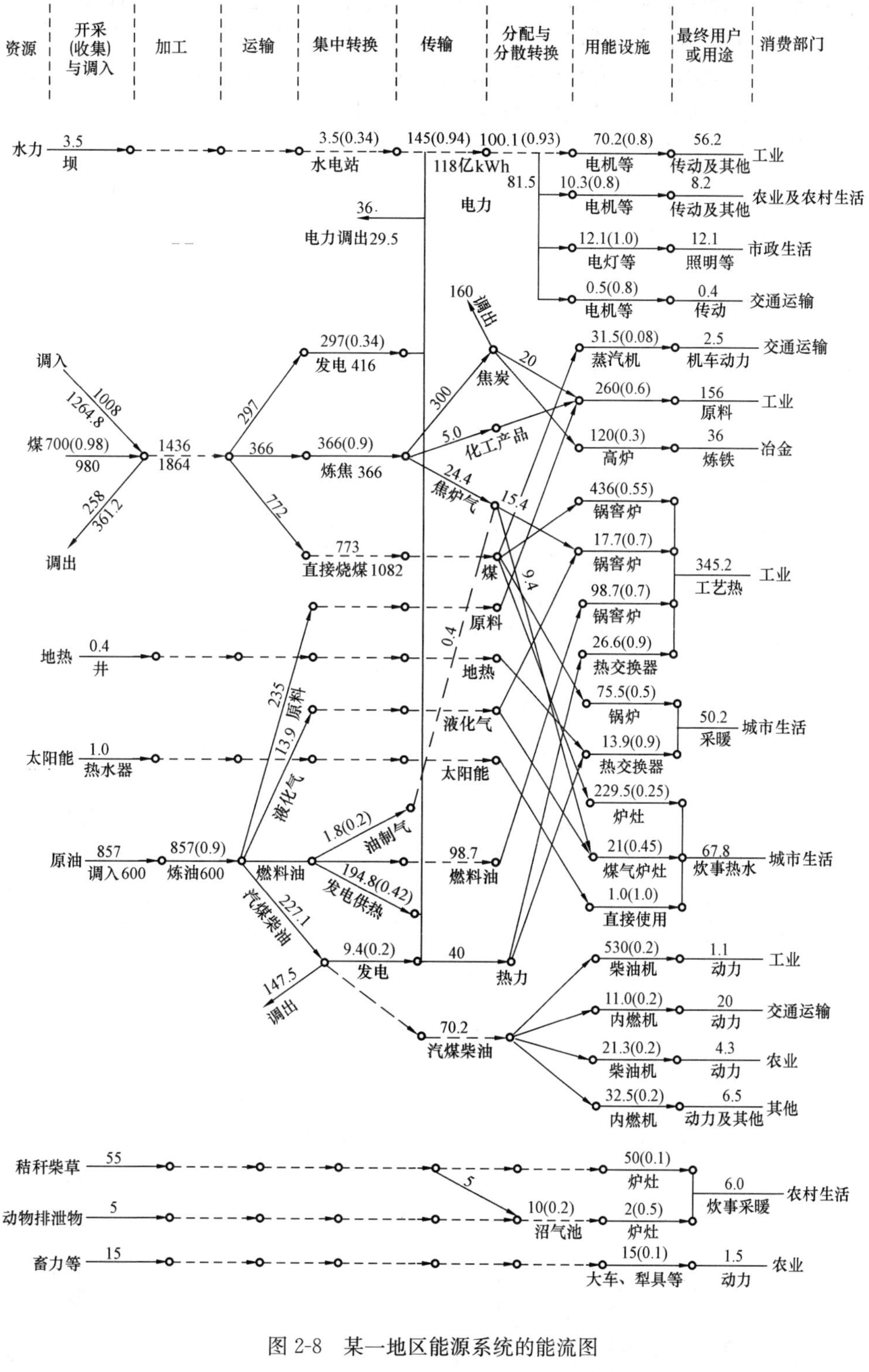

图 2-8　某一地区能源系统的能流图

处理至今还是一个薄弱环节。因为除了伴随物质流与能量流而直接形成的信息外，还有更广义的信息，如社会学的、人文的和语言的信息等。虽然管理信息系统开始在国内外应用，但传统的管理系统在进行决策时一般是采用时间和空间分离的方法，即先进行静态优化，决定物质流和能量流的空间路径，然后再进行动态规划，决定能量流和物质流的时间序列安排。这种方法在进行静态优化时未考虑生产安排的变化，而在进行动态规划时又未能考虑能源与原材料的变化情况，从而很难达到能量管理和生产安排的最优。

本书正是从理论的高度来研究物质流、能量流和信息流之间的协同原理，即研究物质流、能量流和信息流是相互影响和相互依存的。英文"协同"（synergy）一词原意是指人体各器官和部位的协同作用，或治疗时各种药物之间的配合作用。因此协同不是一般的配合，而应是各方面密切和有机的协调。在研究传热强化理论和技术时，我国学者过增元院士首次提出：为了达到强化传热的目标，速度场和热流场必须协同。后来我国学者又从诸多方面证明了场协同原理的正确性。场协同原理表明，为了优化某一过程，或获得某种最大的效益，参与过程的各种因素之间必须建立协同的关系。作者认为物质流、能量流和信息流之间也存在协同关系，通过它们三者之间协调配合，即可在时间和空间上形成一种最佳的有序结构，使能源利用率最高，而物质消耗量最少。

显然，大到某一地区乃至全国的能源生产、消费的规划、物质的生产和流通，小到某一企业或工厂的建立或扩建，甚至是对企业内部在设计、运行和控制等层面上的优化等，都可以应用物质流、能量流和信息流之间的协同原理。即使是对于某一过程，例如传热等传递过程的强化和优化，场协同原理也有指导意义。

在应用物质流、能量流和信息流之间的协同原理时，需要运用层次分析法来分析物质流、能量流和信息流的基本特征。层次分析法是一种对于复杂系统和过程进行分析的有效方法。它是先将一复杂的现象按其特征分成几个不同的层次，而后寻找各层次之间的联系。例如对一个建筑物的复合能量系统的能源部分将有图 2-9 所示的层次结构，对物质类则有如图 2-10 所示的结构，对于信息类的层次结构见图 2-11。有了物质、能量、信息的层次结构后，就需要运用数理方法对物质流、能量流和信息流进行数学描述。因为除了各层次有不同的特点外，在同一层次中各元素的重要性是不一样的。因此为了反映其重要性，应赋予各元素不同的权系数，并在此基础上，利用矩阵论、模糊数学和数理统计等数理方法来得到对物质流、能量流和信息流的数学描述。最后从物质流、能量流和信息流的熵着手，寻求物质流、能量流和信息流之间的协同关系。值得注意的是，"熵"这一学术术语最初出现在热

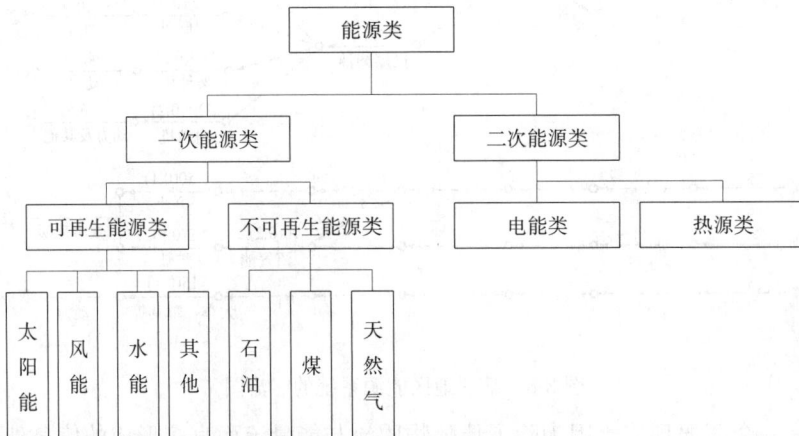

图 2-9　能源类的层次结构简图

物质类

燃料类　水类　空气类　制冷剂类　蒸汽类　助剂类

石油　煤　天然气　热水　冷水　氟利昂类　CO$_2$类　其他制冷剂　饱和蒸汽　过热蒸汽　润滑油　其他助剂

采暖热水　生活热水　冷冻水　冷却水　新风　回风　送风　排风

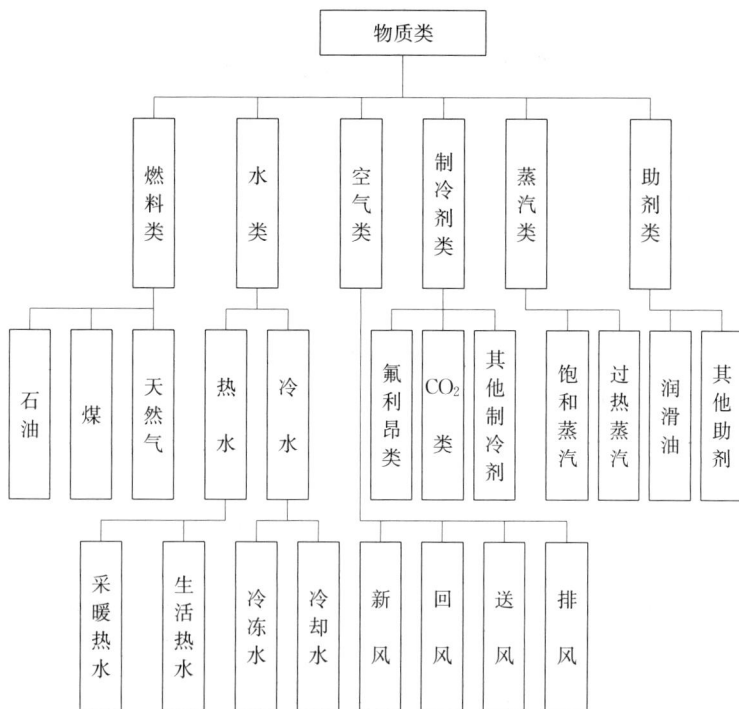

图 2-10　物质类的层次结构简图

力学中，它的实质是说明过程的不可逆性，即反映过程会朝哪一个方向进行，它也反映了过程进行中的有序和无序的关系。在随后的发展中，熵的概念被广义化，并广泛应用于其他学科，如经济、管理和社会科学之中。从广义热力学的角度来看，物质流、能量流和信息流都具有一定的熵，一般认为能量流和物质流的熵随流动而增加，信息流的熵随流动而减少，因此从熵的观点可以研究它们之间的协同，即通过信息流熵的减少来弥补一部分能量流和物质流的熵增，以达到它们之间的协同，并获得最佳的效果。

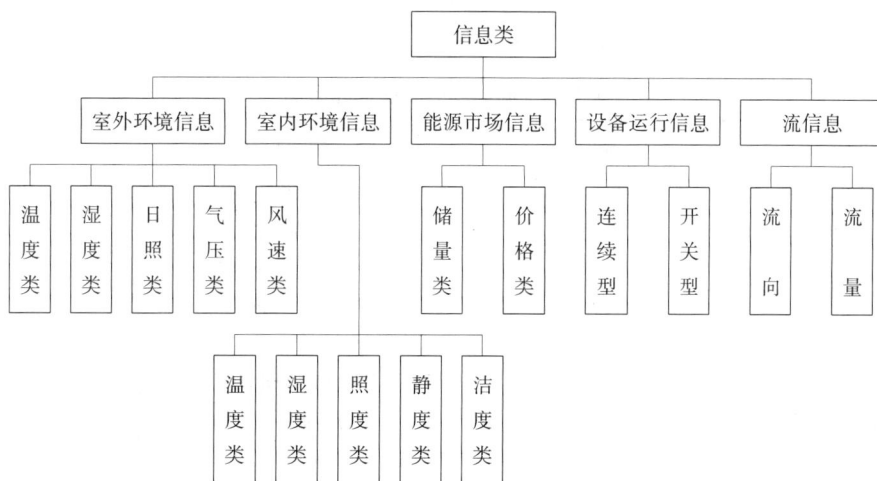

信息类

室外环境信息　室内环境信息　能源市场信息　设备运行信息　流信息

温度类　湿度类　日照类　气压类　风速类　储量类　价格类　连续型　开关型　流向　流量

温度类　湿度类　照度类　静度类　洁度类

图 2-11　信息类的层次结构简图

<h1 style="text-align:center">第五节　能　量　的　储　存</h1>

一、概述

在日常生活或工业生产中，能量的储存都是非常重要的。这是因为，对大多数能量转换或利用系统而言，获得的能量和需求的能量常常是不一致的，因此为了使该利用能量的过程能连续地进行，就必须有某种形式的能量储存措施或专门设置一些储能设备。只是从某种程度上讲，能量的储存有时是如此平常，以致常常被人们忽略，例如汽车的油箱、飞机和飞行器的燃料储箱、燃煤电厂的堆煤场、储气罐中的天然气、水电站大坝后的水以及飞轮所储存的动能、儿童玩具中弹簧所蓄的势能，都是能量储存中最常见的例子。即使是建筑物的墙壁、地板和其他维护结构，也都具有蓄热的功能，它们白天吸收太阳能，晚上又将所吸收的太阳能释放出来。

对电力工业而言，电力需求的最大特点是昼夜负荷变化很大，巨大的用电峰谷差使峰期电力紧张，谷期电力过剩。如我国东北电网最大峰谷差已达最大负荷的 37%，华北电网峰谷差更大，达 40%。如果能将谷期（深夜和周末）的电能储存起来供峰期使用，将大大改善电力供需矛盾，提高发电设备的利用率，节约投资。另外，在太阳能利用中，由于太阳昼夜变化并受天气和季节的影响，也需要有一个储能系统来保证太阳能利用装置的连续工作。

化石燃料如煤、石油、天然气以及由它们加工而获得的各种燃料油、煤气等，它们本身就是一种含能体，因此将这些含能体（或含能的物质）储存起来就能达到能量储存的目的，因此这种储能相对简单，因为对上述含能体而言其本身就可以看作是一种化学能的储能材料。但是电能、太阳能、热能等储存就比较困难，常常需要某些所谓储能材料和储能装置来实现。

衡量储能材料及储能装置性能优劣的主要指标有储能密度、储存过程的能量损耗、储能和取能的速率、储存装置的经济性、寿命（重复使用的次数）以及对环境的影响。表2-9给出了某些储能材料和装置的储能密度。显然，作为核能和化学能的储存者，即核燃料和化石燃料有很大的储能密度，而电容器、飞轮等储能装置的储能密度就非常小。

在实际应用中涉及的储能问题主要是机械能、电能和热能的储存。有关电能的储存将在第四章中讨论，本节仅介绍机械能和热能的储存。

表 2-9　　　　　　　　　某些储能材料和装置的储能密度　　　　　　　　　kJ/kg

储 能 材 料	储能密度	储 能 材 料	储能密度
反应堆燃料（2.5%浓缩 UO_2）	7.0×10^{10}	银氧化物-锌蓄电池	437
烟煤	2.78×10^7	铅-酸蓄电池	112
焦炭	2.63×10^7	飞轮（均匀受力的圆盘）	79
木材	1.38×10^7	压缩气（球形）	71
甲烷	5.0×10^4	飞轮（圆柱形）	56
氢	1.2×10^5	飞轮（轮圈-轮辐）	7
液化石油气	5.18×10^7	有机弹性体	20
一氢化锂	3.8×10^3	扭力弹簧	0.24
苯	4.0×10^7	螺旋弹簧	0.16
水（落差 100m）	9.8×10^3	电容器	0.016

二、机械能的储存

机械能能以动能或势能的形式储存。动能通常可以储存于旋转的飞轮中。一个旋转飞轮的动能可以用式（2-24）计算，即

$$E_k = 2\pi^2 n^2 I \qquad\qquad (2\text{-}24)$$

式中：n 为飞轮的转速；I 为飞轮的惯性矩。

在许多机械能和动力装置中常采用旋转飞轮来储存机械能。例如在带连杆曲轴的内燃机、空气压缩机及其他工程机械中，都利用旋转飞轮储存的机械能使气缸中的活塞顺利通过上死点，并使机器运转更加平稳；曲柄式压力机更是依靠飞轮储存的动能工作。在核反应堆中的主冷却剂泵也必须带一个巨大的重约 6t 的飞轮，这个飞轮储存的机械能即使在电源突然中断的情况下仍能延长泵的转动时间达数十分钟之久，而这段时间是确保紧急停堆安全所必需的。

以势能方式储存机械能是最古老的能量储存形式之一，它包括弹簧、扭力杆和重力装置等。这类储存装置大多数储存的能量都较小，常被用来驱动钟表、玩具等。需要更大的势能储存时，只能采用压缩空气储能和抽水储能。

压缩空气是工业中常用的气源，除了吹灰、清砂外，还是风动工具和气动控制系统的动力源。现在大规模利用压缩空气储存机械能的研究已呈现诱人的前景。它是利用地下洞穴（例如废弃的矿坑、废弃的油田或气田、封闭的含水层、天然洞穴等）来容纳压缩空气的。供电需要量少时，利用多余的电能将压缩空气压入洞穴；当需要时，再将压缩空气取出，混入燃料并进行燃烧，然后利用高温烟气推动燃气轮机做功，所发的电能供高峰时使用。与常规的燃气轮机相比，因为省去了压缩机的耗功，故可使燃气轮机的功率提高 50%。

利用谷期多余的电能，通过抽水蓄能机组（同一机组兼有抽水和发电的功能）将低处的水抽到高处的上池（水库）中，这部分水量以势能形式储存，待电力系统的用电负荷转为高峰时，再将这部分水量通过水轮机组发电。这种大规模的机械能的储存方式已成为世界各国解决用电峰谷差的主要手段。有关抽水蓄能水电站的情况请参阅第四章第三节。

三、热能的储存

热能是最普遍的能量形式，热能储存就是把一个时期内暂时不需要的多余的热量通过某种方式收集并储存起来，等到需要时再提取使用。从储存的时间来看，有三种情况：

（1）随时储存。以小时或更短的时间为周期，其目的是随时调整热能供需之间的不平衡，例如热电站中的蒸汽蓄热器，依靠蒸汽凝结或水的蒸发来随时储热和放热，使热能供需之间随时维持平衡。

（2）短期储存。以天或周为储热的周期，其目的是为了维持一天（或一周）的热能供需平衡。例如对太阳能采暖，太阳能集热器只能在白天吸收太阳的辐射热，因此集热器在白天收集到的热量除了满足白天采暖的需要外，还应将部分热能储存起来，供夜晚或阴雨天采暖使用。

（3）长期储存。以季节或年为储存周期，其目的是为了调节季节（或年）的热量供需关系。例如把夏季的太阳能或工业余热长期储存下来，供冬季使用；或者冬季将天然冰储存起来，供来年夏季使用。

（一）热能储存的方法

热能储存的方法一般可以分为显热储存、潜热储存和化学能储存三大类。

1. 显热储存

显热储存是通过蓄热材料温度升高来达到蓄热目的的。蓄热材料的比热容越大，密度越大，所蓄的热量也越多。表 2-10 给出若干蓄热材料的蓄热性质。从表中可以看出，水的比热容最大，单位体积的热容也最大，因此水是一种比较理想的蓄热材料。在蓄热材料的选择方面，价格便宜且易大量取得，无疑也是一个重要因素。在太阳能采暖系统中都必须配备蓄热装置，对于采用空气作为吸热介质的太阳能采暖系统通常选用岩石床作为热储存装置中的蓄热材料（见图 2-12），对采用水作为吸热介质的太阳能采暖系统则选用水作为蓄热材料（见图 2-13）。

表 2-10　　若干蓄热材料的蓄热性质

材　料	密度（kg/m³）	比热容 [J/（kg·℃）]	单位体积热容 [MJ/（m³·℃）]	
			无空隙	30%的空隙
水	1000	4180	4.18	—
碎铁块	7830	460	3.61	2.53
碎铝块	2690	920	2.48	1.74
碎混凝土块	2240	1130	1.86	1.78
岩石	2680	879	2.33	1.63
砖块	2240	879	1.97	1.38

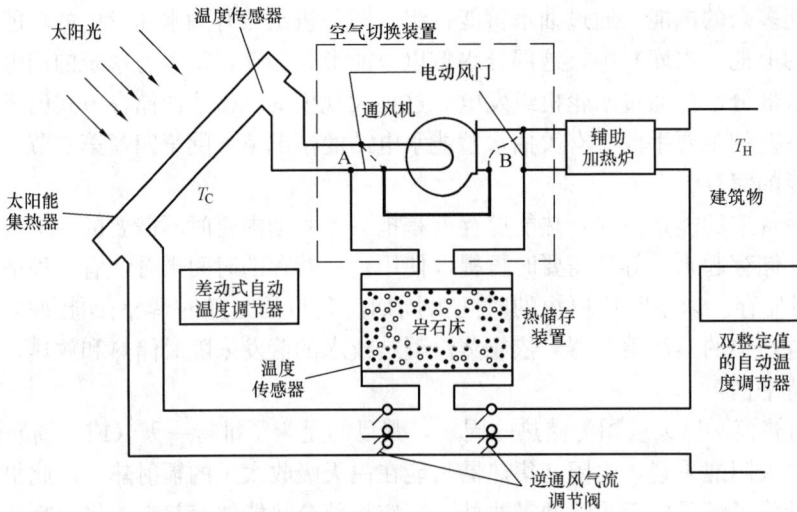

图 2-12　以空气作为工质的太阳能采暖系统

2. 潜热储存

潜热储存是利用蓄热材料发生相变而储热。由于相变的潜热比显热大得多，因此潜热储存有更高的储能密度。通常潜热储存都是利用固体-液体相变蓄热的，因此，熔化潜热大、熔点在适应范围内、冷却时结晶率大、化学稳定性好、热导率大、对容器的腐蚀性小、不易

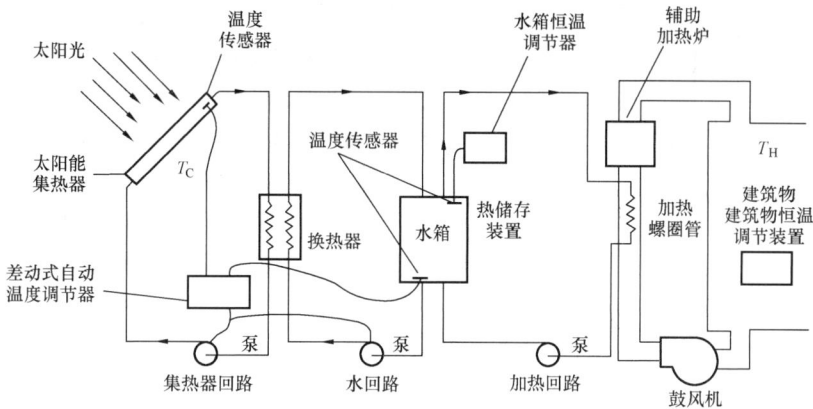

图 2-13 以水作为工质的太阳能采暖系统

燃、无毒、价格低廉，是衡量蓄热材料性能的主要指标。表 2-11 给出了常用的低温潜热蓄热材料的性质。

液体-气体相变蓄热应用最广的蓄热材料是水，因为水有汽化潜热较大、温度适应范围较大、化学性质稳定、无毒、价廉等许多优点。不过水在汽化时有很大的体积变化，所以需要较大的蓄热容器，只适用于随时储存或短期储存。

3. 化学能储存

化学能储存是利用某些物质在可逆反应中的吸热和放热过程来达到热能的储存和提取。这是一种高能量密度的储存方法，但在应用上还存在不少技术上的困难，目前尚难实际应用。

4. 地下含水层储热

采暖和空调是典型的季节性负荷，如

表 2-11 常用的低温潜热蓄热材料的性质

材　　料	熔点（℃）	融化热（kJ/kg）
六水氯化钙	29.4	170
十水碳酸钠	33	251
十二水磷酸二钠	36	280
十水硫酸钠	32.4	253
五水硫代硫酸钠	49	200
正十八烷	28.0	243
正二十烷	36.7	247
聚乙二醇 600	20~25	146
硬脂酸	69.4	199
水	0.0	333.4
甘油三硬脂酸脂	56	190.8
十水硫酸钠/氯化钠/氯化铵、低熔共晶盐	13	181.3

何采用长期储存的方法来应付这类负荷一直是科学家关注的问题。地下含水层储热就是解决这一问题的途径之一。

含水层储热是利用地下岩层的孔隙、裂隙、溶洞等储水构造以及地下水在含水层中流速慢和水温变化小的特点，用管井回灌的方法，冬季将冷水或夏季将热水灌入含水层储存起来。由于灌入含水层的冷水或热水有压力，它们推挤原来的地下水而储存在井周围的含水层里。随着灌入水量的增加，灌入的冷水或热水不断向四周迁移，从而形成"地下冷水库"或"地下热水库"。当需要提取冷水或热水时，再通过管井抽取。

地下含水层储能可以分为储冷和储热两大类型（见图 2-14）。

含水层储冷：冬季将净化过的冷水用管井灌入含水层里储存，到夏季抽取使用，称为"冬灌夏用"。

含水层储热：夏季将高温水或工厂余热水经净化后用管井灌入含水层储存，到冬季时抽

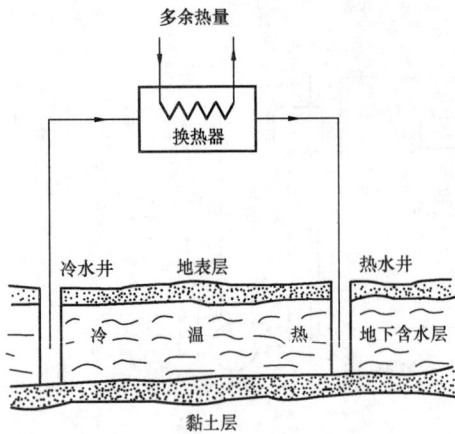

图 2-14　含水层储热、储冷示意

取使用，称为"夏灌冬用"。

储热含水层必须具备灌得进、存得住、保温好、抽得出等条件，才能达到储能的目的。因此适合储热的含水层必须符合一定的水文地质条件：

（1）含水层要具备一定的渗透性，含水的厚度要大，储水的容量要多。

（2）含水层中地下水热交换速度慢，无异常的地温梯度现象。

（3）含水层的上下隔水层有良好的隔水性，能形成良好的保温层。

（4）含水层储热后，不会引起其他不良的水文地质和工程地质现象，如地面沉降、土壤盐碱化等。

用作含水层储能的回灌水源，主要有地表水、地下水和工业排放水。地表水是指江河、湖泊、水库或池塘等水体。工业排放水则可分为工业回水和工业废水两大类；前者如空调降温使用过的地下水，它一般不含杂质，是含水层回灌的理想水源。工业废水含有多种盐类和有害物质，不能作为回灌水源。回灌水源的水质必须符合一定要求，否则会使地下水遭受污染。

除了地下水含水层储热外，大规模的土壤库储热、岩石库储热等地下储能方法也有较大的发展。

（二）储热的工业应用

在工业生产和日产生活中有许多储热应用的例子。例如，地下水含水层储热技术已广泛地用于纺织、化工、制药、食品等工业部门，也用于影院和宾馆等建筑物的夏季降温空调、冷却和洗涤用水、冬季采暖及锅炉房供水等。这里仅介绍另外几种重要的储热应用。

1. 蒸汽蓄热器

蒸汽蓄热器是最典型的利用液体-气体相变潜热的蓄热器。这种蓄热器是一个巨大的能承受压力的罐体，有立式和卧式两种。其上部为汽空间，下部为水空间，通常连接于蒸汽锅炉和需要蒸汽的热用户之间。当热用户对蒸汽的需求减小时，多余的蒸汽通过控制阀进入蓄热器的水空间。由于汽温高于水温，蒸汽会迅速凝结并放出热量，使水空间的水温升高，水位也因蒸汽的凝结而升高。于是上部的汽空间随之减小，蒸汽压力也随之增高，多余蒸汽的热能就储存在蒸汽蓄热器中；反之，当热用户对蒸汽的需求增加时，锅炉的供汽不足，这时蓄热器上部汽空间的蒸汽会通过控制阀向热用户提供蒸汽。由于蒸汽从汽空间排出，蓄热器内的压力下降；当压力低于高温水的饱和温度所对应的压力时，水空间中的饱和水就会迅速汽化成蒸汽来补充汽空间的蒸汽，以维持对热用户的稳定供汽。由于设置了蒸汽蓄热器，消除了热用户负荷变动对锅炉运行产生的不良影响，使锅炉的燃烧稳定、效率高。运行实践证明，一台 10t/h 的锅炉，配备蒸汽蓄热器后，可供最大负荷为 15～20t/h 的不均衡负荷使用，经济效益显著。

蒸汽蓄热器还广泛地用于热电厂中。通常在高、低压蒸汽母管之间串联或并联着背压式汽轮机和蒸汽蓄热器（见图 2-15），汽轮机组的排汽负担热负荷的基本部分，热负荷的变动部分则借助于蒸汽蓄热器来保证。蒸汽蓄热器的并入不但能使供热系统更加稳定，而且还能节约燃料。

2. 蓄冷空调

随着生活水平的提高，空调发展十分迅速，不但大商场、超市、影剧院需要安装空调设备，就是普通家庭也大量使用各种空调器，而且空调用电负荷是典型的与电网峰谷同步的负荷。据统计，年峰谷负荷差达 $80\% \sim 90\%$，日峰谷差可达 100%。发达地区大中城市空调负荷已达电网总负荷的 25% 以上，并以每年 20% 的速度递增，远远超过发电量的增长速度。因此，如何平衡空调用电的峰谷负荷变得十分重要。

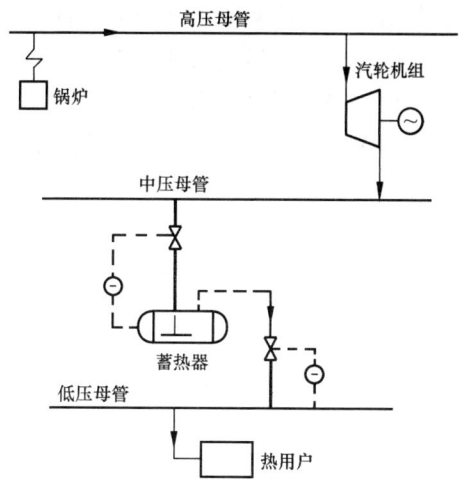

图 2-15　蒸汽蓄热器在热电厂中的应用

采用"蓄冷空调"是平衡空调用电峰谷最好的办法。所谓"蓄冷空调"就是利用深夜至凌晨用电低谷时的电能，采用电动压缩制冷机制冷的方式，将制取的冷量储存在冷水（温度通常为 $4 \sim 7 ℃$）、冰或共晶盐中，到白天用电高峰时则停开制冷机，利用储存的冷量供建筑物空调或用于需要冷量的生产过程。

蓄冷空调系统有很多划分方式，按蓄冷材料分，有水蓄冷、冰蓄冷、共晶盐蓄冷三大类。水蓄冷利用冷水的显热来储存冷量；冰蓄冷利用水相变的潜热来储存冷量；共晶盐蓄冷又称为"高温"相变蓄冷，它是利用相变温度为 $6 \sim 10 ℃$ 的相变材料来蓄冷的。这类相变材料通常是一种复合盐类，称为共晶盐。例如以十水硫酸钠为主要成分的优态盐。水蓄冷的冷水温度为 $4 \sim 7 ℃$，而空调用水的实际使用温度为 $5 \sim 11 ℃$。因此这种蓄冷方式系统简单，可以直接使用现有的冷水机组，操作方便，制冷与储冷之间无传热温差损失，节能效果显著；其缺点是蓄冷能力小，因此蓄冷装置体积大，占地多。这种蓄冷方式早期使用很多，随着地价上升，已较少应用。

水在结冰和融化时吸收和放出的潜热通常要比水的显热大 80 倍左右，因此冰蓄冷系统蓄冷装置体积小，蓄冷量大，是目前蓄冷中应用最广的一种方式。冰蓄冷的缺点是，在制冷与储冷、储冷和取冷之间存在传热温差损失，特别是储冷和取冷之间存在更大的温差，传热温差损失更大。因此冰蓄冷的制冷性能系数（COP）比水蓄冷低。

冰蓄冷的制冰方法主要有两种：

（1）静态制冰法。该方法是在冷却管外或盛冰容器内结冰，冰本身始终处于相对静止状态。

（2）动态制冰法。该方法中生成的是冰晶和冰浆，且冰晶和冰浆都处于运动状态。

目前冰蓄冷系统大多采用静态制冰方式，但这种制冰方式有其固有的缺点，即随着冰层增厚，其传热热阻力增大，致使制冷机的性能系数下降。另外，冰块还会造成水路堵塞。动态制冰由于冰晶和冰浆随水一起流动，单位时间内可携带更多的冷量。因此可减少冰蓄冷系统的体积和投资，是一种很有前途的冰蓄冷方式，目前正在发展之中。

共晶盐的蓄冷系统正是为了克服水蓄冷和冰蓄冷的缺点而研发的。其特点是既利用相变潜热大的优点，又尽量减少传热温差。例如日本九州电力公司开发的优态盐蓄冷材料，其长期使用后融解热仍有122kJ/kg，融点9.5～10℃，凝固点8℃，密度1.47×10^3kg/m³，导热系数0.93W/（m·K）。采用优态盐蓄冷系统，其充冷水温度为3～4℃，因此可用现有的冷水机组。当蓄冷槽放水的上限温度为12℃时，蓄冷槽的蓄冷密度是水蓄冷槽的3～4倍。目前各种新型的蓄冷相变材料和新的蓄冷系统已成为世界各国研发的热点。例如以R134a为主体的水合物，以及所谓水/油蓄冷系统（水作为传热流体，油或石蜡作为相变蓄冷介质）都显示出良好的应用前景。

国外蓄冷空调已有很大发展，在美国有的州已规定大型建筑物（商场、剧院、体育馆等）的空调系统，其能源的60%必须来自蓄冷。在能源短缺的日本对蓄冷空调更是十分重视，1998年已有大型蓄冷空调4500套，转移高峰电力7420MW。我国从1992年开始发展水蓄冷和冰蓄冷空调，目前已有上百座大型建筑物采用了蓄冷空调系统。

3. 建筑物蓄热供暖

建筑物蓄热通常有两种含义，一种是指建筑物的围护结构（墙体、屋顶、地板等）本身的蓄热作用；另一种是指为了减少城市用电的峰谷差，充分利用夜间廉价的电能加热相变材料，使其产生相变，以潜热的形式储存热能。白天这些相变材料再将储存的热能释放出来，供房间采暖。此处只讨论后一种情况。

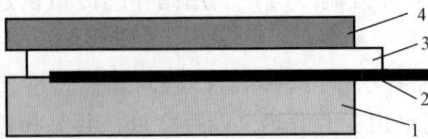

图 2-16 相变蓄热地板
1—绝热层；2—电热层；3—相变层；4—覆盖层

在利用相变蓄热的采暖方式中应用最广的是电加热蓄热式地板采暖（见图2-16）。和传统的散热器采暖相比，其优点如下：

（1）舒适性好。普通散热器一般布置在窗下，主要靠空气对流散热；地板采暖主要利用地面辐射，人可同时感受到辐射和对流加热的双重效应，更加舒适。

（2）清洁无污染。减少了空气对流引起的浮灰，使室内空气更清洁。

（3）容易布置。较理想地解决了大跨度空间散热器难以合理布置的问题，可用于旅馆大厅、体育场馆等大空间供暖。

（4）运行管理简单。无须设置供暖锅炉房，减轻了锅炉对城市环境的污染。

（5）适于家居和办公室供暖。清洁美观，安装灵活，没有噪声。

（6）运行费用远低于无蓄热的电热供暖方式。通常其费用仅为无蓄热的电热供暖方式的50%。

随着峰谷电价分计政策的实施，这种建筑物蓄热供暖方式将会有很大的发展。此外，吸收太阳能辐射热的相变蓄热地板，利用楼板蓄热的吊顶空调系统，以及相变蓄能墙等建筑物蓄能的新方法也正在开发研究之中，有的已获得了初步应用。

第三章 燃 料

　　燃料通常是指能够通过燃烧过程将化学能转换为热能的物质。它包括所有的化石燃料（如煤、石油、天然气、油页岩等）及由化石燃料加工而成的其他含能体（如煤气、焦炭、汽油、煤油、柴油、重油、液化石油气、丙烷、甲烷、乙醇等）；生物质燃料（如薪柴）以及由生物质燃料加工而成的含能体（如沼气）。

　　随着核能的发现及核电的发展，人们也将通常所说的燃料概念扩展到核领域，即把能实现核裂变或核聚变的材料，如铀、氘等称作核燃料，也就是说通过核反应能将原子核内部的核能转换成热能的物质通称为核燃料。由此可知，燃料作为能量的载体主要以热能的形式被利用。为此，有些研究人员也将太阳辐射看作能量转换的主要燃料之一，因为太阳辐射很容易直接转换为热能。

　　所有化石燃料都是由碳水化合物的腐化作用形成的。这些碳水化合物的化学式为 $C_x(HO)_y$，是有生命的植物通过光合作用将太阳能直接转换成化学能时形成的。植物枯死后，经过亿万年的变迁，由于压力和热量的作用使其转换为碳水化合物，并在缺氧的条件下再转变成烃类，其一般化学式为 C_xH_y。所有矿物燃料都是由烃类组成的。常用的化石燃料为煤、石油和天然气。化石燃料有时又称矿物燃料。

第一节 煤 炭

　　煤炭是世界上储量最多、分布最广的化石燃料。煤炭分布于 76 个国家和地区，60 多个国家进行了规模性开采。煤炭在世界一次能源生产和消费总量中占 25%～30%，是世界经济发展的重要支柱。

一、煤的形成与分类

（一）煤的形成

　　煤是最丰富的化石原料，它是原始植物经过复杂的生物化学作用和物理化学作用转变而成的，这一演变过程称为成煤作用。高等植物经过成煤作用形成腐殖煤，低等植物经过成煤作用形成腐泥煤 。绝大多数煤为腐殖煤。高等植物在地壳的上升和下降运动中被埋入地下，在一定的地理环境下经过复杂的生物、化学和物理作用，最终变为煤。其间经历了两个阶段，首先是炭泥化阶段，在此阶段，死亡的高等植物在生化作用下变成泥炭。当泥炭由于地壳下降被其他沉积物覆盖时成煤作用就进入第二阶段，也称煤化作用阶段。煤化作用包括两个连续过程，即成岩作用和变质作用。在成岩作用中，泥炭在沉积物的压力作用下，发生了压紧、失水、胶体老化、固结等一系列变化，生化作用逐渐消失，化学组成也发生缓慢的变化，最后变成密度较大，较为致密的褐煤。当褐煤变成烟煤时，就进入煤的变质作用阶段。在转变过程中煤的内部分子结构、物理性质和化学性质均发生重大变化。在不同的地质条件下，由于温度和压力的差异，变质作用的程度（煤化程度）也不一样，随着煤化程度的增高，煤中含碳量增加，氢和氧的含量减少，密度增大。

（二）煤的元素组成

煤是由有机物质和无机物质混合组成的。煤中有机物质主要由碳（C）、氢（H）氧（O）、氮（N）四种元素构成，还有一些元素组成煤中的无机物质，主要有硫（S）、磷（P）以及稀有元素等。

碳是煤中有机物质的主要成分，也是最主要的可燃物质。一般来说，煤中碳含量越多，煤的发热量就越大。煤中碳含量随煤的变质过程的加深而增加。例如，在泥炭中碳含量为 $50\%\sim60\%$，褐煤中碳含量为 $60\%\sim75\%$，而在烟煤中则增为 $75\%\sim90\%$，在变质程度最高的无烟煤中则高达 $90\%\sim98\%$。

碳完全燃烧时生成二氧化碳（CO_2），每千克纯碳可放出 32 866kJ 热量；碳在不完全燃烧时生成一氧化碳（CO），此时每千克纯碳放出的热量仅为 9270kJ。由于碳的着火与燃烧都比较困难，因此含碳量高的煤难以着火和燃尽。

氢也是煤中重要的可燃物质。氢的发热量最高，燃烧时每千克氢的低位发热量可高达 120 370kJ，是纯碳发热量的 4 倍。煤中氢含量一般随煤的变质程度加深而减少。正因为如此，变质程度深的无烟煤，其发热量还不如某些优质的烟煤。此外，煤中氢含量多少还与原始成煤植物有很大的关系，一般由低等植物如藻类等形成的煤，其氢含量较高，有时可以超过 10%；而由高等植物形成的煤，其氢含量较低，一般小于 6%。

氧是煤中不可燃的元素。煤的氧含量也随变质过程的加深而减少。例如，在泥炭中氧含量高达 $30\%\sim40\%$，褐煤中含量为 $10\%\sim30\%$，而在烟煤中为 $2\%\sim10\%$，无烟煤中则更少，小于 2%。

煤中氮含量较少，仅为 $1\%\sim3\%$。煤中氮主要来自成煤植物。在煤燃烧时氮常呈游离状态逸出，不产生热量。但在炼焦过程中，氮能转化成氨及其他含氮化合物。

硫是煤中的有害物质。煤中的硫可以分为无机硫和有机硫两大部分。前者多以矿物杂质的形式存在于煤中，可进一步按所属的化合物类型分为硫化物硫和硫酸盐硫。有机硫是直接结合于有机母体中的硫。煤中有机硫主要由硫醇、硫化物以及二硫化物三部分组成。近年来，随着分析技术的进步，许多学者还在煤中检出了硫的另一种存在形态，即单质硫。

据统计，我国煤中有 $60\%\sim70\%$ 的硫为无机硫，$30\%\sim40\%$ 为有机硫，单质硫的比例一般很低，在无机硫中绝大多数是黄铁矿，因此，煤中黄铁矿的治理对于煤的清洁燃烧、减少硫的危害具有十分重要的意义。

表 3-1　煤炭硫分等级划分标准

代　号	等级名称	技术要求 S_{td}（%）
SLS	特低硫煤	≤0.50
LS	低硫分煤	0.51～1.00
LMS	低中硫煤	1.01～1.50
MS	中硫分煤	1.51～2.00
MHS	中高硫煤	2.01～3.00
HS	高硫分煤	>3.00

大量的煤样资料表明，含硫率低于 0.5% 的低硫煤中的硫以有机硫为主，黄铁矿硫较少，硫酸盐硫含量甚微；而含硫量大于 2% 的高硫煤中，主要为黄铁矿硫，少部分为有机硫，硫酸盐硫一般不超过 0.2%。

根据煤中含硫的多少常将煤分成不同的级别（见表 3-1），便于用户选用。

磷也是煤中有害成分。磷在煤中的含量一般不超过 1%。炼焦时煤中的磷可全部转入焦炭之中，炼铁时焦炭中的磷又转入生铁中，这不仅增加溶剂和焦炭的消耗量，降低高炉生产率，还严重影响生铁的质量，使其发脆。因此，一般规定炼焦用煤中的磷含量不应超过 0.01%。

煤中含有的稀有元素有锗（Ge）、镓（Ga）、铍（Be）、锂（Li）、钒（V）以及放射性元素铀（U）等，一般含量甚微。

（三）常用的煤质指标

在煤的利用中，常用的煤质指标有水分、灰分、挥发分和发热量。

水分是煤中不可燃成分，其来源由三种，即外部水分、内部水分和化合水分。煤中水分含量的多少取决于煤内部结构和外界条件。含水分高的煤发热量低，不易着火、燃烧，而且在燃烧过程中水分的汽化要吸取热量，降低炉膛的温度，使锅炉的效率下降，还易在低温处腐蚀设备。煤的水分高还会使制粉设备难以工作，需要用高温空气或烟气进行干燥。

灰分是指煤完全燃烧后其中矿物质的固体残余物。灰分的来源，一是形成煤的植物本身的矿物质和成煤过程中进入的外来矿物杂质；二是开采运输过程中掺杂进来的灰、沙、土等矿物质。煤的灰分几乎在煤的燃烧、加工、利用的全部场所都带来不利影响。灰分含量高的煤不仅使发热量减少，而且影响煤的着火和燃烧。灰分每增加1%，燃料消耗即增加1%。由于燃烧的烟气中飞灰浓度大，使受热面易受污染而影响传热，降低效率，同时使受热面易受磨损而减少寿命。为了控制排烟中粉尘的排放浓度，保护大气环境，对烟气中的尘粒必须进行除尘处理。

根据煤中灰分含量的多少又可将煤分成不同的级别，其等级划分标准见表3-2。

表 3-2　　　　　　　　　　　　煤炭灰分等级划分标准

代　号	等级名称	技术要求 A_d（%）	代　号	等级名称	技术要求 A_d（%）
SLA	特低灰煤	≤5.00	MA	中灰分煤	20.01～30.00
LA	低灰分煤	5.01～10.00	MHA	中高灰煤	30.01～40.00
LMA	低中灰煤	10.01～20.00	HA	高灰分煤	40.0～50.00

在隔绝空气的条件下，将煤加热到850℃左右，从煤中有机物质分解出来的液体和气体产物称为挥发分。煤的挥发分常随煤的变质程度而有规律地变化，变质程度越高的煤，挥发分就越少。挥发分高的煤易着火、燃烧。由于挥发分是表征煤炭性质的主要指标，因此通常也根据挥发分的大小对煤炭进行分级，其分级标准见表3-3。

表 3-3　　　　　　　　　　　　煤的挥发分分级标准　　　　　　　　　　　%

名　　称	低挥发分	中挥发分	中高挥发分	高挥发分
V_{daf}（%）	≤20.0	20.01～28.00	28.01～37.00	>37.00

单位质量煤完全燃烧时所放出的热量称为煤的发热量。煤的发热量分为高位发热量 $Q_{gr,p}$ 和低位发热量 $Q_{net,p}$。煤的发热量因煤种不同而不同，含水分、灰分多的煤发热量较低。煤炭发热量等级划分标准见表3-4。

表 3-4　　　　　　　　　　　　煤炭发热量等级划分标准

代　号	等级名称	技术要求 $Q_{net,ar}$（MJ/kg）	代　号	等级名称	技术要求 $Q_{net,ar}$（MJ/kg）
LC	低	8.50～12.50	MH	中高	21.01～24.00
ML	中低	12.51～17.00	HC	高	24.01～27.00
MC	中	17.01～21.00	SH	特高	>27.00

（四）煤的分类

煤的科学分类为煤炭的合理开发和利用提供了基础，通常最简单的分类方法是根据煤中干燥无灰基挥发分含量 V_{daf} 将煤分成褐煤、烟煤和无烟煤三大类，见表 3-5。根据不同用途，每大类中又可细分为几小类。我国动力用煤则将烟煤中 V_{daf} 小于 19％的煤称为贫煤，并将 V_{daf} 大于 20％的分为低挥发分烟煤和高挥发分烟煤，见表 3-6。我国现行煤炭分类标准是将煤炭分为十大类。

表 3-5　　　　　　　　煤的分类方法

煤种	干燥无灰基挥发分含量 V_{daf}（％）	低位发热量 $Q_{net,ar,p}$（MJ/kg）
无烟煤	≤9	26～33
烟煤	9～45	20～33
褐煤	40～66	10～17

表 3-6　　　　　　　我国动力煤的分类方法

煤种	干燥无灰基挥发分含量 V_{daf}（％）	低位发热量 $Q_{net,ar,p}$（MJ/kg）
无烟煤	≤9	>20.9
贫煤	9～19	>18.4
低挥发分烟煤	19～30	>16.3
高挥发分烟煤	30～40	>15.5
褐煤	40～50	>11.7

1. 褐煤

褐煤是煤中埋藏年代最短，炭化程度最低的一类。颜色大多呈褐色，因此称为褐煤。褐煤密度为 0.9～1.25，由于含水分较多，在空气中极易风化，碎裂成小块。碳含量低，$C_{daf}=60％～75％$，挥发分含量高，$V_{daf}=40％～60％$；氧含量高，$O_{daf}=20％～25％$。褐煤的水分、灰分含量都较高，发热量低，无黏结性，一般多作为化工、气化或民用煤。

2. 长焰煤

长焰煤的煤化程度仅稍高于褐煤，是最年轻的烟煤，常呈褐黑色，因燃烧时有较长的火苗而得名。它的挥发分高，V_{daf} 大于 42％～45％，黏结性差，在低温干馏时能析出较多的焦油，所以除作动力用煤外，还常作气化及低温干馏用。

3. 不黏煤

不黏煤的煤化程度仅高于长焰煤，也属年轻烟煤。煤质特征为几乎不具任何黏结性，故称为不黏煤。不黏煤的化学反应活性好，煤灰熔点低，其燃点也低，有的用火柴即可点燃，一般作气化、动力或民用煤。

4. 弱黏煤

弱黏煤是煤化程度较低，又具有弱黏性的烟煤。该煤种胶质层厚度 Y 值为 0～9mm。挥发分较高，灰分较低，灰熔点也较低，主要作气化、动力和民用煤。

5. 贫煤

贫煤是煤化程度最高的烟煤。主要煤质特征是干燥无灰基挥发分 V_{daf} 仅高于无烟煤，一般大于 10％～16％，胶质层厚度 Y 值为 0。我国贫煤含硫含灰均高。燃点高，燃烧时火焰短，但发热量较高。一般对贫煤经洗选加工后多用作动力用煤。

6. 气煤

气煤属于煤化程度低的煤种，颜色黑，弱玻璃光泽，挥发分较高，V_{daf} 为 28％～37％，胶质层 Y 值大于 5～25mm。加热时产生大量气体和较多焦油，是制造城市用煤气和工业用煤气的良好原料，因此称为气煤。黏结性较强，是良好的炼焦配煤，也可作为低温干馏或动力用煤。

7. 肥煤

肥煤属于中等煤化程度的煤种，黑色，玻璃光泽，胶质层厚度 Y 值大于 25mm，黏结性最强，加热时能产生比焦煤更多的胶质体，所以称为肥煤，是炼焦配煤中的主要成分。

8. 焦煤

焦煤也是属于中等煤化程度的煤种，黑色，玻璃光泽，是结焦性最好的煤种。由于以往单一煤种炼焦时用这种煤能炼出强度大、块度大的优质焦煤，是最好的炼焦用煤，因此称为焦煤。

9. 瘦煤

瘦煤是属高煤化程度的煤种，黑色，玻璃光泽，黏结性较弱，与焦煤相比在加热时仅能产生少量的胶质体，所以称为瘦煤。一般作为炼焦配煤。

10. 无烟煤

无烟煤是煤化程度最高的煤种，颜色呈带有银白或古铜色彩的灰黑色，似金属光泽，因其燃烧时无烟而得名。它的硬度和密度在煤中是最大的，干燥无灰基挥发分的含量最少，V_{daf} 小于 9%，挥发分析出的温度也较高，因此着火困难，着火后也难以燃尽。无烟煤燃烧时出现的青蓝色火焰没有烟，它的结焦性差，储藏时稳定不易自燃，可作民用煤和化工用煤。

我国煤炭分类中，各种煤的具体分类指标在 GB/T 5751—2009《中国煤炭分类》中有具体规定。世界各产煤国多根据各自煤炭资源的情况颁布有不同的煤炭分类方法。表3-7为美国煤的分类方法。

表 3-7 美国 ASTM 煤的分类方法

煤 种	干燥基固定碳 FC_d（%）	干燥基高位发热量 $Q_{gr,d,p}$（MJ/kg）	干燥无灰基元素分析（%）		
			C_{daf}	H_{daf}	O_{daf}
褐煤	25～30	15～19	70～75	4～5	20～25
半烟煤		19～17	75～85	5	10～25
低挥发分烟煤	68～86	—	85～90	4～5	5～10
中挥发分烟煤 A	69～78	—	85～90	4～5	5～10
高挥发分烟煤 A	<69	<33	85～90	4～5	5～10
高挥发分烟煤 B	30～33	30～33	85～90	4～5	5～10
高挥发分烟煤 C		27～30	85～90	4～5	5～10
无烟煤	86～98	—	90～97	3～5	1～3

为了合理使用煤炭资源，对不同产地和矿井的煤都需要进行煤的工业分析、元素分析及发热量测定，并将测定结果提供给用户。工业分析主要是测定煤的水分、灰分、挥发分并据以计算固定碳。元素分析主要包括碳、氢、氮、硫等元素分析。对于动力、冶金和气化用煤还需要进行专门的试验，如对动力用煤需进行与燃烧有关的性能测定，主要包括煤对二氧化硫的化学反应性、煤的稳定性、煤的结渣性、煤灰熔融性等。对于冶金炼焦用煤需进行烟煤焦质层指数测定。

二、煤炭资源、生产与消费

1. 煤炭资源

煤炭是地球上最重要的能源。2012 年世界主要国家煤炭探明储量见表 3-8。过去的 30年中世界煤炭证实储量的分布也发生了较大变化，全球煤炭证实储量的区域分配出现了从欧洲的世界经合组织国家向经济转型国家和南亚国家转移的现象。值得注意的是，煤炭证实储量的增长多发生在煤炭产量增长强劲的国家和地区，特别是在煤炭行业具有世界级竞争水平的国家和地区。这是因为这些国家和地区能够不断进行勘探以增长其煤炭证实储量。澳大利亚、印度尼西亚、美国、加拿大、哥伦比亚、委内瑞拉、中国和印度都是如此；相反，在欧洲煤炭证实储量却连续下降。随着煤炭产量和消费量的增长以及运输基础设施的加强，将会有更多的煤炭资源成为可经济开发的资源。

表 3-8　　　　　　　　　　2012 年世界主要国家煤炭探明储量　　　　　　　百万 t

排名	国家	无烟煤与烟煤	次烟煤与褐煤	总计	比例（%）	储产比
1	美国	108 501	128 794	237 295	27.6	257
2	俄罗斯	49 088	107 922	157 010	18.2	443
3	中国	62 200	52 300	114 500	13.3	31
4	澳大利亚	37 100	39 300	76 400	8.9	177
5	印度	56 100	4500	60 600	7.0	100
6	德国	99	40 600	40 699	4.7	207
7	乌克兰	15 351	18 522	33 873	3.9	384
8	哈萨克斯坦	21 500	12 100	33 600	3.9	289
9	南非	30 156	0	30 156	3.5	116
10	其他欧洲及欧亚大陆	1440	20 735	22 175	2.6	234
	世界总计	404 762	456 176	860 938	100	109

2012 年，世界煤炭探明储量可满足 109 年的全球生产需要，是目前为止化石燃料中储产比最高的燃料。欧洲及欧亚大陆煤炭储量规模最大，北美洲则拥有最高的储产比。以国别来看，美国储量最高，俄罗斯、中国次之。

中国煤炭储量居世界第 3 位。煤炭资源分布相当广泛，除上海市和香港特别行政区外，其他各省（区、市）均有分布，以新疆、内蒙古、山西、陕西等省（区）资源最为丰富；贵州、云南、宁夏、安徽、山东、河南、河北次之，台湾也有煤炭资源产出。从探明储量看，以山西、内蒙古、陕西为最，新疆、贵州次之。从煤炭形成的地质时代看，在寒武纪、石炭纪、二叠纪、三叠纪、侏罗纪、第三纪均有煤炭形成，但以侏罗纪、石炭纪和二叠纪的煤最为丰富，尤以侏罗纪的煤为多，保有储量占煤炭总保有储量的 46.2%，煤质品种也比较齐全。

中国煤炭资源分布极不平衡，从南北看，昆仑山—秦岭—大别山一线以北地区，煤炭资源量占全国的 90.3%，其中太行山—贺兰山之间地区占北方地区的 65%；昆仑山—秦岭—大别山一线以南的地区，只占全国的 9.7%，其中，90.6% 又集中在川、云、贵、渝等省市。从东西看，大兴安岭—太行山—雪峰山一线以西地区煤炭资源量占全国的 89%，该线以东地区仅全国的 11%，是煤炭贫乏之地区。我国各大区煤炭储量分布概况见表 3-9。

表 3-9	我国各大区煤炭储量分布概况			%
地区名称	占全国煤炭总储量	占全国炼焦煤总储量	占全国无烟煤储量	占全国褐煤储量
华北	55.67	62.49	49.84	72.01
东北	2.45	4.05	0.33	3.15
华东	5.34	15.08	2.35	0.87
中南	3.08	2.75	10.72	0.85
西南	8.92	6.61	35.47	11.28
西北	25.54	9.02	1.30	11.85

中国煤炭资源总量虽然较多，但探明程度低，人均占有储量较少，按 2006 年人均探明储量对比，中国人均探明储量仅为 87.1t，约为世界人均可采储量的 50%。此外，中国煤炭资源和现有生产力呈逆向分布，造成了"北煤南运"和"西煤东调"的被动局面。大量煤炭自北向南、由西到东长距离运输，给煤炭生产和运输造成了极大的压力。

2. 煤炭生产

对煤炭而言，与储量的变化相似，煤炭产量的增长主要是在煤炭行业具有竞争力的国家和地区，包括南非、澳大利亚、中国、印度尼西亚和北美及南美国家，而世界经合组织欧洲国家的煤炭产量进一步下降。除了经济转型国家受政治和经济改革的影响产量下降之外，其他储量增长的国家和地区其产量也是增加的。1950—2012 年世界煤炭产量见表 3-10。

表 3-10	1950—2012 年世界煤炭产量		亿 t
年份（年）	总计	年份（年）	总计
1950	18.182	2002	49.610
1960	25.716	2003	53.147
1970	29.299	2004	57.246
1980	37.890	2005	60.499
1990	47.398	2006	63.584
1996	46.801	2007	65.894
1997	47.306	2008	68.222
1998	46.523	2009	69.013
1999	46.381	2010	72.518
2000	47.014	2011	76.916
2001	49.179	2012	78.645

目前，全世界共有 60 多个产煤国家。图 3-1 为 1987—2012 年全球煤炭分区域的产量，从图上可以看出全球产煤炭最多的是亚太地区。世界五大产煤国产量及其位次变化见表 3-11。从表中可以看出，从 1990 年以后，我国已成为世界上产煤最多的国家。表 3-12 为 1990—2010 年我国原煤生产和进出口情况。

表 3-11　　　　　　　1980—2012 年世界五大产煤国产量及其位次变化　　　　　　　亿 t

位次	1981 年产量		1991 年产量		2001 年产量		2011 年产量		2012 年产量	
1	美国	7.473	中国	10.874	中国	14.546	中国	35.160	中国	36.500
2	前苏联	7.164	美国	9.035	美国	10.23	美国	9.939	美国	9.221
3	中国	6.165	俄罗斯	3.533	印度	3.419	印度	5.701	印度	6.058
4	德国	4.928	德国	3.459	澳大利亚	3.332	澳大利亚	4.155	澳大利亚	4.312
5	波兰	2.300	印度	2.399	俄罗斯	2.696	印度尼西亚	3.533	印度尼西亚	3.860

表 3-12　　　　　　　1990—2010 年我国原煤生产情况　　　　　　　万 t

项目	1990 年	1995 年	2000 年	2005 年	2006 年	2007 年	2008 年	2009 年	2010 年
可供量	102 221.0	133 461.7	128 297.1	214 462.1	235 781.1	251 376.7	275 061.1	301 283.8	319 772.0
生产量	107 988.3	136 073.1	129 921.0	220 472.9	237 300.0	252 597.4	280 200.0	297 300.0	323 500.0
进口量	200.3	163.5	217.9	2617.1	3810.5	5101.6	4034.1	12 584.0	16 309.5
出口量（一）	1729.0	2861.7	5506.5	7172.4	6327.3	5318.7	4543.4	2239.6	1910.4

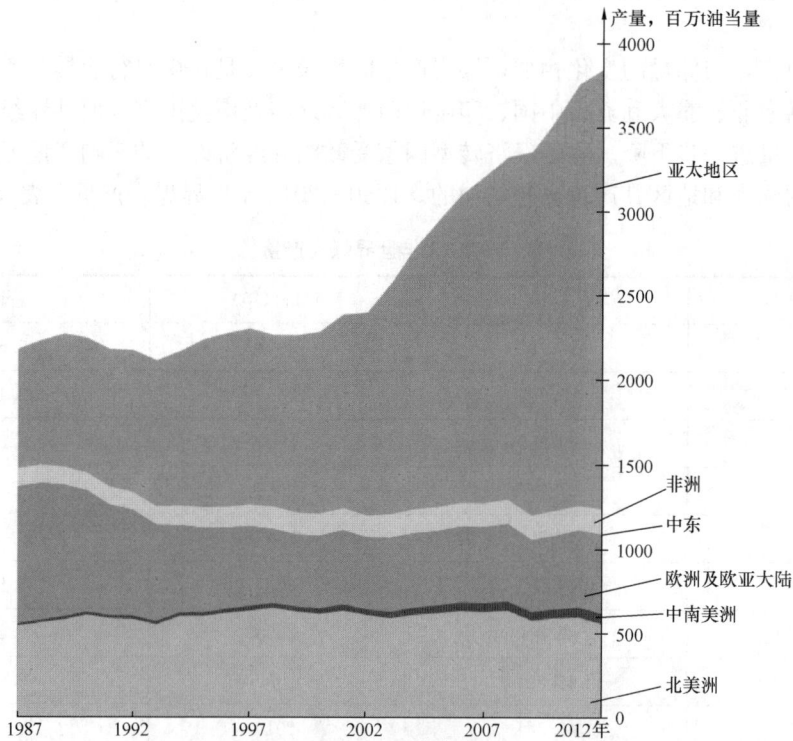

图 3-1　1987—2012 年全球煤炭分区域的产量

　　2012 年全球煤炭增长率为 2%，全球产量净增长全部来自亚太地区，这一增长抵消了美国产量的大幅下降。2013 年全球煤炭消费量增长了 2.5%，低于历史平均增长率。其中 2013 年亚太地区生产了全球三分之二以上的煤炭。全球煤炭消费量的净增长也全部来自亚太地区。美国 2012—2013 年消费量锐减（下降 11.3%），大大抵消了其他地区的增长，而欧盟消费量连续第三年出现增长。

3. 煤炭消费

从1987—2012年全球各种能源的消费总量的变化如图3-2所示。从图中可以看出，煤炭的增长最迅速而石油的增长最慢。尽管石油仍然是全球最重要的能源，它的市场份额已经部分让位给煤炭和天然气。1987—2012年全球分区域的能源消费量见图3-3，其中亚太地区消费的能源最多。

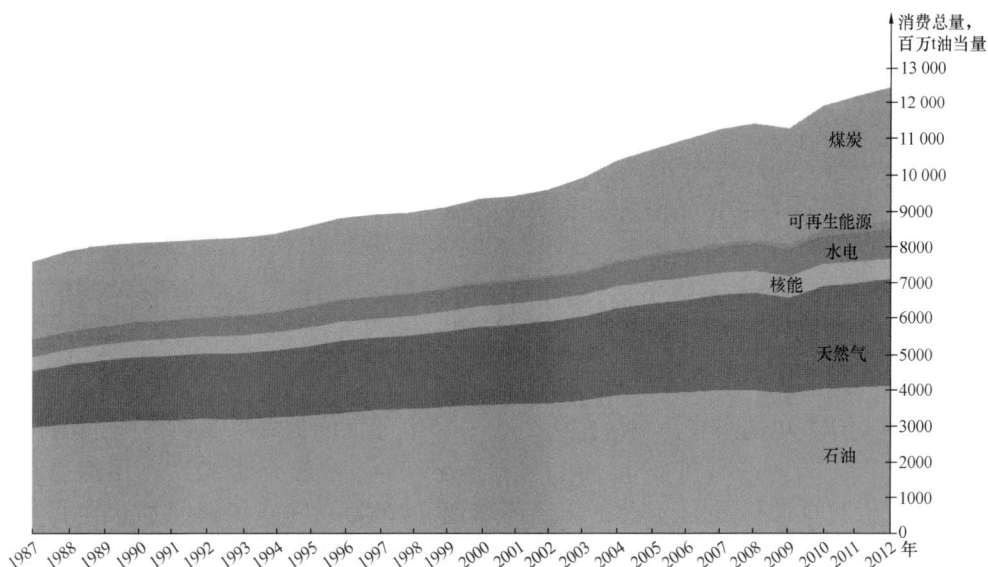

图 3-2　1987—2012 年全球各种能源的消费总量的变化

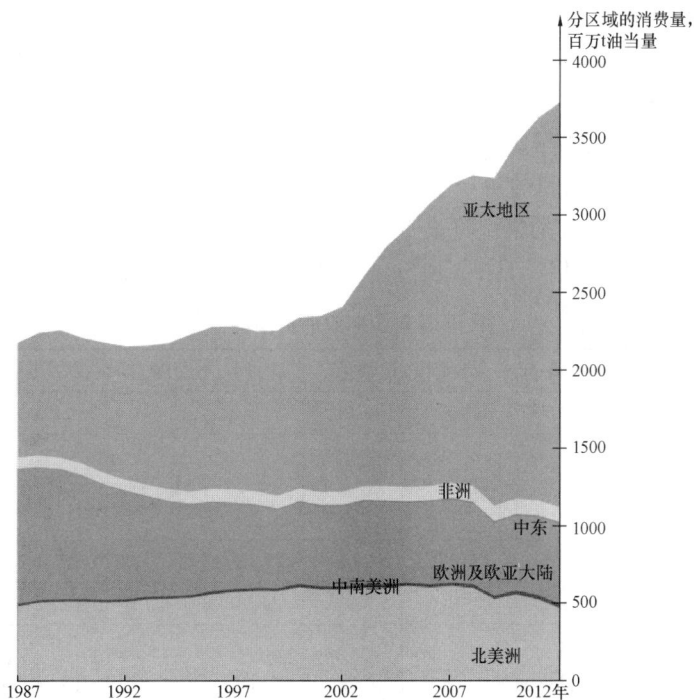

图 3-3　1987—2012 年全球分区域的能源消费量

根据英国石油（BP）报告，全球煤炭消费有如下特点：

（1）经合组织的煤炭消费有所减少（2011—2030 年期间每年下降 0.8%），但非经合组织的煤炭消费继续增长（每年增长 1.9%）。中国仍是最大的煤炭消费国（在全球煤炭消费中占比 52%），而印度（在全球煤炭消费中占比 12%）将在 2024 年超越美国成为世界第二大煤炭消费国。到 2030 年，中国和印度在全球煤炭消费增长中所占比重将分别达到 63% 和 29%。

（2）随着中国向低煤炭密集型经济活动转型以及采取增效措施，中国的煤炭需求增速迅速减小，从 2001—2010 年期间的每年 9% 降至 2011—2020 年内的 3.5%，进而在 2021—2030 年期间降至 0.4%。

（3）印度的煤炭需求减速较为缓慢，从 2001—2010 年期间的每年 6.5% 逐步降至 2011—2030 年期间的 3.6%，因为能效提高部分抵消了工业和基础设施扩建带来的能源需求增长。

（4）全球煤炭供应在 2011—2030 年期间将每年增长 1.0%，非经合组织国家的增量将抵消经合组织的减量。中国和印度的煤炭产量每年分别增长 0.9% 和 3.9%。进口的增加将推动全球煤炭市场的进一步扩大和整合。

（5）全球用于发电的煤炭消费增速从 2001—2010 年期间的每年 3.6% 降至 2011—2020 年期间的每年 2.4%，进而在 2020 年后降至每年 0.4%。经合组织发电用煤已经减少（2001—2010 年期间每年下降 0.2%），这种减速在 2021—2030 年期间加快至每年下降 1.2%。非经合组织的发电用煤增速减缓，从 2001—2010 年期间的每年增长 7.7% 降至 2020 年后的 1.0%。因此，煤炭在发电燃料中所占比重将从 2021 年的 44% 降至 2030 年的 39%。天然气、核能和可再生能源的比重都将提高。

（6）工业部门的煤炭消费也趋于平稳。经合组织的煤炭消费继续减少（每年下降 1.1%），而非经合组织的煤炭消费增速从 2001—2010 年期间的每年 7.8% 降至 2011—2020 年期间的每年 1.9%，进而在 2021—2030 年期间降至每年 1.2%。随着中国经济发展重心从快速工业化和基础设施建设转向以服务业和轻型制造业为基础的增长，其工业部门的煤炭消费增速将从 2001—2010 年期间的每年 9.6% 降至 2020 后的每年 0.9%。

我国煤炭消费按行业划分的情况见表 3-13。从表中可见，煤炭消费逐年递增，在过去 20 年中，煤炭消费增长了 2.96 倍，其中工业一直是煤炭消费大户。煤炭消费的用途见表 3-14。

表 3-13　我国煤炭按行业消费情况　万 t

项目	1990 年	1995 年	2000 年	2004 年	2005 年	2006 年	2007 年	2008 年	2009 年	2010 年
消费总量	105 523.0	137 676.5	132 000.0	193 596.0	216 722.5	239 216.5	258 641.4	281 095.9	295 833.1	312 236.5
1. 农、林、牧、渔、水利业	2095.2	1856.7	1647.7	2251.2	2315.2	2309.6	2337.8	1522.6	1582.1	1711.1
2. 工业	81 090.9	117 570.7	119 300.7	180 135.2	202 609.1	225 539.4	245 272.5	265 574.2	279 888.5	296 031.6
3. 建筑业	437.6	439.8	536.8	601.5	603.6	582.0	565.3	603.2	635.6	718.9
4. 交通运输、仓储和邮政业	2160.9	1315.1	1132.2	832.1	815.3	724.8	685.5	665.4	640.9	639.2

续表

项目	1990 年	1995 年	2000 年	2004 年	2005 年	2006 年	2007 年	2008 年	2009 年	2010 年
5. 批发、零售业和住宿、餐饮业	1058.3	977.4	814.6	871.8	874.4	891.5	868.3	1791.4	1977.9	1969.9
6. 其他	1980.4	1986.7	661.0	731.0	765.9	782.9	811.4	1791.6	1986.1	2006.6
7. 生活消费	16 699.7	13 530.1	7907.2	8173.2	8739.0	8386.3	8100.6	9147.6	9121.9	9159.2

表 3-14　　　　　　　　　　　　1990—2012 年我国的煤炭消费构成　　　　　　　　　　　万 t

项目	1990 年	1995 年	2000 年	2004 年	2005 年	2006 年	2007 年	2008 年	2009 年	2010 年
消费总量	105 523.0	137 676.5	132 000.0	193 596.0	216 722.5	239 216.5	258 641.4	281 095.9	295 833.1	312 236.5
(一)终端消费	60 205.9	66 156.1	46 821.4	59 543.7	62 154.1	61 683.7	63 572.2	81 089.2	83 700.5	84 350.9
工业	35 773.8	46 050.3	34 122.0	46 083.0	48 040.7	48 006.5	50 203.2	65 567.5	67 755.9	68 146.1
(二)中间消费(用于加工转换)	41 257.8	69 487.6	85 178.6	134 052.3	154 568.4	177 532.8	195 069.3	200 006.7	212 132.6	227 885.6
发电	27 204.3	44 440.2	55 811.2	91 961.6	103 263.5	118 763.9	130 548.8	135 351.7	143 967.3	154 542.5
供热	2995.5	5887.3	8794.1	11 546.6	13 542.0	14561.4	15 394.2	15 029.2	15 359.7	15 253.1
炼焦	10 697.6	18 396.4	16 496.4	25 349.6	31 667.1	37 450.1	41 559.0	41 461.7	43 691.7	47 150.4
制气	360.4	763.7	960.0	1316.4	1277.0	1257.1	1391.8	1227.2	1150.7	213.4
(三)洗选损耗	4059.3	2032.8	3191.2	3633.9	4582.1	5279.3	5954.6	6757.8	7765.5	1040.1

　　在我国煤炭消费中，煤炭的加工转换和洗选损耗增长迅速，而煤炭终端消费增长缓慢。它充分说明中国煤炭消费结构正趋合理，煤炭的利用率也在逐步提高。

三、煤炭的开采

1. 开采方法

　　埋藏在地下的煤层，由于成煤条件不同，地质情况各异，有的埋藏很深，有的埋藏较浅，因此开采方法也不一样。煤的开采方法有两类，即露天开采和矿井开采。露天开采的优点是开采效率高，生产成本低，建设周期短，劳动条件好，安全性高，缺点是易受气候和季节影响，矸石占地面积大。只有适宜的地质条件，即煤层较厚，覆盖层较薄，才适合采用露天开采。

　　凡是不经济或不适合露天开采的煤田就必须采用矿井开采。矿井开采又可分为平硐开拓、斜井开拓和竖井开拓。若条件允许，首先应采用平硐，其次选用斜井（即由地表沿一定坡度建斜井到井底），只有地质条件限制不能采用平硐和斜井时才考虑竖井。

　　我国适合采用露天开采的煤炭资源不多，煤炭生产以地下开采为主。随着科学技术的发展，煤炭开采也在迅速发展之中。露天开采进一步扩大，目前露天开采量约占世界煤炭产量的 40% 以上，美、俄、德、澳等发达国家露天矿的产量更高达 60%～80%。露天开采技术的发展趋势是露天矿规模和设备的大型化，开采工艺的多样化，生产过程及设备监控的计算机化。此外，提高设备的可靠性，提高工时利用率，依照有关法规要求，尽量减少开采对生态环境的不良影响也是各国露天矿努力的目标。

2. 开采技术的发展趋势

由于目前矿井开采仍是硬煤开采的主要方法，所以提高矿井开采规模和效率一直是各国努力的目标。中国、俄罗斯、欧洲采用长壁采煤法；美国、澳大利亚、印度等国则以短壁采煤法为主。长壁采煤法产量约占世界矿井总产量的 70%。20 世纪 60 年代以来，多数产煤国家开采条件进一步恶化，又面临石油、天然气的竞争和环保压力，这些因素促进了各国煤炭工业依靠科技进步来提高其竞争力。当前矿井开采技术的发展趋势有如下特点：

（1）扩大规模、集中生产。加大矿井开采强度是提高规模经济效益的主要途径，而综采设备能力的提高，为扩大矿井规模创造了条件。同时，通过合并、改建现有矿井，关闭不经济矿井，新建高产高效矿井，实现矿井生产集中化。目前，一个矿井、一个采区、一个工作面是国内外共同的发展趋势。

（2）简化生产系统。简化生产系统包括：实行采掘合一，进一步简化开采工艺；厚煤层一次采全高；应用大功率胶带运输机实现全矿连续运输；采用各种辅助运输技术把设备、材料直接运到工作面；减少岩巷，简化巷道布置。同时，采用先进矿井采煤设备，实现采煤设备的遥控和自动化。

（3）采用高产高效工作面，进一步提高矿井的安全性。目前，年产百万吨的综采面已很普遍。美国综采工作面的平均年产量达 250 万 t，平均效率为 281.2t/工。20 世纪 80 年代以来，世界各主要产煤国的煤矿安全状况都有很大改善。美国煤矿千人事故死亡率已低于冶金、制造、运输、建筑、农业等 20 个行业，成为比较安全的一个部门。英国煤矿百万吨事故死亡率已降到 0.01 人，接近实现消灭煤矿死亡事故的长期愿望。中国煤矿的安全状况也有很大改善。

3. 矿井安全技术的进展

（1）在瓦斯防治方面，注意完善通风系统，发展智能化通风技术，重视瓦斯抽放和煤层气开采技术、瓦斯监控技术、瓦斯预测预报及防治技术。

（2）在井下防火方面，采用色谱分析法测定煤层自燃倾向，用多参数监测系统进行预测预报，发展隐蔽火源探测技术及各种灭火技术。

（3）在防尘技术及瓦斯、煤尘爆炸的预防与控制技术方面，发展综合防尘技术、火源的预防与控制技术、爆炸的预防与控制技术。

（4）在水害的防治方面，研究突水规律，发展预测预报技术、带压开采技术及注浆堵水综合配套技术。

四、洁净煤技术

煤炭是主要的能源，但正如第一章中指出，煤炭的开发利用严重地污染了人们赖以生存的环境，因此煤炭的清洁开发和利用是摆在全人类面前的紧迫问题。

洁净煤技术（clean coal technology）是旨在减少污染和提高效益的煤炭加工、燃烧、转换和污染控制等新技术的总称。洁净煤技术于 20 世纪 80 年代中期兴起于美国，已经完成或正在进行几十个洁净煤技术的研究、开发与示范项目，并在先进的燃煤发电系统和液体燃料替代方面取得了重大进展。欧共体、日本、澳大利亚也相继推出各自的洁净煤研究开发与实施计划。

洁净煤技术的构成如图 3-4 所示。从燃烧前、中、后三阶段净化技术看，越往后难度越大，投资及成本也越高。因此世界各国在分阶段发展各环节净化技术的同时，也都分阶段进行技术经济效益优化。

（一）燃烧前处理

1. 选煤

燃烧前处理主要是选煤、型煤和水煤浆三项措施。选煤的目的是降低原煤中的灰分、硫分等杂质的含量，并将原煤加工成质量均匀、能适应用户需要的不同品种及规格的商品煤。它是煤炭深加工的前提。选煤方法很多，包括常规物理选煤、化学选煤、高效物理选煤及微生物脱硫。常规的物理选煤只能利用物理性质的不同，从煤中分离出矸石、异物或硫化铁，而不能分离以化学态存在于煤中的硫，也不能分离出另一种污染物氮化物。常规物理选煤技术有重介质选煤、淘汰选煤和浮选等。这些方法一般可除去煤中 60％的灰分和 40％的黄铁矿硫。

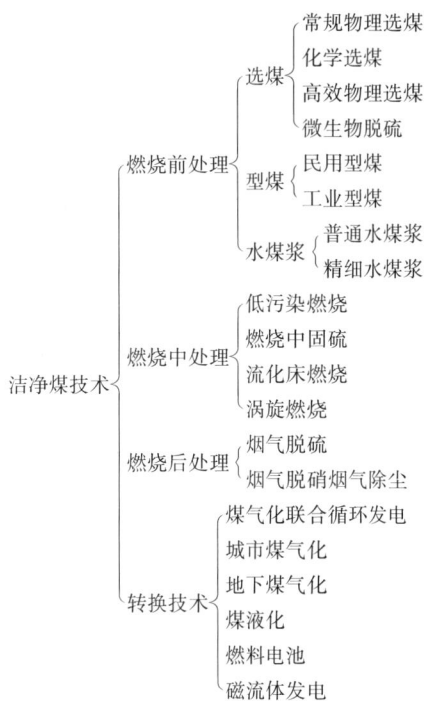

图 3-4 洁净煤技术的构成

高效物理选煤技术是把煤粉磨得比以前更细，从而能使更多的杂质从煤中分离出来。超细粉的新技术可以除去 90％以上的硫化物及其他杂质。新的物理选煤方法很多，图 3-5 是一种处理超细煤粉的微泡浮选柱的示意，其气泡发生器可以产生小至 0.05mm 的气泡，每小时可处理煤 15t，分选后煤的灰分可降至 10％以下，热值回收率达 55％～60％。图 3-6 是一种喷气水力旋流浮选装置，它利用泡沫浮选，处理能力比普通浮选设备高 100 倍。

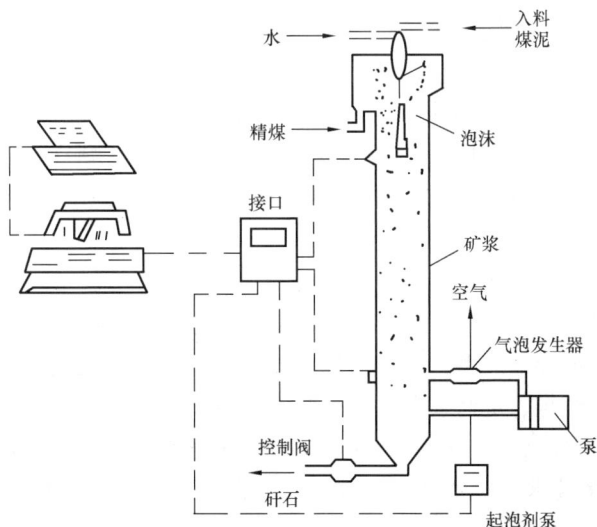

图 3-5 处理超细煤粉的微泡浮选柱的示意

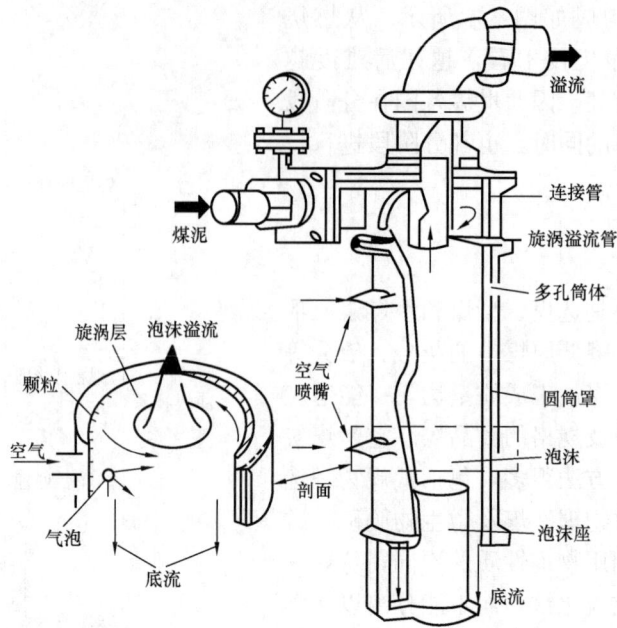

图 3-6　喷气水力旋流浮选装置

在物理洗选排除大部分矿物质后即可对煤进行化学脱硫。常采用的脱硫方法如下：

（1）热解法脱硫。它是将煤加热至焦化温度，使含硫的气体组分（如 H_2S 等）释出，并降低残碳中的含硫量，主要是脱除 FeS_2。但温度较高（1100℃）时也可使有机硫减少。

（2）碱法脱硫。它是将烟煤用熔融碱在 200～400℃下进行处理，然后用水洗，可脱除全部黄铁矿硫和一半的有机硫。

（3）气体脱硫。它是利用黄铁矿硫和有机硫化合物能与某些气体反应，生成挥发性含硫产物而脱硫；采用水蒸气和空气在 350～550℃可脱除 30％的黄铁矿硫，用氮和氢气处理在 900℃时可脱除 80％的硫。

（4）氧化脱硫。它是利用氧化剂从煤中脱硫，特别是脱黄铁矿硫。

对煤中有机硫采用微生物脱硫方法特别合适，因为微生物脱硫反应都是在常温下进行的，且脱硫过程中煤损失少。微生物脱硫主要利用脱硫细菌，如硫杆菌属、硫化叶菌属、假单胞菌属等。更新的方法是采用酶来脱除煤中的有机硫。微生物脱硫作用时间长，需要很大的反应容器，生产工艺也很复杂，脱硫成本高，这些因素都制约了微生物脱硫的大规模工业应用。

2. 型煤

型煤是将粉煤或低品位煤加工成一定形状、尺寸和有一定理化性能的煤制品。型煤一般需加黏结剂。高硫煤加入固硫剂成型，可减少 SO_2 排放。型煤分为民用型煤和工业型煤两大类。民用型煤包括煤球、蜂窝煤、烧烤碳等；工业型煤包括工业燃料型煤（锅炉型煤、窑炉型煤、机车型煤），工业造气型煤（合成氨造气型煤、燃料气造气型煤）和用于炼铁、铸造的型焦等。

型煤是各种洁净煤技术中投资小、见效快、适宜普遍推广的技术。它与直接燃烧原煤相比，可以减少烟尘 50％～80％，减少 SO_2 排放 40％～60％，燃烧热效率可以提高 20％～30％，节煤率达 15％，具有节能和环境保护的双重效益。

我国在 20 世纪 50 年代就开始全面推广以无烟煤为原料的下点火蜂窝煤，而以烟煤、褐煤为原料的上点火蜂窝煤仅在局部地方推广应用，而后者比前者的热效率高 15%～25%。因此民用型煤的发展潜力仍很大。

与民用型煤相比，我国工业型煤发展很慢，特别是供锅炉用的工业型煤更是如此。大量炉窑仍在烧原煤，热效率低，污染严重。若将粉煤制成型煤，并加入不同的添加剂，以增加型煤的反应活性、易燃性、热稳定性，提高灰熔点和固硫功能，则将大大提高煤炭的利用率。初步估计，我国工业锅炉中有 90% 以上属层燃式，适于块状燃料。若将全国 4t/h 以下的锅炉改烧型煤，约需 2 亿 t 工业型煤，若将工业炉窑半数改烧型煤，约需型煤 5000 万 t，加上化工用的造气型煤，我国型煤市场前景广阔。

3. 水煤浆

水煤浆是 20 世纪 70 年代兴起的煤基液态燃料。它由煤粉、水和少量添加剂组成。水煤浆有以下特点：

（1）水煤浆为多孔隙的煤粉和水的固液混合物，具有类似 6 号油的流动性，它既保留了煤原有的物理特性，又可以像燃料油那样通过管道输送，并在加压的情况下通过喷嘴雾化和燃烧。所以水煤浆可以作为工业炉窑、工业锅炉和电站锅炉的燃料以代替燃料油，也可作为民用燃料。水煤浆的价格比燃料油更低。

（2）水煤浆在制造过程中可以进行净化处理。原煤制成水煤浆，其灰分低于 8%，硫分低于 1%，且燃烧时火焰中心温度较低，燃烧效率高，烟尘、SO_2、NO_x 等的排放都低于燃油和燃散煤。

水煤浆的制备以浮选精煤为原料，经脱水、脱灰、磨制，加添加剂后与水混合成浆。水煤浆中煤粉颗粒的浓度（质量）为 65%～70%，含水 30%～35%。有三种制备水煤浆的方法：

（1）干法。它是将制浆煤用磨煤机进行干磨，磨成粉末后在成浆中加入一定比例的水和化学添加剂进行搅拌成浆。

（2）湿法。它是将制浆煤加一定比例的水和化学添加剂之后在磨煤机中磨制和混合成浆。

（3）混合法。它是将制浆煤的一部分进行干磨，一部分进行湿磨，然后两部分在成浆器中加入一定比例的化学添加剂进行混合成浆。

制备好的水煤浆在储运过程中应保持很好的稳定性，以避免在储存罐底部及运输管道内产生沉淀物。在燃烧过程中，水煤浆的雾化特性对着火性能和稳燃性都有很大影响。因此对采用水煤浆的喷嘴要精心设计，而且由于煤浆的磨损性比燃油高，喷嘴应采用耐磨的材料。由于水煤浆中的水分会大量吸热，因此在燃烧器出口火焰的根部处还要维持一个高温热源，以保证水煤浆的雾化炬有很高的升温速度，使水煤浆液滴中的水分迅速蒸发，进而使煤粉中的挥发分快速析出和着火。总之，只有针对水煤浆的特点，采取一系列的措施，才能使水煤浆的应用取得良好的效果，真正解决众多燃油锅炉和工业炉窑对石油的过度依赖。

（二）燃烧中处理

为达到环保目的，工厂企业通常采用高烟囱排放：它是将燃烧装置产生的有害烟气排放到远离地面的大气层中，并通过大气的运动使污染物浓度降低，以改善污染源附近的大气质量。但这种方法并不能减少 SO_2 和 NO_x 等有害物的排放总量，因此燃烧过程中处理，即炉内脱硫、脱硝是十分重要的。

炉内脱硫通常是在燃烧过程中向炉内加入固硫剂，如石灰石等，使煤中硫分转化为硫酸盐并随炉渣排出。实践证明，最佳的脱硫温度是 $800\sim850℃$，温度高于或低于该温度范围，脱硫效率均会降低。因此炉内加石灰石脱硫的最佳燃烧方式是流化床燃烧，层燃和煤粉燃烧加石灰脱硫效果均不理想。

煤燃烧过程中产生的氮氧化物（NO_x）与煤的燃烧方式，特别是燃烧温度和过量空气系数等燃烧条件有关，因此炉内脱硝主要是采用低 NO_x 的燃烧技术，包括空气分级燃烧，燃料分级燃烧和烟气再循环技术等。本书第八章也对这些技术进行了简要介绍。此外向炉内喷射吸收剂，例如尿素，也是一种可行的办法，因为尿素和 NO_x 反应会生成 N_2 和水。

（三）燃烧后处理

1. 烟气脱硫

燃烧后处理主要是烟气净化和除尘。由于炉内脱硫往往达不到环保要求，所以还需对燃烧后的烟气进行脱硫处理。有多种已经商业化的烟气脱硫技术，图 3-7 为燃煤锅炉中各种不同的脱硫方案。通常烟气脱硫技术按其方法可以分为干法脱硫和湿法脱硫；按反应产物的处理方法可以分为回收法和抛弃法；按脱硫剂的使用情况分，则有再生法和非再生法。在各种脱硫工艺中，湿法烟气脱硫应用最广。湿法烟气脱硫的特点是，整个脱硫系统位于烟道的末端，在除尘器之后，其脱硫剂、脱硫过程、反应副产品及其再生和处理均在湿态下进行，因而烟气脱硫过程的反应温度低于露点，所以脱硫以后烟气需经再加热后才能从烟窗排出。由于湿法烟气脱硫过程是气液反应，其脱硫反应快、效率高、钙利用率也高。在钙硫比例为 1 时，脱硫效率可达 90% 以上，适合于大型燃煤电站锅炉的烟气脱硫。但湿法脱硫有废水处理问题，因此其费用很高，通常它的投资占电厂投资的 $11\%\sim18\%$，年运行费用占电厂总运行费用的 $8\%\sim18\%$。

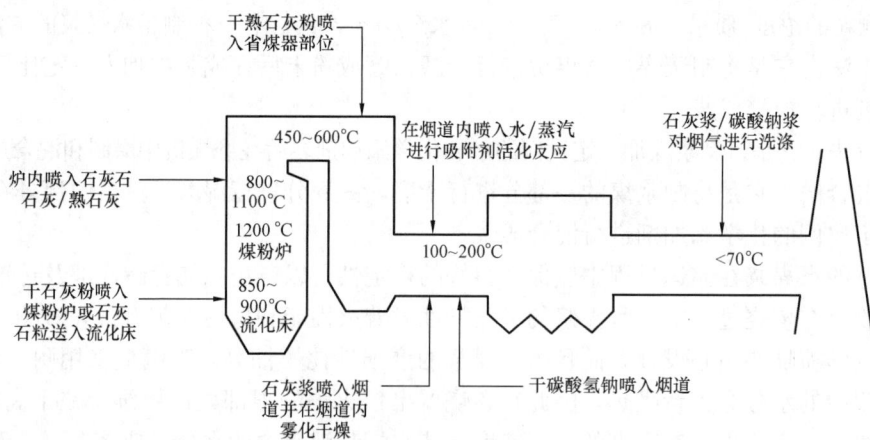

图 3-7　燃煤锅炉中各种不同的脱硫方案

2. 烟气脱硝

因为低 NO_x 燃烧技术最多只能降低 NO_x 排放值的 50%，因此还需考虑烟气脱硝。通常烟气脱硝也分为干法和湿法。干法烟气脱硝主要有选择性催化还原法和选择性非催化还原法。前者是采用催化剂来促进 NH_3 和 NO_x 的还原反应，其反应温度取决于催化剂的种类，例如，采用钛和铁氧化物作催化剂时反应温度为 $300\sim400℃$；当采用活性焦炭作为催化剂时，其反应温度为 $100\sim150℃$。采用 NH_3 的好处是，它只与于 NO_x 发生反应，而不与烟气中的氧反应；如果采用其他还原剂（如 CH_4、CO、H_2 等），它们还会与氧反应，一方面会使还原剂消耗量增大，另一方面还会使烟气温度升高，这种方法在西欧和日本有广泛应用，其脱硝率达 $80\%\sim90\%$。

选择性非催化还原法又称热力脱除 NO_x 法，与选择性催化还原法不同之处是，它是在烟气高温区加入 NH_3 且不用催化剂，此法脱硝率不太高，约 50%，但设备和运行费用低。

干法脱硝存在氨泄漏问题和硫酸氢铵的沉积腐蚀问题。湿法脱硝是先将烟气 NO_x 中含量最多的 NO 通过氧化剂（如 O_3、ClO_2 等）氧化生成 NO_2，NO_2 再被水或碱性溶液吸收，这种方法的脱硝效率可达 90% 以上，而且可以和湿法脱硫结合起来实现同时脱硫脱硝，其缺点是系统复杂，用水量大并且有水二次污染的问题。

3. 烟气除尘

燃煤产生的大气污染物占我国烟尘排放总量的 60%，粉尘的 70% 以上，因此烟气除尘是一个突出的问题。常用的烟气除尘器有以下几种：

（1）离心分离除尘器。离心分离除尘器的工作原理是，使烟气做旋转运动，依靠离心力作用将烟气中粉尘分离出来。这种离心力要比单独靠重力获得的分离力大得多，因而除尘较有效。常用旋风除尘器是利用离心分离作用的一种除尘装置，它结构简单，运行操作方便，可以分离捕集较细的尘粒，除尘效率在 85% 左右，因此它被广泛用作独立的除尘装置，也可作其他除尘装置的前处理装置。

（2）洗涤式除尘器。洗涤式除尘器是用液滴、液膜、气泡等洗涤含尘烟气，使尘粒黏附和相互凝集，从而使尘粒得到分离的装置。其中应用较多的是文丘里洗涤除尘器，它的主要部件是文丘里管。压力水从文丘里管喉口的小孔中进入，高速的含尘烟气流通过喉口将水雾化成无数水滴，同时尘粒会黏附在所生成的水滴上。将这种气液混合物引入气液分离器，使水滴与尘粒分离，烟气得到净化。文丘里洗涤除尘器的除尘效率一般在 95% 以上，这种除尘器结构简单，除尘效率高，水滴还能吸附烟气中的 SO_2 和 SO_3，缺点是阻力大，需要有污水处理装置。

（3）袋式过滤除尘器。袋式过滤除尘器是使含尘烟气通过滤料将尘粒分离捕集的装置。袋式除尘器用滤布作为滤料，将最初形成的粉尘层作为过滤层来捕集粉尘。滤布起着形成粉尘层和支撑它的骨架作用，过滤布袋一般用涂有聚四氯乙烯料层的玻璃纤维织成。袋式过滤除尘器具有较高的除尘效率，但其阻力较大。

（4）静电除尘器。静电除尘器是利用静电力实现尘粒与烟气流分离的一种除尘装置。静电除尘器是在放电极与平板状集尘极之间加以较高的直流电压，使放电极发生电晕放电。当含尘烟气低速（$0.5\sim2.0m/s$）流过放电极与集尘极之间时，烟气中的气体分子首先发生电离，使原来呈中性的气体分子变为带正电荷的离子和带负电荷的电子。由于含尘烟气中大部分气体（N_2、H_2、CO_2）与电无亲和力，故会带负电成为负离子，它在向正极移动中遇到随烟气流动的大部分粉尘，会使粉尘取得负电荷而转向阳极板上，使粉尘所带的电荷得到中和。集尘板上粉尘集到一定厚度后，可用机械振打的方法使之落入灰斗。

静电除尘器具有很高的除尘效率（最高可达 99.99%），可捕集 $0.1\mu m$ 以上的尘粒。它阻力损失小，运行费用不高，处理烟气量的能力大，运行操作方便，可完全实现自动化。缺点是设备庞大，投资费用高。目前我国各大电厂已普遍采用静电除尘器。

五、煤的气化与液化（转换技术）

煤的气化和液化也是清洁煤技术的重要组成部分。煤的气化和液化不但能解决直接燃烧

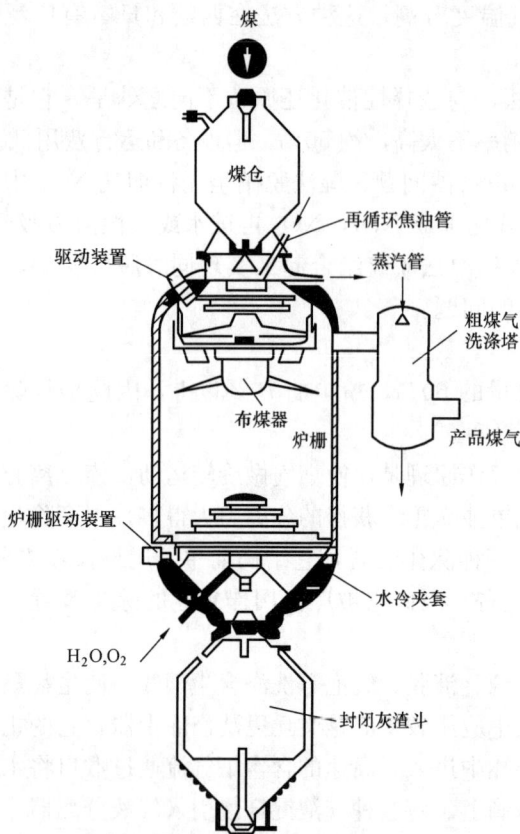

图 3-8　鲁奇煤气化炉

时燃烧效率低、燃烧稳定性差的缺点，而且能够极大地改善煤直接燃烧所造成的环境污染。

煤气化是将煤与气化剂起反应，使之转化为煤气的技术。随着工艺操作条件和所加入的气化剂的不同（主要是空气、氧气、水蒸气等），可以得到不同种类的煤气产品，供大、中、小城市民用的燃料气；供合成氨和合成甲醇用的化工合成原料气；供冶金和电力等工业作工艺燃料或发电燃料的工业燃料气。

煤气化技术的研发已有 200 多年历史。按照煤在气化剂中的流体力学条件，可以将煤气化方法分为移动床气化、流化床气化、气流床气化和熔融床气化。根据使用气化剂的种类，煤的气化可以分为空气-蒸汽气化、氧-蒸汽气化和氢气气化。按气化炉操作压力的高低煤的气化又可分为常压气化、中压气化和高压气化。根据残渣排出的方式，煤的气化还可以分为固态排渣气化和液态排渣气化。常用的煤气化炉如图 3-8 所示。氧气和水蒸气从气化炉的下部吹进炉内，在 2.0～3.0MPa 和 900～1000℃下进行煤的氧化还原反应。生产的粗煤气从炉子上侧经过出气口进入冷却、净化系统，灰分从炉子下部排出。粗煤气中的主要成分是二氧化碳、一氧化碳、氢和甲烷，它脱除焦油、酚、含硫化合物及降低二氧化硫后，可制得中等发热量的煤气，供民用、工业用或作合成气。

煤气化技术大致经历了三个发展阶段：第一代是已工业化的早期煤气化技术，如各种常压固定床气化炉、流化床气化炉（温克勒炉）和气流床气化炉（T-K 炉）等；第二代是目前正处于小试、中试、示范工程阶段或实现工业应用的各种加压新气化方法，如 Texaco 法、Shell 法和液态排渣鲁奇炉气化方法等；第三代是仍处于实验室研究阶段的催化气化、等离子体气化和太阳能气化。其中，第二代煤气化应用先进的水煤浆燃烧技术，并可同时产生蒸汽，从而可为蒸汽-燃气联合循环发电提供最理想的燃料气，使煤气化技术进入了一个新的阶段。图 3-9 所示的德士古气化炉就是第二代煤气化炉的代表。原煤先磨细到 0.1mm，制成悬

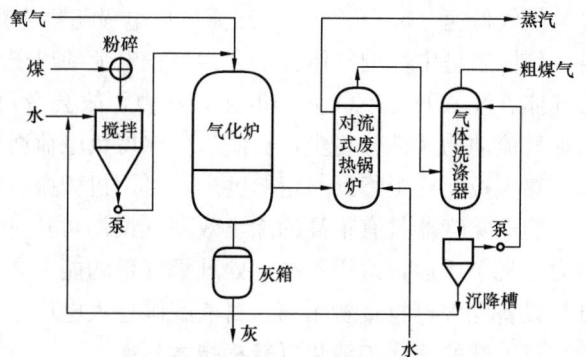

图 3-9　德士古气化炉流程图

浮状态并可用泵输送的水煤浆，浆中煤的浓度达 70%。氧气和水煤浆由气化炉顶部烧嘴喷入炉膛，着火燃烧，反应温度为 1400～1500℃，反应压力为 4.0MPa。生成的灰渣呈熔融状态，以液态排出。气化炉中产生的粗煤气温度很高，再通过废热锅炉使粗煤气冷却到 200℃左右，然后在洗涤器中去灰和进一步冷却后即可送往用户。废热锅炉产生的蒸汽也可同时供用户使用。

由于石油和天然气的可采储量日益减少，发展煤的气化技术也显得越来越重要，先进的催化气体法、核能余热气化法等正在开发研究之中，然而最有吸引力的仍是煤的地下气化。煤的地下气化集煤的开采和转化为一体，其经济性将大大优于地面气化。但目前煤的地下气化还存在许多技术难题，因此要实现大规模的工业化的煤地下气化，尚需作很大的努力。

飞机、坦克、火箭、汽车等都使用液体燃料，石油的储量又比煤少得多，其他水能、核能又不能代替液体燃料，因此煤的液化一直是人们努力的目标。

煤的液化可以分为直接液化和间接液化。从理论上讲，煤要转化成石油，只需改变煤中氢元素的含量即可生成人造石油，因煤和石油的主要成分都是碳和氢，不同之处在于煤中氢元素的含量只有石油的一半。煤的碳氢质量比越小，就越容易液化，因此褐煤、煤化程度较低的烟煤易于液化。煤的直接液化主要采用加氢法和抽取法。煤的加氢液化法的流程如图 3-10 所示。加氢抽取液化的工艺流程如图 3-11 所示。煤

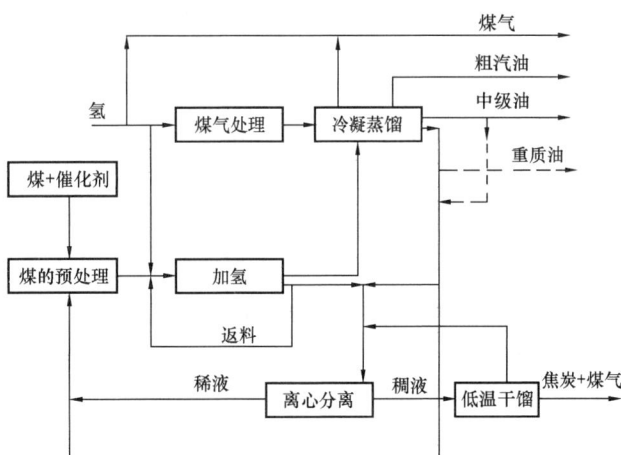

图 3-10　煤的加氢液化法流程图

的间接液化通常采用合成法，合成法的流程如图 3-12 所示。它是将煤气化，制出以一氧化碳和氢气为主的煤气，再经过变换和净化送入反应器，在催化剂的作用下，生产出汽油和烃类产物。

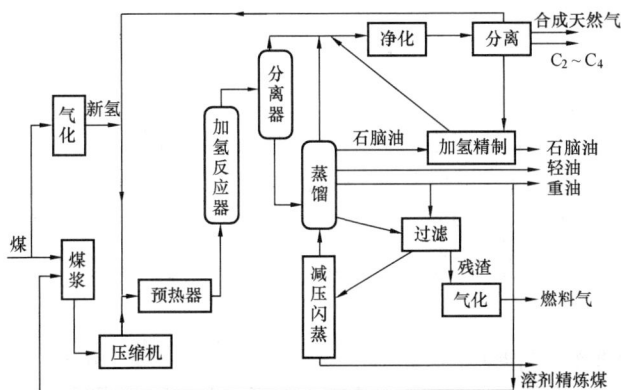

图 3-11　煤加氢抽取液化工艺流程图

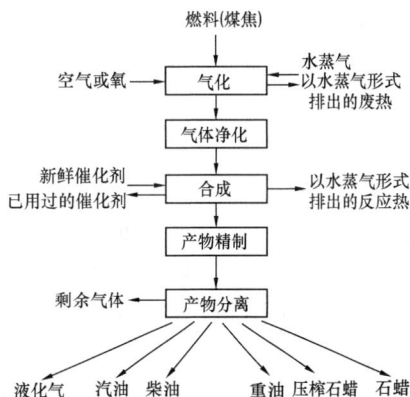

图 3-12　合成法液化煤的流程图

煤的液化必须形成大的规模才有经济效益，因此建造煤液化厂投资十分巨大，如建一座日处理 3 万 t 煤的液化厂需投资 20 亿美元。煤液化工艺中氢使用量大，约占成本的 30%，原煤成本仅占 40%～50%，因此煤制油的价格高于石油。只有进一步改进液化工艺，降低成本，才能使煤的液化具有市场竞争力。

第二节　石　油　及　其　制　品

一、石油的形成与分类

石油是仅次于煤的化石燃料，按照有机成油理论，水体中沉积于水底的有机物和其他淤积物一道随着地壳的变迁，埋藏的深度不断增加，有机物开始经历生物和化学转化阶段。先是被喜氧细菌，然后是厌氧细菌彻底改造。细菌活动停止后便开始了以地温为主导的地球化学转化阶段。一般认为有效的生油阶段在 50～60℃ 开始，150～160℃ 时结束。过高的地温将使石油逐步裂解成甲烷，最终演化为石墨。因此严格地说，石油只是有机物在地球演化过程中的一种中间产物。

石油主要是由烷烃、环烷烃、芳香烃等烃类化合物组成。组成石油的主要元素是碳、氢、硫、氧、氮。其中碳氢元素最多。硫、氮、氧以化合物、胶质、沥青质等非烃类物质形态存在。一般硫、氧、氮三种元素的含量小于 1%，此外还有微量钠、铅、铁、镍、钒等金属元素存在。

天然石油（又称原油）通常是淡色或黑色的流动或半流动的黏稠液体，密度在 0.65～0.85t/m³。通常有许多物性指标用以说明石油的特性，包括黏度、凝点、盐含量、硫含量、蜡含量、胶质、沥青质、残碳、沸点和馏程等。

石油的组成极其复杂，确切的分类相当困难。通常在市场上有以下三种分类方法：

（1）按石油的密度分类：根据密度由小到大相应地将石油分为轻质石油、中质石油、重质石油和特重质石油。

（2）按石油中的硫含量分类：硫含量小于 0.5% 为低硫石油，硫含量为 0.5%～2.0% 为含硫石油，硫含量大于 2.0% 称高硫石油。世界石油总产量中，含硫石油和高硫石油约占 75%。石油中的硫化物对石油产品的性质影响较大，加工含硫石油时应对设备采取防腐蚀措施。

（3）按石油中的蜡含量分类：蜡含量为 0.5%～2.5% 称低蜡石油，蜡含量为 2.5%～10% 的为含蜡石油，含量大于 10% 为高蜡石油。

二、石油资源、生产与消费

1. 石油资源

对石油资源而言，除了常规石油资源外所谓的非常规石油资源如油砂、油页岩、致密油等也越来越受到重视。随着科学技术的进步，这些非常规石油资源也逐渐被开发出来，而且也越来越成为石油资源中重要的一部分。1992、2002 年与 2012 年全球探明的石油储量分布见图 3-13。到 2011 年底，全球已探明石油储量按目前产量（2011 年）足以维持 54 年。2012 年部分国家石油储量见表 3-15。

表 3-15　　　　　　　　　　　　2012 年部分国家石油储量　　　　　　　　　　　　10 亿 t

国　　家	石油储量	国　　家	石油储量
委内瑞拉	46.5	加拿大	28.0
沙特阿拉伯	36.5	伊朗	21.6

续表

国　　家	石油储量	国　　家	石油储量
伊拉克	20.2	利比亚	6.3
科威特	14.0	尼日利亚	5.0
阿拉伯联合酋长国	13.0	美国	4.2
俄罗斯	11.9	哈萨克斯坦	3.9

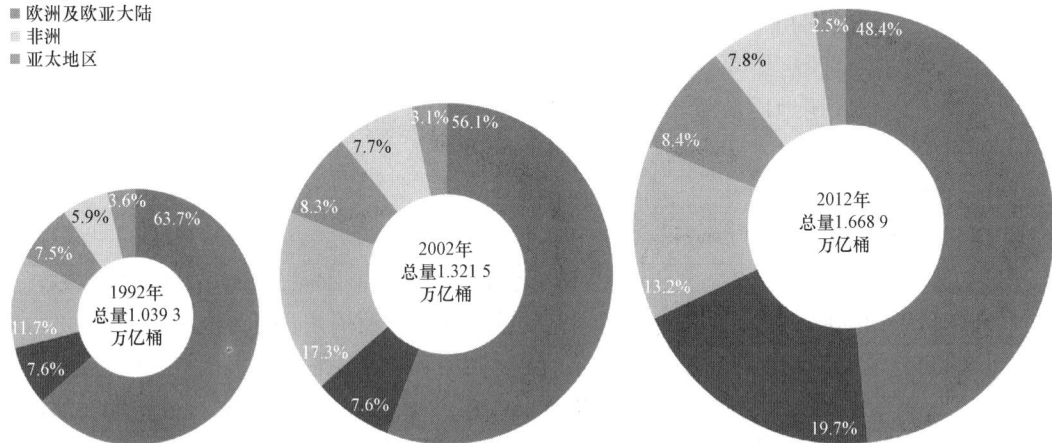

图 3-13　1992、2002 年与 2012 年全球探明石油储量的分布

　　值得指出的是，在上述石油资源中，非常规石油中的致密油已成为全球非常规石油勘探开发的新热点。致密油是储存在非常规储层中的常规原油，是轻质石油。致密油的来源有两种情况：①致密油束缚在烃源岩的页岩中，与页岩气共存。这种致密油的开采方式与页岩气相同；②致密油从烃源岩中排出，并运移至附近或远处的致密砂岩、粉砂岩、灰岩或白云岩等地层中。这种致密油与致密气类似。在第一种情况下，致密油与页岩气混在一起，有的把它称为页岩油。现在大多数学者认为，应把页岩油与致密油的概念分开。页岩油来自干酪根石油，其本质与致密油完全不同。我国致密油技术可采资源量居世界第三位，占世界总量的9%，仅次于俄罗斯和美国。

　　我国石油资源集中分布在渤海湾、松辽、塔里木、鄂尔多斯、准噶尔、珠江口、柴达木和东海陆架八大盆地，其可采资源量17.2亿t，占全国的81.13%。但我国含油气盆地规模较小，地质条件复杂，勘探难度大，与世界其他产油大国相比，我国发现的世界级大油田较少。我国石油探明程度仍较低，平均只有33%。主要产油盆地仍然是未来寻找常规石油储量的主要阵地，尤其是渤海湾、松辽、鄂尔多斯、塔里木、准噶尔等大盆地。通过老油田挖潜和新油田发现，这些盆地仍有很大的储量增长潜力。

　　根据国土资源部发布的《全国油气资源动态评价（2010）》数据表明，目前全国石油地质资源量881亿t、可采资源量233亿t，比"新一轮全国油气资源评价"分别增长15%和9.9%，探明程度36%，储量产量稳定增长具有资源保障。其中，渤海湾盆地滩海、海域中深层勘查取得重大突破，盆地地质资源量由225亿t增加到277亿t。鄂尔多斯盆地低渗、特低渗储层开发技术进步拓展了资源领域，地质资源量由 74 亿 t 增加到 129 亿 t。北部湾盆地石油地质资源量净增 7.6 亿 t，增长了一倍。珠江口盆地净增 1.3 亿 t。但石油资源品质变差，低渗稠油、深水、深层资源比重进一步加大。

需要指出，《全国油气资源动态评价（2010）》是国土资源部组织的新一轮全国油气资源评价的拓展延伸，是政府层面一项重要国情调查评价工作。在油气资源勘探投入不断增加、理论认识不断提高、方法技术不断进步，全国石油储量高位稳定增长情况下，国土资源部组织的此项工作意义十分巨大，是积极应对国际原油价格高位运行、满足低碳经济对清洁能源强劲需求、缓解我国逐年攀升的油气对外依存度的重要举措。它选择渤海湾、鄂尔多斯、四川、珠江口、琼东南及北部湾六个勘探获得重大突破或进展的地区和盆地作为动态评价区，系统对油气资源进行动态评价。动态评价成果表明，到 2030 年前，我国石油年探明地质储量继续保持较高水平，可探明储量 202 亿 t，年均 10 亿 t。但是石油可开采储备相对不足，需要继续加大勘查投入和提升科技水平，以提高石油资源的保障程度。

2. 石油产量

根据英国石油（BP）报告，2012 年全球石油产量增长 2.2%，即 190 万桶/日。尽管伊朗的石油产量因国际制裁有所下滑（减产 68 万桶/日），石油输出国组织的产量增长仍占到全球增量的四分之三。利比亚石油产量几乎收回了 2011 年的全部失地（增产 100 万桶/日）。沙特阿拉伯、阿联酋和卡塔尔的石油产量连续第二年创下新高。伊拉克和科威特的石油产量也大幅增加。非石油输出国组织的石油产量增幅为 49 万桶/日，美国（增产 100 万桶/日）、加拿大、俄罗斯和中国产量的增长弥补了苏丹/南苏丹（减产 34 万桶/日）和叙利亚（减产 16 万桶/日）的意外停产，以及英国和挪威等老产油区域产量的衰减。值得指出的是，2012 年美国石油产量中的 210 万桶/日中 24% 为致密油。1987—2012 年全球分区域的石油产量见图 3-14。图 3-15 为全球致密油的产量及其预测。可见致密油已成为常规石油的主要补充。

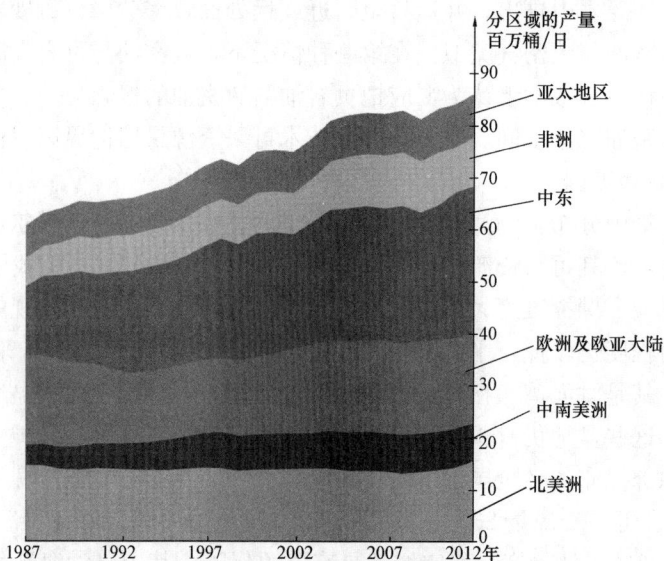

图 3-14　1987—2012 年世界石油的分区域产量

2012 年全球炼厂原油加工量增长 0.6％，即 48 万桶/日，低于历史平均水平。非经合组织国家炼厂原油加工量增幅为 32 万桶/日，占全球净增长的三分之二。经合组织国家的原油加工量增幅为 16 万桶/日，北美原油加工量的增长超过了欧洲原油加工量的持续下降，美国进一步巩固了其成品油净出口国的地位。全球炼能利用率提高至 82.4％；全球炼油能力小幅上涨，总体增幅为 36 万桶/日，苏伊士运河以东地区炼油能力的大幅增长在很大程度上被大西洋盆地地区及附近地区炼油能力的锐减所抵消。

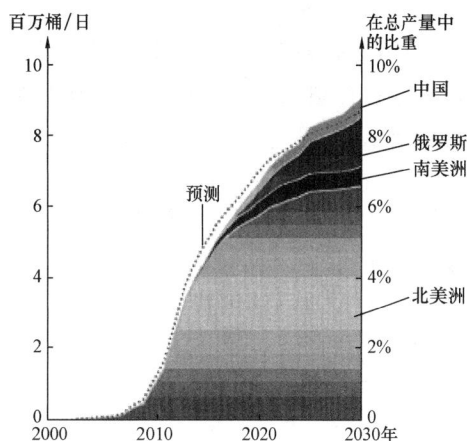

图 3-15 全球致密油的产量及其预测

我国的石油生产也有很大的发展。全国油气资源动态评价最新成果显示，我国石油年产量将保持稳定增长态势。峰值产量约 2.2 亿 t，2 亿 t 水平可延续到 2030 年以后。目前中国石油生产的格局已经发生了一定变化，过去我国陆上石油产量主要集中在东北、西北和华北三个地区，2008 年为 1.41 亿 t，比 2001 年增加 400 多万吨，但陆上产量比重一直呈下降趋势，2008 年降到 80％以下。与此同时，海上石油产量近年来却一直在稳定上升，从 2000 年年产 1019.4 万 t，占全国石油总产量的 6.7％，上升到了 2008 年的 1990.7 万 t，占全国石油总产量的 11％。

此外，陆上东部地区石油产量持续下滑，西部则在逐年提高这是目前石油生产格局变化的另一大特征。例如东北地区的石油产量由 2000 年的 7120.5 万 t，降到 2008 年的 5795 万 t，降幅近 20％。相比之下，中西部鄂尔多斯、塔里木、柴达木和准噶尔等主要盆地因投入勘探开发的时间较短，石油勘探程度低，剩余探明可采储量高，采出程度较低，正处于规模上升的高峰期。从 2000 年开始，西北地区的石油产量一直在稳步快速提高，由 2407.5 万 t 上升到 2008 年的 4126.8 万 t，增幅超过 70％，年均增长近 7％。从发展看中西部与海域的生产能力将逐步与东部形成"三分天下"的格局。图 3-16 为 2005—2012 年中国石油产量及其在全球的比重。

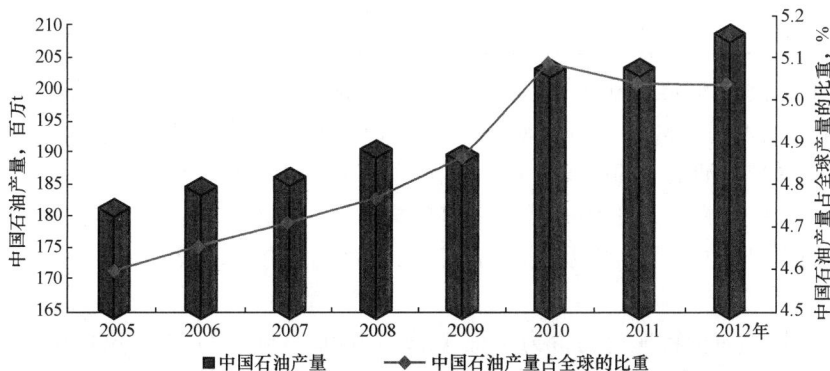

图 3-16 2005—2012 年中国石油产量及其在全球的比重

3. 石油消费

石油用途很广，但主要用在交通运输业。相对较高的油价使得交通运输业以外的其他行业，如果存在更廉价的替代燃料，均开始使用替代燃料。以石油在发电行业中的比重为例，其份额已从 1973 年的 22% 下降到 2011 年的 4%，预计到 2030 年会进一步跌落至 2%。

在 20 世纪 70 年代的油价危机后，石油在一次能源消费中的比重从 1973 年的 48% 的峰值骤降到 1985 年的 39%。最近几年油价的攀升再次加重了石油对经济造成的负担，石油的市场份额也再次下降，2011 年降至 33%。预计到 2030 年会降至 28%。

2012 年全球石油消费增长 0.9%，即 89 万桶/日，低于历史平均水平。石油已连续第三年成为全球消费涨幅最小的化石燃料。经合组织国家的石油消费量减少 1.3%（53 万桶/日），是过去七年中的第六次下滑。目前，经合组织国家的石油消费量仅占全球总量的 50.2%，为历史最低份额。非经合组织国家的石油消费量增长 3.3%，即 140 万桶/日。全球石油消费的最大增量再次来自中国（增长 5%，即 47 万桶/日），虽然该涨幅低于 2002—2011 年平均水平。日本石油消费增长 25 万桶/日（增长 6.3%），为 1994 年以来的最大增幅。以量计算，轻质馏分油自 2009 年以来首次成为增长最快的炼油产品类别。表 3-16 为 2010 年世界石油消费量前 10 位的国家。

表 3-16　　　　　　　　　2010 年世界石油消费量前 10 位的国家　　　　　　　　　百万 t

排名	地区	2005 年	2006 年	2007 年	2008 年	2009 年	2010 年	比 2009 年增长（%）	占世界比重（%）
1	美国	939.8	930.7	928.8	875.8	833.2	850.0	2.0	21.10
2	中国	327.8	351.2	369.3	376.0	388.2	428.6	10.4	10.60
3	日本	244.8	238.0	229.7	222.1	198.7	201.6	1.5	5.00
4	印度	119.6	120.4	133.4	144.1	151.0	155.5	2.9	3.90
5	俄罗斯联邦	129.9	135.8	135.7	141.4	135.2	147.6	9.2	3.70
6	沙特阿拉伯	88.1	92.3	98.2	107.2	117.2	125.5	7.1	3.10
7	巴西	94.0	95.1	100.6	107.1	107.0	116.9	9.3	2.90
8	德国	122.4	123.6	112.5	118.3	113.9	115.1	1.1	2.90
9	韩国	104.4	104.5	107.1	101.9	103.0	105.6	2.5	2.60
10	加拿大	100.3	100.5	103.8	102.5	97.1	102.3	5.4	2.50

2012 年的全球石油贸易量增长 70 万桶/日，增幅为 1.3%。石油贸易量达到了 5530 万桶/日，占全球石油消费量的 62%，而该比例在 10 年前为 57%。相对较小的全球石油贸易量增幅掩盖了区域石油贸易的巨大变化。美国石油净进口量下降 93 万桶/日，比 2005 年的峰值减少 36%。与之相反，中国石油净进口量增长 61 万桶/日，占全球增量的 86%。加拿大和北非石油净出口的增加，以及美国石油进口依存度的降低，抵消了某些地区石油出口量的下降。

2012 年，即期布伦特现货均价为每桶 111.67 美元，与 2011 年价位相比，每桶价格上涨 0.4 美元。美国产量增长、利比亚产量复苏、沙特阿拉伯及其他石油输出国组织成员国产量增长所带来的石油供应增长超过了伊朗石油供应中断造成的缺口。

我国石油消费量增长迅速，表 3-17 为我国历年的石油消费量。由于石油生产量赶不上石油消费量，因此大量原油需要进口。表 3-18 为 1990—2010 年我国石油进出口情况。

表 3-17　　　　　　　　　　　　　　我国历年的石油消费量

年份（年）	石油消费量（百万 t）	年份（年）	石油消费量（百万 t）
1999	200.0	2005	317.0
2000	241.0	2006	346.5
2001	231.9	2007	365.7
2002	245.7	2008	389.6
2003	275.2	2009	391.8
2004	291.8		

表 3-18　　　　　　　　1990—2010 年我国石油进出口情况　　　　　　　　万 t

项目	1990 年	1995 年	2000 年	2005 年	2006 年	2007 年	2008 年	2009 年	2010 年
可供量	11 435.0	16 072.7	22 631.8	32 539.1	34 930.0	36 648.9	37 318.8	38 462.8	44 178.4
生产量	13 830.6	15 005.0	16 300.0	18 135.3	18 476.6	18 631.8	19 044.0	18 949.0	20 301.4
进口量	755.6	3673.2	9748.5	17 163.2	19 453.0	21 139.4	23 015.5	25 642.4	29 437.2
出口量（一）	3110.4	2454.5	2172.1	2888.1	2626.2	2664.3	2945.7	3916.6	4079.0
年初年末库存差额	−40.8	−151.0	−1244.6	128.8	−373.3	−458.0	−1795.0	−2211.9	−1481.2

三、油田的开发与石油的炼制

1. 油田的开发

油田开发包括石油勘探、钻井和油田的开采。石油勘探是石油开发中最重要的基础环节，它包括油田的寻找、发现和评估。通常石油勘探分为区域普查、构造详查、预探和详探四个阶段。区域普查的任务是：研究大区域内的地质情况，寻找有利的沉积盆地，研究盆地的区域构造和沉积特征，圈定石油聚集的有利地带。构造详查是研究生油层、储油层的分布和埋深，查明构造面积、形态特征、发育历史，进行构造评价并选定最有利的局部构造。预探是在最有利的构造上进行钻探，以证实构造上有无工业油气流并进行初步测试，了解初步的油层参数，做出油气资料的评价。详探是最后通过钻井或地震调查查明油层的数量、分布和变化规律，取得详细的油层资料和参数，确定油藏类型，计算高级储量。石油勘探投资巨大，特别是海上石油勘探，据估计，其费用相当于油田开采和石油炼制的总和。近百年来，石油勘探迅速发展，石油地质理论日益成熟，勘探手段更加先进，除地震勘探外，地球化学勘探、遥感、遥测、资源卫星等先进技术也引入石油勘探中，使勘探效率和成功率大大提高。

钻井就是从地面打开一条通往油、气层的孔道，以获取地质资料和油气能源。最古老的钻井方法是绳钻，即用绳端的铲头掷向井下打井取泥。现代则使用井架钻台，油井深度平均为 1700m，有的大于 10 000m。钻井时，需根据地质情况选用不同的钻头，用逐节接长钻管的方法向地层深处挺进。钻管中压入由泥浆水和化学溶剂组成的钻井液，以清洗和冷却钻头，并保护储油层的渗透性，以提高油气井的产量。泥浆水夹带岩屑从管外回流上来，泥浆的重量还能压住地下油、气、水上冒。钻头磨钝后，需逐节拆卸钻管更换钻头。钻探时，最好不要停钻，以减少卡钻故障。钻井孔道不一定是直的，也可以钻成曲的，其弯曲方向可以控制，以便绕过障碍物。钻到油气后，用泥浆压力或别的方法压井，再退出钻管。油被溶解的气或四周水压压出岩砂流向孔道，形成自喷井，再通过装在井口的"圣诞树"阀门输出油、气。

　　由于海上油田的大量发现，海上石油钻井得到了迅速发展。海上钻井与陆上钻井有很多不同，它易受海水腐蚀及海浪、海流和潮汐的影响。由于从陆地到大洋海底的坡度是逐渐变化的，因此海上钻井装置也应随海深而变化。图 3-17 是适应不同海深的各种海上钻井装置示意。他们通常分为固定式和移动式，前者适于浅海，后者用于深海。海上钻井装置实际上是一座海上小城市，除了钻井设备和辅助设备外，还有各种生活和娱乐设施及直升机的停机坪。

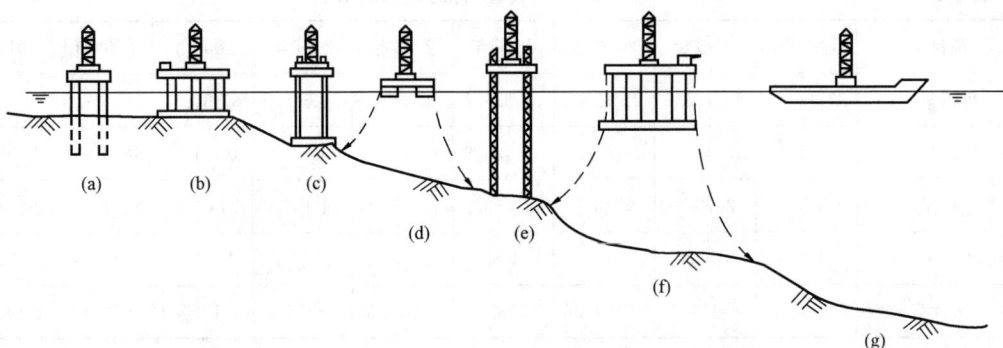

图 3-17　适应不同海深的各种海上钻井装置
（a）固定式；（b）底座式；（c）自升式（桩腿为柱形）；（d）双船体；
（e）自升式（桩腿为桁架形）；（f）半潜式；（g）动力定位

　　油井都有衰老问题。当自喷井产油一段时间后，油压降低，产量下降。当衰老到不能自喷时，就需用抽油泵或深井泵采油。再过一段时期后，抽油泵也不能连续采油了，需要间歇一段时期，让地下远处的石油聚集过来，再抽一段时间。依靠地下自然压力把油集中到油井的采油期称为一次采油期，它只能采出油藏的 15%～25%。为了增加采收率，可以向地下油藏注水或气体，以保持其压力，这时称二次采油。二次采油可提高采收率，平均可到 25%～33%，个别高达 75%。如果加注蒸汽或化学溶剂以加热或稀释石油后再开采，称为三次采油。三次采油的成本很高，还需消耗大量能源。当采油成本不合算及耗能过大时，就关闭油井。

　　2. 石油的炼制

　　开采出来的石油（原油）虽然可以直接作燃料用，但价格便宜；若在炼油厂中进行深加工，则经济效益可增加许多倍，而且飞机、汽车、拖拉机等也不能直接燃用原油，必须把原油炼制成燃料油才能使用。因此石油的炼制是石油利用中非常重要的一环。

　　根据所需产品的不同，炼油厂的加工流程大致分为三种类型：燃料型，以汽油、煤油、柴油等燃料油为主要产品；燃料-润滑油型，除生产燃料油外，还生产各种润滑油；石油化工型，它是提供石脑油、轻油、渣油用作生产石油化工产品的原料。

石油炼制的方法可以归结为两大类。一类是分离法，如溶剂法、固体吸附法、结晶法和分馏法等，其中最常用的是分馏法。其工艺是先将原油脱盐，以免分馏设备腐蚀。然后把脱盐原油加热到385℃左右，送至高30多米的常压分馏塔底。塔内设有许多层油盘，石油蒸汽上升时，逐层地通过这些油盘，并逐步冷却。不同沸点的成分便冷凝在不同高度的油盘上，并可按所需的成分用管子引出。如塔底是不能蒸发的油渣、重油，中层为柴油等馏分，上层为汽油、石脑油等。常压分馏塔底的常压剩余油通常再送到减压塔快速蒸发。减压塔利用蒸汽喷射泵降低油气分压，使重油气化，与沥青分离。不同产地的原油分馏所得的各类轻、重油比例相差很大。常压减压蒸馏是炼油厂加工原油的第一道工序。

石油炼制的另一类方法是转化法。转化法是利用化学的方法对分馏的油品进行深加工，例如可以把重油、沥青等分解成轻油，也可以把轻馏分气聚合成油类。常用的转化法有热裂化、催化裂化、加氢裂化和焦化等。油品经过深加工后经济效益大大增加。图3-18是燃料型炼油厂的流程图，它包括常压蒸馏、减压蒸馏、催化裂化、加氢裂化、焦化等多道炼油工序。

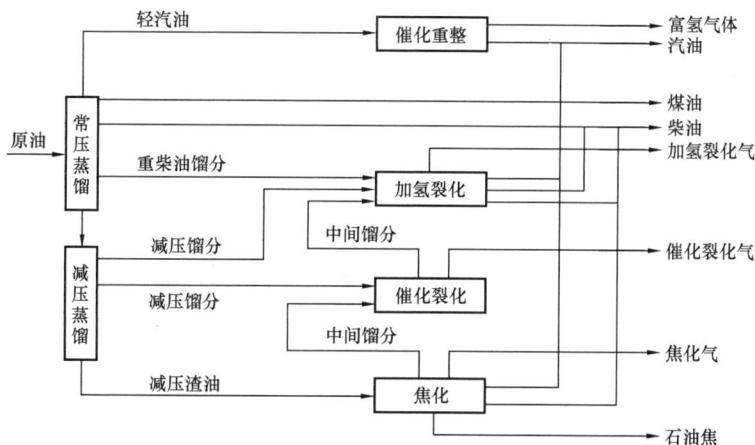

图3-18 燃料型炼油厂的流程图

四、主要石油产品的种类与用途

石油由许多组分组成，每一组分都各有其沸点。通过炼制加工，可以把石油分成几种不同沸点范围的组分。一般沸点范围为40～205℃的组分作为汽油；180～300℃的组分作为煤油；250～350℃的组分作为柴油；350～520℃的组分作为润滑油（或重柴油）；高于520℃的渣油作为重质燃料油。

按石油产品的用途和特性可将石油产品分成14大类，即溶剂油、燃料油、润滑油、电器用油、液压油、真空油脂、防锈油脂、工艺用油、润滑脂、蜡及其制品、沥青、石油焦、石油添加剂和石油化学品。主要石油产品的用途简述如下：

（1）溶剂油。按用途可分为石油醚、橡胶溶剂油、香花溶剂油等。可用于橡胶、油漆、油脂、香料、药物等工业作溶剂、稀释剂、提取剂；在毛纺工业中作洗涤剂。

（2）燃料油。按燃料油的馏分组成可分为石油气、汽油、煤油、柴油、重质燃料油。柴油以前的各种油品通称为轻质燃料油。各种燃料油按使用对象或使用条件又可分成不同的级别，如煤油可分为灯用、信号灯用和拖拉机用三个级别。柴油可分为轻级、重级、船用级和直馏级。重油可分为陆用级和船用级。

石油气可用于制造合成氨、甲醇、乙烯、丙烯等。汽油分车用汽油和航空汽油，前者供各种形式的汽车使用，后者供螺旋桨式飞机使用。煤油分航空煤油和灯用煤油，前者作喷气式飞机燃料，后者供点灯用，也可作洗涤剂和农用杀虫药溶剂。柴油又分轻柴油和重柴油，前者用于高速柴油机，后者用于低速柴油机。

（3）润滑油。润滑油品种很多，几种典型的润滑油如下：

1）汽油机和柴油机油。前者用于各种汽油发动机，后者用于柴油机，主要是供润滑和冷却。

2）机械油。机械油用于纺织缝纫机及各种切削机床。

3）压缩机油、汽轮机油、冷冻机油和气缸油。

4）齿轮油。齿轮油又分为工业齿轮油和拖拉机、汽车齿轮油，前者用于工业机械的齿轮传动机构，后者用于拖拉机、汽车的变速箱。

5）液压油。液压油用作各类液压机械的传动介质。

6）电器用油。电器用油又分为变压器油、电缆油，其用途并不是润滑，主要起绝缘作用。因其原料属润滑油馏分范围，通常也将其包括在润滑油中。

（4）润滑脂。润滑脂是在润滑油中加入稠化剂制成，根据稠化剂的不同又可分为皂基脂、烃基脂、无机脂和有机脂四大类。用于不便于使用润滑油润滑的设备，如低速、重负荷和高温下工作的机械，工作环境潮湿、水和灰尘多且难以密封的机械。

（5）石蜡和地蜡。石蜡和地蜡是不同结构的高分子固体烃。石蜡分成精白蜡、白石蜡、黄石蜡、食品蜡等，可分别用于火柴、蜡烛、蜡纸、电绝缘材料、橡胶、食品包装、制药工业等。

（6）沥青。沥青可分为道路沥青、建筑沥青、油漆沥青、橡胶沥青、专用沥青等多种类型。主要用于建筑工程防水、铺路，以及涂料、塑料、橡胶等工业中。

（7）石油焦。石油焦是优良的碳质材料，用于制造电极，也可作冶金过程的还原剂和燃料。

（8）添加剂。石油产品中大都需要加入添加剂，以改善其性能。如汽油中大多加入抗爆剂，柴油中加入抗氧剂、十六烷值增进剂，航空煤油中加入抗氧剂、防冰剂，重质燃料油中加入抗凝剂，沥青中加入抗老化剂等。

（9）催化剂。采用催化剂可促进石油在加工过程中的变化，提高产品质量和生产效率。炼油催化剂有上百种之多，常分成金属型、金属氧化物型、酸碱型和金属络合物型。如催化裂化采用硅酸铝或分子筛催化剂，催化重整采用铂，加氢裂化采用钯等。

对全球而言，石油现在和将来仍将是交通运输业的主导性燃料。2010年我国按行业分主要石油产品的消费量构成见表3-19。市场对高油价的反映主要是提高能源效率，正是能源效率的提高和其他能源的竞争，在交通运输业中石油所占的比重将从2011年的94%降至2030年89%。图3-19为新车燃油经济性的发展趋势。

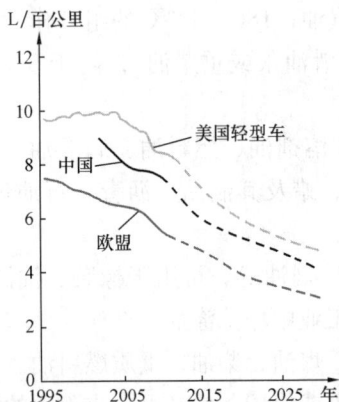

图3-19　新车燃油经济性的发展趋势

表 3-19		2010 年我国按行业分主要石油产品的消费量构成				
行业	能源消费总量（万 t 标准煤）	原油消费量（万 t）	汽油消费量（万 t）	煤油消费量（万 t）	柴油消费量（万 t）	燃料油消费量（万 t）
消费总量	324 939.15	42 874.55	6886.21	1744.07	14 633.80	3758.02
农、林、牧、渔、水利业	6477.30		169.07	0.90	1206.73	1.14
工业	231 101.82	42 716.55	689.46	40.20	2163.79	2377.32
建筑业	6226.30		274.70	8.77	490.20	30.76
交通运输、仓储和邮政业	26 068.47	158.00	3204.93	1601.08	8518.56	1326.65
批发、零售业和住宿、餐饮业	6826.82	0.00	168.18	34.98	196.60	8.62
其他行业	13 680.50	0.00	1166.22	38.73	1287.19	13.53
生活消费	34 557.94	0.00	1213.65	19.41	770.73	0.00

20 世纪 80 年代后期，世界石化产业结构进行了重大调整，资本重组、资产优化、机构改革、科技开发、产品结构调整成为此次世界石化产业结构调整的主旋律。由于经济发展的需要、环境保护的要求，以及替代能源的采用等因素的影响，使世界油品需求的构成发生了很大的变化（见图 3-20），加上新车节能技术的要求，世界油品结构也随之发生变化。世界油品需求构成将继续向轻质化发展，加热用的燃料油和重质油品将显著减少，更多地重油将通过深加工用于增加运输燃料和石化原料，如石脑油。

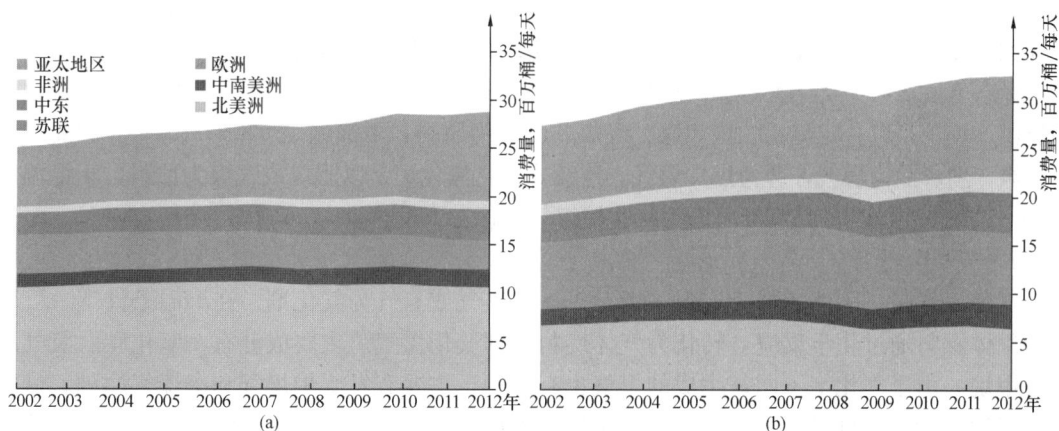

图 3-20 全球 2002—2012 年分区域的不同油品的消费量
(a) 轻质馏分油；(b) 中质馏分油

第三节 天然气及其他气体燃料

一、概述

以天然气为代表的气体燃料通常包括天然气、人工煤气、液化石油气和沼气四大类。天然气是一种重要的一次能源，燃烧时发热量很高，对环境的污染也较小，而且还是一种重要的化工原料。天然气的生成过程同石油类似，但比石油更容易生成。天然气主要由甲烷、乙烷、丙烷和丁烷等烃类组成，其中甲烷占 80%～90%。通常天然气可以分为纯天然气、石油伴生气、凝析气和矿井气四种。纯天然气是从矿井中开采出来的干天然气，也称气田气；石油伴生气是开采石油时的副产品；凝析气是当地下温度、压力超过临界条件以后，液态烃逆蒸发而生成的气体；矿井气又称煤层气，是伴随煤矿开采而产生的，俗称瓦斯。通常 60% 的天然气为气田气，40% 为伴生气，煤层气则可能附于煤层中或另外聚集，在 7～

17MPa 和 40～70℃时每吨煤可吸附 13～30m³ 的甲烷。

天然气的勘探、开采同石油类似，但收采率较高，可达 60％～95％。大型稳定的气源常用管道输送至消费区，每隔 80～160km 需设一增压站，加上天然气压力高，故长距离管道输送投资很大。

天然气中主要的有害杂质是 CO_2、H_2O、H_2S 和其他含硫化合物。因此天然气在使用前也需净化，即脱硫、脱水、脱二氧化碳、脱杂质等。从天然气中脱除 H_2S 和 CO_2 一般采用醇胺类溶剂。脱水则采用二甘醇、三甘醇、四甘醇等，其中三甘醇用得最多；也可采用多孔性的吸附剂，如活性氧化铝、硅胶、分子筛等。

最近十年液化天然气技术有了很大发展，液化后的天然气体积仅为原来体积的 1/600。因此可以用冷藏油轮运输，运到使用地后再气化。另外，天然气液化后，可为汽车提供方便的污染小的燃料。

人工煤气是利用固体燃料或液体燃料加工而得到的二次能源，按制气原料和制气工艺不同又可分为干馏煤气、气化煤气和油制气。

1. 干馏煤气

煤在隔绝空气的条件下，加热分解而成煤气、焦油和焦炭等，此过程称煤的干馏。产生的煤气称干馏煤气。干馏煤气主要是由氢气、甲烷、一氧化碳、碳氢化合物、氮气、二氧化碳组成。标态下发热量为 17 000kJ/m³ 左右。我国城市煤气主要气源是由焦炉、连续式直立炭化炉等提供。焦炉是以一定配比的炼焦煤、气煤、肥煤为原料，干馏温度 900～1100℃。主要产品为焦炭，副产品为煤气，即为焦炉煤气。连续式直立炭化炉是以肥煤或气煤为原料，干馏温度 800～850℃，主要产品是煤气，即为炭化炉煤气，标态下发热量为 16 000kJ/m³。

2. 气化煤气

气化煤气是以固体燃料为原料，以空气、水蒸气或氢气为气化剂。在高温条件下，气化剂与固体燃料通过化学反应，转化为气体燃料，即气化煤气。主要成分有一氧化碳、氢气和少量甲烷。由于气化剂不同，生成的煤气也有区别，主要有发生炉煤气和水煤气两种。这两种煤气发热量低，且毒性大，多做工业用气。不可单独作为城市煤气气源，与发热量高的天然气、油制气、液化石油气掺混后作城市气源。

3. 油制气

油制气是用石油系列产品为制气原料，在压力、温度和催化剂作用下，使原料油分子发生裂解反应，生成可燃气体。裂解方法不同则可得到不同煤气。重油蓄热裂解制得的油制气，主要成分有甲烷、乙烯、丙烯等。可直接作为城市气源，也可与其他煤气掺混作为城市气源。而用重油蓄热催化裂解得到的油制气，主要成分有氢气、甲烷、一氧化碳等，可直接供城市气源。油制气投资少，成本低，生产自动化程度高。

液化石油气是呈液体状态石油气，简称液化气，主要由丙烷、丁烷等碳氢化合物组成，它可从气田或油田开采中获得，也可从石油炼制过程中作为副产品提取。前者为天然石油气，后者为炼油石油气。在常温环境中呈气体状态，在一定压力下或低温条件下，呈液体状态。液化后体积缩小，气态与液态体积相差约 250 倍。液化石油气是城市主要气源之一。

沼气是生物质能源，由各种有机物如粪便、垃圾、杂物、酒糟等，其中蛋白质、纤维素、淀粉在隔绝空气条件下，因微生物发酵作用产生的可燃气体。主要成分是甲烷，占 60％左右。沼气在农村应用较为广泛。

我国常用气体燃料的特性见表 3-20。

表 3-20   我国常用气体燃料的特性

煤气种类	相对分子质量	密度 (kg/m³)	体积定压热容 [kJ/(m³·℃)]	标态下高位发热量 (kJ/m³)	标态下低位发热量 (kJ/m³)	标态下理论空气量 (m³)	标态下理论烟气量 (m³)	理论燃烧温度 (℃)
炼焦煤气	10.496 6	9.468 6	1.390	19 820	17 618	4.21	4.88/3.76	1998
直立炉煤气	12.380 5	0.552 7	1.383	18 045	16 136	3.80	4.44/3.47	2003
混合煤气	14.996 8	0.669 5	1.369	15 412	13 858	3.18	3.85/3.06	1986
发生炉煤气	20.142 1	1.162 7	1.319	6003.8	5744	1.16	1.98/1.84	1600
水煤气	15.691 2	0.700 5	1.329	11 451	10 383	2.16	3.19/2.19	2175
催化油煤气	12.035 5	0.537 4	1.390	18 472	16 521	3.89	4.55/3.54	2009
热裂油煤气	17.716 2	0.790 9	1.618	37 953	34779	8.55	9.39/7.81	2038
干井天然气	16.654 4	0.743 5	1.560	40 403	36 442	9.64	10.64/8.65	1970
油田伴生气	23.329 6	1.041 5	1.812	52 833	48 383	12.51	13.73/11.33	1986
矿 井 气	22.755 7	1.010 0		20 934	18 841	4.6	5.90/4.80	1900
液化石油气	56.609 3	2.527 2	3.519	123 678	115 061	28.28	30.67/26.58	2050
液化石油气	56.600 3	2.526 8	3.425	122 284	113 780	28.94	30.04/25.87	2060
液化石油气	52.651 2	2.350 5	3.335	177 498	108 375	27.37	29.62/25.12	2020

注　理论烟气量两个值表示最高值和最低值。

二、天然气资源

全球天然气蕴藏量丰富，截至 2012 年底，全球天然气探明储量为 187.3 万亿 m³。按目前产量足以保证 55.7 年的生产需要。表 3-21 为 2012 年天然气探明储量居世界前 10 位的国家，表 3-22 为 2012 年底世界天然气剩余探明可采储量超过 2×10^{12} m³ 的国家或地区。图 3-21 为 1992、2002 年和 2012 年全球天然气探明储量按地区的分布图。

表 3-21   2012 年世界天然气储量前 10 名的国家

国家	1992 年底 (万亿 m³)	2002 年底 (万亿 m³)	2011 年底 (万亿 m³)	2012 年底 (万亿 m³)	2012 年占世界总量比例 (%)
伊朗	20.7	26.7	33.6	33.6	18.0
俄罗斯	不详	29.8	32.9	32.9	17.6
卡塔尔	6.7	25.8	25.0	25.1	13.4
土库曼斯坦	不详	2.3	17.5	17.5	9.3
美国	4.7	5.3	8.8	8.5	4.5
沙特阿拉伯	5.2	6.6	8.2	8.2	4.4
阿拉伯联合酋长国	5.8	6.1	6.1	6.1	3.3
委内瑞拉	3.7	4.2	5.5	5.6	3.0
尼日利亚	3.7	5.0	5.2	5.2	2.8
阿尔及利亚	3.7	4.5	4.5	4.5	2.4
世界总计	117.6	154.9	187.8	187.3	100

表 3-22　　　　　2012 年底世界天然气剩余探明可采储量超过 2×10^{12} m³ 的国家或地区

位　次	国　家（地区）	储量（10^{12} m³）	占总量（%）
1	伊朗	33.6	18.0
2	俄罗斯	32.9	17.6
3	卡塔尔	25.1	13.4
4	土库曼斯坦	17.5	9.3
5	美国	8.5	4.5
6	沙特阿拉伯	8.2	4.4
7	阿拉伯联合酋长国	6.1	3.3
8	委内瑞拉	5.6	3.0
9	尼日利亚	5.2	2.8
10	阿尔及利亚	4.5	2.4
11	澳大利亚	3.8	2.0
12	伊拉克	3.6	1.9
13	中国	3.1	1.7
14	印度尼西亚	2.9	1.6
15	挪威	2.1	1.1
16	加拿大	2.0	1.1
17	埃及	2.0	1.1
	世界总计	187.3	100.0

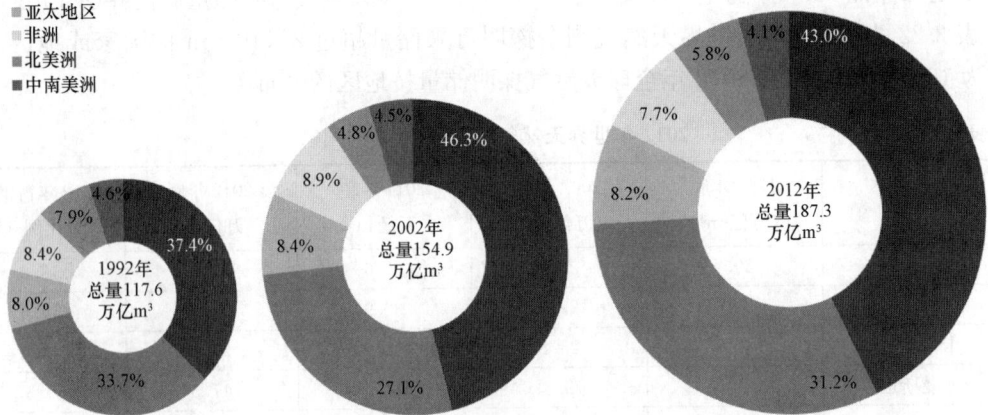

图 3-21　1992、2002 年和 2012 年全球天然气探明储量按地区的分布

　　中国天然气地质资源量 52 万亿 m³、可采资源量 32 万亿 m³。截至 2010 年末，天然气探明储量 2.8 万亿 m³，储采比为 29.0，比新一轮油气资源探查分别增长 49% 和 45%。但资源保障程度较低，对国外进口依赖较大。此外，天然气资源中低渗、深水、深层、含硫化氢的资源占有较大比重。

中国天然气资源量区域主要分布在中国的中西盆地。同时，中国还具有主要富集于华北地区非常规的煤层气远景资源。2009年中国常规天然气待探明资源按地区的分布情况见表3-23。

表 3-23 2009 年中国常规天然气待探明资源按地区的分布情况 万亿 m³

盆地	可采资源探明率（%）	待探明资源量		
		远景资源量	地址资源量	可采资源量
塔里木	12.4	10.24	7.76	5.14
四川	35.0	5.22	3.41	2.24
东海	2.0	5.03	3.56	2.43
鄂尔多斯	45.2	8.46	2.42	1.59
柴达木	18.4	2.34	1.31	0.71
莺歌海	13.4	2.12	1.14	0.71
松辽	27.6	1.42	1.02	0.57
琼东南	11.1	1.78	1.01	0.64
渤海湾	33.7	1.39	0.51	0.29
珠江口	16.7	0.98	0.62	0.4
准噶尔	29.8	0.96	0.44	0.33
北部湾	0.0	0.08	0.05	0.04
其他	2.7	882	4.74	2.7
全国	19.5	48.84	27.99	17.79

特别值得指出的是，随着科学技术的进步和勘探力度的加强，人们发现了所谓非常规天然气，即那些难以用传统石油地质理论解释、在地下的赋存状态和聚集方式与常规天然气藏具有明显差异的天然气。非常规天然气主要包括页岩气、致密气、煤层气和天然气水合物等，是科技进步和政策扶持驱动下出现的新型化石能源。它与常规天然气具有一致的产品属性，但其资源丰度偏低，技术要求更高，开发难度更大。美国已成功实现了非常规天然气的大规模开发利用，2011 年产量达到 3940 亿 m³，占美国天然气总产量的 60% 以上，其中页岩气产量 1760 亿 m³，占美国天然气总产量的 27%。非常规天然气的大规模开发利用，改变了美国能源供应的格局，有效推动了美国能源独立战略的实施，导致了全球能源战略布局的重大调整，影响深远。

我国的地质条件有利于非常规天然气资源的形成和赋存。我国页岩气、致密气、煤层气和天然气水合物资源都相当丰富，其中页岩气、致密气和煤层气技术可采资源量约 31 万亿 m³，是我国常规天然气可采资源总量的 1.5 倍左右。初步估算，我国天然气水合物远景地质资源量超过 100 万亿 m³，主要分布在南海海域和青藏高原冻土区。

我国存在发育海相、海陆过渡相和陆相三类页岩气资源，中国工程院重点评价了与美国相似的海相页岩气的技术可采资源量，评价结果是 8.8 万亿 m³，与国土资源部公布的海相页岩气资源量数据接近。海陆过渡相和陆相页岩气也具有较大资源潜力，但因现阶段资料有限和缺乏国外可类比对象，暂未给出资源量结果。

我国致密气技术可采资源量约 11 万亿 m³，主要分布在鄂尔多斯、四川、准噶尔、塔里木、松辽、渤海湾和东海等主要含油气盆地，赋存的地层主要包括石炭系—二叠系、三叠系—侏罗系和白垩系—第三系等含煤岩系。

我国煤层气技术可采资源量约 11 万亿 m³，主要分布在鄂尔多斯、沁水、准噶尔、滇东黔西、二连等盆地，其中以华北地区石炭系—二叠系、华南地区上二叠统、西北地区中—下侏罗统和东北（含内蒙东部）地区上侏罗统—下白垩统最为富集。

我国油气对外依存度持续攀升，加快非常规天然气开发利用对改善能源结构、保证国家能源安全具有重大战略意义。

三、天然气生产与消费

1. 天然气生产

2012 年全球天然气产量增长 1.9%。其中美国（+4.7%）天然气气量增幅再度位居全球首位，并继续保持全球最大天然气生产国的地位。挪威（+12.6%）、卡塔尔（+7.8%）和沙特阿拉伯（+11.1%）的天然气生产增长也颇为迅猛，而俄罗斯（−2.7%）的天然气产量出现全球最大降幅。1987—2012 年世界天然气产量的地区分布如图 3-22 所示。2012 年世界天然气产量前 10 位的国家见表 3-24。

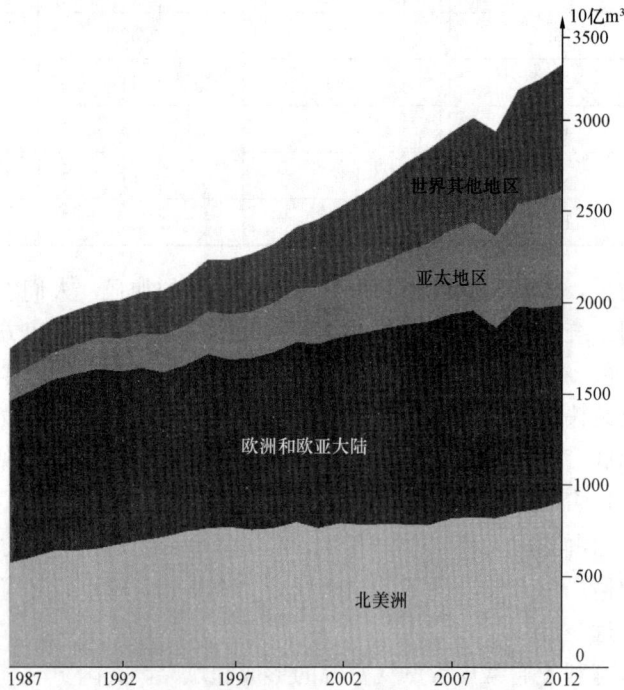

图 3-22　1987—2012 年世界天然气产量的地区分布

表 3-24　　　　　　　　　　　　2012 年世界天然气产量前 10 位的国家　　　　　　　　10 亿 m³

年份（年） 国家	2006	2007	2008	2009	2010	2011	2012	2011—2012 年 变化情况	2012 年占 总量比例
美国	524	545.6	570.8	584	603.6	648.5	681.4	4.70%	20.40%

续表

年份 国家	2006	2007	2008	2009	2010	2011	2012	2011—2012 年 变化情况	2012 年占 总量比例
俄罗斯	595.2	592	601.7	527.7	588.9	607	592.3	-2.70%	17.60%
伊朗	108.6	111.9	116.3	131.2	146.2	151.8	160.5	5.40%	4.80%
卡塔尔	50.7	63.2	77	89.3	116.7	145.3	157	7.80%	4.70%
加拿大	188.4	182.7	176.6	164	159.9	159.7	156.5	-2.30%	4.60%
挪威	87.9	89.7	99.3	104.8	107.7	101.7	114.9	12.60%	3.40%
中国	58.6	69.2	80.3	85.3	94.8	102.7	107.2	4.10%	3.20%
沙特阿拉伯	73.5	74.4	80.4	78.5	87.7	92.3	102.8	11.10%	3.00%
阿尔及利亚	84.5	84.8	85.8	79.6	80.4	82.7	81.5	-1.70%	2.40%
印度尼西亚	70.3	67.6	69.7	71.9	82	75.9	71.1	-6.60%	2.10%
世界总计	2880.1	2943.2	3054	2969.3	3192.3	3291.3	3363.9	1.90%	100.00%

　　尽管页岩气革命成为关注焦点，从气量来看，非经合组织的常规天然气产量更为庞大（840 亿 ft³/日），中东的产量最大（310 亿 ft³/日），其次是非洲（150 亿 ft³/日）和俄罗斯（110 亿 ft³/日）。总体而言，非经合组织天然气产量的增长（1040 亿 ft³/日）几乎与其消费的增长（1100 亿 ft³/日）持平。（注：$1ft^3=2.832\times10^{-2}m^3$）。

　　各种类型和各地区天然气产量及其预测见图 3-23，页岩气的产量及其预测见图 3-24。

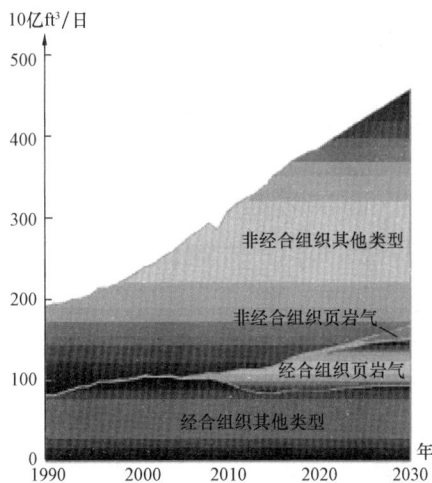

图 3-23　各种类型和各地区天然气产量及其预测

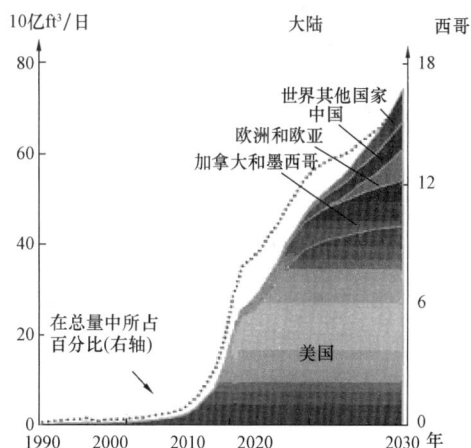

图 3-24　页岩气的产量及其预测

　　值得指出的是，未来几十年天然气仍将是全球主要的一次能源。据英国石油（BP）报告，天然气总产量预计每年增长 2%，到 2030 年达到 4590 亿 ft³/日。增长大多来自非经合组织（每年增长 2.2%），占全球天然气产量增长的 73%。经合组织产量也呈现增长（每年1.5%），因为北美和澳大利亚强劲增长的产量超过欧洲的下滑产量。

预计到 2030 年，非经合组织将占供应总量的 67%，而 2011 年为 64%。同时，经合组织页岩气也将在总供应中占 12.5% 的比重，而 2011 年的份额仅为 6%。北美页岩气产量每年增长 5.3%，到 2030 年预计达到 540 亿 ft^3/日，超过了常规天然气产量的下降。在页岩气的支持下，北美将在 2017 年成为净出口地区，净出口量到 2030 年接近 80 亿 ft^3/日。

页岩气产量预计每年增长 7%（540 亿 ft^3/日），预计到 2030 年将达到 740 亿 ft^3/日，占天然气供应增长的 37%。页岩气增长最初集中在北美，但基于目前的资源评估，该区域的产量增长在 2020 年后预计将趋缓。从全球角度而言，页岩气在 2020 年后将保持增长势头，因为其他区域也将开始开发页岩气，最为显著的是中国。

欧洲的页岩气开发面临诸多挑战，因此页岩气产量在 2030 年前不可能出现大规模增长。对欧盟而言，页岩气产量在 2030 年将达到 24 亿 ft^3/日，不足以抵消常规天然气的迅速减产，因此净进口将增加 48%。

预计中国将是北美外页岩气开发最为成功的国家。到 2030 年，中国的页岩气产量预计将增至 60 亿 ft^3/日，占中国天然气产量的 20%。然而，鉴于中国天然气消费的迅猛增长（到 2030 年将超过目前欧盟天然气市场总量），中国仍需迅速增加进口（每年增长 11%）。

2. 天然气的消费

2012 年全球天然气消费增长 2.2%，低于 2.7% 的历史平均水平。中南美洲、非洲和北美洲的天然气消费增长均超过历史平均水平，其中，美国（+4.1%）的天然气消费增量居全球首位。中国（+9.9%）和日本（+10.3%）的天然气消费增量紧随其后。上述地区的天然气消费增长在一定程度上被欧盟（−2.3%）和前苏联（FSU）（−2.6%）地区的消费下滑所抵消。在全球范围，天然气占一次能源消费的 23.9%。经合组织国家的天然气消费增速自 2000 年以来首次超过非经合组织国家。

非经合组织天然气需求增速高于经合组织（分别为每年 2.8% 和 1.0%），非经合组织在全球天然气消费中的比重将从 2011 年的 52% 提高到 2030 年的 59%。预计到 2030 年，全球天然气需求增长的 76% 来自非经合组织市场。仅中国就在增长中占据 25% 的比重，中东为 23%。

就行业而言，交通运输业的增长最快，但基数很小。大部分增长来自电力行业（每年 2.1%）和工业（每年 1.9%），而工业部门在 2030 年仍将是全球天然气的最大用户。预计到 2030 年，39% 的天然气需求增长来自电力，38% 来自工业。

经合组织的电力行业和工业用天然气替代煤炭，而非经合组织的强劲需求足以同时消化天然气和煤炭在上述两个行业的供应增量。经合组织页岩气供应增量（370 亿 ft^3/日）超过其天然气需求增量（340 亿 ft^3/日），而页岩气将非经合组织天然气产量增长又提高了 170 亿 ft^3/日。

1987—2012 年全球分地区天然气的消费量见图 3-25，各地区对天然气的需求及其预测见图 3-26，各行业对天然气的需求及其预测见图 3-27。

四、天然气市场

天然气主要作为工业燃料使用，即以天然气代替煤，用于工厂采暖，生产用锅炉以及热电厂燃气轮机锅炉的燃料。天然气作为燃料除了减少环境污染外，从经济效益看，天然气发电的单位装机容量所需投资少，建设工期短，上网电价较低，具有较强的竞争力。

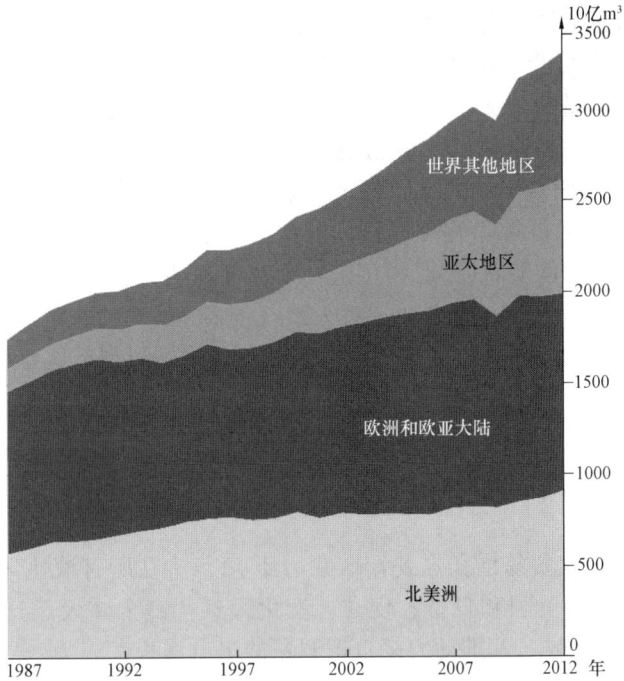

图 3-25　1987—2012 年全球分地区天然气的消费量

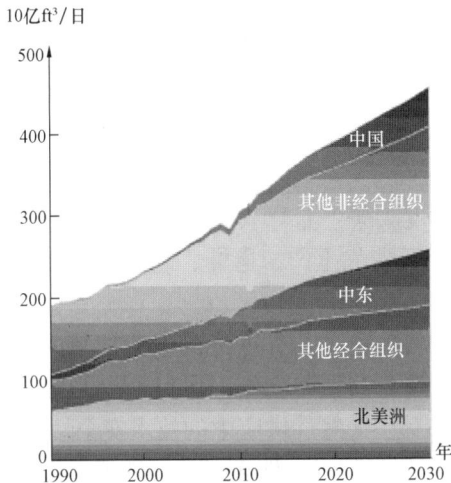

图 3-26　各地区对天然气的需求及其预测

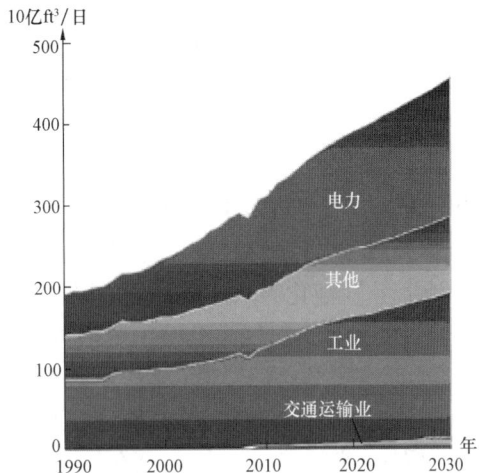

图 3-27　各行业对天然气的需求及其预测

此外，天然气还是制造氮肥的最佳原料，具有投资少、成本低、污染少等特点。天然气占氮肥生产原料的比重世界平均为 80％ 左右。作为城市燃气，随着人民生活水平的提高及环保意识的增强，大部分城市对天然气的需求明显增加。天然气作为民用燃料的经济效益也大于工业燃料。在城市交通中以天然气代替汽车用油，具有价格低、污染少、安全等优点。

目前以天然气为主要原料，经过气液混合器与天然气增益剂混合后形成的一种新型工业燃气，燃烧温度能提高 400～600℃，可完全取代乙炔、丙烷，用于工业切割、焊接，在钢厂、钢结构、造船行业应用广泛。

　　世界天然气需求总的说来是逐年增加的，引起天然气需求的增加的主要因素有：① 世界人口的不断增长导致天然气消费的增长；② 日益高涨的环保呼声促使人们增加了天然气消费，从而导致其需求量的增加；③ 天然气运输、生产和实用技术的迅速发展也是促使天然气需求量快速增长的主要原因；④ 工业化经济的进一步发展是拉动天然气需求增长的又一因素；⑤ 天然气传统消费国的人文、经济等因素的变化会引起这一领域天然气需求的增长；⑥ 天然气是一种高效能源，它可以作为一次能源供用户使用，越来越多的国家和个人会倾向于选择天然气作为能源；⑦ 近些年来，天然气探明储量不断增长，使不少国家减少了对石油、煤炭和核能的依赖，而增加了对天然气的需求；⑧ 很多工业国家出于国际形势的变化以及市场竞争的激烈，开始逐渐取消对天然气价格的限制，这有利于天然气工业的进一步发展，同时也就相应增加了对天然气的需求。

　　因此在未来几十年里，随着天然气市场的不断完善和一些国家工业化进程的加快，对天然气新的需求越来越大。据预测，在全球范围内，天然气的需求增长速度快于其他能源，年增长率将达到 3.2%。

　　2010 年，全球天然气贸易增长强劲，增幅为 10.1%。在所有液化天然气进口国中，最大的气量增幅来自韩国、英国和日本。现在，液化天然气占全球天然气贸易的 30.5%。管道天然气贸易量增长 5.4%，其推动力来自俄罗斯的出口增长。

　　但由于世界经济不景气，2012 年全球天然气贸易相当疲软，仅增长 0.1%。管道天然气贸易量增长 0.5%，其中，俄罗斯净出口量的降幅（-12%）在一定程度上被挪威出口量的增幅（+12%）所抵消。美国管道天然气净进口量下降 18.8%。全球液化天然气贸易出现有记录以来的首次下滑（-0.9%）：欧洲液化天然气净进口量的降幅（-28.2%）被亚洲（+22.8%）的增幅所抵消。在出口国中，卡塔尔（+4.7%）液化天然气出口量的增幅几乎被印度尼西亚（-14.7%）的降幅完全抵消。液化天然气在全球天然气贸易中所占份额小幅降至 31.7%。

　　世界天然气贸易有以下特点：① 贸易量增长幅度大于产量增长幅度，但投入贸易的量不大；② 天然气价格的地区性与油价关联度大；③ 天然气生产、运输、利用的高投入对贸易的抑制性；④ 液化天然气贸易量上升。

　　影响未来世界天然气供给的主要因素有：① 天然气资源具有不可再生性是制约天然气供给的客观因素；② 天然气资源开采的难度，这在过去甚至将来的一段时期内是抑制天然气产量增加的一个不容忽视的因素；③ 天然气储量；④ 天然气供应中的技术安全性；⑤ 天然气国际贸易状况，由于运输、储存的不便和下游利用工程投资浩大，因此，天然气的贸易量和贸易范围仍无法与石油、煤炭相比。

　　世界天然气贸易前景：① 中东地区将成为天然气贸易的热点；② 亚太地区仍以液化天然气为主要贸易形式；③ 东、西欧输气管网的连接，将增加欧洲天然气的贸易量，扩大国际贸易的范围，俄罗斯将进一步增加天然气出口量；④ 非洲将向欧洲输出更多的天然气，同时扩大洲内贸易量。

第四节　核　燃　料

　　核能是蕴藏在原子核内部的能量，它可以通过核裂变和核聚变反应释放出来。核裂变是将重核分裂成两个或多个中等质量的原子核，核聚变是将几个轻核聚合成一个较重的原子核。核裂变和核聚变时都会释放出巨大的能量。例如 1kg ^{235}U 裂变反应时释放出的能量为 7.0×10^{10}kJ，相当于 2389t 标准煤；1kg 氘聚变反应时释放出的能量更高，达 3.5×10^{11}kJ，比铀裂变的能量还高 5 倍。有关核能的知识见本书第五章。

一、核裂变的核燃料

核裂变的核燃料主要是铀。天然铀通常由三种同位素构成：^{238}U 约占铀总量的 99.3%，^{235}U 占铀的总量不到 0.7%，还有极少数的 ^{234}U。当 ^{235}U 的原子核受到中子轰击时会分裂成两个质量近于相等的原子核，同时放出 2、3 个中子。^{238}U 的原子核不是直接裂变，而是在吸收快中子后变成另外一种核燃料——^{239}Pu，钚是可以裂变的。还有另外一种金属 ^{232}Th，它的原子核吸收一个中子后也能变成一种新的核燃料——^{233}U。所以 ^{235}U 和 ^{239}Pu 可以通过裂变产生核能，成为核裂变物质；^{238}U 则通过生成 ^{239}Pu 后再通过裂变产生核能。所以 ^{235}U、^{239}Pu、^{238}U 统称为核燃料。

能实现大规模可控核裂变反应的装置称为反应堆。除了重水反应堆可以利用天然铀作燃料外，大多数的反应堆是采用低浓度的浓缩 ^{235}U（其浓度一般为 1%～3%）作燃料。与一般的矿物燃料相比，核燃料有两个突出的不同特点：一是生产过程复杂，要经过采矿、加工、提炼、转化、浓缩、燃料元件制造等多道工序才能制成可供反应堆使用的核燃料；二是还要进行"后处理"。基于以上原因，目前世界上也只有为数不多的国家能够生产核燃料。

1. 铀资源

全球铀资源的分布极其有限，在自然界中具经济价值的铀矿床是花岗石岩矿床，以及与花岗石岩有关的砂岩床和含铀砾岩矿床。由于核动力和核武器需要，世界各国对铀矿的勘探和开采日益重视。通常铀矿勘探的方式是先用地球化学勘探法或地球物理勘探法进行铀的普查，而后再作放射性测量或射气测量。前者是利用能谱仪测量铀及其衰变产物的 γ 辐射，后者是用氡探测仪测量铀裂变系列中 ^{222}Rn 的 α 射线。最后再采用钻孔测量法，表 3-25 为主要铀资源国的储量。

表 3-25 2005 和 2007 年全球主要国家可采储量分布情况

国家	价位在 130 美元/kg 以内的可采储量（万 t）		增减情况（%）
	2005 年	2007 年	
澳大利亚	114.30	124.30	+8.8
哈萨克斯坦	81.61	81.73	+0.1
俄罗斯	17.24	54.56	+216.5
南非	25.56	43.50	+70.2
加拿大	44.38	42.32	-4.6
美国	34.20	33.90	-0.9
巴西	27.78	27.84	-0.1
纳米比亚	28.23	27.50	-2.6
尼日尔	22.55	27.40	+21.5
乌克兰	8.98	19.95	+122.2
其他国家	57.81	52.78	-8.7
世界总计	474.28	546.88	+15.3

地球陆地上的铀储量有限，已探明的仅 500 万 t，其中有经济开发价值的仅占一半，为此人们想方设法地在寻找铀资源。经过多年的研究，人们发现海水中也含有铀，据估计虽然每 1000t 海水中仅含铀 3g，而全球有 15×10^{14} 亿 t 海水，则含铀总量高达 45 亿 t，几乎比地球上的含铀量多千倍，因此海水中的铀将是人类用之不竭的能源。

2. 铀的提取

对陆上矿石床的铀，目前提取方法主要有浸取法（见图 3-28）、沉淀法、离子交换法和溶液萃取法。

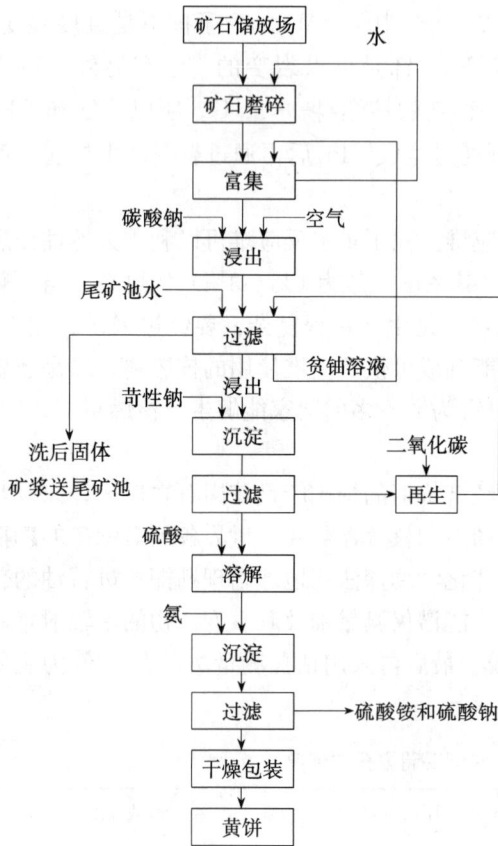

图 3-28 碱浸取法的流程图

由于核反应堆对铀纯度要求很高，其杂质含量只能为几个 ppm（百万分之一），为此需要对所生产的黄饼进一步纯化，其方法是用硝酸溶解黄饼；用逆流溶液萃取法纯化粗制的硝酸铀酰溶液，再用氨使硝酸铀酰溶液沉淀脱硝，最后得到高纯的铀氧化物。

由于核反应堆通常采用金属铀，陶瓷型二氧化铀或碳化铀作燃料，因此需对铀进行浓缩，以提高 ^{235}U 的含量。为此还需要将高纯的三氧化铀转化成四氟化铀或六氟化铀，以便对 ^{235}U 组分进行浓缩。通常上述转化过程都是在回转炉中进行的，该回转炉实际上是一个流化床反应器，三氧化铀在反应器先被还原成二氧化铀，再经氟氢化后转化成四氟化铀或六氟化铀。

从 20 世纪 70 年代开始，一些发达国家已开始着手于研究海水提取铀技术，目前各国开发的海水提铀工艺技术有沉淀法、吸附法、浮选法和生物浓缩法等。其中吸附法比较成熟，它是用一种特殊的吸附剂将海水中的铀富集到吸附剂上，然后再从吸附剂上"分离"出铀。例如日本香川县建造了一座年产 10kg 铀的海水提铀工厂，它利用氧化钛作吸附剂，但钛吸附剂消耗太大，要 60kg 吸附剂才能提取 1kg 铀，因此提铀成本太高。目前各国正在研究更高效的吸附剂。此外，生物浓缩提铀技术也在发展之中，它利用专门培养的藻类来提取海水中的铀。据报道，有一种小球藻，当海水 pH 值为 5 时，60min 内每克小球藻可吸附 $5000\mu g$ 铀，这相当于无机吸附容量的 10 倍。可以期望在本世纪，随着科学技术的发展，科学家将能找到更经济的从海水中提取铀的新方法，并能将波浪发电、海水淡化、海水化学资源提取和海水提铀结合起来，为海洋的综合利用开辟更广阔的天地。

3. 铀的浓缩

为了生产浓缩铀，必须进行铀的同位素分离，但 ^{235}U 和 ^{238}U 这两种同位素的化学性质相同，两者质量差别也很小，因此用一般的化学方法很难分离它们，通常只有采用物理方法来分离。目前世界上只有包括我国在内的少数几个国家掌握这种同位素分离技术——浓缩铀技术。比较成功的浓缩铀技术有气体扩散法、气体离心机法。此外，激光分离法和特殊的化学分离法也在发展之中。

气体扩散法是应用最广的方法。因为同样温度下气态轻分子六氟化铀（235）的运动速度要比重分子六氟化铀（238）的运动速度略微快一些，因此可将六氟化铀气体压缩后送入扩散器，每个扩散器均装有冷却器和多孔分离膜，由下一分离级的压缩机使多孔膜的另一侧形成负压，这样一部分六氟化铀会通过多孔膜扩散，轻分子六氟化铀的平均扩散速度较大，因此在多孔膜的另一侧得到浓缩，浓缩后的六氟化铀经压缩后进入下一级扩散器；同时剩余的贫化后的六氟化铀又被送回前一级压缩机。通常为了获得浓缩铀，需要上千台扩散器串联在一起，例如为了用天然铀生产浓度（^{235}U）为 3% 的压水堆的核燃料，大约需要串联 1200 个扩散器。显然这种方法耗电量很大，仅电费就几乎占总成本的一半，而且建厂投资大，建设周期长。

气体离心机法就是为了克服气体扩散法的缺点，在 20 世纪 70 年代后期诞生的。它是将六氟化铀气体置于高速旋转的离心机的空心圆柱中，因离心力与分子的质量成正比，因此轻分子浓集在中心，重分子浓集在外围。通常为了增加浓集的效应，还应使六氟化

图 3-29　气体离心式铀浓缩装置示意

铀在空心圆柱内产生一种对流（见图 3-29）。因为离心机的转速很高，通常达 5 万～10 万 r/min。因此，一台离心机可达到的浓度系数比一个扩散器高出两个数量级，所以生产反应堆的核燃料只需串联 20 台逆流式离心机即可，因此耗电量大大减少。

激光分离法是一种很有前途的铀浓缩方法。它是采用两种不同波长的激光照射铀蒸气，使 ^{235}U 优先电离而从铀的同位素中分离出来。这种方法成本低，据估计其造价仅为采用气体离心机法的 1/3。

化学法分离同位素与前述的物理法（如扩散法、离心法）不同，它是利用同位素分子的内振动零点能的差别所引起的各种性质差异来分离同位素的。该过程的分离系数随原子质量的增加而迅速减小。所以化学方法一般只用于分离质量数在 100 以下的元素的同位素。在铀的同位素分离中化学交换法研究的比较充分，并展示出良好的前景。

4. 铀燃料元件的制造

不同的反应堆使用不同的铀燃料元件，常用的有金属铀燃料元件、氧化铀燃料元件、碳化铀燃料元件。纯净的四氟化铀通过镁的还原反应，即可获得金属铀，即

$$UF_4 + 2Mg \longleftrightarrow U + 2MgF_2$$

金属铀燃料多用于低温反应堆中，通常用铝镁合金作包壳，将金属铀燃料芯棒和陶瓷隔热块一同装入包壳管内，拧上端塞并注入氦气，再用氩弧焊封焊，最后经质谱仪检查气密性

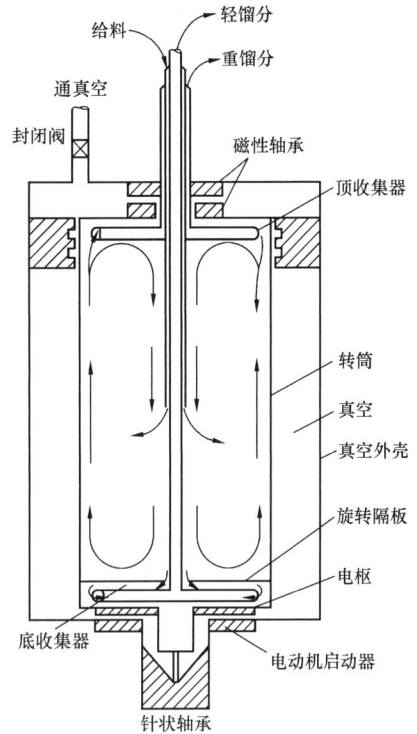

后，即成为燃料棒成品。

由于氧化铀辐照稳定性好，耐温高，因此是动力堆的主要燃料。其制备过程包括制备氧化铀粉末、燃料块粉末冶金及燃料元件的封装。可以用湿法或干法制备二氧化铀粉末。图3-30是湿法制备二氧化铀粉末的工艺流程图。由二氧化铀粉末通过烧结制造二氧化铀芯块的流程如图3-31所示。

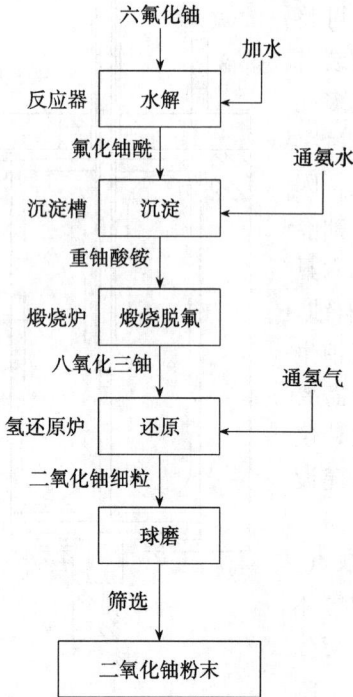

图 3-30 流程：

六氟化铀 →（加水）→ 反应器：水解 → 氟化铀酰 →（通氨水）→ 沉淀槽：沉淀 → 重铀酸铵 → 煅烧炉：煅烧脱氟 → 八氧化三铀 →（通氢气）→ 氢还原炉：还原 → 二氧化铀细粒 → 球磨 → 筛选 → 二氧化铀粉末

图 3-31 流程：

UO_2 粉料 → 分析检验 → 均匀配料 → 压机：压片 → 烧结炉：烧结 → 无芯磨床：磨削 → 外观检查

图 3-30　湿法制备二氧化
铀粉末的工艺流程图

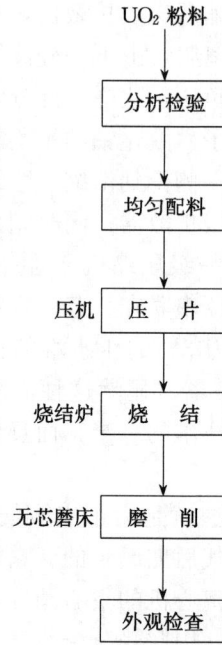

图 3-31　二氧化铀粉末烧结
制造二氧化铀芯块的流程

氧化铀燃料棒通常采用不锈钢或锆合金作包壳，其制造过程也和金属铀燃料元件类似，即包壳和端塞的加工清洗，燃料芯块的定长称重和加热烘干，芯块的装入、充氮及封焊，元件的表面处理和质量检查等。

碳化铀燃料元件是先将碳化铀制成颗粒状燃料（见图3-32），其颗粒最内层是碳化铀燃料，其外是低密度热解碳的缓冲层，最外面是高密度的各向同性的热解碳制成的裂变产物阻挡层。这些颗粒状的核燃料进一步弥散在石墨基体中，然后根据反应堆的要求再制成棒状、管状或球状的石墨燃料元件。最后将石墨燃料元件装入高温气冷堆的石墨燃料组件中，供反应堆使用。

5. 裂变核燃料的后处理

核燃料的另一特征是需要后处理。化石燃料燃烧后，剩下的是不能再燃烧的灰渣。而核燃料在反应堆中除未用完而剩下部分核燃料外，还能产生一部分新的核燃料，这些核燃料经加工处理后可重新使用。所以为了获得更多的核燃料，也为了妥善处理这些核废料，从用过的核燃料中回收这一部分核燃料就显得特别重要。

核废料的后处理工艺有干法和水法两类。目前广泛采用的水法处理工艺，其工艺流程如

图 3-33 所示。它包括首端处理、溶剂萃取和废液处理及酸回收三大部分，其关键是以磷酸三丁酯作萃取剂，这种萃取剂有很好的化学稳定性和辐照稳定性，价格便宜，对裂变产物去污系数高，有较高的铀、钚回收率。目前世界有几十座这样的燃料后处理工厂，它们除了回收核燃料外，还可获得一些贵金属和放射性同位素。水法的缺点是耗水量大，而且水有二次污染的危险。后处理的发展方向是利用高温化学实现无水条件下的干法后处理。

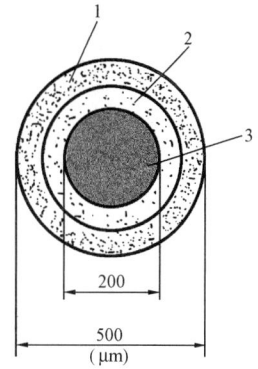

图 3-32　颗粒
状燃料元件
1—高密度热解碳；
2—低密度热解碳
缓冲层；3—碳化铀

二、核聚变的核燃料

科学家们经过多年的努力，发现最容易实现核聚变反应的是原子核中最轻的核，例如氢、氘、氚、锂等。其中最容易实现的热核反应是氘和氚聚合成氦的反应。据计算，1kg 重氢（氘）和超重氢（氚）燃料在聚变中所产生的能量相当于 8t 石油，比 1g ^{235}U 裂变时产生的能量要大 5 倍。因此氘和氚是核聚变最重要的核燃料。

作为核燃料之一的氘，地球上的储量特别丰富，每升海水中即含氘 0.034g（虽然每 6000 个氢原子里只有一个氘原子，但一个水分子里有两个氢原子），地球上有 15×10^{14} 亿 t 海水，故海水中的氘含量可达 450 亿 t，因此几乎是取之不尽的。

氘可由重水（D_2O）分解获得，而为了获得纯化的氘，还必须对氘和氢进行同位素分离。目前用来分离氘-氢同位素的有格德勒-硫化氢法、低温蒸馏法及激光浓缩法等。目前加拿大主要采用格德勒-硫化氢法，但硫化氢气体的大量溢出是该方法的主要缺点。低温蒸馏法是根据 H_2O 和 D_2O 沸点的差别而设计的，因为大气压力下重水沸腾温度比普通水高 1.43℃。低温蒸馏法所需的能量可以利用废热，如汽轮机的排汽等，这是这种方法的主要优点。激光浓缩法是利用二氧化碳强脉冲激光器照射三氟甲烷，使氘富集，此法很有前途，特别适合于商业化生产。

作为另一种核燃料的氚则是另一种情况。氚的半衰期为 12.3 年，它在自然界中几乎已衰变殆尽，即使是海水中的氚含量也极少，大约是 3000×10^8 亿分之一。因此氚的生产需用人工的方法制造，通常是通过锂与中子反应而获得。当然动力堆中也会形成一些氚，但数量很少，目前也没有加以利用。

当然还有获得氚的其他方法，例如将含氘、锂、硼或氦的原子的物质放到具有强大中子流的原子核反应堆中，或者用快速的氘原子核去轰击含有大量氘的化合物（如重水）也可以得到氚。由于核聚变的核燃料丰富，释放的能量大，聚变中的氢及聚变反应生成的氦都对环境无害，因此尽快地实现可控的核聚变反应是 21 世纪人类面临的共同任务。有关核能的知识请参看第五章。

锂是一种碱金属，原子量为 6.94，地球上分布广泛，许多国家都有锂资源，目前世界锂资源约有 1000 万 t。此外海水中也含有丰富的锂，每立方米海水中锂的含量多达 0.17g。锂盐最先是用于电解铝中作添加剂，后来由于化学电源及蓄电池对锂和锂盐的需求刺激了锂的生产，又由于航天工业采用含锂的轻合金，以及军事上作鱼雷及火箭装备启动电池组的燃料，因此锂的需求直线上升。我国和美国是锂产品的生产大国。据估计，锂作为热核反应堆中的燃料，功率为 1MW 的热核反应堆约需 1t 锂。

元件　　　　　　氚区　　　　　　无氚区

空气或 N₂

剪切 → 气体洗涤

氚井 → 尾气处理 → 排放

溶解 → 硝酸回收　含氚气体

首端处理

无氚 HNO₃

无氚硝酸洗涤　第一萃取循环　U、Pu 反萃取分离

Na₂CO₃　二循环

含氚硝酸洗涤　溶剂洗涤　三循环　U

萃取段　溶剂萃取硝酸　Pu 循环　Pu

溶剂萃取

蒸残液　4.2mol/L HNO₃　14.6mol/L HNO₃　废液 → 冷凝器

11mol/L HNO₃

蒸发浓缩

精馏

固化　试剂

废液处理及酸回收

蒸气冷却泵

氚水　裂变产物

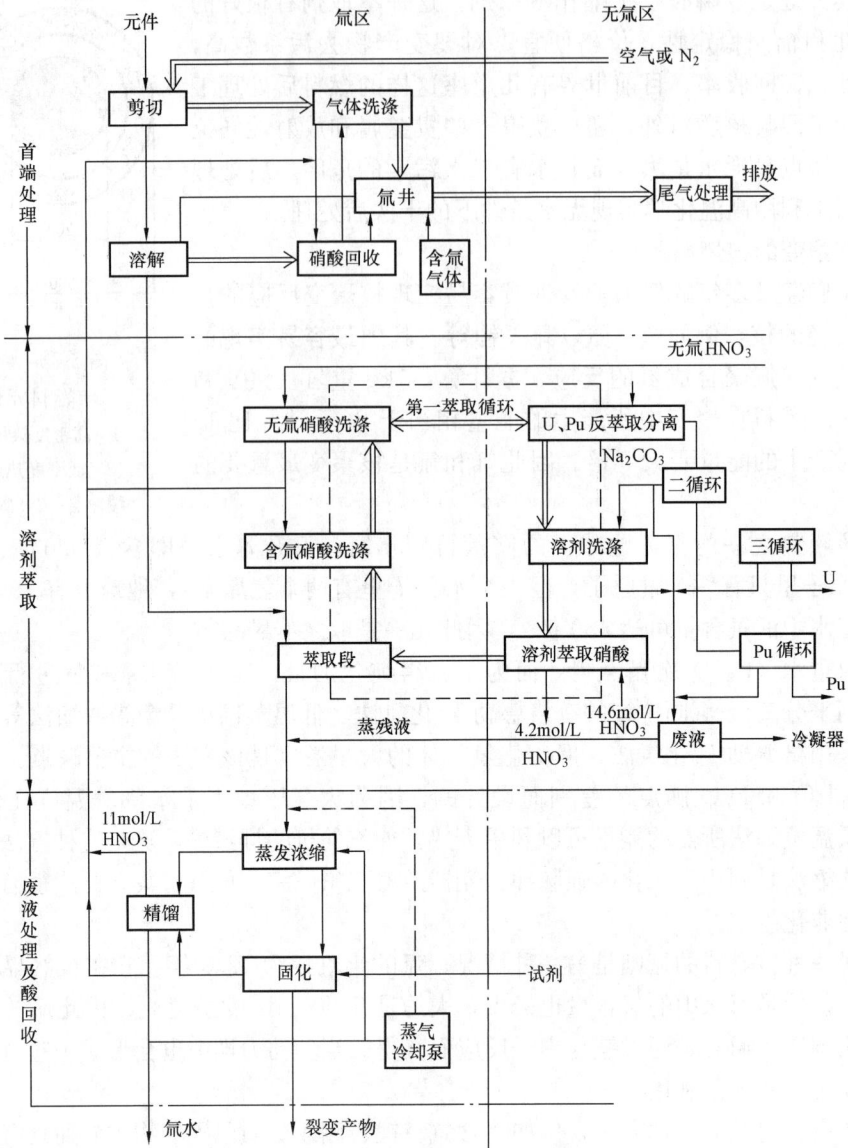

图 3-33　水法核废料后处理工艺流程

第四章 电　　能

第一节 概　　述

一、电能的重要性

电能是与电荷流动与聚集有关的一种能量。它是由其他一次能源转换而来的二次能源。由于电能输送、控制、转换和使用都非常方便，又不污染环境，因此是一种非常优质的二次能源。

电力工业起源于 19 世纪后期。世界上第一台火力发电机组是 1875 年建于巴黎北火车站的直流发电机，用于照明供电。1879 年，美国旧金山实验电厂开始发电，这是世界上最早出售电力的电厂。经过 130 多年的发展，今天电能在社会生产和人民生活中已普遍应用。

国民经济电气化的重要意义在于：

（1）电气化是实现工业自动化和农业现代化的基础，电能在工农业中的广泛应用不但能提高劳动生产率和产品质量、改善劳动条件、节约原材料和燃料的消耗，而且为新技术的应用开辟了广阔前景。

（2）用电能替代其他能源可大大降低单位产值的能耗，节约能源。例如根据人均国民生产总值大于 400 美元的 84 个国家和地区分析，用电量占能源总耗量的 35％ 左右的国家，每 1 美元产值的能量消耗为 0.5～1kg 标煤，而用电量占能源总耗量的 18％ 左右的国家，每 1 美元产值的耗能高达 2.0kg 标煤。

（3）电气化为迅速提高现代社会的生活水平及文明程度奠定了物质基础。例如家用电器的广泛使用，大大减轻了家务劳动，提高了生活质量；电话、电视的普及提高了社会的文化水平。通常生活的电气化大致可分为三个阶段：第一阶段是用于照明及耗电较少的收音机、电视机等小型家用电器；第二阶段发展到使用耗电较多的电冰箱、微波炉、电烤箱、电饭煲、电炒锅、电热水器和空调设备；第三阶段则发展到电气采暖和家庭生活全面电气化。表 4-1 和表 4-2 分别给出了厨房电器和小型家用电器的能耗。目前大部分发达国家已处于或正在过渡到第三阶段，生活用电占总用电量的比重为 20％～50％，人均年生活用电量为 1000kWh 以上；发展中国家大都处于第一阶段，生活用电量比重较低，人均年用电量在 100kWh 以下。

（4）发展电能是新能源的广泛应用和建立可持续发展能源系统的必然结果。除了水能资源的大规模开发是就地筑坝发电外，太阳能、风能、生物质能、地热能和海洋能的大规模利用，几乎无一例外地是将这些新能源首先转换成电能，核能的利用也是如此。因此在世界能源结构从传统的石化能源转向以可再生能源为基础的持久能源系统的过程中，以电能替代非电能源是一个不可逆转的发展趋势。

表 4-1　　　　　　　　　　　　厨 房 电 器 的 能 耗

项　　目	功率（W）①	年使用小时（h）②	年能量消耗（kWh）②
电　灶	12 000	120	2160
废物压实器	460	90	42
微波烤炉	1300	180	234
洗 衣 机	1200	360	340
垃圾清理器	390	50	20
面包烤炉（双片）	800	30	24
搅 拌 机	500	3	1.5
电 煎 锅	1225	180	220
面包烤箱	1200	180	216
电气烤架（烧烤食物用）	1000	52	52
罐头开启器/磨刀器	100	180	18
手 持 拌 料 器	125	90	11
固定式拌料器	150	90	13
电燃烧室电炉	1600	180	288
电 咖 啡 壶	1000	60	60
慢 速 蒸 锅	160	520	83
深 平 底 锅	1150	52	60
饼干焙烘炉	1000	26	26
榨 果 汁 器	60	60	3.6
热狗（小香肠）烤炉	1200	6	7.3

① 产品功率数据由制造商提供，各种型号数据可有差异。

② 年使用小时与年能耗使用情况有不同，此处列的是典型值。

表 4-2　　　　　　　　　　　　小型家用电器的能耗

项　　目	功率（W）①	年使用小时（h）②	年能量消耗（kWh）②
25in 彩色电视机	190	1825	347
34in 彩色电视机	220	1825	402
立体声收音机	50	1460	73
盒式磁带录音机	5	180	0.9
电　钟	5	8760	44
电 热 毯（双人床用）	135	730	99
电动缝纫机	120	52	6.2
电 熨 斗	1100	156	172

项　　　目	功率（W）①	年使用小时（h）②	年能量消耗（kWh）②
吸尘器	700	365	256
洗衣机	840	365	307
电动甩干机	5600	365	2044
3/4 马力游泳池用水泵	840	8760	7358
手持式电钻	360	13	4.7
手持式圆锯	1320	13	17
砂轮抛光机	900	13	12
异形铣床	720	13	9.4
300A 电焊机	11 700	26	304
电动割草机	1150	26	30
电动剃刀	10	61	0.6
10A 汽车电瓶充电机	180	300	52
1/2 马力钻床	650	13	8.5
大型带放大器的吉他	235	400	94
手持头发烘干器	1000	30	30
电动牙刷	2	18	0.04
地板打蜡器	400	52	21

①、②同表 4-1。

正由于电能的重要性，作为提供电能的电力工业必须优先发展，其发展速度要高于国民经济的其他部门。例如美国从 1950—1980 年 30 年间，实际国民生产总值平均年增长值为 3.4%，而电力的平均年增长率为 6.26%，其电力工业的弹性系数（即电力增长速度与国民生产总值增长速度之比）为 1.84，同期英国电力弹性系数为 1.97，法国为 1.49，苏联为 1.23，德国为 1.55。2001 年以来，在 GDP 增速不断加速的情况下，我国全社会用电量增速始终保持高于 GDP 增速，表现为用电弹性系数大于 1，从而保证了我国国民经济的稳步增长。

在能源构成中电能消耗的指数通常标志着一个国家的发达程度和工业化水平。例如我国用于发电的能源在一次能源消费中所占的比重仅为 30%，而全世界的平均值约为 50%，发达国家更高达 80%。由此可见，我国工业化程度和生活质量还是处于低水平。

电能的特点是发电、传输、用电都同时发生。由于目前尚不能大规模地储存电能，因此电能生产中的发电、供电、配电必须紧密配合，具有不间断连续工作的功能，用户在每一瞬间需要多少电，就能够供给多少电。电力过剩就会造成电力生产能力的积压浪费，电力短缺就会影响国民经济的发展。电能供需必须每月、每日、每时、每分、每秒都取得平衡。除了数量上达到供需一致外，还必须保证供电的安全性、可靠性以及电能质量。例如保持电压频率的稳定，保证电压的对称性和正弦性等。因此采用大机组发电，建设大电网，提高输电电压就成为电力工业发展的趋势。

电能的传递路径和转换效率如图 4-1 所示。由图可见，投入的一次能源约有 70%在转换和输配环节中损失掉了，因此能在图上任何一个环节中节约哪怕一个百分点都会取得巨大的经济效益。

节电实际上就等于增产，因为用 1kWh 电可以生产出 1.5kg 电炉钢，或 4kg 生铁，或 45kg 煤，或 25kg 原油，或 10kg 水泥，或 11m 棉布，或 1kg 新闻纸。因此各行各业都应当提倡节电。

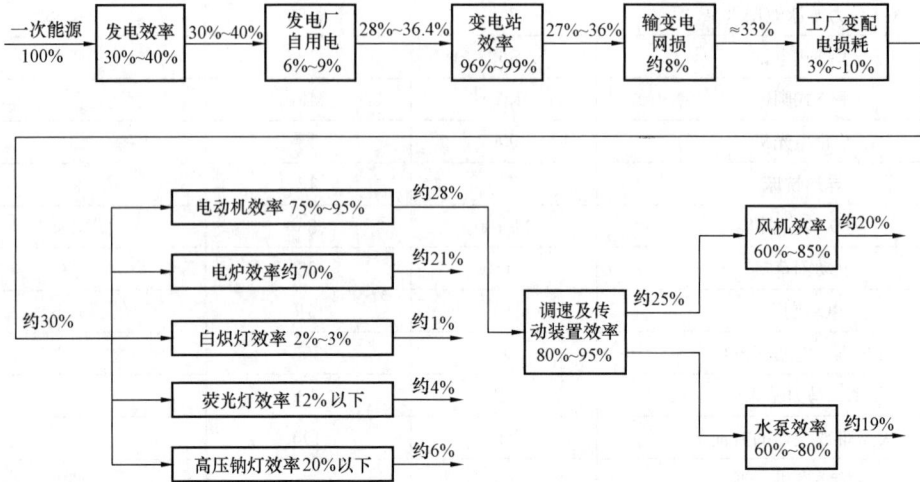

图 4-1　电能的传递路径和转换效率

二、电能的生产

电能可以通过多种途径产生，其中最主要的途径是通过发电机将机械能直接转换成电能。另外，可在燃料电池中将化学能直接转换成电能；在太阳能电池中由辐射能直接转换成电能；核能转换为电能则是在所谓的核电池中实现的。磁流体发电、热电偶温差发电则可将热能直接转变成电能。不过后几种获得电能的方式目前仍处在研究、开发阶段。

将机械能转换成电能是目前获得电能的主要手段。驱动同步发电机的动力机械有蒸汽轮机、燃气轮机、内燃机、水轮机、风力机等。它们的转换效率从小发电机的 50% 到大型电厂交流发电机的 90% 以上。根据采用汇电环还是整流器，同步发电机可以输出交流电或直流电。根据动力机械的特点，同步发电机有立式和卧式两种。由汽轮机和燃气轮机驱动的发电机大多数为卧式，大型低速水轮机驱动的发电机多为立式。

由于存在磁滞和涡流等损耗，发电机必须进行冷却。通常小型发电机多采用开启式通风冷却；1000kW 以上采用管道通风；4000kW 以上采用带空气冷却器的闭式循环空气冷却。50～200MW 的汽轮发电机一般采用氢外冷，因为氢的导热性远优于空气，而且流动阻力小；300MW 以上的汽轮发电机定子和转子都需要采用氢冷；当汽轮发电机的功率达 1350MW 时就需转子氢内冷、定子水内冷，因为水的冷却效果更优于氢；当汽轮发电机的功率大于 1350MW 时，定子和转子就都需要进行水内冷，即所谓双水内冷汽轮发电机组。

另一种有实用意义的电能产生方式是燃料电池。燃料电池是把燃料的化学能直接转换为电能的装置，其工作过程很像电解水的逆过程。通常完整的燃料电池发电系统由电池堆、燃料供给系统、空气供给系统、冷却系统、电力电子换流器、保护控制系统等组成。燃料电池的详细介绍参见第七章氢能。

三、电能的输送与分配

　　发电厂产生的巨大的电能必须输送到用户。随着生产的发展和用电量的增加，发电厂的数量和容量都在不断增长，而且由于资源和环境等方面的原因，发电厂和用户的距离也越来越远。因此，为了把发电厂发出的电能安全可靠地送到用户，并使输送的损耗减至最小，就必须有专门的输电系统，即通常所说的电力网。由发电厂、电力网和电力用户所组成的大系统称为电力系统。图 4-2 就是一个现代电力系统的单线接线图（图中的单线均代表三相）。系统中既有水力发电厂，也有火力发电厂和热电厂。

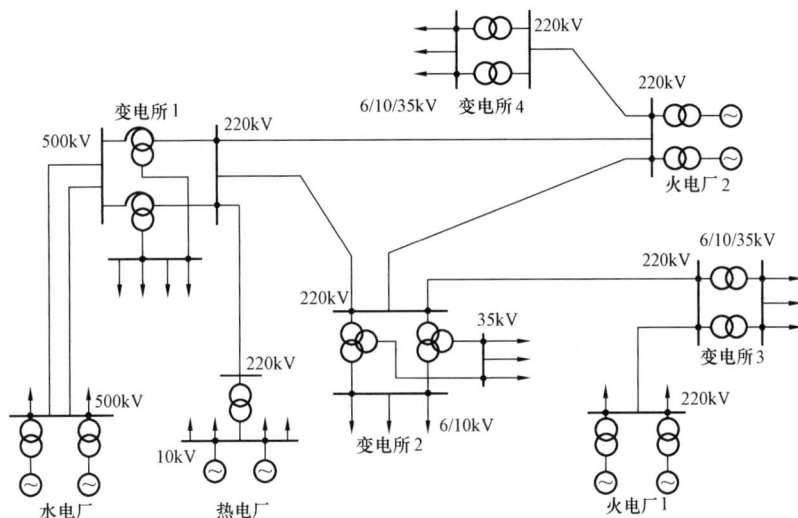

图 4-2　现代电力系统的单线接线图

　　电力网按其供电范围、电压高低可以分为地方电力网和区域电力网。地方电力网的电压等级一般不超过 110kV，供电距离多在 100km 以内。区域电力网则将范围较广地区的发电厂联系起来，而且输电线路长（有的超过 1000km），电压高，输送功率大，用户类型多。由焦耳定律可知，输电线路的损耗是和通过线路的电流的平方成正比。因此，为了减少长距离输电线路的电能损耗，必须减少输电线路的电流，即应提高输送电压。但输送电压越高，则输电线路投资就越大，因此输配电线路的电压等级是一个需根据多方面因素决定的综合问题。显然，对某一输送容量和输送距离存在一个输电的经济电压。表 4-3 为不同电压等级下的输送功率和输送距离。

表 4-3　　　　　　　　　　　　不同电压等级下的输送功率和输送距离

额定电压（kV）	输送功率（MW）	输送距离（km）	额定电压（kV）	输送功率（MW）	输送距离（km）
6	0.1～1.2	4～15	220	100～500	100～300
10	0.2～2	6～20	330	200～1000	200～600
35	2～10	20～50	500	750～1800	400～1000
110	10～15	50～150	1000	1500～3700	1000～2000

　　显然，为了供电力用户使用，在用电终端还需将输电的高电压再降低下来，因此接收、输送和分配电能就成为变电所的任务。故变电所是电力网的重要组成部分，是电力系统的中间环节。变电所根据其重要性和功能又可分为枢纽变电所、中间变电所和终端变电所。枢纽变电所电压高、容量大，处于联系电力系统各部分的中枢位置，地位重要。图 4-2 中的变电所 1 和变电所 2 就属于这种类型。中间变电所则处于发电厂和负荷中心之间，从它可以转送或抽引一部分负荷，图 4-2 中的变电所 3 就是中间变电所。终端变电所只负责供应一个局部地区负荷，不承担转送功率的任务，如图 4-2 中的变电所 4。

　　电力用户的电力负荷按其重要性和对供电可靠性的要求通常可以分为三类：

　　一类负荷是最重要的电力用户。对其突然停电时，将造成人员伤亡，重大设备损坏，引起生产混乱；或交通枢纽受阻，城市供水、广播、通信中断，造成巨大经济损失或重大政治影响。对这类负荷，必须有两个独立的电源供电。

　　二类负荷也是重要的电力用户。对其突然停电，会造成大量减产、停工，生产设备局部破坏，局部交通阻塞，城市居民正常生活受影响。对这类负荷应尽量采用两回路线路供电，且两回路线路应引自不同的变压器或母线段；确有困难时，允许由一回路专用线路供电。

　　三类负荷为一般电力用户。此类负荷短时停电损失不大，可以用单回路线路供电。

　　将各孤立运行的发电厂通过电力网连接起来形成并联运行的电力系统后，其优点如下：

　　（1）能减少发电系统中总的装机容量，节约投资。这是因为电力系统供电的各电力用户的最大负荷是不会同时出现的，因此系统中最大的负荷总是小于各用户最大负荷的总和。此外，为了保证供电可靠性，无论是孤立的电厂还是电力系统都需要有为机组检修和事故而保留的备用容量，通常在孤立电厂中备用容量为电厂总容量的 30%～40%，而在电力系统中，所有发电厂连接在一起并联运行，因此备用容量只需系统容量的 10%～15% 即可。

　　（2）能够充分利用不同的能源实现水电和火电的互补。例如水力发电厂的出力取决于河流的径流情况，枯水时出力不足，丰水时却要弃水。形成电力系统后，丰水时可让水电厂尽量多发电，以减少火电厂的出力，节约燃料；而枯水时，则让水电厂担负尖峰负荷，火电厂担负固定的基本负荷。这样既充分利用了水能资源，又提高了火电厂的运行效率，降低了煤耗。

　　（3）可以装设大容量机组，提高发电的经济效益。这是因为形成电力系统后，总负荷大大增大，有了装设大容量机组的条件，而大容量机组效率高，每千瓦的投资费和维护费都比小机组少得多。当然，电力系统中所采用的最大机组容量应不超过总装机容量的 15%～20% 为宜，以保证电力系统的安全性。此外，大电力系统中还可以合理分配各机组或各发电厂之间的负荷，让效率高的机组多带负荷；效率低，且发、供电成本高的机组少带负荷，实现经济运行。

　　（4）能保证供电可靠性。这是由于电力系统中，多电源联合供电机组台数多，即使个别机组或电源发生故障，其他机组可以在出力允许的情况下多带负荷，以保障供电安全。

　　（5）能提高电能质量。这是由于电力系统容量大，负荷波动所引起的频率和电压的波动很小，有利于高质量供电。

四、电能的储存

　　由于峰谷用电的不均衡，电能的储存有很大的意义。抽水蓄能发电可较大规模地储存电能。它是利用电力系统低谷时的剩余电力，把水从下池（库）由抽水蓄能机组抽到上池

（库）中，以位能的形式储存起来。当电力系统负荷超出总的可发电容量时，将存水用于发电，供电力系统调峰之用。有关抽水蓄能发电的详细情况将在本章第三节中介绍。

日常生活和生产中最常见的电能储存形式是蓄电池。它是先将电能转换成化学能，在使用时再将化学能转换成电能。此外电能还可储存于静电场和感应电场中。

1. 蓄电池

电池一般分为原电池和蓄电池。原电池只能使用一次，不能再充电，故又称一次电池；蓄电池则能多次充电循环使用，所以又称二次电池。因此只有蓄电池能通过化学能的形式储存电能。蓄电池利用化学原理，充电储存电能时，在其内发生一个可逆吸热反应将电能转换为化学能；放电时，在蓄电池中的反应物在一个放热的化学反应中化合并直接产生电能。

蓄电池由正极、负极、电解液、隔膜和容器五部分组成。通常将蓄电池分为铅酸蓄电池和碱性蓄电池两大类。铅酸蓄电池历史最久，产量最大，价格便宜，用途最广。按用途又可将铅酸蓄电池分为启动用、牵引车辆用、固定型及其他用途四种系列。碱性蓄电池包括镉-镍、铁-镍、锌-银、镉-银等品种。常用蓄电池的特性见表4-4。表4-5给出了它们的使用特点和用途。

表 4-4 常用蓄电池的特性

类 型	平均电压（V）	开路电压（V）	每月电荷损耗（%）	充电—放电次数	比功率（Wh/kg）	功率密度（kWh/m³）
镍-铁	1.2	1.34	30	2000	24	54.9
铅-酸	2.0	2.14	25	300	33	79.3
镍-镉	1.2	1.34	2	2000	26	54.9
氧化银-镉	1.1	1.34	3	2000	53	146.4
密封氧化银-锌	1.46	1.86	3	100	44～100	79～189
一次氧化银-锌	1.86	1.86	—	—	121	220

表 4-5 常用蓄电池的使用特点和用途

类型	使用特点	用 途
铅-酸蓄电池	价格便宜，可大电流工作，使用寿命1～2年	汽车、拖拉机起动，照明电源，搬运车、叉车、井下矿用车的动力电源，矿灯照明电源
镍-镉蓄电池	价格较贵，中等电流工作，使用寿命2～5年	井下矿用电机车，飞机直流部分及仪表、仪器、通信卫星等电源
镍-铁蓄电池	价格便宜，中等电流工作，使用寿命1～2年	井下矿用电机车、矿灯电源
锌-银蓄电池	价格昂贵，可大电流工作，使用寿命短	导弹、鱼雷、飞机起动、闪光灯等动力电源

一些正在研究的新蓄电池有：有机电解液蓄电池，例如钠-溴蓄电池、锂-二氧化硫和锂-溴蓄电池，它们的特点是成本低；金属-空气蓄电池，主要是锌-空气蓄电池，它以锌作负

极，作为氧化剂的空气制成的气体电极为正极，其特点是比能量大；使用熔盐或固体电解液的高温蓄电池，例如钠-硫蓄电池，可以在 $300 \sim 350 ℃$ 之间运行。

为了减少现有内燃机汽车对环境的污染，无污染的电动汽车日益受到人们的青睐，而廉价、高效，能大规模储存电能的蓄电池正是电动汽车的核心。在这种需求的刺激下，蓄电池一定会有更快的发展。

2. 静电场和感应电场

电能可用静电场的形式储存在电容器中。电容器在直流电路中广泛用做储能装置；在交流电路中则用于提高电力系统或负荷的功率因数，调整电压。储存在直流电容器中的电能 E 按式（4-1）计算，即

$$E = \frac{1}{2}CU^2 \tag{4-1}$$

式中：C 为电容器的额定电容；U 为电容器的额定电压。

储能电容器是一种直流高压电容器，主要用于生产瞬间大功率脉冲或高电压脉冲波。在高电压技术、高能核物理、激光技术、地震勘探等方面都有广泛的应用。电容器介质材料多为电容器纸、聚酯薄膜、矿物油、蓖麻油。电容器的使用寿命与其储能密度、工作状态（振荡放电、非振荡放电、反向率、重复频度）及电感的大小有关。储能密度越高、反向率和重复频度越高、电感越小，其寿命就越短。储能电容器用途广泛、规格品种多，最高工作电压超过 $500 kV$，最大电容量超过 $1000 \mu F$，充放电次数超过 $10\ 000$ 次。

电能还可以储存在由电流通过如电磁铁这类大型感应器而建立的磁场中。储存在磁场中的能量可用式（4-2）计算，即

$$E = \frac{1}{2}LI^2 \tag{4-2}$$

式中：L 为绕组的电感；I 为绕组的电流。

利用感应电场储存电能并不常用，因为它需要一个电流流经绕组去保持感应磁场。然而随着高温超导技术的进步，超导磁铁为这种储能方式带来新的活力。

五、电力工业的基本情况

2003 年 8 月美国和加拿大东部的大面积停电，使一千多万居民备受停电之苦。随后一个月内又相继发生了丹麦、瑞典和意大利的大停电事故，其中意大利的停电使该国 5800 万人口受到影响。这些停电事件引起全世界对电网和供电安全的担忧。意大利因反对建核电厂，而本身油煤资源缺乏，能源紧张，其电力供应主要依赖法国进口。法国以核电为主，近年来因本国用电增加，致使电力出口量锐减。随着全球经济的逐步复苏，全世界的电力工业又迎来一次大发展，例如美国自加州因电力紧张而导致大停电后，已决定重新建设新的核电厂。

2000—2030 年世界发电量分类构成见表 4-6，其中各行业的用电情况见表 4-7。

表 4-6　　　　　　　　　2000—2030 年世界发电量的分类构成　　　　　　　　　TWh

类　别	2000 年	2010 年	2020 年	2030 年	2000—2030 年均增长率
总发电量	15 391	20 037	25 578	31 524	2.4
煤　炭	5989	7143	9075	11 590	2.2

续表

类 别	2000 年	2010 年	2020 年	2030 年	2000—2030 年均增长率
石油	1241	1348	1371	1326	0.2
天然气	2676	4947	7696	9923	4.5
氢燃料电池	0	0	15	349	—
核电	2586	2889	2758	2697	0.1
水电	2650	3188	3800	4259	1.6
其他可再生能源	249	521	863	1381	5.9

表 4-7　　　　　　　　2000—2030 年世界各行业消费电量的情况　　　　　　百万 t 油当量

类 别	2000 年	2010 年	2020 年	2030 年	2000—2030 年均增长率
总消费量	1088	1419	1812	2235	2.4
工业	458	581	729	879	2.2
民用	305	408	532	674	2.7
服务业	256	341	440	548	2.6
其他[①]	68	89	111	133	2.3

① 包括农业、运输和非指定的电力使用。

电力是国民经济的晴雨表，自 20 世纪 70 年代以来，世界各国的电力工业从电力生产、建设规模到电源和电网的技术都发生了较大变化。从 90 年代以来，其发展逐渐形成了以下三个突出的动向：①世界发电量的年增长率趋缓，而一些发展中国家，特别是亚洲国家仍维持较高的电力增长速度；②电力技术的发展向效率、环保的更高目标迈进；③电业管理体制和经营方式发生变革，由垄断经营逐步转向市场开放。

1882 年中国第一台发电机组在上海安装发电，从此诞生了中国的电力工业。在新中国成立前的近 70 年中，电力工业发展非常缓慢。新中国成立后，我国的电力工业发展十分迅速，经过 60 年的努力，中国电力工业的规模无论是装机容量还是年发电量都已居世界第一位。表 4-8 为截至 2012 年我国历年装机容量和发电量的构成情况，表 4-9 为截至 2012 年我国电力工业历年的主要技术经济指标。截至 2012 年我国历年的电力消费弹性系数见表4-10。表 4-11 为 2012 年我国用电量的构成。

表 4-8　　　　　　　　　截至 2012 年我国历年装机容量和发电量的构成

年份 (年)	装机容量（万 kW）		比 重（%）		发电量（亿 kWh）		比 重（%）	
	水电	火电	水电	火电	水电	火电	水电	火电
1952	19	178	9.6	90.4	13	60	17.8	82.2
1957	102	362	22.0	78.0	48	145	24.9	75.1
1962	238	1066	18.3	81.7	90	168	19.7	80.3
1965	302	1206	20.2	79.8	104	572	15.4	84.6
1970	624	1753	26.3	73.7	205	954	17.7	82.3
1975	1343	2998	30.9	69.1	476	1482	24.3	75.7

续表

年份 (年)	装机容量(万 kW)		比　重(%)		发电量(亿 kWh)		比　重(%)	
	水电	火电	水电	火电	水电	火电	水电	火电
1978	1728	3984	30.3	69.7	446	2119	17.4	82.6
1980	2032	4555	30.8	69.2	582	2424	19.4	80.6
1982	2296	4940	31.7	68.3	744	2533	22.7	77.3
1984	2560	5452	32.0	68.0	868	2902	23.0	77.0
1986	2754	6628	30.3	70.6	945	3551	21.0	79.0
1988	3270	8280	28.3	71.7	1092	4359	20.0	80.0
1990	3605	10 184	26.1	73.0	1263	4950	20.3	79.7
1992	4068	12 585	24.4	75.6	1315	6227	17.4	82.6
1994	4906	14 874	24.5	74.4	1668	7470	18.0	80.5
1996	5558	17 886	23.5	76.5	1869	8781	17.3	81.3
1998	6507	20 988	23.5	75.5	2043	9388	17.6	81.1
1999	7297	22 343	24.4	78.8	2129	10 047	17.3	81.5
2000	7935	23 754	24.9	74.4	2431	11 079	17.8	81.0
2001	8301	25 314	24.5	74.8	2661	12 045	17.6	81.2
2006	12 875	48 405	20.67	77.82	4167	23 573	14.7	83.17
2007	14 823	55 607	20.6	77.4	4714	27 207	14.4	83.3
2008	17 260	60 286	21.8	76.0	5656	28 030	16.4	81.2
2009	19 629	65 108	22.5	74.5	5717	30 117	15.5	81.8
2010	21 606	70 967	22.4	73.4	6867	34 166	16.2	80.8
2011	23 298	76 834	21.9	72.3	6681	39 003	14.1	82.4
2012	24 947	81 968	21.8	71.5	8556	39 255	17.2	78.7

表 4-9　　　　　　　　　　截至 2012 年我国电力工业历年的主要技术经济指标

年　份 (年)	发电设备平 均利用小时	发电厂用电率 (%)	线路损失率 (%)	发电标准煤耗率 (g/kWh)	供电标准煤耗率 (g/kWh)
1952	3800	6.17	11.29	727	—
1957	4794	5.99	6.61	604	—
1962	3554	7.87	8.73	549	605
1965	4920	6.98	7.31	477	518
1970	5526	6.54	9.22	463	502
1975	5197	6.23	10.13	450	489
1978	5149	6.61	9.64	434	471
1980	5078	6.44	8.93	413	448
1982	5007	6.32	8.64	404	438
1984	5190	6.28	8.28	398	432
1986	5388	6.54	8.15	398	432
1988	5313	6.69	8.18	397	431
1990	5041	6.90	8.06	392	427
1992	5039	7.00	8.29	386	420

续表

年　份 （年）	发电设备平均利用小时	发电厂用电率 （%）	线路损失率 （%）	发电标准煤耗率 （g/kWh）	供电标准煤耗率 （g/kWh）
1994	5233	6.90	8.73	381	414
1996	5033	6.88	8.53	377	410
1998	4501	6.66	8.13	373	404
1999	4393	6.50	8.10	369	399
2000	4515	6.28	7.70	363	392
2001	4588	6.24	7.55	357	385
2006	5221	6	7.08	343	366
2007	5020	5.83	6.97	332	356
2008	4648	5.90	6.79	322	345
2009	4546	5.76	6.72	320	340
2010	4650	5.43	6.53	312	333
2011	4730	5.39	6.52	308	329
2012	4579	5.10	6.74	305	325

表 4-10　　　　　　　　　截至 2012 年我国历年的电力消费弹性系数

年份（年）	弹性系数	年份（年）	弹性系数
1991	1.01	2002	1.45
1992	0.8	2003	1.64
1993	0.74	2004	1.58
1994	0.82	2005	1.19
1995	0.88	2006	1.15
1996	0.75	2007	1.01
1997	0.5	2008	0.58
1998	0.36	2009	0.78
1999	0.92	2010	1.27
2000	1.42	2011	1.30
2001	1.21	2012	0.71

表 4-11　　　　　　　　　　2012 年我国用电量的构成

指标名称	2012 年（亿 kWh）	比去年同期增长（%）
社会用电总计	49 657	5.60
第一产业	1003	−1.12
第二产业	36 733	4.11
其中：轻工业	36 122	4.07
重工业	6114	4.96
第三产业	30 008	3.89
城乡居民生活用电合计	6228	11.52

从上述诸表可以看出，在电力工业获得迅速发展的同时，我国电力工业仍然存在诸多问题，主要表现在：

（1）电力供需矛盾日趋加剧。由于电力需求增长速度持续高于经济增长速度，我国电力消费弹性系数连续5年大于1，2000—2004年间平均电力弹性系数达到了1.47，远远高于此前20年的0.81的平均水平。经济结构的重型化趋势和粗放型的经济增长对能源消耗的依赖性越来越强，也是导致近年来供需矛盾日趋加剧的主要原因之一。

（2）人均装机容量和发电量低。由于电力供应不足，加上人口众多，我国的人均装机容量和人均发电量以及人均净用电量均低。我国人均生活用电量只占人均净用电量的14.4%，而发达国家的比重在30%以上。全国人均发电量不到世界平均水平的一半，为OECD发达国家平均水平的13%左右。

（3）电源结构不合理。我国电源结构中火电比重大，水电开发利用率低，核电则刚刚起步。从表4-8中可以看出，在装机容量上，2006年我国火电机组占77.82%，水电机组占20.67%，而我国水力资源居世界第一位，但其开发率却远低于世界平均水平。因此未能充分利用不同的能源实现水电和火电的互补。以水力资源仅居世界第4位的加拿大为例，其火电仅占总发电量的26%，水电则几乎占总发电量的60%，因此能源利用率高，发电经济性好。我国2020年全国各类电源装机结构预测见表4-12。

表 4-12	2020 年全国各类电源装机结构预测		%
电源种类	低方案	中方案	高方案
全国	100	100	100
煤电	64.0	65.5	67.7
水电	20.7	20.0	18.8
核电	3.7	3.5	3.2
气电	6.0	5.6	5.1
蓄能	3.7	3.5	3.2
新能源	1.9	1.9	1.9

（4）电力技术装备水平低，经济性较差。从表4-9可以看出，我国电力工业的技术经济指标已在逐年提高，但这些技术指标和发达国家的先进指标相比还相差较远。如供电煤耗率，高出50~70g/kWh，热效率则低5%左右。造成这种情况的原因除管理水平低外，我国电力技术装备水平落后也是主要的原因。如我国大容量、高参数的火电机组在发电设备中占的比重小，输电线路的电压等级低等。

（5）电网的建设滞后于电源的建设，供电的自动化水平低。多年来由于资金短缺，我国电网建设明显落后于电源建设，电网建设技术标准低、备用容量小、结构不良、设备老化、网耗大、供电质量差，是当前我国电网存在的主要问题。

（6）环境污染严重。由于我国电力工业以火电为主，而且火电厂中燃煤电厂又占绝对优势，加上资金困难又影响火电厂对污染的治理，因此电力工业对环境的影响已成为不可忽视的问题。

根据我国电力工业的现状和多年积累的经验，今后我国电力发展应坚持以下原则：

（1）坚持可持续发展方针，使电力、社会、经济和环境相互协调发展；注意电力、煤炭，运输、设备制造等相关产业的相互配套，不断提高技术装备水平和能源效率；开发和节约并重。

（2）大力发展水电，积极推进流域梯级综合开发，尽快形成几大水电基地。

（3）加强电网建设，加快全国联网，实现更大范围内的能源资源优化配置；高压输电网、低压配电网、二次系统要配套建设；抓紧城市和农村电网的改造；进一步提高电力系统自动化和现代化水平，提高系统的可靠性、安全性和经济性。

（4）优化煤电，首先是优化煤电的地区布局和内部结构。在有条件的地区形成煤电基地和电站群；不断提高大机组的比重，继续发展热电联产，注意老电厂的技术改造；适度发展天然气发电。

（5）积极发展核电，在以国产化为主的同时，引进技术，合作制造，降低核电厂造价，提高竞争力。

（6）加快新能源发电的步伐，特别是大力开发风力发电，集中建设若干个大型风力发电场，并带动相关产业的发展，同时推广城市废弃物和垃圾发电。

（7）深化电力体制改革，建立公平竞争，开放有序、健康发展的电力市场体系。

（8）建立我国电力系统安全和电网重大突发事件的应急处理机制，减少电力突发事件对社会、经济和人民生活造成的损失和影响。

第二节　火　力　发　电

一、概述

电能是由各种一次能源按不同的转换方式获得的。具有一定的转换规模，能持续不断地对外提供电能的工厂称为发电厂。根据一次能源的种类和转换方式的不同，又可分为不同类型的发电厂。例如火力发电厂、水力发电厂、核电厂、风力发电厂（场）、地热发电厂和太阳能发电厂等。火力发电厂就是利用各种燃料燃烧的热能来提供电能的工厂。一般从燃料到电能需经过如下的能量转换过程：从燃料化学能到热能的转换；从热能到机械能的转换；从机械能到电能的转换。有关这些转换过程的知识在第二章第三节中已有介绍。本节仅讨论火力发电厂的热力系统、火力发电厂的热经济指标、我国火力发电的发展方向等。

二、火力发电厂的热力系统

火力发电厂有两种类型：只承担电能生产任务的凝汽式电厂和既能生产电能又提供热能的热电厂（又叫热电联产厂）。前者为减少燃料运输，多建在产煤区，故又称坑口电厂。坑口电厂的另一个好处是灰渣问题易于处理，例如用于回填矿床。这类电厂为提高发电的效率都采用凝汽式汽轮机。热电厂为了同时提供热能多采用抽汽式汽轮机，视供热的需要可以是一级抽汽，也可以是两级抽汽，对企业的自备电厂也可采用背压式汽轮机。供热和供电的比例可以根据需要调节。显然从能源利用的角度讲，热电联产是公认的节能手段。近几年来，除了热电联产外，还将发电和海水淡化结合起来，以及发展热电冷联产（即冬季供热、夏季供冷），以及热、电、煤气联产等。

1. 凝汽式电厂的热力系统

现代燃用化石燃料的大容量凝汽式发电厂为了提高发电效率和其热经济性，首先采取的

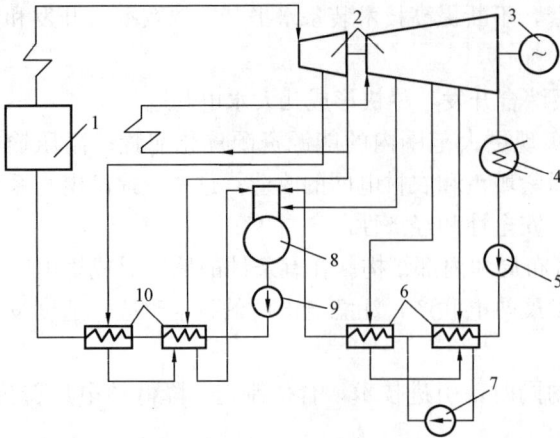

图 4-3　凝汽式发电厂的热力系统

1—锅炉；2—汽轮机；3—发电机；4—凝汽器；5—凝结水泵；6—低压加热器；7—疏水泵；8—除氧器；9—给水泵；10—高压加热器

措施是提高蒸汽的初参数和降低其终参数。因为蒸汽初参数的提高受锅炉受热面材料耐压耐温的限制，降低终参数除需付出代价外，还受到环境温度的制约，因此它们都不能无止境地提高和降低。根据热力学原理，所有大容量的凝汽式发电厂的热力系统都采用给水回热和再热循环。图 4-3 为具有回热和中间再热的凝汽式发电厂的热力系统。

给水回热就是由凝汽器来的凝结水和补充水，先后经过低压加热器、除氧器和高压加热器被逐步加热后再进入锅炉的省煤器。低压加热器、除氧器和高压加热器的热源来自汽轮机的抽汽。给水回热系统是热力系统的核心。现代火力发电厂热力系统因为有回热系统所以复杂。回热级数越多，热经济性就越好，但系统就越复杂。

加热器按其布置可以分为卧式和立式。按汽水介质间的传热方式又有混合式（也叫直接接触式）和表面式之分。现代发电厂多采用表面式加热器。混合式加热器只用于除氧器。除氧器也是回热系统中的一级加热器，只不过是它兼有去除给水中所含氧气的功能，故又称除氧器。通常采用 7 级回热的给水回热系统，有 4 台低压加热器，1 台除氧器和 2 台高压加热器。

蒸汽再热系统是将汽轮机高压缸中做功之后的蒸汽抽出送进锅炉的再热器中，吸热后再返回汽轮机的中压缸中继续做功。采用再热系统除了可以提高循环的热效率外，还可提高进入中压缸蒸汽的过热度，以保证汽轮机的安全运行。

2. 热电厂的热力系统

采用抽汽式汽轮机或背压式汽轮机的热力系统略有不同（见图 4-4）。背压汽轮机的全部排汽都用于供热，因此其发出的电能取决于热负荷的大小，当热负荷等于零时，其电功率也等于零。因此这类机组的电负荷是不自由的，只能用于全年热负荷比较稳定的情况，或与凝汽式汽轮机配套使用。而抽汽式汽轮机的供热依靠抽汽，它实际上相当于一台背压式机和一台凝汽式机连用，热、电负荷可在一定范围内调节。

3. 火力发电厂的供水系统

火力发电厂除热力系统外，还配套若干辅助系统，其中供水系统就是最主要的辅助系统。供水系统的作用是为凝汽器提供循环冷却水；为汽轮发电机的氢气或空气冷却器、油冷却器提供设备冷却水；为锅炉给水提供补充用水；为锅炉辅助设备如磨煤机，送、引风机轴承提供冷却水；为水力除灰、生活消防提供用水等。在各种用水中，凝汽器的循环水用量最大，约占全厂用水的 95%。

按凝汽器循环冷却水的供水方式，供水系统可以分为直流供水和循环供水。直流供水是从江河或海洋直接取水，由循环水泵将水送入凝汽器水侧，吸收汽轮机排汽（乏汽）的热量

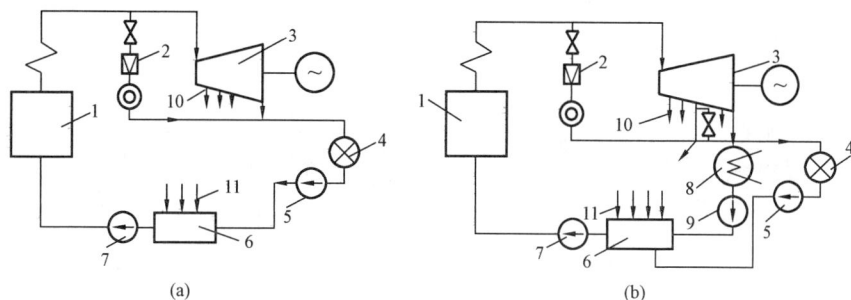

图 4-4　热电厂的热力系统

（a）背压式汽轮机热电厂；（b）抽汽式汽轮机热电厂

1—锅炉；2—减温减压器；3—汽轮发电机组；4—热用户；5—返回水泵；6—回热加热器；

7—给水泵；8—凝汽器；9—凝结水泵；10—用于回热的抽汽；11—抽汽

后再返回江河或海洋中。这种系统要求电厂附近有充足的水源。由于凝汽器循环冷却水排水温度远高于水源的温度，因此会对水源造成热污染，故对建在河流边的大型发电厂，许多国家都禁止使用直流供水系统，以保护环境。

循环供水系统的特点是设置冷却塔。从凝汽器出来的冷却水，在冷却塔内被空气冷却后，再由循环水泵送入凝汽器循环使用。冷却塔又可分为自然通风和机械通风两种类型。大型火电厂多采用自然通风塔。作为冷却介质的空气依靠高大塔身形成自然抽吸力，由塔下部吸入，在塔内自下而上地流动。由凝汽器出来的冷却水被送至塔上部，通过配水槽喷淋下来，在下落的过程中被自下而上的空气流冷却。汇集于塔底的冷却水再由循环水泵送至凝汽器。为形成大的抽吸力，电厂的冷却塔都非常庞大。如为 1350MW 机组配套的冷却塔，其高度达 165m，底部直径 153m。

由于水从冷却塔上喷淋下来与由下而上的空气进行热交换时，一部分水会被空气带走，因此对循环供水系统还需定期补充冷却水。因为电厂是耗水大户，在水资源日益匮乏的今天，为了节水，一种干式冷却塔正在发展之中。在这种冷却塔的塔身中装有许多翅片管空冷器，来自凝汽器的冷却水流过空冷器，被空气冷却后再循环使用。虽然这种干式冷却塔造价较高，但节水效果非常显著，我国太原第二热电厂、大同第二热电厂都采用这种干式冷却塔。此外，干式冷却塔还可避免湿式冷却塔出来的湿气对周围环境的污染和对建筑物的损害。

除了供水系统外，火力发电厂还有很多系统，限于篇幅，不一一介绍。现代火力发电厂生产系统如图 4-5 所示。

三、火力发电厂的热经济指标

技术经济问题是发电厂在规划、设计、建造及运行中首先应考虑的问题。不论燃烧何种燃料的火力发电厂，其所消耗的一次能源都是不可再生的，而且多消耗一份燃料，就会多排放一份废气和废料，从而加剧对环境的污染。从某种意义上讲，发电厂热经济指标和保护环境降低污染的指标是一致的，即发出每千瓦的电能消耗的燃料越少，对环境的污染也越小。对火力发电厂热经济的评价可以采用第二章中的能量平衡法或㶲分析法。

1. 凝汽式发电厂的热经济指标

凝汽式发电厂最主要的热经济指标是热耗率和标准燃料耗率。对于燃煤电厂最有效的和

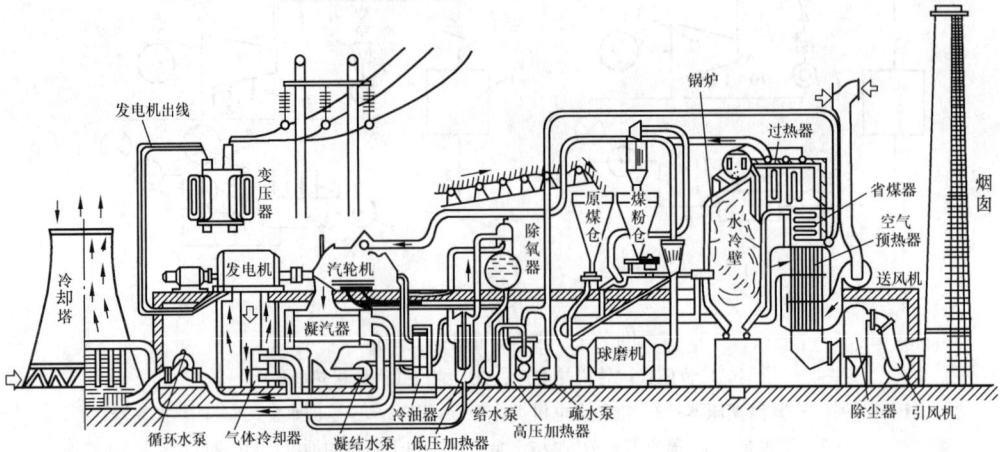

图 4-5　现代火力发电厂生产系统

最常用的是标准煤耗率（按国际统一规定，标准燃料发热量为29 300kJ/kg），这一指标集中反映了电厂动力装置的循环和设备的完善程度，也反映了电厂的运行和管理水平。此处只讨论煤耗率。

送入锅炉的燃料热能需通过一系列的环节才能最终转变为电能。根据热力学第二定律，其中每一个环节都不可避免地存在能量损失，即每一个环节的效率都不可能是 100%，因此最简单的方法是用热平衡计算出各个环节的效率，进而求出整个电厂的效率。

设发电厂各环节的效率分别为：锅炉的效率为 η_b（大型电厂锅炉的效率一般为 90%～94%），输汽管道的效率为 η_p（大型电厂因为管道保温良好，其管道的效率可达 99%），汽轮机（包括汽轮机本体、凝汽器及回热器等）的绝对内效率为 η_i（大型汽轮机设备的绝对内效率可达 45%左右），汽轮机输出环节的机械效率为 η_m（大型汽轮机的机械效率通常为97%～99%），发电机的效率为 η_g（大型同步发电机的效率随冷却方式不同而有所变化，一般在 98%左右），因此整个电厂的效率 η_t 可以表示为

$$\eta_t = \eta_b \eta_p \eta_i \eta_m \eta_g = \eta_b \eta_p \eta_{el} \tag{4-3}$$

式中：η_{el} 为汽轮发电机组的绝对效率，$\eta_{el} = \eta_i \eta_m \eta_g$。

η_t 实际上是发电厂的发电效率，即计算时以发电机出口的电功率为标准。发电厂还有一种效率是供电效率，它以发电厂出口的电功率为计算标准，即计算供电效率时要扣除厂用电的功率，因此供电效率总是低于发电效率，而且降低厂用电是提高发电厂经济性的有效途径之一。厂用电的高低与许多因素有关，目前大型凝汽式电厂的厂用电率一般为5%～10%。

煤耗率是指生产 1kWh 的电能所消耗的燃料量，通常以 b 表示。为了方便不同电厂间热经济性的比较，各电厂都统一用标准煤来计算煤耗率，标准煤耗率与整个电厂效率 η_t 之间有如下关系，即

$$b = \frac{123}{\eta_t} \quad \text{g 标准煤/kWh} \tag{4-4}$$

上述煤耗实际上是发电煤耗率。如以供电效率 η_t' 来代替式（4-4）中的 η_t，则可得到发电厂的供电煤耗率 b'，即

$$b' = \frac{123}{\eta_t} \quad \text{g 标准煤/kWh} \tag{4-5}$$

发电厂的另一个常用的经济性指标是发电设备的年利用小时数 T。其定义是：发电厂全年的实际发电量 E（kWh），除以全厂的装机的额定功率 P，即

$$T = \frac{E}{P} \quad \text{h} \tag{4-6}$$

显然 T 的最大值为 $24 \times 356 = 8760$，但由于大、小检修或故障等原因，发电厂的 T 值均低于此值。大多数电厂 T 值在 5500～7500 之间。T 值过低，除调峰机组因电网调度原因外，说明发电机组在设计、制造、安装、运行、维修、管理的某一方面存在问题，未能使设备充分发挥作用。

2. 热电厂的热经济指标

在热电厂中除提供电能外，还需提供热用户所需的热能。而且电能和热能这两种产品的生产过程是完融合在一起的，且共同消耗电厂中的总燃料和总热量。因此在计算热电厂的热经济性时必须考虑其特点，即必须把总的热耗量也分摊给两种产品。值得注意的是热电联产的成本（包括热耗率和煤耗率）的分摊是一个很复杂的问题。其困难在于热能和电能是两种不同性质的能量。电能的品位高，热能的品位低。因此计算热耗率和煤耗率时必须考虑其能量的品位。目前我国热电厂仍沿用最简单但并不合理的"热量法"，即仍按发电和供热各自所消耗的热量进行分摊。按这种评价方法得到的评价指标称之为燃料利用系数，仍用 η_t 表示，即

$$\eta_t = \frac{W + Q}{Q_0} \tag{4-7}$$

式中：W 为电厂输出的电能，kJ；Q 为电厂输出给热用户的热量，kJ；Q_0 为电厂中燃料释放出的热量，kJ。

显然，燃料利用系数只能说明电厂所消耗燃料的有效利用程度，并不能说明所消耗的燃料有多少用于生产高级能量形式的电能，多少用于生产低级能量形式的热能。因此很难从质上反映热电联产系统性能的优劣。为了弥补上述不足，还需另一个指标，即热电比 R，计算式为

$$R = \frac{W}{Q} \tag{4-8}$$

从能量利用的角度可知，R 值越大，说明热电厂的经济性越好。R 在热电厂中又称为热化发电率。

四、我国火力发电的发展方向

我国一次能源以煤为主的格局将持续相当长的一段时间。减轻煤炭消费所引起的环境污染，最好的办法之一是大规模地利用煤炭发电。今后我国火力发电的发展方向如下：

（1）发展高参数的大机组。火电厂高参数的大机组效率高、调峰性能好、运行可靠，是今后我国火力发电的发展方向。图 4-6 是大型火电厂蒸汽参数与效率的关系。从图上可以看出，减少过量空气系数、降低排烟温度、降低凝汽器压力、提高蒸汽参数及采用二次再热等，都是提高火电机组效率的重要途径。

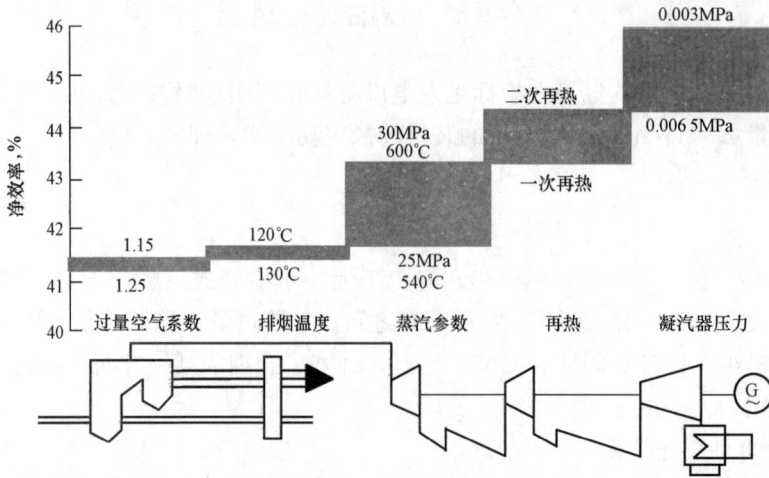

图 4-6   大型火电厂蒸汽参数与效率的关系

    值得指出的是有关单台机组的容量问题。单台机组的最大容量曾发展到 1300MW。运行实践证明，单台机组发展到 1000MW 以上时，单位千瓦的设备投资费、基建费以及金属材料消耗等已不再降低，相反机组可用率反而下降，对燃煤电厂更是如此。而且由于核电的发展，基本负荷主要由核电厂承担，火电厂担负中间负荷的趋势日益增强，即火电厂必须承担一部分调峰任务。以上情况都影响了火电机组向更大容量发展。目前国际上公认的机组合适容量是 600～1000MW。

    （2）采用先进的煤炭洁净燃烧技术。先进的煤炭洁净燃烧技术包括煤粉燃烧技术和流化床燃烧技术。例如煤粉火焰稳燃技术、低氮氧化物燃烧技术、高浓度煤粉燃烧技术等。先进燃烧技术的采用不但能提高燃烧效率，适应调峰的需要，而且可以减少对环境的污染。有关先进燃烧技术的详细内容请参看第九章第一节。

    （3）进一步提高燃煤电厂的效率。进一步提高燃煤电厂效率的关键是进一步减小发电过程的各种损失，包括：①燃料化学能转变为热能过程中的损失，如燃料的加工损失，不完全燃烧，灰渣、排烟损失，锅炉的散热等；②热力学过程损失，如流动损失，凝汽器端差损失等；③辅助的动力消耗，如燃料制备系统、风机、水泵、凝结水泵、给水泵的动力消耗，发电及输电损失等。

    （4）关停和改造小火电。小火电效率低、煤耗高、污染严重，因此应逐步淘汰低、中参数的火电机组，或将其改造为热电联产机组。在 2003 年全国已关停 5 万 kW 及以下纯凝汽式机组近 3000 万 kW。计划到 2015 年底，现有 10 万 kW 以下的约 1560 万 kW 的纯凝汽式机组将全部被关停。

    （5）积极发展热电联产。工业生产中要消耗大量较低参数的蒸汽来满足加热、烘干、蒸煮、清洗等工艺流程的需要。在北方，采暖也消耗很可观的能源。目前分散的小工业锅炉数量过多，烟囱林立。不仅造成严重的环境污染，更由于热效率低（有的小锅炉效率甚至低于50%），煤炭浪费严重。如由热电厂供电供汽，则不仅充分发挥电厂锅炉效率高达 90% 以上的优点，而且在能量利用的过程中，合理地把高参数蒸汽高效地转换为机械能，先在热机中做功发电，再把较低参数蒸汽根据需要合理地供给热用户使用，从而可以减少凝汽式发电机组中冷却水带走的大量的热损失，使热能利用效率大大提高。因此热电联产是各国公认的节能途径。例如对于采暖期长的俄罗斯热电联产机组约占装机总容量的 35%。根据我国国情，除建设大型热电厂外，还应积极发展小型分散的热电联产，特别是随着我国西气东输工程的实施，在有天然气供应的地方，更应根据当地的气候条件，积极发展小型分散的热电联产或冷热电联产机组，推进大电力系统和分散电源相结合。

（6）发展燃气-蒸汽联合循环机组。燃气-蒸汽联合循环机组效率高、建设周期短、启动快，因此根据各地资源的经济性和电网需求，在沿海能源缺乏的地区及大城市，因地制宜地利用天然气和进口液化天然气，发展燃气-蒸汽联合循环机组是解决电力紧张的有效途径。

（7）加紧建设坑口电厂。由于我国资源分布不均，因此国家将会在西北、华北、东北及西南等能源产地进行规划布局，分批、分阶段建设一批坑口电厂，向东部缺能地区输送电力，以促进资源优化配置，并推动全国联网。

第三节　水　力　发　电

一、中国水能资源的特点

水能资源最显著的特点是可再生、无污染。开发水能对江河的综合治理和综合利用具有积极作用，对促进国民经济发展，改善能源消费结构，缓解由于消耗煤炭、石油资源所带来的环境污染有重要意义。因此世界各国都把开发水能放在能源发展战略的优先地位。

河流是形成水能的主体，而构成水能资源的两大要素是径流和落差。我国具有河流众多、径流丰沛、落差巨大等优越的自然条件。我国水系庞大而复杂，主要大河大都是自西向东流入太平洋。其中长江全长 6380km，是中国第一大河，世界第三大河。包括澜沧江、怒江、雅鲁藏布江、额尔齐斯河等我国汇入海洋的水系占全国面积的 63.8%，径流总量占全国的 95.5%。据初步统计，我国境内流域面积在 100km² 以上的河流共 5000 多条，其中河长在 1000km 以上的有 20 余条。流域面积在 1000km² 以上者有 1600 多条，水能资源蕴藏量在 10 000kW 以上者有 3019 条。外流水系是中国河流的主体，其河流的条数、水量、水能资源均占全国 90% 以上。

我国气候大致以秦岭为界，年降水量自东南向西北递减。海南岛、华南、西南局部山区年降水量为 2000～2500mm，长江以南各省为 1500～2000mm，华东和西南大部分地区为 800～1500mm，东北和华北各省为 400～800mm，西北各省仅为 50～500mm。这种降雨格局决定了河流的径流量。例如我国东部和南部属太平洋流域，面积仅占全国的 56.8%，产生的径流量却占全国 80% 以上。其中长江流域的年平均径流量为 9282 亿 m³，居全国第一。西南部属印度洋流域，面积占全国 36.2%，产生的径流量不到全国的 5%。

我国地势西高东低，从号称"世界屋脊"的青藏高原，平均海拔 4000m 以上，一直降至沿海平原的海拔 50m。在这样的地势下我国河流大都是从高山和高原上奔腾而下流向海洋。因而河道陡峭，落差巨大。中国许多河流的落差都在 1000m 以上，主要大河的落差，有的达 2000～3000m，有的达 4000～5000m，这是世界上其他国家所没有的。

我国水能的理论蕴藏量按十个流域统计见表 4-13。在上述理论蕴藏量中，已经过初步勘测的可能开发的水能资源按流域计则见表 4-14。

表 4-13　　　　　　　　　　我国分水系水能资源的理论蕴藏量

水　　系	水能资源的理论蕴藏量		
	装机容量（万 kW）	年发电量（万 kWh）	占全国比重（%）
长　　江	268 011.7	23 478.4	39.6
黄　　河	4054.80	3552.0	6.0
珠　　江	3348.34	2933.2	5.0
海滦河	294.40	257.9	0.4
淮　　河	144.86	127.0	0.2
东北诸河	1530.60	1340.8	2.3
东南沿海诸河	2066.78	1810.5	3.1
西南国际诸河	9690.15	8488.6	14.3
雅鲁藏布江及西藏其他河流	15 974.55	13 993.5	23.6
北方内陆及新疆诸河	3698.55	3239.9	5.5
全国总计	67 604.71	59 221.8	100

表 4-14　　　　　　　　　　我国分水系可开发的水能资源

水　　系	装机容量（万 kW）	年发电量（万 kWh）	占全国比重（%）
长　　江	19 724.33	10 274.89	63.4
黄　　河	2800.39	1169.91	6.1
珠　　江	2485.02	1124.78	5.8
海滦河	213.48	51.68	0.3
淮　　河	66.01	18.84	0.1
东北诸河	1370.75	439.42	2.3
东南沿海诸河	1389.68	547.41	2.9
西南国际诸河	3768.41	2098.68	10.9
雅鲁藏布江及西藏其他河流	5038.23	2968.58	15.4
北方内陆及新疆诸河	996.94	538.66	2.8
全国总计	37 853.24	19 233.04	100

我国的水能资源有以下特点：

（1）资源总量丰富，但人均资源量并不富裕。我国可开发的水能资源约占世界总量的 15%，但人均资源只有世界平均值的 70%。据估计，到 2050 年我国达到中等国家发展水平时，总装机容量约为 15 亿 kW。即使是 6.76 亿 kW 的水能蕴藏量开发完毕，水电装机容量也只占总装机容量的 30%～40%。当然，由于水电的特点，对电网的安全性和调峰而言，其重要性远高于此比例。

（2）水电资源分布不均匀，与经济发展的现状不匹配。我国水能资源主要集中在经济发展相对落后的西部地区。西南、西北 11 省、市、自治区的水能资源约为 4.26 亿 kW，占全国水能资源量的 78%，其中云、川、藏三省区共 2.974 3 亿 kW，占 57%；而经济相对发达、人口相对集中的东部沿海 11 省、市水能资源仅占 6%。这种格局就要求必须加大我国西部水能资源的开发力度，加快"西电东送"的步伐。

（3）江河来水量年内和年际变化大。中国是世界上季风最多的国家之一。受季风影响，降水时间和降水量在年内高度集中。一般雨季 2～4 个月的降水量达到全年降水量的 60%～80%。降水量年际间的变化也很大，最大年径流量与最小量之比，长江、珠江、松花江为 2～3 倍，淮河达 15 倍，海河更达 20 倍之多。这些不利的自然条件要求在水电规划和水电建设中，优先发展具有年调节和多年调节水库的水电厂，以提高水电的供电质量，保证系统的整体效益。

二、水电站概述

水能利用是一项巨大系统工程，因为它是和水资源的综合利用联系在一起的。河流的开发除可建水电站外，还有多种水利经济效益，如防洪、灌溉、航运、供水、旅游、水产等。水能利用的理论基础是系统规划论，其任务是根据国民经济发展的需要和水能资源条件，在河流规划和电力系统规划的基础上制订出最优的水资源利用方案。

与火力发电不同之处是，水能能直接转换成电能，不需要经过热能转换的中间环节。因此对水电建设而言，其一次能源建设和二次能源建设是同时完成的。

将水能直接转换成电能的过程是在水电站中完成的。水电站主要是由水库、引水道和电厂组成。水库具有储存和调节河水流量，取得最大发电效率的功能。拦河筑坝形成水库以提高水位，集中河道落差是水电站发电的必备条件。水库工程除拦河大坝外，还有溢洪道、泄水孔等安全设施。引水道主要功能是传输水量至电厂，冲动水轮机发电。电厂则主要由水轮发电机组及相应的控制设备和保护装置、输配电装置等组成。

水电站水轮发电机组的理论功率 P_t 与水的流量和落差（水头）有关，即

$$P_t = \rho MHg = 9.81MH \quad kW \tag{4-9}$$

式中：M 为水的流量，m^3/s；H 为高低水位之间的落差，m；ρ 为水的密度，kg/m^3；g 为重力加速度，m/s^2。

实际上在水力发电的过程中，水轮发电机组（水轮机、传动设备、发电机等）也不可避免地存在功率损失，设机组的效率为 η，则水电站水轮发电机组的实际功率 P_a 为

$$P_a = \eta\rho MHg = 9.81\eta MH \quad kW \tag{4-10}$$

由于集中河道落差是水电站发电的必备条件，因此按集中河道落差方式的不同，水电站有四种不同的形式。

1. 堤坝式水电站

堤坝式水电站是在河道上拦河筑坝，抬高上游水位，造成坝上、下游的水位差，然后建电厂。根据坝基地形、地质条件的差别，坝和电厂相对布置也不同。因此堤坝式水电厂又可分为河床式和坝后式两种基本型式。河床式多建在平原地区河床中下游、河床纵向坡度比较平坦的河段上。图 4-7 为河床式电厂布置的示意。因受地形限制，为避免淹没面积过多，只能修筑不高的拦河坝。由于水头不高，电厂的厂房可以直接和大坝并排建在河床中。厂房本身的重量足以承受上游的水压力。在这种电厂中，引用的流量均较大，多选用大直径、低转速的轴流式水轮发电机组。它是一种低水头、大流量的水电站，葛洲坝水电站就是我国目前最大的河床式水电站。

坝后式电厂多建在河流中上游的峡谷中。由于淹没相对较小，坝可以建得较高，以获得较大的水头。此时上游水压力大，厂房重量不足以承受水压，因此不得不将厂房与大坝分

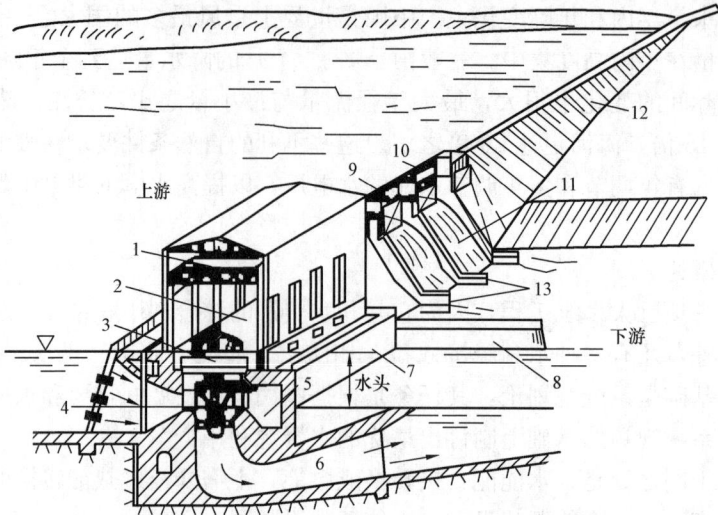

图 4-7　河床式电厂布置的示意

1—起重机；2—主机房；3—发电机；4—水轮机；5—蜗壳；6—尾水管；7—水电厂厂房；
8—尾水导墙；9—闸门；10—桥；11—混凝土溢流坝；12—土坝；13—闸墩

开，将电厂移到坝后，让大坝来承担上游的水压。坝后式水电站不仅能获得高水头，而且能在坝前形成可调节的天然水库，有利于发挥防洪、灌溉、发电、水产等几方面的效益，因此是我国目前采用最多的一种厂房布置方式。

2. 引水式水电站

在地势险峻、水流湍急的河流中上游，或坡度较陡的河段上，可以采用人工修建的引水建筑物（如明渠、隧道、管道等）引水以集中落差发电，称为引水式水电站。这种水电站不存在淹没，不仅可沿河引水，甚至可以利用两条河流的高程差进行跨河引水发电。例如我国川滇交界处，金沙江和以礼河高程相差 1400m，两河最近点相距仅 12km，完全可以实现跨河引水发电。引水式水电站多建在山区河道上，受天然径流的影响，发电引用流量不会太大，故多为中、小型水电站。

3. 混合式水电站

水电站的水头是由筑坝和引水道共同形成时，称为混合式水电站。它多建在上游地势平坦宜于筑坝，形成水库，而下游坡度又较陡或有较大河湾的地方。我国鲁布格水电站（装机 60 万 kW，水头 372m）就是目前最大的混合式水电站。

4. 抽水蓄能式水电站

抽水蓄能式水电站是一特殊的水电站。在整个电力系统中，它既是电源（发电厂），又是负荷（用电设备）。当电网中电力负担过重处于低谷时（例如深夜至凌晨），它利用电网内（主要是核电或火电）富裕的电能，采用水泵运行方式，将下游（低水池）水抽到高水池，以抽水蓄能的方式将能量储存在高水池中。当电力系统处于高峰负荷时，机组改为水轮机运行方式，将高水池储存的水能用来发电。由于能量转换过程中的损失，在水能的蓄放过程中，大体上是用 4kWh 的低谷电抽水，能发出 3kWh 的电能供电网调峰之用。

实践表明，抽水蓄能电站除了直接用于调峰外，还可根据电力系统内负荷的变化，随时调整其出力的大小，为系统进行调频。此外，它还可作为调相机组使用，多带无功功率，以保持电网电压的稳定。由于抽水蓄能机组从静止到满负荷运行仅需几分钟，有抽水蓄能机组的电网可以依靠其调节负荷，这样就能减少火电机组的调峰，提高电网的经济性。抽水蓄能机组还可作电网中良好的备用电源，正是由于抽水蓄能电站的上述作用，世界各国对发展抽水蓄能电站十分重视。

我国已查明抽水蓄能水电站站址 247 座，规模约 3.1 亿 kW。至 2005 年底，全国（不计台湾）已建抽水蓄能电站总装机容量达到 6122MW，年均增长率高于世界抽水蓄能电站的年均增长率，装机容量跃进到世界第 5 位，遍布全国 14 个省市。在建的抽水蓄能电站装机约 11 400MW。因此根据我国电力工业飞速发展的需要，在电网中配备一批大、中、小型抽水蓄能电站是十分必要的。

一条长数百千米或数千千米的河流，其落差通常达数百米数千米，不可能将所有的落差都集中在一个水电站上。因此必须根据河流的地形、地貌和地质条件，合理的分段进行开发利用，即河段上的开发工程自上而下，一个接一个，如同一级级的阶梯。这种梯级开发的水电站又称为梯级电站。显然同一河流的多个梯级电站之间在水资源和水能的利用上是互相制约的，在进行梯级开发时，必须做好规划，运行时也要根据来水和用水的情况做好各级电站之间的协调工作，以发挥总体效益。

与火力发电相比，水力发电有以下的特点：

（1）水力发电的发电量易受河流的天然径流量的影响。这是因为河流的天然径流量在年内和年际间常有较大的变化，而水库的调节能力常不足以补偿天然水量对水力发电的影响。因此水电站在丰水年发电多，在枯水年发电少。这种发电量受自然条件的制约是水力发电的最重要的特点。为了克服水力发电出力的变化，电网中必须有一定数量的火电厂与之配套。

（2）电站在运行中不消耗燃料，天然径流量多时，发电量多。但运行费用并不因此增加。此外水电站厂用电少。根据这一特点，对电网而言，应让水电机组在丰水期多发电，以节约火力发电煤耗，提高电网的经济性。

（3）水电机组启停方便，机组从静止状态到满负荷运行仅需几分钟。因此宜在电网中担负调峰、调频、调相任务，并作为事故备用容量。

（4）水电站主要动力设备简单，辅机数量少，易于实现自动化。因此运行和管理人员少，运行成本低。

（5）水电站因不消耗燃料，没有有害气体、粉尘和废渣排放。

三峡水电站位于中国重庆市市区到湖北省宜昌市之间的长江干流上。1992 年获得全国人民代表大会批准建设，1994 年正式动工兴建，2003 年开始蓄水发电。

三峡水电站大坝高程 185m，蓄水高程 175m，水库长 600 多千米，总投资 954.6 亿元人民币。三峡水电站初期的规划是 26 台 700MW 的机组，装机容量为 1820 万 kW，于 2009 年完工。后又在右岸大坝"白石尖"山体内建设地下电站，建 6 台 700MW 的水轮发电机。再加上三峡电站自身的两台 50MW 的电源电站，总装机容量达到了 2250 万 kW，是全世界装机容量最大的水力发电站。

三峡水电站年发电量约 1000 亿 kWh，是葛洲坝水电站的 5 倍，是大亚湾核电站的 10 倍，约占全国年发电总量的 3%，占全国水力发电的 20%。

表 4-15 是我国十三大水电基地规划装机容量及建设情况。

表 4-15　　　　　　　　　　我国十三大水电基地规划装机容量及建设情况

序号	基地名称	河流范围	装机容量（MW）	年发电量（亿 kWh）	已建比重（%）	在建比重（%）	前期比重（%）
1	金沙江平流水电基地	石鼓—宜宾	62 250	2920	0	30.0	70.0
2	长江上游水电基地	宜宾—宜昌、清江干流	28 840	1280	84.2	14.6	1.2
3	雅砻江干流水电基地	两河口—江口	25 700	1250	12.8	42.0	45.2
4	澜沧江干流水电基地	云南省境内	25 110	1400	16.0	43.0	41.0
5	大渡河干流水电基地	下尔呷—铜街子	24 920	1136	6.6	28.9	64.5
6	怒江	干流松塔以下至边界	21 990	1037	0.0	0.0	100
7	黄河干流	干流茨哈—青铜峡段	20 930	750	45.3	27.5	27.2
8	南盘江红水河水电基地	黄泥河，天生桥—长洲	14 300	635	71.5	15.8	12.7
9	东北水电基地	黑、吉、辽三省	13 260	355	43.0	4.1	52.9
10	闽、浙、赣水电基地	闽、浙、赣三省诸河	12 200	315	68.0	3.0	29.0
11	乌江水电基地	干流＋洪家滩	11 220	396	47.0	50.0	3.0
12	湘西水电	湘、资、沅、澧水及其支流	10 810	378	67.3	10.0	22.7
13	黄河北干流水电基地	干流托克托县—潼关	6430	178	25.0	28.0	47.0
合　计			277 960	12 030			

　　可以预计，21 世纪是中国水电大发展的世纪，西部大开发和西电东送的战略任务将支撑着我国水电事业的腾飞，中国水电技术也将因此走在世界前列。

三、水电站的主要参数

　　水电站的情况可以通过若干参数，如水库的特征水位及相应的库容，水电站的特征水头及流量，水电站动能参数以及水电站的经济指标来加以说明。

　　1. 水库的特征水位及相应的库容

　　由于天然来水流量不均匀，以及发电和综合用水量的变化，水库的特征水位及相应的库容也是变化的。一般用水库的特征水位来表示其变化特性（见图 4-8）。由于水库的全部容积并不能都用于径流调节。因此水库在运行中存在一个最低水位，即死水位。死水位以下的库容称为死库容，它不参与径流调节。死水位是由水库泥沙淤积情况、保障自流灌溉的引水高程、航运水深及鱼类栖息等多方面因素决定的。死水库中的水量是不能被利用的。死水位也是最低的发电水头。

　　水库正常运行时，为满足各部门在枯水期的正常用水，水库在丰水期末将蓄水到正常高水位，高水位与死水位之间的库容称为有效库容。这部分库容将参与正常的径流调节。有效库容所对应的水层深度为水库的工作深度。正常高水位是水库设计中的重要参数之一，也直

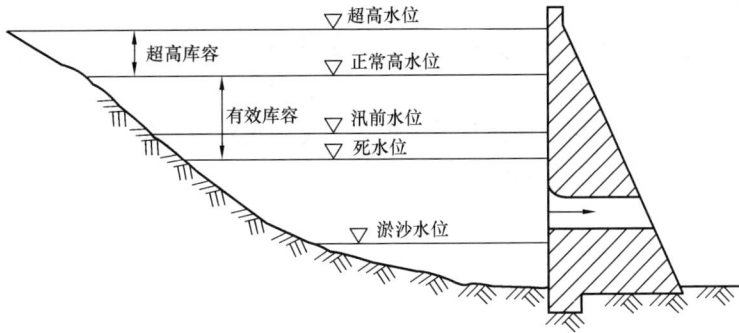

图 4-8　水库的特征水位示意

接关系到一些主要水工建筑物（如大坝、溢流坝、水闸门等）的尺寸、投资、水库回水的淹没量、水力发电的正常最高水头及综合利用效益等指标。此外，大坝的结构设计、强度的稳定性分析计算也以此为依据。水库工作深度的大小直接关系到水电站的调节性能和出力的大小。

主要用于防洪和发电的水库，汛期前都要加大发电用水量，以腾空一部分库容，使水库的水位降低到汛前水位，作为汛期拦蓄洪水之用。当出现特大洪水时，水库将被迫蓄水到超高水位。正常水位到超高水位之间的库容，称为超高库容，它起着对水库下游流域的滞洪和削减洪峰的作用。

2．水电站的特征水头及流量

由于水泵径流调节和水电站的负荷都是变化的，因此水电站的水头和流量也是变化的，水电站的特征水头有最大水头、最小水头和加权平均水头等，它们都可以由气象和水能计算资料中获得。水电站的特征流量则包括最大引用流量、平均引用流量和最小引用流量等，它们可以由水轮机的特性和水电站的出力确定。

3．水电站的动能参数

水电站的规模、运行情况和工程效益用水电站的动力参数来表征。其中设计保证率是指水电站正常发电的保证程度，它是正常发电总时段与计算期总时段的比值。水电站设计保证率与电网中水电的比重、水库的调节性能、水电站的规模等诸多因素有关，表 4-16 为水电站设计保证率的参照值。与设计保证率有关的保证出力则是指水电站相应于设计保证率的枯水时段发电的平均出力。另一重要的动力参数装机容量是指水电站内全部机组额定出力的总和，它表征了水电站的规模。说明水电站运行情况和工程效益的两个动能参数，是多年平均发电量和水电站装机年利用小时数。前者指水电站各年发电量的平均值，后者和火电厂类似，是将水电站的多年平均发电量除以装机容量，它相当于全部装机满载运行时的多年平均工作小时数，它集中地反映了设备的利用程度。

表 4-16　　　　　　　　　　水电站设计保证率的参照值

电力系统中水电容量的比重（%）	25 以下	25～50	50 以上
水电站设计保证率（%）	80～90	90～95	95～98

4. 水电站的经济指标

水电站的经济指标包括水电站的总投资、年运行费用和年效益。水电站的总投资是指水电站在勘测、设计、施工、安装过程中投入资金的总和，包括水工建筑物和电厂的投资。为了表示水电站投资的经济性和合理性常采用单位千瓦的投资或每度电能的投资，前者为总投资除以装机容量，后者为总投资除以多年平均发电量。

水电站的年运行费用是指水电站在运行过程中每年支出费用的总和，它通常包括建筑物和设备折旧费、大修费、经常支出的行政管理费和人员工资等。水电站的年效益则为水电站每年的售电收入扣除年运行费用后所得的净收益。

5. 水电站工程等级

由于许多水电站不仅是发电，而且兼有防洪、灌溉等多种功能，为了保证工程和下游的安全，便于管理，我国对水利水电工程实行分等，根据装机容量的大小，将其分为五等，其分等指标见表 4-17。

表 4-17　以发电为主的水利枢纽工程分等指标

工程等级	工程规模	水电站装机容量（万 kW）
一	大（1）型	>75
二	大（2）型	75~25
三	中型	25~2.5
四	小（1）型	2.5~0.05
五	小（2）型	<0.05

四、水电站的运行和水库调度

水电站的运行以安全经济为前提，水库调度则要综合考虑防洪、发电、灌溉、航运、供水等方面的要求。水库调度包括发电调度和洪水调度，水电站的运行则依据水库调度图以及电力系统运行调度命令进行。

发电调度的任务是增强计划性和预见性，做到少弃水多发电，充分利用水头和不蓄水水量，以获取最多的发电量。发电调度的原则是丰水年应以发电为主，发蓄兼顾；平水年发蓄并举，充分利用水头水量；枯水年细水长流，以水定电，提高水量利用率。对多年调节的水库，应以丰补枯，尽量做到年际发电量相差不大。

汛期的洪水调度是根据洪水调度计划和短期预报对每次实际洪水进行具体调度。洪水调度的原则是在确保大坝安全和满足上、下游防洪的前提下，最大限度地减少放泄流量，充分利用水库，保障上、下游安全。水库调度要做到发蓄并举，汛期中多考虑防洪，汛期末要注意蓄水，使水库在防洪、发电上发挥最大效益。

在水电站的经济运行中，首先要合理选择机组运行的台数和机组间负荷的经济分配，用较少的水发较多的电。另外，水轮机在不同水头运行其耗水率是不同的；在同一水头下，不同开度时耗水率也不同。因此在一定的负荷下，合理地选择开机台数，控制机组在高效率区运行，可以获得较经济的运行效果。利用计算机实行水电站的运行优化是目前的发展方向。

对不同调节性能的水电站应有不同的运行方式，例如对无调节水电站，其任何时刻的出力主要取决于河中天然流量的大小，在整个枯水期，天然流量变化不大，所以水电站可发出的出力变化也甚小。显然，在这种情况下水电站应承担电力负荷的基荷部分，若用于调峰，那将有相当一部分水量会无益地去掉。对于日调节水电站，其特点是，除洪水期发生弃水外，在任何一日内所生产的电量是与该日天然来水量所发出的电量相等，这样水电站可以根据来水的大小，在日负荷图上承担峰荷或基荷。年调节水电站，在一年中可按来水的情况分为四个时期：供水期、蓄水期、不蓄水工作期、弃水期，因此对这种电站应是蓄水期可担任峰荷或基荷，不蓄水工作期担任腰荷或基荷，弃水期担任基荷。

对于有多个水库组成的水库群的联合调度是一个十分复杂的系统工程问题，也是目前国内外研究的热点。随着现代数学和计算技术的发展，以及它们在水库群联合调度中的应用，水库群将获得更大的经济效益和社会效益。

五、水工建筑物

水能利用中的水工建筑物包括拦河坝，泄水、进水、输水建筑物，发电厂房和过坝设施等。

拦河坝是堤坝式水电站的主要水工建筑物。坝的种类和形式很多，按建筑材料可分为混凝土坝、土石坝；按坝顶可否泄洪分为溢流坝、非溢流坝；按坝轴线形状分为直线形坝、拱坝；按坝体静作用的情况分为重力坝、拱坝。大多数大中型水电站都是采用混凝土坝。混凝土坝的优点是结构简单，施工容易，耐久性好，便于设置泄水建筑物。但体积大，水泥用量多，施工温度控制要求高，施工期长。

泄水建筑物的功能是：当水库容纳不下汛期洪水时，使多余的水量从泄水建筑物排走；非常时期用于放空水库或降低水库水位以清理和维护水下建筑物；用于某些特殊用途，如冲沙、排放漂木、排冰等。

进水建筑物主要是指进水口处的拦污栅和闸门。拦污栅的作用是阻拦污物进入输水道，以防水轮机、阀门、管道受损或堵死。水电站的闸门有工作闸门和检修闸门。进水口工作闸门在平压状态下开启，在动水中关闭，它们都由启闭机控制。

输水建筑有明渠、渡槽、隧洞，还有连接压力引水道与高压管道之间的调压井，以及连接尾水管出口与下游河道的尾水建筑物。

发电厂房的形式取决于水电站的机组参数（水头、流量、装机容量、机组台数、机型等）和自然条件（水文、气象、地形、地质），常见的厂房形式有岸边式、河床式、坝下式、地下式、坝内式等。岸边式是发电厂房位于河道的岸边，发电用水用隧洞和管道自水库引来，发电以后水流回到下游河道中去；河床式是将厂房建于河床上，厂房本身作为整个壅水建筑物的一部分；坝下式是最常见的一种布置型式，引水钢管自坝体内穿出，发电厂房紧靠挡水重力坝后面；地下式是将厂房全部或部分布置在地下，适于在山区峡谷河流上修建；坝内式的厂房布置在挡水坝（或溢流坝）体的空腔内，不占据河床前沿长度，特别适合流量大、河床窄的水利枢纽。

水电站的拦河建筑物截断了天然河道，使上游水位高于下游水位，给航运和鱼类溯游带来困难，为此需设置船闸、过木设施和鱼道等过坝设施。船闸由上、下游闸门、闸室、导航墙等组成。船只进入闸室以后，关闭上、下游闸门，开动输水孔阀门使闸室水位与上游（或下游）水位持平，打开闸门，船只即可驶出。对于上、下游水位差很大的水电站，为节省耗水量，往往采用双级或多级船闸。对于小型船只和木排、竹筏等，不一定采用船闸过坝的形式，而是采用直接提升，吊入滑道内曳引而下，或由下游沿筏道牵引提升入水库。鱼道是拦河坝上专门为鱼类通过而设的建筑物。进、出口都有灯光诱鱼装置，鱼类进入鱼梯内，通过道板蜿蜒而行。

六、水轮机

水轮机是将水能转换成机械能的水力原动机，主要用于带动发电机发电，是水电站厂房中主要的动力设备。通常将它与发电机一起统称为水轮发电机组。

水流的能量包括动能和势能，而势能又包括位置势能和压力势能。根据水轮机利用水流能量的不同，可将水轮机分为两大类，即单纯利用水流动能的冲击式水轮机和同时利用动能和势能的反击式水轮机。

冲击式水轮机主要由喷嘴和转轮组成。来自压力钢管的高压水流通过喷嘴变为极具动能的自由射流。它冲击转轮叶片，将动能传给转轮而使转轮旋转。按射流冲击转轮方式的不同，又可分为水斗式、斜击式和双击式三种。后两种形式结构简单，易于制造，但效率低，多用于小水电站中。水斗式水轮机是目前应用最广的一种冲击式水轮机，其结构特点是在转轮周向布置有许多勺形水斗（见图4-9）。这种水轮机适用于高水头、小流量的水电站，其应用水头范围大多为 400～1000m。

反击式水轮机的转轮是由若干具有空间曲面形状的刚性叶片组成。当压力水流过转轮时，弯曲叶片迫使水流改变流动方向和流速，水流的动能和势能则给叶片以反作用力，迫使转轮转动做功。按转轮区的水流相对于水轮机主轴方位的不同，反击式水轮机又可分为混流式、轴流式、贯流式和斜流式。

混流式水轮机是广泛应用的一种反击式水轮机。水流沿辐向从四周进入转轮，而后沿轴向流出（见图 4-10）。它的结构简单，运行稳定，效率高，其水头适用范围为 2～670m。

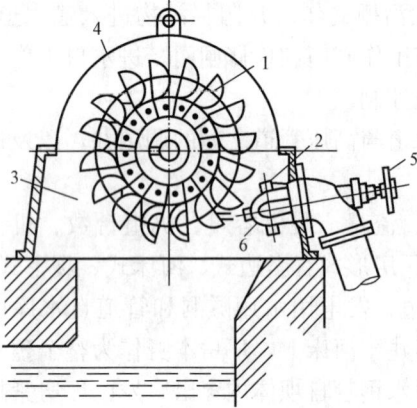

图 4-9　水斗式水轮机

1—转轮；2—喷嘴；3—转轮室；

4—机壳；5—调节手轮；6—针阀

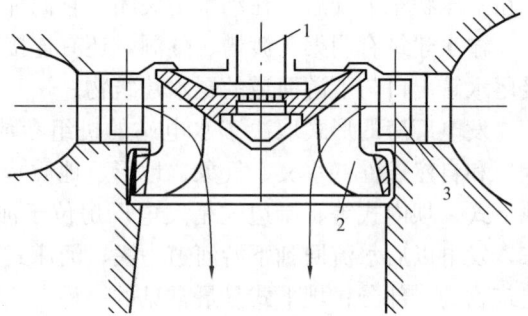

图 4-10　混流式水轮机

1—主轴；2—转轮；3—导叶

轴流式水轮机是另一种采用较多的反击式水轮机，其特点是水流从转轮的轴向进和出。根据转轮的特点，轴流式水轮机又可分为定桨式和转桨式两种。定桨式水轮机运行时叶片是固定不动的，其结构简单，但水头和流量变化时其效率相差较大，不适宜于水头和负荷变化较大的水电站，多用于负荷变化不大，流量和水头比较固定的小水电站。水头适用范围为3～50m。转桨式水轮机在运行时叶片可以转动，故能适应负荷的变化，且平均效率比混流式水轮机高，适用水头范围为2～88m。它多用在低水头和负荷变化大的水电站。我国葛洲坝水电站的 125MW 和 170MW 的机组就采用这种水轮机。

适用于低水头水电站的另一类反击式水轮机是贯流式水轮机。当轴流式水轮机主轴水平或倾斜放置，且没有蜗壳时，水能直贯转轮，这种形式的水轮机就是贯流式水轮机。根据水轮机与发电机的装配方式，它又可分为全贯流式和半贯流式。全贯流式发电机转子安装在转轮外缘，由于转轮外缘线速度大，且密封困难，目前已较少采用。在半贯流式水轮机中以灯泡贯流式应用最广。它是将发电机布置在灯泡形壳体内，并与水轮机直接连接（见图4-11）。这种形式结构紧凑，流道平直，效率高。贯流式水轮机的适用水头一般在 25m 以下，潮汛电站因为水头低也多采用贯流式。

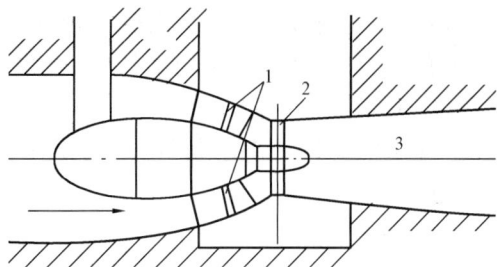
图 4-11 灯泡贯流式水轮发电机组
1—导向叶片；2—转轮叶片；3—尾水管

斜流式水轮机也是一种新型水轮机。它的叶轮轴线与主轴线斜交，进出叶轮的水流与叶轮主轴线也是斜交的。其转轮结构可做成转桨式或定桨式。它兼有轴流式水轮机运行效率高和混流式水轮机强度高、抗汽蚀的优点，适于高水头下工作。其适用水头范围为 40～200m，而且斜流式水轮机是可逆机组，既能作为水轮机，又能作水泵，因此特别适宜于在抽水蓄能电站中应用。

在生产和使用中常按照水轮机的单机出力及转轮直径大小，将水轮机分为大型、中型和小型。大型水轮机一般是指出力大于 30MW 的水轮机，大型混流式水轮机和大型轴流式水轮机的转轮直径在 2.25～3m 以上；单机出力小于 30MW 的水轮机一般称作中、小型机组，其中混流式水轮机的转轮直径为 1.0～2.25m，轴流式水轮机的转轮直径为 1.2～3.0m。各类水轮机的机型见表 4-18。

表 4-18　　　　　　　　各类水轮机的机型

型　　　式			代号	比转速范围	适用水头范围
反击式	贯流式	贯流定桨式	GD	500～900	<20
		贯流转桨式	GZ	500～900	<20
	轴流式	轴流定桨式	ZD	250～700	<70
		轴流转桨式	ZZ	200～850	30～80
	斜流式		XL	100～350	40～120
	混流式		HL	50～300	<700
冲击式	水斗式		CJ	10～15	100～1700
	斜击式		XJ	30～70	20～300
	双击式		SJ	35～150	5～100

七、小水电

兴建小型水电站是解决我国以及发展中国家农村和边远地区能源问题的重要途径。小水电资源通常是指装机容量在 2.5 万 kW 以下的水电资源。根据普查，我国小水电站的理论蕴藏量为 1.8 亿 kW，技术可开发量为 7540 万 kW。

我国小水电资源几乎遍及全国各地，其资源分布可分为南北两大资源带，其中长江以南的滇、黔、川、渝、粤、桂、鄂、湘、琼、闽、浙、赣、藏、青、新 15 个省、自治区、直辖市拥有可开发资源的 85%，主要蕴藏在雨量充沛，河床陡峭的山区。在全国 2000 多个县（市）中，有 1500 多个县有可开发的小水电资源，其中可开发量在 1 万 kW 以上的县有 1100 多个。

我国小水电有以下特点与优势：① 小水电资源主要分布在西部地区、边远山区、民族地区和革命老区，在西部大开发中具有突出的区位优势；② 小水电资源规模适中，投资小，工期短，见效快，有利于调动多方面的积极性，适合国家鼓励、引导集体、企业和个人开发；③ 小水电资源可以就近供电，就近消纳，不需要高电压大容量远距离输电，发电成本和供电成本相对较低；④ 小水电是电力工业的重要组成部分，是大电站的有益补充，可为"西电东送"提供有力的支撑；⑤ 小水电是国际公认的可再生绿色能源，与其他可再生能源（太阳能、风能、生物质能等）相比，其技术比较成熟、造价低，非常适合为分散的农村供电及电气化建设，其开发利用有利于能源结构的调整优化，有利于人口、资源、环境的协调发展和经济社会可持续发展。

我国的小水电站大多为引水式，如利用天然瀑布、急滩、河段跌水、河流弯道、高山湖泊、跨流域引水等，这是利用山区小河自然坡降的一种较为经济的开发方式。堤坝式和混合式电站数量较少。

小型水电站也和大型水电站一样由水工建筑物、水轮机及相应的电气设备等组成。图4-12为小水电站各部分的综合示意。对于农村的小水电站，水轮机也可作为原动机，拖动农副产品的加工机械。日本、瑞士、奥地利等国，由于缺乏巨大的河流，对小型水电站建设十分重视，制定了小水电站的统一标准，有力地推动了小水电站的建设。

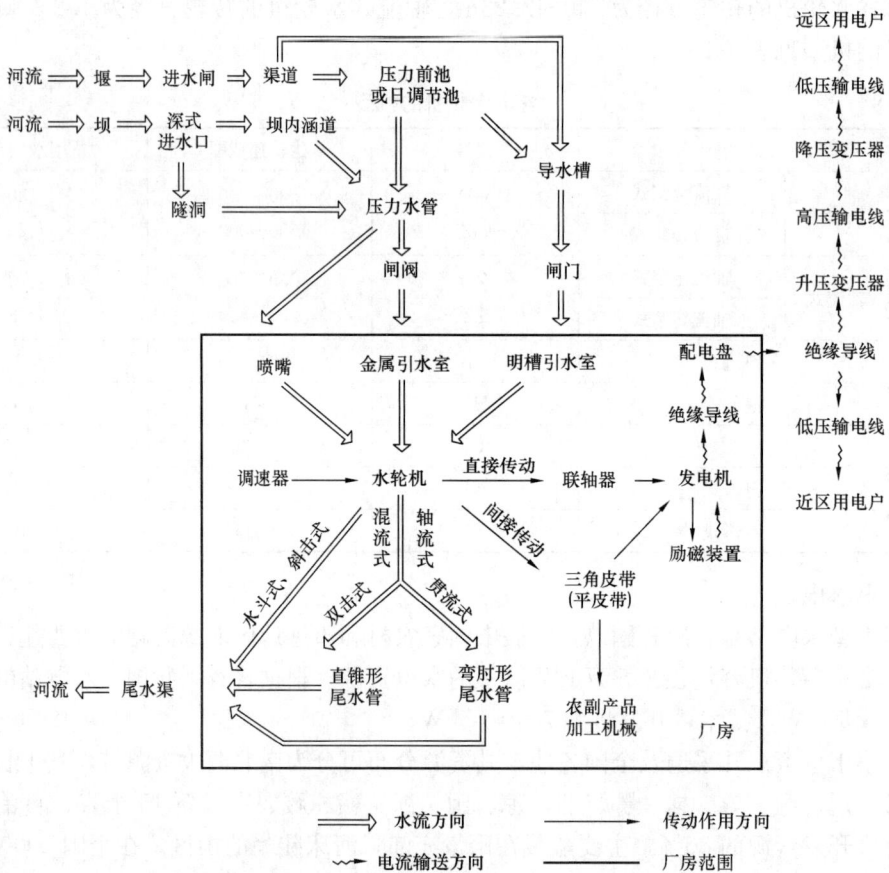

图 4-12　小水电站各部分的综合示意

我国对小水电的发展十分重视。新中国成立初期，为解决中国农村无电可用的问题，政府结合江河治理开发农村水电，解决了照明和生产用电问题。直到 20 世纪 80 年代，全国一半以上的农村还主要靠农村水电供电。目前仍有 800 多个县主要靠农村水电供电。通过开发农村水电，累计解决了 5 亿多无电人口的用电问题。目前我国有 1500 多个县开发了农村水电，共建成水电站 4.8 万座。

进入 21 世纪，小水电的发展已经受到国家的高度重视，按照新的战略规划，到 2020 年，我国将建成 300 个装机 10 万 kW 以上的小水电大县，100 个装机 20 万 kW 以上的大型小水电基地，40 个装机 100 万 kW 以上的特大型小水电基地，10 个装机 500 万 kW 以上的小水电强省。规划还确定，发展农村水电，实施小水电代燃料生态保护工程。通过大力发展小水电，规划到 2020 年新增年发电量 781 亿 kWh，解决 1.04 亿农村居民的生活燃料问题，每年减少砍柴量 1.49 亿 m³，减少二氧化碳排放 4100 万 t，获得生态效益 360 亿元。

此外，按国家统一部署，将全面改造农村水电电网结构，改善农村电网设施，改革农电管理体制，将农村水电网低压线损由原来的 30％降到 12％以下，供电质量和供电可靠性也将明显提高，电价普遍降低 50％。

第四节 先 进 发 电 技 术

一、燃气-蒸汽联合循环

从热力学理论可知，提高热源温度和降低冷源温度是提高热功转换效率的关键。正如本章第二节所述，由于燃气轮机平均吸热温度远高于蒸汽轮机，因此其热功转换效率也比蒸汽轮机高许多。但燃气轮机的功率却远远小于蒸汽轮机，而且可靠性也不够高，故难以成为火力发电的主力机组。但是 20 世纪 80 年代以来，燃气轮机技术迅速发展，例如寻求耐高温材料，改进冷却技术，使燃气初温进一步提高，提高压比，充分利用燃气轮机余热，研制新的回热器等。现在燃气轮机的初温已超过 1400℃，单机功率已高达 250MW，循环效率达 37％～42％，可靠性也大大提高。这些发展已使燃气轮机逐渐成为发电的主力机组。例如美国自 1987 年以来，燃气轮机的产量已超过蒸汽轮机的产量，现在美国新建纯凝汽式火电厂已经得不到许可证。为了推动大功率、高效低污染燃气轮机发电技术的发展，美国能源部制定了发展先进燃气系统的十年计划，其目标是燃气轮机进口初温 1427℃，燃烧天然气时的联合循环发电效率可达 60％。NO_x 的排放低于 8ppm，并且能用煤作燃料，其发电效率为 50％。

单纯燃气轮机循环发电系统的最高供电效率目前虽可达 40.92％，但由于燃气轮机的排气温度仍高达 500℃以上，余热利用潜力很大，这部分余热正是采用燃气-蒸汽联合循环发电的基础。

燃气-蒸汽联合循环发电的基本思路是，利用燃气轮机循环平均吸热温度高和蒸汽动力循环平均放热温度低的特点，各取所长。作为第一工质的燃气经燃气轮机做功后，具有较高温度的排气进入余热锅炉，作为第二工质的水在余热锅炉中吸收余热后变为蒸汽，进入蒸汽轮机做功后再进入凝汽器冷凝，从而构成一个闭合循环。图 4-13 就是这种燃气-蒸汽联合循环发电的示意。与常规的发电方式相比，联合循环发电具有发电效率高、可用率高、投资低、设计和建设周期短、环保性能好、负荷适应性强、启动迅速等优点。

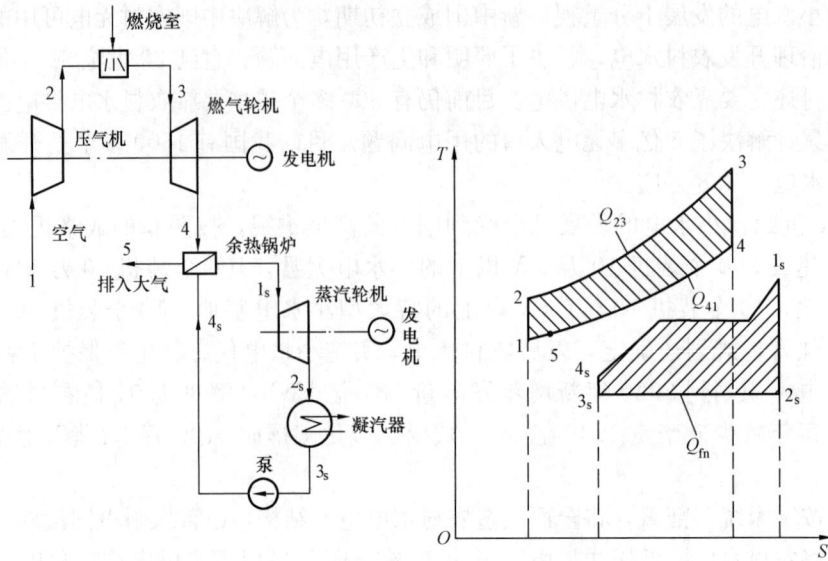

图 4-13　燃气-蒸汽联合循环发电的示意

　　由于液体和气体燃料对燃气轮机而言是最合适的燃料，所以燃用燃油和天然气的燃气-蒸汽联合循环，已有成熟技术，并得到了广泛的商业应用。表 4-19 为国际上几家大公司生产的燃烧天然气的燃气-蒸汽联合循环机组的技术数据。

表 4-19　　　　　　　　　　　　　　　某些联合循环机组的技术数据

公 司 名 称	机组型号	基本功率（MW）	供电效率（%）
GE 发电	S-109F	340.0	53
	S-207F	471.0	53
ABB	KA11N-4	491.44	49.2
	KA13-4	581.1	48.4
	KA13E-2	437.8	51.4
	KA13E-3	656.8	51.9
	KA13E-4	876.4	51.9
Siemens/KWU	GUD1.94.2	227.0	51.1
	GUD2.94.2	457.0	51.4
	GUD3.94.2	690.0	51.7
三菱重工	MPCP1（501F）	222.0	51.4
	MPCP2（501F）	447.0	51.7
	MPCP3（501F）	674.0	52

　　到 2000 年之前，全世界火电新增容量中燃气-蒸汽联合循环占 35%～36%；在美国新增的火电容量中气燃气-蒸汽联合循环占 48%，传统的蒸汽动力也占 48%；在德国前者则占 2/3 左右。由此可见，在世界范围内燃气-蒸汽循环已经成为火电发展的主要方向。由于世界石油和天然气资源有限，因此发展以煤为燃料的燃气-蒸汽联合循环发电，一直是世界各主

要煤炭和电力厂商努力的目标。目前各种类型的燃煤联合循环发电技术已相继开发出来，并在世界各地建成了一批示范电厂。

目前燃烧天然气或油的燃气-蒸汽联合循环有三种基本型式。一种为不补燃的余热锅炉型，其特点是产生蒸汽的余热锅炉不补充燃料（燃气或燃油），完全依靠燃气轮机排气的余热。这种型式的主要优点是热效率高、系统简单、占地面积小、初投资低而且启动快，通常只需18min即可发出60％的功率，80min可满负荷运行。为了提高联合循环机组的单机功率，就必须增加余热锅炉的产气量和提高其蒸汽参数，此时就必须给余热锅炉补充一定数量的燃料，这就是有补燃的余热锅炉型。另外一种型式是增压锅炉型，其特点是将燃气循环中的燃烧室和蒸汽循环中的锅炉合二为一。为此设置一燃气轮机排气换热器（见图4-14），燃气轮机排气的余热先在换热器中加热给水，而后给水再在燃烧室（增压锅炉）中被加热成过热蒸汽，蒸汽再驱动蒸汽轮机，而锅炉中燃料燃烧产生的高温增压燃气则用来驱动燃气轮机。

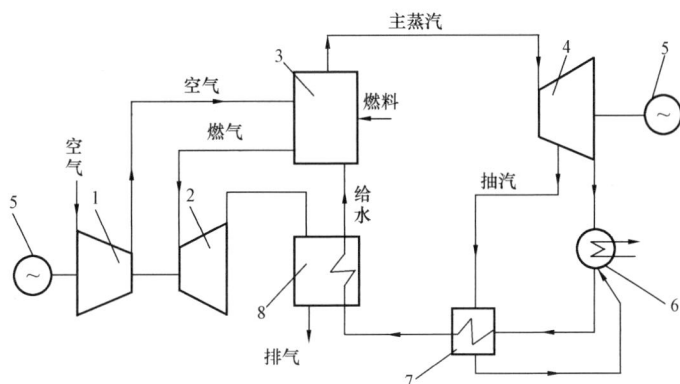

图 4-14　增压锅炉型的燃气-蒸汽联合循环
1—压气机；2—燃气轮机；3—增压锅炉；4—蒸汽轮机；5—发电机；
6—凝汽器；7—给水加热器；8—燃气轮机排气换热器

二、整体煤气化联合循环发电

燃煤的燃气-蒸汽联合循环发电是各国研究的重点。其中直接燃煤的燃气轮机是以水煤浆替代燃油，直接送入燃气轮机的燃烧室燃烧。该技术的难点是水煤浆的制备，燃烧室的耐磨和冷却以及燃烧气体的除尘和脱硫等问题。比较理想的方案是先将煤气化成可燃气体，供燃气轮机使用，从而能更好地实现高品位煤的梯级利用，这就是整体煤气化联合循环（integrated gasification combined cycle，IGCC）。

图 4-15 是整体煤气化联合循环的原理。从图上可以看出，IGCC 实际上就是一种不补燃的余热锅炉型的联合循环。IGCC 的整个系统通常由煤的制备、煤的气化、煤气的冷却（热量回收）、煤气的净化，燃气轮机发电、蒸汽轮机发电等部分组成。在上述各部分中，燃气轮机、蒸汽轮机和余热锅炉及相应的系统等均已商业化，且已有成熟的商品。因此 IGCC 系统最终商业化的关键是煤的气化与净化。煤的气化炉可以分为固定式、流化床和气流床三种型式。对煤气化炉和净化系统的要求如下：

（1）气化炉的产气率、煤气的发热量、压力、温度等参数符合要求。
（2）气化炉有良好的负荷调节性能，能适应电厂负荷的变化。

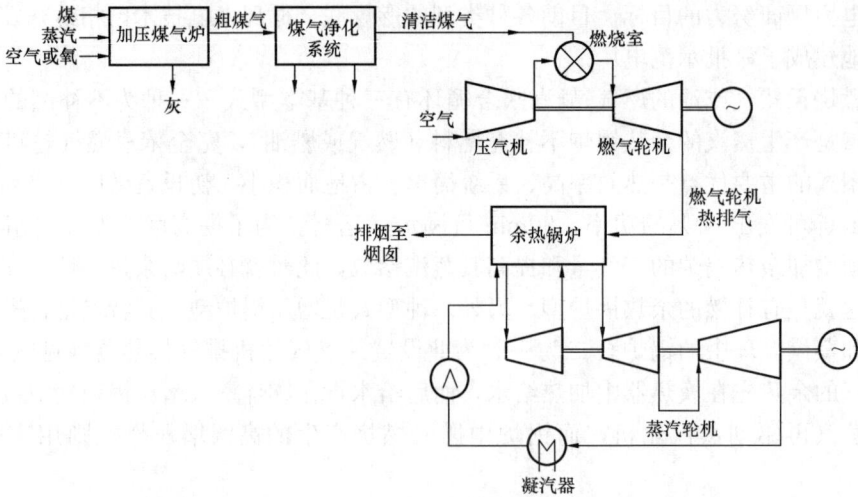

图 4-15 整体煤气化联合循环的原理

（3）煤的成分、净化程度能满足燃气轮机正常运行的要求。

（4）系统简单、易于操作，设备可靠，能适应电厂长期安全运行的需要。

（5）煤种适应性强，投资小，运行成本低。

目前全世界已建和拟建的 IGCC 电站近 24 座，但要使 IGCC 技术走向市场，还需要做以下工作：

（1）开发高效率、大容量、运行可靠的气化炉，气化炉的碳转化率应在 99％以上，冷煤气效率应为 80％～88％，热煤气效率达 93％～95％，单炉的煤转化量在 3000t/d 以上。

（2）完善高温、高压热煤气的除尘技术，例如提高现有陶瓷过滤器的寿命，开发更可靠、高效低阻力的热气体除尘新技术，如移动床除尘器等。

（3）发展热煤气的脱硫和硫回收技术。

（4）开发新的能燃烧发热量低的煤气，且 NO_x 排放低的燃气轮机顶置燃烧室。

（5）进一步优化系统，降低 IGCC 投资和运行费用。

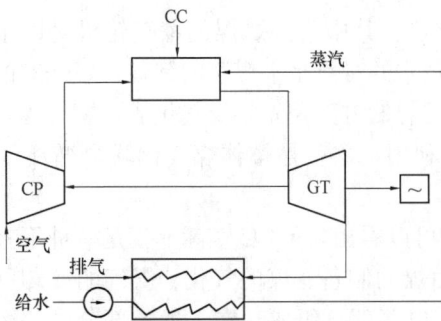

图 4-16 湿空气复合工质动力循环（HAT）系统

在整体煤气化联合循环的基础上又发展了一种新的整体煤气化增湿空气轮机循环（IG-HAT）。该循环是利用新的发电技术，即湿空气复合工质动力循环（HAT）系统。其特点是利用燃气轮机高温排气在废热锅炉中产生的蒸汽不用于蒸汽轮机，而是把燃气轮机用的可燃气体湿化（见图 4-16）。这样系统内既可不设置蒸汽轮机，又可不设置大型煤气冷却器。因此不但设备费用大大下降，而且能耗也大大降低。与 IGCC 相比，IG-HAT 系统可提高发电效率 1％～2％，投资可降低 10％～20％。但增湿空气轮机（HAT）的开发和高温煤气净化技术的完善，仍是发展 IG-HAT 的关键。该系统目前仍处在研发之中。

三、增压流化床燃气-蒸汽联合循环（PFBC-CC）

增压流化床燃气-蒸汽联合循环（PFBC-CC）实际上是一种增压锅炉型的联合循环。图4-17 为第一代增压流化床燃气-蒸汽联合循环的原理。从图上可以看出，PFBC-CC 的热力系统包括三个部分，即空气-燃气循环系统，水-蒸汽系统以及煤、脱硫剂、废料系统。空气经低压压气机压缩后，通过内冷却器冷却，进一步在高压压气机中升压至 0.6～2MPa，温度达 300℃。高温、高压空气经增压流化床风板下部的配风喷嘴，喷进流化床，作为流化介质和助燃空气。而燃烧产生的高温燃气温度约 850℃，则由流化床上部空间进入旋风分离器净化后，再送至燃气轮机膨胀做功，做功后经余热回收，再由烟囱排向大气，与此同时，给水经预热后进入流化床锅炉中，在其中受热后产生蒸汽并进入蒸汽轮机做功。

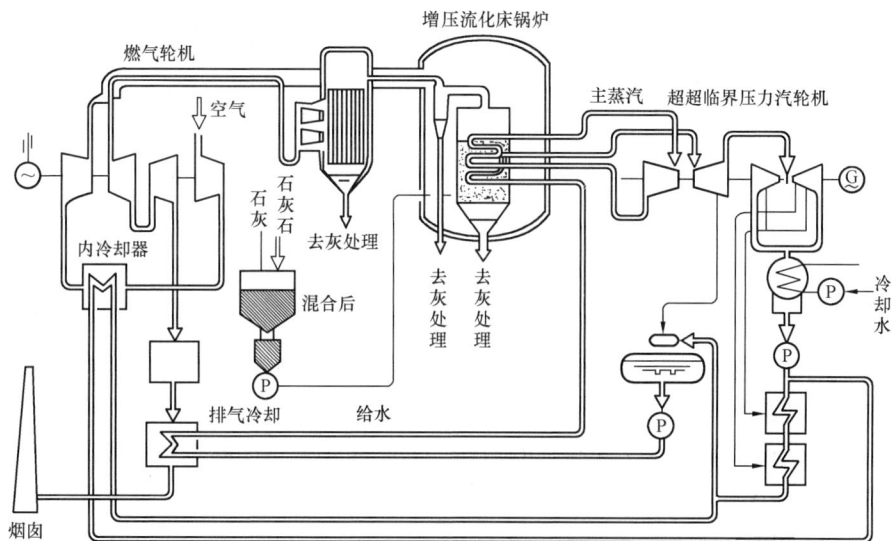

图 4-17　第一代增压流化床燃气-蒸汽联合循环原理

在第一代 PFBC-CC 中，由于流化床的燃烧温度一般控制为 850～900℃，因此进入燃气轮机的燃气温度多在 850℃以下。燃气轮机入口温度低，除直接限制了燃气-蒸汽联合循环的热效率外（一般不会超过 40%），而且使燃气轮机的功率远小于蒸汽轮机的功率（即燃气轮机的功率只占总功率的 20%～25%），这种情况严重地制约了燃气轮机优势的发挥。另外，增压流化床锅炉进入燃气轮机的高温正压燃气中，含有大量的粉尘，虽经旋风分离器除尘，但仍有相当数量的粉尘进入燃气轮机，加速了轮机叶片的磨损。

为了克服上述缺点，产生了第二代增压流化床燃气-蒸汽联合循环（见图 4-18）。第二代PEBC-CC 的最大优点是在第一代联合循环的基础上增加了一个碳化炉（或部分气化炉）和燃气轮机的顶置燃烧室，以及在除尘器后设置陶瓷过滤器。其工作过程是，由燃气轮机来的高压空气送入射流式流化床气化炉，在还原性气氛的条件下被部分气化。部分气化产生两种燃料，即低热值的煤气和半焦。低热值煤气经陶瓷过滤器除尘后，作为补充燃料送入燃气轮机的顶置燃烧室，借以提高燃气轮机的入口温度。半焦则送入增压循环流化床锅炉中燃烧。在气化炉和循环流化床锅炉中均可加入脱硫剂进行炉内脱硫。在增压流化床锅炉中产生的蒸汽则送入蒸汽轮机发电。锅炉中出来的 850～900℃的烟气再经过陶瓷过滤器后也送入顶置燃烧室与低热值煤气混合燃烧。这种第二代增压流化床联合循环，既保持了第一代增压流化床用低温燃烧来控制 SO_x 和 NO_x 排放的优点，同时又能提高燃气轮机的入口温度，达到提高整个循环效率的目的。在第二代增压流化床联合循环中燃气轮机的功率可占总负荷的 50％。

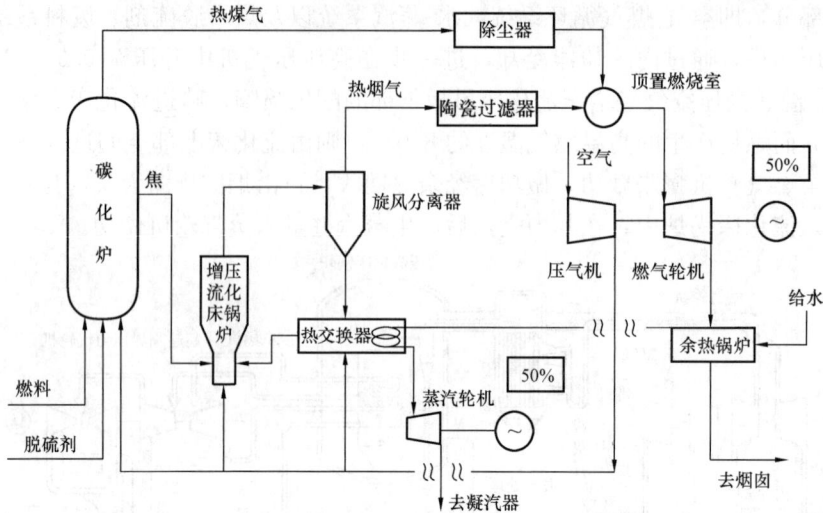

图 4-18　第二代增压流化床燃气-蒸汽联合循环原理

　　值得注意的是，在第二代增压流化床联合循环系统中以循环流化床来代替鼓泡床。这是由于循环流化床比鼓泡床燃烧更完全，可以达到更高的燃烧效率。此外它可以在低的 Ca/S 下达到更高的脱硫效率，减少了脱硫剂的消耗。同时循环流化床的流化速度高，因此炉膛热负荷高，断面尺寸小，重量轻，有利于大型化，加上气炉膛较为细长，便于利用分级燃烧技术来更好地控制 NO_x 的生成。

　　我国对增压流化床联合循环这种发电方式十分重视。1990 年中国开始建设 15MW 增压流化床联合循环中间试验机组，2001 年 4 月徐州贾汪发电厂 15MW 增压流化床联合循环已取得成功，使我国成为世界上少数几个掌握此项发电技术的国家。我国计划建设 1、2 座 100MW 等级的增压流化床联合循环商业性试验电站。在进一步完善气化炉和改进高温除尘技术后，第二代增压循环流化床将展现良好的前景。

四、燃料电池和 IGCC 组合的联合循环

　　燃料电池是将氢、天然气、甲醇、煤气等气体燃料的化学能，通过电化学反应直接转化为电能的装置。有关燃料电池的知识请参看第七章氢能，几种燃料电池的运行温度、电效率及排气温度则见表 4-20。

表 4-20　　　　　　　　　　　　　几种燃料电池的发电性能

燃料电池类型	电解质	燃料	运行温度 （℃）	电效率 （％）	排气温度 （℃）
碱性燃料电池（AEC）	KOH	H_2	100	40	70
固体聚合物燃料电池（SPFC）	聚合物	H_2	100	40	70
磷酸燃料电池（PAFC）	H_3PO_4	H_2	200	40	100
熔融碳酸盐燃料电池（MCFC）	Li_2CO_3/K_2CO_3	H_2，CO，HC	650	50	400
固体氧化物燃料电池（SOFC）	ZrO_2	H_2，CO，HC	1000	55	1000

将燃料电池用于清洁煤发电是 21 世纪最具潜力的新型煤发电技术，这是因为这种新的发电技术不但效率高，而且 CO_2 的排放很少。

将燃料电池和 IGCC 组合起来的联合循环发电系统如图 4-19 所示。图中 SOFC 为固体氧化物燃料电池。它是以 H_2、CO 和 HC 气体作燃料的第二代高温燃料电池。因此从煤气化炉产生的煤气经除尘、脱硫等净化处理后，就能直接用作燃料电池的燃料。由于第二代燃料电池运行温度高，因此其产生的 1000℃ 排气可直接用于燃气-蒸汽联合循环。其循环效率、各部分的发电比例如图 4-19 所示。而运行温度较低的磷酸燃料电池，其100℃的排气余热可以向建筑物供暖，并实现热电联产。

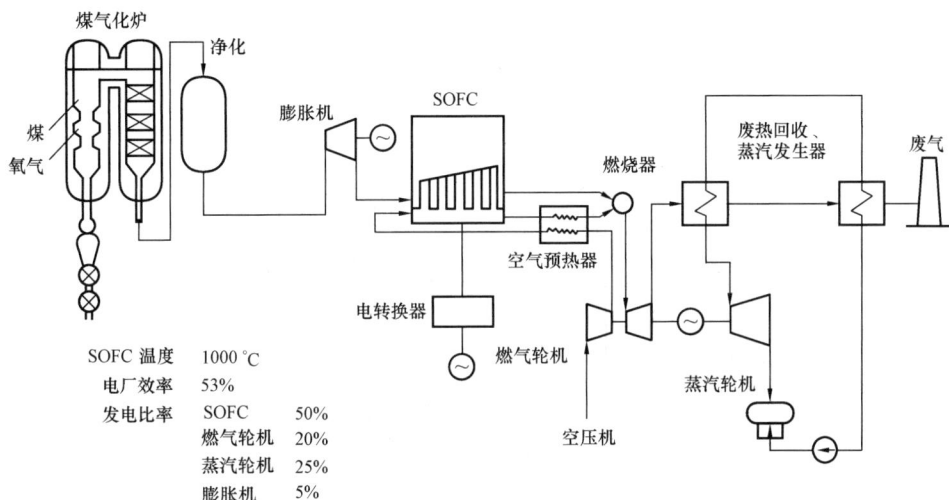

图 4-19　燃料电池和 IGCC 组合起来的联合循环发电系统

目前燃料电池已在分布式能量系统中作为电源使用，但要真正使燃料电池和 IGCC 组合的联合循环发电系统商业化，还需要做大量的工作。

五、煤气-蒸汽-电力多联产系统

传统的煤炭利用方式是单一利用。或作为燃料提供热能，或发电，或作为原料提供各种煤化工产品。随着科学技术的进步，这种单一利用方式并不是最佳的利用方式。例如在煤的转化（气化或液化）的过程中，片面地追求高的转化率，必然带来系统设备复杂、成本过高等问题。因此 21 世纪的新的煤炭利用系统应该是以煤气化

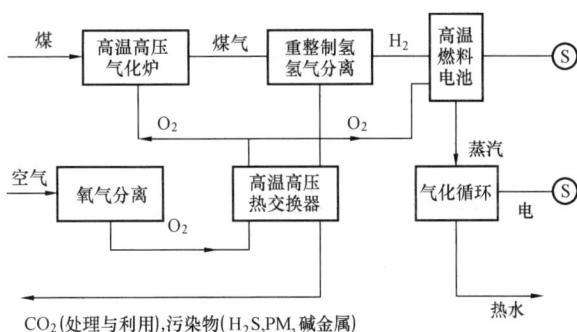

图 4-20　新的煤炭利用系统

为龙头，利用得到的合成气，一方面用于制氢供燃料电池汽车用，另一方面则通过高温固体氧化物燃料电池联合循环发电。按照这种方式其能源利用率可高达 $50\%\sim60\%$，不但污染物排放少，经济性也比现代煤粉锅炉高出 10%。新的煤炭利用系统如图 4-20 所示。

随着化学合成法的进步，膜分离技术的工程化以及大型气化炉的出现，生产甲醇、二甲醚（DME）等化学品也变得更加容易实现，这些都大大促进了以煤气化为核心的多联产系

统的发展。例如清华大学利用流化床技术实现了煤气-蒸汽-电力三联产技术。图 4-21 为该校开发的 35t/h 循环流化床煤气-蒸汽-电力三联产系统。

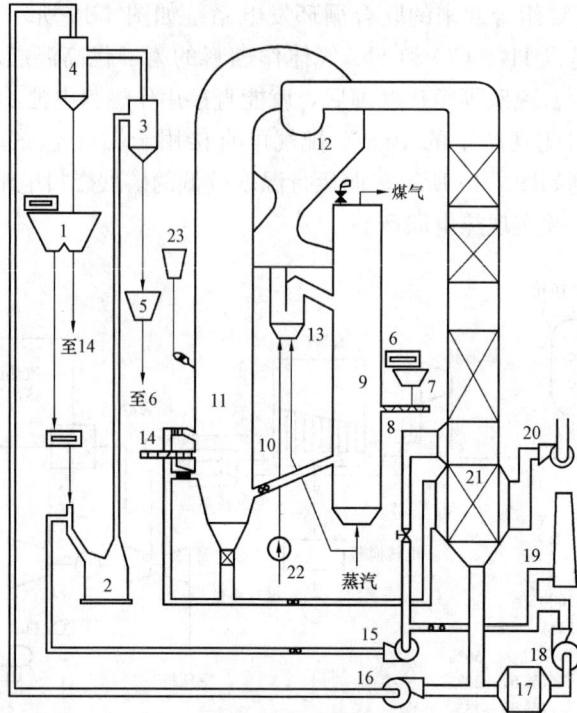

图 4-21　35t/h 循环流化床煤气-蒸汽-电力三联产系统

1—煤斗；2—锤击式破碎机；3—第一级旋风分离器；4—第二级旋风分离器；5—气化炉斗；6—给煤机；7—中间煤斗；8、14—给煤绞龙；9—鼓泡床气化炉；10—滑阀；11—循环流化床锅炉炉膛；12—卧式旋风分离器；13—U 形阀；15—循环风机；16—乏气风机；17—除尘器；18—引风机；19—烟窗；20—送风机；21—空气预热器；22—高压风机；23—灰斗

　　采用该系统的示范厂热效率高，污染物排放少，所生产的煤气也符合城市煤气的质量要求，取得了良好的经济效益。该校提出的大容量循环流化床煤气-蒸汽-电力三联产系统的方案见表 4-21。

表 4-21　　　　　　　　　大容量循环流化床煤气-蒸汽-电力三联产系统方案

名　称	单　位	方案 I	方案 II	方案 III	方案 IV
发电功率	MW	100	200	300	600
蒸汽产率	t/h	400	670	1000	1950
煤气产率	m³/h (标准状态下)	10 000	16 500	25 000	50 000
日供煤气量	m³/d (标准状态下)	200 000	330 000	500 000	1 000 000
供应居民户数	户	50 000	100 000	150 000	300 000

　　更高层次的多联产一体化系统如图 4-22 所示，显然要实现这种多联产的一体化系统，必须解决一系列的科学和技术问题，例如合成气的蒸汽重整；与发电结合在一起的甲醇、二

甲醚生产工艺流程的简化；可进行大流量空气分离的先进的气体膜分离技术（如目前传统的空分装置耗能很大，空分所需能耗将占整个发电量的 15％以上）；CO_2 的处理与综合利用等。

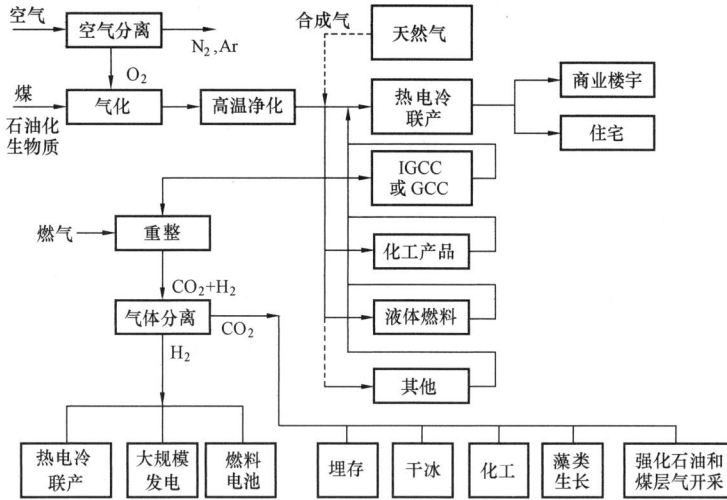

图 4-22 多联产的一体化系统

第五章 核　　　能

第一节 核 能 概 述

自从 1896 年法国物理学家贝克勒尔发现铀的天然放射性以来，由于近百年来世界各国科学家的辛勤探索，人类不但对物质的微观结构有了更深刻的了解，而且还开发出了威力无比的核能。与此同时，与核能相关的核技术，如加速器技术、同位素制备技术、核辐射探测技术、核成像技术、辐射防护技术及应用核技术等，也得到迅猛发展。近百年来，在这个领域已有 40 多位科学家获得了世界科学技术成就的最高奖赏——诺贝尔物理学奖或化学奖，这是其他任何学科领域从未有过的。

第二次世界大战末期，美国使用绰号为"小男孩"和"胖子"的两颗原子弹在日本广岛和长崎造成了人间灾难。从此，人们一听到"原子弹"三个字就不寒而栗，甚至"原子能"或"核能"也被曲解为核武器的代名词。直至今天还有不少人对核电厂害怕得很，以为核电厂出事故时也会像原子弹一样爆炸，公众对核能和核技术充满恐惧感和神秘感。

然而核能的发现和应用也与古代"火药"的发明和应用一样，它既能用来作为杀人武器，又能移山填海，造福人类。事实上，第二次世界大战结束后，热爱和平的各国科学家就在和平利用核能方面进行了卓有成效的工作。原子弹爆炸 9 年后，世界上第一座核电厂在苏联建成发电，它标志着人类大规模利用核能时代的开始。然而，直到今天，核能的利用仍然在两个领域中同时展开和同时发展。一方面在建设更多的不同堆型的核电厂——轻水堆电厂、重水堆电厂、快堆电厂；另一方面又在制造大规模的杀伤性核武器——原子弹、氢弹、中子弹；一方面在建造核动力破冰船，另一方面又在建造核动力航空母舰和核潜艇。人类仍处在核威胁和核恐怖之中。为此热爱和平的人们一直在呼吁禁止核武器，直至彻底销毁全部核武器。

进入 21 世纪，和平和发展已成为世界主流，人们既期望核能作为最具潜力的新能源在解决人类面临的能源危机中能发挥主力军的作用，又希望核武器永远在地球上消失，让人类赖以生存的地球成为美丽的乐园。

一、原子与原子核

人类对客观世界的认识是逐步深化的。从宏观上讲，宇宙浩瀚无穷；从微观上讲，又存在一个肉眼看不见的，难以捉摸的无限渺小的世界。

两千多年前人们就提出：世界是由什么构成的？鉴于当时的科学技术水平，人们只能靠猜测和臆想来解释丰富多彩的自然现象。时至今日，对这个问题人们可以毫不犹豫地回答：宇宙间浩瀚的万物都是由元素构成的。

构成元素的最小单位是原子。原子非常小，其直径大约只有 1×10^{-8} cm。1911 年卢瑟福通过用 α 粒子轰击金属薄片的散射实验证实这么小的原子也是有核的。原子核更小，约为 10^{-13} cm，只占原子大小的十万分之一。原子核带正电，它周围是数目不等的带负电的电子。

每个电子都在自己特定的轨道上绕着原子核运动，就像太阳系的行星绕太阳运动一样。

原子核又是由质子和中子两种粒子组成的，质子带正电，中子不带电。质子所带正电荷的大小和电子所带负电荷的大小正好相等，因此整个原子是中性的。现代科学家测出质子的质量为1.007 277原子质量单位，中子的质量为1.008 665原子质量单位，而电子质量仅为0.000 548 6原子质量单位，可见原子的质量主要集中在核上。质子所带正电荷的电量为$1.602\ 192\times10^{-19}$C。

如果原子核是由Z个质子和N个中子组成，则Z就是该原子核所属元素的原子序数。$Z+N=A$，A就是原子核的核子数，也称为原子核的质量数。因此，如果知道了某元素的原子序数和质量数，就可以知道原子核里的质子数和中子数。通常用如下符号表示元素的核状态：

$$_Z^A元素符号^N$$

质子数相同的原子具有相似的化学性质，处在元素周期表的同一位置，但它们的中子数可能不同；我们就把质子数相同而中子数不同的元素称之为同位素。例如氢原子核只有一个质子，没有中子（$_1^1$H），而它的同位素氘则有一个质子和一个中子（$_1^2$H），氚有两个中子和一个质子（$_1^3$H）。同位素在化学性质方面虽然相似，但其他性质就相差甚远。如氢和氘都是稳定的同位素，而氚却带放射性。

1896年，法国科学家贝克勒尔发现铀元素能自动地放射出一种穿透力很强的射线，它能透过黑纸使底片感光，这就是所谓放射现象。随后1900年，居里夫妇在研究镭射线时发现，镭射线通过磁场后被分为两束。1906年，卢瑟福在重复居里夫妇的实验时采用更高强度的磁场，结果镭射线被分成了三束（见图5-1）。后来科学家就把这三束射线分别称为α射线、β射线和γ射线。其中α射线由带正电的高速度的氦原子核组成；β射线由速度很大的电子组成；γ射线是一种波长极短，不带电荷的穿透力极强的射线。

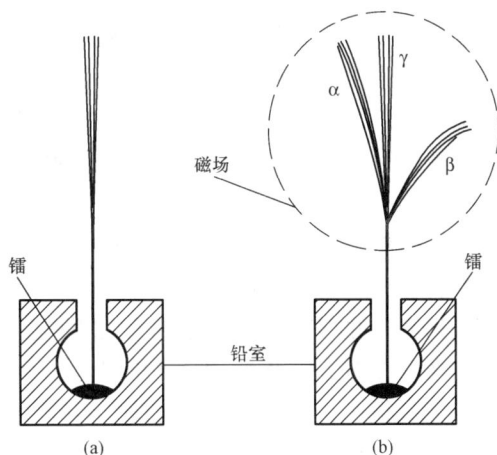

图5-1　镭的放射性试验
（a）不加磁场；（b）加强磁场

现在科学家们已经知道，每一种元素的同位素在受到中子轰击后，多半都会变成一种特定的放射性元素，都会放出α射线、β射线和γ射线，这些射线都具有一定的穿透力。因此人们可以在一种元素的原子核上人为地添加中子或质子，使他们变成别的原子。这样的原子常常是有放射性的，通常称为放射性同位素。通过加速器或核反应可以获得大量的放射性同位素。

放射性同位素的原子核是不稳定的，它能自发地放射出α、β、γ射线而转为另一种元素或转变到另一种状态，这一过程称为衰变。衰变是放射性原子核的基本特征。但放射性同位素的每个核的衰变并不是同时发生的，而是有先有后。为了描述衰变过程的快慢，科学家定义放射性元素的原子核数因衰变而减少到原有原子核数一半时所需的时间为半衰期。因此衰变越快的元素，半衰期就越短。半衰期是放射性同位素的一个特定常数，它基本上不随外界条件的变动和元素所处状态的改变而改变。

二、核能的来源

人类生活中利用的大多是化学能。化石燃料燃烧时燃料中的碳原子和空气中的氧原子结合，同时放出一定的能量。这种原子结合和分离使得电子的位置和运动发生变化，从而释放出的能量称为化学能，显然它与原子核无关。

如果设法使原子核结合或分离是否也能释放出能量呢？近百年来科学家持之以恒的努力给予的答案是肯定的。这种由于原子核变化而释放出的能量，早先通俗地称为原子能。因为所谓原子能实际上是由于原子核发生变化而引起的，因此应该确切地称之为原子核能。经过科学家们多年的宣传，现在广大公众已了解原子能实际上是"核"的功劳，于是现在简洁称呼"核能"取代了"原子能"；"核弹""核武器"取代了"原子弹"和"原子武器"。

"核能"来源于将核子（质子和中子）保持在原子核中的一种非常强的作用力——核力。试想，原子核中所有的质子都是带正电的，当它们拥挤在一个直径只有 10^{-13} cm 的极小空间内时其排斥力该有多大！然而质子不仅没有飞散，相反的还和不带电的中子紧密地结合在一起。这说明在核子之间还存在一种比电磁力要强得多的吸引力，科学家称这种力为"核力"。核力和人们熟知的电磁力以及万有引力完全不同，它是一种非常强大的短程作用力。当核子间的相对距离小于原子核的半径时，核力显得非常强大；但随着核子间距离的增加，核力迅速减小，一旦超出原子核半径，核力很快下降为零。而万有引力和电磁力都是长程力，它们的强度虽会随着距离的增加而减小，但却不会为零。

科学家在研究原子核结合时发现，原子核结合前后核子质量相差甚远。例如氦核是由 4 个核子（2 个质子和 2 个中子）组成，对氦核的质量测量时发现，其质量为 4.002 663 原子质量单位；而若将 4 个核子的质量相加则应为 4.032 980 原子质量单位。这说明氦核结合后的质量发生了"亏损"，即单个核的质量要比结合成核的核子质量数大。这种"质量亏损现象"正是缘于核子间存在的强大核力。核力迫使核子间排列得更紧密，从而引发质量减少的"怪"现象。

任何物质的质量 m 和能量 E 之间遵循爱因斯坦的质能关系，即式（1-1）。根据式（1-1），氦核的质量亏损所形成的能量为 $E=28.30\text{MeV}$。当然就单个氦核而言，质量亏损所形成的能量很小，但对 1g 氦而言，它释放的能量就大得惊人，达 6.78×10^{11} J，即相当于 19 万 kWh 的电能。由于核力比原子核与外围电子之间的相互作用力大得多，因此核反应中释放的能量就要比化学能大几百万倍。科学家将这种由核子结合成原子核时所放出的能量称为原子核的总结合能。由于各种原子核结合的紧密程度不同，原子核中核子数不同，因此总结合能也会随之变化。由于结合能上的差异，于是产生了两种利用核能的不同途径：核裂变和核聚变。

核裂变又称核分裂，它是将平均结合能比较小的重核设法分裂成两个或多个平均结合能大的中等质量的原子核，同时释放出核能。重核裂变一般有自发裂变和感生裂变两种方式。自发裂变是重核本身不稳定造成的，因此其半衰期都很长。如纯铀自发裂变的半衰期约为 45 亿年，因此要利用自发裂变释放出的能量是不现实的。例如 100 万 kg 的铀自发裂变发出的能量一天还不到 1kWh。感生裂变是重核受到其他粒子（主要是中子）轰击时裂变成两块质量略有不同的较轻的核，同时释放出能量和中子。一个铀核受中子轰击发生感生裂变时所释放的能量见表 5-1。核感生裂变释放出的能量才是人们可以加以利用的核能。

表 5-1   铀核裂变时所放出的能量

能 量 组 成	能 量	
	MeV	%
裂变碎片的动能：重核	67	32.9
轻核	98	48.1
瞬发 γ 射线的能量	7.8	3.8
裂变中子的动能	4.9	2.4
裂变碎片及其衰变产物的 β 粒子的能量	9	4.4
裂变碎片及其衰变产物的 γ 射线的能量	7.2	3.5
中微子的能量	10	4.9
总计	203.9	100

图 5-2 是核裂变链式反应的示意。从图上可以看出，每个铀核裂变时会产生 2、3 个中子，这些中子又会轰击其他铀核，使其裂变并产生更多的中子，这样一代一代发展下去就会形成一连串的裂变反应。这种连续不断的核裂变过程称为链式反应。显然控制中子数的多寡就能控制链式反应的强弱。最常用的控制中子数的方法就是用善于吸收中子的材料制成控制棒，并通过控制棒位置的移动来控制维持链式反应的中子数目，从而实现可控核裂变。铬、硼等材料吸收中子能力强，常用来制作控制棒。

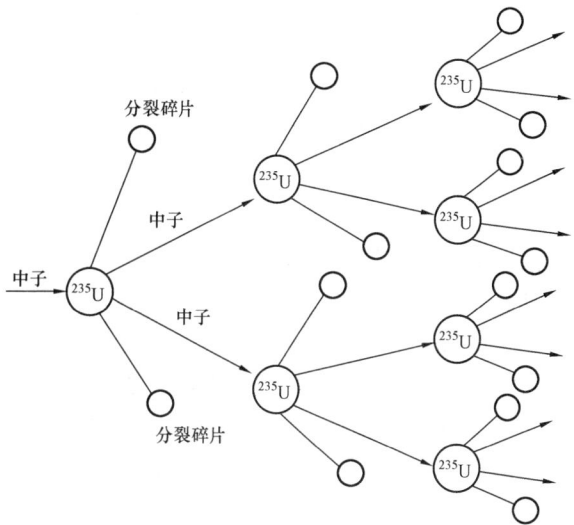

图 5-2 核裂变链式反应示意

核聚变又称热核反应，它是将平均结合能较小的轻核，例如氘和氚在一定条件下将它们聚合成一个较重的平均结合能较大的原子核，同时释放出巨大的能量。由于原子核间有很强的静电排斥力，因此一般条件下发生核聚变的几率很小，只有在几千万度的超高温下，轻核才有足够的动能去克服静电斥力而发生持续的核聚变。由于超高温是核聚变发生必需的外部条件，所以又称核聚变为热核反应。

由于原子核的静电斥力同其所带电荷的乘积成正比，所以原子序数越小，质子数越少，聚合所需的动能（即温度）就越低。因此只有一些较轻的原子核，如氢、氘、氚、氦、锂等才容易释放出聚变能。最有希望的聚合反应是氘和氚的反应：

$$_1^2H + _1^3H \longrightarrow _2^4He + _0^1n$$

它释放的能量是铀裂变反应的 5 倍。由于核聚变要求很高的温度，目前只有在氢弹爆炸和由加速器产生的高能粒子的碰撞中才能实现。因此使聚变能能够持续地释放，让其成为人类可控的能源，即实现可控热核反应仍是 21 世纪科学家奋斗的目标。

三、世界核电发展的概况

1954 年，苏联建成了世界上第一座核电机组，从此人类进入了和平利用核能的时代。

目前，核电与水电、煤电一起构成了世界能源供应的三大支柱，在世界能源结构中有着重要的地位。

根据世界核协会（WNA）提供的资料，截至 2013 年 6 月 1 日，全球共有 30 个国家运行着 434 台核电机组，总净装机容量为 373.892GW；13 个国家正在建设 67 台核电机组，总装机容量为 69.709GW；27 个国家计划建设 159 台核电机组，总装机容量为 174.34GW；37 个国家拟建设 318 台核电机组，总装机容量为 359.75GW。2013 年全球核电反应堆的铀需求量为 6.651 2 万 t。2012 的全球核发电量约为 2346TWh，约占全球总发电量的 13.5%，比 2011 年的 2518TWh 下降了约 7%，这是自 1999 年以来核发电量的最低值。这主要是因为受到 2011 年 3 月福岛第一核电厂事故的影响，日本有 48 台机组在 2012 年全年均处于停运状态，德国有 8 台机组在此次事故后关闭，美国有 4 台机组在 2012 年全年或大部分时间里停运，比利时有 2 台机组在 2012 年停运了半年时间。

全球核电发展很不均衡。美国以其 104 座反应堆以及发电量份额占近 20%，奠定了其核电领域的霸主地位。美国的费米反应堆首次实现了自持核反应，率领人类进入了核能时代；设计了第一座商业化反应堆、首座沸水堆、率先设计出非能动第三代压水堆；目前在四代反应堆的研究和发展中也起到了无可替代的作用。可以说无论何时，美国都是世界核电领域的领头羊。

法国的化石能源趋于枯竭，法国政府选择大力发展核电应对能源不足的主要手段。在政府长期有力的支持下，法国的核电产业在半个多世纪里迅速发展，目前已成为全球核能利用大国，全国近 80% 的电力供应来自核能。

日本的核电厂几乎都是沸水堆，目前还有 50 台核电机组，是世界第三大核电大国。2011 年福岛核事故给全球蓬勃发展的核电市场泼了盆冷水，全球的核电格局也受到了影响。由于事故后民间对发展核电极力反对，日本政府尝试关闭国内全部的核电厂。但是由于核电在其能源结构中作用重大，关闭全部核电厂目前似乎不可能。

俄罗斯核技术世界领先，核电产业是其支柱产业之一。虽然 1986 年的切尔诺贝利核事故给俄罗斯造成了很大的灾难，但是在政府支持下，俄罗斯核电产业朝着重视技术研发、大力推动核电出口发展。值得一提的是，俄罗斯 2007 年起开始建造世界首座浮动核电厂。目前俄罗斯有 5 个核电项目，还积极参与埃及和摩洛哥的核电厂建设投标，并将帮助印度建设 12 座核电厂。

加拿大在核能领域的科研和开发方面有着与英国和美国同样悠久的历史。加拿大自主研发的 CANDU 堆型是加拿大的核电支柱，技术成熟、无需浓缩、不用燃料后处理、无任何钚积存；缺点是单机容量小、建造和运行费用高。

韩国发展核电只有 30 余年的历史，但是韩国成为国际核电市场新的有力竞争者，2009 年韩国与阿联酋签订 200 亿美元的核电建设协议。韩国的迅速崛起也打破了由美、法、日三国主导的核电市场格局。目前韩国已经成为世界第三个具备自行研发第三代核电技术的国家。作为核电领域的后起之秀，韩国核电开始努力走出国门。

由于对核电存在环保和安全方面的顾虑，德国计划不再建设新的核电厂，并在福岛事故后关闭了 8 台核电机组。尽管德国大力发展可再生能源，但是远不能弥补关闭所有核电厂造成的电力短缺。德国目前还有 9 台核电机组，并从法国大量引进核电。

英国曾是世界上核电发展领先的国家，但自 20 世纪 70 年代起，北海油田的开发使其能源状况得到改善，加上对核电安全的顾虑，英国的核电发展步入冬天。30 年后的 21 世纪初，英国重新开启核电的大门。

拉丁美洲目前有 6 台核电机组，其中巴西、阿根廷、墨西哥各 2 台。另有 2 个在建核电厂，其中巴西的安哥拉 3 号机组将于 2015 年完工，阿根廷的阿图查 2 号机组 2012 年试运行。委内瑞拉政府在福岛核事故之后冻结了国内的核电计划。

截至 2015 年 9 月底，中国有 27 台在建核机组，是世界上在建核电厂规模最大的国家。福岛核事故之后，中国对核电的态度成为全世界核电市场的风向标。截至 2015 年 9 月底，有秦山、大亚湾、岭澳和田湾等核电厂的 26 台机组在运营。自发电以来，中国核电一直保持着较好的运行业绩。中国的台湾地区有 6 台在役核电和 2 台在建核电机组。

人类在和平利用核能近 60 年期间，经历了美国三里岛、苏联切尔诺贝利、日本福岛三次核电厂事故，世界核电发展经历两次波动。三大核电事故也激发了人类不断改进核电技术，完善核电的管理、追求更安全、更经济的核电。

随着化石燃料的耗尽和人类对环境友好能源的追求，清洁、安全地核能将成为未来能源的主力军。未来核电技术也将会以更安全的三代核电技术为主，并逐渐过渡到四代核电技术，最终实现可控核聚变技术。

第二节　反　应　堆

一、反应堆的分类

实现大规模可控核裂变链式反应的装置称为核反应堆，简称反应堆，它是向人类提供核能的关键设备。根据反应堆的用途、所采用的燃料、冷却剂与慢化剂的类型以及中子能量的大小，反应堆有许多分类的方法。

1. 按反应堆的用途分类

（1）生产堆。这种堆专门用来生产易裂变或易聚变物质，其主要目的是生产核武器的装料钚和氚。

（2）动力堆。这种堆主要用作发电和舰船的动力。

（3）试验堆。这种堆主要用于试验研究，它既可进行核物理、辐射化学、生物、医学等方面的基础研究，也可用于反应堆材料、释热元件、结构材料以及堆本身的静动态特性的应用研究。

（4）供热堆。这种堆主要用作大型供热站的热源。

2. 按反应堆采用的冷却剂分类

（1）水冷堆。它采用水作为反应堆的冷却剂。

（2）气冷堆。它采用氦气作为反应堆的冷却剂。

（3）有机介质堆。它采用有机介质作反应堆的冷却剂。

（4）液态金属冷却堆。它采用液态金属钠作反应堆的冷却剂。

3. 按反应堆采用的核燃料分类

（1）天然铀堆。以天然铀作核燃料。

（2）浓缩铀堆。以浓缩铀作核燃料。

（3）钚堆。以钚作核燃料。

4. 按反应堆采用的慢化剂分类

（1）石墨堆。以石墨作慢化剂。

（2）轻水堆。以普通水作慢化剂。

（3）重水堆。以重水作慢化剂。

5. 按核燃料的分布分类

（1）均匀堆。核燃料均匀分布。

（2）非均匀堆。核燃料以燃料元件的形式不均匀分布。

6. 按中子的能量分类

（1）热中子堆。堆内核裂变由热中子引起。

（2）快中子堆。堆内核裂变由快中子引起。

二、动力堆

在核能的利用中动力堆最为重要。动力堆主要有轻水堆、重水堆、气冷堆和快中子增殖堆。

1. 轻水堆

轻水堆是动力堆中最主要的堆型。在全世界的核电厂中轻水堆约占 85.9%。普通水（轻水）在反应堆中既作冷却剂又作慢化剂。轻水堆又有两种堆型：沸水堆和压水堆。前者的最大特点是作为冷却剂的水会在堆中沸腾而产生蒸汽，故叫沸水堆。后者反应堆中的压力较高，冷却剂水的出口温度低于相应压力下的饱和温度，不会沸腾，因此这种堆又叫压水堆。

现在压水堆以浓缩铀作燃料，是核电厂应用最多的堆型，在核电厂的各类堆型中约占 61.3%。图 5-3 是压水堆结构示意。由燃料组件组成的堆芯放在一个能承受高压的压力壳内。冷却剂从压力壳右侧的进口流入压力壳，通过堆芯筒体与压力壳之间形成的环形通道向下，再通过流量分配器从堆芯下部进入堆芯，吸收堆芯的热量后再从压力壳左侧的出口流出。由吸收中子材料组成的控制棒组件在控制棒驱动装置的操纵下，可以在堆芯上下移动，以控制堆芯的链式反应强度。

2. 重水堆

重水堆以重水作为冷却剂和慢化剂。由于重水对中子的慢化性能好，吸收中子的几率小，因此重水堆可以采用天然铀作燃料。这对天然铀资源丰富，又缺乏浓缩铀能力的国家是一种非常有吸引力的堆型。在核电厂中重水堆约占 4.5%。重水堆中最有代表性的加拿大坎杜堆如图 5-4 所示。

3. 气冷堆

气冷堆是以气体作冷却剂，石墨作慢

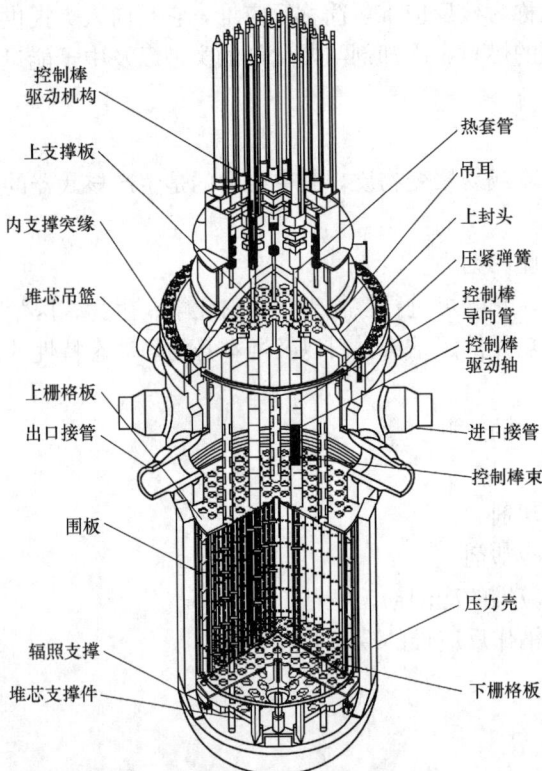

图 5-3　压水堆结构示意

控制棒驱动机构　上支撑板　内支撑突缘　堆芯吊篮　上栅格板　出口接管　围板　辐照支撑　堆芯支撑件

热套管　吊耳　上封头　压紧弹簧　控制棒导向管　控制棒驱动轴　进口接管　控制棒束　压力壳　下栅格板

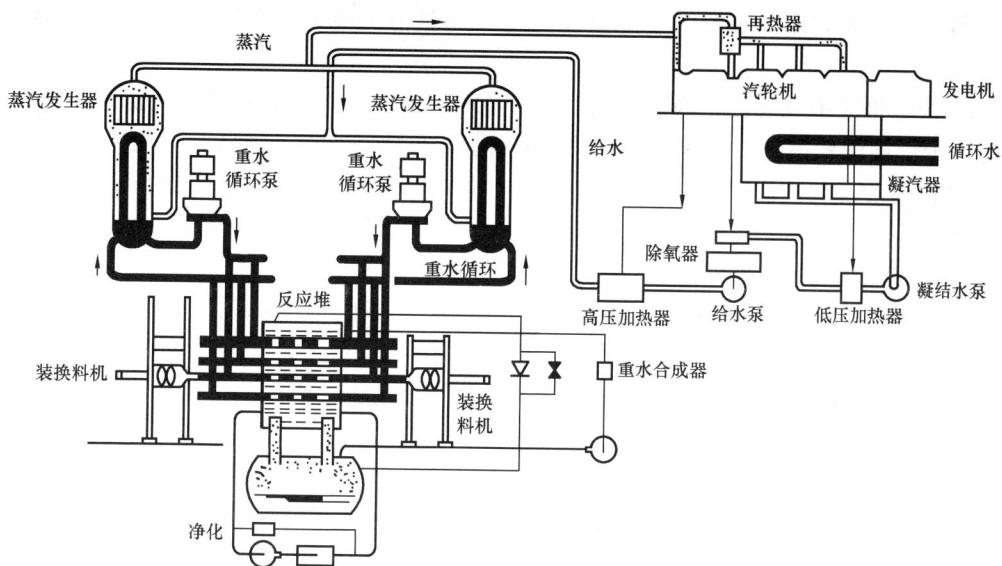

图 5-4　加拿大坎杜堆示意

化剂。气冷堆经历了三代。第一代气冷堆是以天然铀作燃料，石墨作慢化剂，二氧化碳作冷却剂。这种堆最初是为生产核武器装料钚，后来才发展为产钚和发电两用，这种堆型早已停建。第二代称为改进型气冷堆，它是采用低浓缩铀作燃料，慢化剂仍为石墨，冷却剂亦为二氧化碳，但冷却剂的出口温度已由第一代的 400℃ 提高到 650℃。第三代为高温气冷堆，与前两代的区别是采用高浓缩铀作燃料，并用氦作为冷却剂。由于氦冷却效果好，燃料为弥散型无包壳，堆芯石墨又能承受高温，所以堆芯气体出口温度可高达 800℃，故称为高温气冷堆。核电厂的各种堆型中气冷堆占 2%～3%。除发电外高温气冷堆的高温氦气还可直接用于需要高温的场合，如炼钢、煤的气化和化工过程等。图 5-5 是用于发电的高温气冷堆的示意。

4. 快中子增殖堆

前述的几种堆型中，核燃料的裂变主要是依靠能量比较小的热中子，都是热中子堆。在这些堆中为了慢化中子，堆内必须装有大量的慢化剂。快中子反应堆不用慢化剂，裂变主要依靠能量较大的快中子。如果快中子堆中采用 ^{239}Pu 作燃料，则消耗一个 ^{239}Pu 核所产生的平均中子数达 2.6 个，除维持链式反应用去一个中子外，因为不存在慢化剂的吸收，故还可能有一个以上的中子用于再生材料的转换。例如可以把堆内天然铀中的 ^{238}U 转换成 ^{239}Pu，其结果是新生成的 ^{239}Pu 核与消耗的 ^{239}Pu 核之比（所谓增殖比）可达 1.2 左右，从而实现了裂变燃料的增殖。所以这种堆也称为快中

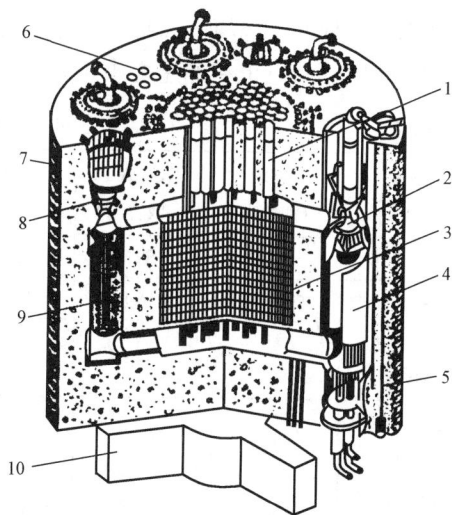

图 5-5　用于发电的高温气冷堆的示意

1—装卸料通道；2—循环鼓风机；3—反应堆堆芯；4—蒸汽发生器；5—垂直预应力钢筋；6—氦气净化井；7—预应力混凝土壳；8—辅助循环鼓风机；9—辅助热交换器；10—压力壳支座

子增殖堆。它所能利用的铀资源中的潜在能量要比热中子堆大几十倍，这正是快堆突出的优点。

由于快堆堆芯中没有慢化剂，故堆芯结构紧凑、体积小，功率密度比一般轻水堆高 4～8 倍。由于快堆体积小，功率密度大，故传热问题显得特别突出。通常为强化传热都采用液态金属铀作为冷却剂。快中子堆虽然前途广阔，但技术难度非常大，目前在核电厂的各种堆型中仅占 0.7%。

三、供热堆

供热堆是专门用于供热的一种反应堆，当然也可以利用供热堆提供的热能，采用吸收式制冷或喷射制冷的方式实现冷、热联产，或用于海水淡化。

供热堆的结构和压水堆类似，由于供热堆是作为城市集中供热的热源，而受热力管网散热的限制，供热堆通常都比较靠近城市或热用户，因此堆的安全就显得特别重要，基于以上原因池式低温供热堆就成为供热堆的主要形式，池式低温供热堆有以下特点：

（1）堆芯通常为常压，一回路采用自然循环，结构简单。

（2）反应堆的堆芯和一回路的主换热器因采用自然循环冷却，堆芯不会有失水的危险。

（3）为保证热用户的安全，采用三回路系统，即一回路的水将堆芯的热量传给二回路的水，而二回路的水则通过中间换热器再将热量传给热网的采暖水，从而可有效地防止放射性的泄漏。

（4）余热排放系统完全依靠自然循环，无需动力电源，可确保停堆后排出余热。

此外，池式低温供热堆也和压水堆一样，配有控制棒驱动系统、注硼停堆系统、各种控制和监视系统等，以保证供热堆的安全运行。池式供热堆除安全性特别好外，造价也比动力堆低得多，投资仅为动力堆的 1/10，其经济性可与燃煤及燃油供热站相比较，而对环境的影响却小得多。

我国 5MW 的供热堆，1989 年已开始在清华大学运行，至今已取得良好的经济效益。200MW 的供热站也正在筹建之中。表 5-2 为国外池式供热堆的主要参数。

表 5-2　　　　　　　　　　国外池式供热堆的主要参数

反应堆名称	SDR（加拿大）	RUTA-10（俄罗斯）	RUTA-50（俄罗斯）	反应堆名称	SDR（加拿大）	RUTA-10（俄罗斯）	RUTA-50（俄罗斯）
反应堆堆型	池式	池式	池式	池水温度（℃）	62	60	60
冷却循环方式	自然循环	自然循环	自然循环				
反应堆功率（MW）	2	10	50	水池直径（m）	4.3	4.3	6.0
堆芯出口水温（℃）	92.7	95	95	池水深度（m）	9.04	13	13
堆芯入口水温（℃）	62	60	60	堆芯高度（m）	0.49	—	1.0
堆芯压力（MPa）	0.16	0.22	0.22	堆芯直径（m）	0.384×0.284	—	1.19
堆芯流量（t/h）	—	250	1250	燃料组件数	4	19	61
				组件内元件数	49		

续表

反应堆名称	SDR（加拿大）	RUTA-10（俄罗斯）	RUTA-50（俄罗斯）	反应堆名称	SDR（加拿大）	RUTA-10（俄罗斯）	RUTA-50（俄罗斯）
元件直径（mm）	13.1	—	—	二回路流量（t/h）	—	280	1400
平均燃耗（MWd/kg）	15	23	23	热网出口水温（℃）	70	80	80
二回路出口水温（℃）	77	85	85	热网入口水温（℃）	45	50	50
二回路入口水温（℃）	52	55	55	热网流量（t/h）	—	290	1450
二回路压力（MPa）	—	0.14	0.14	单位功率水量（m³/MW）	51	16.6	7.48

第三节　核　电　厂

一、核电厂的组成

核能最重要的应用是发电。核能能量密度高，其热值比煤的热值约高出 250 万倍。作为发电燃料，其运输量非常小，发电成本低。例如一座 1000MW 的火电厂，每年约需三、四百万吨原煤，相当于每天需 8 列火车用来运煤。同样容量的核电厂若采用天然铀作燃料只需 130t，采用 3％的浓缩铀^{235}U 作燃料则仅需 28t。利用核能发电还可避免化石燃料燃烧所产生的日益严重的温室效应。作为电力工业主要燃料的煤、石油和天然气又都是重要的化工原料。基于以上原因，世界各国对核电的发展都给予了足够的重视。

核电厂和火电厂的主要区别是热源不同，而将热能转换为机械能，再转换成电能的装置则基本相同。火电厂靠烧煤、石油或天然气来取得热量，而核电厂则依靠反应堆中的冷却剂将核燃料裂变链式反应所产生的热量带出来。

核电厂的系统和设备通常由两大部分组成：核的系统和设备，又称核岛；常规的系统和设备，又称常规岛。目前核电厂中广泛采用的是轻水堆，即压水堆和沸水堆。

1. 压水堆核电厂

图 5-6 是压水堆核电厂的示意。压水堆核电厂的最大特点是整个系统分成两大部分，即一回路系统和二回路系统。一回路系统中压力为 15MPa 的高压水被冷却剂泵送进反应堆，吸收燃料元件的释热后，进入蒸汽发生器下部的 U 形管内，将热量传给二回路的水；然后返回冷却剂泵入口，形成一个闭合回路。二回路的水在 U 形管外部流过，吸收一回路水的热量后沸腾，产生的蒸汽进入汽轮机的高压缸做功。高压缸的排汽经再热器提高温度后，再进入汽轮机的低压缸做功。膨胀做功后的蒸汽在凝汽器中被凝结成水。然后送回蒸汽发生器形成另一个闭合回路。一回路系统和二回路系统是彼此隔绝的，万一燃料元件的包壳破损，只会使一回路水的放射性增加，而不会影响二回路水的品质。这就大大增加了核电厂的安全性。

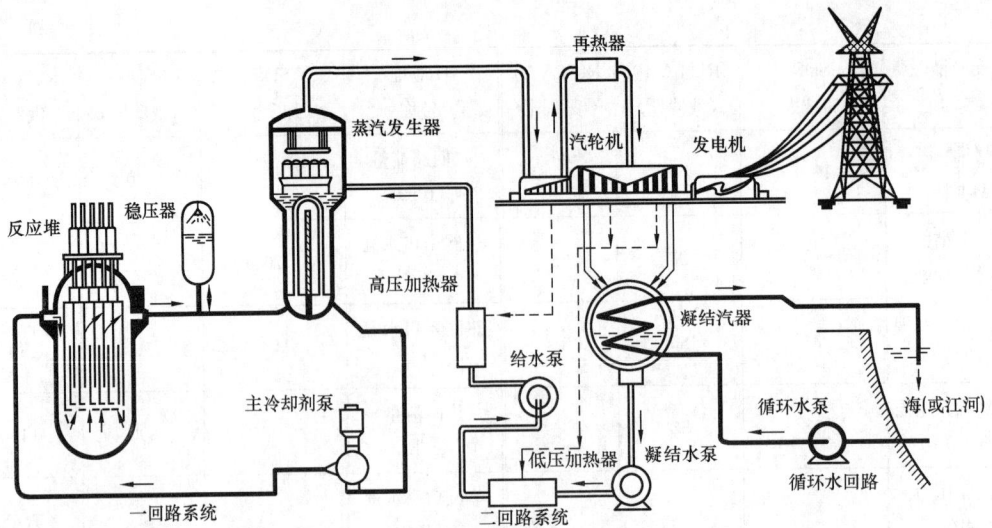

图 5-6　压水堆核电厂的示意

稳压器的作用是使一回路水的压力维持恒定。它是一个底部带电加热器，顶部有喷水装置的压力容器，其上部充满蒸汽，下部充满水。如果一回路系统的压力低于额定压力，则接通电加热器，增加稳压器内的蒸汽，使系统的压力提高；反之，如果系统的压力高于额定压力，则喷水装置喷冷却水，使蒸汽冷凝，从而降低系统压力。

通常一个压水堆有 2～4 个并联的一回路系统（又称环路），但只有一个稳压器。每一个环路都有 1 台蒸发器和 1、2 台冷却剂泵。压水堆的主要参数见表 5-3。

表 5-3　　　　　　　　　　　　压水堆的主要参数

主 要 参 数	环 路 数		
	2	3	4
堆热功率（MW）	1882	2905	3425
净电功率（MW）	600	900	1200
一回路压力（MPa）	15.5	15.5	15.5
反应堆入口水温（℃）	287.5	292.4	291.9
反应堆出口水温（℃）	324.3	327.6	325.8
压力容器内径（m）	3.35	4	4.4
燃料装载量（t）	49	72.5	89
燃料组件数	121	157	193
控制棒组件数	37	61	61
回路冷却剂流量（t/h）	42 300	63 250	84 500
蒸汽量（t/h）	3700	5500	6860
蒸汽压力（MPa）	6.3	6.71	6.9
蒸汽含湿量（%）	0.25	0.25	0.25

压水堆核电厂由于以轻水作慢化剂和冷却剂，反应堆体积小，建设周期短，造价较低；加之一回路系统和二回路系统分开，运行维护方便，需处理的放射性废气、废液、废物少，因此在核电厂中占主导地位。

2. 沸水堆核电厂

图 5-7 是沸水堆核电厂的示意。在沸水堆核电厂中，堆芯产生的饱和蒸汽经分离器和干燥器除去水分后直接送入汽轮机做功。与压水堆核电厂相比，这种系统省去了既大又贵的蒸汽发生器，但有将放射性物质带入汽轮机的危险。另外对沸水堆而言堆芯下部含汽量低，堆芯上部含汽量高，因此下部核裂变的反应性高于上部。为使堆芯功率沿轴向分布均匀，与压水堆不同，沸水堆的控制棒是从堆芯下部插入的。

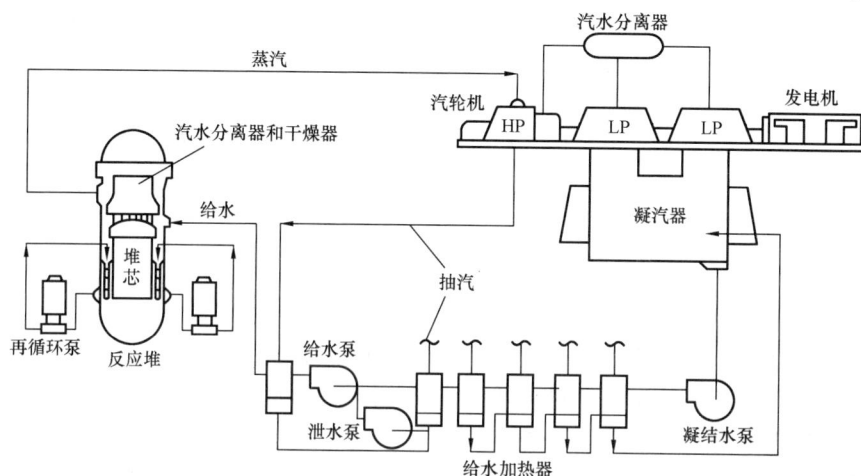

图 5-7　沸水堆核电厂的示意

在沸水堆核电厂中反应堆的功率主要由堆芯的含汽量来控制，因此在沸水堆中配备有一组喷射泵。通过改变堆芯水的再循环率来控制反应堆的功率。当需要增加功率时，可增加通过堆芯的水的再循环率，将气泡从堆芯中扫除，从而提高反应堆的功率。另外，万一发生事故，如冷却循环泵突然断电时，堆芯的水还可以通过喷射泵的扩压段对堆芯进行自然循环冷却，保证堆芯的安全。

由于沸水堆中作为冷却剂的水在堆芯中会产生沸腾，因此设计沸水堆时一定要保证堆芯的最大热流密度低于沸腾的"临界热流密度"，以防止燃料元件因传热恶化而烧毁。表 5-4 为德国主要沸水堆核电厂的主要参数。

表 5-4　　　　　　　　　　　　　沸水堆核电厂的主要参数

主要参数名称	参数值	主要参数名称	参数值
净热功率（MW）	3840	控制棒数目（根）	193
净电功率（MW）	1310	一回路系统数目	4
净效率（%）	34.1	压力容器内水的压力（MPa）	7.06
燃料装载量（t）	147	压力容积的直径（m）	6.62
燃料元件尺寸（外径×长度）（mm）	12.5×3760	压力容器的总高（m）	22.68
燃料元件的排列	8×8	压力容器的总重（t）	785
燃料组件数	784		

二、核电厂系统

核电厂是一个复杂的系统工程，它集中了许多高新技术。为了使核电厂能稳定、经济地运行，以及一旦发生事故时能保证反应堆的安全和防止放射性物质外泄，核电厂设置了各种辅助系统、控制系统和安全设施。以压水堆核电厂为例，有以下主要系统。

1. 核岛的核蒸汽供应系统

核蒸汽供应系统包括以下子系统：

（1）一回路主系统。它包括压水堆、冷却剂泵、蒸汽发生器、稳压器和主管道等。

（2）化学和容积控制系统。它的作用是实现对一回路冷却剂的容积控制和调节冷却剂中的硼浓度，以控制压水堆的反应性变化。

（3）余热排出系统。该系统又称停堆冷却系统，它的作用是在反应堆停堆、装卸料或维修时，用于导出燃料元件发出的余热。

（4）安全注射系统。该系统又称紧急堆芯冷却系统，它的作用是在反应堆发生严重事故，如一回路主系统管道破裂而引起失水事故时为堆芯提供应急的和持续的冷却。

（5）控制、保护和检测系统。它的作用是为上述四个系统提供检测数据，并对系统进行控制和保护。

2. 核岛的辅助系统

核岛的辅助系统包括以下主要的子系统：

（1）设备冷却水系统。它的作用是冷却所有位于核岛内的带放射性水。

（2）硼回收系统。它的作用是对一回路系统的排水进行储存、处理和监测，将其分离成符合一回路水质要求的水及浓缩的硼酸溶液。

（3）反应堆的安全壳及喷淋系统。核蒸汽供应系统大都置于安全壳内，一旦发生事故安全壳既可以防止放射性物质外泄，又能防止外来的袭击，如飞机坠毁等；安全壳喷淋系统则保证事故发生引起安全壳内的压力和温度升高时能对安全壳进行喷淋冷却。

（4）核燃料的装换料及储存系统。它的作用是实现对燃料元件的装卸料和储存。

（5）安全壳及核辅助厂房通风和过滤系统。它的作用是实现安全壳和辅助厂房的通风，同时防止放射性外泄。

（6）柴油发电机组。它的作用是为核岛提供应急电源。

3. 常规岛的系统

常规岛系统与火电厂的系统相似，它通常包括：

（1）二回路系统。该系统又称汽轮发电机系统，它由蒸汽系统、汽轮发电机组、凝汽器、蒸汽排放系统、给水加热系统及辅助给水系统等组成。

（2）循环冷却水系统。

（3）电气系统。

三、核电厂的运行

核电厂运行的基本原则和火电厂一样，都是根据电厂的电负荷需要量来调节供给的热量。由于核电厂是由反应堆供热，因此核电厂的运行和火电厂相比有以下一些新的特点：

（1）在火电厂中可以连续不断地向锅炉供应燃料，而核电厂必须对反应堆堆芯一次装料，并定期停堆换料。因此在堆芯换新料后的初期，过剩反应性很大，为了补偿过剩的反应性，除采用控制棒外，还需在冷却剂中加入硼酸，并通过硼浓度的变化来调节反应堆的反应性。这就给一回路主系统及其辅助系统的运行和控制带来一定的复杂性。

（2）反应堆的堆内构件和压力容器等因受中子的辐照而活化，所以反应堆不管是在运行中或停闭后都有很强的放射性，这就给电厂的运行和维修带来一定的困难。

（3）反应堆停闭后，在运行过程中积累起来的裂变碎片和 β、γ 衰变将继续使堆芯产生余热（又称衰变热），因此堆停闭后不能立即停止冷却，还必须把这部分余热排出去。此外，核电厂还必须考虑在任何事故工况下都能对反应堆进行紧急冷却。

（4）核电厂在运行过程中会产生气态、液态和固态的放射性废物，对这些废物必须按照核安全的规定进行妥善处理，以确保工作人员和居民的健康，而火电厂中这一问题是不存在的。

（5）与火电厂相比核电厂的建设费用高，但燃料所占的费用却较低。表 5-5 为核电和煤电发电费用的比较。因此为了提高经济性，核电厂应在额定功率下作为带基本负荷电厂连续运行，并尽可能缩短电厂的停闭时间。

表 5-5　　　　　　　　　　　核电和煤电发电费用的比较　　　　　　　　　　　　　%

项　　目	投　资　费	燃　料　费	运行、维修费
核　　电	70	20	10
煤　　电	30	60	10

第四节　核电厂的安全性

一、核电与核弹

在核电迅猛发展的今天，公众最关心的仍是核电的安全问题。首先公众提出的第一个问题是：核电厂的反应堆发生事故时会不会像核武器一样爆炸？回答是否定的。核弹是由高浓度（大于 90%）的裂变物质（几乎是纯 ^{235}U 或纯 ^{239}Pu）和复杂精密的引爆系统组成的，当引爆装置点火起爆后，弹内的裂变物质被爆炸力迅猛地压紧到一起，大大超过了临界体积，巨大核能在瞬间释放出来，于是产生破坏力极强、毁灭性的核爆炸。

核电反应堆的结构和特性与核弹完全不同，既没有高浓度的裂变物质，又没有复杂精密的引爆系统，不具备核爆炸所必须的条件，当然不会产生像核弹那样的核爆炸。核电反应堆通常采用天然铀或低浓度（约 3%）裂变物质作燃料，再加上一套安全可靠的控制系统，从而能使核能缓慢且可控制地释放出来。

二、核电厂放射性影响

核电厂的放射性也是公众最担心的问题。其实人们在生活中，每时每刻不知不觉地在接受来源于天然放射性的本底和各种人工放射性辐照。据法国资料，人体每年受到的放射性辐照的剂量约为 1.3mSv，其中包括：

（1）宇宙射线，0.4～1mSv，它取决于海拔高度。

（2）地球辐射，0.3～1.3mSv，它取决于土壤的性质。

（3）人体，约 0.25mSv。

（4）放射性医疗，约 0.5mSv。

（5）电视，约 0.1mSv。

（6）夜光表盘，约 0.02mSv。

（7）燃油电厂，约 0.02mSv。

（8）燃煤电厂，约 1mSv。

（9）核电厂，约 0.01mSv。

此外，饮食、吸烟、乘飞机都会使人们受到辐照的影响。从以上资料看，核电厂对居民辐照是微不足道的，比起燃煤电厂要小得多，因为煤中含镭，其辐照甚强。

三、核电安全性原则

安全通常定义为不存在危险或危险几率非常小，核电厂的安全性反映在如下几方面：

（1）无论内部或外部原因，损坏发电系统完善性的危险可以忽略不计。

（2）无论电厂正常或不正常运行，对运行人员伤害的危险可以略而不计。

（3）电厂运行对周围居民造成的危险或公害可以忽略不计。

对核电厂的核心部分——反应堆，其安全的三原则如下：

（1）在运行工况和事故工况条件下能保证反应堆安全停堆，并维持在安全停堆状态。

（2）停堆后能有效地排出堆芯余热。

（3）在预计运行事故和事故工况下能有效地控制放射性物质外逸，并限制其产生的后果。

国际原子能机构（WEA）于 1978 年制定了有关核电厂厂址选择、设计、运行和质量保证四个安全规程，并于 1988 年对上述四个规程进行了修改。我国国家核安全局也于 1986 年发布了相应的四个核安全法规，并于 1991 年对四个法规进行了修订。正是这些法规的实施使核电厂的安全有了可靠的保障。

四、反应堆的安全设计

反应堆的安全设计是核电厂安全的主要保证，为此核电厂对放射性裂变物质设置了如下 7 道屏障：

（1）陶瓷燃料芯块。芯块中只有小部分气态和挥发性裂变产物释出。

（2）燃料元件包壳。它包容燃料中的裂变物质，只有不到 0.5% 的包壳在寿命期内可能发生针眼大的小孔，从而有漏出裂变产物的可能。

（3）压力容器和管道。200～250mm 厚的钢制压力容器和 75～100mm 钢管包容反应堆的冷却剂，阻止泄漏进冷却剂中的裂变产物的放射性。

（4）混凝土屏蔽。厚达 2～3m 的混凝土屏蔽以保护运行人员和设备不受堆芯放射性辐照的影响。

（5）圆顶的安全壳构筑物。它遮盖电厂反应堆的整个部分，如反应堆泄漏，可防止放射性逸出。

（6）隔离区。它把电厂和公众隔离。

（7）低人口区。把厂址和居民中心隔开一段距离。

除了设置 7 道屏障外，为了保证堆芯的安全，在设计反应堆时必须使堆芯维持一负温度系数，以便在功率发生任何意外增长而使堆芯温度升高时，负温度系数会使反应堆失去临界条件而停止运行。另外，为防止灾难性核功率的剧增而使燃料棒变形，设计时必须考虑采用不变形的框架结构和可以自动复位的控制棒。

为了增加核电厂设计的安全性，国家核安全局还对安全设计作了特别的补充规定：

（1）对安全有重要意义的参数，必须配置足够的自动记录装置。

（2）设立一个与核电厂控制室分离的应急控制中心。

（3）应有严重事故情况下保持安全壳完整性的措施。

（4）在严重事故期间配备辐射防护监督的设备。

近几年计算方法和计算机的发展大大促进了反应堆安全设计和安全分析的进步。如在结构系统的设计中广泛采用可靠性分析与设计来代替传统的常规设计方法；采用各种大型计算软件对堆内假想事故进行安全分析等。

五、反应堆的工程安全防护

反应堆的工程安全防护对核电厂的安全起附加的保证作用，它应包括以下内容：

（1）全部反应堆部件在安装和维护期间均需进行质量监督。

（2）全部监督、控制设备均有裕度。

（3）反应堆的全部重要部件（泵、风机、仪表）均有备用电源。

（4）对包壳、反应堆压力容器、安全壳因事故引起的裂变物质泄漏均需设置连续屏障。

（5）制定详细的运行人员培训大纲、电厂正常操作和事故操作规程。

（6）对所有事故，特别是可想象到的最严重事故要有补救措施。

最近几年工程安全防护方面的进展如下：

（1）质保体系更加严格。

（2）监控设备、仪表更加先进，安全裕度增加。

（3）共因失效的原因及其对策的研究更加深入。

（4）防止放射性外泄到周围环境中去的措施日益完善。

（5）管理人员的素质更加良好，培训方式更加严格和具有针对性。

（6）针对暴力和破坏，核电厂的保卫也更加严格。

由于核技术的进步，使核电厂防御事故的能力大大增强，从而也使公众对发展核电更有信心，可以预计，21 世纪将是核电蓬勃发展的世纪。

第五节　21 世 纪 的 核 能

进入 21 世纪，核能的利用也将进入一个新的阶段。主要反映在可控核聚变的实现，以及加速器驱动的洁净核能系统。

一、核裂变商用核电厂的进步

从 20 世纪 60 年代中期到 90 年代末，即使目前在兴建的核电厂，还大多属于第二代的核能发电机组。第二代核电厂的建设形成了几个主要的核电厂类型，即压水堆核电厂、沸水堆核电厂、重水堆（CANDU）核电厂、气冷堆核电厂，以及压力管式石墨水冷堆核电厂。建成 441 座核电厂，最大的单机组功率 150 万 kW，总的运行业绩达到上万个堆年。期间出现过两次较大的事故，即三里岛核电厂事故和切尔诺贝利核电厂事故。

我国核电技术的引进是从引进法国机组开始的，同时开展了百万千瓦级大型商用核电技术的消化、吸收和创新工作。各核工业发达国家则从 20 世纪 80 年代末到 90 年代初陆续开始积极开发第三代核电机组。第三代核电机组的设计原则，是在采用第二代核电机组已积累的技术储备和运行经验的基础上，针对其不足之处，进一步采用经过开发验证是可行的新技术，以显著改善其安全性和经济性。

目前国际上比较成熟的第三代核电压水堆有 AP1000、EPR 和 System80＋三个型号。统观第三代核电厂，有下面几个特点。

1. 安全性方面

安全性方面主要满足：堆芯熔化事故概率不大于 1.0×10^{-5} 堆·年；大量放射性释放到环境的事故概率不大于 1.0×10^{-6} 堆·年；应有预防和缓解严重事故的设施；核燃料热工安全余量不小于 15%。

2. 经济性方面

在经济性方面要求能与联合循环的天然气电厂相竞争；机组可利用率不小于 87%；设计寿命为 60 年；建设周期不大于 54 个月。

3. 采用非能动安全系统

非能动安全系统是利用物质的重力，流体的对流、扩散等自然原理，设计不需要专设动力源驱动的安全系统，以适应在应急情况下冷却和带走堆芯余热的需要。这样，既使系统简化，设备减少，又提高了安全性和经济性。这是革新性的重大改进，是代表核安全发展方向的。

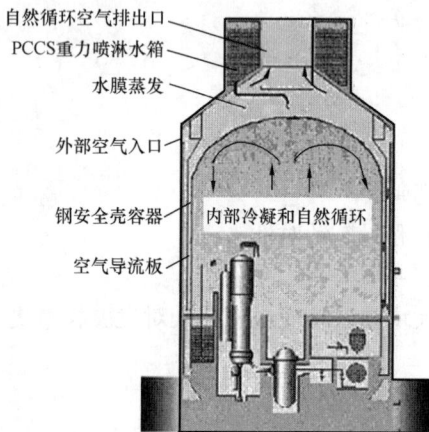

自然循环空气排出口
PCCS重力喷淋水箱
水膜蒸发
外部空气入口
钢安全壳容器
空气导流板
内部冷凝和自然循环

图 5-8　非能动安全壳冷却剂系统

非能动的安全系统包括非能动余热排出系统、非能动安全注射系统，以及非能动的安全壳冷却系统。图 5-8 为非能动安全壳冷却剂系统，它以钢安全壳作为传热界面，首先利用位于安全壳屏蔽厂房顶部的水箱，喷淋钢安全壳外表面；随后将空气从安全壳屏蔽构筑物顶部引入，沿导流板，经安全壳底部，再沿钢安全壳外表面向上流动，导出钢安全壳内部的热量，作为最终热井。

4. 单机容量进一步大型化

研究和工程建造经验表明，轻水堆核电厂的单位千瓦比投资是随单机容量（千瓦数）的加大而减少的（在单机容量为 150 万～170 万 kW 前均如此）。因此，欧洲法马通、德国电站联盟联合设计的 EPR 机组的电功率为 160 万～170 万 kW，日本三菱提出的 NP-21 型压水堆核电机组的电功率为 170 万 kW，俄罗斯也正在设计单机电功率为 150 万 kW 的 WWER 型第三代核电机组，美国西屋公司和燃烧公司也在原单机容量为 65 万 kW 的 AP600 型的基础上改进，设计出单机电功率为 110～120 万 kW 的 AP1000 型机组。

5. 采用整体数字化控制系统

国外近年来新建成投产的核电机组均采用了数字化仪控系统。经验证明，采用数字化仪表控制系统可显著提高可靠性，避免误操作。世界各国核电设计和机组供应商提出的第三代核电机组无一例外地采用整体数字化仪表控制系统。

6. 施工建设模块化以缩短工期

核电建设工期的长短对其经济性有显著影响。因此，新的核电机组从设计开始就考虑如何缩短工期。有效办法之一就是改变传统的把单项设备逐一运往工地安装方式，向模块化方向发展：以设计标准化和设备制造模块化的方式尽可能在制造厂内（条件较工地好）组装好，减少现场施工量以缩短工期。美国和日本联合建设的 ABWR 机组已成功地采用了这种技术。美国 AP1000 也将采用模块化设计、建造技术，其工期可缩短为 48 个月。

二、可控核聚变

核聚变反应是在极高温度下发生的。在这种极高的温度下，参加反应的原子（氘原子、氚原子等）核外电子都被剥离，成为裸露的原子核，这种由完全带正电的原子核（离子）和带负电的电子构成的高度电离的气体称为等离子体。显然，要实现可控核聚变除了需要极高温度外，还需要解决等离子体密度和约束时间问题。众所周知，辐射传热与温度的四次方成正比，在发生核聚变的超高温下，等离子体以辐射的形式损失的热量是非常巨大的。显然，如果聚变反应释放的能量小于辐射损失的话，热核反应就会中止。通常随着温度的增加，辐射损失和释能速度都迅速增加，只是释能速度增加得更快一些，因此就存在某一临界温度，当超过这一温度时，聚变反应就能持续进行，这一临界温度称为临界点火温度。对于氘-氚反应，临界点火温度约为 4400 万℃，纯氘反应，点火温度约为 2 亿℃。要维持聚变反应堆的运转更需要比临界点火温度高得多的温度，例如据计算氘-氚反应堆的最低运转温度高达1 亿℃，纯氘反应堆的温度需 5 亿℃。

从核物理学可知，等离子体的密度越大，即单位体积内的原子核数目越多，核聚变反应就越容易持续进行。密度增大 10 倍，聚变反应的可能性就增加 100 倍。除了等离子体密度外，等离子体的约束时间也是一个重要因素，约束时间越长就越有利于聚变反应。研究结果表明，等离子体的密度和约束时间的乘积必须大于某一数值，热核反应才能持续进行。在核物理中将这一条件称为劳逊条件，表 5-6 给出了可控核聚变反应堆需要满足的基本条件。

表 5-6　　　　　　　可控核聚变反应堆需要满足的基本条件

反应堆类型	最低温度（K）	等离子体密度（个/cm³）	最少约束时间（s）	劳逊条件（s 个/cm³）
氘-氚反应	10^8	$10^{14}\sim10^{16}$	$1\sim0.01$	10^{14}
氘-氚反应	5×10^8	0.2 $(10^{14}\sim10^{16})$	$500\sim5$	10^{16}

核聚变反应等离子体的温度极高，显然任何材料制成的器壁都承受不了如此高温，因此必须对等离子体进行约束，即将它与周围环境隔离开来。目前有两种不同的约束途径，磁约束和惯性约束。

1. 磁约束系统

由于高温等离子体是由高速运动的荷电粒子（离子、电子）组成，因此人们最早想到的是用高强磁场对其进行约束。显然磁场越强，或者粒子的电荷越大，受到的约束就越强。如果利用设计的磁场来约束高温等离子体，使带电粒子不能自由地向四面八方运动，而只能沿着一个螺旋形的轨道运动，这样磁场的作用就相当于一个容器了。这就是磁约束系统的指导思想。

磁约束有各种不同的形式，其中一种叫托卡马克的系统是目前性能最好的磁约束装置，图 5-9 为托卡马克磁约束系统示意。

在托卡马克系统中，等离子约束在一个环形管中，环形管中同时存在由绕在环管上线圈所产生的环向磁场以及由等离子

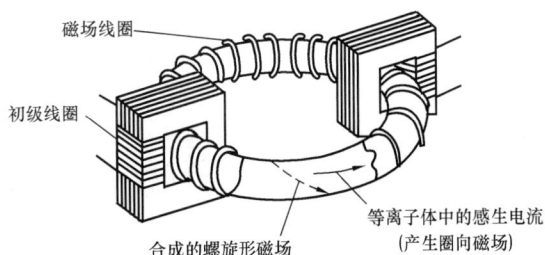

图 5-9　托卡马克磁约束系统示意

体感生电流所产生的圈向磁场。这两个磁场合起来就形成了一个螺旋形的总磁场。目前国际联合的托卡马克项目（INTEL）已经进入到点火实验阶段，但要实现磁约束核聚变反应堆，还有很长的路要走，因为核聚变反应堆的任务不光是连续地实现可控的核聚变反应，还必须不断地把聚变能变为电能输出，这就需要解决一系列复杂的工程问题。例如，等离子加热和控制；燃料注入和聚变能的取出；如何利用聚变反应释放的中子就地生产氚燃料以及核辐射防护等。由国际上主要核国家花费十多年、耗资近 15 亿美元启动的国际热核试验堆 ITER 项目，将解决通向聚变电站的关键问题。欧盟、美国和日本都明确提出在 35 年内建立聚变示范堆的目标，在 21 世纪中叶有可能实现聚变能的商用。

2. 惯性约束系统

激光的问世，使人们联想到用激光来实现核聚变的惯性约束，其基本设想是，在原子核飞行的极短时间内完成聚变反应，就无需采取什么措施来约束等离子体，这样等离子体将被自身惯性约束。惯性约束的关键是在极短的时间内能完成核聚变反应，为此需将燃料制成微型丸，丸的半径为 1mm。为了使这种微丸的温度升至 1 亿℃，即核聚变点火温度，需要向它提供约 100MJ 的能量。另外，据计算，一个半径为 1mm 的燃料丸，在点火温度下的惯性约束时间约为 2×10^{-10} s，要在这样短的时间内向如此小的微丸提供那样大的能量，显然是非常困难的。由于激光束具有高能量和短脉冲特性，无疑是向微丸提供能量的最好手段。但目前的激光技术还远达不到上述要求，这一方面是产生高能的短脉冲强激光需要耗费大量的能量，另一方面如果燃料丸处于正常的液态密度，则聚变反应所需的时间为 2×10^{-7} s，远远大于惯性约束的时间，这意味着在惯性约束的时间内燃料丸只来得及反应掉 0.1%，释放的能量仅为 100MJ 的 1/3，因此从能量利用的角度将是得不偿失的。理论分析表明，只有极大地提高燃料丸的密度，才能加快聚变反应的速度，使惯性约束时间内释放的能量大大增加。目前正在研究的方法是，用几路或十几路短脉冲强激光从不同方向集中轰击氘氚微丸，使微丸加热到聚变点火温度并同时产生向心爆炸。这个向心爆炸的巨大压力将使燃料大大压缩，据计算可以将其密度压缩到液态密度的一万倍。这种激光引爆方法将获得净能量输出。

在惯性约束系统中，激光束引发的核聚变和氢弹中核心的加热、压缩、聚合、起爆过程非常类似，因此其研究也常常和核武器计划相联系。

第六章 可再生能源

第一节 太 阳 能

一、概述

太阳是巨大、久远、无尽的能源。尽管太阳辐射到地球大气层的能量仅为其总辐射能量（约为 3.75×10^{26} W）的 22 亿分之一，但已高达 1.73×10^{17} W，换句话说，太阳每秒照射到地球上的能量就相当于 500 万 t 煤。图 6-1 是地球上的能流图。从图上可以看出，地球上的风能、水能、海洋温差能、波浪能和生物质能以及部分潮汐能都是来源于太阳，即使是地球上的化石燃料从根本上说也是远古以来储存下来的太阳能。

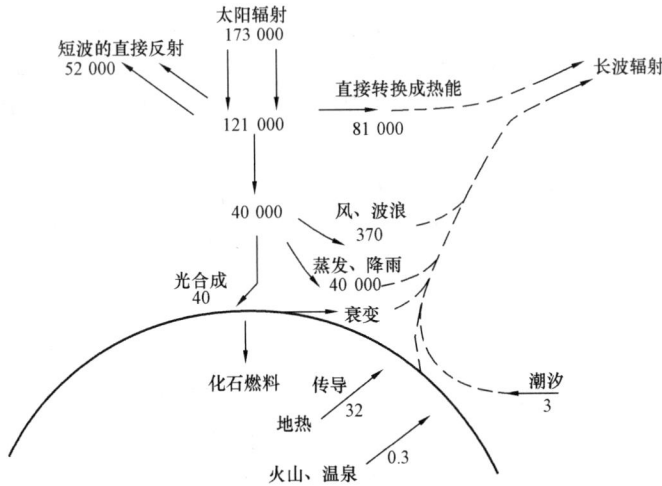

图 6-1 地球上的能流图（单位 10^6 MW）

我国太阳能资源丰富。根据中国气象科学研究院的研究，有 2/3 以上国土面积，年日照在 2000h 以上，年平均辐射量超过 $0.6GJ/cm^2$，表 6-1 为我国太阳能资源的分布。

表 6-1　　　　　　　　　　　　　我国太阳能资源的分布

地区分类	全年日照时数	太阳辐射年总量 [kcal/(cm²·a)]	相当于燃烧标准煤 (kg)	包 括 的 地 区	与国外相当的地区
一	2800～3300	160～200	230～280	宁夏北部、甘肃北部、新疆东南部、青海西部和西藏西部	印度和巴基斯坦北部
二	3000～3200	140～160	200～230	河北北部、山西北部、内蒙古和宁夏南部、甘肃中部、青海东部、西藏东南部和新疆南部	印度尼西亚的雅加达一带

续表

地区分类	全年日照时数	太阳辐射年总量 $[kcal/(cm^2 \cdot a)]$	相当于燃烧标准煤（kg）	包 括 的 地 区	与国外相当的地区
三	2200～3000	120～140	170～200	山东、河南、河北东南部、山西南部、新疆北部、吉林、辽宁、云南、陕西北部、甘肃东南部、广东和福建的南部、江苏和安徽的北部、北京	美国华盛顿地区
四	1400～2200	100～120	140～170	湖北、湖南、江西、浙江、广西、广东北部、陕西南部、江苏和安徽南部、黑龙江	意大利米兰地区
五	1000～1400	80～100	110～140	四川和贵州两省	法国巴黎、俄罗斯莫斯科

太阳能既是一次能源，又是可再生能源。它资源丰富，既可免费使用，又无需运输，对环境无任何污染。但太阳能也有两个主要缺点：一是能流密度低；二是其强度受各种因素（季节、地点、气候等）的影响不能维持常量。这两大缺点大大限制了太阳能的有效利用。

人类对太阳能的利用已有悠久历史。太阳能利用主要包括太阳能热利用和太阳能光利用。太阳能热利用应用很广，如太阳能热水、供暖和制冷，太阳能干燥农副产品、药材和木材，太阳能淡化海水，太阳能热动力发电等。太阳能光利用主要是太阳能光伏发电和太阳能制氢。由于常规能源的日渐短缺，在世界各国政府的大力支持下，作为可再生能源主力的太阳能将在全球能源供应中扮演越来越重要的角色。

二、太阳辐射

太阳是一个炽热的气态球体，它的直径约为 $1.39 \times 10^6 km$，质量约为 $2.2 \times 10^{27} t$，为地球质量的 3.32×10^5 倍，体积则比地球大 1.3×10^6 倍，平均密度为地球的 $1/4$。其主要组成气体为氢（约 80%）和氦（约 19%）。由于太阳内部持续进行着氢聚合成氦的核聚变反应，所以不断地释放出巨大的能量，并以辐射和对流的方式由核心向表面传递热量，温度也从中心向表面逐渐降低。由核聚变可知，氢聚合成氦在释放巨大能量的同时，每 $1g$ 质量将亏损 $0.007\ 2g$。根据目前太阳产生核能的速率估算，其氢的储量足够维持 100 亿年，因此太阳能可以说是用之不竭的。

众所周知，地球每天绕着通过它本身南极和北极的"地轴"自西向东自转一周。每转一周为一昼夜，所以地球每小时自转 $15°$。地球除自转外还循偏心率很小的椭圆轨道每年绕太阳运行一周。地球自转轴与公转轨道面的法线始终成 $23.5°$。地球公转时自转轴的方向不变，总是指向地球的北极。因此地球处于运行轨道的不同位置时，太阳光投射到地球上的方向也就不同，于是形成了地球上的四季变化（见图 6-2）。

由于地球以椭圆形轨道绕太阳运行，因此太阳与地球之间的距离不是一个常数，而且一年里每天的日地距离也不一样。众所周知，某一点的辐射强度与距辐射源的距离的平方成反比，这意味着地球大气上方的太阳辐射强度会随日地间距离不同而异。然而，由于日地间距离太大（平均距离为 $1.5 \times 10^8 km$），所以地球大气层外的太阳辐射强度几乎是一个常数。因此人们就采用所谓"太阳常数"来描述地球大气层上方的太阳辐射强度。它是指平均日地距离时，在地球大气层上界垂直于太阳辐射的单位表面积上所接受的太阳辐射能。近年来通过各种先进手段测得的太阳常数的标准值为 $1367W/m^2$。一年中由于日地距离的变化所引起太阳辐射强度的变化不超过±3.4%。

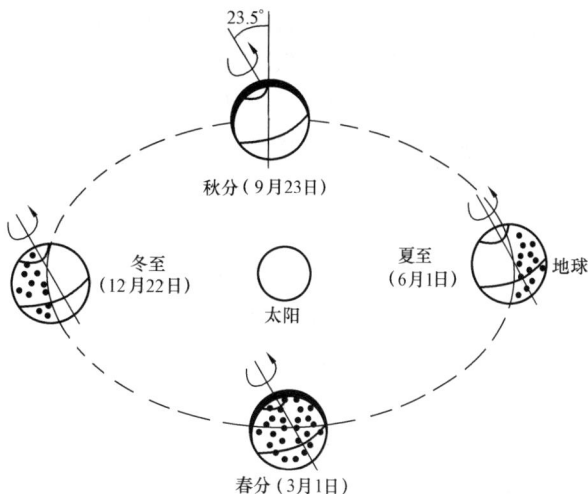

图 6-2　地球绕太阳运行的示意

太阳辐射穿过大气层而到达地面时，由于大气中空气分子、水蒸气和尘埃等对太阳辐射的吸收、反射和散射，不仅使辐射强度减弱，还会改变辐射的方向和辐射的光谱分布。因此实际到达地面的太阳辐射通常是由直射和漫射两部分组成的。直射是指直接来自太阳且辐射方向不发生改变的辐射；漫射是被大气反射和散射后方向发生了改变的太阳辐射。

到达地面的太阳辐射主要受大气层厚度的影响。大气层越厚，对太阳辐射的吸收、反射和散射就越严重，到达地面的太阳辐射就越少。此外，大气的状况和大气的质量对到达地面的太阳辐射也有影响。显然太阳辐射穿过大气层的路径长短与太阳辐射的方向有关。因此，地球上不同地区、不同季节、不同气象条件下到达地面的太阳辐射强度都是不同的。通常根据各地的地理和气象情况，将到达地面的太阳辐射强度制成各种可供工程使用的图表，它们不但对太阳能利用，而且对建筑物的采暖、空调设计也是至关重要的数据。

三、太阳能热利用

（一）太阳能集热器

太阳能集热器是把太阳辐射能转换成热能的设备，它是太阳能热利用中的关键设备。太阳能集热器按是否聚光这一主要特征可以分为非聚光和聚光两大类。

1. 平板集热器

平板集热器是非聚光类集热器中最简单且应用最广的集热器。它吸收太阳辐射的面积与采集太阳辐射的面积相等，能利用太阳的直射和漫射辐射。典型的平板集热器如图 6-3 所示。

（1）吸热体。它的作用是吸收太阳能并将其内的流体加热。它包括吸热面板和与吸热面板结合良好的流体管道，为提高吸热效率，吸热板常经特殊处理或涂有选择性涂层，选择性涂层对太阳的短波辐射具有很高的吸收率，而本身发射出的长波辐射的发射率却很低，这样既可吸收更多的太阳辐射能，又可减少吸热体因本身辐射而造成的对环境的热损失。

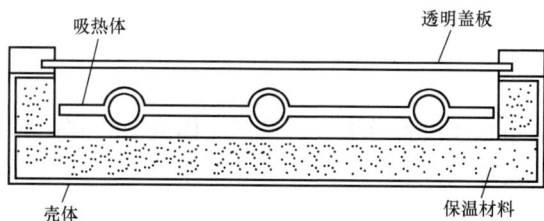

图 6-3　典型的平板集热器

（2）透明盖板。它布置在集热器的顶部，其作用是减少集热板与环境之间的对流和辐射散热，并保护集热板不受雨、雪、灰尘的侵袭。透明盖板应对太阳光透射率高，而自身的吸收率和反射率却很低。为提高集热器效率可采用两层盖板。

（3）保温材料。它填充在吸热体的背部和侧面，其作用是防止集热器向周围散热。

（4）外壳。它是集热器的骨架，应具有一定的机械强度，良好的水密封性能和耐腐蚀性能。

经过多年发展，平板集热器的性能日益提高，型式多样，规格齐全，能满足各种太阳能热利用装置的需要。近年来真空管平板集热器有了很大发展，它是将单根真空管装配在复合抛物面反射镜的底面，兼有平板和固定式聚光的特点。它能吸收太阳光的直射和 80% 的散射。由于复合抛物面反射镜是一种性能优良的广角聚光镜，集热管为双层玻璃真空绝热，隔热性能优良，工作流体通道采用不锈钢管，集热面为选择性吸收热表面，因此这种真空管平板集热器性

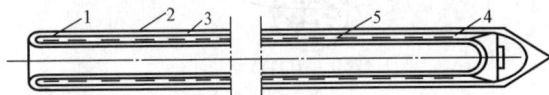

图 6-4　全玻璃真空集热管
1—内玻璃管；2—外玻璃管；3—真空夹层；
4—带有吸气剂的卡子；5—选择性涂层

能优良，工作温度最高可超过 175℃。即使在环境温度比较低和风速较高的情况下，也有较高的效率，已广泛用于家庭热水采暖、空调和工业热利用中。图 6-4 为全玻璃真空集热管的示意。

2. 聚光集热器

平板集热器直接采集自然阳光，集热面积等于散热面积，理论上不可能获得较高的运行温度。为了更有效地利用太阳能就必须提高入射阳光的能量密度，使之聚焦在较小的集热面上，以获得较高的集热温度，并减少散热损失，这就是聚光集热器的特点。

聚光集热器通常由三部分组成：聚光器、吸收器和跟踪系统。其工作原理是，自然阳光经聚光器聚焦到吸收器上，加热吸收器内流动的集热介质；跟踪系统根据太阳的方位随时调节聚光器的位置，以保证聚光器的开口面与入射太阳辐射总是互相垂直的。

提高自然阳光能量密度的聚光方式很多，根据光学原理可以分为反射式和折射式两大类。反射式是指依靠镜面反射将阳光聚集到吸收器上，常用的有槽形抛物面和旋转抛物面反射镜、圆锥反射镜、球面反射镜等；折射式是利用制成棱状面的透射材料或一组透镜使入射阳光产生折射再聚集到吸收器上。

聚光集热器的跟踪装置大体上可以分为两类：两维跟踪系统和一维跟踪系统。前者跟踪系统同时跟踪太阳的方位角和高度角的变化，通常采用光电跟踪方式。后者只跟踪太阳的方位角，对高度角只作季节性调整，通常采用光电跟踪或时钟机械跟踪。时钟机械跟踪精度虽比不上光电跟踪，但结构简单，维修方便，且无需外部动力，对一些小型聚光集热器颇为经济实用。

（二）太阳能热水器

太阳能热利用中历史最悠久，应用得最广泛的就是太阳能热水器。自 1891 年美国马里兰州的肯普发明第一台太阳能热水器以来至今已有一百多年的历史。发展到今天日本就有一千万幢以上的住宅安装了太阳能热水器。

太阳能热水器通常由平板集热器、蓄热水箱和连接管道组成。按照流体流动的方式可将太阳能热水器分成三大类：闷晒式、直流式和循环式。

1. 闷晒式

闷晒式的特点是水在集热器中不流动，闷在其中受热升温，故称闷晒式。这种热水器结

构十分简单，当集热器中的水升温到一定值时即可放水使用。

2. 直流式

直流式热水器由集热器、蓄热水箱和相应的管道组成。水在这种系统中并不循环，故称直流式。为使集热器中出来的水有足够的温升，水的流量通常都比较小。

3. 循环式

循环式太阳能热水器是应用最广的热水器。按照水循环的动力又可分为自然循环和强迫循环。图 6-5 是自然循环式太阳能热水器示意。水箱中的冷水从集热器的底部进入，吸收太阳能后温度升高，密度降低，与冷水之间形成的密度差构成了循环的动力。当循环水箱顶部的水温达到使用温度的上限时，则由温控器打开电磁阀使热水流入热水箱，与此同时补给水箱自动补水。当水温低于使用温度的下限时，温控器使电磁阀关闭。这种装置可使用户得到所需温度的热水，使用起来非常方便。

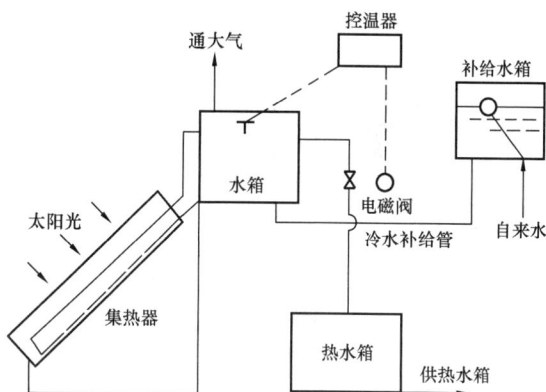

图 6-5 自然循环式太阳能热水器示意

因为自然循环压头小，对于大型太阳能供热水系统通常就需要采用强迫循环，由泵提供水循环的动力。

（三）太阳能采暖

太阳能采暖可以分为被动式和主动式两大类。被动式是依靠建筑物结构本身充分利用太阳能来达到采暖的目的，因此它又称为被动式太阳房；主动式利用太阳能集热器和相应的蓄热装置作为热源来代替常规热水（或热风）采暖系统中的锅炉。

1. 被动式太阳房

图 6-6 是最简单的自然供暖的被动式太阳房示意。这种太阳房白天的中午直接依靠太阳辐射供暖，多余的热量被热容量大的建筑物本体（如墙、天花板、地基）及由碎石填充的蓄热槽吸收；夜间通过自然对流放热使室内保持一定的温度，达到采暖的目的。这种太阳房构造简单，取材方便，造价便宜，无需维修，有自然的舒适感，特别适合发展中国家的广大农村。

为进一步提高被动式太阳房的采暖效率，增大接收阳光的窗户面积，同时采用隔热套窗和双层玻璃窗来防止散热是首先应采取的措施。对被动式太阳房的进一步改进是在向阳的垂直的玻璃窗面内装厚约 60cm 的混凝土墙，墙涂黑，兼作集热和蓄热壁。玻璃窗面和墙之间留有 30～50mm 夹层。墙上下两端开有长方形的通气孔。当墙壁吸收阳光被加热后，夹层中的热空气就通过上端开孔流入房间中；冷空气则从下端开孔流进夹层，

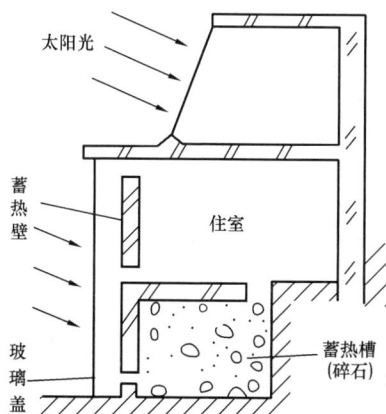

图 6-6 被动式太阳房示意

构成自然循环，从而达到采暖的目的。这种带蓄热墙的太阳房是 1967 年由法国人特朗布提出的，故这种结构的太阳房又称作特朗布墙太阳房。

被动式太阳房形式多样，建筑技术简单，便宜、舒适。我国从 1977 年开始就开展了不同型式太阳房的试验研究和推广工作，建立了几十座试验性太阳房。随着农村经济的发展，在我国西北、华北等太阳能丰富的地区将建起多座被动式太阳房。

2. 主动式太阳能采暖

主动式太阳房的结构型式很多，图 6-7 是一典型的不带辅助锅炉的主动式太阳房。它利用集热器产生的热水采暖，结构简单，蓄热器置于室外，室内又是由地板供暖，故不占用室内居住面积是这种系统的一大优点。

因为太阳辐射受天气影响很大，为保证室内能稳定供暖，并在供暖的同时还能供热水，因此对比较大的住宅和办公楼通常还需配备辅助热水锅

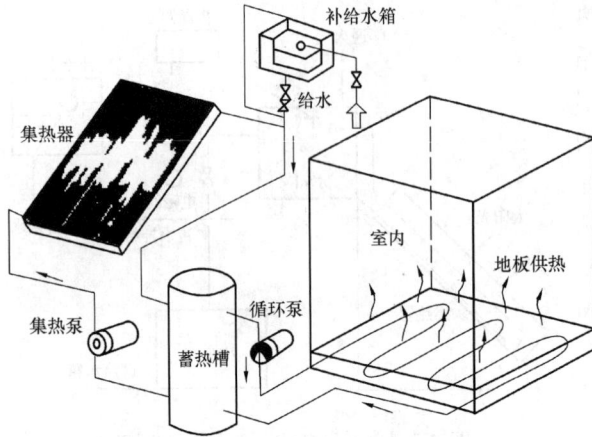

图 6-7　不带辅助锅炉的主动式太阳房

炉。来自太阳能集热器的热水先送至蓄热槽中，再经三通阀将蓄热槽和锅炉的热水混合，然后送到室内暖风机组给房间供热（见图 6-8）。这种太阳房可全年供热水。除了上述热水集热、热水供暖的主动式太阳房外，还有热水集热、热风供暖太阳房以及热风集热、热风供暖太阳房。前者的特点是热水集热后，再用热水加热空气，然后向各房间送暖风；后者采用太阳能空气集热器。热风供暖的缺点是送风机噪声大，功率消耗高。

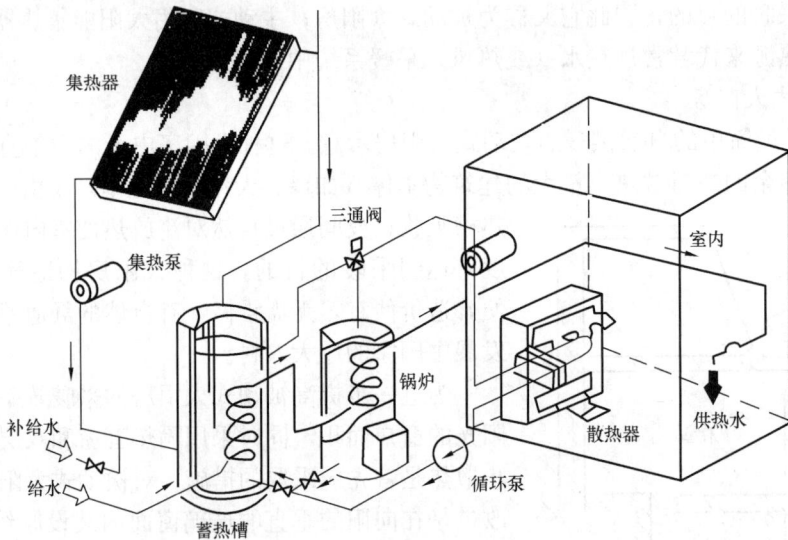

图 6-8　带辅助锅炉的主动式太阳房

（四）太阳能干燥

自古以来，人们就广泛采用阳光下直接曝晒的方法来干燥各种农副产品。这种传统干燥

方法极易遭受灰尘和虫类的污染以及容易被雨淋湿，严重影响产品质量，干燥时间也长。为此近年来世界各国对太阳能干燥进行了许多研究。太阳能干燥不但可以节约燃料，缩短干燥时间，而且由于采用专门的干燥室，因此干净卫生，必要时还可采用杀虫灭菌措施，既可提高产品质量，又可延长产品储存时间。

　　按干燥器（或干燥室）获得能量的方式太阳能干燥可分为集热器型干燥器、温室型干燥器和集热器—温室型干燥器。集热器型干燥器是利用太阳能空气集热器，先把空气加热到预定温度后再送入干燥室，干燥室视干燥物品的类型多种多样，如箱式、窑式、固定床式或流动床式等。图 6-9 是集热器型干燥器示意。

　　温室型干燥器其温室就是干燥室，它直接接受太阳的辐射能。集热器-温室型干燥器则是上述两种形式的结合（见图 6-10）。其温室顶部为玻璃盖板，待干燥物品放在温室中的料盘上，它既直接接受太阳辐射加热，又依靠来自空气集热器的热空气加热。

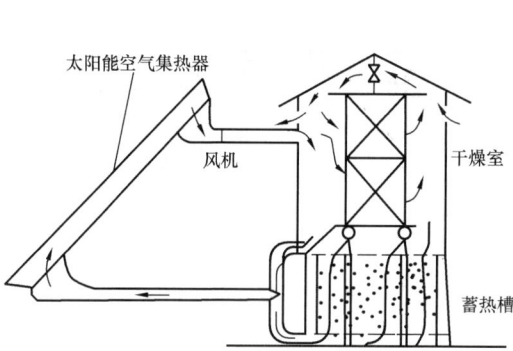

图 6-9　集热器型干燥器

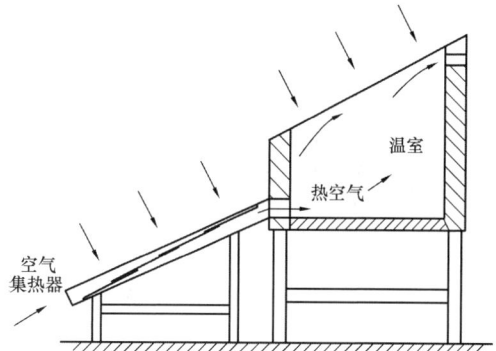

图 6-10　集热器-温室型干燥器

　　我国土地辽阔，农副产品丰富，品种很多，太阳能干燥器结构简单，配以简单的辅助热源，即可连续工作，不但在农村有广阔的前途，而且城市农副产品加工也可使用。

（五）太阳能海水淡化

　　地球上的水资源中含盐的海水占了 97%，随着人口增加，大工业发展，使得城市用水日趋紧张。为了解决日益严重的缺水问题，海水淡化越来越受重视。世界上第一座太阳能海水蒸馏器是由瑞典工程师威尔逊设计，1872 年建成的，面积为 44 504m²，日产淡水 17.7t。这座太阳能蒸馏海水淡化装置一直工作到 1910 年，可见太阳能海水淡化的悠久历史。20 世纪 70 年代后，由于能源危机的出现，太阳能海水淡化也得到了更迅速的发展。

　　太阳能海水淡化装置中最简单的是池式太阳能蒸馏器（见图 6-11）。它由装满海水的水盘和覆盖在其上的玻璃或透明塑料盖板组成。水盘表面涂黑，底部绝热。盖板成屋顶式，向两侧倾斜。太阳辐射通过透明盖板，被水盘中的水吸收，蒸发成蒸汽。上升的蒸汽与较冷的盖板接触后被凝结成水，顺着倾斜盖板流到集水沟中，再注入集水槽。这种池式太阳能蒸馏器是一种直接蒸馏器，它直接利用太阳能加热海水并使之蒸发。池式太阳能蒸馏器结构虽简单，但产淡水的效率也低。

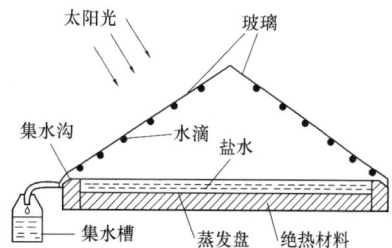

图 6-11　池式太阳能蒸馏器

　　还有一类多效太阳能蒸馏器。它是一种间接太阳能蒸馏器，主要由吸收太阳能的集热器和海水蒸发器组成，并利用集热器中的热水将蒸发器中的海水加热蒸发。图 6-12 是德国设计的平板型多效太阳能蒸馏器示意。这种装置能连续制取淡水。

　　在干旱的沙漠地带将咸水淡化和太阳能温室结合起来非常有前途，图 6-13 就是这种装置。这种装置采用特殊的滤光玻璃，这种玻璃只阻挡阳光中的红外线，而让可见光和紫外线透过，以供植物光合作用之需。白天用盐水喷洒在滤光玻璃板上，吸走由于吸收红外线所产生的热量，然后流回热水池中。夜晚储存的热水重新循环，向温室提供热量。洒在玻璃板上的盐水有一部分蒸发，产生的蒸汽凝结在温室外墙板的反面，然后顺板流入淡水回收池中。从海水或咸水中制取的淡水除用来灌溉温室中的植物外，剩余的淡水还可用于其他目的。

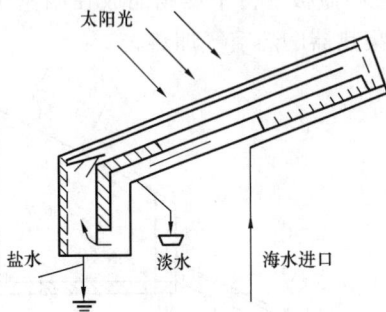

图 6-12　平板型多效太阳能蒸馏器

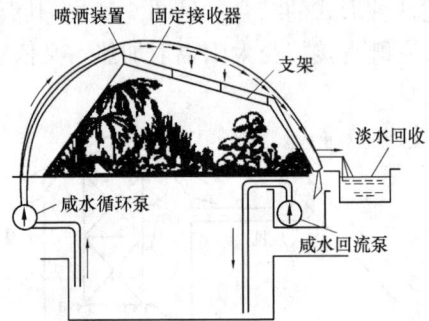

图 6-13　太阳能咸水淡化温室

（六）太阳能制冷和空调

　　利用太阳能作为动力源来驱动制冷或空调装置有着诱人的前景，因为夏季太阳辐射最强，也是最需要制冷的时候。这与太阳能采暖正好相反，越是冬季需要采暖的时候，太阳辐射反而最弱。太阳能制冷可以分为两大类，一类是先利用太阳能发电，再利用电能制冷；另一类是利用太阳能集热器提供的热能去驱动制冷系统。最常用的制冷系统有吸收式制冷和太阳能吸附式制冷。

　　太阳能吸收式制冷系统一般采用溴化锂-水，或氨-水作为工质。图 6-14 为太阳能氨水吸收式制冷系统。

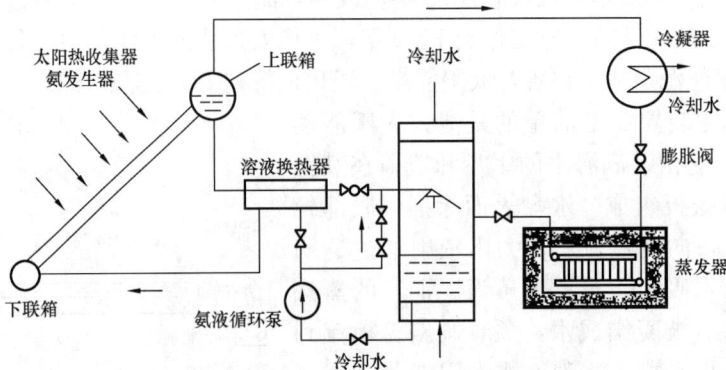

图 6-14　太阳能氨水吸收式制冷系统

此种系统要求热源的温度比较高，一般采用真空管集热器或聚光集热器。太阳能溴化锂-水吸收式制冷系统，对热源的温度要求较低，一般为 90～100℃ 即可，因此特别适合于利用太阳能，因为一般平板型和真空管集热器均可达到这一温度。太阳能吸附式制冷的原理和普通吸附式制冷的原理一样，与吸收式制冷相比，其结构简单，但制冷量较小，适合于作太阳能冰箱。利用太阳能既采暖又空调是太阳能热利用的主要方向之一。图 6-15 为太阳能热水、采暖和空调综合系统的示意。

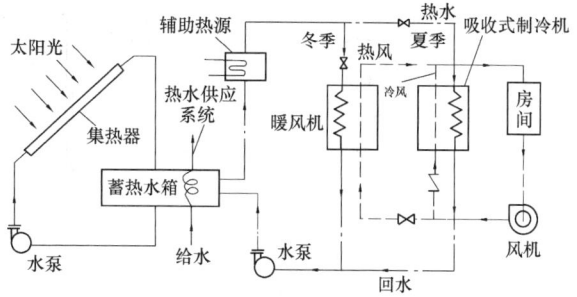

图 6-15　太阳能热水、采暖和空调综合系统示意

（七）太阳池

太阳池是一种人造盐水池。它利用具有一定盐浓度梯度的池水作为太阳能的集热器和蓄热器，从而为大规模廉价利用太阳能开辟了一条广阔的途径。

1. 太阳池工作原理

由于水对太阳辐射中的长波是不透明的，因此到达太阳池水面的长波部分（红外线）在水面以下几厘米就被吸收了。而短波部分（可见光和紫外线）则可穿过清水层达到太阳池涂黑的池底，并被池底吸收。太阳池中盐水的作用是利用一定的盐浓度梯度，阻止底层水和表层水之间的自然对流。由于水体和池底周围土壤的热容量非常大，这样太阳池就变成了一个巨大的太阳能集热器和蓄热体。为了进一步改善太阳池的性能，通常可以在池中部加一透明塑料制的下隔层，以进一步阻止池中水的自然对流。在池的顶部也加一上隔层，用以防止池表层水的蒸发并避免风吹的影响。建造良好的太阳池，其底层水可接近沸腾温度。图 6-16 为太阳池示意。

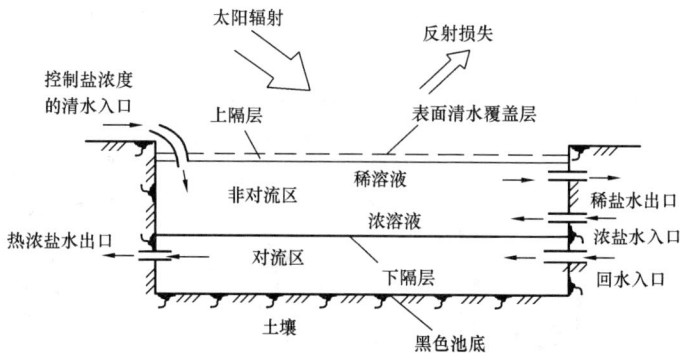

图 6-16　太阳池示意

2. 太阳池的应用

太阳池的储热量很大，因此可以用来采暖、制冷和空调。许多国家都利用太阳池为游泳池提供热量或为健身房供暖，或用于大型温室。其中利用太阳池发电是最为吸引人的。图 6-17 为太阳池发电系统的原理示意。它的工作过程是：先把池底层的热水抽入蒸发器，使蒸发器中的低沸点的有机工质蒸发，产生的蒸汽推动汽轮机做功；排汽再进入冷凝器冷凝。冷凝液通过循环泵抽回蒸发器，从而形成循环，太阳池上部的冷水则作为冷凝器的冷却水，因此整个系统十分紧凑。

20 世纪 60 年代初，以色列在死海建立了第一座太阳池装置，20 世纪 80 年代以色列在

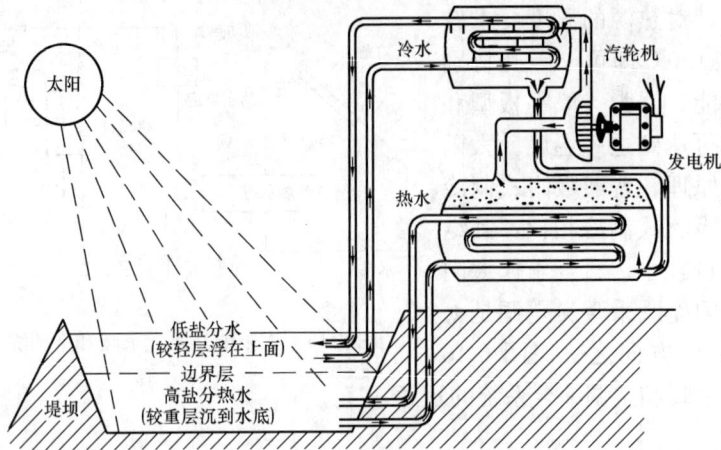

图 6-17　太阳池发电系统原理示意

死海又建了一座功率为 5MW 的太阳池发电站。20 世纪 80 年代以后，世界各国陆续建立了不少太阳池发电站。由于太阳池发电的成本远低于其他太阳热发电方法，其价格还可同燃油电站竞争，因此 21 世纪将有较大发展。

（八）太阳能热动力发电

按照太阳能采集方式，当前太阳能热动力发电可分为三种：太阳能抛物槽式发电、太阳能塔式发电、太阳能碟式发电。其中，抛物槽式发电的发展最为迅速，已经实现大规模的商业运行，塔式和碟式仍处于示范阶段。

典型的太阳能热动力发电站由五个子系统组成：聚光集热子系统、蓄热子系统、辅助能源子系统、监控子系统和热动力发电子系统。主要零部件包括：定日镜阵列、吸热器、传热介质、换热器、储热系统、控制系统、汽轮发电机等。典型的太阳能塔式光热发电系统如图 6-18 所示。

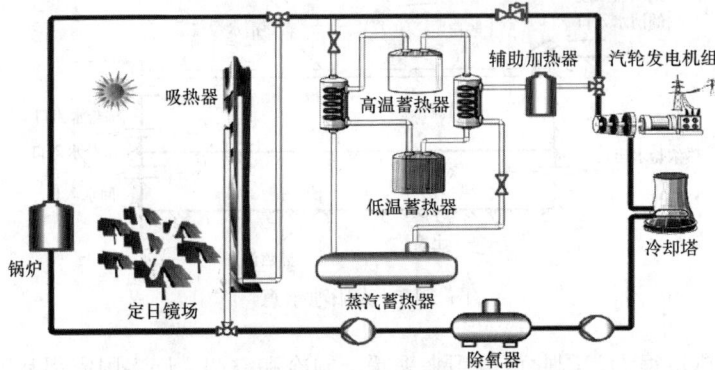

图 6-18　典型的太阳能塔式光热发电系统

槽式太阳能热发电系统全称为槽式抛物面反射镜太阳能热发电系统，该系统将多个槽形抛物面聚光集热器经过串联、并联的排列，利用槽形抛物面反射镜将太阳光聚焦到安装在抛物线形反光镜焦点上的线形接收器上，加热流过接收器的热传导液，热传导液在换热器内产生高压、高温蒸汽，最后将蒸汽送入常规的蒸汽涡轮发电机发电。

槽型抛物面镜集热器是一种线聚焦集热器，聚光性能比塔式系统和碟式系统低，通常为10～100，吸收器的散热面积也较大，因而集热器介质工作温度一般不超过 600℃，属于中温系统。由于目前大部分的槽式太阳能电站采用导热油作为载热工质，运行温度一般只有400℃。图 6-19 为美国内华达州圆石城的槽式太阳能热发电站的外景。

碟式（又称盘式）太阳能热发电系统利用碟（盘）状抛物面镜将入射阳光聚集到聚光集热器的焦点处，传热工质流经集热器吸收太阳光转换成的热能，然后驱动热机运转，并带动发电机发电，一般在焦点处安装斯特林发动机发电。

碟式太阳能热发电系统一般由旋转抛物面反射镜、高温吸热器、跟踪传动装置以及热功转换装置、发电储能装置等组成。整个碟式发电系统安装于一个双轴跟踪支撑装置上，实现定日跟踪。碟式反射镜可以是一整块抛物面，也可由聚焦于同一点

图 6-19　槽式太阳能热发电站的外景

的多块反射镜组成。与塔式和槽式不同的是，碟式太阳能发电主要采用斯特林热力循环，完成热能到机械能的转化，但由于斯特林热机的技术开发尚未成熟，因而碟式太阳能发电尚在试验示范阶段。图 6-20 为碟式太阳能发电的斯特林动力系统。

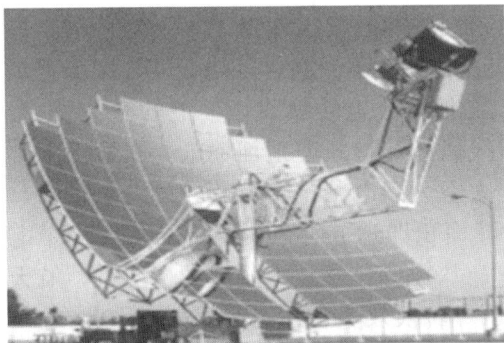

图 6-20　碟式太阳能发电的斯特林动力系统

四、太阳能光利用

太阳能光利用最成功的是用光-电转换原理制成的太阳电池（又称光电池）。太阳电池1954 年诞生于美国贝尔实验室，1958 年被用作"先锋 1 号"人造卫星的电源上了天。这种电池一下子就使人造卫星的电源可安全工作达 20 年之久，从而彻底取代了只能连续工作几天的化学电池，为航天事业的发展提供了一种新的能源动力。

太阳电池是利用半导体内部的光电效应，当太阳光照射到一种称为 P-N 结的半导体上时，波长极短的光很容易被半导体内部吸收，并去碰撞硅原子中的"价电子"使"价电子"获得能量变成自由电子而逸出晶格，从而产生电子流动。太阳电池的结构如图 6-21 所示。

常用太阳电池按其材料可以分为晶体硅电池、硫化镉电池、硫化锑电池、砷化镓电池、非晶硅电池、硒铟铜电池、叠层串联电池等。晶体硅电池应用最广，其中单晶硅的光电转换效率实验室已高达 24.2%，工厂规模化生产的单晶硅电池效率也在 12% 以上。为了降低成本，多晶硅电池得到了很大的发展，现在多晶硅电池的效率已达 12%，而成本仅为单晶硅电池的 70%，是一种很有前途的太阳电池。砷化镓电池转换效率很高，达 25.7%，规模生产效率也可达 18%，但价格贵，目前主要用于空间领域。非晶硅电池价格最便宜，但转换效率低（6%～8%），且长期使用后性能下降，因此多用作袖珍计算器、电子表和玩具的电源。

由于各种不同材料制成的太阳电池所吸收的太阳光谱是不同的，因此将不同材料的电池

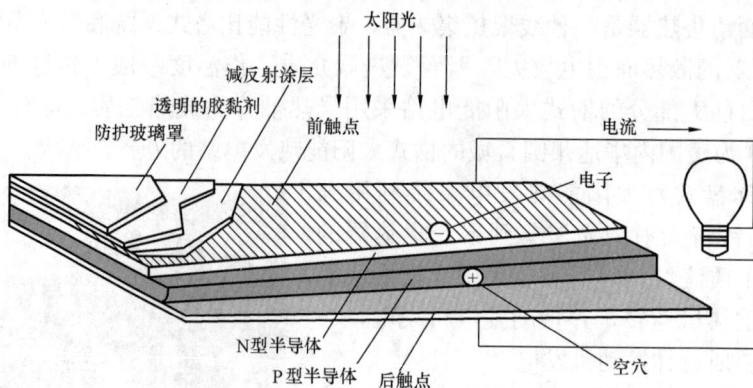

图 6-21　太阳电池的结构

串联起来，就可以充分利用太阳光谱的能量，大大提高太阳电池的效率，因此叠层串联电池的研究已引起世界各国的重视，成为最有前途的太阳电池。

太阳电池质量轻，无活动部件，使用安全。单位质量输出功率大，即可作小型电源，又可组合成大型电站。目前其应用已从航天领域走向各行各业，走向千家万户，太阳能汽车、太阳能游艇、太阳能自行车、太阳能飞机都相继问世，它们中有的已进入市场。然而对人类最有吸引力的是太空太阳站。

因为地面上的日照状况受地球自转、公转和气候的影响很不稳定，于是科学家设想通过航天器在离地球 3.58 万 km 的地球同步轨道上建立一个重达万吨的巨型同步卫星太阳电站。它由永远朝向太阳的太阳电池列阵、能把直流电转换成微波能的微波转换站、发射微波束能的列阵天线三部分组成，通过天线以微波形式向地面输电。在地面上则要建一个面积达几十平方千米的巨型接受系统。太空太阳电站是十分巨大的，据计算，一座 8×10^{10} W 的太空太阳电站其太阳电池的列阵面积即达 $64km^2$，要装配几百亿个电池片，把微波发往地球的天线列阵面积需 $2.6km^2$。从现有科学技术发展的情况看，航天器正在飞速的进步，太阳电池的成本正在不断降低，转换效率也在逐步提高，因此在 21 世纪建成太空太阳电站是完全可能的。太空太阳电站的建立无疑将彻底改善世界的能源状况，人类都期待这一天的到来。

第二节　风　　能

一、有关风的知识

对人类来说，风是最熟悉的自然现象，它是由太阳辐射热引起的。太阳照射到地球表面，地球表面各处受热不同产生温差，从而引起大气的对流运动形成风。

由于地球自转轴与围绕太阳的公转轴之间存在 66.5°的夹角，因此对地球上不同地点，太阳照射角度是不同的，而且对同一地点一年 365 天中这个角度也是变化的。地球上某处所接受的太阳辐射能正是与该地点太阳照射角的正弦成正比。地球南北极接受太阳辐射能少，所以温度低，气压高；而赤道接受热量多，温度高，气压低。另外地球又绕自转轴每 24h 旋转一周，温度、气压昼夜变化。这样由于地球表面各处的温度、气压变化，气流就会从压力高处向压力低处运动，而形成不同方向的风，并伴随不同的气象变化。图 6-22 所示为地球上风的运动方向。

　　有两个描述风的重要参数，这就是风向和风速。风向是指风吹来的方向，如果风是从北方吹来就称为北风。风速是表示风移动的速度，即单位时间内空气流动所经过的距离。显然风向和风速这两个参数都是在变化的。

　　风随时间的变化，包括每日的变化和季节的变化。通常一天之中风的强弱在某种程度上可以看做是周期性的。如地面上夜间风弱，白天风强；高空中是夜里风强，白天风弱。这个逆转的临界高度为100~150m。

　　由于季节的变化，太阳和地球的相对位置也发生变化，使地球上存在季节性的温差。因此风向和风的强弱也会发生季节性的变化。

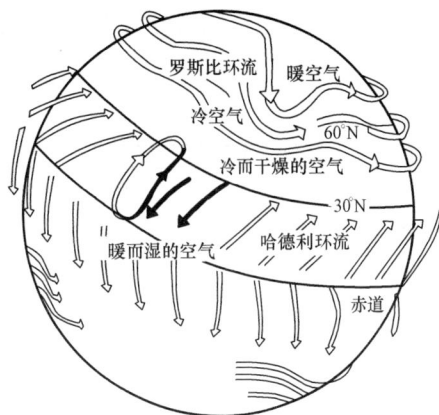

图6-22　地球上风的运动方向

　　我国大部分地区风的季节性的变化情况是：春季最强，冬季次之，夏季最弱。当然也有部分地区例外，如沿海温州地区，夏季季风最强，春季季风最弱。

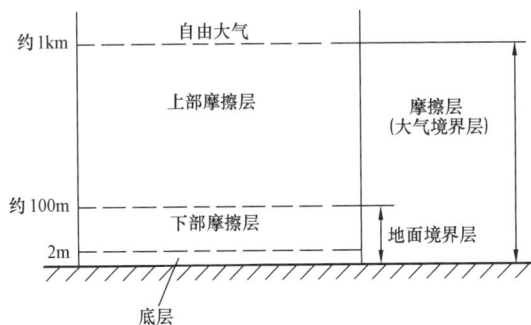

图6-23　大气层的构成

　　风还会随高度的变化。从空气运动的角度，通常将不同高度的大气层分为三个区域（见图6-23）。离地2m以内的区域称为底层；2~100m的区域称为下部摩擦层，二者总称为地面境界层；从100~1000m的区段称为上部摩擦层，以上三区域总称为摩擦层。摩擦层之上是自由大气。

　　地面境界层内空气流动受涡流、黏性和地面植物及建筑物等的影响，风向基本不变，但越往高处风速越大。各种地面不同情况下，如城市、乡村和海边平地，其风速随高度的变化如图6-24所示。

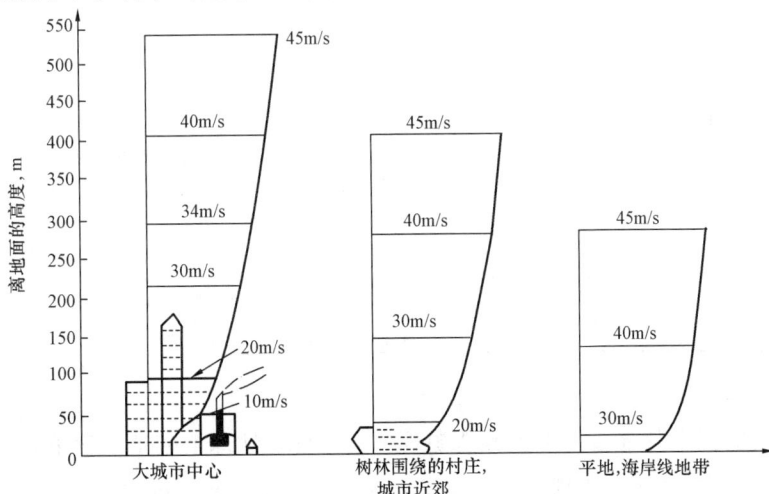

图6-24　不同地面上风速随高度的变化

世界气象组织将风力分为 13 个等级（见表 6-2）。在没有风速计时可以根据它来粗略估计风速。

表 6-2　　　　　　　　　　　气 象 风 力 等 级 表

级别	风速（m/s）	陆　地	海　上	浪高（m）
0	小于 0.3	静烟直上	海面如镜	—
1	0.3～0.6	烟能表示风向，但风标不能转动	出现鱼鳞似的微波，但不构成浪	0.1
2	0.6～3.4	人的脸部感到有风，树叶微响，风标能转动	小波浪清晰，出现浪花，但并不翻滚	0.2
3	3.4～5.5	树叶和细树枝摇动不息，旌旗展开	小波浪增大，浪花开始翻滚，水泡透明像玻璃，并且到处出现白浪	0.6
4	5.5～8.0	沙尘风扬，纸片飘起，小树枝摇动	小波浪增长，白浪增多	1
5	8.0～10.8	有树叶的灌木摇动，池塘内的水面起小波浪	波浪中等，浪延伸更清楚，白浪更多（有时出现飞沫）	2
6	10.8～13.9	大树枝摇动，电线发出响声，举伞困难	开始产生大的波浪，到处呈现白沫，浪花的范围更大（飞沫更多）	3
7	13.9～17.2	整个树木摇动，人迎风行走不便	浪大，浪翻滚，白沫像带子一样随风飘动	4
8	17.2～20.8	小的树枝折断，迎风行走很困难	波浪加大变长，浪花顶端出现水雾，泡沫像带子一样清楚地随风飘动	5.5
9	20.8～24.5	建筑物有损坏（如烟囱倒塌，瓦片飞出）	出现大的波浪，泡沫呈粗的带子随风飘动，浪前倾、翻滚、倒卷，飞沫挡住视线	7
10	24.5～28.5	陆上少见，可使树木连根拔起或将建筑物严重损坏	浪变长，形成更大的波浪，大块的泡沫像白色带子随风颤动，整个海面呈白色，波浪翻滚	9
11	28.5～32.7	陆上很少见，有则必引起严重破坏	浪大高如山（中小船舶有时被波浪挡住而看不见），海面全被随风流动的泡沫覆盖。浪花顶端刮起水雾，视线受到阻挡	11.5
12	32.7 以上		空气里充满水泡和飞沫，海面由于溅起的飞沫变成一片白色，影响视线	14

二、风能资源

地球上风能资源十分丰富，据世界能源理事会估计，地球上陆地面积中有约三分之一的地区年平均风速高于 5m/s（距地面 10m 处）。表 6-3 为地面风速高于 5m/s 的陆地面积，这部分的面积总共约为 3×10^7 km²。

表 6-3   地面风速高于 5m/s 的陆地面积

地 区	陆地面积 ($10^3 km^2$)	风力为 3~7 级所占的 面积（$10^3 km^2$）	风力为 3~7 级所占 面积的比例（％）
北 美	19 339	7876	41
拉丁美洲和加勒比	18 482	3310	18
西 欧	4742	1968	42
东欧和独联体	23 049	6783	29
中东和北非	8142	2566	32
撒哈拉以南非洲	7255	2209	30
太平洋地区	21 354	4188	20
中 国	(9597)	(1056)	(11)
中亚和南亚	4299	243	6
总 计	106 660	29 143	27

如果将地面平均风速高于 5m/s 的陆地用作风力发电场，则每平方千米的发电能力为 8MW，据此推算上述陆地面积的总装机容量可达 $2.4 \times 10^{14} W$。显然这只是个假想数字，因为这部分陆地还有其他的用途。美国和荷兰有关风力发电潜力的研究表明，上述面积中只有约 4% 可用作风力发电。如果再考虑到风力发电机的利用率，则全球陆上风力发电能力估计可达 $2.3 \times 10^{12} W$，每年可发电 $2 \times 10^{13} kWh$，与 1987 年全球的能源消耗量 $1.25 \times 10^{13} W$ 相比增长巨大。

值得注意的是，上述全球风力发电的估计潜力是对大规模联网风力发电场而言。实际上年平均风速为 $4.4 \sim 5.1 m/s$ 的陆地面积约占地球陆地总面积的一半，而对于平均风速为 3m/s 地区，风力泵也是一种很经济的风能利用方式。这表明小型风力发电机和风力泵可应用于世界上的许多地区。

中国是季风盛行的国家，风能资源量大面广。风能理论总储量约为 $1.6 \times 10^{12} W$，可利用的风能资源约 $2.5 \times 10^{11} W$。据气象部门多年观测资料，中国风能资源较好的地区为东部沿海及一些岛屿；内陆沿东北、内蒙古、甘肃至新疆一带，风能资源也较丰富。平均风能密度为 $150 \sim 300 W/m^2$，一年中有效风速超过 3m/s 的时间为 4000~8000h。

三、风能利用

风能利用历史悠久，我国是世界上最早利用风能的国家之一。公元前数世纪我国人民就利用风能提水、灌溉、磨面、舂米，用风帆推动船舶前进。在国外，公元前 2 世纪，古波斯人就利用风能碾米，10 世纪伊斯兰人用风能提水，11 世纪风力机已在中东获得广泛的应用。13 世纪风力机传至欧洲，14 世纪已成为欧洲不可缺少的原动机，除了汲水外还用于榨油和锯木。在 19 世纪，风力机更为荷兰、丹麦、美国等国的经济发展作出了重要贡献。例如 19 世纪初荷兰大约有 1 万台叶片长达 28m 的大型风力机。19 世纪后半叶，风力机在丹麦还很流行，当时约有 3000 多台风力机还在运行，总功率达 150~200GW，当时丹麦工业界约 1/4 的能源来源于风能。

工业革命后，特别是到了 20 世纪，由于煤炭、石油、天然气的开发，农村电气化的逐步普及，风能利用呈下降趋势，风能技术发展缓慢，直到 20 世纪 70 年代中期，由于能源危机才使人们重新重视风力机的研究和发展，近几十年来风能利用技术已取得了显著的进步。

目前风能主要用于以下四方面。

1. 风力发电

利用风力发电已越来越成为风能利用的主要形式，受到世界各国的高度重视，而且发展速度最快。风力发电通常有三种运行方式。一是独立运行方式，通常是一台小型风力发电机向一户或几户提供电力，用蓄电池蓄能，以保证无风时的用电。二是风力发电与其他发电方式（如柴油机发电）相结合，向一个单位或一个村庄或一个海岛供电。三是风力发电并入常规电网运行，向大电网提供电力；常常是一处风场安装几十台甚至几百台风力发电机，这是风力发电的主要发展方向。

近几年风力发电有了惊人的增长。表 6-4 为 2012 年世界风电新增容量和总容量排名前10 位的国家。我国 2001—2012 年风电装机容量增长情况见图 6-25。

表 6-4　　　　　　　　　　**2012 年世界风电新增容量和总容量排名前 10 位的国家**

国家	2012 年新增容量 （MW）	国家	2012 年累计容量 （MW）
美国	13 124	中国	75 324
中国	12 960	美国	60 007
德国	2415	德国	31 308
印度	2336	西班牙	22 796
英国	1897	印度	18 421
意大利	1273	英国	8445
西班牙	1122	意大利	8144
巴西	1077	法国	7564
加拿大	935	加拿大	6200
罗马尼亚	923	葡萄牙	4525

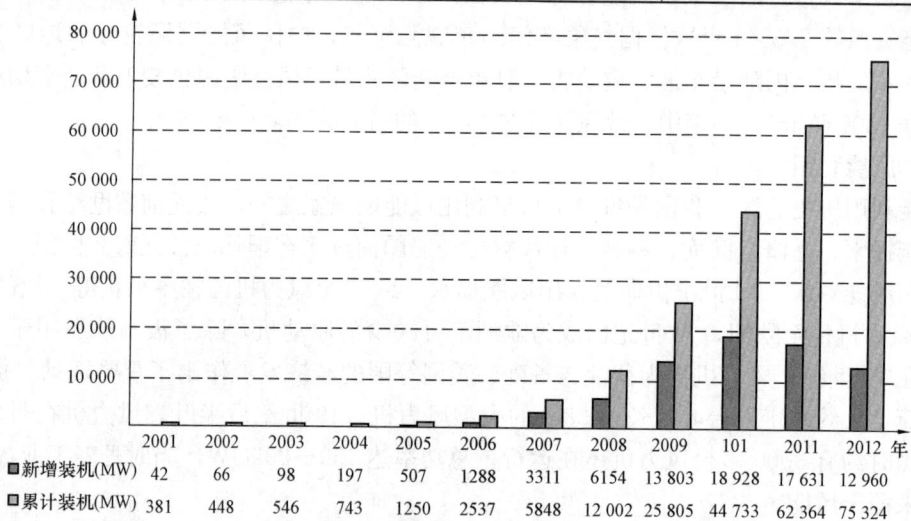

年	2001	2002	2003	2004	2005	2006	2007	2008	2009	101	2011	2012
新增装机(MW)	42	66	98	197	507	1288	3311	6154	13 803	18 928	17 631	12 960
累计装机(MW)	381	448	546	743	1250	2537	5848	12 002	25 805	44 733	62 364	75 324

图 6-25　我国 2001—2012 年风电装机容量增长情况

尽管风力发电具有很大的潜力，但目前它对世界电力的贡献还是很小的，这是因为风力发电的大规模发展仍受到许多因素的影响，例如风力机的效率不高，寿命还有待延长，风力机在大型化上仍存在某些困难，风力发电的高投资和发电成本仍高于常规发电方式，由于风能资源区远离主电网，联网的费用较大等。另外，公众和政府部门对风力发电的认识也在某种程度上影响风力发电的发展（例如认为建风力发电场妨碍土地在其他方面的使用）。

显然，随着风力发电技术的进步，在风能资源丰富的地区，其发电成本可与常规电厂一样，加上替代能源的需求，在未来 20 年，风力发电将会有一个较快的发展。预计到 2020 年全球的风力发电装机将达 40 万 MW。

2. 风力泵水

风力泵水自古至今一直得到较普遍的应用。至 20 世纪下半叶，为解决农村、牧场的生活、灌溉和牲畜用水以及为了节约能源，风力泵水机有了很大的发展。现代风力泵水机根据用途可以分为两类。一类是高扬程小流量的风力泵水机，它与活塞泵相配提取深井地下水，主要用于草原、牧区，为人畜提供饮用水；另一类是低扬程大流量的风力泵水机，它与螺旋泵相配，提取河水、湖水或海水，主要用于农田灌溉、水产养殖或制盐。

3. 风帆助航

在机动船舶发展的今天，为节约燃油和提高航速，古老的风帆助航也得到了发展。航运大国日本已在万吨级货船上采用电脑控制的风帆助航，节油率达 15%。

4. 风力致热

随着人民生活水平的提高，家庭用能中热能的需要越来越大，特别是在高纬度的欧洲、北美取暖和煮水是耗能大户。为解决家庭及低品位工业热能的需要，风力致热有了较快的发展。"风力致热"是将风能转换成热能。目前有三种转换方法。一是风力机发电，再将电能通过电阻丝发热，变成热能。虽然电能转换成热能的效率是 100%，但风能转换成电能的效率却很低，因此从能量利用的角度看，这种方法是不可取的。二是由风力机将风能转换成空气压缩能，再转换成热能，即由风力机带动离心压缩机，对空气进行绝热压缩而放出热能。三是将风力机直接转换成热能。显然第三种方法致热效率最高。

风力机直接转换热能也有多种方法。最简单的是搅拌液体致热，即风力机带动搅拌器转动，从而使液体（水或油）变热（见图 6-26）。"液体挤压致热"是用风力机带动液压泵，使液体加压后再从狭小的阻尼小孔中高速喷出而使工作液体加热。此外还有固体摩擦致热和涡电流致热等方法。

四、风力机

风力机又称风车，是一种将风能转换成机械能、电能或热能的能量转换装置。风力机的类型很多，通常将其分为水平轴风力机、垂直轴风力机和特殊风力机三大类。但应用最广的还是前两种类型的风力机。图 6-27 为不同形式的风

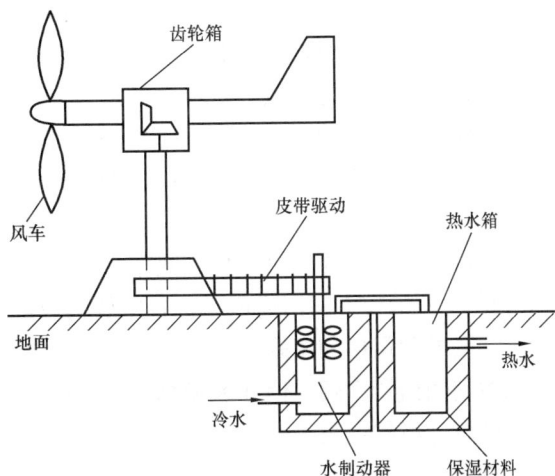

图 6-26 风力热水装置示意

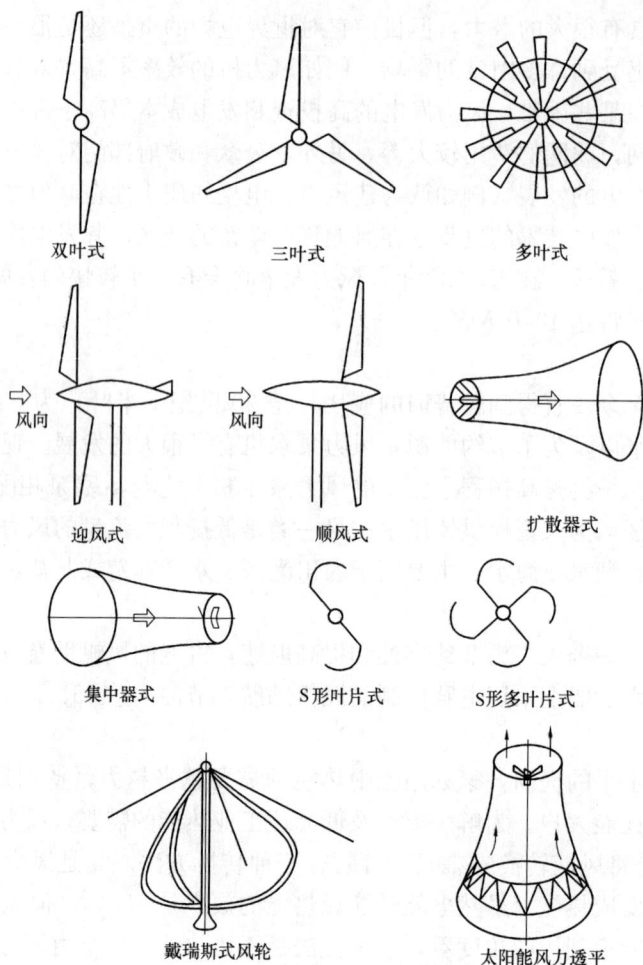

图 6-27　不同形式的风力机

力机示意。图 6-28 为水平轴风力发电机组和垂直轴风力发电机组的结构。

　　由于风力机安装地点的风力和风速是不断变化的，因此为了使风力机能稳定的工作，并有效地利用风能，风力机上都必须有调向和调速装置。

　　调向装置的作用是使风力机风轮的迎风面始终正对来流方向，常用的调向装置有尾舵调向、侧风轮调向、自动调向和伺服电机调向等。

　　调速装置的作用是使风力机在风速变化时能保持不变，此外在风速过高时还能起过速保护作用。常用的调速装置有固定叶片调速装置和可变桨距调速装置等。

　　风力机的效率主要取决于风轮效率、传动效率、储能效率、发电机和其他工作机械的效率。图 6-29 所示为不同用途风力机各主要构成部分的能量转换和储存效率。

　　五、风能利用中的问题

　　风能利用前景广阔，但在风能利用中有两个问题需要特别注意。一是风力机的选址，二是风力机对环境的影响。

　　1. 风力机的选址

　　无论是哪一种用途的风力机，选择设置地点都是十分重要的。选址合适不但能降低设备

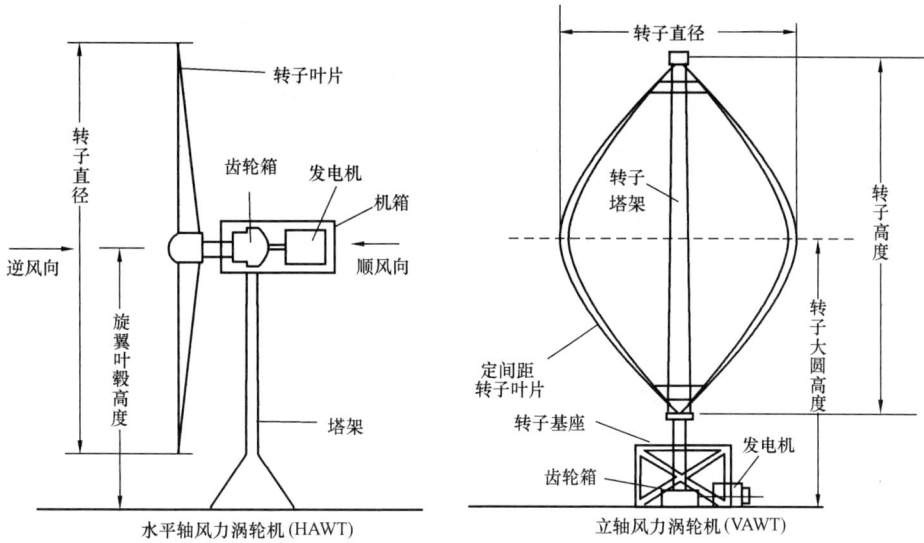

图 6-28　水平轴风力发电机组和垂直轴风力发电机组的结构

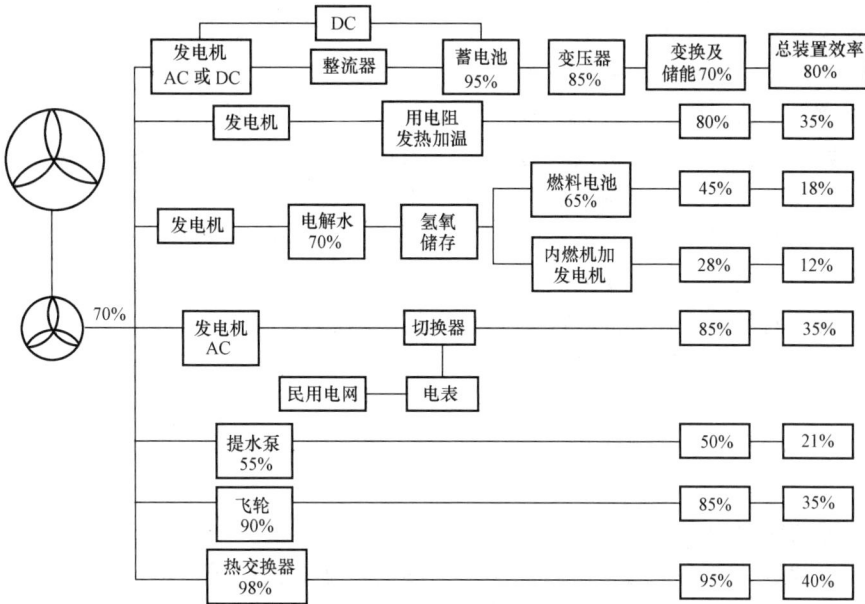

图 6-29　风能利用装置中各主要部分的能量转换和储存效率

费用和维修成本，还能避免事故的发生。除了考虑设置地点的风况外，还应考虑其他自然条件的影响，例如雷击、结冰、盐雾和沙尘等。

在平坦地形上设置风力机时应考虑的条件如下：

（1）离开设置地点 1km 的范围内，无较高的障碍物。

（2）如有较高的障碍物（例如小山坡）时，风力机的高度应比障碍物高 2 倍以上。在山丘的山脊或山顶设置风力机时，山脊不但可以作为巨大的塔架，而且风经过山脊时还会加速（见图 6-30）。

因此山顶和山脊的肩部（即两端部）是安装风力机的好场所。

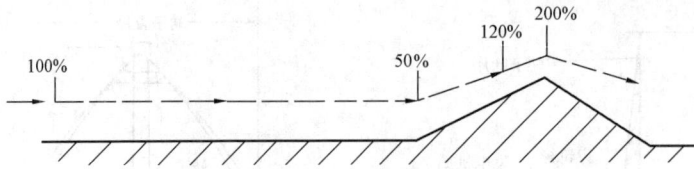

图 6-30　理想山脊上风速变化情况

2. 风力机对环境的影响

如果不考虑风能利用中由于所采用材料（如钢铁、水泥等）在生产过程中对环境的污染，通常认为风能利用对环境是无污染的。但是由于人们对环境的要求越来越高，及环境保护的含义越来越广，因此在风能利用中也必须考虑风力机对环境的影响，这种影响反映在以下几方面：

（1）风力机的噪声。风力机产生的噪声包括机械噪声和气动噪声，分析表明：风轮直径小于 20m 的风机，机械噪声是主要的。当风轮直径更大时，气动噪声就成为主要的噪声。噪声会对风力机设置处的居民产生一定的影响。特别是对人口稠密地区（例如荷兰）噪声问题更加突出，因此应采取各种技术措施来减少风力机的噪声。

（2）对鸟类的伤害。风力机的运行常常会对鸟类造成伤害，如鸟被叶片击落。大型风力场也影响附近鸟类的繁殖和栖息。虽然许多研究表明上述影响不大，但对一些特殊地区，例如鸟类大规模迁徙的路线上，应充分考虑对鸟类的影响，在选址上予以避开。

（3）对景观的影响。风力机或因其庞大，或因其数量多（大型风力电场风力机可多达数百台）势必对视觉景观产生影响。对人口稠密和风景秀丽区域更是如此，对这一问题，处理得好，会产生正面影响，使风力机变为一个景观；而处理不好，则会产生严重的负面效应。因此在风景区和文化古迹区，安装风力机尤应慎重。

（4）对通信的干扰。风力机运行会对电磁波产生反射、散射和衍射，从而对无线通信产生某种干扰。在建设大型风力场时应考虑这一因素。

第三节　地　热　能

一、地球的内部构造

地球本身就是一座巨大的天然储热库。地热能是地球内部蕴藏的热能。根据现在的认识，地球的构成是这样的：在约 2800km 厚的铁-镁硅酸盐地幔上有一薄层（厚约 30km）铝-硅酸盐地壳；地幔下面是液态铁-镍地核，其内还含有一个固态的内核。在 6～70km 厚的表层地壳和地幔之间有个分界面，通常称之为莫霍不连续面。莫霍界面会反射地震波。从地表到深 100～200km 为刚性较大的岩石团。由于地球内圈和外圈之间存在较大的温度梯度，所以其间有黏性物质不断循环。

大洋壳层厚 6～10km，由玄武岩构成，大洋壳层会延伸到大陆壳层下面。大陆壳层由密度较小的钠钾铝-硅酸盐的花岗石组成，典型厚度约为 35km，但是在造山地带其厚度可能达 70km。地壳和地幔最简单的模型如图 6-31 所示。地壳好像一个"筏"放在刚性岩石圈上，岩石圈又漂浮在黏性物质构成的软流圈上。由于软流圈中的对流作用，会使大陆壳"筏"向各个方向移动，从而会导致某一大陆板块与其他大陆板块或大洋板块碰撞或分离。

它们就是造成火山喷发、造山运动、地震等地质活动的原因。图 6-31 中的箭头表示了板块和岩石圈的运动及其下面黏性物质的热对流。

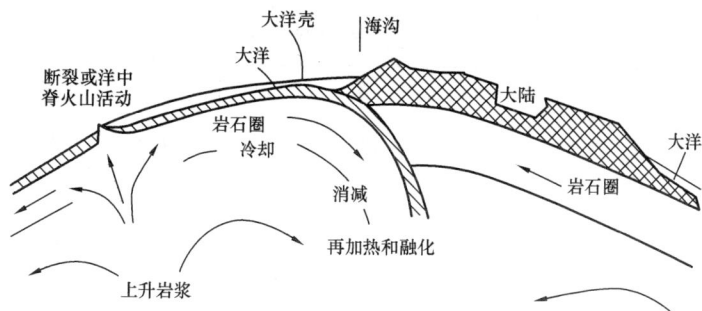

图 6-31 地壳和地幔模型示意

对地球而言，从地壳到地幔再到地核其温度是逐步增高的。表 6-5 为地球内部温度分布的概况。

表 6-5 地球内部的温度分布概况

深度（km）	60	100	500	2900～6371
温度（℃）	约 500	约 1400	约 1800	2000～5000

地壳上层的平均温度梯度约为 25℃/km，但在某些异常地区其温度梯度可能大大超出此值。这些地区约占全球陆地总面积的 10%。它们是最适宜地热钻井的地区。

通常地幔中的对流把热能从地球内部传到近地壳的表面地区，在那里热能可能绝热储存达百万年之久。虽然这里储热区的深度已大大超过了目前钻探技术所能达到的深度，但由于地壳表层中含有游离水，这些水有可能将热储区的热能带到地表附近，或穿出地面而形成温泉，特别在所谓地质活动区更是如此。

二、地热资源

据估计在地壳表层 10km 的范围内，地热资源就达 1.26×10^{27} J，相当于 4.6×10^{16} t 标准煤，即超过世界技术和经济力量可采煤储量含热量的 70 000 倍。全球各地区的地热资源估计见表 6-6。

表 6-6 全球各地区的地热资源估计 Mt 石油当量

地 区 ＼ 温 度	<100℃	100～150℃	150～250℃	>250℃	总 计
北 美	160	23	5.9	0.4	189
拉丁美洲	130	27	28	0.5	186
西 欧	44	4.8	0.8	0.01	49.6
东欧和独联体	160	5.8	1.5	0.11	167
中东和北非	42	2.1	0.5	0.1	44.7
撒哈拉以南非洲	110	7.4	2	0.1	119
太平洋地区（不包括中国）	71	6.2	4	0.2	81.2
中 国	62	13	3.3	0.2	78.3
中亚和南亚	88	5	0.6	0.04	93.6
总 计	870	95	47	1.7	1000

中国地处全球欧亚板块的东南边缘，在东部和南部与太平洋板块和印度洋板块连接，是地热资源丰富的国家之一。我国主要地热资源的情况见表 6-7。

表 6-7 　　　　　　　　　　　　　我国主要地热资源概况

地 区	已 查 明 资 源			地 区	已 查 明 资 源		
	面积 （km²）	可采量 （×10¹²kJ）	折合标准煤 （×10⁶t）		面积 （km²）	可采量 （×10¹²kJ）	折合标准煤 （×10⁶t）
北　京	174	1516	51.72	湖　北	9.92	66.5	2.27
天　津	385	3339.8	113.9	湖　南	13.5	103.3	3.52
河　北	9240	83 638	2835.66	广　东	8.73	57.2	1.95
辽　宁	4.83	59	2.02	云　南	107.73	4646.1	90.28
安　徽	4.12	9.5	0.33	西　藏	35.87	512.5	17.48
福　建	20.89	190	6.49	陕　西	11.85	27.6	0.94
江　西	4.38	19.1	0.66	青　海	1.00	15.8	0.54
山　东	125.70	396	10.11				

地质学上常把地热资源分为蒸汽型、热水型、干热岩型、地压型、岩浆型五大类。

（1）蒸汽型。蒸汽型地热田是最理想的地热资源，它是指以温度较高的干蒸汽或过热蒸汽形式存在的地下储热。形成这种地热田要有特殊的地质结构，即储热流体上部被大片蒸汽覆盖，而蒸汽又被不透水的岩层封闭包围。这种地热资源最容易开发，可直接送入汽轮机组发电，可惜蒸汽田很少，仅占已探明地热资源的 0.5%。

（2）热水型。它是指以热水形式存在的地热田，通常既包括温度低于当地气压下饱和温度的热水和温度高于沸点的有压力的热水，又包括湿蒸汽。90℃以下称为低温热水田，90～150℃称为中温热水田，150℃以上称为高温热水田。中、低温热水田分布广，储量大，我国已发现的地热田大多属这种类型。

（3）干热岩型。干热岩是指地层深处普遍存在的没有水或蒸汽的热岩石，其温度范围很广，在 150～650℃之间。干热岩的储量十分丰富，比蒸汽、热水和地压型资源大得多。目前大多数国家都把这种资源作为地热开发的重点研究目标。

（4）地压型。它是埋藏在深为 2～3km 的沉积岩中的高盐分热水，被不透水的页岩包围。由于沉积物的不断形成和下沉，地层受到的压力越来越大，可达几十兆帕，温度处在150～260℃范围内。地压型热田常与石油资源有关。地压水中溶有甲烷等碳氢化合物，形成有价值的副产品。

（5）岩浆型。它是指蕴藏在地层更深处处于黏弹性状态或完全熔融状态的高温熔岩。火山喷发时常把这种岩浆带至地面。岩浆型资源据估计约占已探明地热资源的 40%。

上述五类地热资源中，目前应用最广的是热水型和蒸汽型。

三、地热能的利用

人类很早以前就开始利用地热能，例如利用温泉沐浴、医疗，利用地下热水取暖、建造农作物温室、水产养殖及烘干谷物等。但真正认识地热资源并进行较大规模的开发利用却是始于 20 世纪中叶。

地热能的利用可分为地热发电和直接利用两大类。对于不同温度的地热流体可能利用的范围如下：

200~400℃	直接发电及综合利用。
150~200℃	双循环发电、制冷、工业干燥、工业热加工。
100~150℃	双循环发电、供暖、制冷、工业干燥、脱水加工、回收盐类、罐头食品。
50~100℃	供暖、温室、家庭用热水、工业干燥。
20~50℃	沐浴、水产养殖、饲养牲畜、土壤加温、脱水加工。

为提高地热利用率，现在许多国家采用梯级开发和综合利用的办法，如热电联产联供、热电冷三联产，先供暖后养殖等。

地热能利用在以下几方面可起重要作用。

（一）地热发电

地热发电是地热利用的最重要方式。高温地热流体应首先应用于发电。根据地热流体的类型，目前有两种地热发电方式，即蒸汽型地热发电和热水型地热发电。

1. 蒸汽型地热发电

蒸汽型地热发电是把蒸汽田中的干蒸汽直接引入汽轮发电机组发电，但在引入发电机组前应把蒸汽中所含的岩屑和水滴分离出去。这种发电方式最为简单，但干蒸汽地热资源十分有限，且多存于较深的地层，开采技术难度大，故发展受到限制。

2. 热水型地热发电

热水型地热发电是地热发电的主要方式。目前热水型地热电站有两种循环系统：

（1）闪蒸系统。闪蒸系统如图6-32所示。当高压热水从热水井中抽至地面时，由于压力降低部分热水会沸腾并"闪蒸"成蒸汽，蒸汽送至汽轮机做功；而分离后的热水可继续利用后排出，当然最好是再回注入地层。

（2）双循环系统。双循环系统的流程如图6-33所示。地热水首先流经热交换器，将地热能传给另一种低沸点的工作流体，使之沸腾而产生蒸汽。蒸汽进入汽轮机做功后进入凝汽器，再通过热交换器完成发电循环。地热水则从热交换器回注入地层。这种系统特别适合于含盐量大、腐蚀性强和不凝结气体含量高的地热资源。发展双循环系统的关键技术是

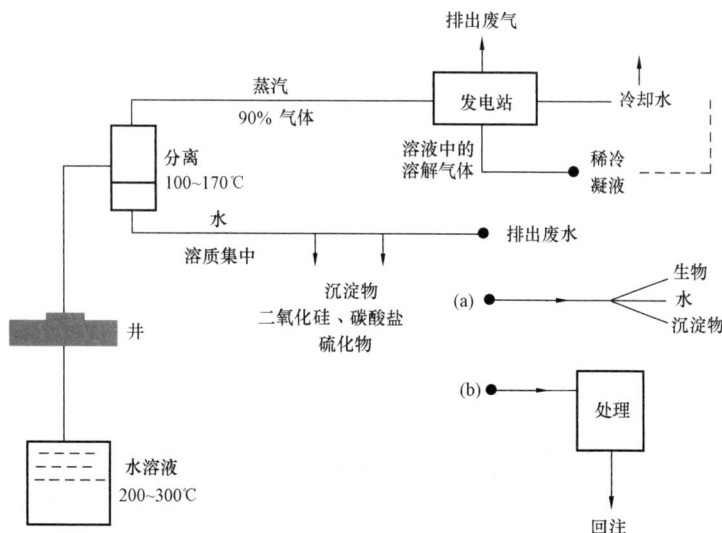

图 6-32　热水型地热发电的闪蒸系统

开发高效的热交换器。

地热发电的前景取决于如何开发利用地热储量大的干热岩资源。图 6-34 为利用干热岩发电示意。其关键技术是能否将深井打入热岩层中。美国新墨西哥州的洛斯阿拉莫科学试验室正在对这一系统进行远景试验。

地热发电在我国某些地区发展很快，例如在西藏有羊八井电站（装机容量 25 180kW）、朗久电站（装机容量 1000kW）、那曲电站（装机容量 1000kW），它们已成为西藏电力的主要供应者。1980 年以来世界地热电站也发展很快，表 6-8 给出了部分国家的地热电站的装机容量。

在世界各国鼓励可再生能源利用政策的影响下，地热发电将有一个很大的发展。表 6-9 给出了世界各地区地热发电的发展趋势。

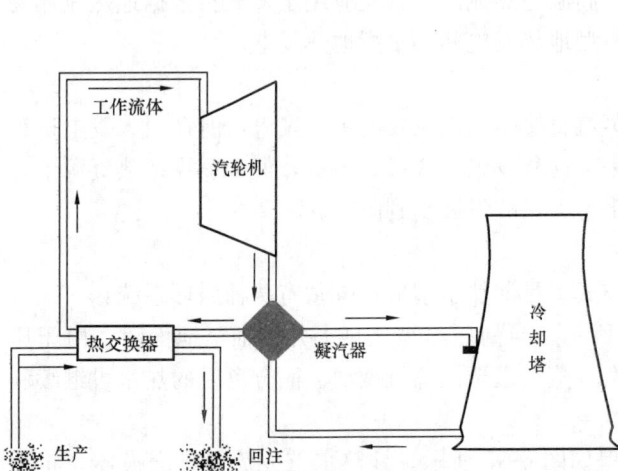

图 6-33　热水型地热发电的双循环系统

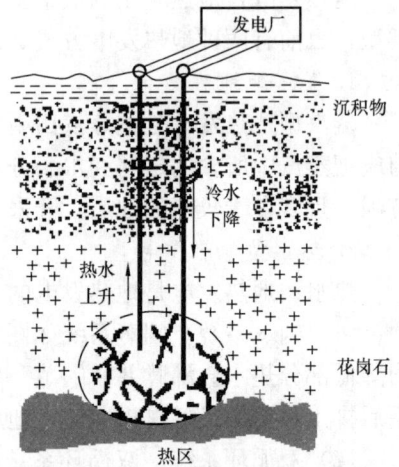

图 6-34　利用干热岩发电的示意

表 6-8　　　　　　　　部分国家的地热电站的装机容量　　　　　　　　10^4 kW

国　　　家		冰岛	意大利	日本	美国	独联体	菲律宾	印度尼西亚	墨西哥
装机容量	1980 年	3.2	44.0	16.8	92.3	0.5	44.6	0.25	15.0
	2000 年	6.8	80.0	366.8	584.2	31.0	122.5	9.2	400.0

表 6-9　　　　　　　　世界各地区地热发电的发展趋势　　　　　　　　MW

地　　区	1990 年	2000 年	2010 年	2020 年
北　　美	2842	6000	12 000	24 000
拉丁美洲	866	1700	3000	6000
西　　欧	625	1400	2500	4500
东欧和独联体	12	350	1400	3000
中东和北非	0.3	—	100	300
撒哈拉以南非洲	45	200	500	1000
太平洋和中国	1594	3120	6400	11 000
中亚和南亚	—	50	200	500
总　　计	5984.3	12 820	26 100	50 300

（二）地热供暖

将地热能直接用于采暖、供热和供热水是仅次于地热发电的地热利用方式。因为这种利用方式简单、经济性好，备受各国重视，特别是位于高寒地区的西方国家，其中冰岛开发利用得最好。该国早在 1928 年就在首都雷克雅未克建成了世界上第一个地热供热系统，现今这一供热系统已发展得非常完善，每小时可从地下抽取 7740t 80℃ 的热水，供全市 11 万居民使用。由于没有高耸的烟囱，冰岛首都已被誉为"世界上最清洁无烟的城市"。

此外，利用地热给工厂供热，如用作干燥谷物和食品的热源，用作硅藻土生产、木材、造纸、制革、纺织、酿酒、制糖等生产过程的热源也是大有前途的。目前世界上最大两家地热应用工厂就是冰岛的硅藻土厂和新西兰的纸浆加工厂。

我国利用地热供暖和供热水发展也非常迅速，在京津地区已成为地热利用中最普遍的方式。例如，早在 20 世纪 80 年代天津市就有深度大于 500m、温度高于 30℃ 的热水井 356口，其热水已广泛用于工业加热、纺织、印染造纸和烤胶等。

（三）地热务农

地热在农业中的应用范围十分广泛。如利用温度适宜的地热水灌溉农田，可使农作物早熟增产；利用地热水养鱼，在 28℃ 水温下可加速鱼的育肥，提高鱼的出产率；利用地热建造温室，育秧、种菜和养花；利用地热给沼气池加温，提高沼气的产量等。

将地热能直接用于农业在我国日益广泛，北京、天津、西藏和云南等地都建有面积大小不等的地热温室。各地还利用地热大力发展养殖业，如培养菌种、养殖非洲鲫鱼、鳗鱼、罗非鱼、罗氏沼虾等。例如湖北省英山县有 300m 深热水井 5 口，建造温室 $1129m^2$，温水养鱼 $2000m^2$ 并进行育种和培育水生饲料。

（四）地热行医

地热在医疗领域的应用有诱人的前景，目前热矿水被视为一种宝贵的资源。由于地热水从很深的地下提取到地面，除温度较高外，常含有一些特殊的化学元素，从而使它具有一定的医疗效果。如含碳酸的矿泉水供饮用，可调节胃酸、平衡人体酸碱度；含铁矿泉水饮用后，可治疗缺铁贫血症；氢泉、硫化氢泉洗浴可治疗神经衰弱和关节炎、皮肤病等。

由于温泉的医疗作用及伴随温泉出现的特殊的地质、地貌条件，使温泉常常成为旅游胜地，吸引大批疗养者和旅游者。在日本就有 1500 多个温泉疗养院，每年吸引 1 亿人到这些疗养院休养。

我国利用地热治疗疾病历史悠久，含有各种矿物元素的温泉众多，因此充分发挥地热的行医作用，发展温泉疗养行业是大有可为的。

第四节 生 物 质 能

一、生物质资源

生物质是指由光合作用而产生的有机体。光合作用将太阳能转化为化学能而储存在生物质中。光合作用是生命活动中的关键过程，植物光合作用的简单过程为

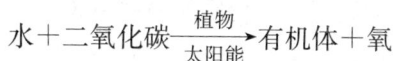

$$\text{水} + \text{二氧化碳} \xrightarrow[\text{太阳能}]{\text{植物}} \text{有机体} + \text{氧}$$

在太阳能直接转换的各种过程中，光合作用是效率最低的。光合作用的转化率为

0.5%～5%。据估计，温带地区植物光合作用的转化率按全年平均计算为太阳全部辐射能的0.5%～1.3%，亚热带地区则为0.5%～2.5%。整个生物圈的平均转化率为0.25%。在最佳田间条件下农作物的转化率可达3%～5%。据估计，地球上每年植物光合作用固定的碳达2×10^{11} t，含能量达3×10^{21} J，相当于世界能耗的10倍以上。

世界上生物质资源数量庞大，种类繁多。它包括所有的陆生、水生植物，人类和动物的排泄物以及工业有机废物等。通常将生物质资源分为以下几大类：

（1）农作物类。农作物类主要包括产生淀粉的甘薯、玉米等，产生糖类的甘蔗、甜菜、果实等。

（2）林作物类。林作物类主要包括白杨、枞树等树木类及苜蓿、象草、芦苇等草木类。

（3）水生藻类。水生藻类主要包括海洋生的马尾藻、巨藻、海带等，淡水生的布袋草、浮萍、小球藻等。

（4）光合成微生物类。光合成微生物类主要包括硫细菌、非硫细菌等。

（5）其他类。其他类主要包括农产品的废弃物（如稻秸、谷壳等）、城市垃圾、林业废弃物、畜业废弃物等。

各类生物质燃料的发热量见表6-10。

表 6-10　　　　　　　　　　　　　各类生物质燃料的发热量

生 物 质	发热量（MJ/kg）	生 物 质	发热量（MJ/kg）
纤 维 素	17.5	粪 便	13.4
木 炭	12～22.4	甲 醇	22.4
草 类	18.7	乙 醇	29.4
藻 类	10.0	生物烃油	36～42
城市垃圾	12.7		

我国是农业大国，生物质资源丰富，每年产生的生物质总量为50多亿 t（干重），相当于20多亿 t油当量，约为我国目前一次能源总消耗量的3倍。但生物质能源的商品化程度很低，仅占一次能源消费的0.5%左右。农作物秸秆等废弃物除了40%用作饲料、肥料及工业原料外，60%可作为能源使用。但目前主要是简单燃烧，甚至田头焚烧，不但浪费了能量，而且造成环境污染，例如某些机场附近的秸秆焚烧已严重影响了飞机的正常起降。

二、生物质能的转换技术

生物质能的转换技术主要包括直接燃烧、热化学转换和生物转换。图6-35所示为由生物质获取液体和气体燃料的生产过程。

其中直接燃烧是生物质能最简单又应用最广的利用方式，目前亚洲、非洲的大多数发展中国家，用直接燃烧方式所获得的生物质能约占该国能源消费总量的40%以上。目前，中国用于直接燃烧产热生物质达到21 900万 t标准煤。普通炉灶直接燃烧生物质的热效率很低，一般不超过20%，在农村推广的节能灶，其热效率可提高到30%以上，推广城市废弃物直接燃烧的垃圾电站，可以大大提高生物质能的利用效率。

热化学转换方法主要是通过化学手段将生物质能转换成气体或液体燃料。其中高温分解法既可通过干馏获得像木炭这样的优质固体燃料，又可通过生物质的快速热解液化技术直接

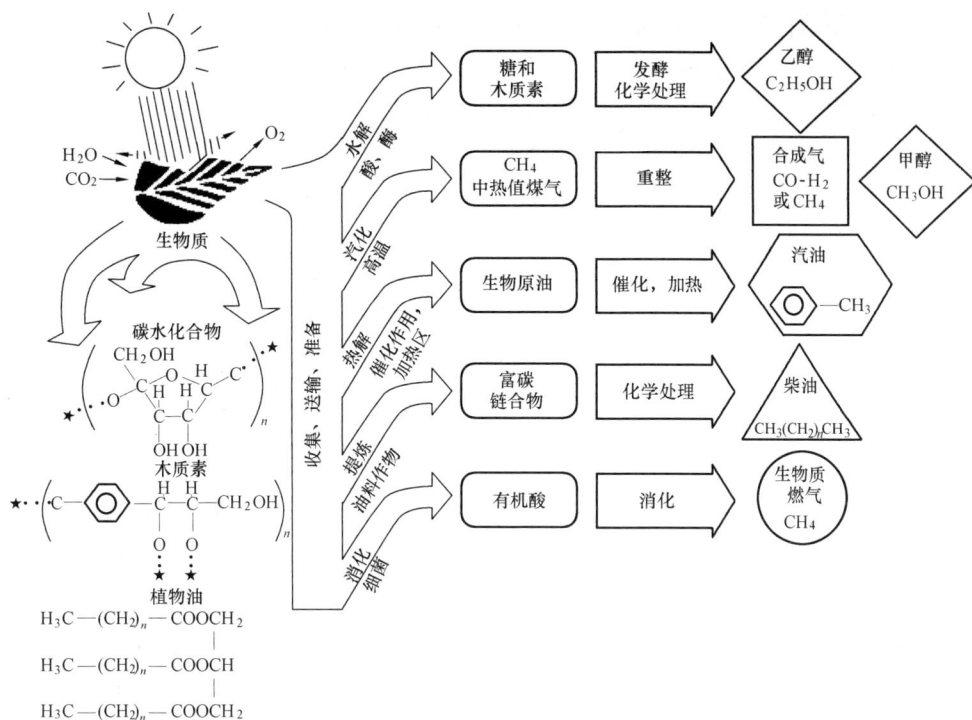

图 6-35 由生物质获取液体和气体燃料的生产过程

获得液体燃料和重要的化工副产品。而生物质的热化学气化，是将生物质有机燃料在高温下与气化剂作用而获得合成气，再由合成气获得其他优质的气体或液体燃料。

生物转换主要借助于厌氧消化和生物酶技术将生物质转换为液体或气体燃料，前者包括小型的农村沼气池和大型的厌氧污水处理工程，后者则可将一些含有糖分、淀粉和纤维素的生物质转化为乙醇等液体燃料。

当前生物质能利用中的主要问题是能量利用率很低，使用上也很不合理。除直接燃用木材、秸秆造成资源的巨大浪费外，热化学转换和生物转换的转化效率低，生产成本高也影响了生物质能大规模的有效利用。但由于生物质能的巨大潜力，世界各国均已把高效利用生物质能摆到重要位置。可以预计，在现代高科技群体的支持下，生物质能的利用必将上一个新台阶，并在解决发展中国家的农村能源中起重要作用。

三、薪柴

树木是生物质的重要来源。森林和林地覆盖了世界陆地面积的 30％，达 $3.8 \times 10^{13}\,\mathrm{m}^2$，其中 $1.46 \times 10^{13}\,\mathrm{m}^2$ 为热带森林，$2.2 \times 10^{12}\,\mathrm{m}^2$ 为亚热带森林，$1.0 \times 10^{13}\,\mathrm{m}^2$ 为开阔的热带稀树草原森林，$4.5 \times 10^{12}\,\mathrm{m}^2$ 为温带森林，剩下 $6.7 \times 10^{12}\,\mathrm{m}^2$ 为北部森林。以上林区木材的总蕴藏量达 $(3.4 \sim 3.6) \times 10^{11}\,\mathrm{m}^3$，大约相当于 $1.75 \times 10^{11}\,\mathrm{t}$ 标准煤。

自从人类发现火以来，薪柴一直是主要燃料。由于薪柴通常取自当地的自然资源，过度的采伐会致使水土流失和土壤沙漠化，不但造成河流淤塞、洪水泛滥，而且使全球气候恶化。因此合理使用森林资源，建设"能源农场"是生物质能利用中非常重要的一环，已备受世界各国的重视。

森林是一种可更新的能源。"能源农场"就是种植可快速生长的林木或植物（它们被称为能源植物）以获取能源为目的的农场。这种农场的优点是：能够储存能量，可随时提供使用；能保持生态平衡，净化环境；能为大规模的生物和化学转换提供原料；投资少、管理费用低，每千焦燃料的生产成本仅为柴油的一半。由于"能源农场"是种植薪柴林，和用材林的营造目的不同，因此在选择树种和经营措施上均有自己的特点，其中根据当地的自然条件选择速生、密植、高产、高发热值及固氮能力强的树种尤为重要。薪柴林作为一种绿色植被，也同其他树木一样能起到防风固沙、保持水土、保护农田和草原，改善生态环境的作用。正因为如此，美国、加拿大、法国、韩国等国家在 20 世纪 50 年代已开始实施大规模的薪柴林营造计划，并取得显著效果。美国从 1978 年开始积极研究能源植物，目前已筛选出 200 多个品种，其试验的杨树林的生长量折合成发热量，每年每公顷达 430 桶石油当量。我国也应在荒山、河滩、沙漠上大规模地建设"能源农场"，以解决十分严重的农村能源问题，并保护日益恶化的生态环境。

直接燃烧薪柴除了热效率低外，其对环境的污染也不容忽视。例如美国环保局的研究发现，烧薪柴的火炉和壁炉其烟气中含有 17 种主要污染物，14 种是已知的致癌物，6 种是纤毛有害物质。因此对薪柴和其他含有木质素的物质进行大规模的生物和化学转换，使其成为固体或液体燃料才是利用生物质能的方向。

值得一提的是，由木柴干馏获得的木炭是一种优质的固体燃料。使用木炭的历史悠久，它含碳量高，含硫和含灰量低，既适于家庭取暖又是冶金工业的优质燃料。例如木材大国巴西，其木炭产量的 38% 用于生铁冶炼。上述木炭中 70% 产自原始森林，30% 产自人工林场。为了减少原始森林的退化，巴西一方面引进现代的高炉，另一方面也大力实施能源农场计划。

四、醇能

醇能是由纤维素通过各种转换技术而获得的优质液体燃料，其中最重要的是乙醇和甲醇。

1. 乙醇

乙醇又称酒精，其化学分子式为 CH_3CH_2OH，分子量为 46.1。主要热物理性质：正常沸点 351.45K、熔点 158.65K、临界温度 516.25K、临界压力 6390kPa、临界密度 $280kg/m^3$。

人们常将用作燃料的乙醇称为"绿色石油"，这是因为各种绿色植物，如玉米芯、水果、甜菜、甘蔗、甜高粱、木薯、秸秆、稻草、木片、锯屑、草类及许多含纤维素的原料都可以用作提取乙醇的原料。生产乙醇的方法主要有：利用含糖的原料，例如甘蔗直接发酵；间接利用碳水化合物或淀粉如木薯发酵；将木材等纤维素原料酸水解或酶水解。图 6-36 为由纤维素生产乙醇的流程图。某些作物的乙醇产量见表 6-11。

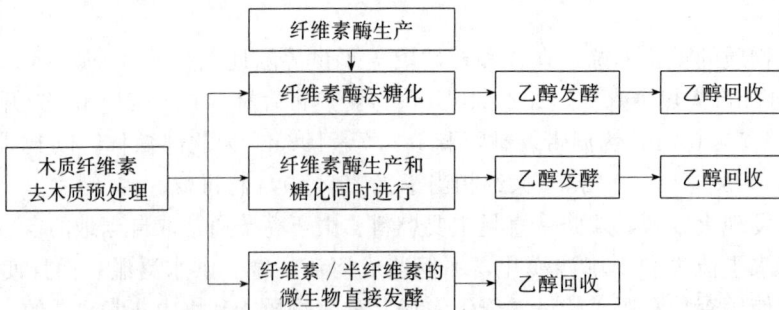

图 6-36　由纤维素生产乙醇的流程图

表 6-11 某些农作物的乙醇产量

原　　料	作物产量（t/ha）	乙醇产量（L/t）	乙醇产量（L/ha）
甜　菜	40～50	90～100	3800～4800
甘　蔗	50～100	60～80	3500～7000
玉　米	4～8	360～400	1500～3000
小　麦	25	370～420	800～2000
大　麦	2～4	310～350	700～1300
高　粱	2～5	330～370	700～1800
土　豆	20～30	100～120	2200～3300
甘　薯	10～20	140～170	1600～3100
木　薯	12～15	175～190	2200～2300

　　虽然乙醇的发热量比汽油低 30％左右，但乙醇密度高，因此以纯乙醇作燃料的机动车的功率比烧汽油的机动车还高 18％左右。采用乙醇作燃料，对环境的污染比汽油和柴油小得多，而生产成本却和汽油差不多。用 20％的乙醇和汽油混合使用，汽车的发动机可以不必改装。因此作为化石燃料，特别是汽油、柴油的最佳替代能源，醇能展现了良好的前景。

　　世界各国对利用生物质能制备醇类燃料十分重视，全世界生物燃料乙醇的总产量约为 3000 万 t。2005 年部分国家及欧盟燃料乙醇产量见表 6-12。2005 年乙醇产量增加最多的是欧盟（50 万 L/a 增长）和美国（20 多亿 L/a）。随着我国经济的发展，国内石油需求的进一步提高，以乙醇等替代能源为代表的能源供应多元化战略已成为我国能源政策的一个方向，燃料乙醇作为再生能源成为政府重点推广的新型能源。如果按照 10％的添加比例计算，我国燃料乙醇每年需求量为 400 万 t 左右。所以大力发展乙醇燃料势在必行。

表 6-12 2005 年部分国家及欧盟燃料乙醇产量 GL

国　　家	燃料乙醇	国　　家	燃料乙醇
巴　西	15	印　度	0.3
美　国	15	哥伦比亚	0.2
德　国	0.2	瑞　典	0.2
中　国	1.0	波　兰	0.05
法　国	0.15	欧　盟	0.9
西班牙	0.3	世界总计	33
加拿大	0.2		

　　2. 甲醇

　　甲醇的化学分子式为 CH_3OH，分子量为 32.0，主要热物理性质：正常沸点 337.85K、熔点 175.15K、临界温度 513.15K、临界压力 7950kPa、临界密度 275kg/m³。

　　甲醇是一种优质的液体燃料，其突出优点是燃烧时效率高，而碳氢化合物和一氧化碳排放量却很小。比如用甲醇作燃料的汽车发动机输出的功率可比汽油、柴油车高 17％左右，而排出的氮化物只有汽油、柴油车的 50％，一氧化碳只有后者的 12％。美国环保局的研究表明，如汽车改烧 85％甲醇和 15％无铅汽油组成的混合燃料，仅美国城市的碳氢化合物的排放量可减少 20％～50％；如使用纯甲醇作燃料，碳氢化合物的排放量可减少 85％～95％，一氧化碳的排放量可减少 30％～90％。正因为如此，美、日等汽车大国都制订了大力发展甲醇汽车的计划。美国政府批准使用 100 万辆代用燃料汽车来减少空气污染。日本则早在1991 年由日本甲醇汽车公司生产的首批甲醇汽车就在东京正式投入营运。

甲醇最早是生产木炭过程中的副产品。20 世纪 20 年代发明了高温高压下由氢和一氧化碳通过催化剂合成甲醇的工艺。由于天然气的大量发现，现在甲醇都是以天然气作原料，通过重整而获得的。然而为了利用生物质能，变废为宝，用树木及城市废物大量生产甲醇仍是世界各国研究的重点。目前采用的主要方法是，先用热化学转换的方法将固体生物质气化，获得合成气后再用其制甲醇。此法目前的主要问题是生产成本高，但随着科技的进步，"植物甲醇"将成为替代燃料的主角之一。

五、沼气

沼气是一种无色、有臭、有毒的混合气体。它的主要成分是甲烷（CH_4），通常占总体积的 60％～70％；其次是二氧化碳，占总体积的 25％～40％；其余硫化氢、氮、氢和一氧化碳等气体占总体积的 5％左右。甲烷是一种良好的气体燃料，燃烧时火焰呈蓝色，最高温度可达 1400℃左右。甲烷的发热量很高，达 36 840kJ/m^3。甲烷完全燃烧时仅生成二氧化碳和水，并释放出热能，是一种清洁燃料。

由于沼气中甲烷含量的不同，沼气的发热量为 20 930～25 120kJ/m^3，其着火温度为800℃。沼气中因含有二氧化碳等不可燃气体，其抗爆性能好，辛烷值较高，又是一种良好的动力燃料。

沼气是有机物质在厌氧条件下经过多种细菌的发酵作用而最终生成的产物。沼气发酵过程一般要经历三个阶段，即液化、产酸和气化。各种有机的生物质，如秸秆、杂草、人畜粪便、垃圾、污水、工业有机废物等都可以作为生产沼气的原料。沼气池中为保证细菌的厌氧消化过程，就要使厌氧细菌能够旺盛地生长、发育、繁殖和代谢。这些细菌的生命越旺盛，产生的沼气就越多。因此造成良好的厌氧分解条件，为厌氧细菌的生命活动创造适宜的环境是多产沼气的关键。为此应采取以下措施：

（1）严格的厌氧环境。分解有机质并产生沼气的细菌都是厌氧的，在有氧气存在的环境内它们根本无法进行正常的生命活动，因此生产沼气的沼气池应当严格密封。

（2）足够的菌种。由于沼气发酵原料成分十分复杂，因此发酵过程需要足够的菌种，包括产酸菌和甲烷菌。这些菌种大量存在于阴沟、粪池、沼泽和池塘，因此一定要用阴沟、粪坑污泥或沼气池脚渣作为菌种，以保证正常产气。

（3）合适的碳氮比。生产沼气的原料也是厌氧菌生长、繁殖的营养物质。这些营养物质中最重要的是碳素和氮素两种营养物质。在厌氧菌生命活动过程中需要一定比例的氮素和碳素。根据经验，最佳的碳氮比为 20∶1～30∶1。

（4）适宜的发酵液浓度。投入沼气池的原料实际上是原料、菌种和水的混合物，适宜的发酵液浓度十分重要。水分太少不利于厌氧菌的活动并影响原料的分解；水分太多，发酵液浓度降低，减少了单位体积的沼气产量，使沼气池得不到充分利用。

（5）适当的 pH 值。厌氧菌适于在中性或弱碱性环境中生长繁殖，故发酵液的 pH 值一般保持在 6.5～7.5。过酸、过碱对厌氧菌的生命活动均不利。如酸性过大，可在发酵液中加入适量的石灰或草木灰；如碱性过大则应加入若干鲜草、水草、树叶和水。

（6）合适的温度。适宜的温度是保持和增强菌种活化能力的必要条件。通常发酵温度在 5～60℃ 范围内均能正常产气。在一定的温度范围内，随着发酵液温度的升高，沼气产量可大幅度增加。根据采用发酵温度的高低，可以分为常温发酵、中温发酵和高温发酵。

常温发酵的温度为 10～30℃，其优点是沼气池不需升温设备和外加能源，建设费用低，原料用量少。但常温发酵原料分解缓慢，产气少，特别在冬季，许多沼气池不能正常产气。

中温发酵的温度为 35℃ 左右，这是沼气发酵的最适宜温度，其产气量比常温发酵高出许多倍。但中温发酵原料消耗比常温发酵也多许多倍。因此在原料来源充足，又有余热可供利用的地方，如酒厂、屠宰场、纺织厂、糖厂附近应优先采用中温发酵。

高温发酵温度为 55℃ 左右。这种发酵的特点是原料分解快，产气量高，但沼气中的甲烷含量略低于中温和常温发酵，并需消耗热能。

目前利用太阳能来提高沼气池温度，增加产气率是新能源综合利用的方向之一。

沼气池的种类很多，有池-气并容式的沼气池，池-气分离式沼气池，有固定式沼气池及浮动储气罐式的沼气池。用来建造沼气池的材料也多种多样，有砖、混凝土、钢、塑料等。最常用的池-气并容固定式的沼气池如图 6-37 所示。通常沼气池都修建成圆形或近似圆形，主要是圆形池节约材料、受力均匀且易解决密封问题。

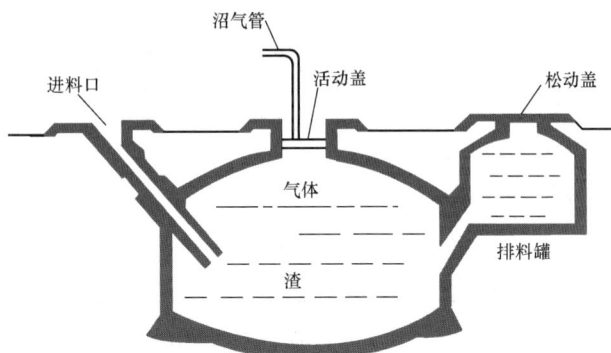

图 6-37 池-气并容固定式沼气池

沼气的用途很广，除用作燃料外，生产沼气的副产品——发酵后的残余物（废渣和废水）都是优质的有机肥料。试验研究证明，沼气池的粪水比农村普通敞口池中的粪水全氮含量高 14%，氨态氮含量高 19.4%。将上述两种粪水分别施于水稻、玉米、小麦、棉花、油菜等农作物上，田间试验表明，施有沼气池粪水的农作物分别增产 6.5%～17.5%。此外，沼气粪渣中的磷含量也较高，对提高土壤肥力也有明显的作用。图 6-38 所示为沼气的综合利用和生态的良性循环。

在发展中国家的农村地区大力推广沼气池还会产生巨大的社会效益。人畜粪便集中到沼气池，在池中发酵后，大多数的寄生虫卵会沉淀到池底，在缺氧和高温条件下大部分死去。表 6-13 表示了畜禽场大型沼气工程有害物质的去除效率。因此发展沼气不但能较好地解决农村能源的短缺问题，而且能改善农村卫生环境，提高大众的健康水平。同样，沼气在解决城市垃圾和废水、污水处理方面也能发挥重要作用。

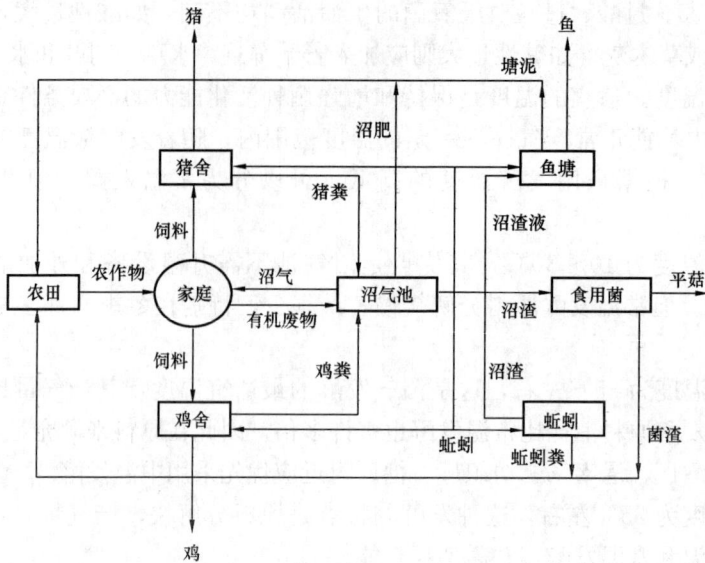

图 6-38   沼气综合利用示意

表 6-13   畜禽场大型沼气工程有害物质的去除效率

沼气工程的形式	常温全混式	低中温全混式	高效厌氧消化装置
总固体物的去除率	>50%	>70%	80%～90%
化学耗氧量去除率	60%	70%～75%	80%～90%
大肠杆菌死亡值	0.01～0.1	0.01～0.1	0.1
蛔虫卵的死亡率	100%	100%	100%

进入 21 世纪，人类对生物质能的利用寄予了更大的希望。随着现代生物技术的发展，生物质能的开发必将出现质的飞跃。

第五节   海   洋   能

地球表面积约为 $5.1 \times 10^8 \text{km}^2$，其中陆地表面积为 $1.49 \times 10^8 \text{km}^2$，约占 29％；海洋面积达 $3.61 \times 10^8 \text{km}^2$，约占 71％。以海平面计，全部陆地的平均海拔约为 840m，而海洋的平均深度却为 3800m，整个海水的容积多达 $1.37 \times 10^9 \text{km}^3$。一望无际的汪洋大海，不仅为人类提供航运、水产和丰富的矿藏，而且还蕴藏着巨大的能量。海洋能的表现形式多种多样，通常包括潮汐能、波浪能、海洋温差能、海洋盐差能、海流能等。

一、潮汐能

潮汐能是以位能形态出现的海洋能。海水涨落的潮汐现象是由地球和天体运动以及它们之间的相互作用而引起的。月球对地球的引力方向指向月球中心，其大小因地而异。同时地表的海水又受到地球运动离心力的作用，月球引力和离心力的合力正是引起海水涨落的引潮力。除月球外，太阳和其他天体对地球同样会产生引潮力。虽然太阳的质量比月球大得多，但太阳离地球的距离也比月球与地球之间的距离大得多，所以其引潮力还不到月球引潮力的一半。其他天体或因远离地球，或因质量太小所产生的引潮力微不足道。如果用万有引力计算，月球所产生的最大引潮力可使海平面升高 0.563m，太阳引潮力的作用为 0.246m，但实际的潮差却比上述计算值大得多。如我国杭州湾的最大潮差达 8.93m，北美加拿大芬地湾最大潮差更达 19.6m。这种实际与计算的差别目前尚无确切的解释。一般认为海水的自由振动频率与受迫振动频率一致而导致的共振会使潮差显著增大。

全世界潮汐能的理论蕴藏量约为 3×10^9 kW。我国海岸线曲折，全长约 1.8×10^4 km，沿海还有 6000 多个大小岛屿，组成 1.4×10^4 km 的海岸线，漫长的海岸蕴藏着十分丰富的潮汐能资源。我国潮汐能的理论蕴藏量达 1.1×10^8 kW，其中浙江、福建两省蕴藏量最大，约占全国的 80.9%。

潮汐能的主要利用方式是潮汐发电。潮汐电站可以是单水库或双水库。图 6-39 是单水库潮汐电站示意，它只筑一道堤坝和一个水库。老的单水库潮汐电站是涨潮时使海水进入水库，落潮时利用水库与海面的潮差推动水轮发电机组。它不能连续发电，因此又称为单水库单程式潮汐电站。新的单水库潮汐电站利用水库的特殊设计和水闸的作用既可在涨潮时发电，又可在落潮时运行，只是在水库内外水位相同的平潮时才不能发电。这种电站称为单水库双程式潮汐电站，它大大提高了潮汐能的利用率。

为使潮汐电站能够全日连续发电就必须采用双水库的潮汐电站。图 6-40 是双水库潮汐电站示意。这种电站建有两个相邻的水库，水轮发电机组放在两个水库之间的隔坝内。一个水库只在涨潮时进水（高水位库），一个水库（低水位库）只在落潮时泄水，两个水库之间始终保持有水位差，因此可以全日发电。

由于海水潮汐的水位差远低于一般水电站的水位差，所以潮汐电站应采用低水头、大流量的水轮发电机组。目前全贯流式水轮发电机组由于其外形小、质量小、管道短、效率高已为各潮汐电站广泛采用。

国外已运行的主要潮汐电站见表 6-14。

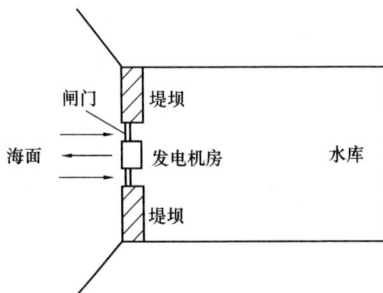

图 6-39 单水库潮汐电站示意

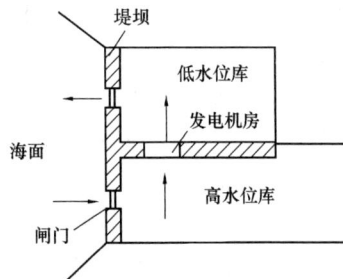

图 6-40 双水库潮汐电站示意

表 6-14　国外已运行主要潮汐电站的总装机容量

地　　点	装机容量（kW）	机组数	设计水头（m）	运行方式
法国朗斯河口	240 000	24	5.6	双向发电
俄罗斯基斯洛湾	2000	5	1.35	双向发电

续表

地　　　点	装机容量（kW）	机　组　数	设计水头（m）	运行方式
加拿大芬地湾	20 000	1	5.5	退潮发电
加拿大坎伯兰湾	4 088 000	106	5.5	退潮发电

目前，我国潮汐电站总装机容量约为 10 800kW，并已具备设计和建设万千瓦级潮汐电站并提供成套设备的能力。我国已建成的潮汐电站见表 6-15。其中浙江江厦潮汐电站，5 台机组总装机容量为 3200kW，涨退潮双向发电，水库面积为 29.1km²，最大潮差 8.39m，年发电量为 1070 万 kWh，具有显著经济效益。

表 6-15　　　　　　　　　　我国已建成的潮汐电站

站　　　名	装机容量（kW）	机组数	建成年份	设计水头（m）	运行方式
浙江沙山	40	1	1961	2.5	单库单向
广东甘竹滩	5000	22	1970	1.3	单向发电
浙江岳普	1500	4	1971	3.5	退潮发电
浙江海山	150	2	1975	3.39	双库单向
江苏浏河	150	2	1976	1.25	退潮发电
广西果子山	40	1	1977	2.0	退潮发电
山东白沙口	960	6	1978	1.2	单向发电
浙江江厦	3200	5	1980	3.0	双向发电
福建幸福洋	1280	4	1989	3.02	单向发电

潮汐电站会改变潮差和潮流，还会改变海水温度和水质。拦潮后形成的水库对生态既有有利影响，也有不利影响，例如它能为水产养殖提供适合的条件，但同时也会对地下水和排水等带来不利影响。此外，在建设潮汐电站时还必须考虑海岸的侵蚀和对鸟类栖息环境的影响，特别是在河口建潮汐电站时更应注意环境问题，如对鱼类的影响等。

二、波浪能

波浪能是以动能形态出现的海洋能。波浪是由风引起的海水起伏现象，它实质上是吸收了风能而形成的。波浪功率的大小与风速、风向、连续吹风的时间、流速等诸多因素有关。据估计，全世界可开发利用的波浪能达 2.5×10^9 kW。我国沿海有效波高为 2～3m，波浪功率可达 17～39kW/m，渤海湾更高达 42kW/m，利用前景诱人。

海洋波浪能属低品位能源，在自然状态下，由于大部分波浪运动没有周期性，故很难经济地开发利用。以波浪为动力的装置必须具备以下特点：

（1）能够增大与波浪高度有关的水位差。

（2）对波浪的幅度和频率有广泛的适应性。

（3）既能适应小的波浪，又能承受大风暴引起的滔天巨浪。

利用波浪能的装置很多，图 6-41 是各种利用波浪能装置示意。

利用波浪能发电的装置很多。图 6-42 是用得最广泛的浮标式波浪发电示意。放置在海面上的浮标 5 由于波浪的作用而上下浮动，中央管道 4 中的水位却维持不变，于是随着浮标的上下浮动，空气活塞室 1 中的空气反复地经历压缩和膨胀过程，从而驱动空气涡轮机 3 运转并带动发电机 2 发电。这种浮标式波浪发电装置已广泛用于航标和灯塔的照明。

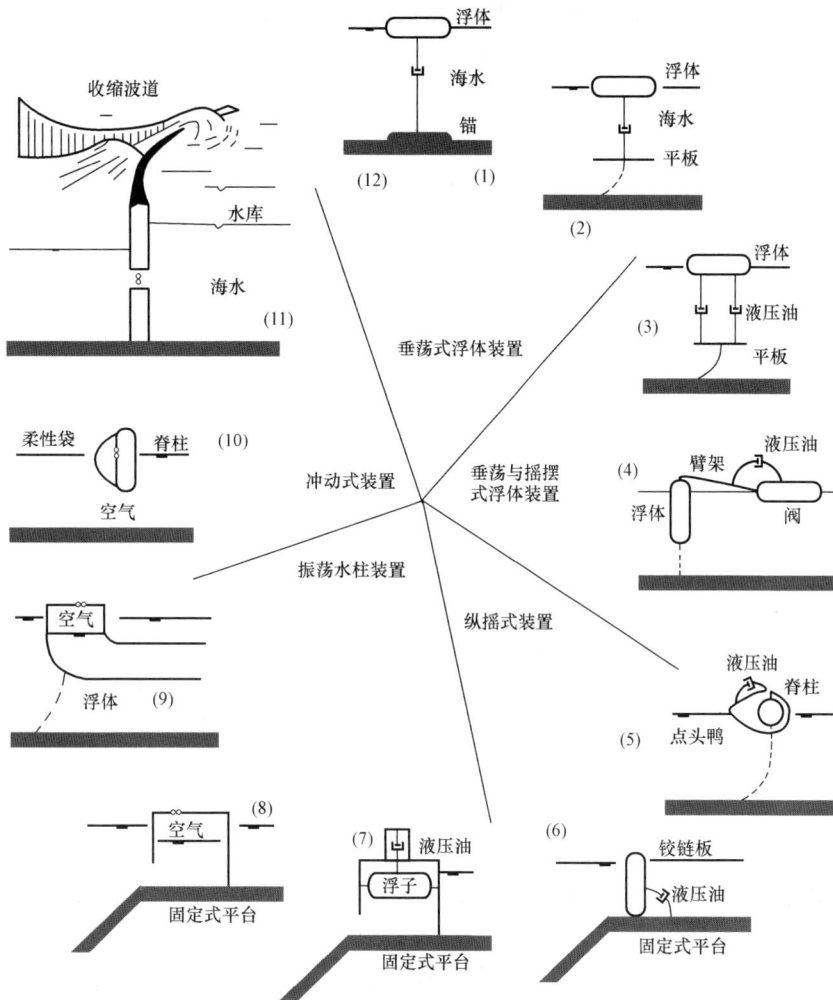

图 6-41 各种利用波浪能装置的示意

另一种固定式的波浪发电装置如图 6-43 所示。它不用浮标而是将空气室固定地建在海边，利用海浪使空气活塞室内的空气反复压缩、膨胀，从而推动涡轮机发电。这种固定式的波浪发电装置对小岛渔村和边防哨所很有实用意义。

在大多数情况下，波浪能装置输出的是电能，但输出功率不稳定，且离电网较远。因此，直接将这部分电能用于海水淡化是波浪能利用的一种理想选择，当然也可以利用波浪能装置产生高压水，再利用反渗透法来生产淡水，通常只有约 20％的高压水流经过反渗透膜，其余 80％的高压水仍可通过小型冲击式水轮机发电。目前这种利用波浪能既发电又海水淡化的装置已投入市场。海水淡化市场包括干旱地区的迎风沿海和一些岛屿，现在这些地区每人每天的需水量约为 40L，到 2020 年，随着人口增加，50％的用水将靠海水淡化，据估计届时 1/3 的淡化水将依靠波浪能。

我国波力发电技术研究始于 20 世纪 70 年代，20 世纪 80 年代以来获得较快发展。小型岸式波力发电技术已进入世界先进行列，航标灯所用的微型波浪发电装置已趋商品化，在沿海海域航标和大型灯船上推广应用。我国已安装用作航标灯灯源的小型波力发电装置 300 多台。试建成功 3 座波力试验电站，包括装机容量 3kW 的岸边固定式装置，总装机容量 20kW 的岸式波力试验电站和 8kW 摆式波力试验电站。

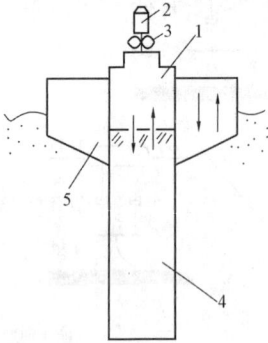

图 6-42　浮标式波浪发电示意
1—空气活塞室；2—发电机；3—空气
涡轮机；4—中央管道；5—浮标

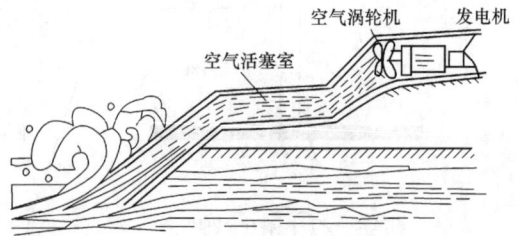

图 6-43　固定式波浪发电装置

三、温差能

温差能是以热能形态出现的海洋能，又称海洋热能。海洋是地球上一个巨大的太阳能集热和蓄热器。由太阳投射到地球表面的太阳能大部分被海水吸收，使海洋表层水温升高。赤道附近太阳直射多，其海域的表层温度可达 25～28℃，波斯湾和红海由于被炎热的陆地包围，其海面水温可达 35℃。而在海洋深处 500～1000m 处海水温度却只有 3～6℃。这个垂直的温差就是一个可供利用的巨大能源。据估计，如果利用这一温差发电，其功率可达 2×10^9 kW。

海洋温差能主要用于发电，海洋温差发电主要采用开式和闭式两种循环系统。

1. 开式循环系统

开式循环系统如图 6-44 所示。表层温海水在闪蒸蒸发器中由于闪蒸而产生蒸汽，蒸汽进入汽轮机做功后再流入凝汽器。来自深层的冷海水作为凝汽器的冷却介质。由于水蒸气是在负压下工作，所以必须配置真空泵。这种系统简单，还可兼制淡水，但设备和管道体积庞大，真空泵及抽水水泵耗功较多，影响发电效率。

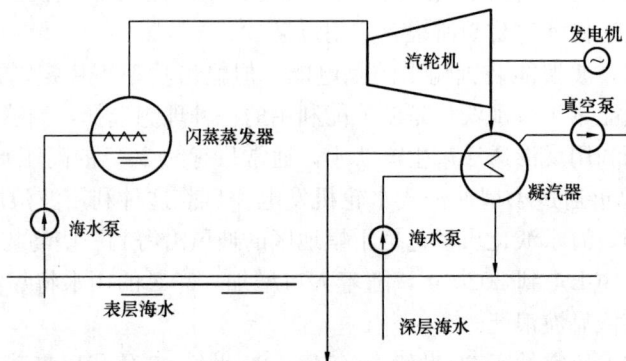

图 6-44　海洋温差发电的开式循环系统

2. 闭式循环系统

闭式循环系统如图 6-45 所示。来自表层的温海水先在热交换器内将热量传给低沸点工质——丙烷、氨等，使之蒸发，产生的蒸汽再推动汽轮机做功。深层冷海水（蒸发器）仍作为凝汽器的冷却介质。这种系统不需要真空泵，因而是目前海洋温差发电中常采用的循环。

由于海洋温差发电冷热温差很小，其效率远低于普通火电厂，仅为 3% 左右，且温差小，换热面积大，建设费用高；海水腐蚀和海洋生物的吸附以及远离陆地输电困难等不利因素都制约着海洋温差发电的发展。但海洋辽阔，储能丰富，修建海上温差发电站仍具有广阔前景。

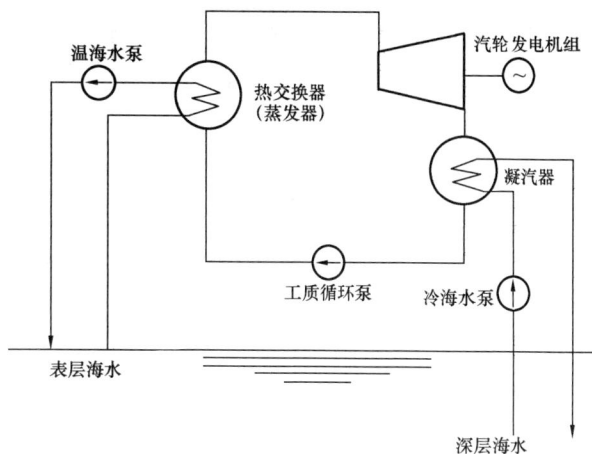

图 6-45　海洋温差发电的闭式循环系统

四、盐差能

盐差能是以化学能形态出现的海洋能。地球上的水分为两大类：淡水和咸水。全世界水的总储量为 $1.4 \times 10^9 km^3$，其中 97.2% 为分布在大洋和浅海中的咸水。在陆地水中，2.15% 为位于两极的冰盖和高山的冰川中的储水，余下的 0.65% 才是可供人类直接利用的淡水。海洋的咸水中含有各种矿物和大量的食盐，$1km^3$ 的海水里即含有 3600 万 t 食盐。利用大海与陆地河口交界水域的盐度差所潜藏的巨大能量一直是科学家的理想。据估计，世界各河口区的盐差能达 $3 \times 10^{10} kW$，可能利用的有 $2.6 \times 10^9 kW$。开发盐差能将是 21 世纪人类努力的目标。

理论和实际都证明，在两种不同浓度的盐溶液中间置一渗透膜，浓度低的溶液就会向浓度高的溶液渗透。这一过程一直要持续到膜两侧盐浓度相等为止。根据这一原理，可以人为地从淡水水面引一股淡水与深入海面几十米的海水混合，在混合处将产生相当大的渗透压力差，该压力差将足以带动水轮机发电。据测定，一般海水含盐浓度为 3.5% 时，所产生的渗透压力相当于 25 个标准大气压力，而且浓度越大，渗透压力也越大，例如死海的渗透压力甚至相当于 5000m 的水头。图 6-46 就是根据上述原理设计的一种盐差能发电的方案。

尽管盐差能发电还处于研究之中，但其潜力已日益为人们所认识，例如美国有人估计，若利用密西西比河的流量的 1/10 去建设盐差能电站，其装置容量可达 $10^6 kW$，即每立方米的淡水入海可获得约 0.65kWh 的电力。

五、海流能

海流能是另一种以动能形态出现的海洋能。"海流"就是海水的运动，主要是指海水的水平运动，即大量的海水从一个海域长距离地流向另一个海域。

世界著名的海流有大西洋的墨西哥湾暖流、北大西洋海流、太平洋的黑潮暖流、赤道潜流等。墨西哥湾海流和北大西洋海流是北大西洋里两支相连的最大的海流，它们以每小时 1～

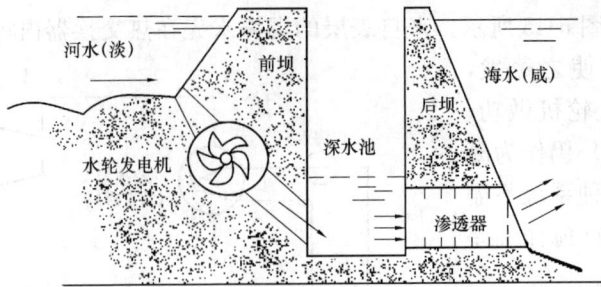

图 6-46　利用盐差能发电的示意

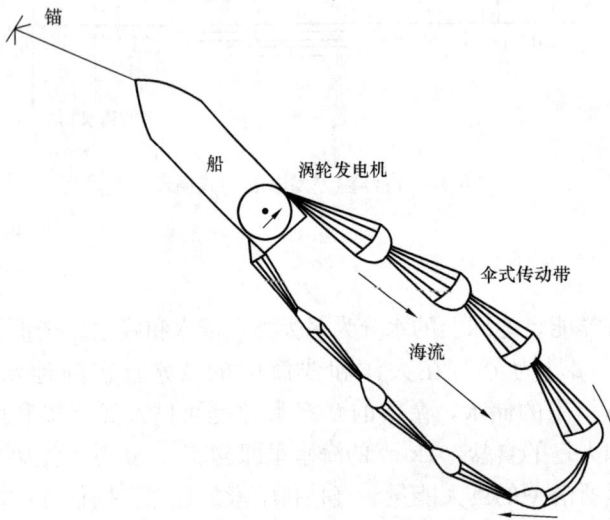

图 6-47　降落伞式海洋发电方案

2 海里的流速贯穿大西洋，从冰岛和大不列颠岛中间通过，最后进入北冰洋。太平洋的黑潮暖流的宽度约为 100 海里，平均厚度约 400m，平均日流速在30～80海里之间，其流量相当于全世界所有河流总流量的 20 倍。赤道潜流是一支深海潜流，总长度达 8000 海里，宽度在 120～250 海里之间，流速为每小时 2～3 海里。显然海水流动会产生巨大的能量。据估计，全球海流能高达 5×10^9 kW。

海流能发电和一般水力发电的原理类似，也是利用水轮机。图 6-47 是一种降落伞式海洋发电方案。

作为能源来讲，海流比陆地上的水力更可靠，不像水力那样会受枯水和洪水等水文因素的影响。目前海流能已用于海岸灯和航标导航等方面。随着科学技术水平的进步，海流能利用必将有很大发展。

第七章　氢　　能

第一节　概　　述

二次能源是联系一次能源和能源用户的中间纽带。二次能源又可分为"过程性能源"和"含能体能源"。电能就是应用最广的"过程性能源"；柴油、汽油则是应用最广的"含能体能源"。由于目前"过程性能源"尚不能大量地直接储存，因此汽车、轮船、飞机等机动性强的现代交通运输工具就只能采用像柴油、汽油这一类"含能体能源"。随着常规能源危机的出现，在开发新的一次能源的同时，人们将目光也投向寻求新的"含能体能源"，氢能正是一种人们期待的新的二次能源。

一、氢的特点

氢位于元素周期表之首，它的原子序数为1，在常温常压下为气态，在超低温高压下又可成为液态。作为能源，氢有以下特点：

（1）所有元素中，氢密度最小。

（2）所有气体中，氢气的导热性最好，比大多数气体的导热系数高出10倍，因此在能源工业中氢是极好的传热载体。

（3）氢是自然界存在最普遍的元素，它构成了宇宙质量的75%，除空气中含有氢气外，它主要以化合物的形态储存于水中，而水是地球上最广泛的物质。据推算，如把海水中的氢全部提取出来，它所产生的总热量比地球上所有化石燃料放出的热量还大9000倍。

（4）除核燃料外，氢的发热量是所有化石燃料、化工燃料和生物燃料中最高的，为汽油发热量的3倍。

（5）氢燃烧性能好，点燃快，与空气混合时可燃范围宽，而且燃点高，燃烧速度快。

（6）氢本身无毒，与其他燃料相比，氢燃烧时最清洁，除生成水和少量氮化氢外不会产生诸如一氧化碳、二氧化碳、碳氢化合物、铅化物和粉尘颗粒等对环境有害的污染物质，而且燃烧生成的水还可继续制氢，反复循环使用。

（7）氢能利用形式多，既可以通过燃烧产生热能，又可以作为能源材料用于燃料电池，或转换成固态氢用作结构材料。

（8）氢可以以气态、液态或固态的金属氢化物出现，能适应储运及各种应用环境的不同要求。

二、氢能的应用

从氢的特点可知，氢是一种理想的新的含能体能源。早在第二次世界大战期间，氢即用作A-2火箭发动机的液体推进剂。1960年液氢首次用作航天动力燃料。1970年美国发射的"阿波罗"登月飞船使用的起飞火箭也是用液氢作燃料。现在氢已是火箭领域的常用燃料了。对现代航天飞机而言，减轻燃料自重，增加有效载荷变得更为重要。氢的能量密度很高，是普通汽油的3倍，这意味着燃料的自重可减轻2/3，这对航天飞机无疑是极为有利的。今天的航天飞机以氢作为发动机的推进剂，以纯氧作为氧化剂，液氢就装在外部推进剂桶内，每次发射需用 $1450m^3$，重约 100t。

现在科学家们正在研究一种"固态氢"的宇宙飞船。固态氢既作为飞船的结构材料，又作为飞船的动力燃料。在飞行期间，飞船上所有的非重要零件都可以转作能源而"消耗掉"。这样飞船在宇宙中就能飞行更长的时间。

在超声速飞机和远程洲际客机上以氢作动力燃料的研究已进行多年，目前已进入样机和试飞阶段。

在交通运输方面，美、德、法、日等汽车大国早已推出以氢作燃料的示范汽车，并进行了几十万公里的道路运行试验。其中美、德、法等国是采用氢化金属储氢，而日本则采用液氢。试验证明，以氢作燃料的汽车在经济性、适应性和安全性三方面均有良好的前景，但目前仍存在储氢密度小和成本高两大障碍。前者使汽车连续行驶的路程受限制，后者主要是由于液氢供应系统费用过高造成的。

美国和加拿大已联手合作拟在铁路机车上采用液氢作燃料。在进一步取得研究成果后，从加拿大西部到东部的大陆铁路上将奔驰着燃用液氢和液氧的机车。

目前我国在氢能的利用方面，有的已经实现产业化，有的正在技术突破中，主要有以下应用领域：

（1）氢氧切割机。这是目前我国市场上唯一获得产业化应用的氢能源。氢氧切割机是利用氢氧混合气做燃料的一种切割、焊接设备，可用来替代乙炔、丙烷、液化气、焦炉煤气等切割气体。目前氢氧切割机已经进入钢厂连铸坯切割工艺中，在医药、玻璃制品、机械行业、造船业也有应用。

（2）燃料电池。氢燃料电池是氢能利用的主要方式。最开始的氢燃料电池仅应用于航天工程，目前，越来越多的燃料电池应用于各个不同的领域，如交通运输工具上。氢燃料电池汽车的尾气排放物是水，对空气和环境的污染为零。目前国际大汽车公司纷纷开始参与氢燃料电池的研发，已经开发研制成功氢燃料电池汽车的汽车厂商包括通用、奔驰、丰田等。由于目前氢燃料电池的造价昂贵，将其作为汽车能源大规模应用还需一段的时间。

（3）氢内燃机。目前已有不少汽车制造公司生产出了氢内燃机汽车。专家预计，氢内燃机汽车会比氢燃料电池汽车商业化应用早一些。

但氢能的大规模的商业应用还有待解决以下关键问题：

（1）廉价的制氢技术。因为氢是一种二次能源，它的制取不但需要消耗大量的能量，而且目前制氢效率很低，因此寻求大规模的廉价的制氢技术是各国科学家共同关心的问题。

（2）安全可靠的储氢和输氢方法。由于氢在常温下为气态，单位质量的体积大，而液氢又极易气化，加上易泄漏、着火、爆炸等安全上的原因，因此如何妥善解决氢能的储存和运输问题也就成为开发氢能的关键。

（3）大规模高效利用氢能的末端设备。氢虽是发电、交通运输的理想能源，但目前能大规模高效使用氢能的末端设备，特别是以氢为燃料的燃料电池仍存在许多问题，还有待进一步研究。

随着上述三个关键问题的解决，特别是从太阳能、生物质能等新能源中大规模获取氢后，全世界氢能利用将进入一个新的水平。由于氢既是一种新的二次能源，又是重要的化工原料，我国政府对氢能的研究也很重视，近几年投入了大量的资金和人力。我国近年来氢的产量在稳步增长。2009 年我国氢气年产量已超过千万吨规模，位居世界第一；金属储氢材料产销量超过日本，成为世界第一。

三、氢经济

20 世纪 70 年代能源危机发生后不久，1974 年在美国迈阿密召开的氢能经济会议上，一些科学家正式建议将氢能作为解决全球能源和环境问题的方案。40 多年来全世界在氢的规模制备、储存、运输和末端利用上取得了长足的进步，以氢为燃料的火箭和航天飞机不但为人类开拓了广阔的宇宙空间，而且以氢为燃料的燃料电池也逐步装备到汽车、船舶等交通工具上，它们还作为发电设备、电动工具、移动电源等渗透到各个领域。各国政府和政治家们已开始经常使用"氢经济"这个词，"氢经济"目前尚无确切定义，但它的初衷是指整个社会能源需求都是由氢能提供的，它的提倡者强调氢的燃烧是最清洁的，而且作为能源，氢是取之不尽的。显然，作为"氢经济"的支柱是大规模廉价地制取氢，因为氢是二次能源，它的获取是要消耗一次能源的。显然应用太阳能大规模地制氢是实现"氢经济"的关键。著名氢能学者约翰·博基斯在他的"太阳-氢能，拯救地球的动力"一书中是这样描述未来太阳-氢能系统的：

- 我们可以使用太阳光并将其转化成电能。
- 然后我们电解水，这样可以得到新的燃料——氢气和氧气。
- 用管道或车船将氢气输送到居民区和工业中心。
- 在居民区和工业中心，氢气作为一种燃料代替汽油和柴油用于内燃机或者用于燃料电池，输出机械能、热能或电能。
- 在所有这些过程中，最终的产物是水，水也是这些过程中使用的原料。

这样，太阳-氢能这个体系给我们提供了能量，但除了使用太阳光外，并没有消耗其他资源，而且也没有污染。随着科学技术的进步，可以预计"氢经济"是可以实现的。

第二节 氢 的 制 取 与 储 运

一、氢的制取

制氢的历史很长，方法也很多，传统的方法有以下几种：

（1）从含烃的化石燃料中制氢。这是最常用的方法。它是以煤、石油或天然气等化石燃料做原料来制取氢气。用蒸汽作催化剂，用煤做原料来制取氢气的基本反应过程为

$$C + H_2O \longrightarrow CO + H_2$$

用天然气做原料、蒸汽作催化剂的制氢化学反应为

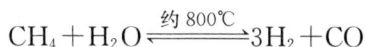

$$CH_4 + H_2O \underset{约800℃}{\rightleftharpoons} 3H_2 + CO$$

上述反应均为吸热反应，反应过程中所需的热量可以从煤或天然气的部分燃烧中获得，也可利用外部热源。自从天然气大规模开采后，现在氢的制取有 96% 都是以天然气为原料的。天然气和煤都是宝贵的燃料和化工原料，用它们来制氢显然摆脱不了人们对常规能源的依赖。

（2）电解水制氢。这种方法是基于如下的氢氧可逆反应：

$$H_2 + \frac{1}{2}O_2 \rightleftharpoons H_2O + \Delta Q$$

分解水所需要的能量 ΔQ 是由外加电能提供的。为了提高制氢效率，电解通常在高压下

进行，采用的压力多为 $3.5\sim5.0MPa$。目前电解效率为 $50\%\sim70\%$。由于电解水的效率不高且需消耗大量的电能，因此利用常规能源生产的电能来大规模的电解水制氢显然是不经济的。

（3）热化学制氢。这种方法是通过外加高温热使水起化学分解反应来获取氢气的。到目前为止，虽有多种热化学制氢方法，但总效率都不高，仅为 $20\%\sim50\%$，而且还有许多工艺问题需要解决。依靠这种方法来大规模制氢还有待进一步研究。

随着新能源的崛起，以水作为原料利用核能和太阳能来大规模制氢已成为世界各国共同努力的目标。其中太阳能制氢最具吸引力，也最有现实意义。目前正在探索的太阳能制氢技术有以下几种：

（1）太阳热分解水制氢。热分解水制氢有两种方法，即直接热分解和热化学分解。前者需要把水或蒸汽加热到 3000K 以上，水中的氢和氧才能够分解，虽然其分解效率高，不需催化剂，但太阳能聚焦费用太昂贵。后者是在水中加入催化剂，使水中氢和氧的分解温度降低到 $900\sim1200K$，催化剂可再生后循环使用，目前这种方法的制氢效率已达 50%。

（2）太阳能电解水制氢。这种方法首先将太阳能转换成电能，然后再利用电能来电解水制氢。

（3）太阳能光化学分解水制氢。将水直接分解成氧和氢是很困难的，但把水先分解为氢离子和氢氧离子，再生成氢和氧就容易得多。基于这个原理，先进行光化学反应，再进行热化学反应，最后进行电化学反应即可在较低温度下获得氢和氧。在上述三个步骤中可分别利用太阳能的光化学作用、光热作用和光电作用。这种方法为大规模利用太阳能制氢提供了实现的基础，其关键是寻求光解效率高、性能稳定、价格低廉的光敏催化剂。

（4）太阳能光电化学分解水制氢。这种方法需要利用特殊的化学电池，这种电池的电极在太阳光的照射下能够维持恒定的电流，并将水离解而获取氢气。这种方法的关键是需要有合适的电极材料。

（5）模拟植物光合作用分解水制氢。植物光合作用是依靠叶绿素进行的。自从在叶绿素上发现光合作用过程的半导体电化学机理后，科学家就企图利用所谓"半导体隔片光电化学电池"来实现可见光直接电解水制氢的目标。不过由于人们对植物光合作用分解水制氢的机理还不够了解，要实现这一目标还有一系列理论和技术问题需要解决。

（6）光合微生物制氢。人们早就发现江河湖海中的某些藻类也有制氢的能力，如小球藻、固氮蓝藻、绿藻等就能以太阳光作动力，用水做原料，源源不断地放出氢气来。因此深入了解这些微生物制氢的机制将为大规模的太阳能生物制氢提供良好的前景。

除了利用太阳能和核能制氢外，从生物质中制氢也正在大力研究之中。目前利用超临界水的独特性质，将超临界水气化与超临界水氧化相结合，以生物质为原料制氢的新技术已取得重大进展，这种新技术在从生物质原料获取氢的同时，还能释放超临界水中的部分氢，从而使制氢效率大为提高。西安交通大学郭烈锦教授的实验证实，用这种方法氢气产量最高可达到生物质原料中含氢量的 150%。

二、氢的储存和运输

氢在一般条件下为气态，其单位体积所含的能量远小于汽油，甚至少于天然气，因此必须经过压缩或极低温下液化，或其他方法提高其能量密度后方能储存和应用。目前氢的储存有三种方法：高压气态储存、低温液氢储存、金属氢化物和活性炭储存。

1. 高压气态储存

气态氢可储存在地下库里，也可装入钢瓶中。为减小储存体积，必须先将氢气压缩，为此需消耗较多的压缩功。一般一个充气压力为 20MPa 的高压钢瓶储氢质量只占 1.6%；供太空用的钛瓶储氢质量也仅为 5%。为提高储氢量，目前正在研究一种微孔结构的储氢装置，它是一微型球床。微型球系薄壁（$1\sim10\mu m$），充满微孔（$10\sim100\mu m$），氢气储存在微孔中。微型球可用塑料、玻璃、陶瓷或金属制造。

2. 低温液氢储存

将氢气冷却到 $-253℃$，即可呈液态，然后，将其储存在高真空的绝热容器中。液氢储存工艺首先用于宇航中，其储存成本较高，安全技术也比较复杂。高度绝热的储氢容器是目前研究的重点。一种间壁间充满中孔微珠的绝热容器已经问世。这种二氧化硅的微珠直径为 $30\sim150\mu m$，中间是空心的，壁厚 $1\sim5\mu m$。在部分微珠上镀上厚度为 $1\mu m$ 的铝。由于这种微珠导热系数极小，其颗粒又非常细，可完全抑制颗粒间的对流换热，将部分镀铝微珠（一般为 $3\%\sim5\%$）混入不镀铝的微珠中可有效地切断辐射传热。这种新型的热绝缘容器不需抽真空，其绝热效果远优于普通高真空的绝热容器，是一种理想的液氢储存桶，美国宇航局已广泛采用这种新型的储氢容器。

3. 金属氢化物和活性炭储存

氢与氢化金属之间可以进行可逆反应，当外界有热量加给金属氢化物时，它就分解为氢化金属并放出氢气；反之，氢和氢化金属构成氢化物时，氢就以固态结合的形式储于其中。

用来储氢的氢化金属大多为由多种元素组成的合金。目前世界上已研究成功多种储氢合金，它们大致可以分为四类：一是稀土镧镍等，每千克镧镍合金可储氢 153L；二是铁-钛系，它是目前使用最多的储氢材料，其储氢量大，是前者的 4 倍，且价格低、活性大，还可在常温常压下释放氢，给使用带来很大的方便；三是镁系，这是吸氢量最大的金属元素，但它需要在 287℃ 下才能释放氢，且吸收氢十分缓慢，因而使用上受限制；四是钒、铌、锆等多元素系，这类金属本身属稀贵金属，因此只适用于某些特殊场合。目前在金属氢化物储存方面存在的主要问题是：储氢量低，成本高及释氢温度高。因此进一步研究氢化金属本身的化学物理性质，包括平衡压力-温度曲线、生成焓、转化反应速度、化学及机械稳定性等，寻求更好的储氢材料仍是氢能开发利用中值得注意的问题。

带金属氢化物的储氢装置既有固定式也有移动式，它们既可作为氢燃料和氢物料的供应来源，也可用于吸收废热，储存太阳能，还可作氢泵或氢压缩机使用。

由于活性炭吸附性强，利用纳米碳管储氢已展现良好的前景，由于其储氢量大且远大于金属氢化物，因此随着纳米碳管成本的进一步降低，这种储氢方法有可能实用化。

4. 氢气的运输

氢气可以像其他燃料一样，采用储罐车输送或管道输送。对小规模的需要，可以采用储罐车，大规模输送则需采用管道。研究表明，用管道输氢要比先将氢能转换成电能再输送电的成本低。此外，通过电网输送电力，由于电网不能蓄电，因此电力必须及时用掉，而氢则可保持在管道内。另外一个优点是，管道输氢不需要像输电塔那样占用土地，也不会像输电塔那样影响景观。

氢虽然有很好的可运输性，但不论是气态氢还是液氢，它们在使用过程中都存在着不可忽视的特殊问题。首先，由于氢密度小，与其他燃料相比在运输和使用过程中单位质量所占的体积特别大，即使液态氢也是如此。其次，氢特别容易泄漏，以氢作燃料的汽车行驶试验证明，即使是真空密封的氢燃料箱，每 24h 的泄漏率就达 2％，而汽油一般一个月才泄漏 1％。因此对储氢容器和输氢管道、接头、阀门等都要采取特殊的密封措施。第三，液氢的温度极低，只要有一滴掉在皮肤上就会发生严重的冻伤，因此在运输和使用过程中应特别注意。

第三节 燃 料 电 池

一、燃料电池的基本原理

利用氢能最好的末端设备是燃料电池。燃料电池的原理是 W. Grove 于 1839 年首先提出的，但直到 20 世纪 50 年代才出现可实用的燃料电池。与普通电池一样，燃料电池也是一种利用电化学反应产生电能的装置。但普通电池含有的燃料或化学能是一个固定量，因此其将化学能转换成电能的能力是有限的，故只能作为储存电能的储能设备。而燃料电池则可在运行中连续不断地补充作为反应物的燃料，并持续地发出电能。因此它可以作为发电设备使用。原则上讲燃料电池可以利用多种燃料，如氢、天然气、甲醇、煤气等。与燃煤、燃油或烧天然气的热机发电方式不同，燃料电池无中间的燃烧环节，而是直接将储存在燃料和氧化剂中的化学能转化为电能，因此能量转换效率高，其能量利用率可达 45％～65％，如果将化学反应过程的余热也加以利用，则总的能源利用率可达 80％，因此人们把燃料电池称为继水电、火电、核电之后的第四种发电方式。

燃料电池发电除效率高外，另一个优点是污染极小，几乎没有氮氧化物和硫氧化物的排放，且 CO_2 的排放量也比常规电厂低 40％，如果采用纯氢作燃料电池的燃料，纯氧作为氧化剂，则可以实现发电的零排放。

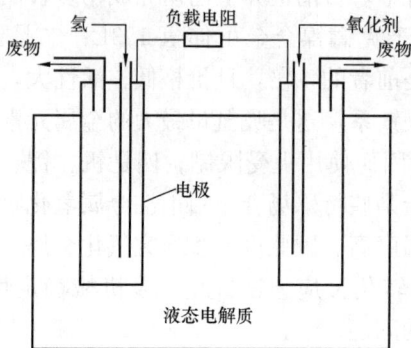

图 7-1 燃料电池的示意

燃料电池由电极（阳极和阴极）、电解质及外部电路负荷组成，见图 7-1。其中阳极为燃料（通常为氢或烃类重整后的富氢气体，也可以直接采用烃类燃料）电极，阴极为氧化剂（通常为纯氧或空气）电极。通常阳极和阴极电极均制成多孔状，都含有用于加速电化学反应的催化剂。两极之间是电解质，它是燃料电池的核心部分，其作用是用来传导质子，并阻止电子和反应物直接在电池内传输。燃料电池的工作原理相当于电解反应的逆向反应，氢-氧燃料电池的工作原理如图 7-2 所示。

由上述工作原理可知，燃料电池产生的是直流电，而且单电池电压很低，因此必须由许多燃料电池串联后才能成为实用的发电装置，如果用燃料电池组向交流电网供电，则还需要进行交直流转换。

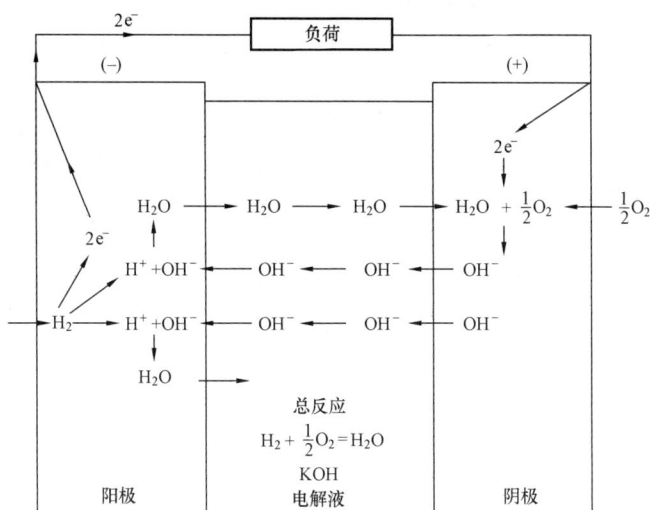

图 7-2 氢-氧燃料电池的工作原理

二、燃料电池的分类

燃料电池的品种繁多，可以按照电解质类型、燃料特性、工作温度等不同标准来分类。例如，按燃料来源可以分为直接式燃料电池和间接式燃料电池，前者无需燃料重整，直接采用燃料（如氢和甲醇）作为电池反应物，后者是通过某种化学方法（如催化重整）或物理方法（如高温裂解），先将化合物变为富氢的混合气体，然后经过净化装置，通入燃料电池的燃料电极。此外，还有一种再生式燃料电池，它是把燃料电池反应物中产生的水经过某种方法（如电解）分解氢和氧，然后再把生成的氢和氧重新通入燃料电池。这种燃料电池的最大优点是可以对有限物质循环利用，特别适合于用作卫星和太空站的电源。通常也可根据燃料电池工作温度将其分为低温（低于 200℃）、中温（200～750℃）、高温和超高温（750℃以上）。由于电解质是燃料电池的核心部分，因此又可根据电解质的类型将燃料电池分为碱性燃料电池（AFC）、磷酸型燃料电池（PAFC）、熔融碳酸盐燃料电池（MCFC）、固体氧化物燃料电池（SOFC）和质子膜燃料电池（PEMFC）。通常电解质的类型不但决定了燃料电池的工作温度，还决定了电极上采用的催化剂以及发生反应的化学物质。因此目前多根据电解质的类型来对燃料电池进行分类。上述不同电解质的燃料电池的电化学原理和工作温度如图7-3所示。

AFC 燃料电池属低温燃料电池，曾于 20 世纪 60 年代用于阿波罗登月飞行中，目前仍是航天飞机的主要电源，表 7-1 为这类燃料电池的性能。AFC 燃料电池的能量转换效率很高，可达 70％，常温下即能正常工作且启动快，其缺点是电解质易和 CO_2 起反应，因此对通入燃料电池的反应物要求很高，通常需纯氧作阴极的反应物，阳极燃料最好用氢，若用烃类重整气为燃料则必须除去其中的 CO_2。上述缺点不利于 AFC 在地面电源中的应用。

PAFC 燃料电池的工作温度在 200℃左右，能量转换效率约为 40％。目前在欧洲、北美已有许多 PAFC 电站在运行，日本千叶县的 PAFC 电站由 18 台 PAFC 组成，总容量已达 11MW。PAFC 的缺点是催化剂对 CO 敏感，当燃料中 CO 的浓度超过 1％时，电池性能会急剧下降。此外，它还需要在较高温度下工作，启动性能较差。由于 PAFC 转换效率不高，启动时间长，因此不宜作为移动电源使用。

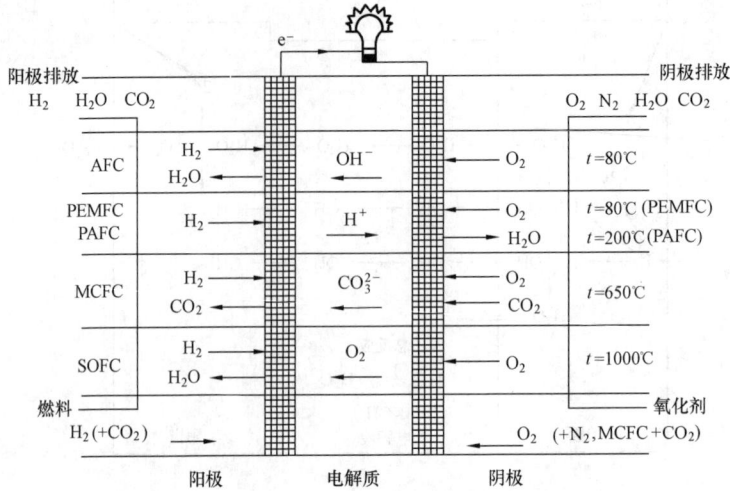

图 7-3　不同电解质的燃料电池的电化学原理

表 7-1　　　　　　　　　　　　美国空间用的燃料电池的性能

性　　能 ＼ 应　　用	阿波罗	双子星座	航天飞机
额定功率（kW）	1.0	1.0	5.0
比质量（kg/kW）	115	31	13.6
比体积（m³/kW）	0.167	0.051	0.034
寿　　命（h）	1800	1000	5000～10 000

MCFC 属高温燃料电池，它利用高温下的熔融态碱金属碳酸盐作电解质，由于工作温度高，因此对燃料和氧化剂的适应性强，特别适合含碳燃料，例如，水煤气、天然气或烃类蒸汽转化而来的其他气体燃料。MCFC 余热温度高，可用来实现多联产，提高总的能量转换效率（通常可达 60 ％以上），且系统较简单，又不需铂等贵金属作催化剂，因此适合于作地面电站。但其工作温度高，启动时间长，作为电动汽车的移动电源显然是不合适的。

SOFC 是工作温度更高的燃料电池（1000℃），它利用固体氧化物作电解质。与其他电解质不同，它不允许带正电的氢离子通过，而是允许带负电的氧离子在电极两边自由地通过。由于工作温度更高，同时排出的是品位更高的高温蒸汽，因此 SOFC 特别适合与煤气化和透平机等组合在一起，实现高效率的多联产。但由于工作温度高达千度，传统的金属材料很难在此温度下正常工作，只有采用耐高温的复合陶瓷材料，这正是阻碍 SOFC 迅速发展的主要原因。

PEMFC 采用固体聚合物作电解质，工作温度为 20～100℃。由于 PEMFC 室温下能工作且启动迅速，可用空气作催化剂，比功率大，寿命长，所以应用范围很广，大到大型电站，小至笔记本电脑和手机均可采用。其缺点是对 CO 很敏感，反应物需加湿，且需贵重金属作催化剂。由于 PEMFC 优良的使用性能和在电动汽车上广泛应用的前景，因此目前仍是研究和发展的重点。图 7-4 为 PEM 的基本结构示意。

各种燃料电池的技术状态和可能应用的领域见表 7-3。

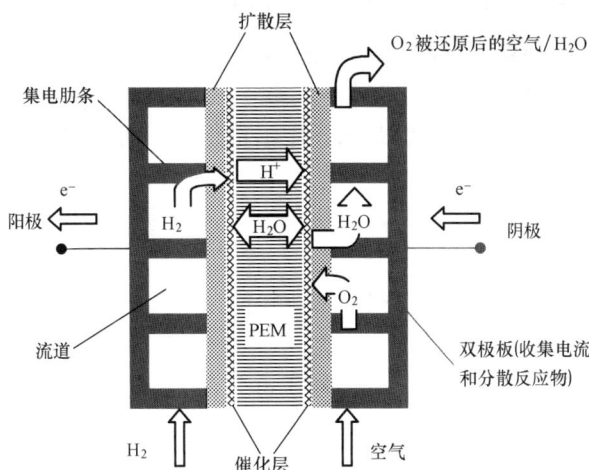

图 7-4 PEM 的基本结构示意

表 7-2　　　　　　　　各种燃料电池的技术状态和可能应用的领域

类 型	电解质	导电离子	工作温度	燃 料	氧化剂	技 术 状 态	可能的应用领域
碱性燃料电池	KOH	OH^-	50～200℃	纯氢	纯氧	1～100kW,高度发展,高效	航天,特殊地面应用
质子交换膜燃料电池	全氟碳酸膜	H^+	室温～100℃	氢气、重整氢	空气	1～300kW,高度发展,需降低成本	电汽车、潜艇动力、可移动动力源
直接甲醇燃料电池	全氟磺酸膜	H^+	室温～100℃	CH_3OH 等	空气	1～1000W,正在开发、攻关;高活性醇氧化电催化剂;阻醇渗透质子交换膜;微型电池结构	微型移动动力源
磷酸燃料电池	H_3PO_4	H^+	100～200℃	重整气	空气	1～2000kW,高度发展,成本高,余热利用价值低	特殊需求、区域性供电、热电联供
熔融碳酸盐燃料电池	$(LiK)CO_3$	CO_3^{2-}	650～700℃	净化煤气、天然气、重整气	空气	250～2000kW,正在进行现场实验,需延长寿命	区域性供电
固体氧化物燃料电池	氧化钇稳定的氧化锆	O^{2-}	900～1000℃	净化煤气、天然气	空气	1～200kW,电池结构选择,开发廉价制备技术	区域供电、联合循环发电

　　目前由于氢能在大规模制备、储存和运输上还存在一些问题,直接采用氢作燃料的PEMFC 还难以产业化,因此用液态碳氢化合物,例如天然气、汽油、甲烷和甲醇等作PEMFC 直接或间接燃料的研究受到各国的普遍重视,其中甲醇作为液态燃料,由于储存运输方便,能量密度高,价格便宜,重整过程相对简单,重整气杂质含量低,故成为首选的燃料。

当前以甲醇为燃料的 PEMFC 有两种，一种是直接甲醇燃料电池，它直接将甲醇通入 PEMFC 内部，直接发生电化学反应；另一种是甲醇重整电池，它是以甲醇重整后的富氢重整气为燃料，因此它需要一个重整器对燃料进行预处理。

由于燃料电池能量转换效率远高于常规电厂，其对环境的污染也远低于常规电厂，且与常规电厂相比还有以下优点：

（1）燃料电池在发电过程中产生的是水，用水量很少，而常规电厂是耗水大户，在水资源匮乏的今天，这一优势特别明显。

（2）燃料电池本体结构简单、紧凑，模块化组装，占地面积很少，例如容量为 2.85MW 的 MCFC 电站占地仅 $420m^2$。

（3）燃料电池安装、调试、运行、操作都比较简单，因此建设工期短，且易于检修、维护和扩容。另外，运行时几乎无噪声。

（4）燃料电池对负荷变化的适应能力很强，负荷在 $25\%\sim100\%$ 变动时，电池效率不受影响，因此有很强的调峰能力。

同样作为交通工具的动力，特别是电动汽车的动力，燃料电池也展现了极强的竞争力，尽管目前燃料电池车在制造成本、运行的经济性以及基础设施的配套方面还存在不少问题，但随着氢能利用技术的进步，上述问题都是可以解决的。

第八章 节 能 概 述

第一节 节能的目标和领域

一、节能的意义和目标

1. 节能的意义

能源是国家的基础工业，是国民经济和社会发展的重要物质基础，是提高和改善人民生活的必要条件。它的开发和利用是衡量一个国家经济发展和科学技术水平的重要标志。

20 世纪 70 年代，世界发生两次能源危机，引起各国政府对能源的重视。到 20 世纪 80 年代，能源更成为世界瞩目的三大问题之一，由于能源问题日益突出，不仅是中国，就世界范围而言，节能已经成为解决当代能源问题的一个公认的重要途径。有科学家把"节能"称为开发"第五大能源"，与煤、石油与天然气、水能、核能四大能源相并列，由此可见节能的重要意义。

节能，从能源的角度顾名思义就是节约能源消费，即从能源生产开始，一直到最终消费为止，在开采、运输、加工、转换、使用等各个环节上都要减少损失和浪费，提高其有效利用程度。节能，从经济的角度则是指通过合理利用、科学管理、技术进步和经济结构合理化等途径，以最少的能耗取得最大的经济效益。显然，节能时必须考虑环境和社会的接受能力，因此我国节约能源法给节能赋予了更科学的定义，即节能"是指加强用能管理，采取技术上可行、经济上合理以及环境和社会可以承受的措施，减少能源生产到消费各个环节中的损失和浪费，更加有效、合理地利用能源"。

我国是最大的发展中国家，节能对我国经济和社会发展更有着特殊的意义，主要表现在：

(1) 节能是实现我国经济持续、高速发展的保证。能源是经济发展的物质基础，我国能源的生产能力，特别是优质能源，如石油、天然气和电力的生产能力远远赶不上国民经济的发展，其中液体燃料的短缺显得特别突出。根据国家计委研究中心的预测，2020 年我国液体燃料的年消费量将达到 4.3 亿～4.75 亿 t。目前我国液体燃料的 98％来自石油，据估计，国内石油的年产量今后只能维持在 1.6 亿～2 亿 t，即使考虑到海外合作开发油田所获得的份额油，也很难突破 2.2 亿 t/a。从 1993 年开始我国已成为纯粹的石油输入国。因此，为了维持我国经济的高速发展，节能就显得特别重要。

(2) 节能是调整国民经济结构、提高经济效益的重要途径。当前深化经济改革的关键是调整国民经济结构，提高经济效益。其目的是转变经济增长的方式，走集约型的发展道路，少投入，多产出。能源在工业产品的成本中占相当大的比重，平均约为 9％，化工行业则为 30％，电力行业更高达 80％，因此节能是提高企业经济效益的重要途径。节能的实施不但可以促进产业和产品结构的调整，同时还能提高能源的利用效益，降低能源消耗水平，延长能源资源的使用时间，为开发新能源争取宝贵的时间。

(3) 节能将缓解我国运输的压力。由于我国能源资源分布不均，能源运输压力很大。例如我国全国铁路煤炭运量将占总运量的50％。显然，大量煤炭的开发利用和长距离运输，严重地制约了我国国民经济的发展，节能将有效缓解我国运输的压力。

（4）节能将有利于我国的环境保护。能源开发利用所引发的环境污染问题已日益引起人们的关注。节能在节约能源的同时，也相应减少了污染物的排放，其环保效益非常明显。当然在采取各种节能措施时都应充分考虑对环境的影响。

2. 节能的目标

根据我国节能减排"十二五"规划，节能的主要指标如下：

（1）总体目标。预计到2015年，全国万元国内生产总值能耗下降到0.869t标准煤（按2005年价格计算），比2010年的1.034t标准煤下降16％（比2005年的1.276t标准煤下降32％）。"十二五"期间，实现节约能源6.7亿t标准煤。

（2）具体目标。预计到2015年，单位工业增加值（规模以上）能耗比2010年下降21％左右，建筑、交通运输、公共机构等重点领域能耗增幅得到有效控制，主要产品（工作量）单位能耗指标达到先进节能标准的比例大幅提高，部分行业和大中型企业节能指标达到世界先进水平（见表8-1）。风机、水泵、空压机、变压器等新增主要耗能设备能效指标达到国内或国际先进水平，空调、电冰箱、洗衣机等国产家用电器和一些类型的电动机能效指标达到国际领先水平。

表 8-1　　　　　　　　　　　　"十二五"时期主要节能指标

指　　标	单　位	2010 年	2015 年	变化幅度/变化率
工业				
单位工业增加值（规模以上）能耗	％			［−21％左右］
火电供电煤耗	g 标准煤/kWh	333	325	−8
火电厂厂用电率	％	6.33	6.2	−0.13
电网综合线损率	％	6.53	6.3	−0.23
吨钢综合能耗	kg 标准煤	605	580	−25
铝锭综合交流电耗	kWh/t	14 013	13 300	−713
铜冶炼综合能耗	kg 标准煤/t	350	300	−50
原油加工综合能耗	kg 标准煤/t	99	86	−13
乙烯综合能耗	kg 标准煤/t	886	857	−29
合成氨综合能耗	kg 标准煤/t	1402	1350	−52
烧碱（离子膜）综合能耗	kg 标准煤/t	351	330	−21
水泥熟料综合能耗	kg 标准煤/t	115	112	−3
平板玻璃综合能耗	kg 标准煤/重量箱	17	15	−2
纸及纸板综合能耗	kg 标准煤/t	680	530	−150
纸浆综合能耗	kg 标准煤/t	450	370	−80
日用陶瓷综合能耗	kg 标准煤/t	1190	1110	−80
建筑				
北方采暖地区既有居住建筑改造面积	亿 m²	1.8	5.8	4
城镇新建绿色建筑标准执行率	％	1	15	14
交通运输				
铁路单位运输工作量综合能耗	t 标准煤/百万换算吨公里	5.01	4.76	［−5％］
营运车辆单位运输周转量能耗	kg 标准煤/百吨公里	7.9	7.5	［−5％］
营运船舶单位运输周转量能耗	kg 标准煤/千吨公里	6.99	6.29	［−10％］
民航业单位运输周转量能耗	kg 标准煤/吨公里	0.450	0.428	［−5％］
公共机构				
公共机构单位建筑面积能耗	kg 标准煤/m²	23.9	21	［−12％］
公共机构人均能耗	kg 标准煤/人	447.4	380	［15％］
终端用能设备能效				

续表

指　　标	单位	2010 年	2015 年	变化幅度/变化率
燃煤工业锅炉（运行）	％	65	70～75	5～10
三相异步电动机（设计）	％	90	92～94	2～4
容积式空气压缩机输入比功率	kW/（m³/min）	10.7	8.5～9.3	-1.4～-2.2
电力变压器损耗	kW	空载：43 负载：170	空载：30～33 负载：151～153	-10～-13 -17～-19
汽车（乘用车）平均油耗	L/百公里	8	6.9	-1.1
房间空调器（能效比）	—	3.3	3.5～4.5	0.2～1.2
电冰箱（能效指数）	％	49	40～46	-3～-9
家用燃气热水器（热效率）	％	87～90	93～97	3～10

注　[　]内为变化率。

二、节能的主要任务

（一）调整优化产业结构

1. 抑制高耗能、高排放行业过快增长

合理控制固定资产投资增速和火电、钢铁、水泥、造纸、印染等重点行业发展规模，提高新建项目在节能、环保、土地、安全等方面的准入门槛，严格固定资产投资项目节能评估审查、环境影响评价和建设项目用地预审，完善新开工项目管理部门联动机制和项目审批问责制。对违规在建的高耗能、高排放项目，有关部门要责令停止建设，金融机构一律不得发放贷款。对违规建成的项目，要责令停止生产，金融机构一律不得发放流动资金贷款，有关部门要停止供电供水。严格控制高耗能、高排放和资源性产品出口。把能源消费总量、污染物排放总量作为能评和环评审批的重要依据，对电力、钢铁、造纸、印染行业实行主要污染物排放总量控制，对新建、扩建项目实施排污量等量或减量置换。优化电力、钢铁、水泥、玻璃、陶瓷、造纸等重点行业区域空间布局。中西部地区承接产业转移必须坚持高标准，严禁高污染产业和落后生产能力的产业转入。

2. 淘汰落后产能

重点淘汰小火电 2000 万 kW、炼铁产能 4800 万 t、炼钢产能 4800 万 t、水泥产能 3.7 亿 t、焦炭产能 4200 万 t、造纸产能 1500 万 t 等（见表 8-2）。制订年度淘汰计划，并逐级分解落实。对稀土行业实施更严格的节能环保准入标准，加快淘汰落后生产工艺和生产线，推进形成合理开发、有序生产、高效利用、技术先进、集约发展的稀土行业持续健康发展格局。完善落后产能退出机制，对未完成淘汰任务的地区和企业，依法落实惩罚措施。鼓励各地区制定更严格的能耗和排放标准，加大淘汰落后的产能力度。

表 8-2　　　　　　　　　"十二五"时期淘汰落后产能一览表

行　业	主要内容	单位	产能
电力	大电网覆盖范围内，单机容量在 10 万 kW 及以下的常规燃煤火电机组，单机容量在 5 万 kW 及以下的常规小火电机组，以发电为主的燃油锅炉及发电机组（5 万 kW 及以下）；大电网覆盖范围内，设计寿命期满的单机容量在 20 万 kW 及以下的常规燃煤火电机组	万 kW	2000
炼铁	400m³ 及以下炼铁高炉等	万 t	4800

续表

行　业	主要内容	单位	产能
炼钢	30t 及以下转炉、电炉等	万 t	4800
铁合金	6300kVA 以下铁合金矿热电炉，3000kVA 以下铁合金半封闭直流电炉、铁合金精炼电炉等	万 t	740
电石	单台炉容量小于 12 500kVA 电石炉及开放式电石炉	万 t	380
铜（含再生铜）冶炼	鼓风炉、电炉、反射炉炼铜工艺及设备等	万 t	80
电解铝	100kA 及以下预焙槽等	万 t	90
铅（含再生铅）冶炼	采用烧结锅、烧结盘、简易高炉等落后方式炼铅工艺及设备，未配套建设制酸及尾气吸收系统的烧结机炼铅工艺等	万 t	130
锌（含再生锌）冶炼	采用马弗炉、马槽炉、横罐、小竖罐等进行焙烧、简易冷凝设施进行收尘等落后方式炼锌或生产氧化锌工艺装备等	万 t	65
焦炭	土法炼焦（含改良焦炉），单炉产能 7.5 万 t/年以下的半焦（兰炭）生产装置，炭化室高度小于 4.3m 焦炉（3.8m 及以上捣固焦炉除外）	万 t	4200
水泥（含熟料及磨机）	立窑、干法中空窑，直径 3m 以下水泥粉磨设备等	万 t	37000
平板玻璃	平拉工艺平板玻璃生产线（含格法）	万重量箱	9000
造纸	无碱回收的碱法(硫酸盐法)制浆生产线，单条产能小于 3.4 万 t 的非木浆生产线，单条产能小于 1 万 t 的废纸浆生产线，年生产能力 5.1 万 t 以下的化学木浆生产线等	万 t	1500
化纤	2 万 t/年及以下粘胶常规短纤维生产线，湿法氨纶工艺生产线，二甲基酰胺溶剂法氨纶及腈纶工艺生产线，硝酸法腈纶常规纤维生产线等	万 t	59
印染	未经改造的 74 型染整生产线，使用年限超过 15 年的国产和使用年限超过 20 年的进口前处理设备、拉幅和定形设备、圆网和平网印花机、连续染色机，使用年限超过 15 年的浴比大于 1：10 的棉及化纤间歇式染色设备等	亿 m	55.8
制革	年加工生皮能力 5 万标张牛皮、年加工蓝湿皮能力 3 万标张牛皮以下的制革生产线	万标张	1100
酒精	3 万 t/年以下酒精生产线（废糖蜜制酒精除外）	万 t	100
味精	3 万 t/年以下味精生产线	万 t	18.2
柠檬酸	2 万 t/年及以下柠檬酸生产线	万 t	4.75
铅蓄电池（含极板及组装）	开口式普通铅蓄电池生产线，含镉高于 0.002％的铅蓄电池生产线，20 万 kVAh/年规模以下的铅蓄电池生产线	万 kVAh	746
白炽灯	60W 以上普通照明用白炽灯	亿只	6

3. 促进传统产业优化升级

运用高新技术和先进适用技术改造提升传统产业，促进信息化和工业化深度融合。加大企业技术改造力度，重点支持对产业升级带动作用大的重点项目和重污染企业的搬迁改造。调整加工贸易禁止类商品目录，提高加工贸易准入门槛。提升产品节能环保性能，打造绿色低碳品牌。合理引导企业兼并重组，提高产业集中度，培育具有自主创新能力和核心竞争力的企业。

4. 调整能源消费结构

促进天然气产量快速增长，推进煤层气、页岩气等非常规油气资源的开发利用，加强油气战略进口通道、国内主干管网、城市配网和储备库建设。结合产业布局调整，有序引导高耗能企业向能源产地适度集中，减少长距离输煤输电。在做好生态保护和移民安置的前提下积极发展水电，在确保安全的基础上有序发展核电。加快风能、太阳能、地热能、生物质能、煤层气等清洁能源的商业化利用，加快分布式能源发展，提高电网对非化石能源和清洁能源发电的接纳能力。根据"十二五"规划，到2015年，非化石能源消费总量占一次能源消费比重将达到11.4%。

5. 推动服务业和战略性新兴产业发展

加快发展生产性服务业和生活性服务业，推进规模化、品牌化、网络化经营。根据"十二五"规划，预计到2015年，服务业增加值占国内生产总值比重比2010年提高4个百分点。推动节能环保、新一代信息技术、生物、高端装备制造、新能源、新材料、新能源汽车等战略性新兴产业发展。根据"十二五"规划，预计到2015年，战略性新兴产业增加值占国内生产总值比重达到8%左右。

(二) 推动能效水平提高

1. 加强工业节能

电力。鼓励建设高效燃气-蒸汽联合循环电厂，加强示范整体煤气化联合循环（IGCC）发电技术和以煤气化为龙头的多联产技术；发展热电联产，加快智能电网建设；加快现役机组和电网技术改造，降低厂用电率和输配电线损。

煤炭。推广年产400万t选煤系统成套技术与装备，根据"十二五"规划到2015年，原煤入洗率达到60%以上，鼓励高硫、高灰动力煤入洗，灰分大于25%的商品煤就近销售；积极发展动力配煤，合理选择具有区位和市场优势的矿区、港口等煤炭集散地建设煤炭储配基地；发展煤炭地下气化、脱硫、水煤浆、型煤等洁净煤技术；实施煤矿节能技术改造；加强煤矸石综合利用。

钢铁。优化高炉炼铁炉料结构，降低铁钢比；推广连铸坯热送热装和直接轧制技术；推动干熄焦、高炉煤气、转炉煤气和焦炉煤气等二次能源高效回收利用，鼓励烧结机余热发电，根据"十二五"规划，到2015年，重点大中型企业余热余压利用率达到50%以上；支持大中型钢铁企业建设能源管理中心。

有色金属。重点推广新型阴极结构铝电解槽、低温高效铝电解等先进节能生产工艺技术；推进氧气底吹熔炼技术、闪速技术等广泛应用；加快短流程连续炼铅冶金技术、连续铸轧短流程有色金属深加工工艺、液态铅渣直接还原炼铅工艺与装备产业化技术开发和推广应用；加强有色金属资源回收利用；提高能源管理信息化水平。

石油石化。原油开采行业要全面实施抽油机驱动电机节能改造，推广不加热集油技术和油田采出水余热回收利用技术，提高油田伴生气回收水平；鼓励符合条件的新建炼油项目发展炼化一体化；原油加工行业重点推广高效换热器并优化换热流程、优化中段回流取热比例、降低汽化率、塔顶循环回流换热等节能技术。

化工。合成氨行业重点推广先进煤气化技术、节能高效脱硫脱碳、低位能余热吸收制冷等技术，实施综合节能改造；烧碱行业提高离子膜法烧碱比例，加快零极距、氧阴极等先进节能技术的开发应用；纯碱行业重点推广蒸汽多级利用、变换气制碱、新型盐析结晶器及高效节能循环泵等节能技术；电石行业加快采用密闭式电石炉，全面推行电石炉炉气综合利用，积极推进新型电石生产技术研发和应用。

建材。推广大型新型干法水泥生产线；普及纯低温余热发电技术，根据"十二五"规划，到 2015 年，水泥纯低温余热发电比例提高到 70% 以上；推进水泥粉磨、熟料生产等节能改造；推进玻璃生产线余热发电，根据"十二五"规划，到 2015，余热发电比例提高到 30% 以上；加快开发推广高效阻燃保温材料、低辐射节能玻璃等新型节能产品；推进墙体材料革新，城市城区限制使用黏土制品，县城禁止使用实心黏土砖；加快新型墙体材料发展，根据"十二五"规划，到 2015 年新型墙体材料比重达到 65% 以上。

2. 强化建筑节能

开展绿色建筑行动，从规划、法规、技术、标准、设计等方面全面推进建筑节能，提高建筑能效水平。

对新建建筑严把设计关口，加强施工图审查，城镇建筑设计阶段 100% 达到节能标准要求。加强施工阶段监管和稽查，施工阶段节能标准执行率达到 95% 以上。严格建筑节能专项验收，对达不到节能标准要求的不得通过竣工验收。鼓励有条件的地区适当提高建筑节能标准。加强新区绿色规划，重点推动各级机关、学校和医院建筑，以及影剧院、博物馆、科技馆、体育馆等执行绿色建筑标准；在商业房地产、工业厂房中推广绿色建筑。

加大已有建筑的节能改造力度。以围护结构、供热计量、管网热平衡改造为重点，大力推进北方采暖地区已有居住建筑供热计量及节能改造，加快实施"节能暖房"工程。开展大型公共建筑采暖、空调、通风、照明等节能改造，推行用电分项计量。以建筑门窗、外遮阳、自然通风等为重点，在夏热冬冷地区和夏热冬暖地区开展居住建筑节能改造试点。在具备条件的情况下，鼓励在旧城区综合改造、城市市容整治、既有建筑抗震加固中，采用加层、扩容等方式开展节能改造。

3. 推进交通运输节能

铁路运输。大力发展电气化铁路，进一步提高铁路运输能力；加强运输组织管理；加快淘汰老旧机车机型，推广铁路机车节油、节电技术，对铁路运输设备实施节能改造；积极推进货运重载化；推进客运站节能优化设计，加强大型客运站能耗综合管理。

公路运输。全面实施营运车辆燃料消耗量限值标准；建立物流公共信息平台，优化货运组织；推行高速公路不停车收费措施，继续开展公路甩挂运输试点；实施城乡道路客运一体化试点；推广节能驾驶和绿色维修。

水路运输。建设以国家高等级航道网为主体的内河航道网，推进航电枢纽建设，优化港口布局；推进船舶大型化、专业化，淘汰老旧船舶，加快实施内河船型标准化；发展大宗散货专业化运输和多式联运等现代运输组织方式；推进港口码头节能设计和改造；加快港口物流信息平台建设。

航空运输。优化航线网络和运力配备，改善机队结构，加强联盟合作，提高运输效率；优化空域结构，提高空域资源配置使用效率；开发应用航空器飞行及地面运行节油相关的实用技术，推进航空生物燃油研发与应用；加强机场建设和运营中的节能管理，推进高耗能设施、设备的节油、节电改造。

城市交通。合理规划城市布局，优化配置交通资源，建立以公共交通为重点的城市交通发展模式；优先发展公共交通，有序推进轨道交通建设，加快发展快速公交；探索城市调控机动车保有总量；开展低碳交通运输体系建设城市试点；推行节能驾驶，倡导绿色出行；积极推广节能与新能源汽车，加快加气站、充电站等配套设施规划和建设；抓好城市步行、自行车交通系统建设；发展智能交通，建立公众出行信息服务系统，加大交通疏堵力度。

4. 推进农业和农村节能

完善农业机械节能标准体系；依法加强大型农机年检、年审，加快老旧农业机械和渔船淘汰更新；鼓励农民购买高效节能农业机械；推广节能新产品、新技术，加快农业机电设备节能改造，加强用能设备定期维修保养；推进节能型农宅建设，结合农村危房改造，加大建筑节能示范力度。推动省柴节煤灶更新换代；开展农村水电增效扩容改造；推进农业节水增效，推广高效节水灌溉技术；因地制宜、多能互补发展小水电、风能、太阳能和秸秆综合利用；科学规划农村沼气建设布局，完善服务机制，加强沼气设施的运行管理和维护。

5. 强化商用和民用节能

开展零售业等流通领域节能减排行动；商业、旅游业、餐饮等行业建立并完善能源管理制度，开展能源审计，加快用能设施节能改造；宾馆、商厦、写字楼、机场、车站严格执行公共建筑空调温度控制标准，优化空调运行管理；鼓励消费者购买节能环保型汽车和节能型住宅，推广高效节能家用电器、办公设备和高效照明产品；减少待机能耗，减少使用一次性用品，严格执行限制商品过度包装和超薄塑料购物袋生产、销售和使用的相关规定。

6. 实施公共机构节能

新建公共建筑严格实施建筑节能标准；实施供热计量改造，国家机关率先实行按热量收费；推进公共机构办公区节能改造，推广应用可再生能源；全面推进公务用车制度改革，严格油耗定额管理，推广节能和新能源汽车；在各级机关和教科文卫体等系统开展节约型公共机构示范单位建设，创建 2000 家节约型公共机构；健全公共机构能源管理、统计监测考核和培训体系，建立完善公共机构能源审计、能效公示、能源计量和能耗定额管理制度，加强能耗监测平台和节能监管体系建设。

第二节 节能的法规和措施

一、节约能源法

目前我国尚未制定专门的《能源法》，但有关能源的法规，如《中华人民共和国煤炭法》《中华人民共和国电力法》《中华人民共和国节约能源法》《中华人民共和国可再生能源法》等已先后发布和实施。除了对上述法规根据实施情况和社会经济发展进行修订外，目前正在制定《中华人民共和国能源法》《中华人民共和国石油天然气法》和《国家石油储备管理条例》等法规，以尽快完善与社会主义市场经济体制相适应的能源法律法规体系。

我国 1997 年 11 月 1 日第八届全国人大常委会第 28 次会议通过，1998 年 1 月 1 日起正式实行的《中华人民共和国节约能源法》（以下简称《节约能源法》）首次将节能赋予法律地位。《节约能源法》共六章 50 条，内容涉及节能管理、能源的合理使用、促进节能技术进步、法律责任等。该法明确了我国发展节能事业的方针和重要原则，确立了合理用能评价、节能产品标识、节能标准与能耗限额、淘汰落后高耗能产品、重点用能单位管理、节能监督和检查等一系列法律制度。

《节约能源法》指出：节能是国家发展经济的一项长远战略方针，并重申了能源节约与能源开发并举，把能源节约放在首位的能源政策。《节约能源法》规定，固定资产投资工程项目的可行性研究报告，应当包含合理用能的专题论证，达不到合理用能标准和节能设计规范要求的项目，依法审批机关不得批准建设；项目建成后达不到合理用能标准和节能设计规范的，不予验收。把固定资产投资工程项目的经济效益与环境保护、合理用能统一起来将使国家的经济建设、环境保护、能源利用协调发展。

《节约能源法》明确指出：国家鼓励开发、利用新能源和再生能源，并支持节能科学技术的研究和推广。国家大力发展下列通用节能技术：

（1）推广热电联产、集中供热，提高热电机组的利用率，发展热能梯级利用技术，热、电、冷联产技术和热、电、煤气三联供技术，提高热能综合利用率；

（2）逐步实现电动机、风机、泵类设备和系统的经济运行，发展电机调速节电和电力电子节电技术，开发、生产、推广质优价廉的节能器材，提高电能利用效率；

（3）发展和推广适合国内煤种的流化床燃烧、无烟燃烧和气化、液化等洁净煤技术，提高煤炭的利用效率；

（4）发展和推广其他在节能工作中证明技术成熟、效益显著的通用节能技术。

《节约能源法》的颁布实施，对于推进全社会节约能源，提高能源利用效率和经济效益，保护环境，保障国民经济和全社会可持续发展，满足人民生活需要，具有十分重要的意义。

但近年来我国能源消费增长很快，能耗高、利用率低的问题依然严重，节能工作面临的形势十分严峻。例如2006年，我国单位GDP能耗仅下降了1.2%，没有完成年初确定的4%的目标。现行节能法已经不能完全适应当前及今后节能工作的要求，例如我国现行节能法对节能的认识主要体现在工业节能上，而对交通、建筑和政府机关节能没有充分的认识。但事实上，这些领域已经成为我国能源消耗的重要领域。目前，我国建筑能耗约占全社会终端能耗总量的27.5%，交通运输能耗约占16.3%，政府机关能耗约占6.7%。

针对以上情况，迫切需要通过完善相关法律，加大对节能工作的推动力度。为此，2007年十届全国人大常委会第二十八次会议首次审议了节约能源法修订草案。提交审议的修订草案提出了很多具体可操作的节能措施，包括逐步施行供热分户计量、公共建筑物施行室内温度控制制度、鼓励节能环保型交通工具、限制能耗高污染重的机组发电以及鼓励工业企业采用洁净煤和热电联产技术等。

修订草案在强化政府指导和监管职能的同时，专门新增"激励政策"一章，明确国家实行财政、税收、价格、信贷和政府采购等政策，促进企业节能和产业升级。草案还进一步明确了一系列强制性措施限制发展高耗能、高污染行业，包括制定强制性能效标识和实行淘汰制度等。

二、节能应遵循的原则

节能已是我国的一项国策。节能应遵循如下原则：

（1）坚持把节能作为转变经济增长方式的重要内容。我国能源消耗高、浪费大的根本原因在于粗放型的增长方式。要大幅度提高能源利用效率，必须从根本上改变单纯依靠外延发展，忽视挖潜改造的粗放型发展模式，走科技含量高、经济效益好、资源消耗低、环境污染少、人力资源优势得到充分发挥的新型工业化道路，努力实现经济持续发展、社会全面进步、资源永续利用、环境不断改善和生态良性循环的协调统一。

（2）坚持节能与结构调整、技术进步和加强管理相结合。通过调整产业结构、产品结构和能源消费结构，淘汰落后技术和设备，加快发展以服务业为主要代表的第三产业和以信息技术为主要代表的高新技术产业，用高新技术和先进适用技术改造传统产业，促进产业结构优化和升级，提高产业的整体技术装备水平。开发和推广应用先进高效的能源节约和替代技术、综合利用技术及新能源和可再生能源利用技术。加强管理，减少损失浪费，提高能源利用效率。

（3）坚持发挥市场机制作用与政府宏观调控相结合。以市场为导向，以企业为主体，通过深化改革，创新机制，充分发挥市场配置资源的基础性作用。政府通过制定和实施法规标准，加强政策导向和信息引导，营造有利于节能的体制环境、政策环境和市场环境，建立符合市场经济体制要求的企业自觉节能的机制，推动全社会节能。

（4）坚持依法管理与政策激励相结合。增量要严格市场准入，加强执法监督检查，辅以政策支持，从源头控制高耗能企业、高耗能建筑和低效设备（产品）的发展。存量要深入挖潜，在严格执法的前提下，通过政策激励和信息引导，加快结构调整和技术进步。

（5）坚持突出重点、分类指导、全面推进。对年耗能万吨标准煤以上重点用能单位要严格依法管理，明确目标措施，公布能耗状况，强化监督检查；对中小企业在严格依法管理的同时，要注重政策引导和提供服务。交通节能的重点是新增机动车，要建立和实施机动车燃油经济性标准及配套政策和制度。建筑节能的重点是严格执行节能设计标准，加强政策导向。商用和民用节能的重点是提高用能设备能效标准，严格市场准入，运用市场机制，引导和鼓励用户和消费者购买节能型产品。

（6）坚持全社会共同参与。节能涉及各行各业、千家万户，需要全社会共同努力，积极参与。企业和消费者是节能的主体，要改变不合理的生产方式和消费方式，依法履行节能责任；政府通过制定法规、政策和标准，引导、规范用能行为，为企业和消费者提供服务，并带头节能；中介机构要发挥政府和企业、企业和企业之间的桥梁和纽带作用。

三、节能措施

根据我国节能的中长期专项规划，对节能工作应采取一些保障措施。

1. 坚持和实施节能优先的方针

从国情出发，树立和落实以人为本、全面协调可持续的科学发展观，从战略和全局高度充分认识能源对经济和社会发展的支撑作用和约束作用，节能对缓解能源约束矛盾、保障国家能源安全、提高经济增长质量和效益、保护环境的重要意义，把节能作为能源发展战略和实施可持续发展战略的重要组成部分，无论生产建设还是消费领域，都要把节能放在突出位置，长期坚持和实施节能优先的方针，推动全社会节能。

节能优先要体现在制定和实施发展战略、发展规划、产业政策、投资管理以及财政、税收、金融和价格等政策中。编制专项规划要把节能作为重要内容加以体现，各地区都要结合本地区实际制定节能中长期规划；建设项目的项目建议书、可行性研究报告应强化节能篇的论证和评估；要在推进结构调整和技术进步中体现节能优先；要在国家财政、税收、金融和价格政策中支持节能。

2. 制定和实施统一协调促进节能的能源和环境政策

为确保经济增长、能源安全和可持续发展，促进能源高效利用，需要建立基于我国资源特点、统筹规划、协调一致的能源和环境政策。

（1）煤炭应主要用于发电。煤炭在大型燃煤发电机组上使用，同时配套安装烟气脱硫、脱硝装置等，一方面能够大幅度提高煤炭利用效率，减少原煤消耗，另一方面集中解决二氧化硫等污染问题，做到高效、清洁利用煤炭，是最经济有效解决能源环境问题的办法。应提高我国煤炭用于发电的比重，终端用户更多地使用优质电能，鼓励企业和居民合理用电，提高电力终端能源消费的比例。

（2）石油应主要用于交通运输、化工原料和现阶段无法替代的用油领域。对目前燃料用油领域要区别不同情况，因地制宜，鼓励用洁净煤、天然气和石油焦来替代。对烧低硫油的燃油锅炉实施洁净煤替代改造，能够实现达标排放的企业，应合理调整污染物排放总量控制指标。统一规划交通运输发展模式，制定符合我国国情的交通运输发展整体规划。特大城市要加快城市轨道交通建设，形成立体城市交通系统，大力发展城市公共交通系统，提高公共交通效率，抑制私人机动交通工具对城市交通资源的过度使用。

（3）城市大气污染治理应以改造后达标排放和污染物总量控制为原则，城市燃料构成要从实际出发，不宜硬性规定燃煤锅炉必须改燃油锅炉，以控制和减少盲目"弃煤改油"带来燃料油需求量的增加。对中小型燃煤锅炉，在有天然气资源的地区应鼓励使用天然气进行替代；在无天然气或天然气资源不足的地区，应鼓励优先使用优质洗选加工煤或其他优质能源，并采用先进的节能环保型锅炉，减少燃煤污染。

3. 制定和实施促进结构调整的产业政策

加快调整产业结构、产品结构和能源消费结构，是建立节能型工业、节能型社会的重要途径。研究制定促进服务业发展的政策措施，发挥服务业引导资金的作用，从体制、政策、机制、投入等方面采取有力措施，加快发展低能耗、高附加值的第三产业，重点发展劳动密集型服务业和现代服务业，扭转服务业发展长期滞后局面，提高第三产业在国民经济中的比重。

加快制定《产业结构调整指导目录》，鼓励发展高新技术产业，优先发展对经济增长有重大带动作用的低能耗的信息产业，不断提高高新技术产业在国民经济中的比重。鼓励运用高新技术和先进适用技术改造和提升传统产业，促进产业结构优化和升级。国家对落后的耗能过高的用能产品、设备实行淘汰制度，节能主管部门要定期公布淘汰的耗能过高的用能产品、设备的目录，并加大监督检查的力度。达不到强制性能效标准的耗能产品或建筑，不能出厂销售或不准开工建设，对生产、销售和使用国家淘汰的耗能过高的用能产品、设备的，要加大惩罚力度。制定钢铁、有色、水泥等高耗能行业发展规划、政策，提高行业准入标准。制定限制用能的领域以及国内紧缺资源及高耗能产品出口的政策。严禁新建、扩建常规燃油发电机组；在区域供电平衡、能够满足用电需求的情况下，限制柴油发电和燃油的燃气轮机的使用和建设。

4. 制定和实施强化节能的激励政策

制定《节能设备（产品）目录》（以下简称《目录》），重点是终端用能设备，包括高效电动机、风机、水泵、变压器、家用电器、照明产品及建筑节能产品等，对生产或使用《目录》所列节能产品实行鼓励政策；将节能产品纳入政府采购目录。

国家对一些重大节能工程项目和重大节能技术开发、示范项目给予投资和资金补助或贷款贴息支持。政府节能管理、政府机构节能改造等所需费用，纳入同级财政预算。

深化能源价格改革，逐步理顺不同能源品种的价格，形成有利于节能、提高能效的价格激励机制。建立和完善峰谷、丰枯电价和可中断电价补偿制度，对国家淘汰和限制类项目及高耗能企业按国家产业政策实行差别电价，抑制高耗能行业盲目发展，引导用户合理用电，节约用电。

研究鼓励发展节能车型和加快淘汰高油耗车辆的财政税收政策，择机实施燃油税改革方案；取消一切不合理的限制低油耗、小排量、低排放汽车使用和运营的规定；研究鼓励混合动力汽车、纯电动汽车的生产和消费政策。

5. 加大依法实施节能管理的力度

加快建立和完善以《节约能源法》为核心，配套法规、标准相协调的节能法律法规体系，依法强化监督管理。一是研究完善节约能源的规章如《节约石油管理办法》《建筑节能管理办法》等。二是制定和实施强制性、超前性能效标准，包括主要工业耗能设备、家用电器、照明器具、机动车等能效标准；组织修订和完善主要耗能行业节能设计规范、建筑节能标准，加快制定建筑物制冷、采暖温度控制标准等。当前重点是加快制定机动车燃油经济性限值标准，从 2005 年 7 月 1 日起分阶段实施，同时建立和实施机动车燃油经济性申报、标识、公布三项制度。三是建立和完善节能监督机制。组织对钢铁、有色、建材、化工、石化等高耗能行业用能情况、节能管理情况的监督检查；对产品能效标准、建筑节能设计标准、行业设计规范执行情况的监督检查；对固定资产投资项目可行性研究报告增列节能篇（章）的规定进行监督检查。健全依法淘汰的制度，采取强制性措施，依法淘汰落后的耗能过高的用能产品、设备。充分发挥建设、工商、质检等部门及各地节能监测（监察）机构的作用，从各环节加大监督执法力度。

6. 加快节能技术开发、示范和推广

组织对共性、关键和前沿节能技术的科研开发，实施重大节能示范工程，促进节能技术产业化。建立以企业为主体的节能技术创新体系，加快科技成果的转化。引进国外先进的节能技术，并消化吸收。组织先进、成熟的节能新技术、新工艺、新设备和新材料的推广应用，同时组织开展原材料、水等载能体的节约和替代技术的开发和推广应用。重点推广列入《目录》的终端用能设备（产品）。

国家制定节能技术开发、示范和推广计划，明确阶段目标、重点支持政策，分步组织实施。国家修订颁布《中国节能技术政策大纲》，引导企业有重点地开发和应用先进的节能技术，引导企业和金融机构投资方向。在国家中长期科学技术发展规划、国家高技术产业发展项目计划等各类国家科技计划以及地方相应的计划中，加大对重大节能技术开发和产业化的支持力度。

建立节能共性技术和通用设备科研基地（平台）。鼓励依托科研单位和企业、个人，开发先进节能技术和高效节能设备。引入竞争机制，实行市场化运作，国家对高投入、高风险的项目给予经费支持。

地方各级人民政府要采取积极措施，加大资金投入，加强节能技术开发、示范、和推广应用。

7. 推广以市场机制为基础的节能新机制

一是建立节能信息发布制度，利用现代信息传播技术，及时发布国内外各类能耗信息、先进的节能新技术、新工艺、新设备及先进的管理经验，引导企业挖潜改造，提高能效。二是推行综合资源规划和电力需求侧管理，将节约量作为资源纳入总体规划，引导资源合理配置。采取有效措施，提高终端用电效率、优化用电方式，节约电能。三是大力推动节能产品认证和能效标识管理制度的实施，运用市场机制，引导用户和消费者购买节能型产品。四是推行合同能源管理，克服节能新技术推广的市场障碍，促进节能产业化；为企业实施节能改造提供诊断、设计、融资、改造、运行、管理一条龙服务。五是建立节能投资担保机制，促进节能技术服务体系的发展。六是推行节能自愿协议，即耗能用户或行业协会与政府签订节能协议。

8. 加强重点用能单位节能管理

落实《重点用能单位节能管理办法》和《节约用电管理办法》，加强对年耗能1万t标准煤以上重点用能单位的节能管理和监督。组织对重点用能单位能源利用状况的监督检查和主要耗能设备、工艺系统的检测，定期公布重点用能单位名单、重点用能单位能源利用状况及与国内外同类企业先进水平的比较情况，做好对重点用能单位节能管理人员的培训。重点用能单位应设立能源管理岗位，聘用符合条件的能源管理人员，加强对本单位能源利用状况的监督检查，建立节能工作责任制，健全能源计量管理、能源统计和能源利用状况分析制度，促进企业节能降耗上水平。

9. 强化节能宣传、教育和培训

广泛、深入、持久地开展节能宣传，不断提高全民资源忧患意识和节约意识。将节能纳入中小学教育、高等教育、职业教育和技术培训体系。新闻出版、广播影视、文化等部门和有关社会团体，要充分发挥各自优势，搞好节能宣传，形成强大的宣传声势，曝光那些严重浪费资源、污染环境的企业和现象，宣传节能的典型。节能要从小学生抓起，各级教育主管部门要组织中小学开展节能宣传和实践活动。各级政府有关部门和企业，要组织开展经常性的节能宣传、技术和典型交流，组织节能管理和技术人员的培训。在每年夏季用电高峰，组织开展全国节能宣传周活动，通过形式多样的宣传教育活动，动员社会各界广泛参与，使节能成为全体公民的自觉行动。

10. 加强组织领导，推动规划实施

节能是一项系统工程，需要有关部门的协调配合、共同推动。各地区、有关部门及企事业单位要加强对节能工作的领导，明确专门的机构、人员和经费，制定规划，组织实施。行业协会要积极发挥桥梁纽带作用，加强行业节能自律。

第三节　节能术语与技术节能的途径

一、节能相关的术语

（1）能源效率。能源效率是指能源产出与能源投入之比，一般用百分率来表示。通常有能源经济效率和能源技术效率。能源经济效率用来分析国家或地区的能源效率水平，能源经济效率指标常用宏观经济领域的单位GDP能耗和微观经济领域的单位产品能耗来表示。通常采用单位GDP能耗（能源强度即生产单位GDP所消耗的能源，如t标煤/万元GDP）、单位产值能耗或单位产品能耗（t标煤/单位产品或单位面积）等指标。在做宏观分析时，是一项由总体能源结构、产业用能比重、能源利用技术等多种因素形成的综合指标。

能源技术效率是指使用能源转换过程中所有效利用的能源与实际输入的能源量之比。能源系统效率包括能源加工、转换、储运和终端利用各个环节在内的能源效率，是能源生产、中间环节的效率与终端使用效率的乘积,目前中国的能源系统效率大约是 30%,与发达国家的 40% 以上还有较大差距。

(2) 单位产值能耗和单位产品能耗。单位产值能耗和单位产品能耗是分析能源效率的指标,单位产值能耗是指实现单位产值的某种能源消耗量,通常以每万元单位产值能耗的 t 标煤表示。而单位产品能耗主要是用于计算和比较一些产品,如钢铁、化工、建材、电力等单位产品的能耗。

(3) 单位 GDP 能耗。单位 GDP 能耗是指产出单位经济量(或实物量、服务量)所消耗的能源量。单位 GDP 能耗是对能源使用效率进行比较的基本指标,通常指每万元(或亿元)国内生产总值的能耗,是综合了国家经济结构、能源结构和设备技术工艺和管理水平等多种因素,形成的能耗水平与经济产出的比例关系。单位 GDP 能耗从投入和产出的宏观比较反映一个国家(或地区)的能源经济效率,具有宏观参考价值。能源强度越低,能源经济效率就越高。

(4) 单位能耗的 GDP。它是指单位能源消费创造的 GDP,也是分析能源经济效率的一个指标,表示投入能源所产出的附加值。

(5) 能源消费弹性系数。能源消费弹性系数是反映能源消费增长速度与国民经济增长速度之间比例关系的指标,计算公式为

$$能源消费弹性系数 = \frac{能源消费量年平均增长速度}{国民经济年平均增长速度}$$

例如我国 2001 年的能源消费弹性系数为 0.56(即 5.66%/10.09%)。1981—2000 年间能源消费弹性系数为 0.47(能源消费的年均增长为 4.6%,经济年均增长 9.7%)。

(6) 电力弹性系数。电力弹性系数是指一定时期内,需求电量的平均增长速度与国民经济总产值的平均增长速度之比,计算公式为

$$电力弹性系数 = \frac{电力消费年平均增长率}{国民经济年平均增长率}$$

由于国民生产总值和电力消费之间有一定的相关关系,电量的平均增长速度高于国民经济总产值的平均增长速度时,电力弹性系数大于 1,反之则小于 1。电力弹性系数表明了电力与经济发展的一定的相关性,我国电力弹性系数变化幅度较大,从 1950 年代初期的 2.41 到 20 世纪 80 年代的 0.64 和近几年的 1.6 以上。大致上反映了持续缺电和严重缺电时期电力弹性系数较高,电力供求缓和时期电力弹性系数急剧下降的趋势。

以往,一般将电量的增长速度要快于国民生产总值的增长速度,称为电力工业超前发展。电力弹性系数大于 1 曾作为电力超前发展的标志,在缺电时期以电力弹性系数大于 1 来加快电力的发展,并根据电力弹性系数的变化趋势来预测未来的电力负荷需求。但是由于国民生产总值是一个综合性指标,且电力增长速度和国民经济增长速度值之间存在着不确定性,目前,电力弹性系数方法已被更为精确的需求模型和规划方法所取代。

二、节能的类型

节能从广义上讲就是要降低能源消费系数,使实现同样的国民经济产值 M 所消耗的能源量 E 最少。节能可以从以下几方面着手:

(1) 提高用能设备的能源利用效率,直接减小能耗和 E/M 值,通常将这种方法称为技术节能。

（2）采用新工艺以降低某产品的有效能耗，称之为工艺节能。

技术节能和工艺节能合称为直接节能。

（3）加强组织管理，通过各种途径减少原材料消耗，提高产品质量，以减少间接能耗，称之为间接节能。

（4）调整工业结构和产品结构，发展耗能少的产品，以降低 E/M 值，称为结构节能，结构节能也是一种间接节能。

在节能工作中，如果运用价值工程的观点，用能效益就相当于价值，能源消耗则相当于成本，因此有如下关系：

$$用能效益＝\frac{产品功能}{能源消耗}$$

不论产品的功能和能耗是增加还是减少，只要用能效益提高了就取得了节能的效果。这样就将节能从单纯数量的含义扩展到效益的范畴，即节能效益。因此根据产品功能和能耗的改变情况，有以下几种节能的类型：

（1）功能不变，能耗降低，称为纯节能型。这是目前普遍采用的节能形式。

（2）功能提高，能耗不变，称为增值节能。这是一种值得提倡的节能法。

（3）功能提高，能耗降低，称为理想节能。这种情况只有在改革工艺方法后才能达到。

（4）功能大量提高，能耗略有提高，称为相对节能。

（5）功能略有降低，能耗大量降低，称为简单节能。这是在能源短缺时不得已才允许采用的方式。

（6）功能或提高或不变或降低，但能耗为零，称为零点节能或超理想节能。例如省去一道工序，或利用生产过程中的化学反应放热代替外供能源消耗等，都属于这种节能形式。

三、技术和工艺节能的一般途径

一切能源的利用过程本质上都是能量的传递和转换过程。这两个过程在理论上和实践上都存在着限制，存在着一系列物理的、技术的和经济方面的限制因素。如热能的利用首先要受热力学第一定律（能量守恒）和第二定律（能量贬值）的制约。能量在传递和转换过程中由于热传导、对流和辐射，能量的数量要产生损失，能的品质也要降低。因此能源有效利用的实质是，在热力学原则的指导下提高能量传递和转换效率；整体上使所有需要消费能源的地方做到最经济、最合理地利用能源，充分发挥能源的利用效果。能源节约既要着眼于提高用能设备的效果；也要考虑整个用能系统的最优化。为了提高能源的利用效率，从技术方面讲可以从以下五个方面入手：

（1）提高能量传递和转换设备的效率，减少转换的次数和传递的距离。

（2）在热力学原则的指导下，从能量的数量和质量两方面分析，计算能量的需求和评价能源使用方案，按能量的品质合理使用能源，尽可能防止高品质能量降级使用。

（3）按系统工程的原理，实现整个企业或地区用能系统的热能、机械能、电能、余热和余压全面综合利用，使能源利用最优化。

（4）大力开发研究节能新技术，如高效清洁的燃烧技术、高温燃气透平、高效小温差换热设备、热泵技术、热管技术及低品质能源动力转换系统等。

（5）作为节约高品质化石燃料的一个有效途径，把太阳能、地热能、海洋能等低品质低密度替代能源纳入节能技术，因地制宜地加以开发和利用。

值得指出的是，节能还是减少环境污染的一个重要方面。一般情况下，大多数节能措施都会有效地减少污染，如提高锅炉热效率、回收余热、利用太阳能和地热等。但也有些节能技术措施，如处理不当，反而会造成污染，例如提高燃烧温度可以强化燃烧过程，但燃烧温度超过 1600℃，就会形成大量 NO_x，从而污染环境。因此一定要将节能技术和环境保护结合起来。

第四节　节能的技术经济评价

一、技术经济分析的基本要素

能源利用的原则是节约为本，合理用能，温度匹配，梯级利用。

节能和其他工程项目一样都需要从技术和经济两方面来进行分析和评价。其目的是要求在技术可行的前提下，获得经济上的合理性。技术经济分析就是以技术方案为对象，比较和分析对项目有影响的、经济上可用数量表示的各因素，并结合政治、社会、环境、资源等多方面进行综合分析平衡，最终获得对该方案的客观评价。

为了对某一具体项目进行经济评估，应尽可能多地将各种因素转化为经济上可以计量的参数，并尽可能用货币来表示。在经济评价时应考虑的主要因素主要有投资、成本、折旧费、利润和税金等。

1. 投资及其估算

针对某一项目的投资，包括固定资产投资和流动资金的投资。固定资产投资由以下几方面构成：

（1）设备投资与建筑安装费。包括主要生产项目费用、辅助生产项目费用、公用工程项目费用、服务性工程项目费用、生活福利设施的项目费用、治理三废项目费用、厂外工程费用等。

（2）其他费用。包括管理费，规划、勘测、设计费，研究实验费，外事费，其他独立费用等。

（3）不可预见费。包括职工培训费、报废工程损失、施工临时设施等。

流动资金投资由以下几方面构成：

（1）储备资金。包括原材料、辅助材料、燃料、包装物、修理配件、低值易耗品等。

（2）生产资金。包括在生产产品、半成品、其他待摊费用等。

（3）成品资金。主要指生产成品资金。

（4）结算及货币资金。包括发出商品、结算资金、货币基金等。

其中储备资金、生产资金和成品资金是定额流动资金，而结算及货币资金则为非定额流动资金。

2. 成本

产品的成本通常由以下几部分构成：①原材料及辅助材料；②燃料及动力；③工人工资及附加费；④废品损失；⑤车间经费；⑥企业管理费；⑦销售费。前 5 项之和为车间成本，加上第 6 项为工厂成本，再加上第 7 项为销售成本。

3. 折旧费

折旧费通常用式（8-1）计算，即

$$D = \frac{P_0 + R + F - L}{n} \tag{8-1}$$

式中：D 为年折旧额；P_0 为固定资产原值或重估值；R 为折旧期内大修费总和；F 为拆除报废固定资产发生的费用；L 为残值；n 为折旧年限。

4. 销售收入、利润、税金

企业的利润由产品销售利润和非销售利润两部分构成。

产品销售利润包括销售商品利润、其他销售利润。

销售商品利润通常由两部分利润组成，即产出商品的销售利润和期初、期末库存商品的差额利润。产品销售利润通常按式（8-2）计算，即

$$产品销售利润 = 销售收入 - 销售成本 - 税金 \tag{8-2}$$

其他销售利润主要指来自不属于商品的产品，如废品、回收品、农副产品的销售利润及劳务利润。

非销售利润主要指罚款、违约金、去年发生的今年入账的利润等。

税金按我国现行税制主要有以下六类：

（1）流转税类。包括增值税、营业税、消费税、关税等。

（2）收益税类。包括企业所得税，个人所得税等。

（3）资源税类。包括资源税、城镇土地使用税等。

（4）农业税类。包括农业税、农林特产税、耕地占用税、契税等。

（5）特定目的税类。包括固定资产投资方向调节税、城乡维护建设税、教育附加费、土地增值税等。

（6）财产和行为税类。包括房产税、车船使用税、印花税、宴席税、屠宰税等。

二、资金的时间价值及其等值计算

（一）资金的时间价值

在不同时间付出或得到同样数量的资金在价值上是不相等的，这就是资金的时间价值。资金具有时间价值是商品条件下的普遍规律。充分认识和发挥资金时间价值对于提高经济效益有重要意义。

通常衡量资金时间价值的尺度有利息、盈利（净收益）。其中利息是指银行存款获得的资金增值，盈利是指把资金投入生产产生的资金增值。

（二）利息和利率

利息是使用他人资金所付的费用。借款人付给贷款人超过原借款金额（本金）的部分叫利息。本利（F_n）、本金（P）和利息（I_n）应存在以下的关系：

$$F_n = P + I_n \tag{8-3}$$

式中的下标 n 表示计算利息的周期数。并且把两次计算利息的时间间隔称为计息周期。

利率是每单位计息周期的利息与本金之比。可以通过式（8-4）计算出利率，即

$$i = \frac{I_1}{P} \times 100\% \tag{8-4}$$

式中：i 为利率；I_1 为一个计息周期的利息。

这里的计息包括单利计息和复利计息。所谓单利计息，就是仅用本金计息，利息不再生利，其计算公式如下：

$$F_n = P(1 + i \cdot n) \tag{8-5}$$

而复利计息是按本金和前期累计利息总额之和计算利息，即

$$F_n = P(1 + i)^n \tag{8-6}$$

在利率较低、时间期限不长、本金数不大的情况下，单利计息和复利计息之间的差别不大。但如果这三个因素较大时，两者差别就比较显著。

复利计息符合资金再生产的实际情况，多为技术经济中采用。

（三）现金流量图和资金等值概念

如果要考察一个投资项目在整个寿期内的经济效果时，通常采用现金流量图的方式。现金流量图如图 8-1 所示。

图 8-1 中的横坐标代表年份，其中 0 为考察起点，n 为考察终点，横坐标上的每个点表示该年年末及下年年初。

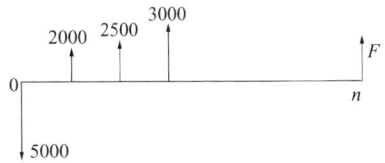

图 8-1 中的纵坐标表示现金流量，箭头向上表示现金流入系统，现金流量为正。箭头向下表示流出系统，现金流量为负。

图 8-1 现金流量图

资金等值概念的定义是，处于不同时刻的两笔资金，货币面额不同，但考虑时间价值之后，其实际资金相等，则该两笔资金等值。例如：若年利率为 10%，那么今年的 100 元就等值于一年后的 110 元。采用资金等值概念的作用是使不同地点的现金流量在一定利率条件下具有可比性。

（四）资金等值的计算

在进行资金等值计算时将要涉及折现、终值和折现率的概念。折现也称为贴现，就是把将来某一时点资金金额换算成零时点等值资金的过程，折现后的资金金额称为现值；终值就是将来值的概念，是指与现值等价的将来某时点的基金金额；折现率是指在进行资金等值计算中，使用的体现资金时间价值的参数（与单纯借贷关系中的利率类似）。

资金等值的计算公式与复利的计算公式相同。根据支付方式和等值换算时点的不同，有三种基本形式。

1. 一次性支付

分析系统的现金流量（无论流入或流出），均在一个时点上一次性支付。一次性支付的情况有两种计算公式。

（1）一次支付终值公式。也就是当现值为已知，而需要求解终值时的所采用的公式。设现在投资 P 元，折现率为 i，则在第 n 年末，其终值 F 为

$$F = P(1 + i)^n \tag{8-7}$$

式中：$(1+i)^n$ 为一次支付的终值系数。

（2）一次支付现值公式。这是当终值 F 已知，需要求解现值 P 时采用的公式。它是一次支付终值公式的逆运算，计算公式如下：

$$P = F \frac{1}{(1+i)^n} \tag{8-8}$$

式中：$\dfrac{1}{(1+i)^n}$ 为一次支付的现值系数。

很显然，一次支付现值系数和一次终值系数互为倒数。

2. 等额分付

当现金的流入或流出在多个连续时点上发生，且数额相等时，属等额分付，如工厂的年运行费和年收入等，计算公式有以下几个：

（1）等额分付终值公式。若等额流入或流出金额为 A，折现率为 i，计算年限为 n，因最后一笔等额年值与终值发生在同一时点上，故此笔等额年值因不计利息，由此得计算公式为

$$F = A\frac{(1+i)^n - 1}{i} \tag{8-9}$$

式中：$\frac{(1+i)^n - 1}{i}$ 为等额分付终值系数，符号为 $(F/A, i, n)$。

（2）等额分付偿债资金公式。等额分付偿债资金公式是等额分付终值公式的逆运算，其原意是指为了支付 n 年后到期的一笔债务，每年应预先存取多少等额年值，作为偿债的准备金。通过式（8-9）可以推出：

$$A = F\frac{i}{(1+i)^n - 1} \tag{8-10}$$

式中：$\frac{i}{(1+i)^n - 1}$ 为等额分付偿债基金系数，符号为 $(A/F, i, n)$。

值得注意的是，上述两公式只适应于每年等额流入或流出现金，若每年不等额流入或流出，则不能使用上述公式。

（3）等值分付现值公式。将一系列等额年值按给定的折现率 i 和计息期数 n 转换为现值的总和，即可求得分付现值公式，即

$$P = A\frac{(1+i)^n - 1}{i(1+i)^n} \tag{8-11}$$

式中：$\frac{(1+i)^n - 1}{i(1+i)^n}$ 为等额分付现值系数，符号为 $(P/A, i, n)$。

（4）等额分付资本回收公式。等额分付资本回收是指目前投资 P 元、利率为 i、在 n 年内，每年末要等额回收多少，才能连本带利回收全部资金。它是等额分付现值公式的逆运算，计算公式为

$$A = P\frac{i(1+i)^n}{(1+i)^n - 1} \tag{8-12}$$

式中：$\frac{i(1+i)^n}{(1+i)^n - 1}$ 为等额分付资本回收系数，符号为 $(A/P, i, n)$。

3. 等差分付

等差序列的现金流量图如图 8-2 所示（G 为常量）。

当现金流序列是连续的，而数额为等差数列时，则称之为等差序列现金流。

例如工厂设备维护费，随设备服务年限的增长而逐年增加，增加的费用通常为常量。常用公式有以下两个：

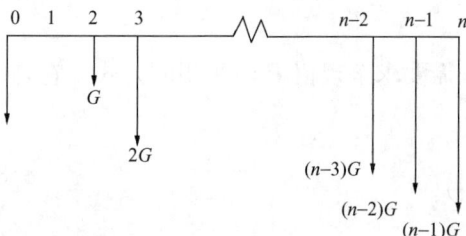

图 8-2　等差序列的现金流量图

（1）等差系列终值公式。为便于推导，规定现金流量从第 2 年末开始按等差变额 G 逐年增加，终止于第 n 年末。计算公式为

$$F = \frac{G}{i}\left[\frac{(1+i)^n - 1}{i} - n\right] \tag{8-13}$$

式中：$\frac{1}{i}\left[\frac{(1+i)^n - 1}{i} - n\right]$ 为等差系列终值系数，符号为 $(F/G, i, n)$。

（2）等差系列现值公式。将终值公式求得的终值乘以一次支付现值系数，即可求得等差系列现值公式，即

$$P = F\frac{1}{(1+i)^n} = \frac{G}{i(1+i)^n}\left[\frac{(1+i)^n - 1}{i} - n\right] \tag{8-14}$$

式中：$\frac{1}{i(1+i)^n}\left[\frac{(1+i)^n - 1}{i} - n\right]$ 为等差系列现值系数，符号为 $(P/G, i, n)$。

三、技术经济的可比性

为了比较不同方案的经济效果，必须使每个方案具有可比性。

1. 产品、产量、质量、品种和需求的可比性

参加比较的不同方案必须满足相同的客观要求，包括产量、质量、品种等指标，如燃用不同燃料的锅炉，或者不同类型锅炉的比较，必须与产生相同压力、温度和相同数量的蒸汽作为可比性的前提；采用柴油机、汽油机等不同方案，必须满足相同的拖动要求；不同制冷方案的比较，必须在产生相同冷负荷的前提下；各种发电方案的比较，必须扣除厂用电和线损才能可比。

2. 总消耗的可比性

各个方案的消耗费用必须是总费用，即直接消耗和间接消耗、生产消耗和非生产消耗。

3. 时间的可比性

通过资金的等值计算，使各方案的经济效益在时间上具有可比性。对此必须采用相同的计算期，并进行计算期的合理选择，以公平的评价不同方案。

4. 价格可比性

各不同方案必须采用同一价格体系进行比较。如受物价涨落的影响，价格体系应和计算期相一致。

四、节能经济评价的常用方法

节能经济评价的目标主要有两类。一类是对某一节能技术改造项目进行评价，即计算其经济上是否合理，或者是几个技术方案择一较优方案；另一类是对关键的能源设备的更新项目进行技术经济评价，从而为设备更新提供决策依据。节能经济评价常用的方法有以下几种。

1. 投资回收年限法

投资回收年限法主要考虑节能措施在投资和收益两方面的因素，以每年节能回收的金额偿还一次投资的年限作为评价指标。如某项节能措施的一次投资为 K（元），每年节能获得的净收益为 S（元/a），则投资回收的年限 τ 为

$$\tau = \frac{K}{S} \tag{8-15}$$

若某项节能措施有多个技术方案可供选择，显然应首选投资回收年限 τ 最小的那个

方案。

投资回收年限法概念清楚，计算简单，是比较常用的一种经济评价方法。然而以经济学的观点看，这一方法没有考虑资金的利率及设备使用年限这两个主要因素，因而未涉及超过回收年限以后的经济效益。采用这一方法显然对效益高但使用年限短的节能方案有利；相反对于效益低而使用年限长的节能方案则不利，所以投资回收年限法不适用于不同利率、不同使用年限的投资方案的比较。另外，投资回收年限法只能反应各节能方案之间的相对经济效益，因此这种简单的投资回收年限法只常用于节能工程初步设计阶段的审查。一般经验指出，如果简单计算的回收年限小于设计使用年限的一半，而又不大于 5 年时，即可认为投资合理。

2. 投资回收率法

若某项节能措施投产后，在确定的使用年限 n 内，逐年取得的收益为 R，该项措施总的一次投资为 K，则使总收益的现值等于一次投资 K 时的相应利率 r 就称为投资回收率。投资回收率可通过式（8-16）计算，即

$$K = \frac{(1+r)^n - 1}{r(1+r)^n} \times R \tag{8-16}$$

由于投资回收率表示一项投资不受损失而获得的最高利率，所以可以用它来表征节能措施经济性的优劣，适用于比较不同使用年限的技术方案。显然，对某一项节能方案如用式（8-16）计算出的投资回收率 r 大于投资的利率，则该方案在经济上是可行的。当有几种不同的技术方案时，应选取投资回收率最高又大于投资利率的方案。

3. 等效年成本法

一项节能措施的投资 K，可以按给定的利率 i 和使用年限 n 折算成一定的金额，用于在使用期内每年还本付息，以保证投资在使用期满时全部还原，这就是所谓资金费用。如果资金费用再加上每年的运行维护费用 S，就构成了等效年成本。当计及投资在使用期满的残值 A 时，应将残值从投资中扣除，另加残值的利息。因此节能措施的等效年成本 C 可按式（8-17）计算，即

$$C = (K-A)\frac{i(1+i)^n}{(1+i)^n - 1} + Ai + S \tag{8-17}$$

显然在节能措施的多方案比较中，等效年成本最低者即为优选的方案。

4. 纯收入法

纯收入法根据节能项目的纯收入进行比较，纯收入高，该方案经济效果就好。具体做法是根据合理的计算生产年限，先把每个方案的初投资、流动资金和折旧费用综合起来，求出投产当年的折算投资；将折算投资乘以资金的年利率并与成本费相加，即得出年支出；最后从年收入减去上述年支出就得到各方案的年纯收入，其中年收入最高的方案即为最优方案。

用纯收入法进行节能经济评价的关键是如何从初投资、流动资金及折旧费来求得投产当年的折算投资 K_x。

通常 K_x 可按式（8-18）计算，即

$$K_x = K\frac{(1+i)^{n_0+n} - 1}{(1+i)^n - 1} + F - R\sum_{\tau=1}^{n}\frac{(1+i)^{n-\tau} - 1}{(1+i)^n - 1} \tag{8-18}$$

式中：K 为初投资；n_0、n 为节能措施的建设年限和计算生产年限；F 为流动资金；R 为年折旧费。

五、节能技术改造项目的技术经济评价

根据经济学原理，扩大再生产有两种方式，一种是增加生产要素的投入量来扩大生产规模，另一种是改造生产要素的质量，提高要素的资源利用效率来扩大生产规模。技术改造就属于后一种方式。

技术改造的经济特征是通过追加一笔技术改造投资来提高原先投入资金的使用效率。技术改造的关键是有针对性地改造最落后的部位和薄弱环节，即生产过程的"瓶颈"。

1. 技改项目的费用和收益

节能技术改造追加的费用主要包括：

（1）追加的投资费，包括技改项目的前期费用（如可行性研究论证费、设计费等）、追加的固定资产投资、追加的流动资金投资。

（2）追加的经营成本，包括新增加的原料费、燃料费、管理费用等。

（3）因技术改造引起的减产或停工损失。

节能技术改造的收益包括：由于产品质量改进销售增加所获得的销售收入的增加；由于能耗和原材料消耗减少所节约的成本。

2. 经济效益的评价

对节能技术改造项目进行经济评价时，常用企业在"改造"和"不改造"的两种情况下的若干差额数据来评价追加投资的经济效果。

在计算现金流动时，要充分考虑可比性原则，因为在进行比较时，"改造"方案的现金流多取自改造后各年的预测数据，而"不改造"方案的现金流则多取自改造前的某一年份的数据，该两组数据在时间上是不可比的。因为如果项目不改造的话，在未来若干年内其经营状态也可能上升或下降，因此，对"不改造"方案在计算现金流时应充分考虑未来年份其效益的变化情况，只有这样才能使评估和预测更符合实际情况。

六、设备更新项目的技术经济评价

新设备投入运行使用一段时间后，或因磨损、或因技术发展而导致该设备陈旧落后，要使生产得以持续进行，就必须对该设备进行所谓"补偿"。补偿的形式有修理、现代化改装，或用更先进更经济的设备更换，这种补偿在广义上就称为"设备更新"。设备更新也是节能的一个重要内容。

1. 设备的磨损分析

设备磨损是广义的磨损，它包括有形磨损和无形磨损。

有形磨损是设备在使用过程中，由于摩擦、振动、疲劳等原因而导致设备实体的损伤，当然在设备闲置不用时，也会由于锈蚀、材料老化等而产生有形磨损。无形磨损是指设备原始价值的贬值。因此有时将无形磨损称为经济磨损。

2. 有形磨损的补偿——检修

有形磨损会导致零部件变形，公差配合改变，加工精度下降，工作效率降低，能耗增加等。对于这种有形磨损，通常通过修理来进行局部补偿。例如修复或修理被磨损的零部件，更换已损坏的密封件、连接件、管道阀门等，以恢复设备的性能。

根据修理程度的大小，通常又将其分为日常维护、小修理、中修理和大修理等几种形

式。对于能源、动力、化工、炼油、冶金等过程工业，由于其系统复杂和大型设备多，这种修理是非常重要的。

上述修理常常和对设备的检测联系在一起，故在企业中又将其称为检修。目前设备的检修体系可以归纳为三种，即事后检修、预防性检修和基于状态的检修。事后检修又称为故障检修，是当设备发生故障或失效时进行的非计划性检修。这种事后检修只适合于对生产影响很小的非重点设备。预防性检修是一种以时间为基础的预防检修方式，它是根据设备磨损或性能下降的统计规律或经验而事先制订的，所以又称为计划检修。预防性检修的类别、周期、工作内容、检修方式都是事先确定的。它适合于已知设备磨损或性能下降规律的那些设备，以及难以随时停机进行检查的流程工业、自动生产线设备。目前发电、炼油、化工、冶金等行业都是采用预防性检方式。基于状态的检修是由预防性检修发展而来的一种更高层次的检修体制。基于状态的检修以设备在线状态的监测数据为基础，通过故障诊断和专家系统对历史数据和在线数据的分析判断来决定设备的健康和性能状态，并预测其发展趋势。基于状态的检修能在设备故障发生前或性能下降到不允许的极限前有计划地安排检修。基于状态的检修能及时和有针对性地对设备进行检修，不仅可以提高设备的可用率，还能有效地降低检修费用，取得明显的经济效益。基于状态的检修代表了当今检修的方向，但这种检修与设备的在线检测技术、信号处理技术、信息融合技术、故障诊断技术以及设备的寿命评价等有着密切的关系，并随着这些技术的发展而发展。

不论何种检修都是要花费代价的，因此必须对维修，特别是大修进行经济评价，并确定大修的经济界限。如果一次大修的费用超过该种设备的重置价值，则这种大修在经济上是不合算的。通常把这个条件称为大修在经济上合理的起码条件，又称为最低经济界限。光有最低经济界限还不行，显然只有大修后使用该设备生产的单位产品成本，在任何情况下，都不超过用相同的新设备生产单位产品的成本时，这样的大修在经济上才是合算的。对小修和中修，这一原则也是适用的。

3. 无形磨损的补偿——设备更新

导致设备无形磨损通常有两方面的原因，一方面是由于设备制造工艺改进，劳动生产力提高，生产同种设备的成本下降，致使原有设备贬值。通常将这种原因引起的磨损称为第一种磨损。另一方面是由于技术进步，市场上出现了结构更先进、性能更优越、生产效率更高、能源和原材料消耗更少的新型设备，新设备的出现使原有设备在技术上显得陈旧落后而贬值，这种原因引起的无形磨损又称为第二种无形磨损。

对第一种无形磨损，原有设备虽然贬值，但设备本身的技术特性和功能并不受影响，其使用价值并没有发生变化，因此也不存在对现有设备提前更换的问题。对第二种无形磨损，原有设备不但价值降低，而且还可能局部或全部丧失其使用价值，这是因为原有设备虽然还能正常工作，但生产效率已大大低于新型设备，如果继续使用，就会使生产成本大大高于同类产品，在这种情况下，使用新设备比继续使用旧设备经济，这时就有必要淘汰原有设备。

当然，由于社会消费结构的变化或环保的要求，也可能会使某些设备丧失使用价值，这种情况属于所谓现代经济条件下的设备无形磨损。有些设备在使用过程中也可能会既受到有形磨损，又受到无形磨损。

对于第二种无形磨损的补偿通常有两种方法：

（1）对于程度较轻的无形磨损，往往采用现代化改装（即技术改造）来进行局部补偿。

（2）对于程度严重的无形磨损或设备产生不可消除的有形磨损时，就必须进行完全补偿，即设备更新。

现代化改装是根据生产需要给旧设备装上新部件、新装置或新附件，改善现有设备的技术性能，使之局部或全部达到新型先进设备的水平。

通常的设备更新有两种含义：

（1）原型更新，即用结构性能完全相同的新设备更换不宜或不能使用的旧设备，显然这种更新只能补偿有形磨损。

（2）换型更新，即用结构更先进、性能更好的新型设备更换旧设备，这种更新才能既补偿有形磨损又补偿无形磨损。

在技术迅速发展的今天，换型更新应该是设备更新的主要方式。

4. 设备更新的经济决策

设备更新的经济决策，一般采用经济寿命期法。这种方法的要点是计算设备使用期内每年的实际支出，然后选择实际支出最少的年份作为旧设备更新的年份。设备使用期内每年的实际支出由两部分组成：

（1）购置、安装设备的投资费。

（2）设备的运行成本，包括能源费、保养费、修理费、废次品损失费等。很显然，随着使用时间的延长，每年所分摊的成本费将减少。

设备磨损，性能下降，运行成本会逐年增加。因此年均总费用的最低值所对应的使用期限，即为设备的经济寿命期。从设备的经济寿命图很容易确定旧设备的更新年份。如图 8-3 所示，经济寿命期法只考虑了设备本身的年均总费用，未能涉及设备更新要有新的资金投入。

此外，在技术发展很快的今天，旧设备的使用期虽未超过经济寿命，但很可能出现了工作效率更高、运行成本更低的新设备，这样用新设备更新旧设备可

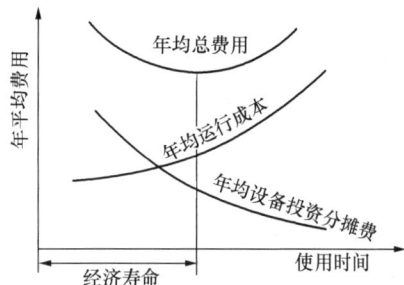

图 8-3 设备的经济寿命

能有更好的经济效果，为此应采用年费用比较法。年费用比较法的要点是，分别计算新旧设备在各自经济寿命期内的年均总费用，如果新设备的年均总费用低于旧设备的年均总费用，则设备应更新，否则就应该继续使用原有设备。

第九章　先进的节能技术

第一节　高效低污染燃烧技术

一、燃烧概述

1. 燃烧的条件

燃料燃烧是获取热能的最主要方式。燃料燃烧过程是一个很复杂的化学物理过程，燃料燃烧必须具备的条件如下：

（1）有可能燃烧的可燃物（燃料）。

（2）有使可燃物着火的能量（或称热源），即应使可燃物的温度达到着火温度以上。

（3）供给足够的氧气或空气（因为空气中也含有助燃的氧气）。

缺少任何一个条件，燃烧就无法进行。此外，为了维持燃烧过程，还必须保证：

（1）把温度维持在燃烧的着火温度以上。

（2）把适当的空气量以正确的方式供应给燃料，使燃料能充分地与空气接触。

（3）及时而妥善的地排走燃烧产物。

（4）提供燃烧所必需的足够空间（燃烧室）和时间。

2. 燃烧的特点

根据燃烧状况的好坏可以把燃烧分成完全燃烧和不完全燃烧。完全燃烧是指燃料中的可燃成分全部燃尽，而不完全燃烧时燃烧产物中会含有一些可燃物质，如游离碳、炭黑、一氧化碳、甲烷、氢等。为衡量燃烧的完善程度，引入了燃烧效率。燃烧效率是燃料燃烧时实际所产生的热量与燃料标准发热量之比。由于燃烧燃料不同，对煤、油和气体燃料，他们的燃烧也各有特点。

（1）煤的燃烧。煤的燃烧基本上有两种：第一种是煤粉悬浮在空间燃烧，称为室燃或粉状燃烧；第二种就是煤块在炉排上燃烧，称为层燃或层状燃烧。其他燃烧方式，如旋风燃烧只是空间燃烧的一种特殊形式，流化床则介于第一种和第二种之间，它既有空间燃烧又有固定炉排。

煤从进入炉膛到燃烧完，一般要经过三个过程，即着火前的准备阶段（水分蒸发、挥发分析出、温度升高到着火点）、挥发分和焦炭着火与燃烧阶段、残碳燃尽形成灰渣阶段。

（2）油的燃烧。油的燃烧方法有内燃和外燃两种方式。内燃是在发动机气缸内部极为有限的空间进行高压燃烧，是一种瞬间的燃烧过程。外燃是不在机器内部燃烧，而在燃烧室内燃烧，并直接利用燃烧发出的热量，如锅炉、窑炉内进行的燃烧。

油燃烧的全过程包含着传热过程、物质扩散过程和化学反应过程。

（3）气体燃料的燃烧。气体燃料的燃烧可以分为容器内燃烧和燃烧器燃烧，它们和油的两种燃烧方式相近。气体燃料的燃烧过程包括三个阶段，即混合、着火和正常燃烧。

根据不同燃料燃烧的特点，采用各种措施提高燃料的燃烧效率是节能的重要途径。此外，燃料燃烧时会产生严重的环境污染问题，因此发展和推广高效低污染的燃烧技术既是节能的需要，也是保护环境实现可持续发展的重要措施。

二、气体燃料的燃烧技术

气体燃料便于储存、运输，燃烧方便，随着天然气的开发和煤的气化，其应用越来越广。气体燃料燃烧的效率主要取决于气体燃料燃烧器。对气体燃烧器的基本要求如下：

（1）不完全燃烧损失小，燃烧效率高。

（2）燃烧速率高，燃烧强烈，燃烧热负荷高。

（3）着火容易，火焰稳定性好，既不回火，又不脱火。

（4）燃烧产物有害物质少，对大气污染小。

（5）操作方便，调节灵活，寿命长，能充分利用炉膛空间。

扩散式燃烧器是一种常用的气体燃烧器，这类燃烧器可燃气体与助燃空气不预先混合，燃烧所需空气由周围环境或相应管道供应、扩散而来，图 9-1 就是简单的扩散式燃烧器。还有一种是预混式燃烧器，其特点是燃烧前可燃气体与氧化剂已经混合均匀。这种燃烧器燃烧时通常无焰，故也称无焰燃烧器。此外还有一种部分预混式燃烧器，这种燃烧器的特点是在燃烧器头部设预混段，可燃气体与空气进行部分预混，其余空气靠扩散供应。目前家庭用的煤气灶大多属此类。

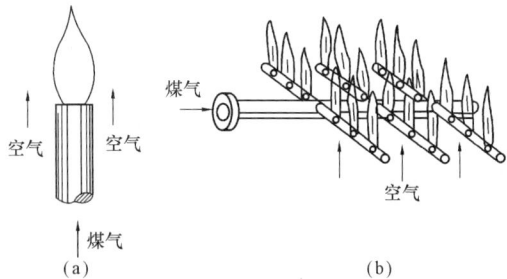

图 9-1　简单的扩散式燃烧器
（a）最简单的煤气扩散式燃烧器；
（b）多排喷孔的煤气扩散式燃烧器

气体燃料的燃烧效率通常都很高，在气体燃料的燃烧中应注意以下几方面。

1. 正确选用燃烧器

各种燃烧器的特点均不相同，在选用时应充分掌握其特点。例如扩散式燃烧器的安全性较好，不会回火，因此没有回火爆炸的危险，但其火焰较长，仅适合于高热值燃料的燃烧。预混式燃烧器燃烧强度高，而且不会产生炭黑；其缺点是燃烧不稳定，可能出现回火或脱火，它主要适用于低热值燃料的燃烧。又如对某些供热量很大的工业炉，以天然气作燃料时所需流量很大，此时采用部分预混式燃烧器不但可以提高燃烧热负荷，而且还能控制火焰的发光程度，有利于改善炉内辐射传热。

2. 控制好燃烧器的参数

燃烧器的参数包括结构参数和流动参数。结构参数的改变会对燃烧情况（如火焰长度）产生明显的影响。例如扩散式燃烧器，如果助燃空气喷口和煤气喷口相邻平行布置，其火焰长度就明显长于煤气喷口位于空气喷口内并彼此同心布置的情况。此外，煤气喷口放在空气喷口内，两喷口均为不收缩的圆形时，火焰长度也明显长于同样结构但两喷口收缩为扁形时的情况。流动参数对燃烧的影响也是很明显的，例如对于预混火焰，当燃烧器喷出的气流速度小于火焰传播速度时，火焰可能传到燃烧器内部，产生回火，显然回火有引起爆炸的危险。另外，如果燃烧器喷出的气流速度大于火焰传播速度，火焰有可能被吹熄，产生脱火。因此应控制好燃烧器的流动参数。

3. 提高火焰的稳定性

火焰的稳定性是指火焰能够连续稳定地维持在某个空间位置上，既不熄火，又不随意移动位置。显然火焰稳定性是高效低污染燃烧的关键，因此在燃烧过程中应采取各种措施提高火焰的稳定性。提高火焰的稳定性必须针对各种不同的情况采取不同的措施。例如对层流火焰，为提高火焰的稳定性防止回火，可以将单喷口改成许多小喷口，以加强散热。又如喷口气流速度过大有可能脱火时，可在喷口外加障碍物，以降低气流速度，保持火焰稳定。

在工程应用中，通常喷口气流速度都较高，为湍流状态，如不采取措施，火焰很难稳定，甚至会被吹熄。为避免这一问题，工程上常利用回流的高温烟气或用小火焰不断地向可燃气体提供足够的热量，以保证火焰连续稳定地燃烧。产生高温烟气回流有很多方法，其中最简单的是在湍流火焰后放置一钝体，在钝体后将形成高温烟气的回流区，以持续向可燃气体提供热量，维持火焰稳燃，因此钝体又称为稳焰器。除了钝体稳焰器外，还有其他形式的稳焰器，如船形稳焰器、多孔板稳焰器（它相当于多个小钝体）等。此外，旋转射流、复杂射流（如射流突然扩张、突然转弯等）也都能产生高温烟气回流区。小股高速射流和主流气体之间形成的大速差，也会造成高温烟气回流。还有一种维持火焰稳定的简捷方法是采用点火火焰，通常将此火焰称为值班火焰。

4. 燃烧器的改进和开发

燃烧器的改进和开发一直是高效低污染燃烧技术的一个主要方面，发展非常迅速。例如，使气流旋转将有利于可燃气体和助燃空气的混合和燃烧，因此根据这一原理设计的旋流式燃烧器，燃烧热负荷高，火焰稳定性好。如进一步提高气流的旋转强度，燃烧时将形成燃烧旋涡，此时燃烧更加激烈，热负荷更高，此种燃烧器称为旋风燃烧器。此外，还有高速煤气燃烧器，它可提高煤气和空气从各自喷口喷出的速度，使它们喷出后能迅速混合燃烧，不但燃烧室热负荷高，而且高速烟气对强化传热十分有利，这种燃烧器适合于加热炉，工件升温快，效率高。

另外一种多喷口板式无焰燃烧器（见图 9-2），由于煤气与空气经过混合器均匀混合后，再通过分配室分配到许多由耐火砖砌成的燃烧道，不但燃烧效率高，而且温度场均匀，烧嘴寿命长，非常适合于烧低热值的煤气。与上述燃烧器相类似的有平焰式燃烧器，这种部分预混燃烧器，煤气从中心管端部四周小孔喷出并与四周扩展的空气相混合，形成平展的圆盘形火焰，其火焰短而且展开，因此温度场均匀，适于作加热炉的燃烧器。

三、油的燃烧技术

油是最常用的液体燃料。由于油的沸点总是低于其着火温度，因此油总是先蒸发成油蒸气，再在蒸气状态下燃烧，其燃烧和气体燃料燃烧几乎完全相同。油的燃烧实际上包含了油加热蒸发、油蒸气和助燃空气的混合以及着火燃烧三个过程。其中油加热蒸发是制约燃烧速率的关键。为了加速油的蒸发，扩大油的蒸发面积是主要的方法，为此油总是被雾化成细小油滴来燃烧。

油雾化质量的好坏直接影响燃烧效率。雾化细度是衡量雾化质量的一个主要数据。通常雾化气流中油滴的大小各不相同，油滴的直径越小，单位质量的表面积就越大。例如 $1cm^3$ 的球形油滴其表面积为 $4.83cm^2$，如将它分成 10^7 个直径相同的小油滴时，它的表面积将增加到 $1200cm^2$，即增加 250 倍。从雾化的角度讲，不仅雾化油滴的平均直径要小，而且要求油滴的直径尽量均匀，通常用索太尔平均直径来表征油滴的尺寸分布。索太尔平均直径可以

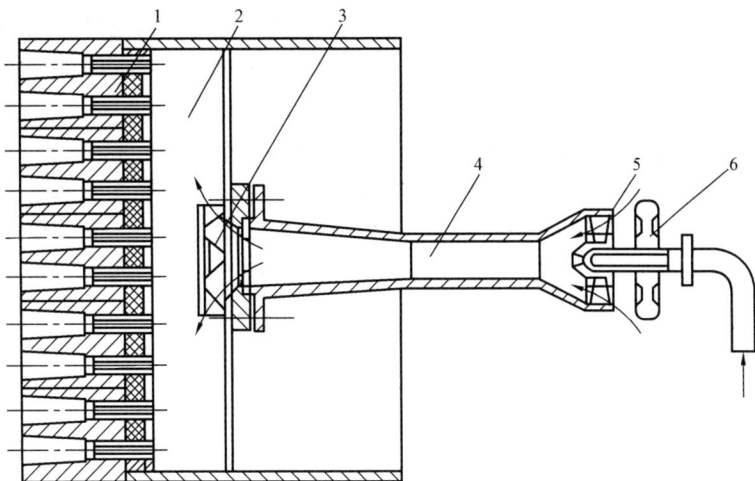

图 9-2 板式无焰燃烧器

1—耐火砖燃烧道；2—分配室；3—分配锥；4—混合器；5—喷嘴；6—空气调节阀

这样理解，即实际的油雾与假想的油雾其雾化油的质量和油滴的总表面积都相同，所不同的是假想油雾由等直径的油滴组成，此时假想油雾的直径就称为实际油雾的索太尔平均直径。显然，索太尔平均直径越小，油滴雾化得就越好，其蒸发混合即燃烧的速率也越快。

影响雾化质量的主要因素是喷射速度和燃油温度。研究表明，雾化油滴的尺寸取决于油气间相对速度的平方，相对速度越大，雾化油滴就越细。同时，燃油温度增加时，由于其表面张力和黏度下降，雾化油滴的直径变小。

为了实现油的高效低污染燃烧，应从以下两方面来着手。

1. 提高燃油的雾化质量

燃油的雾化是通过各种雾化器实现的。雾化器又称喷油嘴，按其工作形式可以分为两类：机械式喷油嘴（压力式和旋杯式）和介质式喷油嘴（以蒸汽或空气做介质）。压力式雾化喷油嘴是借送入燃烧器的油压力来实现雾化的，它又可分为简单式和回油式两种形式。旋杯式雾化喷油嘴则利用高速旋转的金属杯，油通过中心轴内的油管注入转杯内壁，在内壁形成的油膜被高速从杯口甩出，并与送入的高速一次风相遇而雾化。在蒸汽雾化喷油嘴中，油雾化的能量不是来自油压，而是来自雾化介质蒸汽，即一定压力的蒸汽以很高的速度冲击油流，并把油流撕裂成很细的雾滴。蒸汽雾化喷油嘴通常又有两种形式，即外混式蒸汽雾化喷油嘴和内混式蒸汽雾化喷油嘴（Y 型蒸汽雾化喷油嘴）。

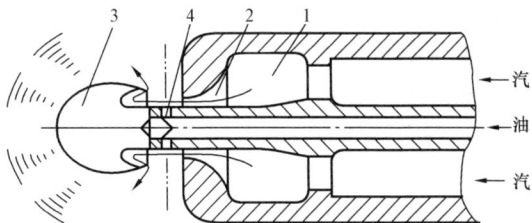

图 9-3 超声波喷油嘴

1—汽室；2—环形间隙；3—谐振器；4—喷油孔

超声波喷油嘴也属蒸汽雾化喷油嘴的一种（见图 9-3）。进入汽室 1 的蒸汽从环形间隙 2 中喷出，激发谐振器 3 产生超声波。油从喷油孔 4 中喷出后，在超声波作用下因振动而进一步破碎。另一种低压空气雾化喷油嘴是利用空气作雾化介质，油以较低的压力从喷嘴中心喷出，而高速的空气（约 80m/s）从油四周喷入，使油雾化。

要提高燃油的雾化质量，首先就应根据各种喷油嘴的特性正确选用。例如对简单式压力雾化喷油嘴，因为其喷油量的调节是依靠改变油压来实现的，低负荷时油压将降低，雾化质量也随之下降。因此这种喷油嘴只适于带基本负荷的锅炉和窑炉。对于负荷变动较大的情况，特别是经常低负荷运行时，可以采用回油式压力雾化喷油嘴，这种喷油嘴设有回油道，可以依靠回油压力的调整来调节喷嘴的流量特性，而油的旋流强度基本不变。

当企业有蒸汽源时，可以考虑优先选用蒸汽雾化喷油嘴，因为蒸汽雾化喷油嘴雾化特性好、雾化油滴细，而且雾化角与喷油量无关，火焰形状易于控制，调节性能好，负荷调节比可达 1∶6 以上。此外，这种喷嘴对燃油的适应性好，燃油黏度变化对雾化特性影响很小；对燃油压力要求不高，可简化供油系统；结构简单，操作方便，不易堵塞。当然这种喷油嘴也存在一些明显缺点，如耗汽大，且雾化蒸汽不能回收；噪声大，启动性差；烟气中的蒸汽含量会使锅炉尾部受热面腐蚀和积灰等。值得注意的是，近几年蒸汽雾化喷油嘴已有很大的改进，耗汽量大大降低，噪声和启动性能也有很大的改善。特别是 Y 型蒸汽雾化喷油嘴，它综合了压力雾化喷油嘴和蒸汽雾化喷油嘴的优点，采用比压力雾化喷油嘴低的油压，又不消耗太多的蒸汽，因此雾化质量更好，单台喷油嘴出力高，且不受油压和油温的影响，适合于大型燃油锅炉。为了节能和提高经济效益，雾化燃油的品质越来越差，而使用上又要求锅炉对负荷的适应能力越来越好，这一因素也促使了蒸汽雾化喷油嘴的广泛应用。

小型燃油锅炉和窑炉多优先采用低压空气雾化喷油嘴。这是由于这种喷嘴雾化质量好，火焰较短，油量调节范围广，对油质要求不高，且结构和系统均较简单。此外，转杯式喷油嘴对油压、油质要求不高，调节性能优良，特别是低负荷运行时，因油膜减薄雾化质量反而好。因此也适合于小型工业锅炉，但因有高速运转部件，且转杯易沾污，故影响其应用。

由于雾化质量与喷射速度和燃油温度有很大的关系，因此也可以从这两方面来改善雾化质量。例如当燃油黏度较大时，可以将油预热温度提高，对重油更应将加热温度提高到 110～130℃。此外，重油中重分子量的碳氢化合物占相当大的比重，它们不易蒸发，且在缺氧的情况下易受热（600℃左右）裂解，形成炭黑微粒，使重油燃烧时间延长，为此，在燃烧重油时，还应保证火焰尾部有足够高的温度和充足的氧气供应。

2. 实现良好的配风

油燃烧器由喷油嘴和配风器两部分组成。配风器的任务是供给适量的空气，以形成有利于空气和油雾混合的空气动力场。好的配风器应满足如下的要求：

（1）将空气分为一次风和二次风，一次风量约占总风量的 15%～30%。一次风在点火前就已和油雾混合，其作用是避免油雾着火时，由于缺氧严重而分解，产生大量炭黑。

（2）一次风应当是旋转的，从而可以产生一个适当的回流区，以保持火焰的稳定。

（3）二次风可以是直流的，也可以有小的旋流强度。后者是为了控制火焰的形状，以有利于早期混合。

配风器通常分为直流式和旋流式两大类。直流式是一种最简单的配风器，它有两种形式，即直管式和文丘里管式。图 9-4 为直管式配风器的示意，它多用于小型锅炉和窑炉。

旋流式按进风方式可以分为蜗壳型和叶片型，其中叶片型又可分为切向叶片和轴向叶片两种。旋转气流从旋转式配风器喷出后，由于强烈的湍流运动，能使油雾和空气很好

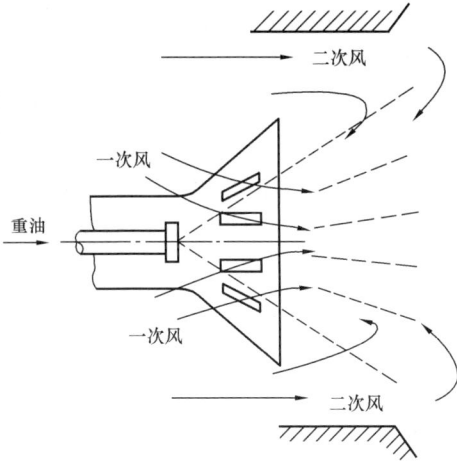

图9-4　直管式配风器的示意

地混合。早期的蜗壳式配风器由于通风阻力大，且沿喷口周围气流分布不均，目前已很少采用。切向或轴向叶片型的旋流配风器既可使一次风直吹、二次风旋转，也可使一、二次风同时反向旋转，甚至还可在两股旋转风之间再加入一股不旋转的三次风，因此湍流强烈，喷进炉膛后可以形成强烈的油气混合气流，十分有利于燃烧，适合于大、中型的锅炉和窑炉。

不管何种配风方式都应该使空气和油雾扩展角很好配合，一般气流的扩展角应比油雾扩展角稍小些，以使空气能高速喷入油雾中形成良好的配合（见图9-5）。

四、煤粉燃烧稳定技术

我国大型锅炉和工业窑炉大多采用煤粉燃烧。煤粉燃烧技术发展至今已经历半个多世纪。为了适应煤种多变、锅炉调峰、稳燃和强化燃烧的需要，煤粉燃烧技术得到了迅速的发展。随着环保要求的日益严格，低污染煤粉燃烧技术也越来越受重视。近几年为了将稳燃和低污染燃烧结合起来，高浓度煤粉燃烧技术发展也非常迅速。这些先进的煤粉燃烧技术有些也是中国独创的，不但提高了燃烧效率，节约了煤炭，减少了污染，还为锅炉的调峰和安全运行创造了条件。

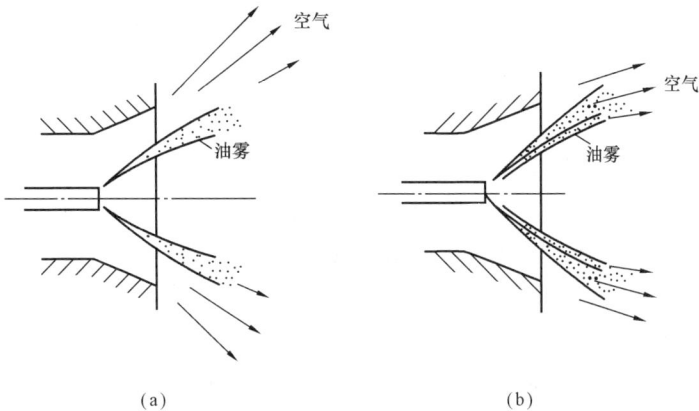

（a）　　　　　　　　（b）

图9-5　空气流扩展角和油雾扩展角的配合
（a）空气流扩展角过大；（b）空气流扩展角合适

煤粉燃烧稳定技术是通过各种新型燃烧器来实现煤粉的稳定着火和燃烧强化的。采用新型燃烧器不但能使锅炉适应不同的煤种，特别是燃用劣质煤和低挥发分煤，而且能提高燃烧效率，实现低负荷稳燃，防止结渣，并节约点火用油。

1. 煤粉钝体燃烧器

煤粉钝体燃烧器是20世纪80年代由华中理工大学开发的（见图9-6）。它利用煤粉气流绕流钝体时的脱体分离现象产生的内、外回流而使煤粉着火提前、燃烧稳定。钝体的采用不

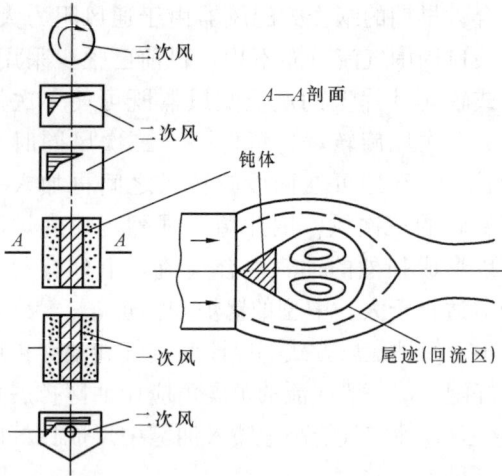

图 9-6　煤粉钝体燃烧器的示意

但提高了气流的湍流强度，造成了一个高温烟气的回流区（温度可达 900℃），而且在回流区边缘形成了一个局部的高浓度煤粉区。这些条件非常有利于煤粉的稳定着火和燃烧强化。钝体稳焰器特别适合于燃用劣质煤和低挥发煤的锅炉和窑炉，并已得到广泛的应用。

2. 稳燃腔燃烧器

稳燃腔燃烧器是在钝体燃烧器上发展起来的另一种新型燃烧器。它是在钝体燃烧器的外面罩上一个稳燃腔，利用腔壁来消除钝体上下端部效应带来的端部卷吸，从而使来自钝体后方的高温烟气的回流强度得到大大提高。由于钝体被罩在稳燃器中，不易烧坏，延长了使用寿命。这种燃烧器对低负荷稳燃、节约点火用油、提高燃烧效率起到了明显的效果。

3. 开缝钝体燃烧器

开缝钝体燃烧器也是在钝体燃烧器上开发的新型燃烧器，它是在三角形钝体中间开一条中缝。它除了具有钝体的基本功能外，由于中缝的存在，又使它具有大速差的功能，即在回流区中形成一定的煤粉浓度，这是钝体所没有的；而且中缝射流充分利用了回流区中高温、低速、高湍流度的特点，可以首先着火，从而进一步提高了回流区和尾流恢复区的温度，更有利于主流的点燃。此外，中缝射流可以屏蔽从正面来的部分辐射热，有利于保护喷口和开缝钝体不被烧坏，这种燃烧器也得到了广泛的应用。

4. 夹心风燃烧器

夹心风燃烧器是西安交通大学和武汉锅炉厂合作研制的一种直流式煤粉燃烧器，它的特点是在二次风口中间加装一个狭长的喷口，从中喷射出一股速度较高但不带煤粉的空气流。该股射流能增强一次风的抗偏转能力，使两侧的一次风气流向喷口中心牵引，减少了煤粉的散射，有利于煤粉气流的着火和火焰稳定。

5. 火焰稳定船式燃烧器

火焰稳定船式燃烧器是将船形火焰稳定器装设在一次风口内，由于船形作用在出风口处将形成一种束腰形的气固两相流结构，在腰束外缘会形成局部的高温区，并由于气流作用促使煤粉浓淡分离。高浓度的煤粉也集中在腰束外缘，这种高温和高浓度煤粉对着火和稳燃是非常有利的，以至在低负荷运行时不投油也能稳定燃烧。

6. 双通道自稳燃式燃烧器

双通道自稳燃式燃烧器是清华大学开发的一种新燃烧器。它的特点是在同一喷口上开上下两个一次风喷口，在两个喷口之间设计一个回流空间。这样一次风射流自身将产生一个强烈的回流区，利用高温烟气回流加热一次风粉，使煤粉稳定燃烧。

五、煤粉低氮氧化物燃烧技术

燃煤电厂对环境的污染是十分严重的。目前世界上大多数燃煤电厂对粉尘和二氧化硫的排放已有相当成熟的控制和处理技术，但对如何减少另一种污染物——氮氧化物的排放仍在进一步深入研究之中。目前降低氮氧化物的排放比较成熟的办法是采用低过量空气燃烧、空气分级燃烧、燃料分级燃烧和烟气再循环燃烧等技术。

1. 低过量空气燃烧

如果使煤粉燃烧过程接近理论空气量，则由于烟气中过氧量的减少将有效地抑制氮氧化物 NO_x 的生成。显然这是一种最简单的降低 NO_x 排放的方法。一般说采用低过量空气燃烧可以使 NO_x 排放降低 15%～20%。值得注意的是，采用这种方法有一定的限制。如炉内氧的浓度过低，例如低于 3% 以下时，将造成 CO 浓度急剧增加，从而大大增加了化学未完全燃烧损失；同时飞灰含碳量也会增加，这些都会使燃烧效率降低；还有引起炉壁结渣和腐蚀的危险。因此在锅炉和窑炉的设计和运行时，应选取最合理的过量空气系数，避免出现为降低 NO_x 排放而产生的其他问题。

2. 空气分级燃烧

空气分级燃烧是目前国内外燃煤电厂采用最广泛，技术上也比较成熟的低 NO_x 的燃烧技术。空气分级燃烧的基本原理是，将燃料的燃烧过程分阶段来完成。在第一阶段，将从主燃烧器供入炉膛的空气量减少到总燃烧空气量的 70%～75%（相当于理论空气量的 80% 左右），使燃料先在缺氧的富燃料燃烧条件下燃烧，此时由于过量空气系数小于 1，因而降低了该燃烧区内的燃烧速度和温度水平，抑制了 NO_x 在这一燃烧区中的生成量。为了完成全部燃烧过程，完全燃烧所需的其余空气则通过布置在主燃烧器上方的专门空气喷口（称为"火上风"喷口）送入炉膛，与在"贫氧燃烧"条件下所产生的烟气混合，在过量空气系数大于 1 的条件下完成全部的燃烧过程。图9-7 为空气分级燃烧原理的示意。实践表明，采用空气分级燃烧的方法可以使 NO_x 排放降低 15%～30%。

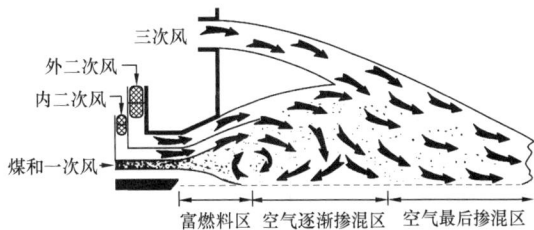

图 9-7　空气分级燃烧原理的示意

3. 燃料分级燃烧

燃料分级燃烧与空气分级燃烧类似，它是先将 80%～85% 的燃料送入第一级燃烧区，使之在过量空气系数大于 1 的条件下燃烧，并生成 NO_x；其余的 15%～20% 的燃料则在主燃烧器的上部送入二级燃烧区，在过量空气系数小于 1 的情况下形成很强的还原气氛，从而使得在第一级燃烧区中生成的 NO_x 在二级燃烧区中被还原成氮分子（N_2）；与此同时，新的 NO_x 的生成也受到了抑制，采用此法可使 NO_x 的排放浓度降低 50%。通常将进入一级燃烧区的燃料称为一次燃料，送入二级燃烧区的称为二次燃料，二次燃烧区又称为再燃区。不过为了保证再燃区中生成的未完全燃烧产物能够燃尽，通常在再燃区上方还需布置"火上风"喷口，以形成第三级燃烧区，即燃尽区。

4. 烟气再循环燃烧

除了利用空气和燃料分级燃烧减低 NO_x 排放外，目前还采用烟气再循环来减少 NO_x 的排放，它是在锅炉尾部空气预热器前抽取一部分低温烟气，或直接送入炉膛，或与一次风或二次风混合后再送入炉膛。这样不但可以降低进入炉膛的氧气浓度，而且可以降低燃烧温度，这些都有利于抑制 NO_x 的生成。经验表明，当烟气再循环率为 15%～20% 时，煤粉炉 NO_x 的排放可降低 25% 左右。

六、高浓度煤粉燃烧技术

高浓度煤粉燃烧技术不但能实现煤粉锅炉低氮氧化物燃烧，而且能实现无烟煤等难燃煤种的稳燃。为了实现高浓度煤粉燃烧技术，必须提高一次风中的煤粉浓度，目前主要有三种提高煤粉浓度的方法。

（1）高浓度的给粉。这种技术为前苏联所有。它是直接采用高浓度输粉，即用独立的风源或其他介质把高浓度的煤粉经比常规给粉管细得多的管道直接送至燃烧器进行高浓度的燃烧。这种方法已用于燃用无烟煤、褐煤和烟煤的 200、300、500、800MW 的锅炉机组上，取得了良好的效果。

（2）采用燃烧器浓缩技术。这种技术或是形成浓淡偏差燃烧，或是大范围地调节一、二次风粉流，间接形成高浓度燃烧，或是通过特殊的喷嘴设计形成局部浓缩着火区。日、美等国多采用这种方法。实际运行证明，这种燃烧器浓缩技术除了能大幅度地降低氮氧化物的生成量外，还具有明显的低负荷稳燃性能。

（3）采用浓缩器浓缩技术。它是在燃烧器之外设置专门的浓缩机构，从而浓缩一次风粉流，实现高浓度煤粉燃烧。浓缩器可以分为惯性式和离心式。设计优良的浓缩器的浓缩技术，无油稳燃负荷可低至 20%。

七、流化床燃烧技术

煤的流化床燃烧是继层煤燃烧和粉煤燃烧后，于 20 世纪 60 年代开始迅速发展起来的一种煤的燃烧方式。这种方式煤种适应性广，易于实现炉内脱硫和低氮氧化物排放，且燃烧效率高，负荷调节性好，能有效地利用灰渣。目前具有良好的发展势头。

1. 特殊的气固流动形态——流态化

固体颗粒本身是没有流动性的，但在气体的作用下固体颗粒也能表现出流体的宏观特性。图 9-8 是气固两相随气流速度变化所呈现出的不同流态。固体颗粒被置于一块开有小孔的托板上，当气流速度较低时，气体只能通过静止固体颗粒之间的间隙，而不会使固体颗粒运动，这就是固定床。层煤燃烧方式就是处于这种固定床状态〔见图 9-8（a）〕。

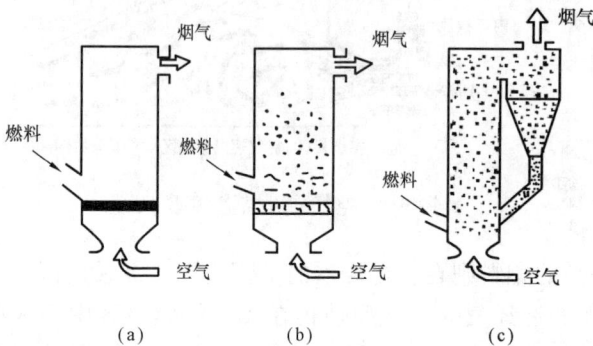

图 9-8　气固两相随气流速度变化所呈现的不同流态

当气体流速升高到使全部固体颗粒都刚好悬浮于向上流动的气体中时，颗粒与气体的摩擦力与其重力正好平衡，颗粒在垂直方向的作用力等于零，通过床层任一截面的压降大致等于该截面上颗粒的重量，此时认为颗粒处于临界流态化。当气体速度超过临界流化速度时，床层就会出现不稳定，超过临界流态化所需的气体大多以气泡的形式通过床层，这时的床层成为鼓泡流化床，整个床从表象上看极像处于沸腾状态的液体，因此称为沸腾床〔见图 9-8（b）〕。

进一步增加气流速度，使得它高到足以超过固体颗粒的终端速度时，床层上界面就消失，固体颗粒将随气体从床层中带出，此时成为气体输送状态。若在床层出口处用一气固分离器将固体颗粒分离下来，再用颗粒回送装置将颗粒不断地送回床层之中，这样就形成了颗粒的循环，此时就称它为循环流化床［见图 9-8（c）］。

将流态化技术应用于煤的燃烧，就发展出了鼓泡流化床燃烧（也称常规流化床燃烧）和循环流化床燃烧这两种介于层煤燃烧和粉煤燃烧之间的新的燃烧方式。流化床燃烧又可分为常压和增压流化床燃烧两大类。

2. 流化床锅炉的优点

（1）燃料的适应性好。由于固体颗粒在流化气体的作用下处于良好的混合状态，燃料进入炉膛后很快与床料混合，燃料被迅速加热至高于着火温度，只要燃烧的放热量大于加热燃料本身和燃烧所需的空气至着火温度所需的热量，流化床锅炉就可不需要辅助燃料而直接燃用该种燃料。所以它可燃用常规燃烧方式难以使用的燃料，如各种高灰分、高水分、低热值、低灰熔点的劣质燃料和难以点燃和燃尽的低挥发分煤。

（2）污染物排放低。低的燃烧温度（800～950℃）和床内碳粒的还原作用，使流化床燃烧过程中氮氧化合物的生成量大幅度地减少。而流化床内的燃烧温度又恰好是石灰石脱硫的最佳温度，在燃烧过程中加入廉价易得的石灰石或白云石，就可方便地实现炉内脱硫。流化床燃烧与采用煤粉炉和烟道气净化装置的电厂相比，二氧化硫和氮氧化物的排放量可降低50%以上。

（3）燃烧效率高。由于颗粒在床内停留时间较长以及燃烧强化等因素使流化床燃烧的燃尽度高，再采用飞灰回燃或循环燃烧技术后，燃烧效率通常可达97.5%～99.5%。

（4）负荷调节性好。采用流化床燃烧既可实现低负荷的稳定燃烧，又可在低负荷时保证蒸汽参数。其负荷的调节速率每分钟可达4%，调节范围可从100%到20%。

（5）有效利用灰渣。低温燃烧所产生的灰渣具有较好的活性，可以用来做水泥熟料或其他建筑材料的原料。由于燃料中的钾、磷成分保留在灰渣中，故灰渣有改良土壤和作肥料添加剂的作用。有的石煤中含有稀有元素，如钒、硒等，在石煤燃烧后，还可从灰渣中提取稀有金属。

正是上述这些优点使流化床燃烧技术在较短的时间内得到了迅速发展和广泛应用。

3. 流化床锅炉的发展

流化床锅炉已从20世纪60年代的第一代鼓泡流化床锅炉发展到20世纪80年代的第二代循环流化床锅炉，锅炉的容量也从以75t/h以下为主逐步发展到220、410、800t/h。目前以流化床锅炉部分取代煤粉锅炉，以大幅度地减少污染物的排放，降低电厂治理污染的投资和运行费用，已成为全世界洁净煤技术的重要发展方向之一。2013年我国自主研制的世界首台最大容量的600MW超临界压力循环流化床锅炉已成功投入运行。图9-9为美国ACE热电公司180MW循环流化床锅炉的示意。

目前为发展燃气-蒸汽联合循环发电装置，一种与燃汽轮机配套的增压流化床锅炉也正在迅速发展之中。因此根据我国能源以煤为主，且煤质较差的国情，大力发展流化床燃烧技术是十分必要的。

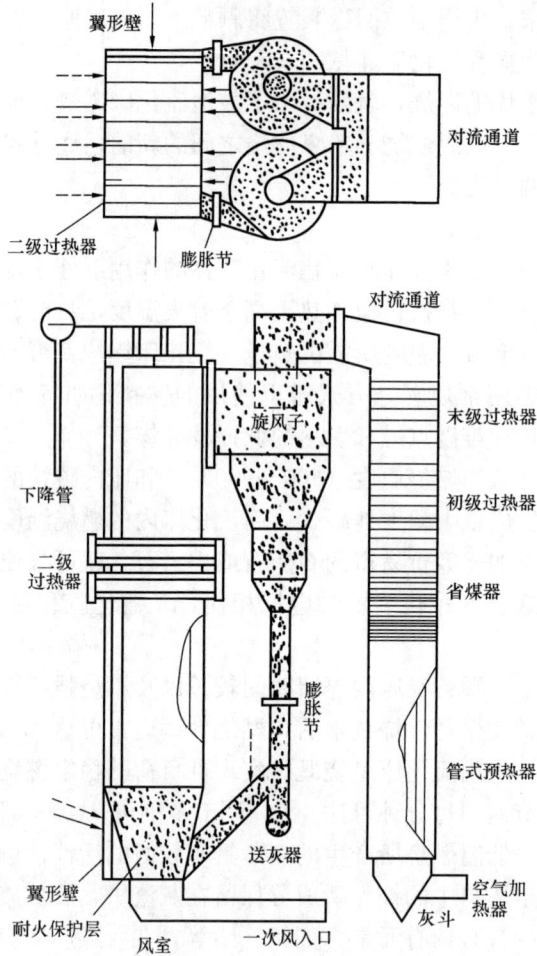

图 9-9　美国 ACE 热电公司 180MW
循环流化床锅炉

第二节　强 化 传 热 技 术

一、概述

　　只要存在着温度差，热量就会自发地由高温传向低温，因此热传递过程是自然界中基本的物理过程之一。它广泛见诸如动力、化工、冶金、航天、空调、制冷、机械、轻纺、建筑等部门。大至单机功率为 1300MW 的汽轮发电机组，小至微电子器件的冷却都与传热过程密切相关。

　　热传递过程可以分为导热、对流换热和辐射换热三种基本方式，它们各自有不同的传热规律，实际中遇到的传热问题常常是几种传热方式同时起作用。实现热量由冷流体传给热流体的设备称为换热器。它是工业部门广泛应用的一种通用设备。以电厂为例，如果把锅炉也看作换热设备，则再加上凝汽器，除氧器，高、低压加热器等换热设备，换热器的投资约占整个电厂投资的 70%。在炼油企业中四分之一的设备投资用于各种各样的换热器；换热器的重量占设备总重量的 20%。在制冷设备中蒸发器、冷凝器的重量也要占整个机组重量的 30%～40%。

由于换热器在工业部门中非常重要，因此从节能的角度出发，为了进一步减小换热器的体积，减轻重量和金属消耗，减少换热器消耗的功率，并使换热器能够在较低温差下工作，必须用各种办法来增强换热器内的传热。因此最近十几年来，强化传热技术受到了工业界的广泛重视，得到了十分迅速的发展，并且取得了显著的经济效果。如美国通用油品公司将该公司电厂汽轮机凝汽器中采用的普通铜管用单头螺旋槽管代替，由于螺旋槽管强化传热的效果，使凝汽器的管子长度减少了 44%，数目减少了 15%，重量减轻了 27%，总传热面积节约 30%，投资节省了 10 万美元。又如用椭圆矩形翅片管代替圆形翅片管制作的空冷器，其传热系数可以提高 30%，而空气侧的流动阻力可以降低 50%。这种空冷器已在我国石化行业和火电厂得到广泛应用，取得了明显的经济效益。

二、强化传热的原则

从传热学中我们知道，换热器中的传热量可用式（9-1）计算，即

$$Q = kF\Delta T \tag{9-1}$$

式中：k 为传热系数，$W/(m^2 \cdot K)$；F 为换热面积，m^2；ΔT 为冷热液体的平均温差，K。从式（9-1）可以看出，欲增加传热量 Q，可用增加 k、F 或 ΔT 来实现。下面分别进行讨论。

1. 增加冷热液体的平均温差 ΔT

在换热器中冷热液体的流动方式有四种，即顺流、逆流、交叉流、混合流。在冷热流体进出口温度相同时，逆流的平均温差 ΔT 最大，顺流时 ΔT 最小，因此为增加传热量应尽可能采用逆流或接近于逆流的布置。

当然可以用增加冷热流体进出口温度的差别来增加 ΔT。比如某一设备采用水冷却时传热量达不到要求，则可采用氟利昂来进行冷却，这时平均温差 ΔT 就会显著增加。但是在一般的工业设备中，冷热流体的种类和温度的选择常常受到生产工艺过程的限制，不能随意变动；而且这里还存在一个经济性的问题，如许多工业部门经常采用饱和水蒸气作加热工质，当压力为 15.86×10^5 Pa 时，相应的饱和温度为 437K，若为了增加 ΔT，采用更高温度的饱和水蒸气，则其饱和压力亦相应提高，此时饱和温度每增高 2.5K，相应压力就要上升 10^5 Pa。压力增加后换热器设备的壁厚必须增加，从而使设备庞大、笨重，金属消耗量大大增加，虽然可采用矿物油，联苯等作为加热工质，但选择的余地并不大。

综上所述，用增加平均温差 ΔT 的办法来强化传热只能适用于个别情况。

2. 扩大换热面积 F

扩大换热面积是常用的一种增强换热量的有效方法，如采用小管径。管径越小，耐压就越高，而且在金属重量相同的情况下，表面积也越大。采用各种形状的肋片管来增加传热面积其效果就更佳了。这里应特别注意的是肋片（扩展表面）要加在传热系数小的一侧，否则会达不到增强传热的效果。

一些新型的紧凑式换热器，如板式和板翅式换热器，同管壳式换热器相比，在单位体积内可布置的换热面积多得多。如管壳式换热器在 $1m^3$ 体积内仅能布置换热面积 $150m^2$ 左右。而在板式换热器中则可达 $1500m^2$，板翅式换热器中更可达 $5000m^2$，因此在后两种换热器中

其传热量要大得多。这就是它们在制冷、石油、化工、航天等部门得以广泛应用的原因。当然紧凑式的板式结构对高温、高压工况就不宜应用。

对于高温、高压工况一般都采用简单的扩展表面，如普通肋片管、销钉管、鳍片管，虽然它们扩展的程度不如板式结构高，但效果仍然是显著的。

采用扩展表面后，如果几何参数选择合适还可同时提高换热器的传热系数，这样增强传热的效果就更好了。值得注意的是，采用扩展面常会使流动阻力增加，金属消耗增加，因此在应用时应进行技术经济比较。

3. 提高传热系数 k

提高传热系数 k 是强化传热的最重要的途径，且在换热面积和平均温差给定时，是增加换热量的唯一途径。当管壁较薄时，从传热学中我们知道，传热系数 k 可用式（9-2）计算：

$$k = \frac{1}{\frac{1}{\alpha_1} + \frac{\delta}{\lambda} + \frac{1}{\alpha_2}}$$

(9-2)

式中：α_1 为热液体和管壁之间的对流换热表面传热系数；α_2 为冷流体和管壁之间的对流换热表面传热系数；δ 为管壁的厚度；λ 为管壁的导热系数。

一般金属壁很薄，导热系数很大，δ/λ 可以忽略。因此传热系数 k 可以近似写成：$k = \alpha_1\alpha_2/(\alpha_1 + \alpha_2)$。由此可知，欲增加 k，就必须增加 α_1 和 α_2，但当 α_1 和 α_2 相差较大时，增加它们之中较小的一个更有效。

要想增加对流换热表面传热系数，就需根据对流换热的特点，采用不同的强化方法。我国学者过增元院士在研究对流换热强化时，提出了著名的场协同理论。该理论指出要获得高的对流传热系数的主要途径如下：

（1）提高流体速度场和温度场的均匀性。

（2）改变速度矢量和热流矢量的夹角，使两矢量的方向尽量一致。

根据上述理论，目前强化传热技术有两类：一类是耗功强化传热技术，一类是无功强化传热技术。前者需要应用外部能量来达到强化传热的目的，如机械搅拌法、振动法、静电场法等；后者不需外部能量，如表面特殊处理法、粗糙表面法、强化元件法、添加剂法等。

由于强化传热的方法很多，因此在应用强化传热技术时，我们应遵循以下原则：

（1）根据工程上的要求，确定强化传热的目的，如减小换热器的体积和重量；提高现有换热器的换热量；减少换热器的阻力，以降低换热器的动力消耗等。因为目的不同，采用的方法也不同。

（2）根据各种强化方法的特点和上述要求，确定应采用哪一类的强化手段。

（3）对拟采用的强化方法从制造工艺、安全运行、维修方便和技术经济性等方面进行具体比较和计算，最后选定强化的具体技术措施。

只有按上述步骤才能使强化传热达到最佳的经济效益。

三、单向介质管内对流换热的强化

（一）流体旋转法

强化单向介质管内对流换热的有效方法之一是使流体在管内产生旋转运动，这时靠壁面的流体速度增加，加强了边界层内流体的搅动。同时由于流体旋转，使整个流动结构发生变化，边界层内的流体和主流流体得以更好地混合。以上这些因素都使换热得到了强化。

使流体旋转的方法很多，在工艺上可行的有以下几种。

1. 管内插入物

使流体旋转最简单的方法是管内插入各种可使流体旋转的插入物，如扭带、静态混合器、螺旋片等。

（1）扭带。扭带是一种最简单而又使流体旋转的旋流发生器，见图 9-10。它由薄金属片（通常是铝片）扭转而成。扭带的扭转程度由每扭转 360° 的长度 H（称为全节距）与管子内径 d 之比来表征。H/d 称为扭率。扭率不同，强化传热的效果也不同。试验表明，扭率为5 左右效果最好。

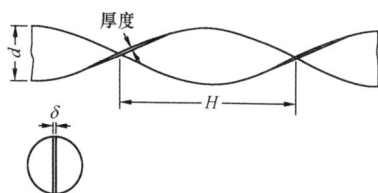

图 9-10　扭带示意

（2）错开扭带。错开扭带是将扭带剪成扭转 180° 的短元件，互相错开 90° 再点焊而成。

（3）静态混合器。由一系列左、右扭转 180° 的短元件，按照一个左旋、一个右旋的排列顺序，互相错开 90° 再点焊而成。

（4）螺旋片。由宽度一定的薄金属片在预先车制出的有一定深度和一定节距的螺旋槽的芯轴上绕成。

（5）径向混合器。用薄金属片冲压成具有一个圆锥形收缩环和一个圆锥形扩张环的元件，在环上开许多小孔，然后将这些元件按一定间距点焊在一根金属丝上，插入管内就成为一个径向混合器。

（6）金属螺旋线圈。用细金属丝绕制成三叶或四叶的螺旋线圈，插入管内，即可使流体旋转。

除上述常用的插入物外，还有其他一些形状的插入物。管内插入上述插入物后，由于流体的旋转，使管内流体由层流向湍流过渡的临界雷诺数（Re）降低，强化了管内换热。当然由于流体的旋转，流动阻力也会相应增加。实验研究证明，在低 Re 数区采用插入物比高 Re 数区强化传热的效果更加显著，这说明层流时采用插入物是很有效的。等功率和等流量的试验研究表明，各种插入物的强化效果在层流区都随 Re 的增加而增加。在相当于光管由层流向湍流过渡的临界 Re 时达到最大值，然后又随 Re 的增加而减小。当 $Re=500\sim10\,000$ 时，在相同的流量下，静态混合器可获得较强的传热效果。因此，当系统压降有裕量的情况下，为强化传热可优先采用静态混合器。在要求消耗功率一定的情况下，可选用螺旋片和扭带，此时螺旋片还有节约材料的优点。

许多研究者提供了管内加插入物后计算流动阻力和传热的公式，这些公式大多是以实验研究为基础的。在选用这些公式时应注意这些公式的应用条件和范围。同时值得注意的是，采用管内插入物后传热增加了，但流动阻力也随之增加，因此通常在计算强化传热的同时，还应进行流动阻力的核算和经济性比较，才能获得满意的结果。

2. 螺旋槽管和螺旋内肋管

采用管内插入物的方法结构不够牢靠，制造安装工作量大，一般宜在增强现有换热设备的传热能力时采用。

对新设计制造的换热设备，可以采用螺旋槽管或螺旋内肋管来使流体旋转，见图 9-11。螺旋槽管可以用普通圆管滚压加工而成，它有单头和多头之分。螺旋槽管的作用也是引起流体旋转，使边界层厚度减薄并在边界层内产生扰动，从而使传热增强。

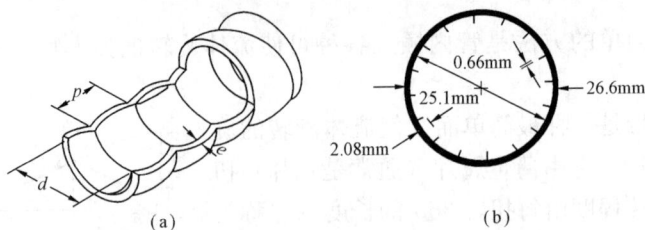

图 9-11　螺旋槽管和螺旋内肋管
（a）螺旋槽管；（b）螺旋内肋管

研究表明，在相同的 Re、槽距、槽深的情况下，单头螺旋和三头螺旋相比，强化传热的效果差别不大，但流动阻力却减小很多，因此实际上多采用单头螺旋槽管。

采用螺旋内肋管，一方面可使流体旋转，另一方面加大了管内换热面积，有利于增强传热或降低壁温。虽然其加工比较复杂，但仍是一种理想的强化传热管。

（二）改变流道截面形状

1. 层流工况和过渡工况

流动截面形状对换热和阻力有很大的影响，特别是对层流工况而言。试验证明，当管道长度较长及 Re 较小时，换热的 Nu 实际上与 Re 无关。表 9-1 列出了各种不同截面的流道中最小的 Nu 及 ξRe 的值。

从表 9-1 中可以看出，合适高度比的矩形截面的换热比三角形截面和圆形截面要高得多，以锅炉中的回转式空气预热器为例，由波纹板和平板可组成不同形状的流道，如三角形和近似矩形。计算表明：在传递相同的热量时，三角形流道将比矩形流道的换热器长 18%，而矩形流道比三角形流道流动阻力要低 30%。

表 9-1　　　　　　　　　　　　　　层流时不同截面形状的 Nu 及 ξRe

管道截面形状		热流恒定时的 Nu	壁温恒定时的 Nu	ξRe
等腰三角形	20°	2.7	2.7	51.5
	40°	2.95	2.7	53
	60°	3.0	2.7	53.3
	80°	2.95	2.7	52.7
	100°	2.8	2.7	52
	120°	2.7	2.7	51
圆　形		4.36	3.66	64

续表

管道截面形状		热流恒定时的 Nu	壁温恒定时的 Nu	ξRe
矩形	$a/b=1$	3.63	2.89	56.8
	$a/b=0.7$	3.8	3.0	58
	$a/b=0.5$	4.1	3.3	62
	$a/b=0.3$	4.9	4.3	70
	$a/b=0.1$	6.8	6.1	85
	$a/b=0$	8.24	7.54	96

对一般圆形和矩形截面而言，在管道中温度条件相同时，采用矩形管道也能增加传热系数，但与此同时流动阻力会急剧增加。

在由层流向湍流过渡的过渡区中管道截面形状对换热也有较大的影响。例如，在具有槽形截面通道的板式换热器中改用波纹板可以显著提高传热系数。

2. 湍流工况

（1）横槽纹管。湍流工况时，为改变管子的流道截面情况，应用最广的是横槽纹管。它由普通圆管滚轧而成（见图 9-12）。流体流过横槽纹管会形成旋涡和强烈的扰动，从而强化传热。强化的效果取决于节距 p 和横槽纹的突出高度 h 之比。

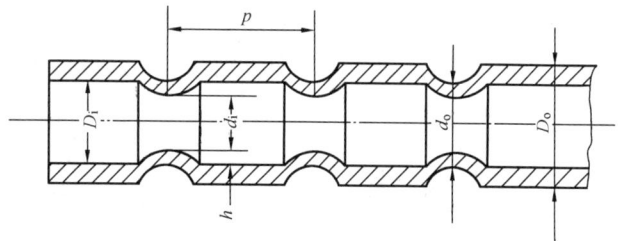

图 9-12　横槽纹管

实际应用中 $p/h \geqslant 10$。与前述的螺旋槽管相比，由于横槽纹管的旋涡主要在管壁处形成，对流体主流的影响较小，所以其流动阻力比相同节距与槽深的螺旋管小。

谭盈科等对 $p/d=0.5$、$h/d=0.03$ 的横槽纹管的测定表明：当工质为空气时，$Re=3.4 \times 10^4$，横槽纹管可比普通光管的传热系数提高 1.7 倍，阻力增加 2.2 倍；如工质为水，$Re=4000$，传热系数可提高 1.4 倍，阻力增加 1.7 倍。当流体纵向冲刷环形槽道时，为了强化传热，可在管内采用横槽纹管，这样内外流体都能得到强化。

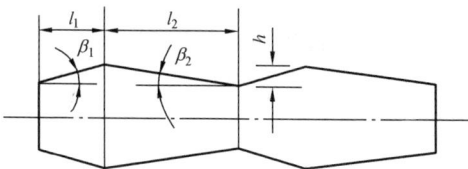

图 9-13　扩张-收缩管

（2）扩张-收缩管。流体沿流动方向依次交替流过收缩段和扩张段，见图 9-13。流体在扩张段中产生强烈的旋涡被流体带入收缩段时得到了有效的利用，且收缩段内流速增高会使流体层流底层变薄，这些都有利于增强传热。

扩缩管的性能取决于 l_1、l_2、h、β_1、β_2 等参数。一般扩缩管中扩张段和收缩段的角度应使流体产生不稳定的分离现象，从而有利于传热，而流动阻力却增加不多。扩缩管是一种很有前途的强化传热管，特别是对污染的流体，扩缩管不易产生堵塞现象。

对于非圆形槽道也可利用扩张-收缩管的原理使流道扩缩，如在两块平板间加入两块带锯齿表面的板，就可构成扩缩槽道。

四、单向介质管束外对流换热的强化

单向介质横向或纵向掠过管束是工程上常见的对流换热过程，其最实用的强化方法是扩展换热面和采用各种异形管。

（一）扩展换热面

当换热面一侧为气体，另一侧为液体时，由于气体侧的传热系数比液体侧小得多（一般小 $10\sim50$ 倍）。这时应用扩展换热面的方法来提高传热系数是最有效的办法。为了使换热器更加紧凑并进一步提高气侧的换热，各种异形扩展换热面得以迅速发展，它们可使气侧的传热系数比普通扩展面再提高 $0.5\sim1.5$ 倍。

1. 平行板肋换热器中各种异形扩展换热面

平行板肋换热器中的异形扩展换热面发展最快，应用也最广。他们是各种普通扩展面（如矩形、三角形）的变形，其种类繁多，形状各异。最常用的有波形、叉排短肋形、销钉形、多孔形和百叶窗形（见图 9-14）。这些换热面的肋片密度都很高，一般为每米 $300\sim500$ 片。由于通常当量直径小，气体密度小，因此它们经常处于低 Re 的范围，即 $Re=500\sim1500$，即处于层流状态。它们的特点：或者是利用流道的特殊截面形状来强化传热，如波形通道中产生的二次流；或者是使通道中流动的边界层反复形成又反复破坏来强化传热，叉排短肋形、销钉形就是如此。下面分别对常用的异形扩展面加以讨论。

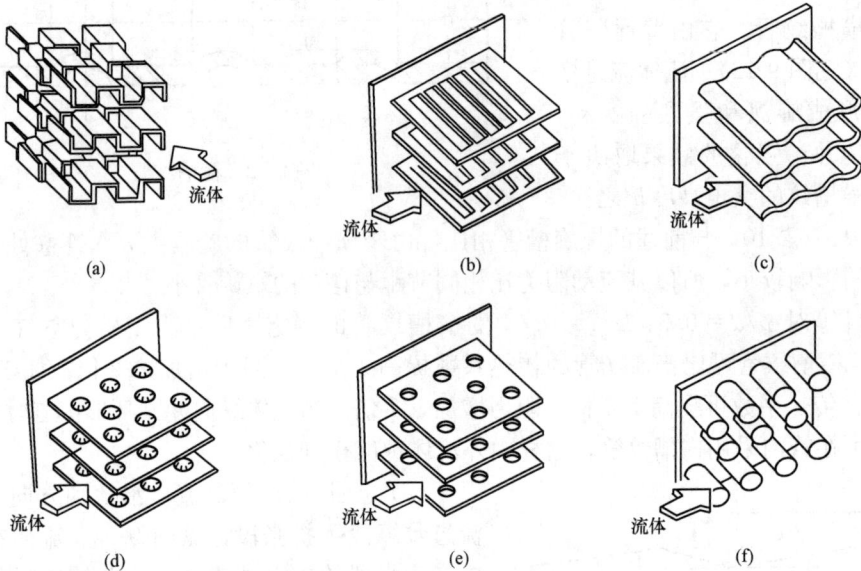

图 9-14　各种扩展换热面

(a) 偏置散热片（有时也称为弓形散热片、锯齿形散热片或条状散热片）；(b) 百叶窗形散热片；
(c) 波形散热片；(d) 凹穴形散热片；(e) 穿孔形散热片；(f) 销钉形散热片

（1）波形扩展换热面。波形扩展换热面能使气体流过波形表面的凹面时形成旋涡，造成反方向的旋转；而在凸面处又会形成局部的流体脱离，这两种因素会使换热得到强化。

（2）叉排短肋形扩展面。叉排短肋形扩展面是将通常的矩形长直肋变成短肋，并错开排列，这样在前一块短肋上形成的层流边界层在随后的叉排肋处被破坏，并在其后形成旋涡，这一过程反复进行。由于边界层开始形成时较薄（入口效应），热阻较小，因此换热得到充分的强化。一般叉排短肋要比矩形直肋传热系数高一倍，当然相应阻力也要增加，一般约增大2倍。

（3）销钉形扩展表面。销钉形扩展表面与叉排短肋形类似，它使用销钉来代替短肋，其强化换热的机理也与短肋形类似。

（4）多孔形扩展换热面。这种换热面是先在板上打许多孔，再将板弯成通道，当孔足够多时，由于孔的扰动可以破坏板上的流动边界层，从而强化传热。

（5）百叶窗形扩展换热面。这种换热面是在板上冲许多百叶窗，再将板弯成通道，这些百叶窗的凸出物能破坏边界层，从而增强传热的效果。

2. 圆管上的各种异形扩展换热面

圆管上的异形扩展换热面通常是在普通圆肋的基础上形成的，如开槽肋片、开三角孔并弯边的肋片、扇形肋片、绕圈形肋片等，它们的目的都是为了破坏流动边界层，从而强化传热。

肋片的形状对换热有很大的影响。我们研究过椭圆管上套圆形肋片、椭圆形肋片和矩形翅片（四角上带有绕流孔），结果发现矩形翅片效果最好，可使传热系数比其他形式的翅片高7%。

（二）采用异形管

为了强化管束传热，在工程应用上已越来越广泛地采用异形管来代替圆管。如扁管、椭圆管、滴形管、透镜管等。其中以扁管和椭圆管应用最广。

以作者研究的椭圆矩形翅片管为例，与圆管相比，由于椭圆管的流动性好，流动阻力小，且在相同的管横截面积下，椭圆管的传热周边比圆管长；从布置上讲，在单位体积内可布置更多的管子。因此单位体积的传热量高。作者研制的 TZ 型椭圆矩形翅片管散热器与 SRZ 型圆形圆翅片管散热器相比，阻力可降低59%，传热系数可增加67%，单位体积的传热量可提高80%，性能明显改进。

目前国内外大规模的风冷技术中广泛应用的也是各种椭圆矩形翅片管。在国外直接空冷电厂中换热面积常常达到几十万平方米。椭圆管的尺寸（长、短轴之比）和翅片的形状、间距以及翅片与管子接触的紧密程度对换热性能有很重要的影响。随着技术的发展，螺旋扁管、螺旋椭圆扁盘及交叉缩放椭圆管等也获得越来越多的应用。

五、单相介质对流换热的耗功强化技术

强化单相介质对流换热，除上面介绍的普遍应用的无功方法外，针对一些特殊的换热问题，也可采用耗功的强化方法。

（一）机械搅拌法

此法主要应用于强化容器中的对流换热。容器中的单相介质对流换热主要是自然对流，这时传热系数低，温度分布很不均匀，采用机械搅拌法可以得到很好的效果。

容器中的介质黏度较低时，通常采用小尺寸的机械搅拌器。搅拌器的直径 d 一般为容器直径 D 的 $1/4\sim1/2$，搅拌叶片的高度从底部算起约为液体总高度 H 的 $1/3$。当容器中为高黏度介质时，应该用比容器直径略小的低速螺旋式或锚式搅拌器。在进行搅拌器计算时应区分容器中的介质是牛顿流体还是非牛顿流体，它们的计算方法是不同的。

（二）振动法

有两种振动法，一种是使换热面振动，另一种是使流体脉动或振动，这两种方法均可强化传热。

1. 换热面的振动

对于自然对流，实验证明，对静止流体中的水平加热圆柱体振动，当振动强度达到临界值时，可以强化自然对流传热系数。实验还证明圆柱体垂直振动比水平振动效果好。在小振幅和高频率时，振动可使传热系数增加 7%～50%。

对于强制对流，许多研究者证明，根据振动强度和振动系统不同，传热系数比不振时可增大 20%～400%。值得注意的是，强制对流时换热面的振动有时会造成局部地区的压力降低到液体的饱和压力，从而有产生汽蚀的危险。

2. 流体的振动

利用换热面振动来强化传热，在工程实际应用上有许多困难，如换热面有一定质量，实现振动很难，且振动还容易损坏设备，因此另一种方法是使流体振动。

对于自然对流，许多人研究了振动的声场对传热的影响，一般根据具体条件不同，当声强超过 140dB 时可使传热系数增加 1～3 倍。

值得注意的是，采用声振动也有不少困难。实际应用中如有可能应用强制对流来代替自然对流，或用机械搅拌，这样能使传热效果更好。

对于强制对流，由于传热系数已经很高，采用声振动时其效果并不十分显著。除了声振动外，其他的低频脉动（如泵发生的脉动）也能起到类似强化传热的作用。

众所周知，当流体横掠单管或管束时，由于旋涡脱落、湍流抖振、流体弹性激振及声共鸣等诸多原因，会使管子产生振动。这种振动通常称为流体诱导振动，它常常是导致换热器管子磨损、泄漏、断裂的主要原因。因此在换热器设计时，应尽量采用各种措施来避免流体的诱导振动。

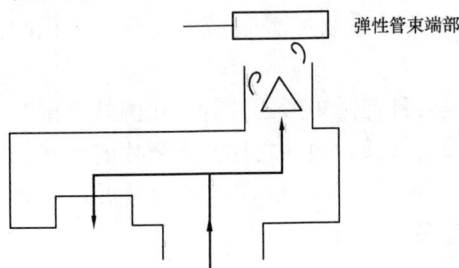

图 9-15　脉动流发生器

能否利用上述诱导振动来强化传热呢？我国学者程林创新性地提出并解决了这一问题。他设计了一种弹性盘管，该盘管有两个自由端及两个固定端，通过弹性盘管的曲率半径、管径、管壁厚及端部附加质量等参数的组合来得到一种最有利的固定频率，同时，程林还设计了一种脉动流发生器（见图 9-15），它将进入换热器的水流分成两股，其中一股通过一正置三角块后，在下游方向会产生不同强度的脉动流，该脉动流直接作用在弹性盘管的附加质量端，从而诱发弹性盘管发生周期性的振动。这种流体振动，换热面也振动的强化传热方法，几乎不耗外功，却能极大地提高传热系数，根据这种原理设计的弹性盘管汽水加热器，在流速很低的情况下，可使传热系数达到 4000～5000W/（m²·℃），是普通管壳式换热器的两倍。现在这种换热器已在供热工程中得到了广泛的应用。

（三）添加剂法

在流动液体中加入气体或固体颗粒，在气体中喷入液体或固体颗粒以强化传热是此法的特点。

有的研究者提出在上升的水流中注入氮气泡，由于气泡的扰动作用可使传热系数提高 50%。在油中加入呈悬浮状态的聚苯乙烯小球，可使传热系数提高 40%。

在实际应用中，在气体中喷入液体或固体颗粒是一种有前途的强化换热的方法。如在汽车散热器的冷却空气中喷入水或乙烯乙二醇后，由于液体在散热片中形成薄的液膜，液膜吸热蒸发以及蒸发时对边界层的扰动都可以增加传热。

我们研究了竖夹层空间的自然对流，此时如果在竖夹层空间加入极少量的水，由于水在竖夹层空间一侧沸腾蒸发，在另一侧凝结，从而使传热系数提高数倍。气体中加入固体颗粒也能强化换热。Babcock 公司在气体中加入石墨颗粒后发现传热系数可提高 9 倍。沸腾床的迅速发展也与气固混合流能强化传热有密切关系。

（四）抽压法

抽压法多用于高温叶片的冷却。此时冷却介质通过抽吸或压出的方法从叶片或管道的多孔壁流出，由于冷却介质和受热壁面的良好接触能带走大量热量，并且冷却介质在壁上形成的薄膜可把金属表面和高温工质隔开，从而对金属起到了保护作用。此法在燃气轮机叶片的冷却中已得到了广泛的应用。

除了上述方法外，还有使换热面在静止流体中旋转的方法、利用静电场强化换热的方法，但它们的应用还十分有限。

在工程应用上，应尽可能地根据实际情况，同时采用多种强化传热的方法，以求获得更好的效果。

六、沸腾换热的强化

沸腾是一种普遍的相变现象，在工业上有广泛的应用。沸腾换热的特点是传热系数很高，在以往的应用中人们认为已不必进行强化了，而把主要的注意力集中在单相介质对流换热的强化上。但随着工业的发展，特别是高热负荷的出现，相变传热（沸腾和凝结）的强化日益受到重视并在工业上得到越来越多的应用。

沸腾换热的强化主要从增多气化核心和提高气泡脱离频率两方面着手，具体方法有粗糙表面和对表面进行特殊处理、扩展表面、在沸腾液体中加添加剂等。下面介绍常用的强化沸腾换热的方法。

1. 使表面粗糙和对表面进行特殊处理

粗糙表面可使汽化核心数目大大增加，因此和光滑表面相比其沸腾换热强度可以提高许多倍。最简单的粗糙表面的办法是用砂纸打磨表面或者采用喷砂的方法。在使壁面粗糙度增加以强化沸腾换热时，应注意存在一定的极限粗糙度，超过此值后，传热系数就不再随粗糙度的增加而增加。此外增加粗糙度并不能提高沸腾的临界热负荷。

工程上为增强沸腾换热应用最多的还是对表面进行特殊处理。特殊处理的目的是使表面形成许多理想的内凹穴，这些理想的内凹穴在低过热度时就会形成稳定的汽化核心；且内凹穴的颈口半径越大，形成气泡所需的过热度就越低。因此，这些特殊处理过的表面能在低过热度时形成大量的气泡，从而大大地强化了泡状沸腾过程。实验证明，表面多孔管的沸腾传热系数可提高 2～10 倍。此外临界热负荷也相应得到提高。在相同热负荷下特殊处理过的表面的传热温差也比普通表面低的多。

制造上述表面多孔管的方法很多，一种是在加热面上覆盖一层多孔覆盖层，另一种是对换热面进行机械加工以形成表面多孔管。

（1）带金属覆盖层的表面多孔管。20 世纪 60 年代末，在美国首先出现用烧结法制成的带金属覆盖层的表面多孔管。除了烧结法外还可采用火焰喷涂法、电镀法等。一般来说烧结

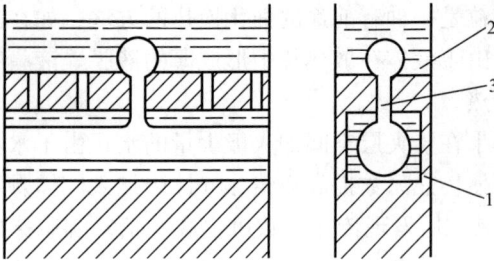

图 9-16　机械加工的表面多孔管
1—通道（内池）；2—外池；3—连通孔（非活性孔）

法的效果最好。作为覆盖层的材料有铜、铝、钢、不锈钢等。用烧结法制成的多孔管已在工业部门获得广泛的应用。这种多孔管一般可使沸腾传热系数提高 4～10 倍，从而推迟膜态沸腾的发生。

（2）机械加工的表面多孔管。用机械加工方法可使换热表面形成整齐的 T 形凹沟槽（见图 9-16）。这种机械加工的表面多孔管也能大大强化沸腾换热过程和提高临界热负荷值。对形状和尺寸不同的凹沟槽，沸腾传热系数可提高 2～10 倍。用机械加工的方法还可克服烧结法带来的表面孔层不均的缺点，且多孔层也不易阻塞。

2. 采用扩展表面

用肋管代替光管可以增加沸腾传热系数。一方面，肋管与光管相比除具有较大的换热面积外，还可以增加汽化核心；另一方面，肋片和管子连接处受到液体润湿作用较差，是良好的吸附气体的场所。另外，肋片与肋片之间的空间里的液体三面受热，易于过热。以上这些因素都促进了气泡的生长，一般传热系数可高 10%左右。

对于管内强制沸腾换热，通常还采用内肋管或内外肋管。这些内肋片不但强化了沸腾换热过程，还强化了管内单相介质的对流换热。因此在制冷和化工中应用很广，其中应用的最多的是带星形嵌入式的内肋管，一般传热系数可提高 50%左右。

3. 应用添加剂

在液体中加入气体或另一种适当的液体也可强化沸腾传热。例如在水中加入合适的添加剂（如各类聚合物），有时可使沸腾传热系数提高 40%。值得注意的是，如液体和添加剂配合不当，反而会使传热系数降低。

在液体中加入固体颗粒，当颗粒层的高度恰当时也可强化沸腾换热，有时沸腾传热系数甚至可以比无颗粒层时高 2～3 倍。

4. 其他强化沸腾传热的方法

前面介绍的强化单相介质对流换热的流体旋转法对于强化管内沸腾也非常有效，这时可以在管内插入扭带、螺旋片或螺旋线圈，也可采用螺旋槽管或内螺纹管。它们不但能使传热系数提高（如扭带可提高 10%～15%，螺旋槽管可提高 50%～200%），还可提高临界热负荷。

七、凝结换热的强化

凝结是工业中普遍遇到的一种相变换热过程，一般认为凝结换热表面传热系数很高，可以不必采用强化措施。但对氟利昂蒸气或有机蒸气而言，它们的传热系数比水蒸气小得多。例如对氟利昂，其传热系数仅为其另一侧水冷却传热系数的 1/4～1/3。在这种情况下，强化凝结换热仍然是非常必要的。对空冷系统而言，由于管外侧空气的肋化系数非常高，强化管内的水蒸气凝结换热也仍然是有利的。

（一）管外凝结换热的强化

1. 冷却表面的特殊处理

对冷却表面的特殊处理，主要是为了在冷却表面上产生珠状凝结。珠状凝结的传热系数可比通常的膜状凝结高 5~10 倍，由于水和有机液体能润湿大部分的金属壁面，所以应采用特殊的表面处理方法（化学覆盖法、聚合物涂层法和电镀法等），使冷凝液不能润湿壁面，从而形成珠状凝结。采用聚四氟乙烯涂层已有一些实际应用。在冷却壁面上涂一层聚四氟乙烯，再经过热处理后可使传热系数提高 2~3 倍，此时应注意聚四氟乙烯的老化和脱落。另外涂层不能厚，否则会增加壁的附加热阻。

用电镀法在表面涂一层贵金属，如金、铂、钯等效果很好，缺点是价格昂贵。

2. 冷却表面的粗糙化

粗糙表面可增加凝结液膜的湍流度，也可强化凝结换热。实验证明，当粗糙高度为 0.5mm 时，水蒸气的传热系数可提高 90%。值得注意的是，当凝结液膜增厚到可将粗糙壁面淹没时，粗糙度对增强凝结换热不起作用。有时当液膜流速较低时，粗糙壁面还会滞留液膜，对换热反而不利。

3. 采用扩展表面

在管外膜状凝结中常常采用低肋管，低肋管不但增加换热面积，而且由于冷凝流体的表面张力，肋片上形成的液膜较薄，因此其传热系数可比光管高 75%~100%。

日本日立公司开发了一种肋呈锯齿形的冷凝管，其肋高 1.22mm，肋片密度每厘米上 13.8 片，错齿凹处深度为肋高的 40%，凹槽宽度为肋间距的 30%，这种锯齿形肋片管可比普通低肋管的传热系数提高 0.5~1.5 倍。

此外，还有一种销钉形的外肋管，它的扩展面是一系列的销钉，销钉形肋片管的凝结效应和低肋管差不多，但可节约 60% 的材料。

对垂直管外的凝结，采用纵槽管的效果十分显著，这是因为表面张力和重力的作用。顶部冷凝液会顺槽迅速排走，使顶部区及上部液膜变得很薄。试验表明，对某些有机蒸气（如异丁烷），传热系数可增大 4 倍，在垂直管上垂直设置金属丝也可达到类似的效果。

值得注意的是，对于易结垢的介质不宜采用低肋管，因为其结垢难清除。应用螺旋槽管和管外加螺旋线圈。螺旋槽管管子内外壁均有螺纹槽，既可强化冷凝换热，又可强化冷却侧的单相对流换热，与光管相比，其凝结强度可提高 35%~50%。在管外加螺旋线圈，由于表面张力使凝结液流到金属螺旋线圈的底部而排出，上部及四周液膜变薄，从而传热系数有时甚至可提高两倍。

（二）管内凝结换热的强化

1. 扩展表面法

采用内肋管是强化管内凝结的最有效的方法，试验表明，其传热系数比光管高 20%~40%。按光面计算，则传热系数可高 1~2 倍。

2. 采用流体旋转法

采用插入扭带、静态混合器和螺旋槽管等流体旋转法均可强化凝结换热。如插入扭带一般可使传热系数提高 30%，但此时流动阻力也会大为增加。

值得注意的是，在强化凝结换热之前，应首先保证凝结过程的正常进行。例如，排除不凝气体的影响，顺利地排除冷凝液等。

强化传热技术在动力、制冷、低温、化工等部门得到了日益广泛的应用。许多新的强化传热的方法正在不断出现和应用于工业界。强化传热技术的进步和推广，不但能节约大量的能源，而且能大大减少设备的重量和体积，降低金属消耗量，是当前增产节能向深度发展的重要一环。

第三节 余热回收技术

一、热能的主要用途

热能是国民经济和人民生活中应用最广泛的能量形式，因此节约热能有特别重要的意义。

除家用炊事和采暖外，热能主要用于工业企业。工业企业有不同的类型，各种企业的生产过程又多种多样，但从使用热能的目的来看，热能主要用于以下三方面：

（1）发电和拖动。将蒸汽的热能转变为电能，用作各种电气设备的动力；或者直接以蒸汽为动力，拖动压气机、风机、水泵、起重机、汽锤和锻压机等。这类热能消费者通常称为动力用户。

（2）工艺过程加热。利用蒸汽、热水或热气体的热量对工艺过程的某些环节加热，以及对原料和产品进行热处理，以完成工艺要求或提高产品质量。这类热能消费者称为热力用户。

（3）采暖和空调。公用和民用建筑冬季采暖、热水供应以及夏季空调。它们都直接或间接使用大量热能。这类热消费者称为生活用户。

从使用热能的参数来看，可以分为三个级别：

（1）高温高压热能。通常指500℃以上、压力为3.0～10MPa的高温高压蒸汽或燃气，它们通常用于发电；温度和压力越高，热能转换的效率也越高。

（2）中温中压热能。通常指150～300℃、4.0MPa以下的热能，它们大量用于加热、干燥、蒸发、蒸馏、洗涤等工艺过程，少数用于汽力拖动。

（3）低温低压热能。通常指150℃、0.6MPa以下的热能，主要用于采暖、热水、制冷、空调等。

在工业企业中，中、低参数的热能使用最广泛，见表9-2。

表 9-2　　　　　　　　不同企业使用蒸汽热能的参数

工业部门	用汽的工艺过程或设备	蒸汽参数	
		压力（MPa）	温度（℃）
冶金工业	蒸汽轮机带动发电机、风机、水泵或直接带动锻压设备	1.4～3.0	200～300
机械制造工业	铸造烘干	0.3～0.4	饱和或过热蒸汽
	工件清洗	0.2～0.3	
	侵蚀池	0.5～0.6	
	零部件干燥	0.3～0.4	
	油加热	0.4～0.5	
	气体加热炉鼓风	0.4～0.6	

续表

工 业 部 门	用汽的工艺过程或设备	蒸 汽 参 数	
		压 力 （MPa）	温 度（℃）
化学工业	原料及产品干燥	0.2～0.5	饱和或过热蒸汽
	热沸炉	0.4～0.6	
	蒸 发	0.2～0.4	
	原料及产品加热	0.2～0.5	
	液体蒸馏	0.4～0.6	
	工件热补	0.6～0.9	
纺织工业	烫 平	0.4～0.6	饱和或过热蒸汽
	黏 结	0.3～0.5	
	色 染	0.3～0.5	
皮革工业	热压平	0.3～0.4	饱和或过热蒸汽
	煮	0.3～0.4	
	烘 干	0.3～0.4	
	蒸 发	0.3～0.4	
造纸工业	纤维纸料生产	0.6～0.8	饱和或过热蒸汽
	纸料干燥	0.3～0.4	
食品工业	煮	0.3～0.5	饱和或过热蒸汽
	干 燥	0.3～0.5	
	清 洗	0.3～0.5	

二、余热资源

工业企业有着丰富的余热资源，从广义上讲，凡是温度比环境高的排气和待冷物料所包含的热量都属于余热。具体而言，可以将余热分为以下六大类：

（1）高温烟气余热，主要指各种冶炼窑炉、加热炉、燃气轮机、内燃机等排出的烟气余热，这类余热资源数量最大，约占整个余热资源的 50% 以上，其温度为 650～1650℃。

（2）可燃废气、废液、废料的余热，如高炉煤气、转炉煤气、炼油厂可燃废气、纸浆厂黑液、化肥厂的造气炉渣、城市垃圾等。它们不仅具有物理热，而且含有可燃气体。可燃废料的燃烧温度为 600～1200℃，发热量为 3350～10 465kJ/kg。

（3）高温产品和炉渣的余热，其中有焦炭、高炉炉渣、钢坯钢锭、出窑的水泥和砖瓦等，它们在冷却过程中会放出大量的物理热。

（4）冷却介质的余热，它是指各种工业窑炉壳体在人工冷却过程中冷却介质所带走的热量，例如电炉、锻造炉、加热炉、转炉、高炉等都需采用水冷，水冷产生的热水和蒸汽都可以利用。

（5）化学反应余热，它是指化工生产过程中的化学反应热，这种化学反应热通常又可在工艺过程中再加以利用。

（6）废气、废水的余热，这种余热的来源很广，如热电厂供热后的废汽、废水，各种动力机械的排汽以及各种化工、轻纺工业中蒸发、浓缩过程中产生的废汽和排放的废水等。

余热按温度水平可以分为三挡：高温余热，温度大于 650℃；中温余热，温度为 230～

650℃；低温余热，温度低于 230℃。

工业各部门的余热来源及余热所占的比例见表 9-3。

表 9-3　　　　　　　　　　工业各部门的余热来源及余热所占的比例

工业部门	余热来源	余热约占部门燃料消耗量的比例（%）
冶金工业	高炉、转炉、平炉、均热炉、轧钢加热炉	33
化学工业	高温气体、化学反应、可燃气体、高温产品等	15
机械工业	锻造加热炉、冲天炉、退火炉等	15
造纸工业	造纸烘缸、木材压机、烘干机、制浆黑液等	15
玻璃搪瓷工业	玻璃熔窑、坩埚窑、搪瓷转炉、搪瓷窑炉等	17
建材工业	高温排烟、窑顶冷却、高温产品等	40

三、余热利用的途径

余热利用的途径主要有余热的直接利用、发电、综合利用三方面。

1. 余热的直接利用

（1）预热空气，它是利用高温烟道排气，通过高温换热器来加热进入锅炉和工业窑炉的空气。由于进入炉膛的空气温度提高，使燃烧效率提高，从而节约燃料。在黑色和有色金属的冶炼过程中，广泛采用这种预热空气的方法。

（2）干燥，即利用各种工业生产过程中的排气来干燥加工的材料和部件。例如，陶瓷厂的泥坯、冶炼厂的矿料、铸造厂的翻砂模型等。

（3）生产热水和蒸汽，它主要是利用中低温的余热生产热水和低压蒸汽，以供应生产工艺和生活方面的需要，在纺织、造纸、食品、医药等工业以及人们生活上都需要大量的热水和低压蒸汽。

（4）制冷，它是利用低温余热通过吸收式制冷系统来达到制冷或空调的目的。

2. 余热发电

利用余热发电通常有以下几种方式：

（1）用余热锅炉（又称废热锅炉）产生蒸汽，推动汽轮发电机组发电。

（2）高温余热作为燃气轮机的热源，利用燃气轮发电机组发电。

（3）如余热温度较低，可利用低沸点工质，如正丁烷，来达到发电的目的。

3. 余热的综合利用

余热的综合利用是根据工业余热温度的高低，采用不同的利用方法，实现余热的梯级利用，以达到"热尽其用"的目的。例如高温排气，首先应当用于发电，而发电的余热，再用于生产工艺用热，生产工艺的余热，再用于生活用热。如工艺用热要求的温度较高，则可通过汽轮机的中间抽汽来予以满足。对于高温高压废气，应尽可能采用燃气-蒸汽联合循环。

四、余热的动力回收

余热回收中动力回收的经济性好，许多热设备的排气温度度较高（见表 9-4），能满足动力回收的条件。此外，许多可燃废气，其温度和发热量都比较高，也是理想的动力回收的余热，表 9-5 给出了部分可燃废气的成分和发热量。

表 9-4   常见热设备的排气温度

设　备	排气温度（℃）	设　备	排气温度（℃）
高　炉	1100～1200	干法水泥窑	900～1000
炼钢平炉	600～1100	玻璃熔窑	650～900
氧气顶吹转炉	1650～1900	煤气发生炉	400～700
钢坯加热炉	900～1200	燃气轮机	400～550
炼焦炉	约1000	内燃机	300～600
炼铜炉	1000～1300	热处理炉	400～600
镍精炼炉	1400～1600	干燥炉	250～600
石油化工装备	300～450	锅　炉	100～350

表 9-5   某些可燃废气的成分和发热量

废　　气	可　燃　成　分（%）			低位发热量（kJ/kg）
	CO	H_2	CH_4	
焦炉煤气	5～8	55～60	23～27	16 300～17 600
高炉煤气	27～30	1～2	0.3～0.8	3770～4600
转炉煤气	56～61	1.5		6280～7540
铁合金冶炼炉气	70	6		＞8400
合成氨甲烷排气			15	14 600
化肥厂焦结煤球干馏气	6.6	19.3	5	4200～4600
电石炉排气	80	14	1	10 900～11 700

在动力回收中最简单的是直接利用可燃废气驱动燃气轮机。例如，一个年产万吨的小化肥厂，其排放的废气流量为 450m³/h（标态下），发热量为 14 600kJ/m³（标态下），采用适当的稳压措施后，这种废气可作为燃料直接驱动 200kW 的燃气轮机，而燃气轮机的排气还可用作余热锅炉的热源，生产 0.3MPa 的饱和蒸汽。据估算，这种余热动力回收系统，三年内即可收回全部投资。此外，利用高炉煤气的余压（0.2～0.3MPa），驱动特殊设计的膨胀涡轮机发电，也是一种动力回收的方式。

对于中高温的废气，在很多情况下，都是采用余热锅炉产生蒸汽，再驱动汽轮机发电。在 20 世纪 60 年代以前，一般仅利用余热锅炉生产少量的中低压蒸汽，供生产或工艺用汽之用。随着技术的发展，余热锅炉也逐步用于动力回收。20 世纪 90 年代以后，由于石油、化工、冶金等大型企业的发展，余热锅炉也向大容量和高参数方向发展，蒸汽压力已达 10～14MPa，单机蒸发量也超过 200t/h。据估算，年产 30 万 t 的合成氨装置，如充分利用余热，可以生产 300t/h 以上的高压蒸汽。除供发电、驱动合成氨压缩机（18MW）外，还可有100t/h 的蒸汽供工艺过程，全年可节约标准煤 24 万 t。一套年产 30 万 t 乙烯的装置，利用余热产生的高压蒸汽可以取代一台 190t/h 的高压锅炉。

余热锅炉的结构和一般锅炉类似，也是由省煤器、蒸发受热面和过热器等组成，但由于热源分散，温度水平不同，不能像普通锅炉那样组成一个整体。其布置应服从工艺要求，多采用分散布置，因为不需要炉膛，所以其外形更类似于换热器。此外，由于工艺排气中往往含有腐蚀性气体和粉尘，在余热锅炉的设计中应充分考虑废气的特点，在除尘和防腐蚀方面采取一些特殊的措施。在大多数情况下余热源的热负荷是不稳定或周期波动的。为了使余热

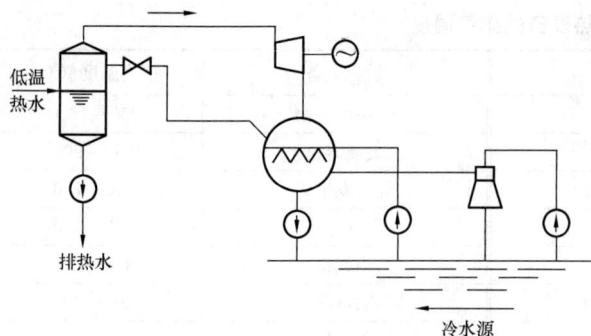

图 9-17 单级闪蒸动力循环系统

锅炉保持供汽稳定，在系统中常常还需要并联工业锅炉，或在锅炉中加装辅助燃烧器或蒸汽蓄热器，以调节负荷。

对于低温余热，在动力回收中通常采用闪蒸法或低沸点工质法。闪蒸法主要用于低温热水或汽水混合物，闪蒸法动力循环如图9-17所示。低温热水在闪蒸器中闪蒸成蒸汽，而后利用所产生的蒸汽推动蒸汽轮机发电。

为充分利用低温余热，还可采用两级闪蒸，与单级闪蒸相比，二级闪蒸可提高有效功率，但系统较复杂。采用低沸点工质的动力回收有两种类型，一种是直接利用低温热源将低沸点工质加热并产生蒸汽，再利用其蒸汽推动汽轮机做功。这种低沸点工质发电的热力系统和普通水蒸气热力系统在工作原理上是完全一样的。可选用的低沸点工质除正丁烷外，还有氯乙烷、异丁烷、各种氟利昂，大多数的碳氢化合物以及其他低沸点物质，如 CO_2、NH_3 等。对低沸点工质的要求主要包括：转换和传热性能好，例如比热容大、密度高、导热系数大等；工作压力适中；来源丰富，价格低廉；化学稳定性好，对金属腐蚀小，毒性小，不易爆易燃等。

另一种动力回收的方法是采用双循环法，即低沸点工质作为直接做功工质，而另一种工质则作为中间传热介质，构成双工质循环。图 9-18 就是油-氟利昂双工质循环的示意。

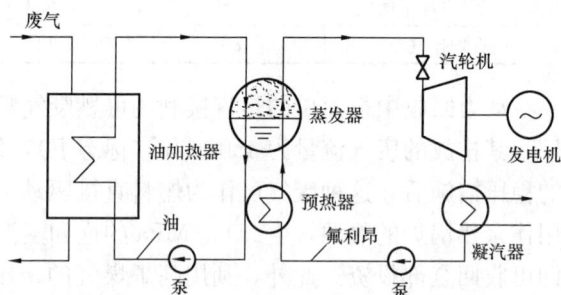

图 9-18 油-氟利昂双工质循环的示意

这种双工质循环法常用于温度稍高的低温余热利用。这是因为低沸点工质在较高的温度下易发生热分解，不宜直接采用余热加热蒸发。通常作为传热介质的油类，采用聚醇酯油，它不但和氟利昂亲和力强，而且氟利昂蒸发后分离容易，因此可以采用直接接触式的热交换器，不但换热效率提高，而且换热器尺寸缩小。此外，油还起蓄热作用，能适应余热热源流量和温度的波动。

除了闪蒸法和低沸腾工质法外，还有一种全流量法。它是采用两相膨胀机，直接利用来自余热热源的两相混合物在膨胀机内做功，无需分离和闪蒸。因此结构简单，是一种有前途的余热发电装置。

五、凝结水回收系统

蒸汽是工业生产和人民生活中被广泛应用的载热介质，由于其具有来源充足、价格低廉、无毒、无污染、不爆燃且热容量大等优点，已被广泛应用于化工、制药、纺织、烟草、造纸、石化与采油、印染、电力等诸多领域。

一般用汽设备利用的蒸汽热量只是蒸汽的潜热，而蒸汽中的显热，即凝结水中的热量，几乎没有被利用。凝结水温度等于工作蒸汽压力下的饱和温度，蒸汽压力越高，凝结水中的热量也越多。其所含热量可以达到蒸汽所含热量的 20%～30%，如果不加以回收，不仅损失热能，而且也损失了高度洁净的水，使锅炉补给水和水处理费用增加。

目前，我国蒸汽管网系统节能存在的主要的问题，一是蒸汽泄漏严重，蒸汽管网上使用的疏水阀达 75.71 万只，其中 60% 处于超标准的漏汽状态，30% 处于严重漏汽状态，再加上许多该装疏水阀而未装导致的泄漏，每年泄漏蒸汽总量约为 1 亿 t，约合 1400 万 t 标准煤。二是约有 70% 的凝结水未被回收而直接排放到地下，凝结水中所含热能占蒸汽排放热能的 20%～25%，而国家有关规定要求凝结水回收比例为 80%，国际上较先进的国家该标准一般为 90% 左右，仅此一项每年浪费的锅炉软化水就有 15 亿 t，由此浪费的能源每年约合 1500 万 t 标准煤。

凝结水的最佳回收利用方式就是将凝结水送回锅炉房，作为锅炉的给水。凝结水回收系统可分为开式和闭式两类。开式系统是指从用汽设备来的凝结水，经疏水器由凝结水本身的重力（或由凝结水泵）排至凝结水箱中。此凝结水箱与大气相通，凝结水处为大气压力，并与空气直接接触。闭式系统的凝结水箱则是密封的，其内部压力比大气压力稍高。

显然开式系统比较简单，尤其在凝结水可靠自身重力或压力流回凝结水箱时，更是如此。但在工作蒸汽压力较高时，由于凝结水也具有一定的压力，当流回处于大气压力下的开式水箱时，将会因降压而产生大量的蒸汽，即二次蒸汽。二次蒸汽散逸至大气中，不但导致大量的热损失，而且污染环境。因此在凝结水回收系统中应尽量采用闭式系统。另外，由于闭式系统中水不会与空气接触，不会吸收空气中的氧，因此系统不易腐蚀。当然闭式系统的投资高于开式系统。

蒸汽在用气设备和管道中放出潜热以后，即凝结为水。在设备中积存的凝结水应及时排出。如积存过多，对加热设备则将减少蒸汽的散热面积，降低设备的加热效果；对动力设备和管道还会引发水击。为此在加热设备和管道的泄水管出口应装设疏水器。疏水器的作用是能将凝结水及时排出，并能阻止未凝结的蒸汽漏出，所以又将其称为"阻汽器"。由于作用原理不同，疏水器可以分为机械型、热动力型和热静力型。此外，低压蒸汽系统和高压蒸汽系统所用的疏水器也不相同，在设计时必须正确选用。

低压蒸汽系统常采用热膨胀式疏水器（见图 9-19）。其工作原理是，波纹管内充满酒精，当波纹管周围出现泄漏蒸汽时，酒精被加热蒸发，使波纹管伸长，从而将锥形阀关闭，阻止蒸汽漏出。当波纹管周围为凝结水时，由于温度降低，波纹管收缩，将锥形阀打开排水。

疏水器形式多样，它们的结构、性能（例如不同公称直径和压力差下的连续排水量）、使用方法都可以在有关手册或产品说明书中查到。除了热静力型疏水器外，其他形式

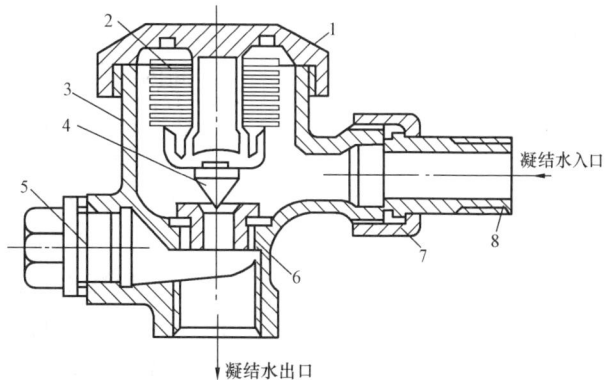

图 9-19　热膨胀式疏水器

1—阀盖；2—波纹管；3—阀体；4—阀尖；
5—丝堵；6—阀座；7—管箍；8—管接头

的疏水器都必须水平安装。国家标准规定疏水器的使用寿命应为 8000h，漏汽率不超过 3％，但我国目前每年生产的 100 万只疏水器中，有相当一部分达不到标准。更为严重的是，该装疏水器的地方未装，例如许多工厂在输送蒸汽的主管道上极少或根本不装疏水阀。而按科学设计，主蒸汽管道上每隔 150～200m 就应安装一只疏水阀。以上情况加上疏水器的选型及安装不合理，不定期检查维修、更换，更造成蒸汽的大量泄漏，因此我国蒸汽管网系统的节能潜力是十分巨大的。

余热回收虽然可以节能，但又需付出一定的代价，如设备投资、折旧和维护费等，因此在进行余热利用时一定要考虑经济效益，进行余热利用效果的经济评价。

第四节　隔 热 保 温 技 术

一、隔热保温与节能

在热能转换、输送和使用过程中，都需要对热设备和输热管网进行隔热保温，以减少热能的损失。即使对于低温设备和管道，如冷库、制冷机组和空调管道，也需要保温，以防止冷量损失。隔热保温不但可以节约能源，而且可以保证生产工艺过程的实施。

以蒸汽管网的隔热保温为例，我国蒸汽管网系统的年耗煤量达 3.1 亿 t 标准煤，约占全国燃煤总耗量的 1/3。整个系统的热能利用率仅为 30％左右，每年由此而浪费的煤资源高达 8000 万 t 标准煤，即相当于蒸汽系统总能耗的 1/4 以上。除了蒸汽泄漏、凝结水回收方面存在的问题外，管道保温不善也是耗能大的主要原因。例如一根长为 1m，直径为 219mm 的蒸汽管道，如果不隔热，每年损失可达 3～4t 标准煤的能量；一个不隔热的 0.1524mm 的低压蒸汽阀门，一年的热损失相当于 4t 标准煤的能量；一个直径为 529mm 的裸露法兰，一年将损失 10t 以上标准煤的能量。据测试，一般由于管道输热而引起的热损失为总输热量的 12％～22％，而保温良好的管网，其热损失则可降至 5％～8％。当然，与之对应的保温结构的费用也占整个管网成本的 25％～40％。由此可见，采用先进的隔热保温技术不但能够节约大量的热能，而且也能够降低整个热设备和管网的成本。例如北京燕山石化公司曾在直径为 529mm、长达 1619mm 的管道上进行了保温技术改造的工业试验，由于热损失减少，每年可节约燃料油 526t。如在燕山石化总公司推广此项技术，则每年可节约燃料油 1.6 万 t。虽然强化保温措施后管网初投资将有所增加，但由于燃料费用的节约，初投资将在短时间内收回，视工程情况一般 1～3 年内即可收回投资。

二、隔热保温的目的

隔热保温的目的并不仅仅在于节能，通常其目的有以下三方面。

1. 减少热损失，节约燃料

以减少热损失，节约燃料为目的时，经济性是首先应考虑的问题。如图 9-20 所示，对于选定的某一种保温材料，随着保温层厚度的增加，热损失费用减少（曲线 A），但敷设保温的费用却增加（曲线 B）。图上曲线 C 表示总费用，总费用最小时所对应的厚度 δ_0，就是最经济的保温层的厚度。

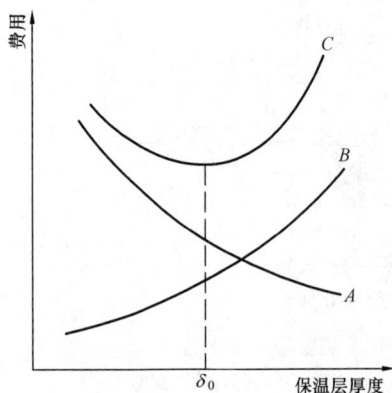

图 9-20　保温层的经济厚度

2. 满足用户工艺过程的要求

此时保温设计首先应当满足工艺上的要求，如通过热力管网送至某用户的蒸汽温度和压力，不能低于工艺流程所要求的给定值；其次才考虑经济性。

热用户的工艺要求是多方面的，例如在许多工程中，由于化学（或燃烧）反应后排放的废气中含有腐蚀性物质，废气的露点（即冷凝温度）要比环境空气温度高得多。如果管道（或设备）尾部隔热较差，则废气温度将降至露点，腐蚀性气体将在管内壁冷凝，从而产生腐蚀作用。在这种情况下，隔热体的设计就要保证气体出口温度高于废气的露点。又如制冷工程中，为防止管外壁结露，保温设计应保证管外壁温度高于环境温度下空气的露点温度。此外，在某些情况下保温还用于管道防冻，许多场合保温材料更兼有防火和隔离噪声的功能，这些在保温设计中都要充分予以考虑。

3. 满足一定的劳动卫生条件，保证人员安全

对于热设备和管道，为了防止工作人员被烫伤，保温的目的是使热设备或管道的表面温度不超过某一温度。例如对于供热管道，当外表面包上金属皮时，通常为 55℃，当外表面为非金属材料时保温层为 60℃。对于某些特殊场合，如空分（空气分离）行业，由于液氮液氧的温度很低，与之接触也会引起严重的冻伤。因此对低温设备和管道进行保温设计时也应考虑人员安全的因素。值得注意的是，对于工业炉窑的炉体外表面温度允许较高，因为如果加厚了保温层，由于散热减少，炉壁耐火材料的工作温度相应增加，从而影响耐火材料的使用寿命。

三、保温材料

隔热通常是通过在设备或管道外包上一层保温材料（又称热绝缘材料或隔热材料）而实现的。为了使保温材料能长期可靠地使用，在保温层的外面还加了一层防护层。

1. 对保温材料的要求

（1）保温性能好。导热系数是保温材料最重要的性质，要求保温材料的导热系数越小越好。保温材料的导热系数主要取决于其内所含空气泡或空气层的大小及其分布状态，与构成保温材料的固体性质关系较小。静止空气的导热系数很低，约为 $0.025W/(m \cdot K)$，因此保温材料中所含不流动的单独小气泡或气层越多，其导热系数就越低。保温材料的导热系数还与温度和湿度有关。一般讲，单位体积质量增加，导热系数增加；水分增加，导热系数也增高；温度增高，导热系数呈直线地增加。

（2）耐温性好，性能稳定，能长期使用。不同的保温材料有不同的使用温度范围。

（3）密度小，一般不宜超过 $600kg/m^3$。密度小，不但导热系数低，而且可以减轻保温管道的支架。

（4）有一定的机械强度，能满足施工的要求，一般其抗压强度应不小于 0.3MPa。

（5）无毒，对金属无腐蚀作用。

（6）可燃物和水分含量极少，易于加工成型。

（7）价格便宜。

2. 对防护层的要求

为了长期可靠，保温层外面通常还要加一层防护层，对防护层的要求如下：

（1）良好的防水性能。

（2）耐压强度好，一般不低于 80MPa，不易燃烧。

（3）50℃时的导热系数不超过 0.33W/（m·K）。

（4）在温度变化或振动的情况下，不易开裂或脱皮。

（5）含可燃物或有机物极少，一般应不大于10%。

3. 常用保温材料的热物理性能

表 9-6 给出了常用保温材料的热物理性质，更详细的资料可查阅有关的手册。

表 9-6　　　　　　　　　　常用保温材料及其制品的热物理性质

材 料 名 称	密 度 （kg/m³）	导热系数 ［W/（m·K）］	适用温度 （℃）
膨胀珍珠岩类：			
散料：一级	≤80	≤0.052	
二级	80～150	0.052～0.064	约200
三级	150～250	0.064～0.076	约800
水泥珍珠岩板	250～400	0.058～0.087	≤600
水玻璃珍珠岩板	200～300	0.056～0.065	≤650
憎水珍珠岩制品	200～300	0.058	
普通玻璃棉类：			
中级纤维淀粉黏结制品	100～130	0.040～0.047	−35～300
中级纤维酚醛树脂制品	120～150	0.041～0.047	−35～350
玻璃棉沥青黏结制品	100～170	0.041～0.058	−20～250
超细玻璃棉类：			
超细棉（原棉）	18～30		−100～450
超细棉无脂毡缝合垫	60～80	≤0.035	−120～400
无碱超细棉	60～80	≤0.035	−120～600
石棉类：			
石棉绳	590～730	0.070～0.209	<500
石棉碳酸镁管	360～450	$0.064+0.000\,33t$	<300
硅藻土石棉灰	280～380	$0.066+0.000\,15t$	<900
泡沫石棉	40～50	$0.038+0.000\,23t$	<500
硅藻土类：			
硅藻土保温管和板	<550	$0.063+0.000\,14t$	
石棉硅藻土胶泥	<660	$0.151+0.000\,14t$	<900
泡沫混凝土类：			
水泥泡沫混凝土	<500	$0.127+0.000\,3t$	<300
粉煤灰泡沫混凝土	300～700	0.15～0.163	<300
硅酸铝纤维类：			
硅酸铝纤维板	150～200	$0.047+0.000\,12t$	≤1000
硅酸铝纤维毡	180	0.016～0.047	≤1000
硅酸铝纤维管壳	300～380	$0.047+0.000\,12t$	≤1000
泡沫塑料：			
可发性聚苯乙烯泡沫板	20～50	0.031～0.047	−80～75
可发性聚苯乙烯泡沫管壳	20～50	0.031～0.047	−80～75
硬质聚氨酯泡沫塑料制品	30～50	0.023～0.029	−80～100
软质聚氨酯泡沫塑料制品	30～42	0.023	−50～100

注　t 为保温材料的平均温度（℃）。

四、管道保温计算

管道保温计算有两个目的，一是计算所需保温材料的厚度；二是计算每米长管道的热损失或核算保温材料的外表面温度。

（一）架空管道

1. 基本公式

如图 9-21 所示，为简单起见，假设只包一层保温材料，其厚度为 δ。管子内直径为 d_1，外直径为 d_2，管内热介质的温度为 t_{f1}，周围环境的温度为 t_{f2}；假设管内壁的温度为 t_{w1}，管外壁的温度为 t_{w2}，保温层外表面的温度为 t_w，天空的温度为 t_s。该图还给出了这一系统的串联热阻图。

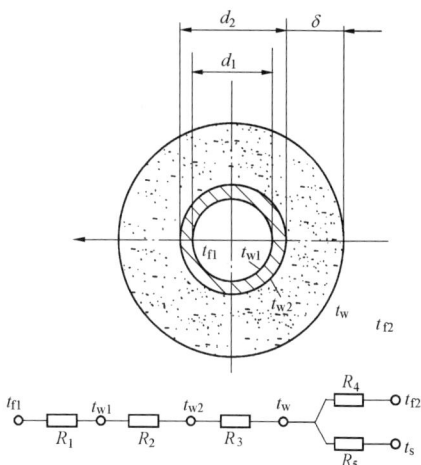

图 9-21 管道保温计算示意

假设管道各部分的分热阻为 R_i，则通过每米长管道的径向热损失（不包括管道附件的热损失）为

$$Q_L = \frac{t_{f1} - t_{f2}}{\Sigma R_i} \quad W/m \tag{9-3}$$

其中各部分的分热阻为

（1）热介质与管内壁之间的对流换热热阻 R_1

$$R_1 = \frac{1}{\pi d_1 \alpha_1} \quad m \cdot K/W \tag{9-4}$$

式中：α_1 为热介质对管壁的对流传热系数，$W/(m^2 \cdot K)$。

（2）管壁的热阻 R_2

$$R_2 = \frac{\ln(d_2/d_1)}{2\pi\lambda_p} \quad m \cdot K/W \tag{9-5}$$

式中：λ_p 为金属管壁的导热系数，$W/(m \cdot K)$。

（3）保温层的热阻 R_3

$$R_3 = \frac{\ln\left[(d_2 + 2\delta)/d_2\right]}{2\pi\lambda_i} \quad m \cdot K/W \tag{9-6}$$

式中：λ_i 为保温材料的导热系数，$W/(m \cdot K)$。

（4）保温层外表面对周围环境的对流换热热阻 R_4

$$R_4 = \frac{1}{\pi(d_2 + 2\delta)\alpha_2} \quad m \cdot K/W \tag{9-7}$$

式中：α_2 为保温层外表面对周围环境的对流传热系数，$W/(m^2 \cdot K)$。

（5）保温层外表面对天空的辐射热阻 R_5

$$R_5 = \frac{1}{\pi(d_2 + 2\delta)\alpha_3} \quad m \cdot K/W \tag{9-8}$$

式中：α_3 为保温层外表面对天空的辐射传热系数，$W/(m^2 \cdot K)$。

在应用上述基本公式时有两点要注意：

（1）保温材料的导热系数 λ_i 与温度有关，大多数情况下 λ_i 与温度成直线关系，即

$$\lambda_i = \lambda_0 + b\frac{t_{w2} + t_w}{2} \tag{9-9}$$

对于不同的保温材料，λ_0 和比例系数 b 可由表 9-6 或有关手册查到。

（2）如采用多层保温材料，则保温层的热阻 R_3 应为各层保温材料的热阻之和。

2. 基本公式的简化

为计算简单起见，从工程应用出发，常对基本公式进行如下的简化：

（1）因为包上保温材料后，管内对流换热的热阻 R_1 和金属管壁的导热热阻 R_2，相对于 R_3、R_4 和 R_5 而言常小到可以忽略不计。这样保温层内表面的温度 t_{w2} 就可以认为近似等于热介质的温度 t_{f1}。

（2）一般保温层外表面的温度均不高，这时保温层外表面的对流传热系数 α_2 和辐射传热系数 α_3 之和，即保温层外表面的总传热系数 α，可以用下面的简化公式进行计算：

室内管道：

$$\alpha = 10.3 + 0.052(t_w - t_{f2}) \quad \text{W/(m}^2 \cdot \text{K)} \tag{9-10}$$

室外管道：

$$\alpha = 11.6 + 7\sqrt{w} \quad \text{W/(m}^2 \cdot \text{K)} \tag{9-11}$$

式中：w 为风速，m/s。

由于采用总传热系数 α，R_4 和 R_5 可以合并为 R_6，即

$$R_6 = R_4 + R_5 = \frac{1}{\pi(d_2 + 2\delta)\alpha} \tag{9-12}$$

由此得简化公式

$$Q_L = \frac{t_{f1} - t_{f2}}{R_3 + R_6} = \frac{\pi(t_{f1} - t_{f2})}{\frac{1}{2\lambda_i}\ln\left(\frac{d_2 + 2\delta}{d_2}\right) + \frac{1}{(d_2 + 2\delta)\alpha}} \quad \text{W/m} \tag{9-13}$$

或

$$Q_L = \frac{t_{f1} - t_w}{R} = \frac{t_w - t_{f2}}{R_6} \quad \text{W/m} \tag{9-14}$$

上述简化给保温计算带来很大的方便。

3. 容许热损失的确定

为满足工艺要求的容许热损失，一般需要计算；对于其他情况，容许热损失可参考表 9-7 和表 9-8。

表 9-7　　　　　室内保温管道表面容许的热损失（保温表面和周围空气的温差为 20℃）

管道外径 (mm)	热 介 质 温 度								
	60	70	100	125	150	160	200	225	250
	容许热损失 Q_L（W/m）								
20	17.4	26.7	37.2	43.0	48.8	50.0	55.8	64.0	73.3
32	31.4	34.9	44.2	51.2	58.7	62.8	69.8	77.9	87.2
48	37.2	44.2	55.8	62.8	69.8	733	84.9	93.0	101.2
57	43.0	50.0	62.8	68.6	75.6	79.1	93.0	102.3	110.5
76	53.5	61.6	69.8	84.9	91.9	95.4	110.8	119.8	130.3

续表

管道外径 (mm)	热 介 质 温 度								
	60	70	100	125	150	160	200	225	250
	容许热损失 Q_L（W/m）								
89	60.5	69.8	86.1	94.2	102.3	105.8	118.6	129.1	139.5
108	68.8	81.4	98.9	108.2	116.3	119.8	133.7	144.2	154.7
133	81.4	98.9	116.3	125.6	133.7	137.2	153.5	164.0	174.5
159	93.0	110.5	127.9	139.6	151.2	154.7	168.6	180.3	191.9
194	116.3	133.7	157.0	168.6	180.3	183.8	197.7	209.3	221.0
219	122.1	145.4	174.5	183.7	191.9	196.5	215.2	226.8	238.4
273	151.2	180.3	209.3	218.6	226.8	231.4	250.0	261.7	273.3
325	180.3	215.2	238.4	250.0	261.7	265.3	284.9	296.6	308.2
377	203.5	238.4	273.3	284.9	296.6	301.2	319.8	334.9	348.9
426	226.8	273.3	302.4	314.0	325.6	331.5	354.7	369.8	383.8

表 9-8　　室外保温管道表面容许的热损失（当周围空气的计算温度为 5℃ 时）

管道外径 (mm)	热 介 质 温 度								
	60	70	100	125	150	160	200	225	250
	容许热损失 Q_L（W/m）								
20	15.1	23.3	31.4	38.4	5.5	50.0	62.8	0.9	79.1
32	17.4	26.7	36.1	44.2	53.5	57.0	72.1	80.2	89.6
48	20.9	31.4	41.9	52.3	61.6	67.5	63.7	94.2	104.7
57	24.4	34.9	46.5	57.0	67.5	72.1	90.7	101.2	111.6
76	29.1	40.7	52.3	64.0	76.8	81.4	100.0	112.8	125.6
89	32.6	44.2	58.2	69.8	82.6	87.2	108.2	119.8	132.6
108	36.1	50.0	64.0	77.9	89.6	95.4	117.5	131.4	145.4
133	40.7	55.8	69.8	86.1	98.9	104.7	129.1	144.2	158.2
159	44.2	58.2	75.6	93.0	109.3	116.3	139.6	157.0	172.1
194	48.8	67.5	84.9	102.3	119.8	125.6	151.2	169.8	188.4
219	53.5	69.8	90.7	110.5	127.9	134.9	162.8	183.8	203.5
273	61.6	81.4	101.2	124.4	145.4	153.5	186.1	209.3	230.3
325	69.8	93.0	116.3	139.6	162.8	172.1	209.3	232.6	255.9
377	82.6	108.2	132.6	157.0	181.4	191.9	231.4	255.9	279.1
426	95.4	122.1	148.9	174.5	207.0	210.5	253.5	279.1	302.4

4. 保温层厚度的计算方法

保温层厚度的计算很复杂。要由上述一组基本公式或简化公式计算出保温层的厚度，首先必须确定每米长管道所容许的热损失 Q_L。Q_L 决定以后，还不能由基本公式算出所需的保温层的厚度 δ，因为计算中涉及保温层外表面的温度 t_w，而 t_w 又与保温层的厚度 δ 有关。δ 越厚，t_w 就越小。故只能采用试算法，其步骤如下：

（1）根据算出或选定的容许热损失 Q_L，设定一保温层的外表面温度 t_w'。

（2）根据假定的 t_w'，由基本公式算出所需的保温层的厚度 δ'。

（3）根据 δ'，再由基本公式核算出保温层的外表面温度 t_w。

（4）若 t_w 与 t_w' 相差很小，则算出的 δ' 即为所求的保温层的厚度；若相差很大，则必须重新设定 t_w' 进行计算，直至结果满意为止。

根据上述步骤和基本公式，可以编一计算程序，利用计算机就可以很快地得到计算结果。

5. 经济厚度

保温层的经济厚度就是图 9-20 上的 δ_0，在这个厚度下，年总费用最低。每年每米管道的投资、运行和维修的总费用 C 为

$$C = bQ + P(c_0 V + c_b F) \quad 元/(m \cdot a) \tag{9-15}$$

式中：Q 为每米管道的热损失，$10^8 kJ/(m \cdot a)$；b 为热量价格，元/$10^8 kJ$；P 为保温结构的年折旧率，%；c_0 为每米管道保温材料的投资费（包括材料、运输、安装费等），元/$(m^3 \cdot m)$；V 为每米管道保温层体积，m^3/m；c_b 为每米管道防护层的投资费，元/$(m \cdot m^2)$；F 为每米管道防护层的面积，m^2/m。

显然上式与保温层的厚度有关。对上式求导并令其等于零，即可求得最经济厚度。但为简化起见，常用式（9-16）来计算经济厚度，即

$$\delta_0 = 2.688 \frac{d_2^{1.2} \lambda_i^{1.35} t_w^{1.73}}{Q_L^{1.5}} \quad mm \tag{9-16}$$

对满足工艺要求的保温层，若计算出的经济厚度 δ_0 大于所需保温层的厚度 δ，可采用经济厚度；但若小于所需厚度，则应取计算的所需厚度，以保证工艺要求。

6. 保温管导热损失的计算及核算壁温

热力管道包上保温层后，由于 δ 已知，由式（9-13）和式（9-14），很容易算出管道的热损失和保温层外表面的壁温。

（二）无沟埋设的管道

对直接埋于土壤中的管道，在计算热损失时，除了保温层的热阻外，还要考虑土壤的热阻，根据传热学理论，土壤热阻的计算式为

$$R_t = \frac{1}{2\pi\lambda_t} \ln\left[\frac{2h}{d_z} + \sqrt{\left(\frac{2h}{d_z}\right)^2 - 1}\right] \quad m \cdot K/W \tag{9-17}$$

式中：λ_t 为土壤导热系数，当土壤温度为 $10 \sim 40℃$ 和通常湿度下，$\lambda_t = 1.1 \sim 2.3 W/(m \cdot K)$，对稍湿的土壤取低值，对潮湿的土壤取高值，对于干土壤可取 $\lambda_t = 0.55 W/(m \cdot K)$；$h$ 为埋设深度，即管道中心线到地表面的距离，m；d_z 为与干土壤接触的管道外表面的直径，m。

当 $h/d_z \geq 1.25$ 时，式（9-17）可简化为

$$R_t = \frac{1}{2\pi\lambda_t} \ln\frac{4h}{d_z} \quad m \cdot K/W \tag{9-18}$$

此时无沟埋设的保温管的热损失为

$$Q_L = \frac{t_{fl} - t_0}{R_3 + R_t} \quad W/m \tag{9-19}$$

式中：t_0 为土壤的平均温度，℃。

（三）地沟中铺设的管道

地沟中铺设的管道的总热阻应包括以下几部分：保温层的热阻 R_3，保温层外表面到地

沟内空气的对流换热热阻 R_4，地沟内空气到地沟壁的对流换热热阻 R_7，沟壁的导热热阻 R_8，土壤的热阻 R_t。其中 R_3、R_4、R_7、R_8、R_t 均可采用前述的计算公式进行计算。

计算地沟中铺设的管道的热损失可采用如下公式计算：

$$Q_L = \frac{t - t_0}{\Sigma R_i} = \frac{t - t_0}{R_3 + R_4 + R_7 + R_8 + R_t} \quad \text{W/m} \tag{9-20}$$

或

$$Q_L = \frac{t - t_{g0}}{R_3 + R_4} \quad \text{W/m} \tag{9-21}$$

式中：t 为管内热介质的温度，℃；t_0 为土壤温度，℃；t_{g0} 为地沟内的空气温度，℃。

从热平衡可求得地沟内的空气温度 t_{g0}。令 $R_1 = R_3 + R_4$，$R_0 = R_7 + R_8 + R_t$，则有

$$t_{g0} = \frac{\dfrac{t}{R_1} + \dfrac{t_0}{R_0}}{\dfrac{1}{R_1} + \dfrac{1}{R_0}} \quad ℃ \tag{9-22}$$

对于可通行的地沟，还应考虑通风系统排热对地沟内空气温度的影响。

有了地沟内空气的平均温度，就可按常规的保温计算算出各管道的热损失。

（四）热力管道保温设计中的一些问题

1. 保温管道的附加热损失

这是指管道中的法兰、阀门、接头、分配器等所带来的热损失，这部分热损失不易求得，一般按下面给出的值来估算。

（1）管道吊架：采用圆钢或扁钢时，总管长增加 10%～15%；采用大滑动轴承时增加 20%。

（2）法兰：裸露法兰的热损失大致与法兰表面积相等、直径相当的光管的热损失相等；当管道保温材料的外径与法兰外径相等时，不必增加附加的热损失。

（3）阀门：阀门热损失的相当长度可参考表 9-9。

表 9-9 阀门热损失的相当长度

阀门情况	管子内径 (mm)	管温 100℃	管温 400℃	阀门情况	管子内径 (mm)	管温 100℃	管温 400℃
		热损失的相当长度（m）				热损失的相当长度（m）	
室内：裸露	100	6	16	室外：裸露	100	16	22
	500	9	26		500	19	32
1/4 裸露、3/4 保温	100	2.5	5	1/4 裸露、3/4 保温	100	4.5	6
	500	3	7.5		500	6	8.5
1/3 裸露、2/3 保温	100	3	6	1/3 裸露、2/3 保温	100	6	8
	500	4	10		500	7	11

2. 保温管道的敷设

在设计热力管道时，应根据具体情况选用合适的敷设方式，并考虑不同敷设方式对保温结构的要求。如管道架空时受自然环境的侵袭，要求高强度的防护层，为了减轻支架的负担，保温层的质量应较轻。对于不通行的地沟或无沟埋管，应特别注意保温结构的防水及防潮性能。

保温结构可根据具体情况采用涂抹式、预制式、填充式或捆扎式。包保温材料前，管道应涂防锈漆；包保温后，外表面应涂色漆和箭头，用于指示管内介质的种类和流动方向。

五、隔热保温技术的进展

隔热保温技术的进步反映在以下几方面。

1. 新型保温材料的不断出现

新型保温材料的出现极大地增强了隔热保温的效果，促进了技术的进步。例如低温保温材料聚氨酯及聚氨酯整体发泡工艺出现后，由于其密度小，导热系数很低，而且整体发泡后可以和内护板及外装置板构成一个整体，不但保冷性能特别好，而且能够提高组件强度，因此极大地促进了冰箱、冷柜、冷库的发展。

在高温保温材料方面最值得一提的是空心微珠和碳素纤维。1976 年美国首次发现空心微珠这种新型保温材料，它存在于火电厂的灰渣之中。这些微珠占粉煤灰数量的 50％～70％。空心微珠的化学成分主要是硅和铝的氧化物。它颗粒微小、球形、质轻、中空，具有隔热、电绝缘、耐高温、隔音、耐磨、强度高等特点，价格又便宜，有着非常广阔的用途。

作为节能材料的空心微珠，其密度一般仅为 $0.5\sim0.75g/cm^3$，耐火度为 $1500\sim1730℃$，导热系数仅为 $0.08\sim0.1W/(m\cdot℃)$，是一种非常优质的保温材料。例如，采用电阻炉保温可以节电 50％。碳素纤维则是另一种既质轻隔热，又耐高温的热绝缘材料，只是由于价格太高，目前仅用于航天飞机、飞船等航天领域。

2. 采用复合保温管道

这种管道是预先将管道保温层和防护层复合成一体，保温层通常由两层组成，内层耐温好，能够承受管内热介质的高温，防护层能防水、防潮。因此不但使用方便，安装简单，而且可以直接埋于地下而不用地沟，且使用寿命长，代表了今后管道保温的发展方向。

3. 管网设计和保温计算软件包

大型过程工业（如动力、冶金、化工、炼油企业）的供热（包括供冷）管网十分复杂，不但管线长、管径类型多、附件多，而且其内热（冷）介质类型和温度水平都不一样，其管网设计和保温计算是耗时费力的工作。由于计算技术的进步，现在已有各种管网设计和保温计算的软件包，它不但提高了设计效率，而且其设计更加合理，节能和经济效益更加显著。

第五节　热　泵　技　术

一、概述

当前热能利用中的突出浪费是"降级使用"，即普遍地把煤炭、石油、天然气直接燃烧，来取得低温（通常在 100℃ 以下）热介质，以用于采暖、空调、生活用热水及造纸、纺织、食品、医药等工业部门，同时又有大量的低温余热被白白浪费。

热泵是一种热量由低温物体转移到高温物体的能量利用装置（如水泵使水从低处流向高处一样），它可以从环境中提取热量用于供热。根据热力学第二定律，热量从低温传至高温是不自发的，必须消耗机械能。但热泵的供热量却远大于它所消耗的机械能，例如，如果驱动热泵消耗的机械能为 1kW，则供热量为 3～4kW；而用电加热，仅能产生 1kW 的热量。热泵的供热来自两部分：一部分是从低温热源传到高温热源的热量，另一部分由机械能转换而来。热泵工作原理与制冷装置相同，其工作原理如图 9-22 所示。但热泵的目的不是制冷而是"制热"，即热泵以消耗一部分高品质的机械能为代价来"制热"。

在 T-s 和 $\lg p$-h 图上，热泵循环理论如图 9-23 所示。其中 1—2 为等熵压缩，2—3 在冷凝器中等压放出热量 Q_c，3—4 为等焓节流，4—1 在蒸发器中等压和等温吸收热量 Q_0。供热系数 ε_{th} 为冷凝器的放热量 Q_c 与压缩机消耗功 A 之比。在 $\lg p$-h 图上，ε_{th} 为两段直线长度之比，因此有

$$\varepsilon_{th} = \frac{Q_c}{A} = \frac{h_2 - h_3}{h_2 - h_1} \tag{9-23}$$

$$Q_c = Q_0 \frac{\varepsilon_{th}}{\varepsilon_{th} - 1} \tag{9-24}$$

供热系数的大小，直接取决于蒸发温度与冷凝温度之差。

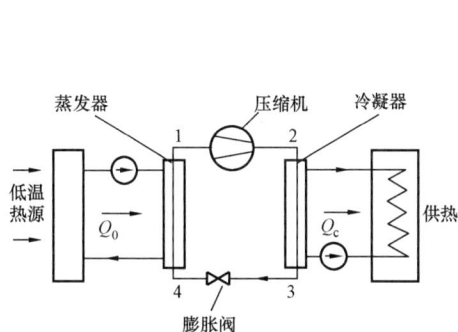

图 9-22　热泵原理

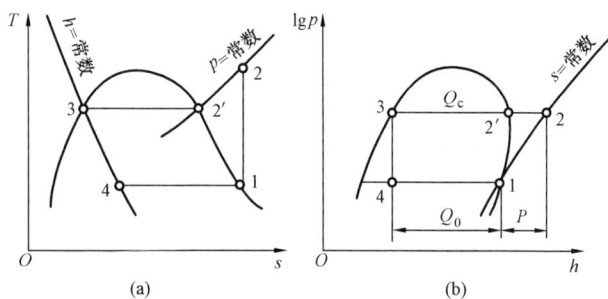

图 9-23　热泵的循环理论
(a) T-s 图；(b) $\lg p$-h 图

地下水、土壤、室外大气、江河湖泊都可作为热泵的低温热源，其供热则可用于房间采暖、热水供应、游泳池水加热等。热泵本身并不是自然能源，但从输出可用能的角度来看，它又起到了能源的作用，所以有人又称它为"特殊能源"。热泵有许多用途，首先它可节约电能，与直接用电取暖相比，采用热泵可节电 80% 以上。采用热泵还可节约燃料，若生产和生活中需要 100℃ 以下的热量，采用热泵比直接采用锅炉供热可节约燃料 50%。

二、热泵的分类

热泵可分为两大类型，即压缩式热泵和吸收式热泵。视带动压缩机的原动力不同，又可分为电动热泵、燃气轮机热泵或柴油机热泵，其中电动热泵应用最广。对于大型热泵，为了节约高品位的电能，改用燃气轮机或柴油机驱动，在这一类装置中，燃气轮机和柴油机排出的废热（废水和废气）还可以进一步利用。吸收式热泵不用压缩机，而直接利用燃料燃烧或工业过程的废热，其原理与吸收式制冷机类似。

不论何种型式的热泵，目前多采用制冷剂 R12、R22、R502 作工质，它们的性质见表 9-10。由于 CFC 这类物质对大气臭氧层的破坏，根据蒙特利尔公约，以上制冷剂将逐步禁止使用。人们正在寻找新的替代工质如 R134a 等。

不论何种型式的热泵，均可以采用空气、地下水或土壤作为其低温热源。显然，根据使用情况选择合适的低温热源，对提高热泵的经济性有十分重要的意义。图 9-24 给出了不同低温热源温度随大气温度的变化。

表 9-10　　　　　　　制冷剂的性质

制 冷 剂	R12	R22	R502
蒸发压力 p_0（10^5Pa）	3.09	4.98	5.73
冷凝压力 p_c（10^5Pa）	12.24	19.33	21.01
压力比 p_c/p_0	3.96	3.88	3.67
体积供热负荷 q（J/m³）	0.64	1.04	1.02
等熵压缩温度 t_2	57	73	57
理论供热系数 ε_{th}	5.2	5.2	4.3
实际供热系数 ε_w	3.5	3.5	3.1

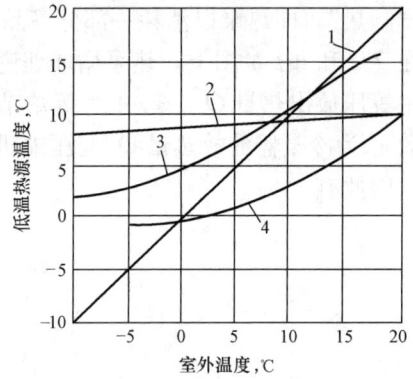

图 9-24　低温热源温度随大气温度的变化

1—空气；2—地下水；

3—地面水；4—土壤（深 1.8m）

三、电动热泵及其应用

电动热泵有紧凑式与分离式两种型式。紧凑式电动热泵将供热的各种部件如压缩机、冷凝器、风机、控制设备等均安装在一封闭的机壳中，因此设备安装费用低。以空气作为低温热源的紧凑式热泵的结构如图 9-25 所示。由于空气取之不尽，所以这种热泵应用最广。

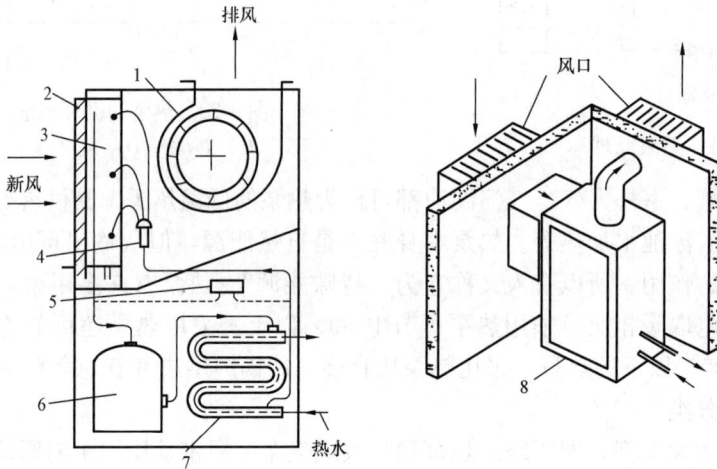

图 9-25　紧凑式热泵的结构

1—通风机；2—过滤器；3—蒸发器；4—膨胀阀；5—按钮开关；6—压缩机；7—冷凝器；8—热泵

分离式电动热泵是将压缩机和蒸发器置于室外，室内只保留冷凝器。两者之间用制冷管道连接。这种结构的热泵因布置方式多样灵活，可以满足不同热用户的需要。

电动热泵应用最广的是住宅采暖和温水游泳池。图 9-26 为单户住宅采用热泵采暖示意。在住宅采暖中常用的热泵有：空气-空气热泵、空气-水热泵、空气-盐水-水热泵、水-水热泵、土壤-水热泵、水-空气热泵等多种形式。一般当室外温度不低于 3～5℃时，热泵可以单独工作；当室外温度低于这一温度时，就需要有附加热源配合，采用热泵和附加热源联合运行。

热泵应用的另一个重要方面是游泳馆和游泳池。游泳馆由于空气吸收池面蒸发的水分，

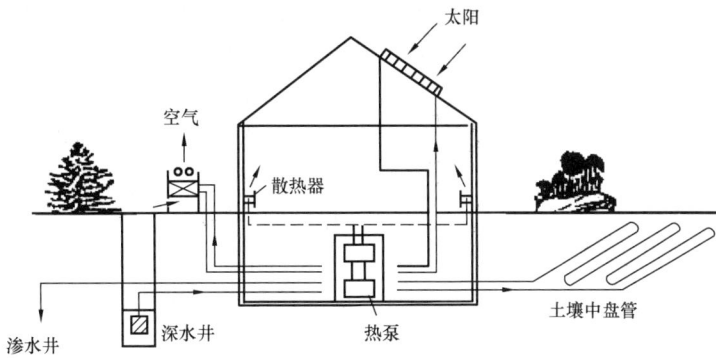

图 9-26 单户住宅采用热泵采暖的示意

湿度增加，使人感到不舒服。池面水蒸气的蒸发取决于水温和空气温度、空气相对湿度及空气的流动特性等。一般池面的蒸发速度为 $0.05 \sim 0.1 \mathrm{kg}/(\mathrm{m}^2 \cdot \mathrm{h})$。过去的做法是将潮湿的热空气抽吸掉，再通入加热的室外空气，这样大量的热量被白白地浪费掉了。运用热泵以回风方式运行时，既可回收排气中的热量，又可与制冷机的蒸发器相连，使排气冷却到 $15 \sim 18℃$，同时去湿。在蒸发器后面的冷凝器释放的热量则用于加热进风。

图 9-27 为用于游泳馆去湿和通风的热泵系统。当室外温度升高时，多余的冷凝热用于加热池水和淋浴水或地面采暖，也可用于加热生活用水。为了确保馆内空气新鲜，必须不断地通入预热过的室外空气，其最少的添加量为 $20\mathrm{m}^3/(人 \cdot \mathrm{h})$。

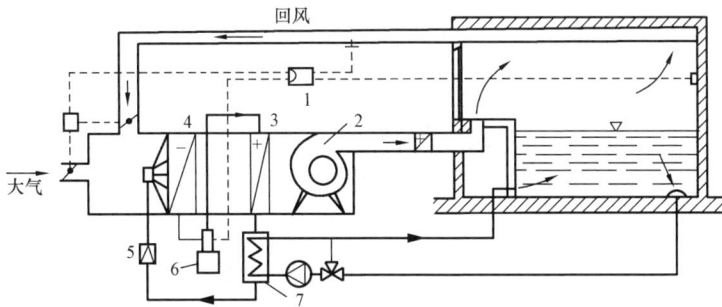

图 9-27 用于游泳馆去湿和通风的热泵系统

1—调节器；2—通风机；3—冷凝器；4—蒸发器；5—膨胀阀；6—压缩机；7—水冷凝器

由于环境保护的原因，露天游泳池采用热泵日益增多。图 9-28 是热泵用于露天游泳池的系统。河水或地下水在蒸发器中放热，池水则在冷凝器中被加热。露天游泳池的需热量，若不考虑 4—9 月份对太阳辐射的吸热量，池水温度为 22℃时，约为 $465\mathrm{W}/\mathrm{m}^2$。实际上由于太阳辐射，在夏季此值将大大减小。经济比较表明，对露天游泳池采用热泵比其他供热形式

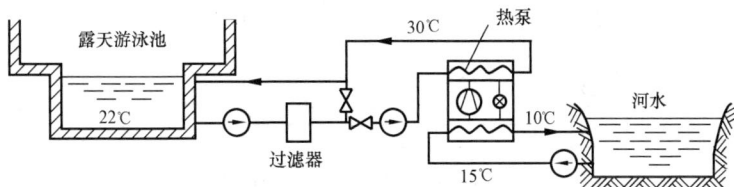

图 9-28 露天游泳池的热泵系统

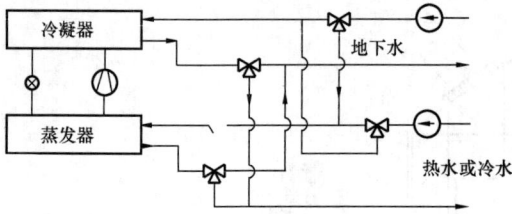

图 9-29　采暖和空调用的水-水热泵

经济。在非使用时间，在露天游泳池上加盖还可以节能 30%～40%。

热泵近几年也广泛用于办公楼、住宅群和教学大楼之中。它冬季用于采暖，夏季则用于空调。图 9-29 是具有这种功能的水-水热泵的系统图。

同时有冷负荷又有热负荷，对热泵运行是极为有利的。如对既有游泳池又需人工溜冰场的体育馆，采用热泵装置其经济性就特别好。图 9-30 就是用于这种体育馆的热泵装置。

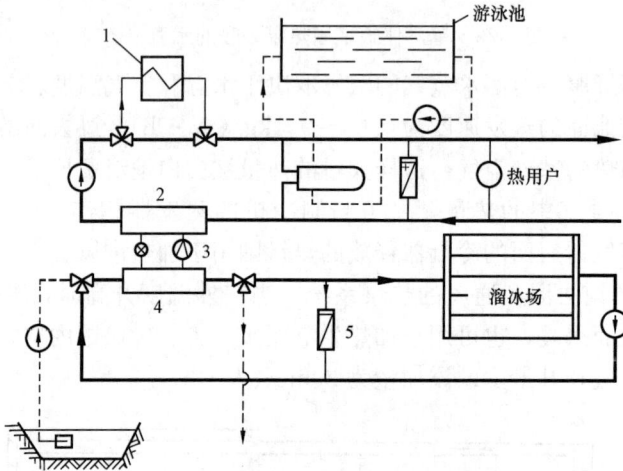

图 9-30　既用于游泳池又用于溜冰场的热泵

1—辅助加热器；2—冷凝器；3—热泵；4—蒸发器；5—空气冷却器

四、吸收式热泵

吸收式热泵的工作原理如图 9-31 所示。制冷剂在发生器中加热后进入冷凝器，被冷却成液体；液体经节流阀节流后进入蒸发器，在蒸发器吸热后进入吸收器中；在较低的压力下被一种流体吸收，而后在加压下再进入发生器。常用的系统有水-氨水和溴化锂-水。

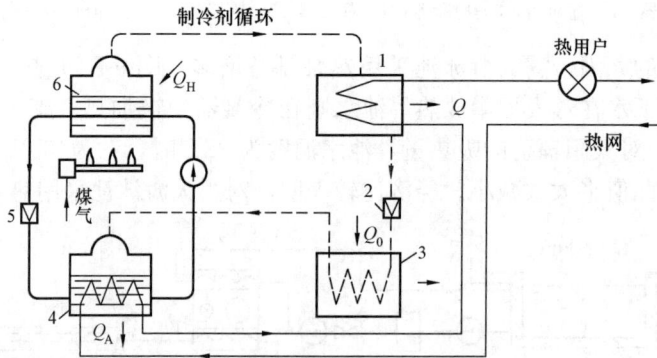

图 9-31　吸收式热泵的工作原理

1—冷凝器；2、5—节流阀；3—蒸发器；4—吸收器；6—发生器

　　与压缩式的电动热泵相比，其优点是吸收式热泵不用高品位的电能，噪声小、寿命长、维修费用低；缺点是设备投资高。吸收式热泵在布置上也有紧凑式和分离式之分。图 9-32 就是用于住宅采暖的分离式吸收式热泵系统。

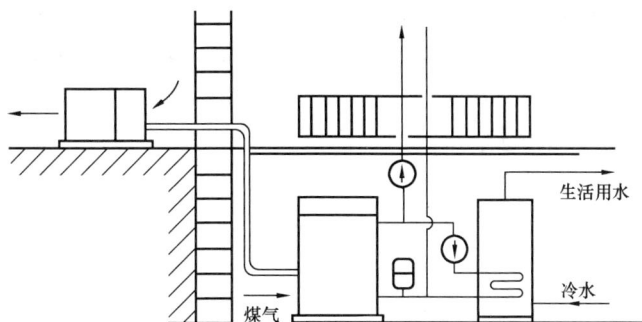

图 9-32　用于住宅采暖的分离式吸收式热泵系统

　　热泵在工厂企业中的应用也很广泛。由于轻纺、造纸、制糖、食品、建材等行业在生产过程中会产生大量低温余热，这些余热经常是被白白地排放掉了。采用热泵"制热"的特性，可将这些低温余热的品位提高。提高品位后的热水或蒸汽，不但可用于采暖和生活用水，而且还可用于工艺过程，取得明显的经济效益。

第六节　热管及其在节能中的应用

　　热管是一种新型的传热元件。由于它良好的导热性能及一系列新的特点，从 1964 年问世以来即得到了迅速的发展。现已广泛地应用于宇航、电子、动力、化工、冶金、石油、交通等许多部门，成为强化传热和节能技术的一个重要部分。

一、热管的基本原理

　　图 9-33 为典型的热管的工作原理。它由密封的壳体、紧贴于壳体内表面的吸液芯和壳体抽真空后封装在壳体内的工作液组成。当热源对热管的一端加热时，工作液受热沸腾而蒸发，蒸汽在压差的作用下高速地流向热管的另一端（冷端），在冷端放出潜热而凝结。凝结液在吸液芯毛细抽吸力的作用下，从冷端返回热端。如此反复循环，热量就从热端不断地传

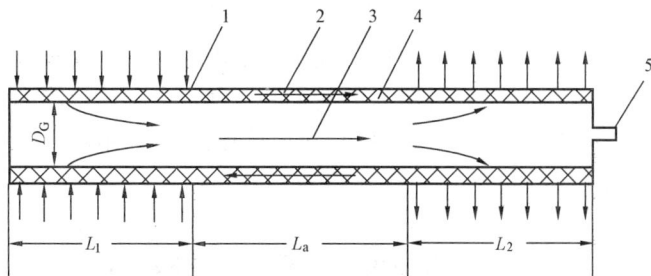

图 9-33　热管的工作原理

1—壳体；2—工作液；3—蒸汽；4—吸液芯；5—充液封口管；

L_1—加热段（蒸发段）；L_a—绝热段（传热段）；L_2—冷却段（凝结段）

到冷端。因此热管的正常工作过程是由工作液的蒸发、蒸汽的流动、蒸汽的凝结和凝结液的回流组成的闭合循环。

从热管与外界的换热情况来看，可将热管分成三个区段。

（1）加热段：热源向热管传输热量的区段。

（2）绝热段：外界对热管没有热量交换的区段，这一段并不是所有热管必需的。

（3）冷却段：热管向冷源放出热量的区段，即为热管本身受到冷却的区段。

从热管内部工质的传热传质情况来看，热管也可分为三个区段。

（1）蒸发段：它对应于外部的加热段。在这一段中，工作液吸收热量而蒸发成蒸汽，蒸汽进入热管内腔，并向冷却段流动。

（2）输送段：它对应于外部的绝缘段。在这一段中，既没有与外部的热交换，也没有液汽之间的相变，只有蒸汽和液体的流动。

（3）凝结段：它对应于外部的冷却段。蒸汽在这个区段内凝结成液体，并把热量传给冷源。

蒸发段和凝结段具有相同的内部结构，外界环境的热状态变化时，蒸发、凝结两个工作段完全可以互换，因此这种结构的热管传热方向是可逆的。

二、热管的特性

热管具有许多优良的性能，正是这些优良性能使热管得到了发展和应用。

1. 极好的导热性能

热管利用了两个换热能力极强的相变传热过程（蒸发和凝结）和一个阻力极小的流动过程，因而具有极好的导热性能。相变传热只需要极小的温差，而传递的是潜热。一般潜热传递的热量比显热传递的热量大几个数量级。因此在极小的温差下热管可以传输极大的热量。

2. 良好的均温性

热管内腔的蒸汽处于汽液两相共存状态，是饱和蒸汽。此饱和蒸汽从蒸发段流向凝结段所产生的压降甚微，这就使热管具有良好的均温性。热管的均温性已在均温炉和宇航飞行器中得到了应用，另外也可以通过热管来均衡机床的温度场，减少机床的热变形，提高机床加工精度。

3. 热流方向可逆

热管的蒸发段和凝结段内部结构并无不同，因此当一根有芯热管水平放置或处于失重状态时，任何一端受热，则该端成为加热端，另外一端向外散热就成为冷却端。若要改变热流方向，无需变更热管的位置。热管的这种热流方向的可逆性为某些特殊场合的应用提供了方便，如用于某些需先放热后吸热的化学反应，或用于室内的空调。在冬天换气时，热管式空调器利用排出室外的热空气加热从室外吸入的新鲜冷空气；由于热管传热方向的可逆性，夏天吸入的新鲜空气又被排往室外的冷空气冷却。同一种设备两种用途，起到自动适应环境变化的目的。而重力热管则无此性能。

4. 热流密度可变

在热管稳定工作时，由于热管本身不发热、不蓄热、不耗热，所以加热段吸收的热量 Q_1 应等于冷却段放出的热量 Q_2。若加热段的换热面积为 A_1，冷却段的换热面积为 A_2，则它们的热流密度分别为 $q_1 = Q_1/A_1$，$q_2 = Q_2/A_2$；因为 $Q_1 = Q_2$，由此得 $q_1 A_1 = q_2 A_2$，这样通过改变换热面积 A_1 和 A_2 即可改变热管两工作段的热流密度。

有些场合需要将集中的热流分散冷却，如某些电子元件体积很小，工作时发热强度高达 $500W/cm^2$，即加热端换热面积很小，热流密度很高。若采用空气冷却，冷却段只能达到很小的热流密度。若采用热管，只需将冷却段换热面积加大即可较好地解决这一矛盾。

另外，利用热管的上述性质，加大加热段的换热面积也可以把分散的低热流密度收集起来变为高热流密度供用户使用。热管太阳能集热器就是应用了这一原理制成的。

5. 适应性较强

与其他换热元件相比，热管有较强的实用性，表现在：

(1) 无外加辅助设备，无运动部件和噪声，结构简单、紧凑，质量小。

(2) 热源不受限制，高温烟气、燃烧火焰、电能、太阳能都可以作为热管热源。

(3) 热管形状不受限制，形状可以随热源、冷源的条件及应用需要而改变。除圆管外还可以做成针状、板状等各种形状。

(4) 既可用于地面（有重力场），又可用于空间（无重力场）。在失重状态下，吸液芯的毛细力可使工作液回流。

(5) 应用的温度范围广，只要材料和工作液选择适当，可用于 $-200 \sim +2000℃$ 的温度范围。

(6) 可实现单向传热，即只允许热向一个方向流动的所谓"热二极管"。如依靠重力回流工作液的无芯重力热管（热虹吸管），其热源只能在下端，产生的热蒸汽在上端凝结后，工作液靠重力回流倒下端，即热只能由下端传至上端，反向传热则不可能实现。

三、热管的类型

热管的类型很多，通常按工作温度、工作液回流方式或热管形状不同进行分类。

1. 按工作温度分类

(1) 极低温热管，工作温度低于为 $-200℃$。

(2) 低温热管，工作温度为 $-200 \sim +50℃$。

(3) 常温热管，工作温度为 $50 \sim +250℃$。

(4) 中温热管，工作温度为 $250 \sim +600℃$。

(5) 高温热管，工作温度高于 $600℃$。

应根据热管的工作温度范围选用工作液，保证工作液处在汽液共存的范围内，否则热管不能运行。表 9-11 给出了热管常用的工作液与使用温度范围。

表 9-11　　　　　　　　　　热管常用的工作液与使用温度范围

工　作　液	熔　点（℃）	10^5Pa 下沸点（℃）	工作温度范围（℃）	工　作　液	熔　点（℃）	10^5Pa 下沸点（℃）	工作温度范围（℃）
氦	-272	-269	$-271 \sim 269$	庚　烷	-90	98	$0 \sim 150$
氮	-210	-169	$-203 \sim 160$	水	0	100	$30 \sim 320$
氨	-78	-33	$-60 \sim 100$	导热姆 A	12	257	$150 \sim 395$
氟利昂-11	-111	24	$-40 \sim 120$	汞	-39	361	$250 \sim 650$
戊　烷	-129.75	28	$-20 \sim 120$	铯	29	670	$450 \sim 900$
氟利昂-113	-35	48	$-10 \sim 100$	钾	62	774	$500 \sim 1000$
丙　酮	-95	57	$0 \sim 120$	钠	98	892	$600 \sim 1200$
甲　醇	-93	64	$10 \sim 130$	锂	179	1340	$1000 \sim 1800$
乙　醇	-112	78	$0 \sim 130$	银	960	2212	$1800 \sim 2300$

2. 按工作液回流的原理分类

按工作液回流的原理，主要可以分为以下几类：

（1）内装有吸液芯的有芯热管。吸液芯是具有微孔的毛细材料，如丝网、纤维材料、金属烧结材料和槽道等。它既可以用于无重力场的空间，也可以用在地面上。在地面重力场中它既可以水平传热，也可以垂直传热，传热的距离取决于毛细力的大小。

（2）两相闭式热虹吸管，又称重力热管。它是依靠液体自身的重力使工作液回流的。这种热管制作方便，结构简单，工作可靠，价格便宜。但它只能用于重力场中，且只能自下向上传热。

（3）重力辅助热管是有芯热管和重力热管的结合。它既依靠吸液芯的毛细力又依靠重力来使工作液回流到加热段。只限于在地面上应用，加热段必须放在下部，在倾角较小时用吸液芯来弥补重力的不足。

（4）旋转热管。热管绕自身轴线旋转，热管内腔呈锥形，加热段设在锥形腔的大头，冷却段设在锥形腔的小头。在冷却段被凝结的液体依靠离心力的分力回流到加热段，其工作原理如图 9-34 所示。

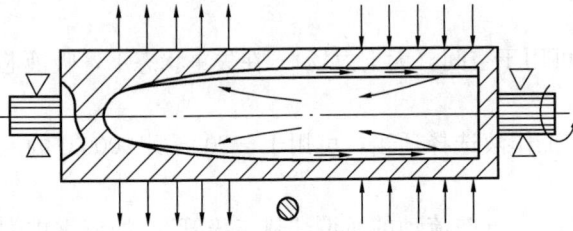

图 9-34 旋转热管工作原理

（5）工作液回流的其他方法。依靠静电体积力使液体回流的电流体动力热管；依靠磁体积力使液体回流的磁流体动力热管；依靠渗透膜两边工作液的浓度差进行渗透使液体回流的渗透热管等。

3. 按形状分类

热管按形状不同，可以分为管形、板形、室形、L形、可弯曲形等，此外还有径向热管和分离形热管。径向热管的内外层分别为加热段和冷却段，热量既可沿径向导出，也可以由径向导入。

普通热管是将加热段和冷却段放在一根管子上，而分离热管是将冷却段和加热段分开（见图9-35）。工作液在加热段蒸发后产生的蒸汽汇集在上联箱中，经蒸汽管道至冷却段，在冷却段放出热量凝结成液体，通过下降管回流到加热段。这种分离式热管为大型发电厂和冶金工业、化学工业的热能利用开辟了广阔的前景。

四、热管的传热极限

热管虽然是一种较好的传热元件，但是其传热能力也受其内部各物理过程自身规律的限制。对于典型的有芯热管，其输热能力受到的限制有以下四种。

1. 毛细极限

热管内凝结液的回流靠毛细力，但热管工作时不但蒸汽流动有阻力，凝结液回流液也有阻力，当传热量增加到一定程度

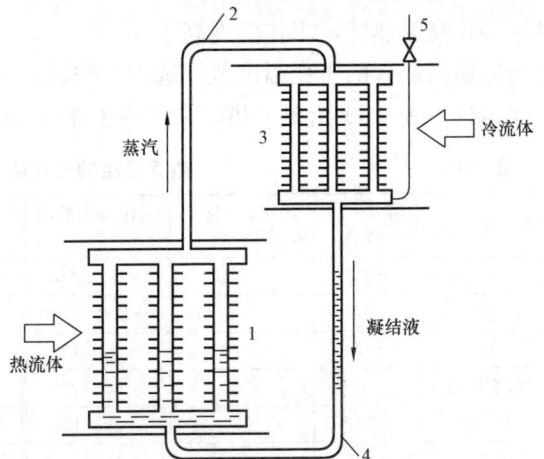

图 9-35 分离形热管的原理
1—组合蒸发段；2—汽导管；3—组合凝结段；
4—汽液管；5—排气阀

时，上述两阻力可能超过毛细力，此时凝结液将无法回流，热管也不能正常工作。因此吸液芯最大毛细力所能达到的传热量就称为毛细极限。

2. 声速极限

随着热管传热量的增大，管内蒸汽流动的速度也相应增加，当蒸汽流速达到当地声速时，将产生流动阻塞。此时热管的正常工作被破坏，因此蒸发段出口截面蒸汽流速达到当地声速时所对应的传热量称为声速极限。

3. 携带极限

热管内蒸汽和回流液体是反向运动的，随着传热量的增加，两流体的相对速度也增大，由于剪切力的作用，流动蒸汽会将部分回流液滴携带至凝结段，当这种携带量增加到一定程度时，凝结液的回流将受阻，使热管不能正常工作。这时的传热量就称为热管的携带极限。

4. 沸腾极限

随着传热量增加，蒸发段工作液的蒸发量也将增加。当传热量增加到沸腾的临界热负荷时，蒸发段将无法正常工作，这时最大的热负荷就是热管的沸腾极限。

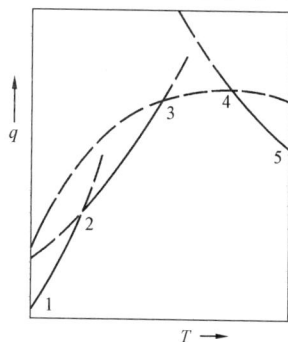

图 9-36　热管的传热极限
1—2—声速极限；2—3—携带极限；
3—4—毛细极限；4—5—沸腾极限

上述四个极限可定性地用图 9-36 表示。从图中看出，热管工作温度低时，容易出现声速极限和携带极限；工作温度高时，须提防出现毛细极限和沸腾极限，只有在包络线 1—2—3—4—5 下热管才能正常工作。

五、热管换热器及其应用

将若干热管组装起来，就成了热管换热器。热管换热器的传热效率高，结构紧凑，质量小，工作可靠，因此在工业部门，特别是在锅炉、窑炉及各种工业炉中得到了应用。

在动力工程和余热回收中应用最广泛的热管换热器是热管空气预热器、热管省煤器、热管余热锅炉和热管换热器。

1. 热管空气预热器

空气预热器是常见的气-气式换热器。它利用锅炉或加热炉的排烟余热预热进入炉子的助燃空气，不仅提高了炉子的热效率还减轻了对环境的污染。由于气-气式换热器两侧的传热系数都很小，为了强化传热，两侧必须同时加装助片。典型的热管式空气预热器，其外形一般为长方体（见图9-37），主要部件为热管管束、外壳和隔板。热管的蒸发段和凝结段被隔板隔开。隔板、外壳和热管管束组成了冷、热流体的流道。隔板对热管管束起部分支撑作用，其功能主要是密封流道，以防止两种流体的相互渗透。热管元件蒸发段和凝结段的肋化系数一般为 5～30。为防止烟气积尘堵塞，烟气侧肋片间距较大；在空气侧，气流较清洁，为获得较高的肋化系数，肋片间距可取小些。热管管束一般为叉排布置，这样可使传热系数提高。热管管束安装位置有水平、倾斜和垂直三种。重力热管问世以后，已广泛用于空气预热器。这时热管必须倾斜或

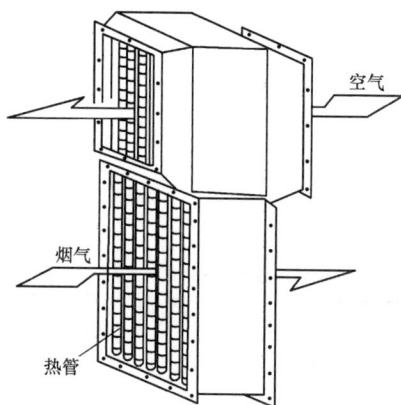

图 9-37　热管空气预热器

垂直布置，且下部只能为加热段。

热管空气预热器与一般空气预热器相比，因为气体两侧都可以方便地实现肋化，因此传热过程得以大大强化；可将传统的烟气-空气的交叉流型改为纯逆流流型，提高了传热的对数平均温压；可把一侧气体的管内流动改为外掠绕流，仅此改变，即可使该侧的平均传热系数提高30%。基于以上几个原因，热管空气预热器的传热系数比普通管壳式空气预热器高得多。

2. 热管省煤器

省煤器是一种常见的气-液式换热器。它通常利用排烟的余热来加热给水。对于大型锅炉设备，省煤器和空气预热器一起作为锅炉的尾部受热面。在中小型工业锅炉中，给水一般没有前置加热，低温给水将引起省煤器金属壁面的低温腐蚀（对省煤器，气侧的热阻较水侧的热阻大得多，壁温与供水温度接近，当壁温低于酸露点时，就会造成金属壁的酸腐蚀）。另外，我国锅炉以燃煤为主，烟气含尘量大，极易积灰、堵灰，加上余热温差小，要求传热面积大，工业锅炉上布置受限制。以上这些原因都阻碍了省煤器的应用。

由于热管的均温性，热管省煤器可以获得较高的壁温，从而能较好地解决低温腐蚀问题，加上传热强度高、结构紧凑、便于更换等优点，使热管省煤器能在工业锅炉上应用推广。因为水侧的热阻比气侧低得多，热管省煤气的水侧一般不需肋化。

3. 热管余热锅炉

热管余热锅炉可以用于回收流体或固体的余热。回收余热时通常将热管元件的一端置于烟道内，另一端插入锅筒中。由于烟气侧和沸腾水侧的传热系数相差悬殊，因而元件加热段较长，并加装肋片；冷却段较短，一般为光管。水通过热管吸收烟气的余热后，蒸发成一定压力的饱和蒸汽供动力、工艺加热或生活用。热管余热锅炉既有类似于火管锅炉的池沸腾的特点，从而循环过程稳定，又有水管锅炉传热强度高的优点，可使余热得到充分的利用。

4. 热管换热器

在采暖和空调工程中也广泛采用热管换热器来回收排出空气的余热（见图 9-38）。夏天利用排出空气来冷却进入空调房的室外热空气，冬天利用排出空气来加热进入室内的冷空气，这样可以大大节约空调的能耗。值得注意的是，如热管换热器采用重力热管，由于重力热管的加热段必须在下部，因此冬夏两季进气和出气上、下位置应倒换，即夏季室外空气由下端进入（见图 9-38），到冬季则应倒换过来。

热管用途广泛，太阳能集热器、太阳能海水淡化、电子和电气设备冷却、生产硅晶体的

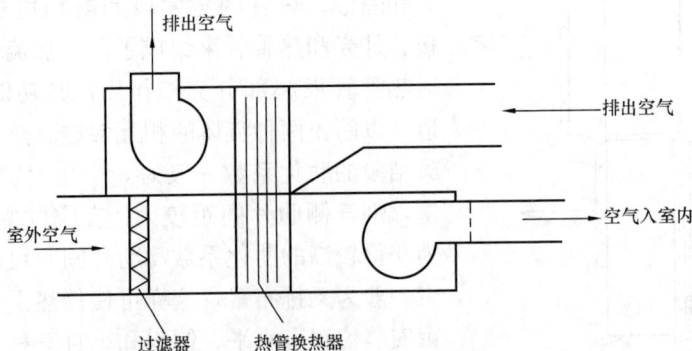

图 9-38　热管换热器在空调系统中的应用

均温炉、人造卫星的均温及高精度的热控，甚至深冷手术刀上都应用了热管技术。例如对人造卫星而言，向阳的一面温度高，背阳的一面温度低，而且在卫星运行的过程中，向阳面和背阳面经常变换，这种温度的不均匀性对卫星很有影响。此时可利用热管的均温性，缩小向阳面和背阳面的温差。美国 ATS-E 卫星应用热管技术使向阳面温度由 47℃ 降至 7.5℃。此外农业上热管地热温室，热管融雪也取得了很好的经济效益。

第七节　新型高效换热器

一、换热器的作用和分类

换热器是实现两种或多种不同温度流体之间热量交换的设备。这种高低温流体之间的热量交换可以通过直接接触，也可以通过固体间壁间接进行。由于冷热流体之间的热量交换过程广泛存在于动力、化工、炼油、冶金、建筑、食品、轻工等诸多部门，因此换热器是一种量大面广的通用设备。以电厂为例，如果把锅炉也看作换热设备，则再加上冷凝器，除氧器，高、低压加热器等换热设备，换热器的投资约占整个电厂投资的 70%。在炼油企业中四分之一的设备投资用于各种各样的换热器；换热器的质量占设备总质量的 20%，在制冷设备中蒸发器、冷凝器的质量也要占整个机组质量的 30% ~ 40%。

由于换热器量大面广，类型复杂，因此分类方法也很多。按传热过程分类，有直接接触型和间接接触型。对直接接触而言，冷热流体可以是互不相溶的液体，气-液或液体-蒸汽；间接接触型又可分为冷热流体连续通过间壁传递热量的间壁式、冷热流体交替通过壁面的回热式（又称蓄热式）以及流化床式。若按冷热流体数目来分，有两流体换热器（又称双股流——仅工艺流体和二次流体-换热器）、三流体和多流体换热器（通称多股流换热器）。根据冷热流体间的传热方式分，有间壁两侧均为单相介质对流换热；一侧为单相介质对流换热，另一侧为两相介质对流换热；两侧均为两相流体对流换热；一侧为单相或两相介质对流换热，另一侧为单相介质对流与辐射的耦合换热。

通常也可根据换热器的结构进行分类，例如对间壁式换热器，可将其分为管式和板式两大类。前者有管壳式、套管式、列管式、盘管式等，后者有波形板式（简称板式）、螺旋板式、板翅式、板壳式等。蓄热式换热器有换向型（又称阀门切换型）、转轮型（或称回转型）以及移动颗粒型等。直接接触型换热器根据结构又可分为直接混合式、板塔式、填料塔式、喷射混合式等。

按照换热器中冷热流体的流动方式有单流程和多流程之分，对单流程而言又有逆流式、顺流式、叉流式和混流式等。工业上常根据换热器中冷热介质的类型直接将其称为水-水换热器、油-水换热器、油-气换热器等；还可根据换热器的用途直接称之为蒸发器、冷凝器，加热器、冷却器，甚至更直接地称为汽水加热器、油水冷却器等。

在工业用的各种换热器中，间壁式换热器用得最为广泛，本节主要介绍新型间壁式换热器。

二、换热器的传热系数和污垢热阻

换热器的传热系数是说明换热器性能的重要指标。间壁式换热器的传热系数是间壁两侧流体换热热阻、间壁的导热热阻及间壁两侧污垢热阻之和的倒数。不考虑污垢热阻，间壁为平壁、圆筒壁及肋壁时的传热系数计算公式一般传热学教科书上均有介绍。对于工业上常用的换热器的传热系数 K 的大致范围见表 9-12、表 9-13。

表 9-12　　　　常用管式换热器的传热系数 K 的大致范围

换热器型式	换热流体		传热系数 K $[W/(m^2 \cdot ℃)]$	备　注
	内　侧	外　侧		
管壳式（光管）	气	气	10～35	常压
	气	高压气	170～160	20～30MPa
	高压气	气	170～450	20～30MPa
	气	清水	20～70	常压
	高压气	清水	200～700	20～30MPa
	清水	清水	1000～2000	
	清水	水蒸气凝结	2000～4000	
	高黏度液体	清水	100～300	液体层流
	高温液体	气体	30	
	低黏度液体	清水	200～450	液体层流
套管式	气	气	10～35	
	高压气	气	20～60	20～30MPa
	高压气	高压气	170～450	20～30MPa
	高压气	清水	200～600	20～30MPa
	水	水	1700～3000	
盘香管（外侧沉浸在液体中）	水蒸气凝结	搅动液	700～2000	铜管
	水蒸气凝结	沸腾液	1000～3500	铜管
	冷水	搅动液	900～1400	铜管
	水蒸气凝结	液	280～1400	铜管
	清水	清水	600～900	铜管
	高压气	搅动水	100～350	铜管，20～30MPa
水喷淋式水平管冷却器	蒸汽凝结	清水	3500～1000	
	气	清水	20～60	常压
	高压气	清水	170～350	10MPa
	高压气	清水	300～900	20～30MPa

表 9-13　　　　常用板式换热器的传热系数 K 的大致范围

换热器型式	换热流体		传热系数 K $[W/(m^2 \cdot ℃)]$	备　注
	内　侧	外　侧		
螺旋板式	清水	清水	1700～2200	
	变压器油	清水	340～450	
	油	油	90～140	
	气	气	30～45	
	气	水	35～60	
板式（人字形板）	清水	清水	3000～3500	水速约0.5m/s
板式（平直波纹板）	清水	清水	1700～3000	水速约0.5m/s
	油	清水	600～900	水和油流速均约0.5m/s
板翅式	清水	清水	3000～4500	以油侧面积为准
	冷水	油	400～600	空气侧质量流速12～40kg/$(m^2 \cdot s)$，以气侧面积为准
	油	油	170～350	
	气	气	70～200	
	空气	清水	80～200	

换热器使用一段时间后，通常会在换热面产生污垢，包括水垢、油污、积灰等，以及由于换热面受腐蚀而形成变质的表面层。这种表面污垢或腐蚀层会产生附加的热阻，称为污垢热阻。由于污垢是热的不良导体，其导热系数比碳钢等金属壁面低 1.5～2 个数量级，故污垢热阻在计算传热系数时必须加以考虑。表 9-14 给出了某些污垢热阻的参考值。

表 9-14　　　　　　　　　　　　污垢热阻的参考值

流动介质种类	污垢热阻（m²·℃/W）	
水：	供热介质温度<115℃ 水温<50℃	供热介质温度 115～200℃ 水温>50℃
蒸馏水	0.000 1	0.000 1
海水	0.000 1	0.000 2
硬度不高的自来水和井水	0.000 2	0.000 5
经过处理的锅炉给水	0.000 2	0.000 5
多泥沙的河水	0.000 7	0.00 1
盐水	0.000 5	
汽油、有机液体	0.000 2	
润滑油、变压器油	0.000 2	
石油制品（液体）	0.000 2～0.000 1	
淬火油	0.000 9	
含油蒸汽、有机蒸气	0.000 2	
制冷机蒸气	0.000 5	
燃气、焦炉气	0.000 2	

污垢的形成十分复杂，除与流动介质的性质和流速有关外，还与运行时间有关。污垢的厚度可能与运行时间成正比，也可能逐渐减缓而趋于最终的极限。因为污垢沉积的速率取决于流动介质中杂质的含量、温度的高低以及流速等诸多因素，因此污垢热阻的确定十分困难，这也是确定换热器传热系数的难点之一。工程应用上为保险起见，一个解决的方法是将通过计算得到的换热面积适当地增加一定的比例。这一常用的做法除了上述原因外，还因换热的诸多计算公式多为由实验获得的经验关联式，这些关联式都有一定的误差。此外，工程实际中还必须考虑运行工况的不稳定性，故换热面积的选取必须留有一定的富裕量。

污垢除增加热阻外，还会使换热表面粗糙度增加，管径发生变化，从而导致流动阻力增加。因此由于污垢引起的设备投资费用增加、能源消耗增加以及设备维护费用增加都对企业造成巨大的损失。据估计，美国一个典型炼油厂的换热设备由于污垢所造成的损失每年达一千万美元。我国每年各工业部门因污垢而造成的经济损失也高达数十亿元。除了采用各种技术抑制污垢外，对换热器定期清洗和缩短清洗周期是降低污垢热阻的最好方法。

随着强化传热技术的进步以及日益增强的节能要求，出现了许多新型的工业换热器。这些新型的工业换热器或传热效率更高，或结构更加紧凑。本节着重介绍几种应用较广的新型工业换热器。

三、折流杆管壳式换热器

1. 折流板管壳式换热器存在的问题

目前工业中使用最广泛的换热器是折流板管壳式换热器。而折流杆管壳式换热器是在仔细分析折流板管壳式换热器存在问题的基础上发展起来的一种新型工业换热器。折流板管壳式换热器存在以下问题。

（1）引起诱导振动，导致换热器损坏。折流板使流体横掠管束，在增强传热的同时，也会引起流体的诱导振动。旋涡脱落、紊流抖振、流体弹性激振是引起诱导振动的主要原因。诱导振动对换热器的损伤主要表现在：①管子互相碰撞，当管子振动振幅大到足以使管子经常碰击时，就会使管壁磨损变薄，直至破坏；②管子与折流板孔壁因振动不断碰撞，从而引起管子破裂；③振动的管子与管板连接处受到很大的应力，久而久之就造成胀接和焊接点因应力而损坏，并造成接头泄漏；④管子因振动反复弯折而引起应力疲劳，长时间连续振动就会导致管子破损；⑤振动引起应力脉动，会使管材中的微观缺陷扩展，直至产生裂纹。

为防止诱导振动引起的破坏，在折流板管壳式换热器的设计中，对横掠管束的流速必须进行核算，并根据换热器的具体结构将其控制在某一流速之下，在 TEMA 等标准中，对此都有专门的规定和推荐的计算式。

显然，最有效地防止诱导振动的方法是将流体由横掠管束改为纵掠管壳，但纵掠管壳的表面传热系数又小于横掠管束，显然这是一对矛盾，这也正是新型折流杆管壳式换热器产生的背景。

（2）存在流动死区和漏流，使实际传热效果远低于理论值。流动死区的存在和漏流是折流板换热器的另一大问题。由于壳间的间隙漏流和折流板的孔隙漏流呈纵向流与主流的横向流是不一致的，它们参与换热的程度很低。另外，折流板与筒体之间还存在着流动死区，当流速较低时将使参与换热的有效传热面积减少 25%～30%。这些都是造成管壳式换热器传热系数低的原因。此外，壳侧流速低和死区的存在还会引起污垢的沉积、结垢和腐蚀。

（3）壳侧的流动阻力大。由于流体反复横向掠过管束，并不断地改变流动方向，致使壳侧流动阻力大，在设计折流板换热器时壳侧的阻力常常成为制约设备选型的一个主要因素，而且增加了壳侧的泵功。

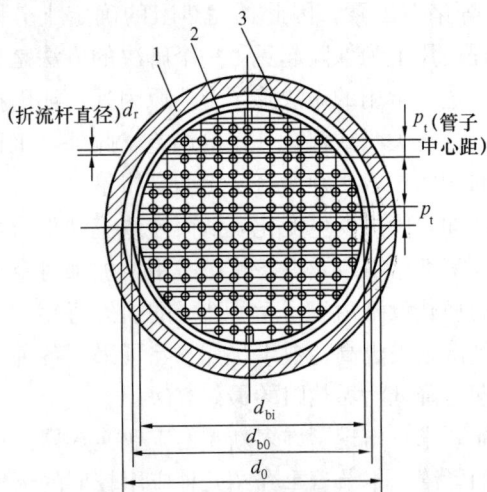

图 9-39　折流圈示意
1—壳体；2—折流圈；3—折流杆；
d_{bi}、d_{b0}、d_0—折流圈的内径、外径和壳体内径

2. 折流杆管壳式换热器的结构

折流杆换热器是 1970 年由美国菲利浦石油公司首创的，设计初衷是为了改善折流板换热器中的流体诱导振动。随后我国学者对其进行了系统的实验研究和工业应用研究，得到了能用于不同换热介质和各种换热工况的传热和阻力的计算关系式，并将这种折流杆换热器成功地用于电力、石油、化工等领域。折流杆换热器的主要特点是：壳程不再设置折流板，由折流杆组成的折流圈来代替折流板，它既对管子起支撑作用，又对流体起扰动作用，借以达到强化传热的目的。

折流杆换热器的核心部分是由一系列焊有折流杆的折流圈组成折流圈笼。图 9-39 为折流圈示意。图 9-40 为折流圈笼和管板的组装图。

从以上两图可以看出，折流杆是均匀地焊在折流圈上，每一个折流圈相隔一定的距离，按一定顺序排列，分别焊接在拉杆上，从而形成一个折流圈笼。

折流杆可以是圆形、正方形或长方形。通常相邻两个折流圈的折流杆的方向是互相垂直的，即如果前一个折流圈的折流杆是垂直布置的，则后一个折流圈的折流杆就为水平布置的。传热管穿过折流圈时可以有不同的情况，例如可以是两根折流杆中间夹一根传热管子，也可

图 9-40　折流圈笼和管板的组装图

以是两根折流杆之间夹两根传热管。而且前后折流圈的折流杆与传热管之间也可以有不同的组合情况。例如前面折流圈的折流杆是水平地支撑第 1、3、5、…排传热管，随后一个折流圈的折流杆则是垂直地支撑第 2、4、6、…排传热管，然后依次交替布置。当然也可以有其他的组合和布置方式，但不论何种布置方式都必须保证每根传热管能被四个折流圈的四根折流杆从四个方向牢牢固定。

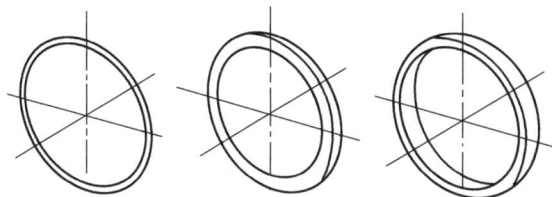

图 9-41　折流环结构形式

折流圈中的折流环可以用圆杆、方杆或方条制作，其内径等于管束的外径，其外径则等于壳体内径减去 TEMA（管式交换器制造商协会）等设计标准所规定的间隙。折流环的形式有杆式、板式和带式三种（见图 9-41）。其中板式折流环的径向厚度大于纵向厚度，而带式折流环的径向厚度小于纵向厚度。对于直径小于 1500mm 的壳径，推荐采用杆式折流环结构。对于浮头式管束和其他管束，直径大于 1500mm 者，推荐采用板式折流环，在需要更换管束而又必须布置更多换热面积时，推荐采用带式折流环。

折流圈之间的间距需根据换热器的结构、壳侧工作流体的性质、有无相变以及壳侧和管侧表面传热系数之比等诸多因素决定。显然折流圈间距的大小对管束振动、压降大小均有直接影响。间距小则有利于防振和强化传热，但流动阻力会有所增加。此外，前述折流杆和传热管之间的组合方式对壳侧防振、传热和流动阻力也有很大影响。它们都是折流杆换热器能否达到最佳性能的关键因素。

在折流杆换热器的壳侧入口，为了降低入口接管引起的压降以及避免因安装防冲击板而引起布管数的减少，通常都采用外导流筒结构，只有在特殊情况下（例如老换热器改造，壳体需保留不变，只将原折流板的换热器芯更换为折流杆型式时）才采用内导流筒结构。

3. 折流杆管壳式换热器的优点

折流杆与折流板换热器相比，具有以下优点：

（1）由于壳侧流体是纵掠管束，防止了诱导振动的产生，提高了换热器的安全性。

（2）大大减小了壳侧流体的阻力，降低了管侧的泵功，节约能源。

（3）由于折流杆增强了流体的扰动，减少了横掠管束时的流动死区和漏流损失，从而强化了壳侧的换热，即壳侧的表面传热系数不但不低于横掠时的表面传热系数，而且视壳侧介质、流速以及有无相变等情况，传热系数反而可提高 15%～50%。

（4）减少了污垢的沉积和腐蚀的产生，提高了换热器的使用寿命。

4. 折流杆管壳式换热器的应用

折流杆换热器的应用日益广泛，目前它主要用在三方面：油-水换热设备，其中油或油蒸气走壳程，包括换热器和冷凝器；水蒸气-水换热设备，其中水蒸气在壳侧凝结；水-水换热设备。油-水折流杆换热器在石化行业应用最多。表 9-15 为荆门炼油厂常减压装置上对单弓折流板换热器与折流杆换热器进行工业对比试验所获得的结果。从表中可以看出，折流杆换热器的各项性能指标明显优于折流板换热器。

表 9-15 两种油-水换热器工业试验结果对比

设 备 名 称	折流杆换热器	单弓折流板换热器
热负荷（kW）	4786.3	4768.3
换热面积（m²）	220.0	360.0
换热强度（kW/m²）	21.674	13.245
总传热系数［W/（m²·K）］	421.0	336
壳程总压降（kPa）	24.52	114.7

同样在荆门炼油厂的常减压装置上对两种塔顶油气冷凝器也进行了工业对比试验，试验证明：一台 217m² 的折流杆冷凝器代替两台 180m² 的普通弓形板冷凝器，既节约了投资，又满足了工艺过程对压降的要求。

水蒸气-水换热器在电厂和采暖行业用得很多，通常用蒸汽凝结来加热给水。编者和茂港电力设备厂合作为国内 20 余座电厂更换了 30 多台低压加热器。这些低压加热器大多数是为 200MW 发电机组配套的。所谓更换是在保持壳体及进出口接管不变的情况下，用折流杆芯体替代原来的折流板芯体。根据电厂的要求，其中绝大部分采用钢管或不锈钢管来代替原有的铜管。由于壳体不变，又需改用铜管，从传热过程分析可知，一侧为蒸汽凝结，另一侧为水强制对流，表面传热系数均很高，因此管壁的热阻就是一个重要因素。铜管改用钢管后，管壁热阻大大提高，因此更换工作的难度很大。但由于折流杆换热器本身的优点，以及我们在折流圈间距、折流杆布置等结构方面进行了不断的改进和试验，使上述低压加热器的改造均非常成功。

水-水换热器是应用广泛的另一类换热器。例如用海水或河水将各种工业设备冷却水冷却后再使用，用高温热水加热生活用水或采暖用水等。编者和茂港电力设备厂合作也为电厂和采暖行业提供了一批水-水折流杆换热器，表 9-16 即为华能汕头电厂 300MW 发电机组的海水冷却器采用折流杆换热器前后的主要参数。从表中数据可以看出，折流杆式海水冷却器明显优于折流板式。

表 9-16 华能汕头电厂 2 号机海水冷却器改造前后的主要参数

结 构 参 数	改 造 前	改 造 后
型 号	ОГ-760	BLQ-1000
型 式	铜管折流板式	钛管折流杆式
台 数	2 台/机	1 台/机
运行台数	2 台/机	1 台/机
外形尺寸	9540mm×1200mm	9515mm×1495mm
换热面积	760m²/台	954m²/台
设备冷却水流量	1300m³/（h·台）	2600m³/（h·台）
海水流量	3700m³/（h·台）	3700m³/（h·台）

四、异形管和异形翅片管换热器

异形管和异形翅片管优良的传热和阻力性能早为人知，但由于其制造复杂，成本高，一直未能得到广泛的应用。但随着机械工业的进步，异形管和异形翅片管的成本大大降低，加上其性能的进一步提高，从技术经济的角度已能与普通的圆管换热器媲美，特别是在一些特殊的场合。图 9-42 为已获得应用的各种异形管和异形翅片管。在诸多异形管和异形翅片管中应用最广的是椭圆管和椭圆矩形翅片管。

1. 椭圆管和椭圆翅片管换热器

椭圆管和椭圆翅片管是目前应用最广泛

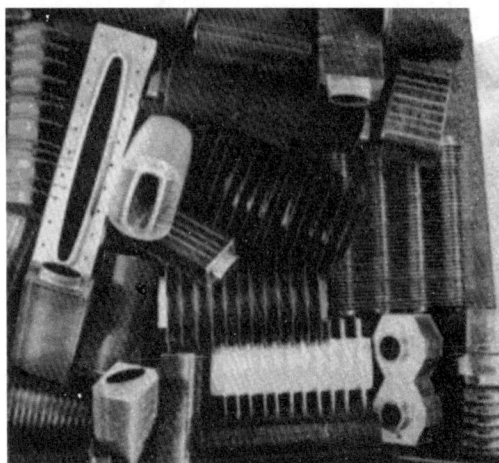

图 9-42　各种异形管和异形翅片管

的异形管。椭圆矩形翅片管的制造工艺是：先将无缝钢管按所需要的长短轴尺寸轧制成椭圆管，然后将薄钢板按要求冲压成带 L 形翻片和扰流孔的矩形翅片，最后用套片机将矩形翅片套在椭圆基管上，经酸洗、碱洗以后送入浸锌槽中进行整体热浸锌。当椭圆翅片管用于采暖、空调或某些紧凑式换热器中时，椭圆管及翅片常采用黄铜或紫铜。除最后采用整体热浸锡外，其他工艺与钢制椭圆翅片管都类似。

椭圆矩形翅片管有如下优点：

（1）与圆管相比，椭圆管流动阻力小，传热系数大。这是由于椭圆管呈流线型，在横掠气流中，流体分离点后移，从而减少了管后的旋涡区，另外椭圆管前半部的边界层比圆管薄。这些因素均有利于增强传热和减少流阻，通常流速下可以比圆形翅片管换热器的流阻减低 50% 以上。

（2）椭圆管的传热面积比同样截面的圆管大 15%，因此在相同流速下，管外换热面积可提高 15%。

（3）在相同的条件下，椭圆管的传热周长比圆管大，因此管内的热阻小，有利于管内介质的传热。

（4）对于同样材料的翅片，矩形翅片比圆形翅片效率高 8%。

（5）矩形翅片上开有扰流孔，它可以使横掠气流扰动，从而减薄管壁及翅片上的边界层，能强化管外侧的换热。

（6）椭圆矩形翅片管可以布置得紧凑，它占风道的面积仅为圆管的 80%。

（7）椭圆矩形翅片管顺着流动方向刚性好，垂直于流动方向又有一定的柔性，在横掠气流中诱导振动的振幅小，抗热应力的能力强。

（8）由于椭圆套矩形翅片后，整体热浸锌，翅片呈 L 形，与椭圆管接触面积大，加上浸锌后，锌填充在翅片和椭圆管之间，既增加了椭圆管的承压性，又消除了接触热阻，使翅片管的传热性能大大改善。

（9）由于整体热浸锌，椭圆翅片管抗腐蚀的能力强，能够在较恶劣的工况下长期工作。

（10）由于采用钢管和矩形钢翅片，管组强度高，冷却器能用高压水冲洗。

由于上述优点，椭圆矩形翅片管在电力、炼油、化工、制冷、冶金、建材等行业得到了广泛的应用。

　　例如锅炉用的暖风器，原采用圆管钢制波纹型翅片作为传热元件，由汉口电力设备厂和作者共同研制的 NFT 系列暖风器以钢制椭圆矩形翅片管作为传热元件代替圆管绕片。经西安热工研究院和电厂现场测试，新暖风器传热系数提高 30%，风阻下降 60%，仅风阻下降一项，一台 WGZ-410/100-2 型锅炉每年即可节电 60 万 kWh。

　　石化行业常在减压和催裂化装置上使用的空冷器，以前采用圆管上缠绕铝片作为传热元件，在采用钢制椭圆矩形翅片空冷器后，仅因风阻减小，风机每年可节约 2.3 万元，由于传热效率高，每年可节省 3.12 万元，原材料费可省 5.1 万元，经济效率非常明显。目前这种椭圆矩形翅片管空冷器，已在石化行业获得了广泛应用。

　　钢铁企业冷轧厂的罩式炉冷却器过去都采用圆翅片管。作者与宝钢公司用椭圆矩形翅片管（带六个扰流孔）空冷器代替原有的圆翅片管空冷器用于氮-氢罩式炉，使每炉钢板冷却时间缩短 3h，经济效益巨大。

　　广州石化空气压缩机的中间冷却器原为钢制圆管圆片作为传热元件，系进口设备。作者和汉口电力设备厂合作将其改为椭圆矩形翅片管作为传热元件后，由于热效率增加，其一段缸的出口温度由 178℃ 降至 135℃，由于阻力下降，其空压机的转速由 9612r/min 降至 9368r/min，耗功大大下降。

　　以上情况充分说明椭圆管及椭圆翅片管应用的巨大潜力，但在具体使用时应注意以下问题：

　　（1）应根据具体的应用对象选择合适的管型及翅片尺寸、厚度、间距等。例如气侧含灰尘较多时，应加大翅片间距；当气侧阻力要求很低时，可选用长短轴之比更大的椭圆管。此外，根据现场情况对不同的管排可以采用不同的翅片间距，例如，GEA 公司为大型电厂生产的汽轮机乏汽直接空冷器，其各排管的翅片间距并不相等，以保证管内乏汽能以相同的速度冷凝，防止发生串汽阻塞。

　　（2）可根据使用情况采用不同材质的椭圆管及椭圆翅片管。例如对采暖、制冷空调可采用铜管铜翅片热浸锡，以进一步强化换热并使结构更加紧凑。锅炉省煤器可采用铸铁椭圆管，或将矩形翅片与椭圆管一起整体铸造，可耐腐蚀。用于化工行业的椭圆翅片管，例如苯酐车间的热熔冷凝器，可采用滚焊工艺将矩形翅片和椭圆管焊在一起，以适用周期性骤冷骤热的工艺要求。

　　（3）矩形翅片与椭圆基管的紧密接触是保证椭圆翅片管性能的关键，因此翅片内孔除翻边成 L 形外，还要求适当成喇叭口。一方面便于套片；另一方面热浸锌或浸锡时，翅片管应在浸槽内适当振动，以使锌或锡能充满翅片与基管间的间隙。翅片管出槽后也应适当抖动，并用金属刷除去矩形翅片间的挂锌（或锡），这样翅片管既美观又保证翅片间隙不被锌或锡堵塞。不少生产厂家上述工艺不过关，甚至不浸锌或锡，或用电镀来代替热浸过程，这种椭圆翅片管是不能保证使用效果的。

　　2. 椭圆热管换热器

　　热管是一种新型的传热元件，由于它良好的导热性能及一系列新的特点，从 1964 年问世以来即得到迅速发展。现已广泛应用于宇航、电子、动力、化工、冶金、石油、交通等许多部门，成为强化传热和节能技术的一个重要部分。

　　椭圆热管正是利用热管优良的内部传热性能，椭圆管或椭圆翅片管优良的外部换热性能，将它们组成一个整体而形成一种新型的传热元件。根据我们和其他研究者的研究，椭圆热管的传热和阻力性能都优于普通的圆热管。这种椭圆热管能够根据不同工作部门的需要，组成不同大小、不同热负荷，适应不同介质要求的换热器。由于这种由椭圆热管组成的热管换热器紧凑、高效、节能，已在不同工业部门获得了应用，并显示了良好的市场前景。

对椭圆热管内部传热特性的研究表明，与圆形热管相比，其内沸腾换热差别不大，但对凝结换热而言，由于液膜表面各处曲率半径不同，因此表面张力的作用将使液膜沿管壁周向不均匀分布，从而对凝结换热产生影响。理论分析表明，圆形热管表面张力的作用沿周向处处相等，管内凝结换热的解与努塞尔解完全一致；椭圆管在与短轴相切的部分液膜厚度小于努塞尔解，而与长轴相切的那部分液膜厚度与努塞尔解一致。因此就总的换热效果而言，椭圆热管内的凝结换热将高于圆形热管。这种强化的效果取决于椭圆管的离心率，并与凝结液体的性质有关。分析证明：在最佳离心率的情况下，椭圆热管内的平均凝结传热系数比圆形热管高 28.5%。

以椭圆热管作为传热元件的换热器，根据使用情况不同，椭圆热管可以是光管，也可以是翅片管，可以是一端为光管另一端为翅片管。如热介质均为气体，不清洁气体侧可用椭圆光管，清洁气体侧用椭圆翅片管；当换热介质为水和空气时，空气侧应用椭圆翅片管，水侧用椭圆光管；当换热介质为油和水时，水侧用光管，油侧用翅片管。正因为这种组合可以根据不同的需要有极强的适应性，再加上其特别优良的传热和阻力特性，使椭圆热管有极广泛的应用领域，如：

（1）化工、炼油、冶金、动力行业中的空气预热器、废热锅炉，省煤器等；

（2）供热工程中的热水锅炉、热水加热器等；

（3）动力、石化、冶金工业中的空气冷却器、大电机冷却器等；

（4）食品、造纸、轻工、陶瓷、纺织中的蒸汽-空气加热器、烟气-空气加热器等；

（5）化工中的热管反应器、热管蒸发器、热管裂解炉等；

（6）空调制冷工程中的余热（余冷）回收装置、表冷器、换气装置等；

（7）太阳能海水淡化装置、太阳能干燥装置、地热水采暖装置等。

椭圆热管应用最成功的例子之一是武汉石化总厂在常减压炉上采用我们研制的大型椭圆热管空气预热器。该换热器椭圆管的尺寸为 $a=36mm$，$b=14mm$；矩形翅片的尺寸为 $55mm \times 26mm$，冷、热端翅片厚度分别为 0.5mm 和 1mm，翅片间隔为 2.5mm 和 6mm；叉排管束的纵向管间距和横向管间距分别为 38mm 和 70mm；纵、横管排数为 55×28；热管总根数为 1540 根，总热负荷为 6000kW。用其替换原有的回转式空气预热器后，经测试鼓风机电耗由 85kW 减少到 39kW，每吨原油加工的燃耗由 11.5kg 减少到 10.4kg，一年仅节约燃料可达 2220t，不到一年就收回了投资。

3. 螺旋椭圆扁管换热器

扁管是另一种应用较多的异形管。洛阳石化工程公司、天津大学等单位在扁管的基础上发展了一种螺旋扁盘。它是以圆管为基础，经压扁和扭曲而成。用螺旋扁管组成的管壳式换热器，无需折流板或折流杆作为管子的支撑，而是依靠螺旋扁管外缘螺旋线的点接触相互支撑。在管程，流体的螺旋流动提高了其湍流程度，强化了管内传热，但流动阻力也相应增大；在壳程，螺旋扁管之间的流道也是螺旋形状，流体在其间运动时受到离心力的作用会周期性地改变速度和方向，从而加强了流体的纵向混合。同时，流体经过相邻管子的螺旋线接触点时将形成脱离管型的尾流，除增强流体自身的湍流外，还会破坏管壁上的热边界层。以上因素使壳程传热也得以强化。由于管内外换热同时得到强化，因而传热效果比普通管壳式换热器有较大幅度的提高。特别是对于流体黏度大，一侧或两侧流动均为层流状态的换热器，效果尤为突出。工业试验结果表明，螺旋扁管换热器的总传热系数可比普通弓形板换热器提高一倍以上，可节约 63％ 的换热面积，经济效益明显。该螺旋扁管的研究项目已于1996 年通过中国石化总公司的鉴定。

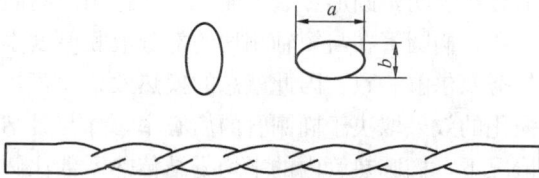

图 9-43　螺旋椭圆扁管示意

作者则在椭圆管的基础上开发了一种螺旋椭圆扁管，它是将椭圆管按一定的导程扭曲而成的，但为了管板加工方便，螺旋管的两端仍为圆形（见图 9-43）。它也具有螺旋扁盘的特点。由其组成的管壳式换热器，壳体内也无需折流板或折流杆支撑，靠相邻椭圆管保持螺旋点接触。流体纵掠管束时，壳侧和管侧的流体换热都能得以强化。

考虑到螺旋椭圆扁管壳侧不需要折流板，它已将传统的管壳式壳侧的横向绕流变为纵向流动，其壳侧阻力将小于折流板换热器。因此管程阻力增大（相对光管而言）的缺点是可以得到弥补的。

与螺旋扁管相比，因为螺旋椭圆扁管管型线好，其传热系数可比螺旋扁管高 10％ 左右，因此它在炼油及化工行业将和螺旋扁管一样有良好的应用前景。

随着强化传热技术的发展，出现了更多的异形强化传热管，例如清华大学研制的交叉缩放椭圆管、青岛科技大学研制的滴形管等，由这些异形强化传热管组成的换热器均已应用于工业界。

4. 弹性管束换热器

如前所述，当流体横掠单管或管束时，会引起管子产生诱导振动。它常常是导致换热器管子磨损、泄漏、断裂的主要原因。因此在设计换热器时，应尽量采取措施来避免流体的诱导振动。能否利用上述诱导振动来强化传热呢？我国学者程林创新性地提出并解决了这一问题。

程林教授设计了一种弹性盘管（见图 9-44），该盘管由两个自由端及两个固定端、4 根具有相同管径的紫铜光管在同一平面内连接而成。其中 C、D 是固定端，A、B 是自由端。A 端具有附加质量，用来改变管束的固有频率。弹性管束作为传热元件，工作时热介质（例如热水和蒸汽）

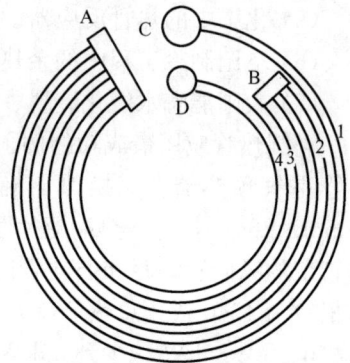

图 9-44　弹性盘管结构示意

由 C 进入，依次经过 1、2、3、4 管被冷却后，从 D 流出。冷介质（例如冷水）则在管外被加热。通过调整弹性盘管的曲率半径、管径、管壁厚及 A 端部附加质量等参数的组合可得到一种最有利的固定频率，在该频率下管束能被管外脉动的水流激发起具有足够振幅的振动，使传热得以强化。

为了能使管束外的水流产生脉动，程林还设计了一种脉动流发生器（见图 9-45），它将进入换热器的水流分成两股，其中一股通过一正置三角块后，在下游方向就会产生不同强度的脉动流，该脉动流直接作用在弹性盘管的附加质量端，从而诱发弹性盘管发生周期性的振动。当脉动流发生器中绕流装置的几何形状确定后，脉动流的频率将取决于流体速度。通过调节流经脉动流发生器的流量，即可获得所需的脉动频率。通常流经脉动流发生器的流量约占总流量的 20%。

以弹性盘管作为传热元件的换热器的内部结构如图 9-46 所示。弹性盘管在换热器内水平层状布置。C、D 端通过接点分别与热介质进口母管 E 和出口母管 F 连接，被加热的水从换热器底部的冷水进口流入后被分成两股：一股从 G 口向下折转，冲击换热器的下封头后再折流向上；另一股从脉动流发生器口 H 流出，产生一定频率的脉动流后直接冲刷管束的端部 A。换热器内，脉动流诱发最下面一排管束振动后，由于耦联效应，各排弹性盘管也会相继振动。

这种流体振动换热面也振动的强化传热新方法，几乎不耗外功，却能极大地提高传热系数，根据这种原理设计的弹性盘管汽水加热器，在流速很低的情况下，可使传热系数达到 4000～5000W/（m²·℃），是普通管壳式换热器的两倍。这种换热器已在供热工程中得到了广泛的应用，并获得了国家科技进步二等奖。

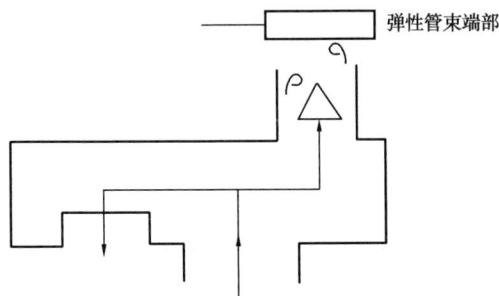

图 9-45　脉动流发生器　　　　　图 9-46　弹性管束换热器内部结构

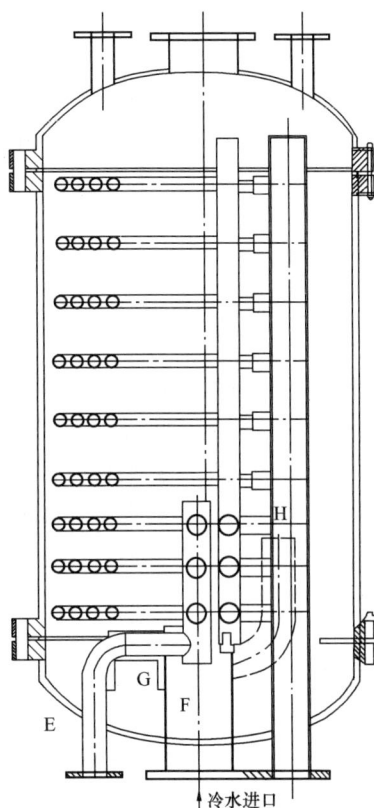

第八节　空　冷　技　术

一、概述

工业过程和工业设备中会遇到各种各样的冷却问题，如火电厂的凝汽器、冷却塔，化工设备中的洗涤塔，大型活塞式压缩机的中间冷却器，大功率柴油机的润滑油冷却，大电机冷却等。从传热的角度分析，对于上述设备和装置的冷却问题，由于水冷比空冷的传热系数高得多，故目前大多采用水冷的方式。然而水资源是基础性的自然资源和战略性的经济资源，它首先应该用在生活和农业上。

地球的淡水资源仅占其总水量的 2.5%，而在这极少的淡水资源中，又有 70% 以上被冻结在南极和北极的冰盖中，加上难以利用的高山冰川和永冻积雪，有87%的淡水资源难以利用。人类真正能够利用的淡水资源是江河湖泊和地下水中的一部分，约占地球总水量的0.26%。我国是一个水资源缺乏的国家，水资源总量为2.8万亿m^3，人均水资源量2200m^3，仅为世界平均水平的1/4。预计到2030年，中国人口将达到峰值16亿，人均水资源量将降到1760m^3。按国际标准，人均水资源量少于1700m^3的为用水紧张的国家，届时中国将进入用水紧张时期。

水资源短缺已成为我国尤其是北方地区经济社会发展的严重制约因素。目前，中国年缺水总量为300亿~400亿m^3。全国669座城市中有400座供水不足，110座严重缺水；在32个百万人口以上的特大城市中，有30个长期受缺水困扰。全国城市年缺水量为60亿m^3左右。据有关部门分析，由于供水不足，城市工业每年经济损失2000亿元以上，影响城市人口4000万人。同时，水资源短缺也使得农业生产受到很大影响，每年农田受旱面积2亿~6亿亩。

研究表明，生产1t小麦需要耗费1000t的水资源，1t玉米需要耗费接近1200t的水资源，1t稻米需要耗费2000t的水资源。即使生产一个2g重的32M计算机芯片，折算起来也需要32kg水。

随着工业的发展，水冷不但使能量消耗不断增加，而且淡水的消耗量明显增长，大量地提供冷却淡水遇到了困难。此外，水冷还存在着设备的腐蚀问题，如矿物质沉淀、水锈蚀等。更重要的是水冷会给环境带来污染，特别是化工生产中，一旦化工产品泄漏入水中会造成严重危害。即使是热水排入江河湖泊也会造成"热污染"，它会使水温提高，导致水中含氧量减少，妨碍鱼类生长，加速藻类繁殖，从而堵塞航道，破坏生态平衡。而且水冷的运行费用也越来越高，它包括了供水、过滤、废水处理或冷却水回收等费用。

为此，空冷技术越来越受到重视，它包括采用间接空气冷却方式来回收冷却水，或采用直接空气冷却方式冷却设备。表9-17为工业中采用空冷系统的典型例子。

表 9-17   采用空冷系统的典型例子

项　　目	使　用　场　所	作　　用	用途相近的场所
空冷式水循环冷却装置、润滑油循环冷却装置		以密闭一定量的水为载体、用空冷器冷却炉子	● 高炉、平炉、金属炉的冷却 ● 各种机械润滑油冷却 ● 热处理油冷却 ● 石油分解急冷油的冷却
燃气轮机及空气压缩机用冷却系统		因小、轻和高性能，使燃气轮机小型化	● 高压气体的冷却 ● 空气的预热 ● 废热回收

续表

项　目	使 用 场 所	作　用	用途相近的场所
化学工业和石油化学工业用空冷器	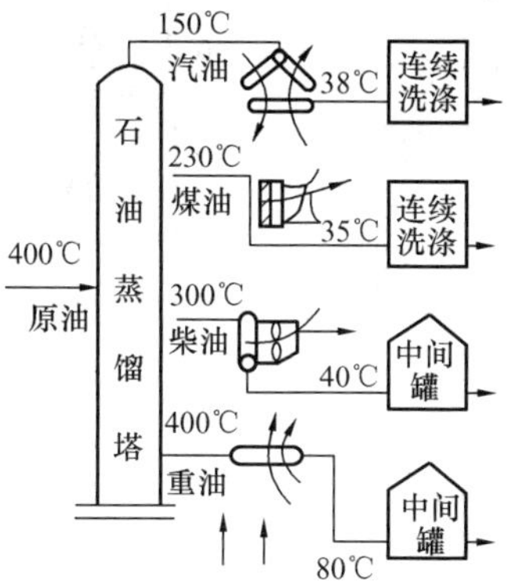	将馏出物用冷却器直接冷却	● 甲醇、乙醇、丁醇、醋酸、醛等有机物分馏冷却 ● 石油分解蒸气冷却 ● 氨气冷凝
干燥业（暖房、冷房）用空冷器	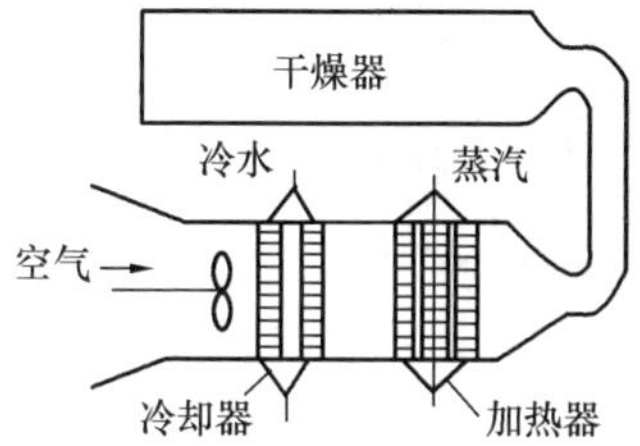	高效能的空气冷却和加热	● 干燥机用 ● 冷、暖房用

二、空冷系统

空冷系统可以分为间接空气冷却系统和直接空气冷却系统。前者是先用设备冷却水来冷却需散热的设备，而后再用空冷器来冷却设备冷却水，使设备冷却水能循环使用，以达到节水的目的。其优点是所有的设备冷却水可共用一个大型的空冷器，从而节约投资。而直接空气冷却系统是直接用空气来冷却需散热的设备。

空冷系统按通风的方式可以分为强迫通风和自然通风，强迫通风系统又可分为鼓风式和引风式。如按冷却方式分，空冷系统又可分为干式空冷和湿式空冷，湿式空冷是为了增强空冷的效果，在换热面上（或空气中）喷水，利用水的蒸发吸热来强化散热的效果。由于湿式空冷仍需耗水，故只用于某些特殊的场合，例如南方夏天气温很高，为达到散热的效果，不得不采用增湿空冷。空冷系统的基本结构如图 9-47 所示。

空冷技术的发展得益于下列关键技术的解决：

（1）设计和制造出了高效的空冷器。如大量采用异形翅片管，特别是椭圆翅片管作为空冷器的元件和板翅式的空气冷却器。椭圆管与圆管相比，空气流动阻力小，传热系数高，特别是在单位体积内可布置更多的换热面积。这样就使空冷器高效、紧凑。板翅式的空冷器也可使空气侧的换热面积大大增加。

（2）解决了空冷器的布置和管内流程选择的问题。现在大型空冷器均采用"屋顶式"布置，不但占地面积小，而且有利于管内蒸汽的流动与凝结传热。此外，还有变翅距、大管径、分区配汽、顺流-逆流布置等一系列特殊技术。

（3）解决了大型空冷器的制造和调节问题。现在热浸锌工艺可大大延长椭圆翅片管空冷器的寿命，真空钎焊保证了板翅式空冷器的密封性；新的检漏方法可保证空冷器的制造质量；风扇的风速可调；相应的自动控制系统则保证了空冷器的可靠性和经济运行。

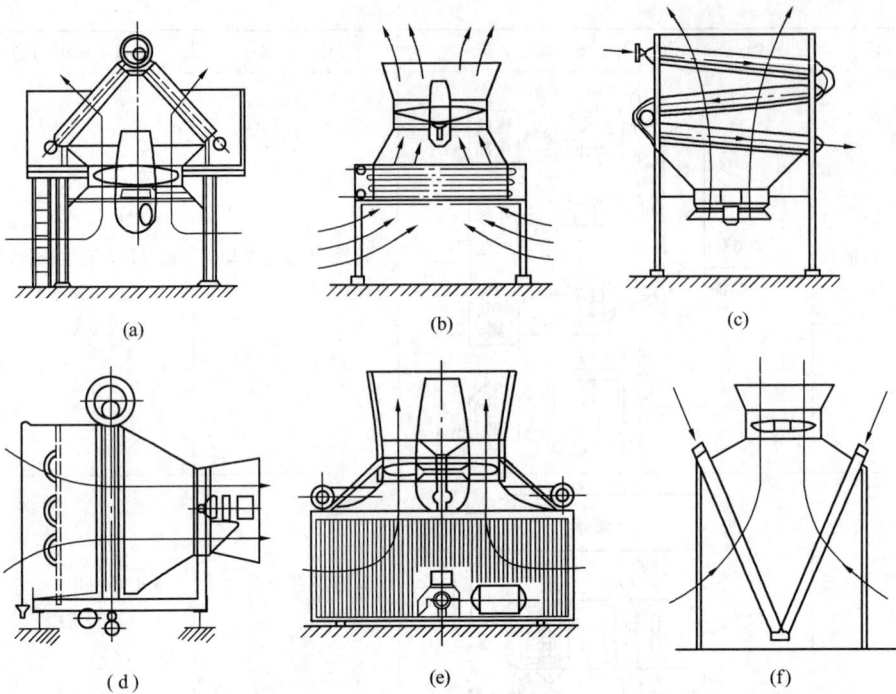

图 9-47　空冷系统的基本结构

(a) 屋顶式；(b) 水平式；(c) 之字式；(d) 立式；(e) 圆环式；(f) V 字式

(4) 制造出了大功率的低噪声风机。空冷遇到的一个严重问题是风扇的噪声，通常轴流式风扇的噪声为 93～95dB。而目前研制出的专门用于大型空冷器的低噪声风扇，转速一般低于 115r/min，直径达 7m 以上，因此噪声很小。

三、空冷器

空冷器是空冷系统的核心。在一个相当长的时期内，空冷未受到重视的原因主要是空气的热焓太低，其比热容仅为水的 1/4，因此在冷却相同的热负荷时，需要的空气质量是水的 4 倍。而且空气的密度、传热系数又比水小得多，所以用常规的传热元件，空冷器的体积势必比水冷器大得多。为了强化空气侧的换热，空冷器必须采用翅片管或结构更紧凑的板翅式换热器。

翅片管由基管和翅片组成。按结构形式分翅片管可以分为纵向翅片管和径向翅片管这两种基本类型，其他形式均为其变形。例如对螺旋翅片管而言，大螺旋角翅片管接近于纵向翅片管，小螺旋角翅片管接近于径向翅片管。翅片的形状则有圆形、矩形和针形。此外翅片既可设置在管外，也可设置在管内。前者称为外翅片管 (见图 9-48)，后者称内翅片管。个别情况下也有管内外都带翅片的。

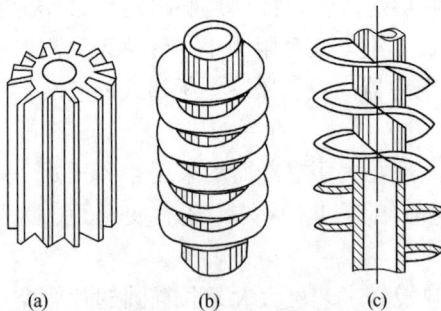

图 9-48　不同形式的外翅片管

(a) 纵齿；(b) 环齿；(c) 螺旋形齿

为了保证翅片管的传热效率，翅片和基管应

紧密接触。按翅片管的制造工艺不同，可分为整体翅片管、焊接翅片管、机械连接的翅片管等。整体翅片管的基管和翅片为一整体，由铸造、轧制或机械加工而成［见图 9-49 (d)］。整体翅片管无接触热阻、强度高、耐机械振动，传热、机械及热膨胀性能均较好，缺点是制造成本高。焊接翅片管是采用钎焊、惰性气体保护焊或高频焊将翅片焊在基管上。翅片与基管可以是同一种材料，也可以是不同的材料。此类翅片管制造较为简单、经济，传热和机械性能也较好，已被广泛应用。

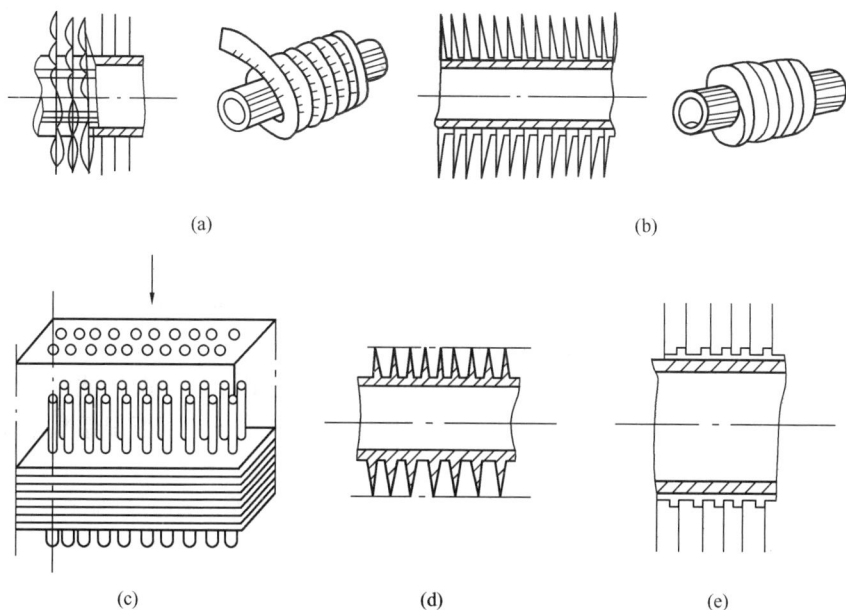

图 9-49　换热器用的各种翅片管
(a) 皱褶绕片；(b) 光滑绕片；(c) 套片或串片；(d) 轧片；(e) 二次翻边片

　　机械连接的翅片管通常有绕片、镶片、套片及串片等多种形式。绕片式翅片管是将钢带、铜带或铝带绕在基管上。若钢带、铜带或铝带是光滑的，则称之为光滑绕片管；若钢带、铜带或铝带是皱褶的就称为皱褶绕片管。皱褶的存在既增加了翅片与管子间的接触面积，又增大了翅片对气侧流体的扰动作用，有利于增强传热。但皱褶的存在也会增加气侧的阻力，且容易积灰，不便清洗。通常为保证翅片与基管接触紧密，同时为防止生锈，可将此类翅片管镀锌或镀锡。

　　镶嵌式翅片管是将翅片根部加工成一定的形状，然后镶嵌于基管壁的对应的槽内。套片或串片式翅片管的翅片一般先冲压成型，套在基管上后再采用机械胀管或液压胀管的方式将翅片牢牢地固定在基管上。翅片和基管的材料可以任意组合。例如空调器中换热器多采用此种形式的翅片管，通常在铜制基管上套铝翅片。铝翅片上又有许多百叶窗式的开缝，借以增加空气侧的扰动，强化传热。此类翅片管的翅化比都很高，可达 40，甚至更高。它制造简单，成本低，但由于翅片与基管金属机械接触，长期使用可能会产生变形松动及氧化，导致热阻增加。套片后进一步进行镀锌或锡，最好是采用热浸锌或热浸锡工艺，既可克服上述缺点，又能防止翅片管腐蚀；这一措施对钢制翅片管特别有效。此外，还有一种二次翻边翅片管，它是在多工位连续机床上经多次冲压、拉伸、翻边、再翻边制成的，其传热效果也很好。换热器用的各种翅片管如图 9-49 所示。

翅片管的优点：① 传热能力强，通常与光管相比，传热面积可增加 2～10 倍，传热系数可提高 1～2 倍；② 结构紧凑，同样热负荷下与光管相比，翅片管换热器管子少，壳体直径或高度可减小，便于布置；③ 当介质被加热时，与光管相比，同样热负荷下翅片管的管壁温度 t_w 将有所降低，这对减轻金属壁面的高温腐蚀和超温破坏是有利的；④ 不论介质是被加热或冷却，同样热负荷下翅片管的传热温差都比光管小，这对减轻管外表面的结垢是有利的，此外，沿翅片和管子表面结成的垢片在翅片的胀缩作用下，会在翅根处断裂，促使硬垢自行脱落；⑤ 对于相变传热，可使相变传热系数和临界热流密度提高。翅片管的主要缺点是造价高和流动阻力大。在选用时应进行技术经济比较。

由于翅片管形式多样，其表面传热系数和压降的计算公式也很多。除了根据翅片管型式正确选用计算公式外，还必须注意翅片管换热器的使用工况。例如当翅片管换热器用于加热空气或冷却空气但不产生凝结水时，换热器的运行过程是处于所谓干工况（即等湿加热或等湿冷却过程）。但空调系统中所使用的表面式空气冷却器（由于表冷器外表面的温度低于湿空气的露点温度，空气中的水蒸气会部分凝结，从而在翅片表面上形成水膜）以及化工和炼油企业中的湿式空冷器（当环境温度很高时，在普通翅片管式空气冷却器入口喷雾状水，利用水的蒸发来提高空气冷却器的效率，以满足工艺要求）却处于湿工况。此时空气与空气冷却器之间不但发生显热交换，还有物质交换引起的潜热交换，通常用析湿系数来反映空气中凝结水的析出程度。

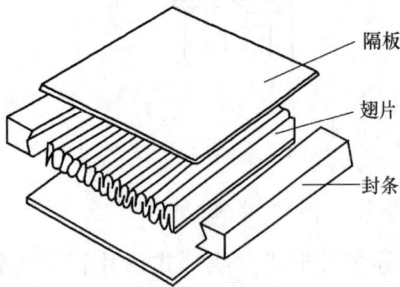

图 9-50　板翅式换热器的单元结构

板翅式换热器又称二次表面换热器，是一种更为紧凑、轻巧、高效的换热器。它是由翅片、隔板和封条组合成板翅单元然后钎焊而成（见图 9-50）。其中基本传热面是隔板，二次传热面是翅片，封条起密封作用，并能增加换热器的承压能力。

翅片是板翅式换热器的关键部分，板翅式换热器中的传热过程主要是翅片的热传导以及翅片与流体间的对流换热。翅片可以看成是隔板换热面的延伸，它不但极大地扩大了传热表面，而且由于翅片对流体的强烈扰动作用，也大大地提高了传热系数，从而使换热器特别紧凑。此外，翅片还起着加强肋的作用，使换热器强度和承压能力得以大大提高，因此尽管翅片和隔板都很薄，换热器仍能承受一定的压力。

常用的翅片形式有平直翅片、锯齿形翅片、多孔翅片、波纹翅片、百叶窗形翅片等（见图 9-51）。翅片形式和尺寸不同，其换热和阻力特性也各不相同。决定翅片结构的基本尺寸有翅片高度、翅片间距、翅片厚度等。

根据工艺要求可由单元结构组成所需流程组合的各种板翅式换热器，例如逆流、叉流、叉逆流等多种形式（见图 9-52）。也可以通过单元结构组合实现三种、四种甚至五种流体在同一台板翅式换热器中进行热交换。这种能实现三种流体以上换热的板翅式换热器又称为多股流板翅式换热器，它在石油化工和空气分离设备中有广泛应用。板翅式换热器还可根据冷热流体的流量及换热和阻力特性，在隔板两侧分别选择不同高度和不同形式的的翅片，以期达到最佳换热效果。

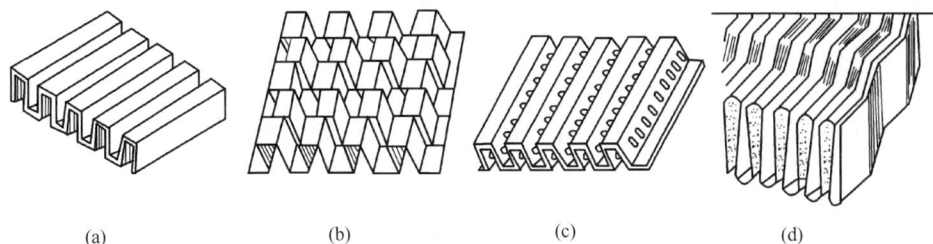

图 9-51 板翅式换热器的翅片形式

(a) 平直翅片；(b) 锯齿形翅片；(c) 多孔翅片；(d) 波纹翅片

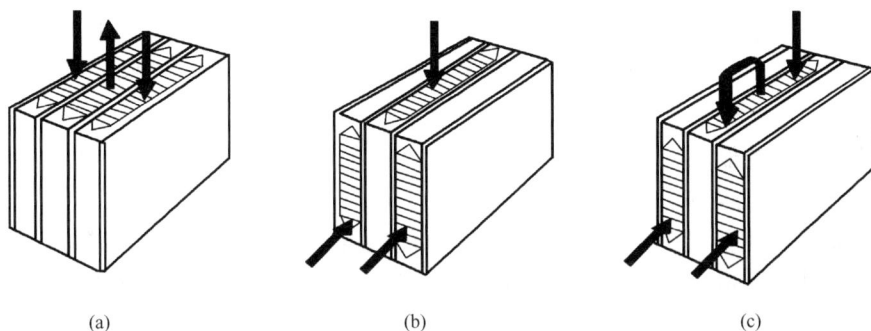

图 9-52 板翅式换热器的流道组合

(a) 逆流；(b) 叉流；(c) 叉逆流

板翅式换热器的制造工艺十分复杂，特别是钎焊工艺的质量更影响整台换热器的性能。目前采用的钎焊方法为有溶剂的盐浴钎焊、无溶剂的真空钎焊和气体保护钎焊。

采用板翅式形式的空冷器的优点如下：

(1) 传热能力强。由于翅片表面的孔洞、缝隙、弯折等对流体的扰动，破坏了热阻最大的层流底层，同时由于隔板和翅片都很薄，导热热阻也很小，故板翅式换热器传热效率高；例如强制对流的空气传热系数可达 $35 \sim 350 W/(m^2 \cdot ℃)$，强制对流的油传热系数可达 $116 \sim 1745 W/(m^2 \cdot ℃)$。

(2) 结构紧凑、轻巧、牢固。由于板翅式换热器具有二次扩展表面，故比表面积可高达 $1500 \sim 2500 mm^2/m^3$，结构紧凑；材料多采用铝合金薄片，质量小，通常同条件下板翅式换热器的质量仅为管壳式换热器的 $10\% \sim 65\%$；由于波形翅片起着支撑作用，故结构牢固，例如 0.7mm 厚的隔板和 0.2mm 厚的翅片配合可承压 3.9MPa。

板翅式空冷器的缺点如下：

(1) 制造工艺复杂，成本高，只有具备条件的专业工厂才能生产。

(2) 流道狭窄，易堵塞，且不耐腐蚀，清洗检修困难，故只能用于介质清洁、无腐蚀、不易结垢、不易堵塞的场合。

第十章　高耗能企业的节能

第一节　冶金工业的节能

冶金工业是指对金属矿物的勘探、开采、精选、冶炼以及轧制成材，它是国民经济发展的基础。根据产品的不同，可将冶金工业分为黑色冶金工业和有色冶金工业两类。冶金工业是以矿石为基本原料，使用一定量的辅助原材料，消耗大量的能源，生产各种金属材料及制品。

一、冶金工业的能耗

（一）钢铁工业能耗状况

钢铁行业是我国能耗的大户，约占全国总能耗的 15％。我国能源资源以煤为主，占 70％左右，钢铁工业是煤炭消耗大户，其余为电力、水、天然气等。我国 2006 年的钢铁能源消费结构状况如图 10-1 所示。

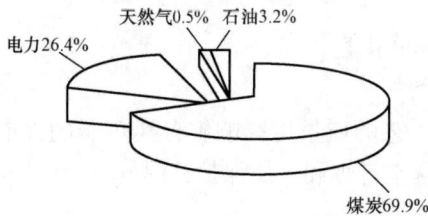

图 10-1　我国 2006 年钢铁企业能源消耗结构

2004 年，中国能源消耗（标准煤，以下同）总量为 19.7 亿 t，其中钢铁工业消耗 2.99 亿 t（含矿山、铁合金、焦化、耐材等行业），占中国能源总消费量的 15.18％；2007 年，钢铁工业总能源占全国能耗的 14.71％。在钢铁能源消耗结构中，煤炭占主导地位，电力其次，其他能源占有份额很少。如 2004 年的钢铁能源消耗中，煤炭占 69.9％，电力占 26.4％，其他占 3.7％。由于我国钢铁产品产量高，也就造成了我国钢铁工业所消耗的能源总量很大。

近年来，全国重点钢铁企业在节约能源、余能和余热回收利用、提高能源利用率等方面做了卓有成效的工作，同时在提高技术节能、结构节能和管理节能上做了大量成效显著的工作，这些工作有力地促进了钢铁企业吨钢综合能耗和各工序能耗的明显降低。宝钢、武钢、鞍钢、首钢等一批钢铁企业的部分生产技术指标已达到或接近国际先进水平。以转炉炼钢为例，2008 年，太钢转炉工序能耗为 12.95kg/t，首钢转炉工序能耗为 12.45kg/t，武钢转炉工序能耗为 10.67kg/t。综上所述，我国钢铁工业的生产技术取得了巨大进步。2000 年以来我国钢铁企业能耗情况见表 10-1。

表 10-1　　　　　　　　　　　　　我国重点钢铁企业能耗情况　　　　　　　　　　　　kg/t

年份（年）	吨钢综合能耗	烧结	球团	焦化	炼铁	转炉	电炉	轧钢
2000	920	68.9		160.2	466.1	28.9	265.6	117.9
2005	747	64.8	39.96	142.2	456.3	36.3	201.2	88.5
2007	628.23	55.47	30.12	126.8	428.3	6.32	80.9	59.5

续表

年份（年）	吨钢综合能耗	烧结	球团	焦化	炼铁	转炉	电炉	轧钢
2008	629.93	55.49	30.29	119.9	427.7	5.74	81.5	59.2
2009	603.03	56.11	34.45	113.3	411.9	5.18	79.1	58.1

由于我国钢铁企业陆续采用 TRT、CDQ 和蓄热式加热等先进技术装置与设备对二次能源回收利用，使各工序能耗降低取得了显著效果。

我国重点钢铁企业和世界先进企业相比，各工序能耗均有差距。转炉工序能耗差距最大，国外二次能源回收好，已完全实现负能炼钢；我国由于转炉炉容量偏小，回收转炉煤气能力差，很多企业的转炉煤气均未回收。国内钢铁企业能耗与国外比较情况见表 10-2。

表 10-2　　　　　　　　国内与国外先进钢铁企业能耗比较　　　　　　　　kg/t

指标	烧结	焦化	炼铁	转炉	电炉	热轧	冷轧	综合
国内	66	142	466	27	210	93	100	761
国外	59	128	438	—9	199	48	80	655
差距	11%	19%	5%	133%	5%	48%	20%	14%

2005 年全国重点钢铁企业吨钢综合能耗为 747kg/t，而韩国浦项和光阳分别为 743kg/t 和 711.9kg/t，德国蒂森为 603.6kg/t，日本新日铁为 651kg/t。根据这些数据，国外 4 个公司吨钢综合能耗平均值为 677kg/t，我国与它们的差距为 71kg/t。因此，中国金属学会专家认为我国钢铁工业总体能耗水平与国际先进水平之间的差距为 9.5% 左右。

日本钢铁企业的节能技术在世界上属于先进水平，以新日铁为例，通过采取一系列节能措施，新日铁的能耗大大降低，从钢铁生产及大宗废物利用方面回收的能量的比例不断增加，取得了很好的节能效果。图 10-2 所示为新日铁的能量多段利用模式。可见，通过工艺过程的省略、连续化，如薄板坯连铸连轧、再生式燃烧器等；副产品、排热的回收，如焦化煤气、化工产品的回收、干熄焦、高炉顶压发电、转炉煤气锅炉、废热锅炉等；废塑料、废轮胎、生物质能的利用以及通过产业间合作对未利用排热进行利用等措施，可以有效地提高能源利用率，减少一次能源的消耗。在能量的使用上，提倡多段使用，提高利用率。

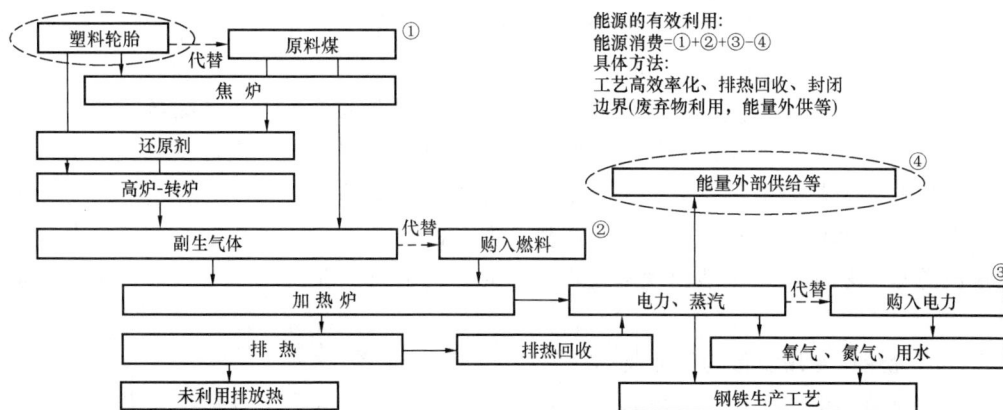

图 10-2　新日铁的能量多段利用模式

近几年，我国钢铁工业在新世纪取得了保持持续增长的成就，为中国经济的持续高速增长作出了重大贡献。但我国钢铁行业长期粗放发展所积累的矛盾也日益突出：①生产布局不合理。②产业集中度低。低水平能力所占比重较大。③技术创新能力不强。大多先进的技术仍需要从国外引进和模仿。④产能总量过剩。截至 2008 年底，我国粗钢产能超出实际需求约 1 亿 t。⑤资源稀缺。这些都严重阻碍了钢铁工业的发展。"十二五"期间，在整个宏观经济进入调整结构的背景下，转型和调整也成为钢铁行业的关键词。钢铁企业要转变增长方式、产品向高端化、用能向减量化、环境向清洁化方向发展。

（二）有色冶金工业能耗状况

有色金属工业作为高耗能行业，生产集中度小，但能耗高。我国有色金属工业单位产品能耗（标准煤，下同）约为 476t，约占全国能源消费量的 3.5％以上。其中铜、铝、铅、锌冶炼能耗占有色金属工业总能耗的 90％以上，而电解铝又占其中的 75％。在我国有色金属中，由于电解铝和氧化铝生产过程中能耗大，加上产量高，毫无疑问是第一能耗大户。2006 年，我国生产氧化铝 1370 万 t，按照当年氧化铝综合能耗为 893.91kg/t 计算，共耗能 1224.66 万 t 标准煤。同时，2006 年，我国铝加工产量为 815 万 t，按照当年综合能耗为 700kg/t 计算，共耗能 570 万 t。据统计，2005 年电解铝和氧化铝生产能耗占全年有色金属能耗总量的 69％。2006 年，氧化铝和电解铝产量增长幅度高于全国有色金属产量增长幅度，再加上铝加工方面的能耗，整个铝行业能耗占到整个有色金属的 75％左右。

有色金属工业能源利用结构主要为电力，其次为煤，其他有焦炭、原油、天然气、煤气、成品油、柴油、液化石油气、生物能源和其他直接或通过加工、转换而成的各种能源。电力主要用于有色金属的电解，煤炭主要用于有色金属的冶炼。

据 2006 年统计，"十五"期间，有色金属冶炼企业能源利用率中电力占 60％～70％，平均为 65.0％；煤炭和焦炭占 25％～30％，其中焦炭约占 3.0％，扣除焦炭比例，平均为 24.5％。电力和煤炭所占比例为 89.5％；其他能源总利用率约为 10.5％。

近年来，我国有色金属行业节能成效显著，特别是一些综合能耗指标不断得到改善：2005 年，铜冶炼综合能耗 779.8kg/t 比 2000 年的 1277.2kg/t 下降 497.4kg/t；2006 年，生产氧化铝综合能耗为 900kg/t，比 2000 年的 1212kg/t 下降 312kg/t，铝锭综合交流电耗 14 661kWh/t，同比 15 480kWh/t 下降 819kWh/t。2005 年原铝氧化铝单耗 1930kg/t 比 2000 年的 1944.8kg/t 下降 14.8kg/t；铝加工材综合能耗 2006 年 700.0kg/t，比 2000 年的 1139.5kg/t 下降 439.5kg/t。

我国有色金属工业节能减排虽已取得明显成效，但有色金属工业是高耗能产业。近年来，我国有色金属工业的快速发展在很大程度上依靠增加固定资产投资、扩大产业规模的粗放型发展模式。尽管通过推动先进技术、加强管理、推进清洁生产、有色金属工业的单位产品能源消耗和污染物排放出现下降趋势，但是由于产量快速增长，能源消耗总量和污染物排放总量仍然不可避免地出现增长，已成为有色金属工业持续发展的重要制约因素与困境。

二、冶金企业专用设备的节能监测

冶金行业类别很多，其工艺流程、工艺设备、能源消耗也千差万别，本书中不一一叙述，现对钢铁生产和铜铝生产中几个典型设备的节能技术和节能监测进行说明。

（一）焦炉的节能监测

1. 焦炉的节能技术

焦化过程中必须熄焦，如果不熄焦降低焦炭温度，热焦炭与空气接触会迅速消耗。焦炭温度高，现有的皮带送料方式难以使用。此外，焦炭在高炉内除了做燃料外，还起到还原和骨架的作用，热的焦炭强度不够。

干熄焦（CDQ）是用 CO_2、惰性气体等穿过红焦层对焦炭进行冷却，焦炭冷却到 250℃以下，惰性气体升温至 800℃左右，送到余热锅炉产生蒸汽，具体工艺流程如图 10-3 所示。炭化室推出的约 1000℃的红焦由推焦机推入焦罐中，焦罐车将其牵引到横移装置处，把装有红焦的焦罐横移到提升井，提升吊车把其提升并运送到干熄槽顶部，经装料装置把红焦装入干熄槽中。红焦在冷却室内与循环鼓风鼓入的 200℃惰性气体进行换热，温度降低到 230℃以下，由排料装置排到皮带运输机上运至炉前焦库。惰性气体吸收了焦炭的显热温度升到 900～950℃，经一次除尘后进入余热锅炉产生蒸汽，从锅炉出来的惰性气体又降至 200℃左右，经二次除尘降温后，再次送入干熄焦槽中。余热锅炉产生中压蒸汽，可并入蒸汽管网或送入发电机组发电。

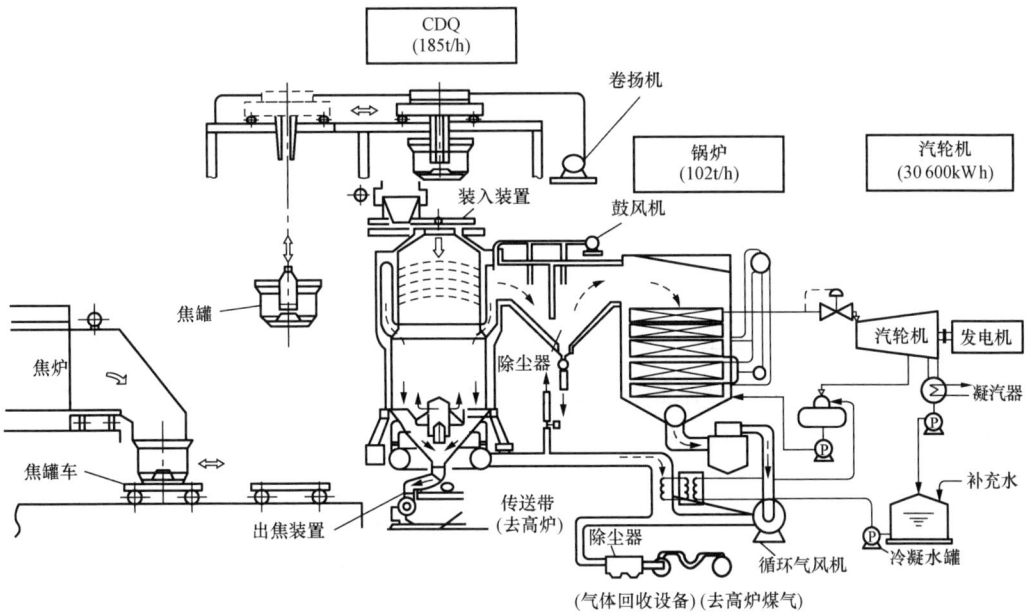

图 10-3　干熄焦工艺流程

焦化生产中，出炉红焦显热约占焦炉能耗的 35%～40%，采用干熄焦可回收约 80% 的红焦显热。按照目前技术条件，平均每干熄 1t 焦，可回收 450℃、3.9MPa 的蒸汽 0.45t 以上，扣除干熄焦工艺的自身电耗，可净发电 20～30kWh/t 焦，折合标准煤 8～12kg/t。根据宝钢的生产实际，CDQ 可降低能耗 50～60kg/t，国外某钢铁公司对其炼焦炉和 CDQ 的热收支进行分析，如图 10-4 所示。可见，CDQ 可回收炼焦能耗的 49.4%。

日本某钢铁企业对其 CDQ 技术的节能效果进行计算，计算结果见表 10-3。年节约电能 850MWh，总的有效燃料节约量（换算为原油）为 4730kL/a。

济钢焦化厂现有焦炉 4 座，设计年产焦炭 110 万 t，其干熄焦装置配备 2 台 35t/h 的余

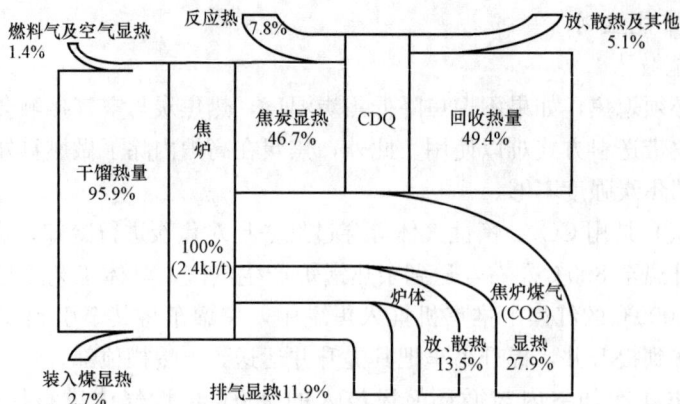

图 10-4   国外某钢铁公司干熄焦的热收支分析

热锅炉和 1 台 6100kW 的背压发电机组，全年可回收余热蒸汽 47 万 t，发电 3920 万 kWh。

表 10-3   日本某钢铁企业 CDQ 的节能效果

项　　目	数量
CDQ 回收蒸汽的能量（转换为原油）A	4832kL/a
电能 B	3910MWh/a
增加的用电量 C	3280MWh/a
用于惰性气体的都市煤气（转换为原油）D	90kL/a
与湿熄焦相比减少的用电量	220MWh/a
总的有效燃料（转换为原油）节约量 $A-D$	4730kL/a
节约电能 $B-C+E$	850MWh/a

在国家对节能环保要求越来越严格、能源价格越来越高、能源供应越来越紧张的情况下，干熄焦所带来的经济效益、环境效益、节能效果越发明显。

2. 焦炉的节能监测

根据焦炉的工艺特点，焦炉的节能监测项目为出炉烟气温度、出炉烟气中 O_2 含量、出炉烟气中 CO 含量、焦饼中心温度、炉体表面温升和设备状况。

（1）出炉烟气温度。出炉烟气温度是控制排烟物理热损失的一个很重要的参数。焦炉出炉烟气温度的测定，应选择连续 5 个燃烧室（注意避开边燃烧室），在燃烧室两侧（即机侧和焦侧）废气开闭器小烟道连接处插入测温仪表（在节能监测中以插入 $0 \sim 500℃$ 的玻璃液体温度计为宜），下降气流的烟气温度在交换前 5min 开始读数。5 个燃烧室两侧各测取 3 次，以其平均值作为监测值。

（2）出炉烟气中 O_2 含量和 CO 含量。出炉烟气中 O_2 含量是控制排烟物理热损失的另一个很重要的参数，CO 含量则表示燃烧的化学不完全燃烧情况。这两个参数的监测是必要的。

选取两个燃烧室，取样点设置在两侧小烟道连接管处，在交换前各取下降气流烟气样一次，并立即进行成分分析，成分分析仪器可使用燃烧效率测定仪或奥氏气体分析仪。

（3）焦饼中心温度。焦饼中心温度是影响结焦质量的重要控制参数。在节能监测中，焦饼中心温度可抽测一个炭化室。

（4）炉体表面温升。炉体表面温升表示焦炉炉体的绝热保温情况。由于焦炉炉体尺寸很大，在节能监测中要测定全部表面的温度工作量很大，也是没有必要的。监测时可选择分别处于初、中、末结焦时间的三个炭化室及其燃烧室进行抽测。每个炭化室和燃烧室按炉顶、炉墙（炉门）分别测定，炉顶按机侧、中间、焦侧测定三点（应避开炭化室装煤孔），炉墙（炉门）按上、中、下测定三点。

（二）烧结机的节能监测

1. 烧结机的节能技术

（1）低温余热回收、炉渣显热回收等技术。烧结热平衡计算表明，热烧结矿的显热和废气带走的显热约占总支出的 60%。从节省能源、改善环境、提高企业经济效益出发，应尽可能回收利用。

当烧结进行到最后时，烟气温度明显上升，机尾风箱排出的废气温度可达 300~400℃，含氧量可达 18%~20%，这部分所含显热占总热耗的 20% 左右。从烧结机尾部卸出的烧结饼温度平均为 500~800℃，其显热占总热耗的 35%~45%。热烧结矿在冷却过程中其显热变为冷却废气显热，废气温度随冷却方式和冷却机部位的不同，在 100~450℃ 之间变化，其显热约占总热耗的 30%，相当于（380~600）×10^3kJ/t 烧结矿的热量由环冷机废气带走。因此，环冷机废气和机尾风箱废气是烧结余热回收的重点。

（2）环冷机废气余热锅炉。高温废气从环冷机上部的两个排气筒抽出经重力除尘器进入余热锅炉进行换热，锅炉排出的 150~200℃ 的废气由循环风机送回环冷机风箱连通管循环使用。系统中专设一台常温风机，其作用是当余热回收设备运行时补充系统漏风。余热回收设备不运行而烧结生产仍在进行时，可打开余热回收区的排气筒阀门，启用该风机以保证环冷机的正常运行，并使它卸出冷烧结矿的温度低于 150℃，其工艺流程如图 10-5 所示。

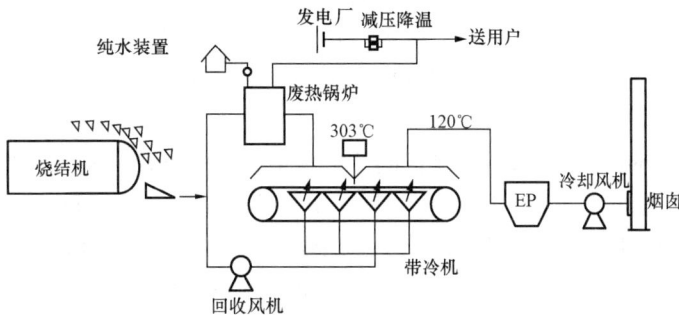

图 10-5　环冷机废气余热锅炉余热回收工艺流程

（3）烧结机废气余热锅炉。烧结机的主排烟气从热回收区抽出经重力除尘处理，进入余热锅炉进行热交换，锅炉排出 150~200℃ 的低温烟气再经循环风机返回烧结机的主排烟管。系统中没有设置旁通管，当最后一个风箱由于漏风而使温度下降时，可将此风箱的烟气送回至前面合适的主排烟管道，以保证抽出的烟气温度在一个较高的水平上。当最后一个风箱温度回升时，这部分烟气还可继续回收利用。此外，在热回收区与非回收区之间不设隔板，用远程手动操作调节烟气量，从而保证稳定操作不影响烧结生产，同时确保主电除尘器入口烟气温度在露点以上。宝钢 495m² 烧结机主排废气回收利用装置如图 10-6 所示。

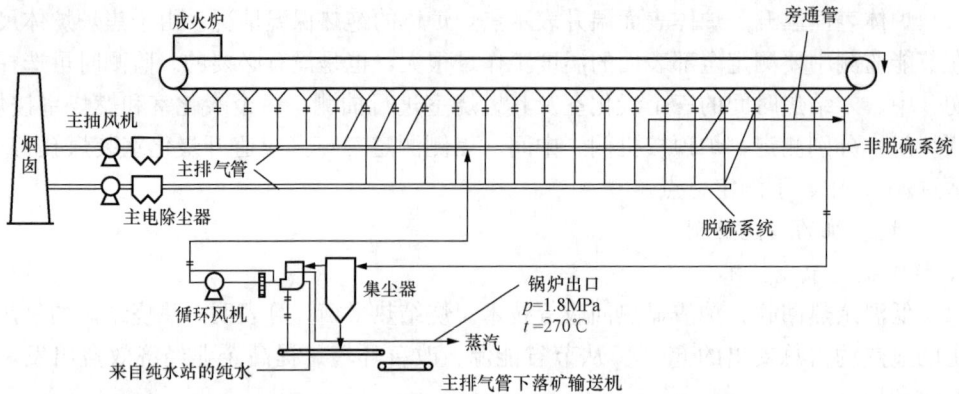

图 10-6　宝钢 495m² 烧结机主排废气回收利用装置

2. 烧结机的节能监测

（1）料层厚度。料层厚度对于提高产量、降低能耗有着重大的影响。冶金工业部在《烧结工序节约能源的规定》中提出了要实行厚料层烧结，要求各企业应从强化造球、提高混合料温度、盖上布料等方面采取措施，为厚料层烧结创造条件。

在节能监测的实施过程中，直接用量具插入料层测量厚度有一定困难，并容易造成误差，监测时可采用间接测定法，即在布料后测定料层顶面到台车上沿的高度，以台车总深度减去测定值作为料层厚度的监测值。

（2）废气温度。烧结机产生的废气量很大，其平均温度为 80～180℃，若从位于烧结机的起点至终点的主废气管道来看，废气温度范围为 50～500℃。对于这部分废气的回收利用是烧结机的重要节能手段。

（3）烧结矿残碳含量。烧结矿原料和燃料的配比一般在工艺上都是根据原料条件对烧结矿的要求确定的，在原料无大波动的情况下，这个配比一般是不变的。烧结料在烧结过程完成时应完全烧透，所配焦沫或无烟煤同时也应烧尽。在实际生产过程中，烧结矿残碳含量应达到某一特定的数值之下。

这个指标不仅控制了能源消耗，保证固体燃料最大程度利用，而且对烧结矿质量有重大影响。如果烧结完成顺利，烧结矿烧透，残碳含量低，则烧结矿强度高、质量好、成品率高、产量也会相应提高，返矿率降低，单位成品烧结矿能耗也相应降低。

（4）点火煤气消耗。烧结机点火煤气消耗也是影响烧结能耗的一个重要技术经济指标，冶金工业部《烧结工序节约能源的规定》提出：要经常测定炉气成分和压力，不断研究改进点火工艺，研究炉型结构，改进烧嘴，降低点火燃耗，并规定具体指标：50m² 及其以上的烧结机，点火燃耗应不大于 125MJ，50m² 以下的烧结机应不大于 210MJ。

测定点火煤气消耗，要测定点火煤气的流量、温度、压力，并取样分析其成分、计算其低位发热量。若现场有流量、压力、温度仪表，且在检定周期内，可以利用现场仪表。

（三）高炉的节能监测

1. 高炉的节能技术

当今应用于高炉的节能技术主要有高炉煤气余压发电、高炉富氧喷煤技术、低热值煤气燃气轮机技术、高炉炉渣余热回收等。

（1）高炉煤气余压发电（TRT）。TRT 技术是国际公认的钢铁企业重大能量回收装置。现代高炉炉顶压力高达 0.15～0.25MPa，温度约 200℃，因而炉顶煤气中存在大量物理能。TRT 发电装置是利用高炉炉顶煤气的压力和温度，推动汽轮机旋转做功，驱动发电机发电的装置，如图 10-7 所示。TRT 装置包括汽轮机和发电机两大部分，在煤气减压阀前把煤气引入汽轮机膨胀，把压力能和热能转化为机械能并驱动发电机发电。在运行良好的情况下，吨铁回收电力为 30～54kWh，可满足高炉鼓风机电耗的 30%，实质上回收了原来在减压阀中浪费的能量。如果高炉煤气采用干法除尘，发电量还可以增加 30% 左右。

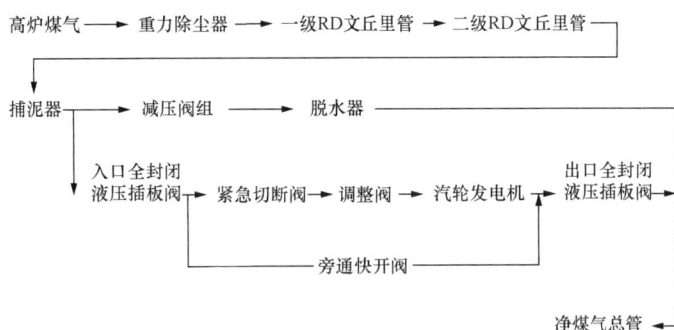

图 10-7　安装 TRT 装置的高炉炼铁流程

2006 年，全国已有 210 多套 TRT 装置，大于 1000m³ 的高炉 90% 以上安装了 TRT 装置。宝钢 TRT 吨铁发电量是 36.7kWh，折合标准煤 14.8kg。马鞍山钢铁厂安装了 TRT 系统，仅 8 个月时间累计发电量为 2658.88 万 kWh，获得了显著的经济效益。攀钢在使用 TRT 技术以后，月节约电量 342kWh，节约水耗 8 万 t，同时大大提高煤气用户的热效率和燃烧温度。

TRT 装置不需要添加或使用任何能源、燃料的发电设备，发电成本低，可回收高炉鼓风机所消耗能量的 25%～50%，是目前发电设备（核能、水力、火力）中投资最低，见效最快，低投入、高产出的节能环保设备。同时，高炉煤气减压过程中产生的噪声由原来采用减压阀组的 110～140dB 降低到 80dB 以下，具有很高的经济效益和社会效益。

（2）高炉富氧喷煤技术。高炉热风温度是影响炼铁工序能耗的重要因素之一，高炉风温每提高 100℃，喷煤比提高 20～40kg/t，焦比降低 15～30kg/t。通过在高炉冶炼过程中喷入大量的煤粉并结合适量的富氧，达到节能降焦、提高产量、降低生产成本和减少污染的目的。焦化工序能耗是 142kg/t，喷吹 1t 煤粉可以减少 0.8t 的焦炭，还可以减少炼焦消耗 100kg/t。另外，煤的价格是焦炭的一半左右，可以带来巨大的经济效益。

（3）高炉燃气-蒸汽联合循环发电（CCPP）。发热量低的煤气燃气轮机联合循环发电技术是将煤气与空气压缩到 1.5～2.2MPa，在压力燃烧室内燃烧，高温高压烟气直接在燃气轮机（GT）内膨胀做功并带动空气压缩机与发电机完成燃机的单循环发电。燃气轮机排出烟气温度一般可在 500℃ 以上，余热利用可提高系统效率，再用余热锅炉（HRSG）生产中压蒸汽，并用蒸汽轮机（ST）发电。蒸汽轮机发电是燃机发电的补充。CCPP 系统的锅炉和汽轮机都可以外供蒸汽，联合循环可以灵活组成热电联产的工厂。在 CCPP 系统中还有一个煤气压缩机（GC）单元，特别在低热值煤气发电中，煤气压缩机比较大。众所周知，余热锅炉加蒸汽轮机发电是常规技术，所以 CCPP 技术的核心是燃气轮机组，燃气轮机组一般是压缩机、燃烧器与燃气轮机组合的总称（CCPP），总的热效率能提高到 43%～46%。CCPP 装置由于具有效率高、造价低、省水、建设周期短、启动快等一系列优点，在世界各国电力行业应用已相当广泛。CCPP 流程图如图 10-8 所示。

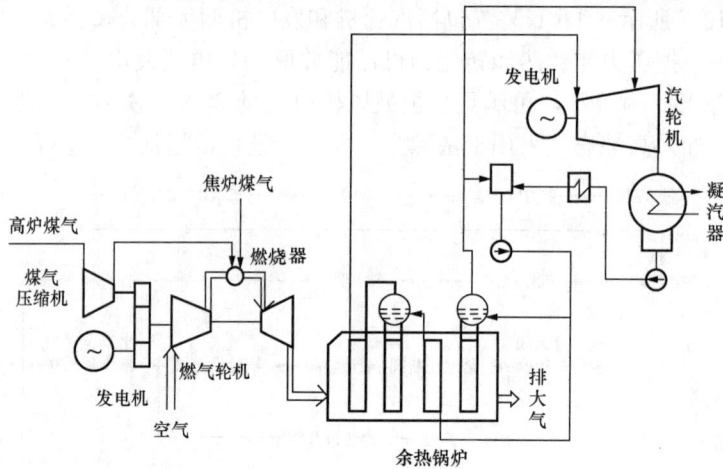

图 10-8　CCPP 流程图

（4）高压操作。炉顶压力大于 0.03MPa 为常压操作，高于 0.03MPa 为高压操作。高炉采用高压操作后，炉内煤气流速降低，从而减小煤气通过料柱的阻力；高压时，如果维持高压前煤气通过料柱的阻力，则可以增加产量。

（5）高风温。提高风温是降低焦比的重要手段。一般而言，热风温度提高 100℃，可使焦比降低 35kg/t。目前风温的先进水平达 1350～1450℃，我国平均水平为 1100℃ 左右，先进的企业可达 1250℃。

2. 高炉的节能监测

（1）热风温度。入炉热风带入的物理热是高炉所需热量的重要来源，也是影响高炉焦炭消耗量的重要因素。热风温度的提高实际上是用品位较低的高炉煤气去置换较高的焦炭，从而降低高炉炼铁总的焦炭消耗量。此外，在检测入炉热风温度的同时检测高炉热风炉总管上的鼓风炉预热温度，可以检测入炉热风经热风管道和围管后的温度损失。可在风口中插入耐热钢管，用热电偶进行热风温度测量。

（2）炉顶煤气中 CO_2 含量。提高炉顶煤气中 CO_2 含量就是提高了煤气利用率，使得炉内燃烧得到更充分的利用，炼铁焦比下降。

节能监测中所分析的高炉炉顶煤气应是混合煤气，煤气的取样点不应设在煤气上升管上，而应该在煤气下降管上。在实际检测中，可以使用现场煤气取样孔或取样管，若取样管的位置在重力除尘器之前也是允许的。煤气取样后应立即分析其 CO_2 含量，一般可使用奥氏气体分析仪，若有条件可用气象色谱仪或红外气体分析仪。运行状态良好的炉子，CO_2 应达到 15% 以上。

（3）炉顶煤气温度。炉顶煤气的温度也称炉顶温度，它的数值直接表示了炉内热交换状况的好坏，也表示了煤气带出高炉的物理热的大小，是一个重要的监测项目。

一般钢铁企业的炼铁高炉内都有测定炉顶温度的仪表，节能监测中可以利用。只要现场仪表符合准确度要求，且在检定周期内，可直接读取作为监测值。使用热电偶测定时注意所用二次仪表的有效位数应与分度表相适应。

（4）高炉炼铁工序能耗。高炉炼铁工序能耗是高炉炼铁生产的综合性能指标，它是炼铁生产设备状况、操作水平、原燃料条件的综合反映，是节能监测项目的一个重要指标。

高炉工序能耗属监督审计性质，它是对一个监测期内，利用能源消耗台账和生产统计报表，统计能源消耗量和生铁产量，进一步计算工序能耗。

（四）转炉的节能监测

1. 转炉的节能技术

（1）湿式除尘法转炉煤气回收技术。转炉吹炼过程中碳氧反应会产生大量 CO 浓度较高的转炉煤气，平均温度高达 1450℃。在炼钢过程中，吨钢产生发热量为 $8370kJ/m^3$ 的煤气 $110\sim120m^3$，所含热量几乎占到整个炼钢过程放热量的 80%，其回收利用将有利于降低能源消耗。湿式除尘法是以双级文丘里管为主的煤气回收流程（简称 OG 法），同时也是国内发展较快且较为成熟的技术，其工艺流程如图 10-9 所示。

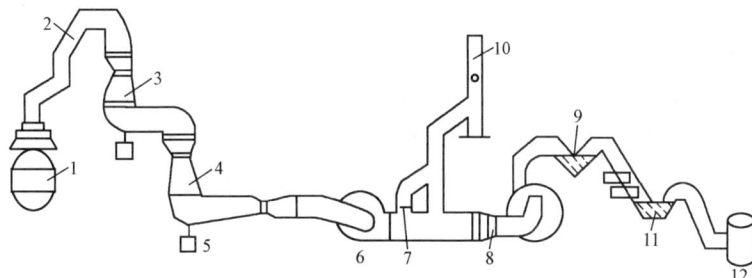

图 10-9　OG 法转炉煤气回收流程
1—烟罩转炉；2—汽化冷却器；3——级文丘里管；4—二级文丘里管；5—流量计；
6—风机；7—旁通阀；8—三通阀；9—V 形水封；10—烟囱；
11—水封止回阀；12—煤气柜

OG 法的流程为经汽化冷却烟道的烟气首先进入一级水溢流固定文丘里管，下设脱水器，再进入二级可调文丘里管，烟气中的灰尘主要在这里除去，然后经过弯头脱水器和塔式脱水器进入风机系统送至用户或烟囱。

国内某钢厂 250t 转炉出口烟气温度约为 1600℃，采用 OG 法转炉煤气回收技术，烟气带出的大量热量被冷却烟道所收，冷却烟道的余热所产生的蒸汽量达到 $70\sim80kg/t$，经冷却后的烟气温度小于 750℃，其显热得到了充分回收利用。

（2）转炉负能炼钢技术。转炉炼钢工序消耗的总能量小于回收的热量，转炉工序不但不消耗能源，反而外供能源。实现转炉负能炼钢的主要技术措施有提高转炉煤气、蒸汽回收水平，采用交流变频技术降低电机消耗，提高自动控制水平等。

首钢炼钢系统实现转炉负能炼钢的重点是减少氧气、电力的消耗，提高转炉煤气和蒸汽的回收，同时降低各类能源消耗。采用钢包蓄热式烘烤器回收加热装置排放烟气的显热，提高燃烧效率，降低焦炉煤气吨钢消耗 $15.78m^3$；建设溴化锂吸收式制冷机组，利用蒸汽驱动机组以满足炼钢铸钢区夏季制冷的需求，节省空调电力消耗；采用新型激光煤气分析仪，提高煤气回收时间，吨钢煤气回收量提高到 $10m^3/t$ 以上；采用计算机全自动控制技术，确定最佳回收期，使吨钢煤气回收量提高 16.09m³/t。

2. 转炉的节能监测

（1）全周期时间。氧气顶吹转炉冶炼全周期时间是一个与能耗有关的综合性指标，包括装料时间、吹氧时间、出炉时间、补炉时间和等待时间。转炉的热量损失如表面散热、冷却水带出的物理热均与时间有关。在一定供氧强度下，供氧量与吹氧时间有关。因此，监测全周期时间是必要的。

全周期时间监测方法是使用电子秒表计时，从上一炉钢出炉完成时开始，至本炉钢出钢停止时结束。

（2）废钢比。废钢是转炉炼钢的金属料之一，同时也作为炼钢冷却剂使用。在铁水量相对不足时，多加废钢可提高钢产量，用废钢置换铁水，是一项重要的节能手段。氧气顶吹转炉车间一般都有电子秤，监测时可直接读取。

（3）全炉供氧量和单位能耗。氧气是氧气顶吹转炉炼钢用的主要载能工质，由工厂动力部门用电转换而来，氧气的消耗实际就是电力的消耗，而全炉供氧量反映了转炉氧气消耗情况。因此，全炉供氧量和单位能耗是氧气转炉炼钢工序的主要考核指标，其值必须在保证生产的同时尽可能降低。

（4）出钢温度。出钢温度过低或过高，都可能对产品造成影响。钢水出炉温度与其带出物理热有很大关系，但由于转炉重点温度控制是氧气顶吹转炉冶炼操作的重要环节，是工厂生产的控制参数，必须保持在一定范围内，否则需升温或降温才能出炉。

（5）转炉煤气回收量。在氧气顶吹转炉中，燃烧生成的碳氧化合物进行回收后进入转炉煤气柜，供给各个工序使用，降低能耗。目前大部分企业均有自身的转炉煤气柜，回收自己的转炉煤气并实时统计。

（6）蒸汽回收量。很多大中型转炉采用汽化冷却烟道产生蒸汽，并入蒸汽管网，降低锅炉燃料消耗。

（五）炼钢电弧炉的节能监测

1. 电弧炉炼钢的节能技术

国内电炉炼钢的能耗为 210kWh/t，电炉由于没有烧结、球团、焦化和高炉工艺，流程从总体上看要比高炉能耗低，电炉能耗为 317kg/t，比同期转炉工序能耗 700.17kg/t 低很多。但由于国内电炉比例较低，关注度小，开展的工作比较少，但未来发展空间大，存在很大的节能潜力。

电炉节能主要有减小电炉本体冶炼耗电量和电炉高温含尘废气的余热回收，废气温度高达 1000～1400℃，携带热量占电炉输入总能量的 25%～50%。

2. 电弧炉炼钢的节能监测

电炉炼钢是间歇性作业，监测时间应选定为上一炉出钢完毕至监测炉次出钢完毕为止的一个完整周期，要求冶炼正常，供电正常。

（1）冶炼时间。冶炼时间和冶炼电耗、炉体散热损失、冷却水带出热量、电能损失等各项热量支出成正比关系。当前，电炉炼钢节能措施中有许多缩短冶炼时间的措施，如强化用氧、不烘炉炼钢、炉外精炼等。因此，冶炼时间的监测很有必要。

冶炼时间监测应使用两块电子计时秒表，一块用于测定全周期时间（补炉、装料、熔化期、氧化期、还原期及出钢各工艺所用时间），即从上一炉出钢完成到本次出钢完成；另一块测定总送电时间,即从送电开始到送电结束的时间,其中因加料、扒渣等操作停止送电时应停止计时。

(2)出钢温度。钢水出炉前要调整到适当温度,若出钢温度不适当,将给后续浇铸操作带来困难并影响钢的质量,也同时关系到冶炼电耗。经计算,每吨钢升高 1℃,需耗电 0.38kWh,而在高温下升高 1℃,所需电耗远远不止这个量。

出钢温度的监测使用快速(插入式)热电偶在还原期停止送电后测定。

(3)相电阻或电能损失。相电阻或电能损失都是表示炼钢电弧炉电气系统的指标,是电炉炼钢能量平衡中的大项之一,将其列入监测项目使电弧炉监测更为完整。

(4)电炉炼钢冶炼电耗和工序能耗。电能是电炉炼钢的主要能源,它的单耗决定着工序能耗的高低。冶炼电耗占电炉炼钢工序能耗的 80%左右。因此,冶炼电耗和工序能耗是电弧炉炼钢工序的主要考核指标,其值必须在保证生产的同时尽可能降低。

(5)炉盖和炉门开启时间。炼钢电弧炉在生产过程中特别是在熔化期后期到出钢这一段时间内,炉内温度很高,炉盖和炉门的开启将会造成大量辐射热损失。炉盖和炉门的开启时间用电子计时秒表测定,记录开启的次数和时间。辐射热流计可直接测量辐射热损失。

(六)轧钢加热炉的节能监测

1.轧钢加热炉的节能技术

轧钢工序能源消耗最多的是轧钢加热炉,占 50%以上,从轧钢工序上节能,首先应从加热炉节能着手。主要包括:①合理的炉型及烧嘴布置。②采用先进的燃烧器。如蓄热式燃烧器。蓄热式加热炉技术的核心是高风温燃烧技术,其特点是高效烟气余热回收(排烟温度低于 150℃)。采用蓄热式加热炉技术,可将加热炉排放的高温烟气降至 150℃以下,将煤气和空气预热到 1000℃以上;使用发热量低、低价的高炉煤气替代焦炉煤气或重油,热回收率达 80%以上,节能 30%以上;提高加热能力,生产效率可提高 10%~15%;减少氧化烧损,有害废气量(如 CO_2、NO_x、SO_x 等)的排放大大减少。③减少炉体热损失,如废气热损失、炉体散热损失、冷却水带走的热损失等。

2.轧钢加热炉的节能监测

对轧钢加热炉进行监测时其必须已连续运行 3 天以上,这是因为在监测时轧钢加热炉应处于正常稳定工作状态,炉体应已达到热平衡,本身不再继续蓄热。一般轧钢加热炉连续运行 3 天后可基本达到这一状态。监测前至少应维持 2h 以上正常生产时间,应保持炉子正常出钢、轧机正常作业(目的是消除不正常因素对监测结果的影响)。正常生产状态应保持到监测的现场工作实施完毕。

(1)单位燃耗和工序能耗。单位燃耗和工序能耗是直接反映轧钢加热炉能耗水平的重要指标,对轧钢加热炉的监测应首先考虑这个指标。单位燃耗的监测可以在选定的统计期内,选定一炉钢料,在炉子运行正常时进行装料加热,在一炉钢料加热完成后,记录下所耗燃料量(称为烧钢量),就可以得出加热炉实际单位燃耗,也可以企业的台账或报表为准,即

$$实际单位燃耗 = \frac{燃料消耗量}{入炉原料量} \quad kg/t \tag{10-1}$$

$$实际工序单位能耗 = \frac{燃料消耗 + 电等动力消耗 - 余热回收外供}{工序合格产品产量} \quad kg/t \tag{10-2}$$

（2）排烟温度。轧钢加热炉最主要的热损失就是排烟带出的物理热，排烟温度是影响这项热损失的关键参数。同时，轧钢加热炉的重要节能措施就是降低出炉烟气温度和排烟温度。

（3）过量空气系数。过量空气系数是评价炉内燃烧好坏的主要指标，最佳的燃料燃烧是低过量空气系数和烟气中没有不完全燃烧成分。如果空气过剩量很大，虽然可以保证燃料完全燃烧，但增大了烟气量，这将导致烟气带出的物理热增大；如果空气量不足，则在烟气中存在大量可燃成分，将导致大量的不完全燃烧热损失。

过量空气系数和排烟温度的监测一样，应在炉膛出口处和余热回收装置烟气处进行。

（4）炉渣可燃物含量。这一监测项目只对固体燃料加热炉有实际意义。燃料燃烧是把化学能转变为热能的过程，是能源利用的第一步。燃烧效率即化学能转换为热能的转换效率的高低，直接影响着轧钢加热炉的热效率，影响着轧钢加热炉的燃料消耗。

一般情况下，轧钢加热炉所用的固体燃料（煤）的灰分是一定的，炉渣中可燃物含量增大，其灰分含量必然随之减少。根据灰平衡原理，灰渣总量也就相应增加，这样就造成了炉渣中可燃物总量大大增加，而与之成正比的机械不完全燃烧热损失也相应地大大增加。

炉渣中可燃物含量测定需要在生产现场取炉渣样，在实验室进行化学分析。

（5）炉体表面温升。在正常生产过程中，轧钢加热炉通过炉体向环境散失一些热量，也是一种能量损失。炉体表面散热不仅增加燃料消耗，而且使得劳动条件恶化。炉体散热主要与两个因素有关，一是炉体外表面积，二是炉体外表面温度及环境温度，炉体外表面积在炉子设计和施工时就已确定，是不能改变的，要降低炉体散热，就只有降低炉体外表面温度（与环境温度的差值）。所以，将炉体外表面温升列为表示炉体散热情况的监测项目。

炉体外表面温升测定时一般按炉型把炉体划分为二段或三段，分别测定每一段炉体炉顶、炉墙的温度及其环境温度，以各部位炉体平均温度与实测环境温度的差值作为监测值。

炉体每一部分可等分成 3×3 块，每块中心作为一个测点。遇到炉门、烧嘴孔、热电偶孔等特殊位置时应适当错位，避开这些特殊位置。

（6）出炉钢坯（锭）温度。出炉钢坯（锭）的温度是加热质量的重要指标。目前，合理降低出炉钢坯温度是轧钢加热炉的节能措施之一。在轧制设备允许的条件下，降低出炉钢坯温度，可以降低炉子温度水平，减少炉子热损失，降低燃料消耗。例如：出炉钢坯温度降低 $50℃$，平均可以节约燃料 4％以上。

对于薄钢坯，可以用光学高温计、光电高温计或红外测温仪测量其表面温度；对于厚钢坯，除了测量表面温度外，还应在其上面钻孔，用热电偶测其内部温度。

（七）炼铜闪速炉的节能监测

1. 炼铜的节能技术

铜熔炼时应采用先进的富氧闪速熔炼池熔炼工艺，替代反射炉、鼓风炉和电炉等传统工艺，提高熔炼强度。闪速炉炼铜的生产量占世界铜总产量的一半，已成为当今最主要的铜冶金熔炼技术，被普遍认为是标准的清洁炼铜工艺。其优点在于：熔炼强度高，能量消耗不足传统炼铜方法的一半；采用富氧熔炼工艺、高品位铜锍等生产技术，降低了能源消耗，提高生产率；铜锍品位容易控制，便于下一步吹炼。

闪速熔炼是一种将具有巨大表面积的硫化铜精矿颗粒、熔剂与氧气或富氧空气或预热空气一起喷入炽热的炉膛内，使炉料在漂浮状态下迅速氧化和熔化的熔炼方法。它使焙烧、熔炼和部分吹炼过程在一个设备内完成，不仅强化了熔炼过程，而且大大减少了能源消耗，改善了环境。根据不同炉型的工作原理闪速熔炼可分为两类：奥托昆普法和因科法。奥托昆普法熔炼特点是采用高热与富氧空气将干燥铜精矿垂直喷入靠闪速炉一端的反应塔中进行反应。奥托昆普闪速炉示意如图 10-10 所示。

2. 炼铜闪速炉的节能监测

（1）过量空气系数。化学不完全燃烧热损失是燃烧组织不良所造成的，可以通过改进燃烧装置、合理组织燃烧进行完善。过量空气系数的监测是检查炉内燃烧状况的基本方法。通过监测和调整过量空气系数，可以降低化学不完全燃烧热损失，又可以适当降低排烟温度。

（2）入炉铜精矿水分含量。入炉铜精矿水分含量的监测是降低反射炉燃耗的措施之一，铜的活法冶炼是高温熔炼过程，其热效率远远低于低温过程的干燥、焙烧，

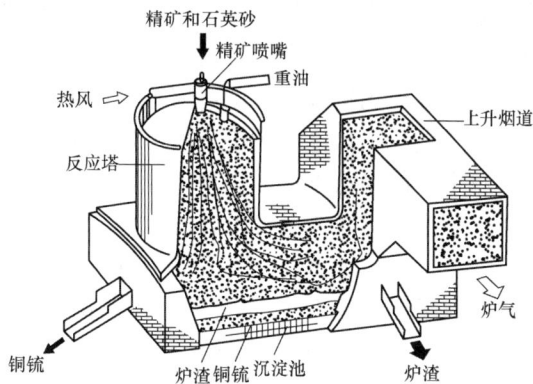

图 10-10　奥托昆普闪速炉示意

在保证配料制粒的条件下，应尽量控制低的入炉料含水量。计算结果表明，入炉料含水量每降低 1％，可使熔炼的燃料率约下降 0.2％。

（3）炉壁温度。炉体散热的监测是节能和改善劳动条件的重要内容之一。

（八）铝电解槽的节能监测

1. 铝电解槽的节能技术

铝金属所消费的能源约占有色工业总能耗的 75％，耗电量极大，电能是铝电解成本的主要构成。目前生产 1t 铝需要 13 000～15 000kWh 的直流电，电耗占铝成本的 45％以上。目前国内铝行业电耗与国外电耗差距：国内电解铝交流电耗平均水平为 1.46 万 kWh/t，国外为 1.420 万 kWh/t，相差 400kWh/t。国内电解铝电耗高的原因主要是电流效率低、阴极电压降偏高，国内目前电解铝电流效率多为 91％～93％，平均电压约为 4.2V。要节约电能，最主要的就是要降低平均电压和提高电流效率。降低平均电压的主要途径：降低阳极电流密度、加强电解槽绝热保温、加大母线面积、改善电解质成分、使用石墨化阴极炭块替代普通炭块作阴极。

近年来较为先进的节能技术：①电解槽余热利用。②使用熔断器，提高电能利用率。一个 100 台 160kA 系列的电解槽，每年开 20 台槽，每次停电 10min，每年将少生产铝液 300t；使用熔断器后，每年可以多生产铝液，也降低平均能耗。③对槽型进行改进，增强电解槽散热，降低电流空耗。④控制电解槽含氟烟气排放，提高电解烟气净化水平。

2. 铝电解槽的节能监测

铝电解槽的节能监测有别于一般工业窑炉的监测，它的监测，除了直接测定各部位的散热外，主要是从工艺过程分析得出的工艺控制参数中选定监测项目。

（1）单位电解铝电耗。单位电解铝电耗是电解铝的综合生产指标。目前我国铝厂吨铝平均直流电耗为 15 700kWh，综合交流电耗为 16 800～17 000kWh；吨铝预焙槽电耗为 14 500 kWh，交流电耗为 15 000kWh。

吨铝电耗的计算式为

$$吨铝电耗 = \frac{监测期总耗电量}{监测期总产铝量} \quad kWh/t \tag{10-3}$$

（2）电流效率。电流效率是反映电解槽电能利用情况的一个综合性指标，其定义为实际电解产量与理论电解产量之比。工业铝电解槽的平均电流效率一般为 $85\% \sim 92\%$，电流一定时，电流效率的提高可以提高产量，节约电能。要使母线配制达到对槽内金属的电磁力影响最小，保证槽内铝液面稳定，熔炼流速较低，这是获得高电流效率的先决条件。

（3）槽电压。槽电压指单个电解槽的电压降，是电解生产中与电耗有关的重要工艺控制指标。槽电压的高低直接影响到单位产铝的电能消耗。减少这些组成电压降的措施除加强电解槽保温、加宽母线、改善电解质成分、降低电流密度外，还应控制阳极效应，减少电解过程副反应。槽电压增大，最终表现为电能消耗的增大。

槽电压可用电压表测定阳极母线与阴极母线之间的电压获得，要求用准确度较高（0.5级以上）的直流毫伏表或精密数字万用表。

第二节　建材企业的节能

一、建材工业概述

建材工业是生产建筑材料的工业部门的总称。按照我国工业产品与行业管理的分类模式，建材工业包括建筑材料、非金属矿及其制品和非金属新材料三大行业，共有 80 多类，1400 多个品种，广泛应用于建筑、军工、环保、高新技术产业和人民生活领域。

建筑材料产业是中国国民经济建设的重要基础原材料产业之一，建筑材料主要包括水泥、平板玻璃及加工、建筑卫生陶瓷、房建材料、非金属矿及其制品、无机非金属新材料等门类。目前，中国已成为全球最大的建材生产和消费国，建材工业年能源消耗量占中国能源消耗总量的 7%，占工业能耗的 10%。据统计，2010 年，中国水泥产量 18.8 亿 t，占世界总产量的 50% 以上；平板玻璃产量 6.6 亿重量箱，占世界总产量的 41.6%；建筑陶瓷产量 78 亿 m^2，占世界总产量的 53% 以上。规模以上（年销售额在 500 万元以上的）建材工业企业完成销售收入 2.7 万亿元，实现利润 2000 亿元，年均分别增长 29.5% 和 42%。部分工艺技术、装备水平接近或达到世界先进水平。结构调整取得重大进展，节能减排效果显著。2010 年，建材工业单位工业增加值综合能耗比 2005 年降低 52%，主要污染物排放总量呈明显下降趋势。根据中国建材联合会的统计，2007 年，规模以上建材工业企业的总能耗为 1.95 亿 t 标准煤，占中国能源消耗总量的 7.35%，占中国工业能源消耗总量的 11.14%，其中煤炭和电力折合标准煤占建材能耗总量的 90.50%，是建材工业的主要消耗能源。

中国建材工业的年能耗总量位居中国各工业部门的第三位。建材工业污染环境，但又是全国消纳固体废弃物总量最多，为保护环境做出重要贡献的产业。

1. 建材行业在发展中应注意的问题

（1）要充分认识加强节能工作的重要性。

（2）要加快用先进生产工艺取代落后生产工艺的步伐。

（3）按照循环经济的发展模式，努力建设资源节约型、环境友好型的建材产业。

（4）继续开发节能新工艺、新技术和新装备，尤其要加大高效、节能水泥粉磨新技术、新工艺、新装备的开发推广和玻璃熔窑富氧、全氧燃烧技术的研究开发。

（5）增强节能意识，把建材产品生产过程的节能和建筑节能统筹起来，一方面，要大力发展具有保温隔热功能的材料，为建筑节能提供必要的物质基础；另一方面，大力发展建材加工制品业，进而改变建材工业的单一原材料属性，提高附加值，以产品结构的优化来推进工业增加值能耗的降低。

2. 我国建材工业发展取得的巨大成就

（1）已经发展成为全球最大的建材生产国和消费国；

（2）各主要行业生产技术和装备水平接近或达到世界先进水平；

（3）产业技术结构调整取得突破性进展，如水泥新型干法比重超过 70%，浮法玻璃比重超过 80%；

（4）资源综合利用和节能减排取得显著成效；

（5）对外开放使国际融合度提高。

建材工业生产既消耗能源，又有巨大的节能潜力，许多工业废弃物都可作为建材产品生产的替代原料和替代燃料，同时，建材产品还可为建筑节能提供基础材料的支撑，一些新型建材产品可为新能源的发展提供基础材料和部件。在能源问题日益制约经济、社会发展的今天，建材工业作为中国国民经济的重要产业和高耗能产业，在节能减排及能源结构调整中大有可为，在建设节约型社会中将起到重要作用。

二、水泥企业的节能

细磨成粉末状，加入适量水后成为塑性浆体，既能在空气中硬化，又能在水中硬化，并能将砂石等散粒或纤维材料牢固地胶结在一起的水硬性胶凝材料，称为水泥。

水泥是中国的基础工业和传统工业。2014 年，中国水泥产能达到了 24.8 亿 t，占全球水泥总产能的一半左右，同时水泥工业也是高能耗工业。水泥能耗占全国建材行业总能耗的 75% 左右，其消耗的煤炭占全国煤炭总消费量的 15% 左右。因此，水泥行业节能降耗的工作对国家节能降耗目标的实现起到非常重要的作用。

1. 新技术、新装备

目前有几项新技术已基本成熟，应当予以高度关注。

（1）余热发电技术。我国水泥窑余热发电是应用最广泛、最有成效的一项技术。该技术可使新型干法生产线的热利用效率由原来的 60% 提高到 90% 以上，而且其发电量可解决该生产线 60% 以上的用电量。截至 2012 年，已有 54% 的新干窑（新型干法水泥窑）装备了余热发电设施，约 680 套，总计年回收电量 330 亿 kWh，可节省标准煤 1160 万 t。吨熟料的平均发电量已达 34kWh，较先进的企业已超过 40kWh。

（2）变频节能技术。目前有很多生产线对窑尾高温风机进行改造，由液力耦合调速改为变频调速，投资 100 万～200 万元，可使熟料综合电耗下降 2kWh/t 左右。这项技术还可广泛用于容量较大、系统转动惯量大或设备对启动规程有特殊要求的设备，实现变频软启动，减少对电网的冲击，并可节电 25% 左右。

（3）节能粉磨技术。改变以球磨、管磨为主的粉磨工艺，采用性能先进的、以料层挤压粉磨工艺为主的辊式磨、辊压机及辊筒磨等技术装备，通常可使粉磨工艺节电 30%～40%，使水泥综合电耗下降 20%～30%。

2. 内部挖潜，降低现有生产线的能耗指标

在现有生产装备的基础上，通过针对性的工艺技改，辅以技术优化和调整，充分发挥生产线的潜力，最大限度地降低生产线的能耗指标，这对于我国目前新型干法水泥工艺的生产尤为重要。绝大多数的中小型水泥企业虽然装备相对比较先进，但由于管理和技术上存在的差距，其生产线的技术水平完全没有发挥，生产效率低、能耗指标居高不下的现象比较普遍。这种生产线，一般通过一两次的检修，再进行一个月左右时间的优化和调整即可使能耗指标达到国内比较先进的水平，整个过程的投入在 100 万元以内，但取得的经济效益非常可观。

另外，加强内部管理，强化员工的节能意识对于任何行业都非常重要，水泥企业也要加强这方面的宣贯，尽快培养员工节约"每一度电、每一锹煤、每一滴水"的意识。

3. 新型干法水泥生产线能耗潜力的挖掘

对于水泥企业来说，煤、电的消耗占其生产成本的 70% 以上，因此一般以煤耗和电耗作为衡量水泥企业能耗水平的指标。GB 16780—2012《水泥单位产品能源消耗限额》规定了各种规模生产线能耗限额的淘汰标准。

(1) 降低煤耗的途径。煤耗的高低反映了水泥熟料生产过程中的热利用状况，新型干法水泥熟料生产线的热量主要来自煤粉燃烧热，一般新型干法生产线热利用效率为 50%～60%，国内热耗较低的 5000t/d 生产线熟料热量消耗的组成见表 10-4。

表 10-4　　　　　　　　国内先进 5000t/d 生产线熟料热量消耗比例

项　　目	比例	项　　目	比例
熟料形成热	54%	预热器出口废气带走的热量	22%
冷却机出口废气带走的热量	11%	系统表面散热损失	5.5%
出冷却机熟料带走的热量	2%	磨煤机抽热风	1.5%
蒸发生料中水分耗热	1.5%	预热器出口飞灰带走的热量	0.8%
化学不完全燃烧热损失	0.5%	冷却机出口飞灰带走的热量	0.08%
其他热损失	1.12%	合计	100%

通过表 10-4 不难发现，除熟料形成热外，热量主要消耗在预热器和冷却机出口废气、出冷却机熟料带走的热量以及系统表面散热损失，此五项占了熟料总消耗热量的 94.5%。因此，降低生产线熟料煤耗，应当在预热器出口温度、冷却机出口温度、出冷却机熟料温度以及系统保温等方面寻求改进。

通常预热器出口温度下降 10℃，每吨熟料可节省 1kg 标准煤，国内比较先进的生产线预热器出口温度一般为 300～330℃，但大多数生产线的预热器出口温度都存在偏高的现象，有的达到了 380℃甚至 400℃以上。如通过技术改进使这些生产线的预热器出口温度降低50℃，则每吨熟料可节约 5kg 标准煤，成本约降低 3.5 元。降低预热器出口温度的关键在于提高其换热效率，即提高各级旋风筒之间的温降。国内先进生产线冷却机出口温度为 250℃左右，出冷却机熟料温度为 80～100℃，但一些生产线出冷却机废气温度达到 300～350℃甚至更高，熟料温度达到 200℃。如废气温度降低 50℃、熟料温度降低 100℃，每吨熟料可节

省标准煤约 5kg。降低出冷却机废气温度和熟料温度的关键在于提高冷却机的冷却效率和热回收效率。

（2）降低电耗的途径。在水泥单位产品电耗中，有 60%～70% 消耗在对原料、燃料和水泥熟料的粉磨工艺，应当特别重视磨机的电耗指标，降低磨机电耗的重点在于提高和稳定磨机台时产量，并降低磨机主电机功率。各类风机的电力消耗约占水泥单位产品电耗的 25% 左右，控制好大型风机的功率是降低水泥综合电耗的另一重点，其关键在于减少系统漏风，降低系统阻力。

三、砖瓦企业的节能

我国是世界上砖瓦生产第一大国，进入 21 世纪以来，每年砖瓦产量 8100 亿块，其中黏土实心砖 4800 亿块以上，空心砖和多孔砖 1700 亿块以上，煤矸石、粉煤灰等多种废渣砖 1600 亿块以上。

下面介绍砖瓦企业的节能降耗技术及途径。

砖瓦生产的节能主要从产品结构和技术两方面入手，一是开发大规格、低密度，具有保温隔热性能的烧结空心制品和具有装饰功能的清水墙装饰砖、内外墙体装饰板；二是采用高效节能技术，提高能源利用效率，大大降低砖瓦行业对资源和能源的消耗，减少温室气体的排放，做到节地、节能、利废、环保。

1. 烧结空心制品技术

（1）实心砖与空心砖产品的比较。普通黏土砖在力学强度、耐久性、保温隔热性、隔音性、防火性等方面能够满足一般建筑的要求，而且施工方便，造价和维修费用低廉，但存在砌筑效率低、施工周期长、密度大、能耗高等缺点。发展烧结空心制品，主要是指烧结多孔砖、烧结空心砖和空心砌块、烧结墙体装饰板等，是顺应建筑工业化发展的主要途径。

（2）烧结空心制品的优越性。生产空心制品与生产实心砖相比，有明显的优越性，既节省原料和燃料，降低成本，又能提高劳动生产率，提高产品质量。以孔洞率为 23% 的空心砖与实心砖相比，每亿块可节土 4.2 万 m^3，按取土深度 3m 计算，相当于 21 亩地的取土量。

（3）空心制品的优势。

1）减轻墙体自重，降低建筑费用。用实心砖砌筑的单层厂房和多层厂房中，墙体的自重约占建筑物总重量的一半，而采用空心砖，可显著减轻墙体的自重和基础的荷载，从而节省建筑费用。在同样的基础上，可建造更多层的建筑物。

2）改善墙体热传导性，节能效果显著。空心砖的热工性能良好。空心砖墙体的空洞被灰缝封闭而使洞内的空气处于静止状态时，墙体的导热系数将随密度的减小而降低。在保证热工性能不变的条件下，使用空心砖可以减薄墙体厚度。例如，通常用实心砖砌筑平房和五六层楼房时，墙体的厚度为 240mm 或 370mm，倘若改用 190mm×190mm×90mm 的空心砖砌筑，墙体的厚度可以减薄 50mm，每平方米造价可降低 20% 左右。同网形孔多孔砖相比，矩形孔多孔砖可实现建筑节能 8%。

近几年国内发展起来的墙体装饰板是一种新型烧结墙体材料，既能作为外墙板，也可在室内使用。具有极好的抗冲击和抗冻性能，同时又具有优良的质地、鲜艳的色彩、独特的结构、优越的性能。该产品色泽均匀、自然、无色差、持久耐用，又具有良好的保温、隔热、隔音功能，而且易于单片更换。

3) 提高砌筑效率，减少砌筑砂浆。用空心砖砌筑墙体，砌砖量少，而且很少砍砖。以采用 190mm×190mm×90mm 的空心砖估算，每立方米砌体的灰缝砂浆用量比实心砖减少 25% 左右。另外，由于空心砖比实心砖密度小，使用时与实心砖相比，在建筑面积不变的条件下，运输量和费用也相应降低。

4) 使用寿命终结后可分离、可回收利用。从目前已掌握的资料看，烧结墙体材料在使用寿命终结后是最好分离而且利用途径最广泛的材料。例如，可作为水泥的混合材、再生后作为原料制造烧结砖瓦、可用于绿化种植、可制造装饰性颗粒状材料、可用来制造混凝土砌块等。

5) 生产中废水的排放最少。生产烧结空心制品中对水的消耗量大约是 118/kg（扣除原材料的自然含水量），并在干燥期间以水蒸气的形式排入大气。设备的冷却水可重复利用或是加入原材料中，所以烧结砖的生产中几乎无废水排放。

6) 建设期间运输负荷小。因为瓦厂分散程度非常高，只有砖运输到施工现场的距离最短，特别是轻质砖和轻质砌块，减少了材料流动的总量和距离。

7) 烧结空心制品可提供舒适的居室环境。其一，烧结空心制品是一种多微孔体系的产品，其湿传导功能可调节建筑物内湿度，且吸湿与排出水分的速度相等，吸水速度和排水速度要比其他建筑材料高 10 倍。其二，砌体的密封良好，主要是使用中可长期保持其尺寸的稳定性。其三，隔音性能良好。如 240mm 厚的砖砌分隔墙，当音量达 60dB 时，完全可以不考虑侧墙上声音的传播。对双层的夹芯砖墙来讲，因中间填充隔热材料，对外部噪声的防护非常有效，在实际建筑中的测定结果表明，当音量为 70dB 时，隔音效果仍较好。其四，具有非常好的防火性能。

2. 内燃烧砖工艺技术

内燃烧砖工艺原理是把一定细度的燃料或可燃废料，如煤矸石、粉煤灰、炉渣等按一定比例与黏土、页岩等原料均匀混合制成砖坯，依靠砖坯内燃料的燃烧和少量的外加燃料完成砖坯烧成的过程。内燃焙烧法制得的砖瓦，其抗压强度和抗折强度比外燃焙烧法制得的砖瓦高 20% 左右。由于在制坯原料中掺进劣质煤或含一定发热量的工农业废弃料，减少了原料的用量，节约了原煤或其他燃料。此外，劣质煤或含有一定发热量的工农业废弃料，一般为磨细料，能改善原料的干燥性能，对干燥敏感系数大的高塑性黏土尤其明显。这就能缩短干燥周期，减少干燥废品，其密度也能从 $1800kg/m^3$ 减到 $1700kg/m^3$。同时，砖的导热系数也相应减小。内燃砖由于外投煤减少，大大地减轻了焙烧工人投煤的劳动强度，窑内煤灰也显著减少，因而改善出窑工人的操作条件。

(1) 内燃料的选择及掺配。使用内燃料的主要目的是提高火行速度、节约煤炭。因此，内燃料首先应具备一定的发热量。煤矸石的发热量一般为 836～10 450kJ/kg，粉煤灰一般不超过 4180kJ/kg，炉渣一般为 10 450kJ/kg，秸秆一般为 7842～8778kJ/kg。确定内燃料掺量时，要考虑焙烧所需热量、内燃料发热量、粒度、含水率以及原料塑性指数等影响因素，以便在节能、利废、坯体成型质量、温度调节控制、成品质量等方面达到最佳综合使用效果。

(2) 应用效果。实践证明，内燃砖是热能利用率较高的一种焙烧工艺，可以减少资源和能源的消耗。利用粉煤灰、炉渣、煤矸石、锯末和秸秆等可燃性废料做内燃料，在坯体内部燃烧直接加热坯体,加热效率高,窑内最高温度在坯体内部,窑内气流温度比坯体温度低,与外燃砖相比,内燃砖窑体向外部散热相对减少,所以内燃砖能降低单位产品的热能消耗。其中,高掺量粉煤灰烧结砖具有可提高能源利用率、降低坯体密度和煤灰的预分解作用等节能效应,可明显降低坯体焙烧的燃料消耗,与外燃砖相比,内燃砖具有实质意义的节能效率可达25%以上。目前,我国90%以上的砖瓦生产企业采用了内燃砖,全内燃煤矸石砖也得到了一定发展,这是内燃砖出现的新趋势。

3. 利用窑炉余热进行人工干燥技术

人工干燥技术可以充分利用窑炉余热,一方面节约热能,另一方面节约大量土地。其技术特点是,砖瓦在生产过程中,由废气带走和向周围介质散发的热量约占总热量的三分之一以上,这些热量没有被利用。利用余热干燥砖坯,可以节约大量的干燥砖坯用煤,减少自然干燥所需坯场占用的大量土地,同时降低出窑温度,改善了工人的劳动条件。

(1)冷却带余热是砖坯焙烧后冷却带砖垛所散发的热量。这种余热温度高,热量大,是抽取炉窑或隧道窑余热的主要来源。具体操作时,必须在保证制品质量的前提下抽取,否则保温冷却段降温过快,造成制品哑音、黄皮、强度降低。而且由于抽热离焙烧带近,焙烧带窑流量减少,导致焙烧火行速度减慢和产量的降低。

(2)窑顶抽热是指空气流经窑顶将热量带走。它的抽取方法是在窑上铺设换热管或蛇形换热管。冷空气在风机的作用下,进入换热管,经换热作用,提高气体温度,经控制闸进入热风总道。窑顶换热温度不高,但流量较大。流速越大,换热量就越多;换热面积越大,换热效果就越好;焙烧时,返火越大,窑皮温度越高,换取的热量就越多;窑顶换热的位置,在保温冷却带内,换热量距焙烧带越近,换取的热量就越多,在冷却带后段,随着窑皮温度的降低,换热量会减少。

(3)预热带烟热。预热带烟热是指流经预热带烟气中所含的热量。预热带烟热全部利用的窑,不需另砌热风道,将总烟道与风机接通即可。而抽取高温烟热的窑则必须在窑内另砌抽热管道或在支烟道上开砌垂直抽热管道,并设抽热闸门与总热风道相通,提起抽热闸门,烟热气体经风机和垂直烟道,进入总热风道再送至干燥室。

4. 节能型隧道窑焙烧技术

节能型隧道窑焙烧技术主要以工业废渣煤矸石或粉煤灰为原料制造砖瓦,该技术通常采用宽断面隧道窑技术、变频技术、"超热焙烧"技术、"快速焙烧"技术和方法。该技术通过"快速焙烧"和"超热焙烧"技术,建立一套测定坯体在常温至1100℃过程中弹性模量、导热系数、膨胀系数和抗折强度等参数的实验仪器和方法通过数据处理和计算抗热冲击值,以及由抗热冲击值计算升温速度的方法,使实际焙烧过程按照设定的程序进行,实现制品焙烧周期由45.55h降低为16～24h,充分利用置换出来的热量,使热工过程节能效率达40%,热利用率达67%。

5. 变频器技术

电机交流变频调速技术是节电、改善工艺流程以提高产品质量和改善环境、推动技术进步的一种主要手段。

(1)技术原理。变频调速技术的基本原理是根据电动机转速与工作电源输入频率成正比的关系,通过改变电动机工作电源频率来改变电动机的转速。变频器就是基于上述原理采用交直流电源变换技术、微机控制等技术的综合性电气产品。

（2）应用及其效果。在砖瓦企业生产中，变频器主要应用于长时间连续运转的设备，即风机。变频器已成为一种定型产品，不同功率的风机均有相应功率的变频器（柜）与之配套。使用变频器节电率可达30%～50%。目前工业发达国家已广泛采用变频调速技术，在我国也是国家重点推广的节电新技术。

6. 煤矸石砖厂余热发电技术

（1）技术原理。余热是在一定经济技术条件下，在能源利用设备中没有被利用的能源，是废弃的能源。余热包括高温废气余热、冷却介质余热、废汽废水余热、高温产品和炉渣余热、化学反应余热、可燃废气（液）和废料余热以及高压流体余压7种。余热发电技术就是利用生产过程中多余的热能转换为电能的技术。余热发电的重要设备是余热锅炉。用于发电的余热主要有高温烟气余热、化学反应余热、废气/废液余热、低温余热（低于200℃）等。

（2）应用及其效果。煤矸石制砖在煅烧过程中有大量的热量，随着排风机排出窑外，主要是烟气余热和产品冷却余热。烧结砖生产中的余热总量占其燃料消耗总量的30%～60%，可回收利用的余热资源约为余热总资源的40%左右。这部分热量除掺入部分冷风降温到125℃左右用来烘干砖坯外，基本上未得到有效利用。这些热风在其高温段烟气温度达400℃，平均温度可达200℃左右，是很好的稳定低温热源，具有利用余热发电的潜力。据工业性试验，通常余热发电可达500～1500kWh，基本上可满足煤矸石砖厂的用电。

四、建筑卫生陶瓷企业的节能

建筑卫生陶瓷是指用于建筑饰面、建筑构件和卫生设施的陶瓷制品。按产品分类，建筑卫生陶瓷可以分为卫生陶瓷、陶瓷墙地砖、建筑琉璃制品、饰面瓦、淋浴间及物件配件。陶瓷行业是一个高能耗行业，从原料的制备到制品的烧成等工序燃料、电力等能源成本占整个陶瓷生产成本的23%～40%。

下面介绍陶瓷工业的节能技术措施。

陶瓷工业所消耗的能源，大部分用于烧成和干燥工序，两者的能耗约占总耗能的80%以上。陶瓷工业的能耗中约有61%用于烧成工序，干燥工序能耗约占20%，发达国家的能源利用率一般高达50%以上，美国达57%，而我国仅为28%～30%。通过表10-5可以看出我国与国外能耗之间存在的差距。

表 10-5　　　　　　　　　　　　国内外建筑陶瓷和卫生陶瓷的能耗统计比较

能耗	综合能耗		烧成热耗率	
陶瓷种类	建筑陶瓷（kg/m²）	卫生陶瓷（kg/t）	建筑陶瓷（kJ/kg 瓷）	卫生陶瓷（kJ/kg 瓷）
国内落后水平	—	—	>14 651	62 790～79 530
国内一般水平	2.5～15	400～1800	8372～12 558	20 930～41 860
国内先进水平			2930～6279	6280～16 740
国外先进水平	0.77～6.42	238～476	1256～4186	3350～8370

1. 陶瓷原料制备过程中的节能措施

有资料显示，原料制备部分的能耗在整个陶瓷生产过程中占很大的比例，其中燃料耗量占49%，装机容量占72%，因此也是节能潜力较大的部分之一。

（1）干碾和造粒——干法制粉。现在陶瓷砖压型粉料的制备通常通过湿球磨-喷雾干燥来实现。如果用干法制粉，即原料干燥-配料-干法粉碎-增湿（到湿度为 10％）-造粒-干燥（到湿度为 6％）。与湿法相比，需要干法的蒸发水量大大减少，其能耗约 0.7MJ/kg，与湿法能耗（1.8MJ/kg）相比节能 60％以上。

（2）球磨制浆。球磨制浆的电耗占陶瓷厂全部电耗的 60％。通过采用合理的球料比，选用高效减水剂、助磨剂、氧化铝球、氧化铝衬可提高球磨效率，缩短球磨周期。选用大吨位的球磨机可减少电耗 10％～30％。提高喷雾干燥塔泥浆的浓度可显著降低喷雾干燥热耗，如将喷雾干燥泥浆的浓度从 60％提高的 65％，可节省单位热耗 21％，如浓度从 60％提高到68％，则可节省单位热耗 33％。

（3）连续式球磨机。国内制备泥浆均采用间歇式球磨机，而国外发展出连续球磨机，该球磨机给排料完全自动化，不需要停机，易制浓浆，使后面的喷雾干燥过程节约能量，能节省能耗 10％～35％。

（4）变频球磨机。国内的球磨机都是恒速转动的，国外部分球磨机采用变频器改变电流频率来调速，有可能缩短球磨周期 15％～25％，从而减少电耗。

（5）大型喷雾干燥塔。我国最大的喷雾塔型号为 7000 型，采用 10000 型或更大型号（国外最大为 20000 型）的喷雾塔可节省单位电耗。

（6）浆池间歇式搅拌。浆池电机上安装时间继电器，搅拌 20～30min，停 30～40min，泥浆不会沉淀，可节电 50％以上。

2. 成型过程中的节能

（1）压釉一体。在此过程中瓷砖的施釉和成形同时进行。

（2）大吨位压机。大吨位压机压力高，压制的砖坯质量好，合格率高。我国推出的7800t 压机是世界上投产使用的最大吨位的压机。陶瓷砖生产采用大吨位压机，可有明显的节电效果。目前已设计出节能型大吨位压机，可节电 27％。

（3）压力注浆。卫生陶瓷高中压注浆可免除模具干燥和加热工作环境所需的热，并节省坯体干燥热，有一定的节能效果，综合热耗可节省 10％以上。

（4）真空注浆。这是卫生陶瓷工业生产的一种方法。模型内铺设排水管网，取代传统的石膏模，注浆后排水管内抽真空，泥浆内水分被抽出，顺模型的毛细管汇入排水管网，加速坯体的形成。脱坯后模具无需干燥，一天内能重复使用多次。由于免除模具干燥而净节省的能量大约是 1MJ/kg。

（5）塑性挤压成型生产墙地砖。墙地砖塑性挤压成型通常采用含水率为 15％～18％的陶瓷泥料，挤压成型后得到含水率约 14％的墙地砖坯体，最后干燥至 1％～1.5％的入窑水分，较采用含水率为 32％～40％的泥浆喷雾干燥，制得含水率 5％～7％的陶瓷粉料，经压制成型为墙地砖再干燥至 1％～1.5％的入窑水分，所耗能量大大减少。该技术还有投资小、无粉尘污染、产品更换快等优点。

（6）挤压成型节能。先进的挤压机械，能准确提供在某一时刻的压力，优化挤压周期，节约 55％～65％的能耗。这是通过较复杂的控制系统（可变的压力泵、压力加速器等）来实现的。

3. 干燥过程的节能

成型后坯体包含的水分通过干燥被排除。坯体含水量越低，干燥所需的能量就越少。

注浆成型的坯体（如卫生陶瓷）水分约20%，挤压成型坯体（如劈离砖）水分约15%，半干压成型坯体（墙地砖）水分约5%。因此，干燥消耗的能量占全部能量消耗的比例，卫生陶瓷为40%，挤出砖约30%，半干压墙地砖约10%。常规的干燥器用热空气干燥，时间最少为30～40min。现在陶瓷砖快速干燥取代缓慢的常规干燥器，非常规干燥器最少用3～4min。一般用电磁波（微波）作为唯一的能源或是微波与热空气结合。未来的趋势是快速和超快干燥器，减少干燥时间，同时尽可能避免中间的储存及输送。同时，为了获得快速干燥，有必要在更复杂的程度上控制空气流动和温度。在干燥器中采用的节能技术如下：

（1）优化干燥空气的循环。优化热空气的流动，采用更复杂的通风技术和体系控制基本参数，如相对湿度、温度、空气流动度、干燥器内压力等。

（2）废热利用。利用窑炉冷却带回收的干净热空气作为干燥介质，有可能提供干燥器100%的热能。

（3）卧式快速辊道干燥器。卧式辊道干燥器比立式干燥器能更好地控制产品的干燥曲线。在快速干燥器中干燥时间可缩短10min，产品含水量为0.4%～0.6%。单层卧式辊道干燥器比立式干燥器节能0.2MJ/kg，节能率为20%～40%，现已取代立式干燥器。近年来发展起来的多层卧式辊道干燥器能有效缩短干燥器的长度，便于其他工艺配置。

（4）少空气干燥与控制除湿。在传统的干燥器中，气流使坯体中的水分蒸发，大量热的水蒸气被排放到大气中，造成很大的浪费。少空气干燥器就利用这种排出气流的能量作为干燥器的非直接加热，用此气流作为热交换媒介，从而减少干燥时间和能量消耗，用于干燥的超热流的热量是空气（作干燥介质）的两倍，而且有更高的热传导性。此外，干燥器控制除湿时，除了排出潮湿的空气外，干燥器是完全封闭的，可控除湿系统能更有效地利用资源。基于此两项改进的少空气干燥器可使干燥时间减少到原来的三分之一，节省20%～50%的热能。

（5）超热间断热空气。提高干燥气流温度，在干燥器隧道内引进横向、局部、间歇性的干燥热气流，而不是在长度上持续的气流，使得湿气有足够的时间从坯体中心转移到表层，这一方法可使普通辊道干燥器中40min的干燥周期减少到超热气流干燥的10min。

（6）微波干燥。微波干燥时热能从湿坯体内部产生，使得湿气能在坯体中更自由地移动。这种由内而外的加热方式使得坯体被加热而干燥通道仍是冷的，节省了用来加热通道的热量。同时可使坯体与环境间有更合适的温差，加速了干燥过程。水是极性分子，比坯体更快地被加热，然后排出。微波干燥使干燥时间显著地缩短（7～30min不等），而且能更有效地利用能量。

（7）红外线干燥。红外源（燃气加热的放射管）放射的红外线加热很薄的一个物体表层，通过从外到内的热源传导加速能源利用。仅用于形状简单的半干压砖坯，若用于卫生瓷之类不规则形状的坯体，易造成开裂。

4.陶瓷制品烧成过程中的节能措施

陶瓷烧成工序的能耗约占总能耗的61%，而烧成工序又以陶瓷窑炉为主要能耗设备。下面就陶瓷窑炉的节能技术进行分析。

（1）采用低温快烧技术。在陶瓷生产中，烧成温度越高，能耗就越高，我国陶瓷烧成温度为1100～1280℃，有的日用瓷高达1400℃以上。据热平衡计算，若烧成温度降低100℃，则单位产品热耗可降低 10% 以上，且烧成时间缩短 10%，产量增加 10%，热耗降低 4%。因此，在陶瓷行业中，应用低温快烧技术，不但可以增加产量，节约能耗，而且还可以降低成本。

目前，一些陶瓷窑炉采用低温快烧技术以后，其烧成周期从最初设计的 50 多分钟至 70 多分钟，调整到 20 多分钟，产量几乎增加了一倍多，相应的单位产品能耗也降低到原来的 70% 左右，其能耗水平可以达到 2177.14kJ/kg 瓷以下，可见节能效果十分明显。

（2）采用裸装明焰烧成技术。目前，我国陶瓷窑炉烧成方式主要有明焰钵装、隔焰裸装和明焰裸装。明焰钵装采用传统的煤作为燃料，由于匣钵的加入占用了大量有效空间，使成本增加，热稳定性差，能耗大，烧成周期长；隔焰裸装采用重油为燃料，由于火焰所产生的热不能直接与制品作用，以致窑内温度不均匀，能耗高；明焰裸烧是最合理，也是最先进的烧成方式，因为明焰裸烧不用匣钵和隔焰板，最大限度地简化了传热和传质过程，使热气体和制品之间直接传热、传质。特别是取消匣钵之后减少了匣钵吸热的热损失，有利于降低单位产品的热耗和缩短烧成周期，也消除了匣钵占据的空间，增大了窑炉的装坯容积，提高了生产能力。以隧道窑为例，根据热平衡测定，明焰裸装单位产品热耗最低，为 4000～15 500kJ/kg 产品；其次是隔焰裸装，为 19 800～76 700kJ/kg 产品；而明焰钵装窑单位产品热耗最高，为 50 000～103 600kJ/kg 产品。

（3）窑型向辊道化发展。陶瓷行业使用较多的窑型有隧道窑、辊道窑及梭式窑三类。我国墙地砖基本上都用辊道窑烧成的。辊道窑具有产量大、质量好、能耗低、自动化程度高、操作方便、劳动强度低、占地面积小等优点，是当今陶瓷窑炉的发展方向。用辊道窑烧彩釉砖和瓷质砖，年产量可达 200 万～250 万 m²，烧成能耗为 (550～600)×4.18kJ/kg 产品，最低能耗可达 (200～300)×4.18kJ/kg 产品；卫生陶瓷隧道窑烧成能耗为 2400×4.18kJ/kg 产品，辊道窑的烧成能耗为 1200×4.18kJ/kg 产品；日用陶瓷隧道窑烧成能耗为 12 000×4.18kJ/kg 产品，辊道窑的烧成能耗为 3500×4.18kJ/kg 产品。

（4）采用高效、轻质保温耐火材料及新型涂料。由于轻质砖的隔热能力是重质耐火砖的 2 倍，蓄热能力则为重质耐火砖的一半，而硅酸铝耐火纤维材料的隔热能力则是重质耐火砖的 4 倍，蓄热能力仅为其 11.48%，因而使用这些新型材料砌筑窑体和窑车，节能效果非常显著。某厂一个隧道窑用轻质高铝砖及陶瓷纤维砌筑隧道窑，散热降低 69.9%，由占总能耗的 20.6% 下降到 9.02%。另一隧道窑，同样用轻质耐火材料对窑墙窑顶进行综合保温，窑墙厚度由原来的 2m 减到 1.53m，窑体的散热由原来占总能耗的 25.27% 下降到 7.93%，仅此一项，每年可节约标准煤 400t 以上。另外，为了减少陶瓷纤维粉化脱落，可利用多功能涂层材料来保护陶瓷纤维，既能提高纤维抗粉化能力，又增加窑炉内传热效率，节能降耗。如热辐射涂料（HRC），在高温阶段，将其涂在窑壁耐火材料上，材料的辐射率由 0.7 上升为 0.96，每平方米每小时可节能 33087×4.18kJ，而在低温阶段涂上 HRC 后，窑壁辐射率从 0.7 上升为 0.97，每平方米每小时可节能 4547kcal。某厂在一条梭式窑中进行喷涂后，氧化焰烧成节能率可达 26.3%，还原焰烧成节能率达 18.22%。多功能涂层材料不但可提高红外辐射能力，而且可以吸收废气中的 NO_x，吸收率可达 60% 以上。

（5）改善窑体结构。随着窑内高度的增加，单位制品热耗和窑墙散热量也增加。如当辊道窑高由 0.2m 升高至 1.2m 时，热耗增加 4.43%，窑墙散热升高 33.2%，故从节能的角度讲，窑内高度越低越好。随着窑炉内的宽度增大，单位制品的热耗和窑墙的散热减少。如当辊道窑窑内宽从 1.2m 增大到 2.4m 时，单位制品热耗减少 2.9%，窑墙散热降低 25%，故在一定范围内，窑越宽越好。当窑内宽和高一定的情况下，随着窑长的增加，单位制品的热耗和窑头烟气带走的热量均有所减少。如当辊道窑的窑长由 50m 增加到 100m 时，单位制品热耗降低 1%，窑头烟气带走热量减少 13.9%。随着窑长的增加，整个窑体的升降温更加平缓，不但适用于烧成大规格制品，质量稳定，而且成倍地提高产量，故窑炉越来越长，由 20～30m 发展到 200～300m。

（6）采用自动控制技术。采用自动控制技术是目前国外普遍采用的方法，它主要用于窑炉的自动控制。因而使窑炉的调节控制更加精确，对节省能源、稳定工艺操作和提高烧成质量十分有利，同时还为窑炉烧成的最优化提供了可靠的数据。生产实践证明，采用微机控制系统，能够自动调节窑内工况，自动控制燃烧过量空气系数，使窑内燃烧始终处于最佳状态，减少燃料的不完全燃烧热损失，减少废气带走的热量，降低窑内温差，缩短烧成时间，提高产量和质量，降低能耗。计算表明，在排出烟气中可燃成分每增加 1%，则燃料损失要增加 3%。如果能够采用微机自动控制或仪表-微机控制系统，则可节能 5%～10%。不足的是，对于窑内各种参数之间的函数关系，目前很少有深入研究，假如能用一个函数公式，利用电子计算机进行全面计算并用数字进行控制，在此基础上选择最佳的烧成方案，这对于提高产品质量、节能降耗将大有好处。

（7）窑车窑具材料轻型化。隧道窑及大型梭式窑由于结构特点需要窑车及窑具，烧卫生洁具或外墙砖的辊道窑也需要垫板或棚架等窑具。窑车和窑具随着制品在窑炉中被加热及冷却，窑车及车衬材料处于稳态导热过程，加热时它阻碍和延迟升温，消耗大量的热量；冷却时它阻碍和延迟降温，释放出大量热能，而且这些热能难以很好地利用。在工厂的生产实际使用中，每部窑车一般装载制品的质量仅占整车质量的 8%～10%，故窑车在窑中吸收大量的热，并随窑车带出窑外，降低了热效率。据测定，产品与窑具的质量比越小，其热耗率就越低。如产品/窑具＝1/1.52，其热耗率为 16.7MJ/kg；产品/窑具＝1/1.82，其热耗率为 27.2MJ/kg；而产品/窑具＝1/7.1，其热耗率增至 36.4MJ/kg。因此，采用轻质耐火材料作为窑车和窑具的材料对节能具有重大的意义。

（8）采用洁净液体和气体燃料。目前，陶瓷窑炉中的燃料除了煤气、轻柴油、重柴油外，还有的用原煤。据资料介绍，仅日用瓷，目前国内仍有 300 多条隧道窑使用原煤，每条烧煤隧道窑平均耗煤约 3600t，全国 300 条窑共计耗煤 108 万 t，如果改为烧煤气隧道窑可节约燃料 60%，每年可节约煤炭 64.8 万 t。全国仍有 200 余条烧重油的隧道窑，每年共计耗油 50 万 t，折合标准煤 70.8 万 t，如果改为烧煤气，可节约燃料 30%～40%，每年可节约煤炭 21.3 万 t～28.3 万 t。可见，采用洁净的液体、气体燃料，不仅是明焰裸烧快速烧成的保证，而且可以提高陶瓷的质量，大大节约能源。更重要的是可以减少对环境的污染。如果陶瓷厂在农村地区，又能符合当地环保部门的要求，那么喷雾塔的燃料用水煤浆代替重油，生产成本将大幅度降低（水煤浆每吨约 420 元，发热量为 4000×4.18kJ/kg，重油每吨为 1800 元，发热量为 10 000×4.18kJ/kg）。另外，将水煤气应用于窑炉烧成，比使用烧柴油节约成本 50% 以上。

（9）充分利用窑炉余热。衡量一座窑炉是否先进的一个重要标准就是有没有较好的余热利用。据窑炉热平衡测定数据显示，仅烟气带走的热量和抽热风带出的热量占总能耗的 60%～75%。如果将烧重油隔焰隧道窑预热带、隔焰道的烟气和冷却带抽出的余热送入隧道干燥器干燥半成品，可提高热利用率 20％左右；若将明焰隧道窑排出的 360℃左右烟气，先经金属管换热，再把温度降至 180℃的废气送地炕换热，使排出的废气温度降至 60℃，将换热的热风送半成品干燥，可节约燃料 15％；若能利用蓄热式燃烧技术将明焰隧道窑的热空气供助燃，不但可改善燃料燃烧，提高燃烧温度，而且可降低燃料 6％～8％。

余热利用在国外受到重视，视其为陶瓷工业节能的主要环节并投入很大力量抓这项工作。国外对烟气带走的热量和冷却物料消耗的热量（占总窑炉耗能的 50％～60％）这一部分数量可观的余热利用较好，明焰隧道窑冷却带余热利用可达 1047～1256kJ/kg 产品，占单位产品热耗的 20％～25％。目前，国外将余热主要用于干燥和加热燃烧空气。利用冷却带 220～250℃的热空气供助燃，可降低热耗 2％～8％，不但能改善燃料的燃烧，提高燃料的利用系数，降低燃料消耗，而且提高了燃烧温度，为使用低质燃料创造了条件。

（10）采用高速烧嘴。采用高速烧嘴是提高气体流速，强化气体与制品之间传热的有效措施，它可使燃烧更加稳定，更加完全，燃烧产物以 100m/s 以上的高速喷入窑内，可使窑内形成强烈的循环气流，强化对流换热，增大对流换热系数，以改善窑内温度在垂直方向和水平方向上的均匀性，有利于实现快速烧成，提高产品的产量和质量，一般可比传统烧嘴节约燃料 25％～30％。对于烧重油的窑炉，则可采用重油乳化燃烧技术，使重油燃烧更加完全，通过乳化器的作用后，把水和重油充分乳化混合，成油包水的微小雾滴，喷入窑内产生"微爆效应"，起到二次雾化的作用，增大了油和水的接触面积，使混合更加均匀，且燃烧需要的空气量减少，基本消除了化学不完全燃烧，有利于提高燃烧温度及火焰辐射强度，掺油率为 13％～15％，节油率可达 8％～10％。

（11）采用一次烧成新工艺。近年来，我国不少陶瓷企业在釉面砖、玉石砖、水晶砖、渗花砖、大颗粒和微粉砖的陶瓷工艺和烧成技术上取得重大突破，实现了一次烧成新工艺，减少了素烧工序，烧成的综合能耗和电耗下降 30％以上，大大节约了厂房和设备投资，而且大幅度提高了产品质量。

（12）加强窑体密封性和窑内压力。加强窑体密封和窑体与窑车之间、窑车之间的严密性，降低窑头负压、保证烧成带处于微正压，减少冷空气进入窑内，从而减少排烟量，降低热耗。经计算，烟道汇总出的过量空气系数由 5 减少到 3 时，当其他条件不变的情况下，烟气带走的热量从 30％降为 18％。

（13）微波辅助烧结技术。微波辅助烧结技术是通过电磁场直接对物体内部加热，而不像传统方法其热能是通过物体表面间接传入物体内部，故热效率很高（一般从微波能转换成热能的效率可达 80％～90％），烧结时间短，因此可以大大降低能耗。例如 Al_2O_3 的烧结，传统方法需加热几个小时，而微波法仅需 3～4min。英国某公司有一种新型的陶瓷窑炉生产与制造技术，该窑炉最大的特点在于：它不仅采用了当今世界上微波烧结陶瓷的最新技术，而且采用了传统的气体烧成技术。它在传统窑炉中把微波能和气体燃烧辐射热有机结合起来，这样既解决微波烧成不容易控制的问题，又解决了传统窑炉烧成周期长、能耗大等问题。这种窑炉可达到快速烧成、减少能耗、降低成本的目的。

五、玻璃和玻璃纤维企业的节能

玻璃是一种较透明的固体物质，在熔融时形成连续网络结构，冷却过程中黏度逐渐增大并硬化而不结晶的硅酸盐类非金属材料。普通玻璃化学氧化物（$Na_2O \cdot CaO \cdot 6SiO_2$）

的主要成分是二氧化硅。广泛用于建筑、日用、医疗、化学、电子、仪表、核工程等领域。

玻璃主要分为平板玻璃和深加工玻璃。平板玻璃主要分为三种，即引上法平板玻璃（分有槽/无槽两种）、平拉法平板玻璃和浮法玻璃。浮法玻璃由于厚度均匀、上下表面平整平行，再加上劳动生产率高及利于管理等方面的因素影响，成为玻璃制造方式的主流。

下面介绍浮法玻璃生产节能潜力及技术途径。

平板玻璃工业使用的燃料主要有重油、天然气和煤气等。目前，我国平板玻璃行业年能源消耗量约为 1000 万 t 标准煤，每千克玻璃液平均热耗为 7800kJ，比国际先进水平要高 30%。

浮法玻璃生产线主要耗能设备为三大热工设备（熔窑、锡槽和退火窑），三大热工设备的能耗约占生产线总能耗的 97%，下面介绍浮法玻璃生产线的主要节能措施。

我国玻璃工业的技术经济指标已逐年提高，但与发达国家的先进指标相比尚有较大差距。目前，我国平板玻璃能耗为 17～31kg 标准煤/重量箱，而国际先进水平为 16～20kg 标准煤/重量箱。如果通过技术改造或者提高管理水平，玻璃单位产品能耗达到 17kg 标准煤/重量箱。

平板玻璃工业节能的重点是淘汰落后工艺、提高浮法玻璃单线规模、加强窑炉保温、烟气余热的回收利用、采用新的燃烧技术等。

1. 改进工艺设备，淘汰落后工艺

目前，我国浮法玻璃产量占平板玻璃产量的比例约为 83.4%。世界平均水平为 90% 以上。落后的生产工艺单位产品综合能耗为 31kg 标准煤/重量箱，比浮法工艺高 64%。现在全国落后工艺产量仍有 7000 余重量箱，比同产量的浮法工艺每年多耗能 84 万 t 标准煤，如果这些落后工艺都被浮法玻璃生产工艺所替代，节能效果会非常显著。

2. 提高浮法玻璃熔窑的规模

浮法玻璃熔窑的能耗与熔窑的规模有近似线性的关系，规模越大，单位玻璃液的能耗就越低。2005 年我国浮法玻璃熔窑的平均能耗如下：熔窑规模为 250t/d，能耗为 8763kJ/kg³；熔窑规模为 300t/d，能耗为 8537kJ/kg³；熔窑规模为 400t/d，能耗为 8055kJ/kg³；熔窑规模为 500t/d，能耗为 7583kJ/kg³；熔窑规模为 600t/d，能耗为 7111kJ/kg³；熔窑规模为 700t/d，能耗为 6639kJ/kg³；熔窑规模为 800t/d，能耗为 6167kJ/kg³；熔窑规模为 900t/d，能耗为 5693kJ/kg³。浮法玻璃的生产线规模的提高，提高了我国浮法玻璃生产的能源利用率。规模以上（年销售额 500 万以上）企业平板玻璃的综合能耗由 2002 年的 20.3kg 标准煤/重量箱，下降了 16.26%。

3. 熔窑参数的实时数据采集及控制技术

计算机数据采集及控制技术已经广泛用于国外浮法玻璃熔窑的生产管理中，生产中通过该技术可以更好、更快地掌控熔窑的总体状况。通过局部测试掌握全窑的状况，大大提高了熔窑热工系统的稳定性，从而达到节能的目的。

采用现代自动化温度、窑压、液面等控制系统，强化窑炉监控手段，做到科学合理用能和生产，并可延长窑炉使用期。过量空气系数是窑炉燃烧特性的一个重要指标，可采用测氧装置，严格控制过量空气系数。

4. 采用高效节能熔窑设计技术

采用效率更高、更合理的结构设计，包括：

（1）加大蓄热室的换热面积，格子体采用筒形砖，提高预热温度和余热回收率。

（2）加长小炉中心线至前墙的距离，提高小炉的热效率。

（3）加大小炉口的宽度，扩大火焰覆盖面积，提高熔化率，降低热耗。

（4）采用与熔池全等宽熔化池结构形式，不仅改善熔窑的熔化质量，而且可延长高温火焰在炉窑内的停留时间，提高熔窑的热效率。

（5）熔窑池底采用台阶式结构形式，既可保证提供优质玻璃液，又可限制玻璃液的回流，减少了玻璃液的重复加热，节约了燃料。

5. 采用先进的熔窑工艺

采用双高峰热负荷操作工艺，减少泡沫区热负荷，提高热效率。通过控制助热风与燃料量的比值，同时测定废气中氧与可燃物的含量来调节风与燃料的比例。

6. 加强熔窑保温

熔窑表面散热占熔窑散热的 25%～30%，采用隔热性能高的耐火材料对熔窑进行全保温，热效率可提高 5%～10%，每千克玻璃液热耗可降低 10%～20%。同时减少废气排放量和火焰空间的热强度，延长熔窑的使用寿命。

7. 加强生产过程控制

（1）必须严格控制各种原料的粒度，尤其要控制大颗粒和超细粉的比例。实际生产中，配合料水分一般控制为 3.0%～4.5%。配合料温度一般要求大于 35℃，绝大多数水分以游离形态附着在难熔的颗粒表面，可以黏附较多的纯碱加强助熔效果。因此，提高配合料温度，能起到较好的助熔作用。生产中碎玻璃的比例一般控制为 14%～22%，根据经验数值增加碎玻璃 1%，燃料消耗减少 0.3% 左右。在条件具备的情况下，尽量多使用碎玻璃，对降低能耗有显著作用。

（2）选择合理的熔化过程控制。合理的熔化工艺不仅可以提高熔化质量，减少碎玻璃缺陷，同时达到节能降耗、提高窑龄的目的。浮法玻璃熔窑的温度曲线一般有山形、桥形和双高形三种。双高形曲线可加大后混合料区和热点处的热负荷，适当降低泡沫区和调节区的热负荷，各小炉燃料量分配更加合理，因而能降低燃料消耗量。

确定合理的风和燃料的比例，保持一定的过量空气系数，对节能降耗有较大作用。国外先进的玻璃熔窑的过量空气系数达到了 1.01～1.02，我国先进的浮法玻璃熔窑达到了 1.05～1.06。严格控制过量空气系数是节能的重要措施之一。在生产中，如果采用有效的连续监测和控制手段，可以对过量空气系数进行优化。另外，对雾化空气和助燃风进行预热，有利于燃料雾化，还可以提高熔窑燃烧效率。

（3）燃料的质量、存储、输送及燃烧工艺控制对燃料消耗都有不同程度的影响。生产中如果燃料质量得不到有效控制，不仅燃烧状况不稳定，影响玻璃质量，而且消耗也会增加较多，甚至可能酿成生产事故。

8. 大力推行节能技术改造

针对浮法玻璃生产中降低能源消耗的问题，深入开展技术改造运动。适时实施纯氧或者富氧燃烧、小炉纯氧喷枪燃烧、余热发电、助燃风机变频改造等技术改造项目可以大幅度降低燃料和电量消耗。

第三节　石油化工企业的节能

一、石油化工工业概述

通常把以石油、天然气为基础的有机合成工业，即石油和天然气为起始原料的有机化学工业称为石油化学工业，简称石油化工。

石油化工按其加工和用途划分为两大分支，一是石油经过炼制，生产各种燃料油、润滑油、石蜡、沥青、焦炭等石油产品；二是把蒸馏得到的馏分油进行裂解，分解成基本原料，再合成生产各种石油化学制品。前一分支是石油炼制工业体系，后一分支是石油化工体系。炼油和化工二者是相互依存、相互联系的，是一个庞大而复杂的工业部门。

石油化工是化学工业的重要组成部分，生产石油化工产品的第一步是对原料油和气（如丙烷、汽油、柴油等）进行裂解，生产以乙烯、丙烯、丁二烯、苯、甲苯、二甲苯为代表的基本化工原料；第二步是以基本化工原料生产多种有机化工原料（约 200 种）及合成材料（塑料、合成纤维、合成橡胶）。这两步产品的生产属于石油化工的范围。有机化工原料继续加工可制得更多品种的化工产品，习惯上不属于石油化工的范围。

炼油企业总能耗包括新鲜水、电、汽、催化烧焦、工艺炉燃料以及热输出六项。其中催化烧焦和工艺炉燃料所占比例最大，均占炼厂总能耗的 1/3 左右，因此必须注意提高炉子的热效率，加强催化装置的能量回收和利用。中国石化作为我国最大的炼化企业，其能耗数据最能代表我国炼油行业的水平。从统计数据看，近年来在炼油综合能耗和单因能耗上都呈现下降趋势。

二、石油化工工业的节能

我国炼油行业能耗逐年下降。近 30 年，炼油综合能耗下降了 20.86%，主要生产装置能耗显著下降。

虽然常减压装置、催化裂化装置、延迟焦化装置、加氢裂化装置等装置能耗水平总体呈下降趋势，但与国外先进水平相比，我国多数炼油企业能耗指标还存在较大差距。主要炼油装置中除常减压蒸馏装置能耗水平较为先进外，其他主要装置平均能耗与国外先进水平相比还存在一定的差距，主要表现在：能量的集成优化程度不够、大量低温余热没有得到很好的利用、蒸汽动力系统能耗普遍较高、热电联产的潜力远未能发挥出来等。同时，原油质量的重质化和劣质化也日趋严重，这也是制约我国炼油企业炼油能耗降低的一个重要原因。

石化企业中热效率低的加热炉还大量存在，突出问题是排烟温度高，回收烟气余热的水热煤技术、搪瓷管技术等先进的技术还未被大量应用。石油化工企业在生产过程中伴生出可有效利用的能源，如低压蒸汽、高温热水等，这些能量还没有被充分利用。

（一）节能方向

1. 能量的有效利用

（1）按质用能，按需供能。按质用能是根据输入能的能级确定其使用范围，按需供能则是根据用户要求的能级选择适当的输入能。

（2）能量的梯级利用。根据用户对能级的不同要求使能级逐渐下降，对能量进行多次利用，也就是梯级利用和多效利用。

2. 能量的充分利用

能量的充分利用，也就是减少排放损失，例如，保温、保冷不良造成的散热和跑冷损失，由废气、废液、废渣、冷却水等各种中间物或产品带走能量造成的损失。

3. 能量综合利用

能量综合利用是指化工过程中热能和动能的配合使用，还有在此过程中热效率和机械能的综合利用。

（二）节能途径

1. 结构调整

国家调整经济结构、调整工业布局、调整产品结构等，如对效率低的小企业实行关、停、并、转。

2. 技术创新

通过采用新技术、新工艺、新设备、新材料以及先进操作方法达到提高产量和产值，降低能源消耗的效果。

（1）研究化工工艺流程，减小合成过程的复杂性，减小设备和耗能装置的台件数。

（2）改进装置的传热/冷却效果，设计和使用先进装置，以提高效率，减少设备和管道的阻力，合理利用动力以减少消耗。

（3）坚持从源头抓节能，积极采用先进节能技术。

（4）对蒸汽动力系统进行综合改造，降低系统自耗率和损失率；推广热电联产、蒸汽压差发电等技术和设备；研究和开发燃气轮机应用技术。

（5）推广应用先进过程控制系统技术。

（6）实现炼油化工一体化。实现炼油化工一体化可以将 $10\% \sim 25\%$ 的低值石油产品转化为高价值的石化产品，大幅度地提高资源利用效率。根据市场需求，灵活调整产品结构，共享水、电、汽、风、氮气等公用工程，节省投资和运行费用，以及减少库存和储运费用，达到原料的优化配置和资源的综合利用，提高企业的整体经济效益。

三、石油化工企业专用设备的节能监测

（一）精馏塔的节能监测

蒸馏与精馏工艺广泛用于化工行业，它是化工行业主要耗能设备之一。一个典型的石油化工厂精馏装置的能耗约占其总能耗的 15%。

精馏塔热平衡中的收入项有塔外再沸器或塔内加热器载热体带入热量 Q_B、进料带入物理热量 Q_F 和回流液带入物理热 Q_R，支出项有塔顶蒸汽带出物理热 Q_V、塔底产品带出物理热 Q_W 和向周围散失热量 Q_L。由热平衡计算可知，普通精馏装置中再沸器或加热炉提供的热量约 95% 被冷凝器中的冷却水或其他冷却介质带走，只有 5% 的热量被有效利用。

1. 监测项目的选择

（1）塔顶和塔釜温度。塔顶与塔釜直接关系到产品的质量与能耗，是考察精馏操作是否正常的主要指标，可进行在线监测。从热能充分回收利用的角度出发，如何回收塔顶蒸汽带走的潜热，如何利用馏出液和釜液带走的显热十分重要，向精馏装置提供的热量只有约 5% 用于精馏，绝大部分都被冷却水带走。

（2）塔壁温度。

（3）回流化。回流化定义为回流量与塔顶产品量之比。塔顶上升的蒸汽全部冷却后，一部分冷凝液作为产品，另一部分回流入塔，回流量越多，产量就越低，且能耗越大，然而回流又是实现精馏的必要条件。精馏过程的能量损失是由不同温度、不同浓度的物体相互传热以及流体流动的压降等不可逆因素引起的。在精馏过程中的物理能转化为扩散能，同时伴随物理能的降阶损失。温度差、浓度差、压强差都是精馏过程的推动力，推动力越大，不可逆性就越大，能量损失也就越大，因此减少能量损失的关键在于减少推动力，精馏过程的推动力主要由料液中各组分的相对挥发度、分离要求及回流比确定的，若物料组成和分离要求一定，回流比就是影响推动力的主要因素。

回流比越大，推动力就越大，精馏就越容易；回流比增加，再沸器需供入的热量和冷凝器需移走的热量增加，故能耗也越大。从节能的角度出发，希望能耗尽可能少。精馏所需的最少热量是以最小回流比（R_{min}）操作所需的热量。最小回流比是精馏操作的一种极端情况，当回流比减到最小时，塔内某块塔板上的推动力减小到零，这表明达到规定的分离要求所需的气体接触面积无限大，气液接触时间无限长，因此需要无限多块塔板，即塔无限高，设备费无限大。最优回流比要通过经济核算，按设备费与操作费之和即总费用最小的原则确定。

2. 监测方法和监测结果计算

（1）塔顶温度与塔釜温度采用在线仪表监测。

（2）塔壁温度的监测可采用表面温度计或低温红外测温仪分段划片进行。

（3）回流比的监测。回流比的监测是利用经过校对的在线流量表测出馏出液和回流液的流量，如果无在线流量表，建议用超声波流量计进行测量。

回流比 R 的计算式为

$$R = \frac{L}{D} \tag{10-4}$$

式中：L、D 分别为回流液量与塔顶产品（馏出液）量。

3. 考核与评价

（1）塔顶、塔釜温度参照工艺指标考核、评价。塔顶蒸汽带出的潜热和釜液带走的显热应充分回收利用，没有回收的应根据余热的种类、排出的情况、介质温度、数量以及利用可能性，进行综合热效率及经济可行性分析，决定设置回收利用设备的类型及规模。

（2）塔壁温度按 GB/T 8174—2008《设备及管道保温效果的测试与评价》考评。

（3）目前没有回流比的节能监测标准，但是在设计中有一个容易接受的推荐值；国外在20世纪60年代推荐 $R=1.4R_{min}$；70年代后期，由于西方能源价格上涨，操作费用相应增加，回流比的推荐值已降到最小回流比的1.3倍以下，有的甚至推荐 $R=(1.1\sim1.1.5)R_{min}$。我国常用的推荐值是 $R=(1.1\sim2)R_{min}$。

（二）工业炉的节能监测

1. 监测项目

监测项目包括：排烟温度、烟气中一氧化碳含量、炉体外表面温度、过量空气系数、热效率。

2. 监测方法

采用现场测取数据（包括用在线仪表和便携式仪表测取）与监测期间的统计数据相结合

的方法进行监测。

（1）监测使用仪表要求。监测采用的在线仪表和便携式仪表应检定合格，并在检定周期内，其准确度不低于 2.0 级。

（2）监测准备。

1）明确监测任务、了解加热炉概况、确定测点布置、制订测试方案、准备测试仪表、落实安全措施。

2）检查加热炉的工作状态，确认加热炉已稳定运行 2h 以上，且不存在安全隐患。

（3）测点布置。

1）燃料及雾化蒸汽流量、温度、压力测量点及燃料取样口应设在进燃烧器之前。

2）燃烧用空气温度的测点。①空气不预热时，应设在进燃烧器之前；②用自身热源预热空气时，应设在鼓风机前的冷风管线上；③用外界热源预热空气时，应设在预热器之后的热空气管线上。

3）排烟温度测点应设在离开最后传热面处，即在烟气余热回收段的烟气出口处；无烟气余热回收段时，则设在对流段烟气出口处。

4）烟气中氧含量、一氧化碳含量取样口应设在辐射段出口及离开最后传热面处。

5）炉体外表面温度测点应具有代表性，一般 $1\sim2\mathrm{m}^2$ 设一个测点。

（4）监测。

1）监测期间，加热炉应始终保持处于稳定工况。

2）所有监测项目，每小时测取一次，共测取三组数据。

3）燃料的取样应与其他监测项目同步进行。

（5）监测合格指标，见表 10-6。

表 10-6 节能监测合格指标

监测项目	一般加热炉				裂解炉			
	热负荷（MW）				加工量［万 t/（年·台）］			
	≤1	1~6	6~23	23~35	>35	≤3	3~6	>6
排烟温度（℃）	≤200	≤200	≤190	≤180	≤160	≤180	≤170	≤160
烟气中一氧化碳含量（10^{-6}）	≤100	≤100	≤50	≤50	≤50	≤50	≤50	≤50
炉体外表面温度（℃）	≤60	≤60	≤60	≤60	≤60	≤70	≤70	≤70
过量空气系数	≤1.4	≤1.35	≤1.3	≤1.25	≤1.2	≤1.25	≤1.2	≤1.15
热效率（%）	≥70	70~86	86~88	88~90	≥90	≥90	≥92	≥94

注 烟气中一氧化碳含量、过量空气系数取辐射段出口处监测的数据。

第四节　电力企业的节能

一、火力发电厂的工艺流程

火力发电厂的工艺流程如图 10-11 所示。火力发电系统主要由燃烧系统（以锅炉为核心）、汽水系统（主要由各类泵、给水加热器、凝汽器、管道、水冷壁等组成）、电气系统（以汽轮发电机、主变压器等为主）、控制系统等组成。前两者产生高温高压蒸汽；电气系统实现由热能、机械能到电能的转变；控制系统保证各系统安全、合理、经济运行。

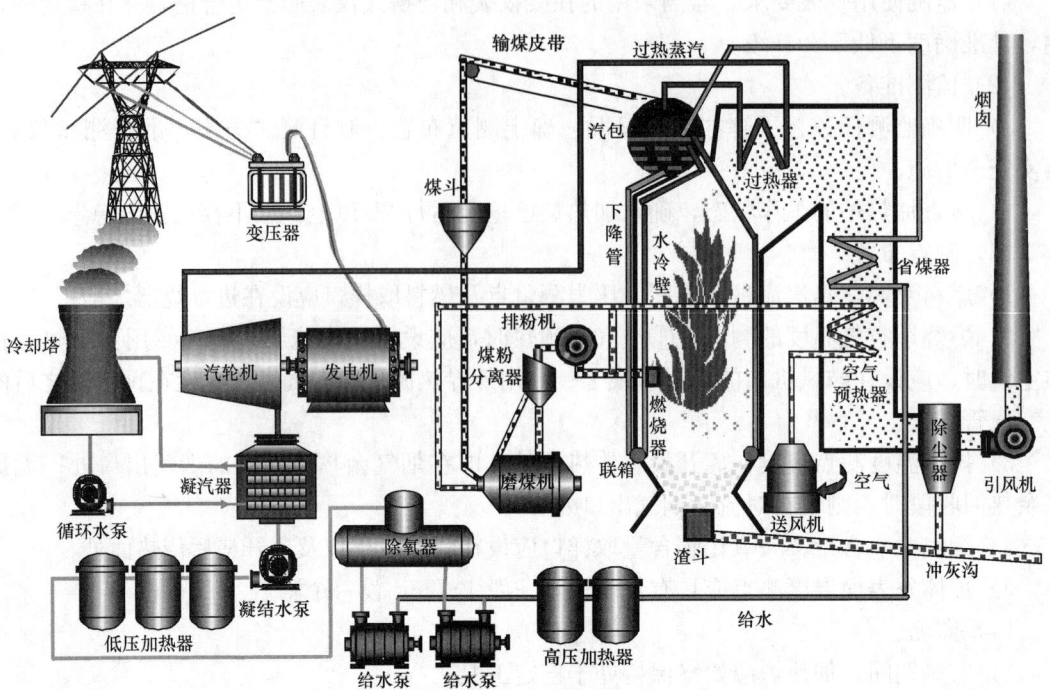

图 10-11　火力发电厂整体工艺流程

火力发电厂的生产过程可分成三个大系统：①燃料的化学能在锅炉中转变为热能，加热锅炉中的水使之变成蒸汽，称为燃烧系统；②锅炉产生的蒸汽进入汽轮机，推动汽轮机旋转，将热能转变为机械能，称为汽水系统；③由汽轮机旋转的机械能带动发电机发电，把机械能变为电能，称为电气系统。

二、火力发电厂节能监测

根据我国的电力战略规划，2030 年前电力工业的发展仍将以火力发电为主。据估计，2020 年我国装机容量将达 14 亿 kW，其中火力发电约 9.5 亿 kW。当前，我国火力发电及供热用煤占全国煤炭总量的 51%，产生的灰渣约占全国灰渣的 70%，火力发电用水量占工业用水总量的 40%，烟尘排放占工业排放的 33%，二氧化硫排放占工业排放的 56%，因而火力发电厂节能减排势在必行。

（一）锅炉的节能监测

锅炉是利用燃料燃烧释放的热能或其他热能加热给水，以获得规定参数（压力、温度）和品质的蒸汽或热水的设备。

锅炉是一种重要的能源转换设备。锅炉广泛用于各行各业的生产用汽、采暖、生活等方面，也用于容量小于 3000kW 的火力发电。目前我国工业和民用供热锅炉拥有量约 40 万台。总蒸发量为 100 万 t/h 左右，年耗煤量 3 亿多吨，约占全国原煤产量的 1/3。

对锅炉的热平衡测定结果表明，我国锅炉热效率低，20 世纪 80 年代初，全国平均只有 50% 多一点，而设计效率值为 70%~75%；蒸汽的热能利用率更低，只能达到约 30%，日本和美国则分别达到 51% 和 51%。究其原因，主要是我国小容量锅炉所占比例很大，装备水平差，设备陈旧、炉型选择不合理，锅炉容量与负荷不匹配的情况很普遍；燃料品种变动大和管理、操作技术水平差，也是造成锅炉运行效率低的重要原因。因此，开展对锅炉运行情况的监测，促进其节能降耗，提高能源利用率是节能监测的重要内容之一。

1. 监测项目的选择

锅炉能源利用的好坏在于进入锅炉的燃料燃烧效率的高低和高温烟气的显热被水和蒸汽吸收的多少。衡量锅炉能源利用水平的指标是锅炉热效率，影响或反映燃料燃烧效率和传热完善程度的是锅炉的各项热损失及其相关参数。锅炉的热损失包括：固体未完全燃烧热损失（q_4）、可燃气体未完全燃烧热损失（q_3）、排烟热损失（q_2）、散热损失（q_5）和灰渣物理热损失（q_6），前两项直接影响燃烧效率的高低；排烟热损失则反映了锅炉设备的完善程度及传热的优劣；散热损失反映炉墙绝热状况的好坏；灰渣物理热损失很小，而且依燃料和炉型而异。

目前，我国锅炉以燃煤为主，而且容量小，装备水平低，运行状况差，在各项热损失中，主要是固体未完全燃烧热损失和排烟热损失，根据通常的规律和现场测定的数据，这两项损失占锅炉总热损失的 85% 以上。以层状燃煤锅炉为例，通常排烟热损失占供入能量的 10%～20%，有的高达 25%～30%；其次是固体未完全燃烧热损失，一般可达供入能量的 8%～15%，有的高达 10%～25%。

固体未完全燃烧热损失（q_4）的计算公式为

$$q_4 = \frac{328.7A_{ar}}{Q_{net,ar}}\left(\frac{\alpha_{LZ}C_{LZ}}{100-C_{LZ}} + \frac{\alpha_{fh}C_{fh}}{100-C_{fh}} + \frac{\alpha_{Lm}C_{Lm}}{100-C_{Lm}}\right) \times 100\% \tag{10-5}$$

式中：α_{LZ}、α_{fh}、α_{Lm} 分别为炉渣、飞灰、漏煤占整个入炉煤含灰量的百分比，%；C_{LZ}、C_{fh}、C_{Lm} 分别为炉渣、飞灰、漏煤中的含碳量的百分比，%。

由此可以看出：在煤种已定的情况下，q_4 的决定因素是 α_{LZ}、α_{fh}、α_{Lm} 和 C_{LZ}、C_{fh}、C_{Lm}。由于锅炉燃烧方式的不同，α_{LZ}、α_{fh} 和 α_{Lm} 的组成百分比差别很大，按灰平衡的公式有

$$\alpha_{LZ} + \alpha_{fh} + \alpha_{Lm} = 100\% \tag{10-6}$$

对于层状燃烧炉，α_{LZ} 占 80%～85%；煤粉炉中，α_{fh} 占 85%～90%；而沸腾炉中，α_{Lm}（溢流灰百分比）占 55%～65%，α_{LL}（冷流灰百分比）占 10%～30%。因此应按锅炉的不同燃烧方式，选用主要灰渣的含碳量作为监测项目，如层燃锅炉选炉渣含碳量 C_{LZ}；煤粉炉飞灰含碳量 C_{fh}；沸腾炉溢流灰和冷炉灰含碳量 C_{yL} 与 C_{LL} 之和的平均值作监测项目。

锅炉的排烟热损失（q_2）的计算公式为

$$q_2 = \frac{(h_{py} - \alpha_{py}h_{LK}^0)(100-q_4)}{Q_r} \times 100\% \tag{10-7}$$

式中：h_{py} 为排烟处烟气焓，kJ/kg；h_{LK}^0 为理论空气的焓，kJ/kg；α_{py} 为排烟处过量空气系数；q_4 为固体未完全燃烧热损失，%；Q_r 为输入锅炉的热量，kJ/kg。

由此可知：排烟热损失主要取决于排烟处烟气的焓 h_{py} 和排烟处过量空气系数 α_{py}，而排烟处烟气的焓 h_{py} 的决定因素也是排烟处过量空气系数 α_{py} 和排烟温度 T_{py}，排烟焓随排烟处过量空气系数和排烟温度的变化成正比地变化。同时，过量空气系数增加会削弱对流换热而导致排烟温度升高。因此，排烟热损失也随排烟处过量空气系数和排烟温度的变化成正比地变化。过高的排烟温度使排烟热损失增加，排烟温度过低又可能导致运行锅炉的低温腐蚀，

技术上不允许；同样，过量空气系数过大也使排烟热损失增加，过小的过量空气系数又可能引起化学不完全燃烧。最理想的过量空气系数应该是上述两项热损失之和为最小时的过量空气系数。因此，既要以燃料完全燃烧为前提，又要控制锅炉在低过量空气系数下运行，即供给燃料燃烧的空气量略高于理论需要量。过量空气的多少取决于燃料种类、燃烧方式和锅炉负荷。操作中应尽可能在保证燃料完全燃烧的前提下，使过量空气系数接近表 10-7 所列的下限值。

表 10-7　　　　　　　　　锅 炉 过 量 空 气 系 数

燃 烧 方 式	负荷率（%）	过量空气系数		
		固体燃料	重油	气体燃料
火室燃烧	70~100	1.15~1.25	1.05~1.15	1.1~1.2
沸腾燃烧	70~100	1.1~1.2		
火床燃烧	70~100	1.3~1.5		
蒸发量 4t/h 的锅炉炉体出口处	70~100	1.5~1.8		

可燃气体未完全燃烧损失不仅因锅炉供风不足而引起，也会因燃烧器或燃烧装置配风不当而发生。在保证完全燃烧的低过量空气下运行的层燃锅炉，从理论上讲，其可燃气体未完全燃烧损失一般为 0.5%~1.0%。但对多台锅炉的热平衡测试结果表明，实际上大多数锅炉的过量空气系数都在 1.8 以上，可燃气体未完全燃烧热损失平均为 1% 左右。燃油、燃气的炉子即使在过量空气较大时，因燃烧器混合不好或配风不当也会产生 CO 等。尤其是油类燃料，当 CO 产生时，就会冒黑烟。由此可见，即使在过量空气系数较大的情况下，可燃气体未完全燃烧热损失仍然不可忽视。反映该项热损失的参数是存在于烟气中的 CO 等可燃气体和煤烟。通常 CO 等在排烟中的含量是通过烟气分析得到的，有时由于分析仪器的限制以及化验分析人员熟练程度的影响，排烟中的 CO 含量往往难以用奥氏仪准确测量，因而必须对少量试样采用气相色谱仪或吸附技术的实验室检测。当然，是否需要实验室检测，可视监测的需要和可能而定。一般情况，可采用环保监测的指标——锅炉的排烟黑度（反映排烟中煤烟等物质含量的定性指标）作为锅炉考核评价燃烧是否完全的监测指标。

锅炉的炉墙表面散热损失一般占锅炉总输入热量的 3%~5%。显然该项热损失不是锅炉的主要热损失。但与大容量的锅炉相比，锅炉的炉墙表面散热损失要大得多。这说明锅炉的炉体保温状况不及大容量锅炉，这不仅造成能源的浪费，还使劳动条件严重恶化。炉墙保温结构的完整性差，密封不严时，不仅会造成墙面局部温度增高，使散热量增加；而且由于漏风也会导致其他热损失增加。炉墙表面散失热量是因炉墙温度高于环境温度而产生辐射、对流传热所造成的。加强墙体绝热，降低炉墙表面温度，就可减少炉墙表面散失热量。由于炉墙是锅炉设备的一部分，一旦安装完毕，再要改变其结构就不容易了。因此，从这个角度讲，炉墙表面温度对运行中的锅炉又是一个不可控制或调整的参数，对其监测并评价主要是作为维修与改造锅炉、实施炉体保温措施的依据。

锅炉效率的定义式为

$$\eta = \frac{Q_{yx}}{Q_r} \times 100 (\%) \tag{10-8}$$

式中：Q_{yx} 为蒸汽（或热水）带出的有效热量，kJ/kg；Q_r 为锅炉的输入热量，kJ/kg。

锅炉热效率是反映其能源利用水平的综合指标。国家对不同类型、不同容量锅炉的热效率都有具体的规定范围；而且蒸汽（热水）生产的工艺过程相对比较简单，又有一套比较完整、成熟、易于掌握的测试技术，因此可选定锅炉的正平衡热效率作为监测项目。

综上所述，一般锅炉的节能监测可以通过对一项综合指标（正平衡热效率）和 5 个单项指标〔排烟温度 T_{py}、排烟过量空气系数 α_{py}、炉渣（或炉灰）含碳量 C_{LZ}、排烟黑度和炉墙表面温度〕的正确测定，来考核评价锅炉的运行状况和用能水平。

应该指出：对上述所列监测项目，应视燃料、燃烧装置和监测目的的不同，本着突出重点、简化方法，点面结合，以求实效的原则，根据具体情况决定取舍。如燃用气体、液体燃料的锅炉就无需监测灰渣含碳量；又如锅炉热效率属不定期监测项目，它只在新设备鉴定试验、燃烧调整试验、改变燃料或设备改造后，要对其经济性进行评价时，才进行监测。

2. 检测方法及计算结果

锅炉属于连续生产设备，对其监测要求简捷迅速，除锅炉热效率监测持续时间较长，需 $4 \sim 5h$ 外，其他项目的监测时间可定为 $1 \sim 2h$。为使监测数据正确可靠，反映实际情况，实施锅炉监测，应在锅炉热工况稳定，并处于正常运行负荷时进行。监测结果计算宜以环境温度为基准。

（1）排烟温度的测量。排烟温度的测量一般采用热电偶（配以自动记录仪）进行连续或定时记录，或使用燃烧效率监测仪测量。其测点布置：无尾部受热面的锅炉布置在锅炉烟气出口约 $1m$ 处烟道截面的中心点上；有尾部受热面的锅炉布置在尾部受热面烟气出口 $1m$ 内烟道截面的中心点上。取样点应避开烟道转弯或有局部收缩的位置。排烟温度每隔 $10min$ 记录一次，计算时取其算术平均值。

（2）过量空气系数的监测。过量空气系数是通过烟气分析结果计算得到的。烟气成分的测量一般采用烟气全分析仪、气相色谱仪或燃烧效率监测仪。测点位置的布置与排烟温度监视点相同。取样管或探头的插入，应严格遵守烟气取样的要求，要严格密封不能使冷空气吸入，应把取样管或探头插至接近烟道中心部位。对于超过 $4m$ 的宽烟道应在两侧分设测点，取样后应及时分析。

另外，还可以用烟气中的含氧量来直接确定过量空气系数。因为烟气中的 O_2 含量只随过量空气的增加而增加，而且，当过量空气相同时，烟气中 O_2 含量随燃料种类的变化很小。因此，可选取烟气中 O_2 含量作为监测对象来计算过量空气系数。过量空气系数正比于烟气中 O_2 摩尔百分数，即过量空气百分数 $= K \dfrac{O_2}{21 - O_2}$，其中的 K 值，对天然气为 90；对液体燃料为 97；对煤为 97。O_2 的体积是以干燥基（奥式分析仪等）为准的。过量空气系数也可根据烟气中 O_2 含量的测量结果，采用图解法求得。

在很广的燃料范围内，烟气中 O_2 含量正比于过量空气系数的这种单一函数关系，使它无论是对单一燃料，还是复合燃料都极其有用。这也是烟气氧分析仪（如氧化锆式氧测定仪、磁式氧测定仪等）能够在运行和试验中被广泛应用的原因。

（3）排烟黑度的监测。排烟黑度可用林格曼黑度计进行监测。

（4）炉渣、飞灰含碳量的监测。飞灰采样用采样器，应基本保证"等速取样"。

　　（5）炉墙外壁面温度的监测。炉墙外壁面温度监测，可使用热电偶表面温度计和半导体点温计，或用非接触式红外测温仪进行。测定炉墙外壁面温度的测点布置，可按在锅炉炉体散热面上每间距 1m 均布一个测点，凡遇炉门、检查门时，应在离开门边沿 0.5m 处设测点。用红外测温仪扫描测试时，应事先按上述布点原则画出应扫描的区域，按划定的区域进行扫描测定，在测试前应核定出炉墙表面材质的黑度值，然后再进行正式测量。

　　（6）锅炉热效率。锅炉热效率的测算包括蒸汽（或热水）所载有效热量和以燃料低位发热量为主的供入热量的测算。有效热量的测算应区分过热蒸汽、饱和蒸汽和热水而对其温度、压力，乃至蒸汽湿度有选择性地进行测试。锅炉供入热的测算应根据不同燃料和锅炉装备情况选择测试项目和参数。现以燃煤锅炉为例，简述其测试和计算。

　　燃煤锅炉热效率的计算公式如下：

　　饱和蒸汽锅炉

$$\eta = \frac{(D + D_{zy})(h_{bq} - h_{fw} - rw/100)}{B\,Q_{net,ar}} \times 100\% \tag{10-9}$$

　　过热蒸汽锅炉

$$\eta = \frac{D(h_{sh} - h_{fw}) + D_{zy}(h_{zy} - h_{fw} - rw/100)}{B\,Q_{net,ar}} \times 100\% \tag{10-10}$$

　　热水锅炉

$$\eta = \frac{G(h_{cs} - h_{fw})}{B\,Q_{net,ar}} \times 100\% \tag{10-11}$$

上几式中：η 为锅炉热效率，%；D 为锅炉出力，kg/h；G 为热水锅炉循环水量，kg/h；D_{zy} 为锅炉自用蒸汽量，kg/h；h_{bq} 为饱和蒸汽焓，kJ/kg；h_{fw} 为给水焓，kJ/kg；h_{sh} 为过热蒸汽焓，kJ/kg；h_{cs} 为热水锅炉出水焓，kJ/kg；r 为水的汽化潜热，kJ/kg；w 为蒸汽湿度，%；B 为燃料消耗量，kg/h 或 m³/h；$Q_{net,ar}$ 为燃料收到基低位发热量，kJ/kg 或 kJ/m³。

　　说明：（1）当使用锅炉系统以外的热源对燃料和空气进行加热时，外来热量 Q_{WL}（kJ/kg 或 kJ/m³）应测算并计入锅炉输入热量中。

　　（2）对于燃油锅炉。用于加热燃油和燃油进行雾化所消耗的自用蒸汽带入锅炉的热量 Q_{zy}（kJ/kg 或 kJ/m³）应测算并计入锅炉输入热量中。

　　在测量锅炉热效率时，要尽量利用现场的计量检测仪表。

　　耗煤量的测定一般以磅计量并累计。不符合颗粒要求的大块煤，应在过磅前拣出。在原煤过磅的同时进行煤样采集，采样可在过磅前的车上或炉前地面上采用三点法或五点法进行。采集的煤样应及时置于密封箱或塑料袋内，以避免外水分的散失。煤样经过破碎、过筛、掺和、缩分，然后进行煤的工业分析。其采样和工业分析应分别符合 GB 474—2008《煤样的制备方法》、GB 475—2008《商品煤样人工采取方法》和 GB/T 212—2008《煤的工业分析方法》。

　　准确地测量锅炉的蒸发量，对于保证监测的准确性具有特别重要的意义。蒸发量可通过测定蒸汽流量或给水流量来确定。蒸汽流量的测定可利用现场经校验标定的蒸汽流量表。对于锅炉，一般采用测定给水量的办法来确定蒸发量，这种办法既简单又准确。

　　在测定给水量时，给水管路，特别是水泵不能有泄漏。当避免不了泄漏时，应收集泄漏水量，从测算的给水总量中减去泄漏水量，才是实际的锅炉给水量。若多台锅炉运行时，应在给水系统中单独设立监测计量水箱。蒸汽湿度可用"热平衡法""氯根法""碱皮法"三种方法中的任一方法测定。为使蒸汽取样有代表性，应进行蒸汽等速取样。

用氯根法测算蒸汽湿度的公式为

$$蒸汽湿度 = \frac{蒸汽冷凝水氯根含量}{炉水氯根含量} \times 100\% \tag{10-12}$$

对于下列锅炉，若现场无取样条件时，可按表 10-8 所列的蒸汽湿度选取。

表 10-8　　　　　　　　　　　　　锅炉蒸汽湿度概略值

锅　炉　形　式		蒸汽湿度（%）
卧式双火筒锅炉		可忽略不计算
卧式外燃回水管、内燃回水管、卧式单火筒		1～2
立式横火管、横水管		2～3
双横汽包分联箱水管双纵汽包水管	装旋风汽水分离器时	可忽略不计算
	未装旋风汽水分离器时	2～3

根据上述各项测算数据和监测期内经过校验的锅炉运行监督仪表记录的蒸汽压力、温度，查出蒸汽（或热水）的有关热物性参数，即可按前述热效率公式计算得到监测期的锅炉热效率。

3. 检测评定技术指标

根据节能监测的要求，应对影响锅炉能耗的重点项目进行现场测试，并做出定性定量的判断评定。其考核评定可根据 GB/T 3486—1993《评价企业合理用热技术导则》的有关规定进行，该导则中暂无限定值的监测项目，例如，煤粉炉的飞灰含碳量 C_{fh}、沸腾炉溢流灰和冷炉灰的含碳量（C_{yl} 和 C_{LL}）等可根据被监测锅炉的设计值并参考同类型锅炉的运行测试数据进行综合评价。锅炉排烟黑度的考核评价指标——林格曼黑度应低于 1。应该指出的是：在考核评价锅炉排烟温度时，任何锅炉的排烟温度都不允许低于烟气的露点。

（二）风机机组节能监测

风机机组由原动机（电动机、热机等）、联轴节（耦合器）和风机本体组成，风机主要由叶轮转子和壳体及其他一些辅助部件组成。风机是一种能源转换设备，风机机组是把供给它的电能或其他形式的能量转换成气体的压力能。风机作为配套或辅助设备，广泛用于国民经济各个部门。据不完全统计，全国的风机使用约 200 万台，年耗电量约占全国用电量的1/10。调查表明，由于风机用户选型、安装、维护和管理不当，特别是风机的调速技术没有广泛推广应用，风机机组不能得到充分的发挥，风机机组的运行效果较差，效率较低，造成能源的很大浪费。因此很有必要对运行风机机组进行节能监测。

风机的主要性能参数有风压、风量、功率、效率和转速。

1. 检测项目的选择

（1）风压和风量。风压和风量是风机选型及使用时的两项重要指标。监测这两项指标的目的是看其运行参数接近铭牌值的程度，进而分析判定风机选型是否合理，与拖动电动机是否匹配。

（2）效率。风机机组的效率表明了供给机组的能量有多大比例转换为有效利用能量（压力能），它是衡量风机机组运行经济性的前提。

2. 检测方法和监测结果计算

（1）风压的测量。风压是风机出口全压与风机入口全压之差，而全压 p_q 是静压 p_j 和动压 p_d（$=\rho v^2/2$）之和。

风压的计算式为

$$p = p_{q2} - p_{q1} = \left(p_{j2} + \frac{\rho_2 v_2^2}{2} \right) - \left(p_{j1} + \frac{\rho_1 v_1^2}{2} \right) \tag{10-13}$$

式中：p_{q1}、p_{q2} 分别为风机入、出口处流体全压，Pa；p_{j1}、p_{j2} 分别为风机入、出口处流体静压，Pa；v_1、v_2 分别为风机入、出口处流体速度，m/s；ρ_1、ρ_2 分别为风机入、出口处流体的密度，kg/m³。

（2）风量的测量。风量是指单位时间流经风机的气体量。风量的测量可以用各种流量计或使用现场经过校正的流量计直接测量，或使用流速测量仪表，如皮托管、热线（球）风速仪等间接测量。

应当指出，由于气体有黏性和附面层原理，流动气体在管内通道截面上各点的速度是不同的，因此必须进行全截面上的速度测量，最后求出平均值。

风量的直接测量，一般是在风机的入口处或由现场流量计进行，计算比较简单。如果通过测量速度间接测量风量，还应在测量面上同时测量气体温度和成分。风量的计算公式为

$$Q = 3600 A \bar{v} \tag{10-14}$$

$$\bar{v} = \frac{1}{n} \sum_{i=1}^{n} v_i \tag{10-15}$$

式中：Q 为测量面上的气体流量，m³/s；A 为测量面的截面积，m²；$\bar{v}$ 为测量面的气体平均速度，m/s；n 为测量面上的测量点数；v_i 为测量面上各测点风速，m/s。

用皮托管测量风速时

$$\bar{v} = K \sqrt{\frac{2 \overline{p_d}}{\rho}} = \frac{1}{n} \sum_{i=1}^{n} K \sqrt{\frac{2 p_{d_i}}{\rho}} \tag{10-16}$$

$$\sqrt{\overline{p_d}} = \frac{1}{n} \sum_{i=1}^{n} \sqrt{p_{di}} \tag{10-17}$$

$$\rho = \rho_0 \frac{273}{T} \times \frac{p_{atm} \pm p_j}{101325} \tag{10-18}$$

式中：K 为测量皮托管的校验修正系数，对标准皮托管 $K=1.0$；$\overline{p_d}$ 为测量面上各测点的平均动压值，Pa；p_{d_i} 为测量面上各测点的动压值，Pa；ρ 为测量面处气体的密度，kg/m³；ρ_0 为标准状态下的气体密度，kg/m³；T 为测量面处的气体温度，K；p_{atm} 为测量时大气压力，Pa；p_j 为测量面上的静压值，Pa。

（3）效率的测量。

1）风机的电能利用率（风机机组效率）是指风机机组在实际运行情况下对电能的有效利用程度，即

$$\eta_{d} = \frac{E_{yx}}{E_{gg}} \times 100\% = \frac{p\,Q \times 10^{-3}}{3600P} \times 100\% \qquad (10\text{-}19)$$

2）风机的效率是指风机在实际运行中的全压有效功率与输入风机的轴功率之比，即

$$\eta = \frac{E_{yx}}{E_{zh}} \times 100\% = \frac{p\,Q \times 10^{-3}}{3600P_{zh}} \times 100\% \qquad (10\text{-}20)$$

式中：η_{d}、η 为风机的电能利用率和风机效率，$\%$；E_{yx} 为风机的有效能（功率），kW；E_{gg}、E_{zh} 为供给风机机组的能量和供给风机（本体）的能量，kW；P、P_{zh} 为风机机组的输入功率和风机本体的轴功率，kW；Q 为风机风量，m^3/h；p 为风机风压，Pa。

　　风机机组的输入功率测量和计算与异步电动机相同。风机轴功率是指电动机输送给风机的功率，它可以采用电流法或闪光转速测定法等在现场测出，但难度和工作量较大，可采用实测电动机运行电流计算，即

$$P_{zh} = P_{e}\beta\eta_{c} \qquad (10\text{-}21)$$

$$\beta = \sqrt{\frac{I^{2} - I_{0}^{2}}{I_{e}^{2} - I_{0}^{2}}} \times 100 \qquad (10\text{-}22)$$

式中：P_{e} 为电动机额定功率，kW；β 为电动机负荷率，$\%$；I 为实测电动机运行电流，A；I_{e}、I_{0} 为电动机额定电流和空载电流，A；η_{c} 为风机与电动机间的机械传动效率，$\%$。

　　3. 检测结果的考核与评价

（1）在风机正常运转时，其出口风压、风量应达到或接近铭牌值。

（2）GB/T 3485—1998《评价企业合理用电技术导则》中规定：通风机、鼓风机效率不能低于 70%。

（3）凡属国家规定的淘汰型产品，又未进行节能技术改造的，应评为非节能型机组。

（三）水泵机组的监测

1. 检测项目的选择

水泵的基本性能参数主要有流量、扬程（压头）、轴功率和效率。供水或供专用液体介质的配套设计选型中都是根据使用要求的流量或扬程这两个主要参数进行的。但是，由于种种原因，在使用中不一定能达到其基本性能参数值，因而造成能源的浪费或影响工艺正常进行。

2. 检测方法及检测结果计算

（1）流量。水泵流量的测量方法很多，但真正简便、迅速和较准确地适用于现场运行的，特别是对地下闭环供水系统不能停产的情况下进行测量的方法则很少。目前测量流量的方法有：利用经过校对的现场流量计（由于传统的工艺设计和施工问题，一般都没有装配流量计）测量、容积法或称量法测量、超声波流量计测量、皮托管（需要在管道测量面上开孔）测量和水堰法（对于明渠）测量等。在测量中，大都要求（容积法或称量法除外）测量截面上、下游保证一定长度的直管段。

1）容积法测量流量。对于大流量水泵，可采用现场能计量容积的蓄水池（吸水池或注水池）。测量时，相应地切断进或出水，或稳定进、出水量。每次测量时间要持续在 $1min$ 以上，初始水位与终了水位的高度差需要在 $0.2m$ 以上。流量 Q 的计算公式为

$$Q = \frac{A(h_{2} - h_{1})}{\tau} \qquad (10\text{-}23)$$

式中：A 为水池（箱）液面处截面积，m^2；h_2、h_1 为相应为测量时的终了水位和初始水位，m；τ 为测量时间（吸水和注水），s。

此法也适用于如喷淋室等多出口的特殊测量，不同的是对全部出水口都要测量出水量。

2）超声波流量计测量水量。超声波流量计的最大优点是便于携带、使用方便，无须切割管道和在管道上开测量孔，不影响水泵正常运行，该仪器适用于各种材质的管道，可测量清水、浊度不大的污水、海水及油类等的流速、流量。但不能用于浊度太大的污水、泥浆泵等的测量，待测量流体中有气泡时也不能使用。另外，测量截面要求选定在离水泵及局部阻力部件一定距离的直管段上。一般上游直管段长度不得小于 $10D$（D 为管道直径），下游直管段长度不得小于 $5D$。

3）其他测量方法，如利用各种流量表以及皮托管测量，仪表安装时都要求切开管道或钻测孔，要求安装皮托管导向套和密封，以防止喷水（出口侧）和吸入空气（进口侧）而影响测量精确度等。

4）水堰法测量流量。水堰法适用于明渠测量，无法用于封闭系统。GB/T 3214—2007《水泵流量的测定方法》中规定了直角三角堰流量的测量方法。

节能监测时，最合适的流量测量仪表是超声波流量计。

（2）扬程测量。水泵扬程的测量应有两个测点，即水泵进口压力和出口压力。当泵为吸入式工作状态时，进口侧（水井或水池）水位低于水泵轴线，进口为负压，采用真空压力表或 U 形管压力计测量进口压力；当泵为压入式工作状态时，进口侧水池水位高于水泵轴线，可采用压力表或 U 形管压力计测量进口压力。进、出口压力表安装位置高度差用米尺测量。进、出口液体流速按照流量测量值和管道截面积计算平均流速。

水泵扬程 H 按下式计算：

1）当进口压力为正值时（对于压入式水泵）

$$H = \frac{p_2 - p_1}{\rho g} + \frac{v_2^2 - v_1^2}{2g} + \Delta Z \tag{10-24}$$

2）当进口压力为负值时（对于吸入式水泵）

$$H = \frac{p_2 + p_1}{\rho g} + \frac{v_2^2 - v_1^2}{2g} + \Delta Z' \tag{10-25}$$

式中：p_1、p_2 为进、出口压力表读数，Pa；v_1、v_2 为进、出口压力测点截面积平均流速，m/s；ΔZ、$\Delta Z'$ 为出口和进口压力表之间的垂直高度差。

流速为

$$v = \frac{4Q}{\pi D^2} \tag{10-26}$$

式中：Q 为水泵流量，m^2/s；D 为压力测点处管道有效直径，m。

（3）效率测量。

1）水泵机组效率指水泵机组在实际运行情况下对电能的有效利用程度（即水泵电能利用率），即

$$\eta_d = \frac{E_{yx}}{E_{gg}} \times 100\% = \frac{\rho g Q H \times 10^{-3}}{3600 P} \times 100\% \tag{10-27}$$

2）水泵的效率则为水泵对轴功率的有效利用程度，即

$$\eta = \frac{E_{yx}}{E_{zh}} \times 100\% = \frac{\rho g H Q \times 10^{-3}}{3600 P_{zh}} \times 100\% \qquad (10\text{-}28)$$

式中：Q 为体积流量，m^3/s；H 为泵的实际扬程，m；ρ 为液体密度，kg/m^3，对于常温清水取 $1000kg/m^3$；g 为重力加速度，m/s^2；P、P_{zh} 为原动机输入功率和泵的轴功率，kW。

求水泵机组的效率时需要测量原动机的输入功率 P，可采用三相累计电表读数或参阅异步电动机输入功率测量方法。

求水泵本体效率时需要测量水泵的轴功率 P_{zh}，即

$$P_{zh} = P_2 \eta_c = P_e \beta \eta_c \qquad (10\text{-}29)$$

式中：P_2 为原动机输出功率，kW；η_c 为传动效率（对于直接传动方式 $\eta_c=1.0$，对于齿轮传动方式 $\eta_c=0.98$，对于平皮带传动 $\eta_c=0.97$，对三角皮带传动 $\eta_c=1.0$）；P_e 为电动机额定功率（铭牌值），kW；β 为电动机负载率，%。

3. 检测结果的考核与评价

（1）在水泵正常运转时，其流量和扬程应当达到或接近铭牌值。

（2）根据 GB/T 3485—1998 中规定：离心泵、轴流泵的效率不得低于 60%，否则必须改造或更换。

（3）凡属国家规定的淘汰型产品，又未进行节能技术改造，应评价为非节能型机组。

三、火力发电厂节能评价体系与节能途径

通过对影响煤耗、水耗、油耗、电耗以及材料消耗等指标的主要因素层层分解，确定反映火力发电厂能耗状况的各项指标。

（一）火力发电厂节能评价指标基本构成

按相互影响的层面划分，火力发电厂节能中的主要指标评价构成如图 10-12 所示。

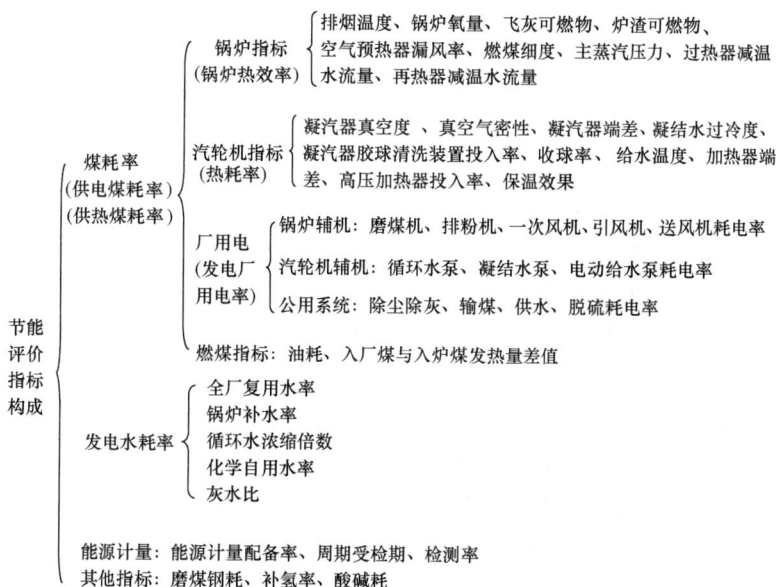

图 10-12 火力发电厂节能指标评价构成

（二）火力发电厂节能指标权重分配

按指标评价权重的层面划为分三级指标，火力发电厂节能指标中一级指标有 4 个。供电（热）煤耗率包含锅炉热效率和热耗率 2 个二级指标，并分别包含有 5 个和 17 个三级指标；综合厂用电率包含的二级指标为发电厂用电率、非生产厂用电率和供热用电，其中发电厂用电率包含有 11 个三级指标；单位发电量取水量包含 5 个二级指标；燃油消耗量无二级和三级指标，见表 10-9。

表 10-9　　　　　　　　　　　火力发电厂节能指标权重分配

一级指标		二级指标		三 级 指 标
项　目	权重(%)	项　目	权重(%)	
供电（热）煤耗率	65	锅炉效率	100	排烟温度、锅炉氧量、飞灰可燃物、炉渣可燃物、空气预热器漏风率
		热耗率	550	高压缸效率、中压缸效率、低压缸效率、主蒸汽温度、再热蒸汽温度、主蒸汽压力、再热蒸汽压力、过热器减温水流量、再热器减温水流量、凝汽器真空度、真空严密性、凝汽器端差、凝结水过冷度、给水温度、加热器端差、高压加热器投入率、补水率
综合厂用电率	20	发电厂用电率	170	磨煤机耗电率、一次风机耗电率、排粉机耗电率、引风机耗电率、送风机耗电率、循环水泵耗电率、凝结水泵耗电率、电动给水泵耗电率、除灰除尘耗电率、输煤耗电率、脱硫耗电率
		非生产厂用电率	20	
		供热用电	10	
单位发电量取水量	10	发电除盐水耗	25	
		工业废水回收率	20	
		循环水浓缩倍率	30	
		化学自用水率	10	
		灰水比	15	
燃油消耗量	5		50	

（1）一级指标间的权重分配。

1）由于煤炭占发电成本的 70% 左右，因此将与煤耗有关的指标权重取为 65%。

2）厂用电占发电成本不到 10%，但由于从节能降耗的角度，降低厂用电率相对比较困难，因此取与厂用电有关的指标权重为 20%。

3）水耗大约占发电成本的 3%~4%，考虑到我国水资源缺乏，取其权重为 10%。

4）油耗占发电成本的比重相对最小，故取其权重为 5%。

（2）二级指标权重根据一级指标和三级指标的权重进行分配。

（3）三级指标之间的权重是按照其对一级指标影响的程度进行分配。

（4）考虑到不同级别指标对机组节能状况的影响不同，在计算节能指标评价总分时，对不同级别指标乘以不同的系数，即采用下式计算：

$$指标评价总分 = 0.7 \times 一级指标总分 + 0.3 \times 二级指标总分$$

（三）火力发电厂节能管理评价

按专业分类和实践经验，将节能管理分为 3 个主要类别和 8 个主要项目。火力发电厂节能管理评价表中（见表 10-10）对不同类别和项目的权重是综合考虑其对火力发电厂节能的影响、生产管理的实际可操作性等因素进行分配的。

表 10-10　　　　　　　　　　　**节能管理评价指标**

类　别	权重（%）	项　目	权重（%）
基础管理	30	管理机构	2
		监督与分析	10
		计划和规划	10
		燃料管理	8
技术管理	40	热力试验	18
		运行调整	22
设备管理	30	检修维护	16
		技术改造	14

（四）火力发电厂的节能途径

1. 电厂优化设计

受一次能源结构特点的影响，火电装机容量比重偏大，水电、核电、可再生能源发电比重偏小，特别是核电发展缓慢。因此加大水电、核电、可再生能源和新能源的比重，优先发展水电、风电等清洁能源和可再生能源项目显得尤为重要。

电厂设计充分发挥生产、建设和科研机构的综合作用，通过电站概念设计优化各系统及设备。

通过对火力发电机组的系统设计、参数匹配和设备选型进行优化，进一步提高电厂效率，降低工程造价，使火力发电厂设计指标达到领先水平。

消化吸收国内外现代化大型火力发电厂先进可靠的成熟设计优化技术和成功经验，采用节能新技术、新产品、新工艺以及节能降耗与环保新技术。

总结电厂设计和技术改造经验，及时修订设计技术标准、规程与规范，不断完善并应用于火力发电厂工程项目建设。

2. 关停小容量机组，推广大容量机组

根据蒸汽动力循环的基本原理及热力学第一定律和第二定律的分析，发展高参数、大容量的火力发电机组是我国电厂节能的一项重要措施。不同容量等级火力发电机组效率与煤耗率的关系如图 10-13 所示。

根据中国电力联合会科技开发服务中心发布的 2009 年度全国火电机组能效对标及竞赛资料，2009 年度参加竞赛的我国火电机组平均供电煤耗率为 342g/kWh，总体能耗水平仍然偏高。不同容量的机组（规定投产一年以上的机组可参加竞赛，实际 2009 年已投运的机组多于下列统计数据）煤耗率平均值如下：

10 台 1000MW 级超超临界压力机组的平均供电煤耗率为 290.57g/kWh，最低为 281.84g/kWh；

4 台 600MW 级超超临界压力机组的平均供电煤耗率为 311.40g/kWh，最低为 310.15g/kWh；

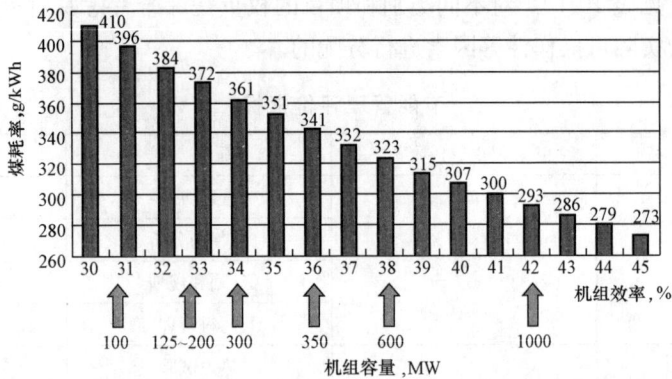

图 10-13　不同容量等级火力发电机组效率与煤耗率的关系

104 台 600MW 级超临界压力湿冷机组的平均供电煤耗率为 312.12g/kWh，最低为 301.84g/kWh，最高为 325.25g/kWh；

75 台 600MW 级亚临界压力湿冷机组的平均供电煤耗率为 322.24g/kWh，最低为 310.88g/kWh，最高为 333.32g/kWh；

37 台 600MW 级空冷机组的平均供电煤耗率为 339.80g/kWh，最低为 323.26g/kWh，最高为 354.80g/kWh。

由以上信息可以看出，单台发电机组容量越大，单位煤耗就越小。如超超临界压力机组比高压纯凝汽式机组供电标煤耗率少 1/4~1/3，假设有两亿千瓦这样的替代机组，一年可以节约标准煤十亿多吨，同时三废的排放也大大减少。因此，关停小容量机组，推广大容量机组对减少能耗、提高能源利用率具有重大意义。

3. 通过对生产环节的控制，实现节能减排

火力发电厂的主要生产环节可大致分为燃料的入厂和入炉、水处理、煤粉制备、锅炉燃烧以及蒸汽的生产和消耗、汽轮机组发电和电力输送等。发电过程中任何一个主要生产环节中均存在能源损耗的问题，如果能够通过有效的技术管理手段使各环节的能源消耗水平得到合理控制，并努力消除生产过程中可以避免的能量浪费，就能真正达到节能的目的。

（1）提高燃煤质量，实现节能减排。煤粉锅炉被广泛地应用于火力发电厂中。一般来讲，燃料的成本占发电成本的 75% 左右，占上网电价成本 30% 左右。煤质对火力发电厂的经济性影响很大，如果煤质很次，会限制电厂出力，使电厂煤耗率和厂用电率上升，且锅炉本体及其辅助设备损耗加大；如果煤质好价优，则锅炉燃烧稳定、效率高，负荷高，不仅能够减少燃料的消耗量，更有利于节约发电成本，因此入厂和入炉燃料的控制是发电厂节能工作的源头。

燃煤质量是否得到有效控制，将在很大程度上影响到其后续生产环节的能源消耗。火力发电的燃煤要经过诸如计划、采购、运输、验收、配煤、储备及厂内输送、煤粉制备等多个环节，最后才能送入锅炉燃烧。对燃煤质量的控制应在上述各环节上都要落到实处。

（2）提高锅炉燃烧效率，实现节能减排。锅炉是最大的燃料消耗设备，燃料在锅炉内燃烧过程中的能量损失主要包括排烟热损失、可燃气体未完全燃烧热损失、固体未完全燃烧热损失、锅炉散热损失、灰渣物理热损失等。降低排烟热损失的主要措施：降低排烟容积，控

制火焰中心位置、防止局部高温,保持受热面清洁,减少漏风和保障省煤器的正常运行等;降低可燃气体未完全燃烧热损失的主要措施:保障空气与煤粉充分混合,控制过量空气系数在最佳值,提高入炉空气温度,注意锅炉负荷的变化并控制好一、二次风混合时间等;降低固体未完全燃烧热损失的主要措施:选择最佳的过量空气系数,合理调整和降低煤粉细度,合理组织炉内空气动力工况,并且在运行中根据煤种变化,使一、二次风适时混合等;降低锅炉散热损失的主要措施:水冷壁和炉墙等结构要严密、紧凑,炉墙和管道的保温良好,锅炉周围的空气要稍高并采用先进的保温材料等;降低灰渣物理热损失的主要措施:控制排渣量和排渣温度。由此可见,通过提高锅炉燃烧效率来节能减排的潜力很大。

(3)提高汽轮机效率,实现节能减排。在汽轮机内蒸汽热能转化为功的过程中,由于进汽节流,汽流通过喷嘴与叶片摩擦,叶片顶部间隙漏汽及余速损失等原因,实际只能使蒸汽的可用焓降的一部分变为汽轮机的内功,造成汽轮机的内部损失。

降低汽轮机内部损失的方法有:①通过在冲动级中采用一定的反动度,蒸汽流过动叶栅时相对速度增加,尽量减小叶片出口边厚度,采用渐缩型叶片、窄型叶栅等措施来降低喷嘴损失;②通过改进动叶型线,采用适当的反动度来降低动叶损失;③通过将汽轮机的排汽管做成扩压式,以便回收部分余速能量来降低余速损失等。

(4)改善蒸汽质量。蒸汽压力和温度是蒸汽质量的重要指标。如果压力低,外界负荷不变,汽耗量增大,煤耗量增大;压力过低,迫使汽轮机减负荷。过、再热蒸汽温度偏低,压力变时热焓减少,做功能力下降。也就是,当负荷一定时,汽耗量增加,经济性下降。如何合理控制这两大指标,提高经济性,也具有重大意义。

(5)提高设备利用率,实现节能减排。编制风机、制粉设备单耗定额和输煤系统输煤单位电耗定额,并颁布实施、加强考核,这样可以降低输煤电耗,而且可以降低设备磨损;充分提高公用系统设备的利用率,对不合理的系统及运行方式进行改进;除灰系统设备自动投入率要高,确保输灰、输渣设备有效利用,提高水的回收率。

(6)采用变频调速技术,实现节能减排。发电厂厂用电量占机组容量的5%～10%,除去制粉系统以外,泵与风机等火力发电机组的主要辅机设备消耗的电能占厂用电的70%～80%。泵与风机的节电水平主要通过耗电率来反映。泵与风机的节能,重点要看其是否耗能过多、风机与管网是否匹配。大容量机组的火力发电厂的节水重点在于灰渣排放系统。目前电厂主要用水力系统将灰渣排到储灰场和储渣场。目前火力发电厂中的主要用电设备能源浪费比较严重,具体表现如下:①通过改变挡板或阀门开度进行流量调节时,风机必须满功率运行,不仅效率低下,节流损失大,且设备损坏快;②执行机构和液力耦合器可靠性差,易出故障,设备利用率低,精确度差,存在严重非线性和运行不可靠的缺点;③电动机按定速方式运行,输出功率无法随机组负荷变化进行调整,浪费电能;④电动机启动电流大,通常达到其额定电流的6～8倍,严重影响电动机的绝缘性能和使用寿命。

解决上述问题最有效的手段之一就是利用变频技术对这些设备的驱动电源进行变频改造。变频调速控制节能原理是通过改变频率 f 来改变电动机转速的。理论上这种调速方式调节范围宽(0～100%),且线性度很好,变频器设备本身能耗很低,无论是轻载还是满载都有很高的效率。此外,其运行可靠性、调节精确度及线性度(可达99%)都是其他调速方法无法相比的。采用变频调速技术既节约了电能,又可方便地组成封闭环控制系统,实现恒压或恒流量控制,同时可以极大地改善锅炉的整个燃烧情况,使锅炉的各个指标趋于最佳，从而使单位煤耗、水耗一并减少。

四、电网的节能监测

（一）电网损失分析

在电力变压、输送过程中，由于电阻（或电导）的存在，将产生一定的有功功率和电能损耗，消耗在线路、变压器等电气设备上的电量，就是线路损失电量，简称线损。

损失电量占供电量的百分比，称线损率，即

$$线损率 = （供电量 - 售电量）/供电量 \times 100\%$$

这种计算方法并不能真正反映电网输变电设备中电能损失的大小。因为它除了输变电设备的电能损失外，还包括了电网运行管理中的一些不明损失（如表计误差、管理工作中的漏洞等）。一般将这种办法计算出的线损率，称为统计线损率；把经过理论分析计算得出的线损率，称为理论线损率。

一般 35kV 及以上线路的损失，称为供电线路损失；6～10kV 及以下线路的损失，称为配电线路损失。

供电部门管理的 10kV 农村配电网和城市配电网线路功率因数一般为 0.65～0.85，非电业管理的企业用户，其内部 10kV 配电网功率因数为 0.85 左右；由于大部分 380V 用电线路动力设备实际出力比额定容量小及家用电器的特性决定了其功率因数偏低，线损偏高。

10kV 与 380V 电网功率因数偏低的主要原因是无功补偿设备集中在变电站 10kV 侧，只对 10kV 以上电网具有补偿作用，没有实现无功就地补偿，380V 配电网无功功率投入不足，缺乏可靠实用的无功功率补偿设备以及合理的补偿方式。无功功率不足，是功率因数低的主要原因，造成了 10kV 及以下配电网有功功率损失较大。

配变消耗的无功功率仅次于感应电动机，约占无功功率的 20%。电网改造中考虑解决过负荷问题较多，在选择变压器容量时往往不经过调查，没有与实际负荷配合，只选择容量大的变压器，而配电变压器负荷的特点是用电时间集中，白天和黑夜多数为轻载或空载状态，由于变压器负荷电流小，同时受空载励磁损耗的影响，功率因数较低，空载和轻载时变压器自身功率因数只有 0.5～0.6，消耗的无功功率占变压器容量的 10% 左右。

提高电网功率因数，降低电能损耗。提高电网功率因数的方法，归纳两点，即提高设备本身的功率因数和利用无功补偿设备，以就近解决无功功率的需要。

（1）合理选择使用变压器，调整并联变压器台数，降低电能损耗。变压器的最佳负载率，是按有功功率损失最小确定的，一般为 60%～80%。

（2）采用并联电容器提高功率因数。在配电线路上，安装补偿电容器是直接减少线路无功功率输入量和缩短线路无功功率输送距离，从而达到降低线路损耗的有效技术手段，并可以有效地提高供电电压。

（二）电网节能监测方案

1. 企业供配电系统节能监测项目

（1）日负荷率。电网负荷率是一个总的概念，其公式为

$$电网负荷率 = 电网平均负荷/电网设计的最大负荷$$

而具体的负荷率又分为日负荷率、年负荷率、年平均日负荷率等。具体的意义也因为具体概念的不同而有些差别。总的来说，负荷率是描述平均负荷（电量）与最大负荷比率的物理量。

电网负荷率与系统有功负荷高峰低谷有关。电网负荷率高，表明该地区负荷峰谷差较小，负荷比较平均；电网负荷率低，说明该地区峰谷差异较大，需要削峰填谷，使各时段负荷变化减小。

调整负荷，提高负荷率，不仅使用电单位的用电达到经济合理，而且也为整个电网的安全经济运行创造了条件。

（2）变压器负荷率。

1）变压器降耗改造。变压器数量多、容量大，总损耗不容忽视。因此降低变压器损耗是势在必行的节能措施。若采用非晶合金铁芯变压器，具有低噪声、低损耗等特点，其空载损耗仅为常规产品的 1/5，且全密封、免维护，运行费用极低。S11 系统是目前推广应用的低损耗变压器，空载损耗较 S9 系列低 75％左右，其负载损耗与 S9 系列变压器相等。因此，应在输配电项目建设环节中推广使用低损耗变压器。

2）变压器经济运行。变压器经济运行是指在传输电量相同的条件下，通过择优选取最佳运行方式和调整负荷，使变压器电能损失最低。变压器经济运行无需投资，只要加强供、用电科学管理，即可达到节电和提高功率因数的目的。每台变压器都存在有功功率的空载损失和短路损失、无功功率的空载消耗和额定负载消耗。变压器的容量、电压等级、铁芯材质不同，故上述参数各不相同。因此，变压器经济运行就是选择参数好的变压器和最佳组合参数的变压器运行。

选择变压器的参数和优化变压器运行方式可以从分析变压器有功功率损失和损失率的负载特性入手。

（3）线损率。降损节能是衡量和考核电网企业生产技术和经营管理水平的一项综合性经济技术指标。线损由技术线损和管理线损组成。在电网中，只要有电流流过，就要消耗电能。电能在电力网输、变、送、配电过程中产生的电量损耗称为技术线损。管理线损是指由于电力管理部门和有关人员管理不够严格，出现漏洞，造成用户窃电或违章用电，电网元件漏电，电能计量装置误差以及抄表人员错抄、漏抄等引起的电能损失，这种损失既没有规律性，又不易测算，所以又称为不明损失。降损节能是有效提高电力企业经济效益的重要途径之一。

降低线损的技术措施可分为建设性措施和运行性措施两种。

1）建设性措施。通过增加投资费用，更新改造原有设施，从而达到降低线损的目的，具体可以从以下几方面考虑：

①加快高耗能变压器的更新改造。为降低变压器自身的损耗，宜选用 S11 系列低耗能变压器或非晶合金变压器。

②合理配置变压器。对于长期处于轻载运行状态的变压器，应更换小容量变压器；对于长期处于满载、超载运行的变压器，应更换容量较大的变压器。变压器容量的选择，一般负荷在 65％～75％时效益最高。配电变压器应尽量安装于负荷中心，且其供电半径最大不超过 500m。农村用电有其自身的特点，受季节和时间性的影响，用电负荷波动大，有条件的地方可采用子母变压器供电，在负荷大时进行并联运行，一般负荷可采用小容量变压器供电，负荷较大时可采用大容量变压器供电。无条件的地方一般要考虑用电设备同时率，按可能出现的高峰负荷总千瓦数的 1.25 倍选用变压器。

③增建线路回路，更换大截面导线。根据最大负荷和相应的最大负荷利用小时数，与经

济电流密度比较，如果负荷电流超过此导线的经济电流数值，应采取减小负荷电流或更换导线、架设第二回线路、加装复导线等方法。

④增装必要的无功功率补偿设备，进行电网无功功率优化配置。功率因数的高低，直接影响损耗的大小。提高功率因数，就要进行无功功率补偿，无功功率补偿应按"分级补偿、就地平衡"的原则，采取集中、分散和随即补偿相结合的方案，对没有安装集中补偿装置的变电所 10kV 母线上加装补偿电容器，使无功功率得到平衡。在线路长、负荷大的 10kV 线路上安装并联电容器进行分散补偿；对容量为 30kVA 及以上的 10kV 配电变压器应随即就地补偿，使配电变压器自身无功功率损耗得到就地补偿；对 7.5kW 及以上年运行小时数在 100h 以上的电动机重点进行随即补偿。低压线路也应安装无功功率补偿装置，通过一系列的无功功率补偿措施，将电网的功率因数保持在 0.9 以上。

强化计量装置的更换与改造。用电计量装置应安装在供电设施产权界处，并提高计量装置的准确度。选用 86 系列宽幅度电能表或电子式电能表、防窃电能表有非常可观的降损效果。它的主要优点是：自耗小（0.3W 左右）；误差线性好；准确度高；抗倾斜；正反向计数；有较强的防窃电性能。实行一户一表，计量每户电量并作为收费的依据，有利于监督、分析用电损失情况，及时消除损耗高的原因。

2）运行性措施。运行性措施是指在已运行的电网中，合理调整运行方式以降低网络的功率损耗和能量损耗。实际操作中的主要方法如下：

①电压的调整。变压器的损耗主要是铜损和铁损，而农村配电网中一般变压器的铁损大于铜损，是配电网线损的主要组成部分。如果变压器超过额定电压 5% 运行时，变压器铁损增加约 15% 以上；若超过额定电压 10%，则铁损将增加约 50% 以上；当电网电压低于变压器的所用分接头电压时，对变压器本身没有什么损害，只是可能降低一些出力；同时电动机在 $0.95U_e$ 时运行最经济，所以适当降低运行电压对电动机也是有利的。如果变压器铜损大于铁损，则提高运行电压有利于降损。因此及时调整变压器的运行分接头（要保证正常电压偏差），是降低线损的好办法。

②三相负荷平衡。如果三相负荷不平衡，将增加线损。这是因为三相负荷不平衡时，各相的负荷电流不相等，就在相间产生了不平衡电流，这些不平衡电流除了在相线上引起损耗外，还将在中性线上引起损耗，这就增加了总的线损。如果三相负荷平衡，则向量差为零，应当尽可能使各相负荷相对平衡，否则，中性线上将有电流流过。中性线上流过的电流越大，引起的损耗也越大。因此在运行中经常调整变压器的各相电流，使之保持平衡，以降低线损。一般要求配电变压器出口处的电流不平衡度不大于 10%，因为不对称负荷引起供电线路损耗的增加与电流不对称度的平方成正比。在低压三相四线制线路中，线路的电流不平衡附加线损也是相当大的，定期地进行三相负荷的测定和调整工作，使变压器三相电流接近平衡，这也是无需任何投资且十分有效的降损措施。

③导线接头处理。导线接头的接触电阻一般较小，如果施工工艺较差，接触电阻将猛增，而此处的电能损耗和接触电阻成正比，除提高施工工艺减少接触电阻的办法外，还可以在接头处加涂导电膏的办法，使点与点的接触变成面与面的接触，从而进一步减小接触电阻。

④加强对电力线路的维护，提高检修质量。定期进行线路巡查，及时发现、处理线路泄漏和接头过热事故，可以减少因接头电阻过大而引起的损失。对电力线路沿线的树木应经常

剪枝砍伐，还应定期清扫变压器、断路器及绝缘瓷件。

（4）企业用电体系功率。用电体系有功功率与视在功率之比，即功率因数；以用电体系有功电量与无功电量为参数计算而得的功率因数，即企业用电体系功率因数（cosφ），又称为企业用电体系加权平均功率因数。

交流电网需要电源同时供给有功功率和无功功率，有功功率用于电能做功，无功功率用于建立交变电磁场。由于用电体系的负载大多数都是感性负载，而不是纯电阻性负载，既要消耗有功功率，也要消耗一些无功功率，因而用电体系有功功率与视在功率之比，即功率因数通常是小于 1 的正数。

若用电体系消耗的有功功率一定，则消耗的无功功率越大，功率因数就越低。为了满足用电的要求，必须加大电网供电线路和变压器的容量，这不仅需增大电网供电的投入，也造成企业用电的浪费。因此，各地区电网普遍实行按功率因数调整用电收费价格的办法，规定对一个企业的功率因数要求达到一定的数值，企业功率因数低于规定值，要多收电费；企业功率因数高于规定值，可减少收费，有奖有罚。可见，提高功率因数对企业有利，对整个社会电网的运行有利，经济效益明显。

为此，GB/T 3485—1998 中规定：企业应在提高自然功率因数的基础上，合理装置集中与就地补偿设备，在企业最大负荷时的功率因数不低于 0.90；低负荷时，应调整无功功率补偿设备的容量，但不得过补偿。

（5）电网无功功率配置。大量无功电流在电网中会导致线路损耗增大，变压器利用率降低，用户电压跌落。无功功率补偿是利用技术措施降低线损的重要措施之一，在有功功率合理分配的同时，做到无功功率的合理分布。

无功功率优化的目的是通过调整无功功率潮流的分布降低网络的有功功率损耗，并保持最好的电压水平。

2. 企业供配电系统节能监测方法

监测应在用电体系处于正常生产实际运行工况下进行，测试期为一个代表日（24h）。监测所有的仪表应能满足监测项目的要求，仪表必须完好，并且电能计量仪表准确度应不低于 2.0 级。测试仪表、测试条件、测试和计算方法应符合 GB/T 3485—1998 和 GB/T 13462—2008《电力变压器经济运行》的有关规定。测试数据每小时准点记录一次。

（1）日负荷率的测试与计算。用电体系日平均负荷与日最大负荷的数值之比的百分数，即日负荷率 K_f（%）在测试期内，测算以下参数：

1）日平均负荷。用电体系在测试期内实际用电的平均有功负荷 P_p（kW），其数值等于实际用电量除以用电小时数。

2）日最大负荷。用电体系在测试期出现的最大小时平均有功负荷 P_{max}（kW）。

用电体系在测试期的日负荷率 K_f（%）按式（10-30）计算，即

$$K_f = \frac{P_p}{P_{max}} \times 100 \tag{10-30}$$

（2）变压器负载系数的测试与计算。电力变压器运行期间平均输出视在功率与其额定容量之比，即变压器负载系数 B，又称变压器平均负载系数。

在测试期内，分别测算每台变压器的下列参数：

1）运行期间：变压器投入运行的时间 t，h。

2）有功电量：运行期间变压器负载侧的有功电量 E_p，kWh。

3）无功电量：运行期间变压器负载侧的无功电量 E_q，kvarh。

4）额定容量：变压器额定容量 S_e，kVA。

测试期的变压器负载系数 B 为

$$B = \frac{S}{S_e} \tag{10-31}$$

式中：S 为变压器平均输出视在功率，kVA。

$$S = \frac{\sqrt{E_p^2 + E_q^2}}{t} \tag{10-32}$$

变压器负载系数也可以用以下方法测算其近似值：①分别测算每台变压器运行时负载侧的均方根电流 I_2（A）；②记录每台变压器负载侧额定电流 I_{2e}（A）；③变压器负载系数 B 为

$$B \approx \frac{I_2}{I_{2e}} \tag{10-33}$$

变压器综合功率损耗率最低时，用输出视在功率与额定容量之比，即变压器综合功率表示经济负载系数 B_z。

（3）线损率的测试与计算。供给用电体系的电量由体系受电端经变电站至低压供配电线路末端所损耗的电量之和占体系总供给电量的百分数，即线损率 a（%）。

在测试期内，测算以下参数：

1）用电体系实际总供给电量 E_r，kWh。

2）每台变压器的损耗 ΔE_s，kWh。

3）每条线路的损耗 ΔE_{sx}，kWh。

4）电气仪表元件的损耗 ΔE_y，kWh。

ΔE_y 在现场监测时，允许忽略不计，测试期的线损率 a 的计算式为

$$a = \frac{\Sigma \Delta E_s + \Sigma \Delta E_{sx}}{E_r} \times 100 \tag{10-34}$$

（4）企业用电体系功率因数的测试与计算。在测试期内，测算以下参数：

1）供给用电体系的总有功电量 E_{rp}，kWh。

2）供给用电体系的总无功电量 E_{rq}，kvarh。

测试期的企业用电体系功率因数为

$$\cos\varphi = \frac{E_{rp}}{\sqrt{E_{rp}^2 + E_{rq}^2}} \tag{10-35}$$

当备有功率因数表时，可直接读取 $\cos\varphi$ 的值。

（三）高效节能输电技术

为了解决对输电容量的需求持续增长与建设新线路困难的矛盾，近年来人们开始将更多的注意力从电网的扩张转移到挖掘现有网络的潜力上，研究利用其他高效节能输电新技术来均衡电网的潮流和提高输电线路的输送容量，从而提高输电网的输送能力。

目前有柔性输电技术、紧凑型输电技术等高效节能输电技术。

1. 柔性输电技术

柔性输电技术是基于现代大功率电力电子技术及信息技术的现代输电技术。

柔性输电技术可提高输配电系统的可靠性、可控性、运行性能及电能质量，是一项对未来电力系统的发展可能产生巨大变革性影响的新技术。柔性输电技术可分为柔性直流输电技术和柔性交流输电技术。

（1）柔性直流输电技术。柔性直流输电能灵活控制潮流和交流电压，可将它放置在系统薄弱环节以增强系统稳定性，适合于向远地负载、小岛、海上钻井等孤立网络供电，尤其适用于风力发电系统。

柔性直流输电技术用于连接风电场和电网具有独特的优势，它无需额外的无功功率补偿，能实现风力发电的远距离能量输送。它可以连接多台风电机组，甚至多个风电场，从而减少换流站的个数，节约成本。

（2）柔性交流输电技术。柔性交流输电技术又称为灵活交流输电技术。该技术是基于电力电子技术改造交流输电的系列技术，它可以对交流电的无功功率、电压、电抗和相角进行控制，从而能有效提高交流系统的安全稳定性，满足电力系统长距离、大功率安全稳定输送电力的要求。

2. 紧凑型输电技术

从电网建设的远景和特高压电网规划来看，线路不断增多，线路走廊资源越来越紧张，特别是由于规划部门对土地审批越来越严格，线路通道在很多地区已经成为影响电网建设的主要因素。紧凑型输电技术与常规型输电技术相比，具有降低电能输送成本，减少输电走廊对土地的占用等特点，是经济发达、土地昂贵、房屋稠密地区节省线路走廊和工程投资、提高输送容量的有效方法之一。

（四）影响电网发展的关键技术

随着人类社会对全球常规一次能源资源可持续供应能力以及对生存环境恶化的担忧，未来能源发展将从资源引导型转为技术驱动型，这是世界能源发展的总体趋势，电网发展尤其如此。

根据我国能源及电力工业的特点，以及电网发展的目标定位，将对我国电网发展产生重大影响的关键技术介绍如下。

1. 特高压输电技术

特高压交直流输电技术为长距离、大容量、低损耗电力输送提供了有效的技术手段，是提高电网能源输送能力和在更大范围内开展电力国际合作的重要前提，也是提高我国电力行业国际影响力和竞争能力的重要契机。

特高压输电技术的优越性如下：

（1）输送容量大。1000kV 特高压交流按自然功率输送能力是 500kV 交流的 5 倍，在采用同种类型的杆塔设计的条件下，1000kV 特高压交流输电线路单位走廊宽度的输送容量约为 500kV 交流输电的 3 倍。

（2）节约土地资源。±800kV 直流输电方案的线路走廊宽度约 76m，单位走廊宽度输送容量约为 84MW/m，是±500kV 直流输电方案的 1.3 倍，溪洛渡、向家坝、乌东德、白鹤滩水电站送出工程采用±800kV 级直流与采用±600kV 级直流相比，输电线路可以从 10 回减少到 6 回。总体来看，特高压交流输电可节省约 2/3 的土地资源，特高压直流可节省约

1/4 的土地资源。

（3）输电损耗低。与超高压输电相比，特高压输电线路损耗大大降低，特高压交流线路损耗是超高压线路的 1/4；±800kV 直流线路损耗是±500kV 直流线路的 39%。

（4）工程造价低。采用特高压输电技术可以节省大量导线和铁塔材料，以相对较少的投入达到同等的建设规模，从而降低建设成本。在输送同容量条件下，特高压交流输电与超高压输电相比，节省导线材料约 1/2，节省铁塔用材约 2/3。1000kV 交流输电方案的单位输送容量综合造价约为 500kV 输电的 3/4。

2. 信息化及智能控制技术

该技术包括实时数据采集技术、实时控制技术以及智能化控制策略等。

3. 电网安全控制与大事故防御技术

随着系统规模的逐步扩大以及电网功能的扩展，电网安全的重要性进一步提高。重点是研发具有动态安全分析、预警和辅助决策功能的新一代电网调度自动化系统，以及具有自适应能力、协调优化的电网动态安全稳定保障系统；加强推进先进电力电子技术的开发和应用，为大电网安全运行提供行之有效的技术保障手段和策略。

4. 提高电网输配电效率的更新改造技术

目前我国每年数千亿元的电网建设投入，预示着未来 30～50 年乃至更长时期内，大规模的输配电设施将达到其经济寿命期，因此，必须提前做好提高电网输配电效率和相关设施经济寿命的更新改造技术储备。

5. 交互式电能控制技术

随着高效率、低污染的各种分布式能源系统的发展和应用，大电网与用户自有的分布式发电系统实现协调发展已成为世界电力系统发展的一个必然趋势。随着我国天然气管网覆盖面的逐步扩大以及天然气供应能力的提高，以天然气为燃料的分布式能源系统也将逐步在我国大中型城市中得以广泛应用。另外，太阳能光伏发电技术等也将逐步发展到商业化应用。因此，交互式电能控制技术的开发应尽快提上议事日程。

6. 适应不同特性电源接入和高效稳定运行的电网运行、控制和调度技术

根据国家能源发展的总体安排，未来的发电能源结构将逐步由目前以煤电和水电为主的单元格局转变为以煤炭、水电、核电、风电和太阳能等其他可再生能源并存的多元化格局。因此，未来电网将面临如何在充分接纳各种特性的电源的前提下，保证稳定、高效运行的难题。尤其是现阶段我国风电开发中所特有的"小网大容量、弱网大规模"的风电开发模式特点，更需要进一步加强相应的电网运行、调度和控制技术开发，以适应风电开发的需要，并实现电网的安全、稳定、高效运行。

7. 大型电力储存技术

随着大规模呈间歇性的风电、太阳能等可再生能源发电技术的开发应用和接入系统，以及具有交互式供电能力的分布式电源系统的发展，开发以高效率、长寿命、低成本、低污染为特征的先进大型储能技术已成为世界主要发达地区（如欧盟、美国等）的技术开发重点。先进大型储能技术也是电动汽车发展的重要前提，还是需求侧削峰填谷和提供电力应急供应的有效技术手段。

8. 其他相关前瞻性技术

例如，超导技术及其在电力系统中的应用。国内已开展了配电系统的相关技术与设备研

发，美国把超导技术作为其未来全国输电技术的重要手段。氢能及燃料电池技术等也将对未来电力终端应用产生重大影响，并对电网运行与管理模式产生影响。

第五节　轻纺企业的节能

一、轻工企业的节能

（一）概述

轻纺工业即轻工和纺织工业，是生产消费资料的工业部门，是国民经济的重要组成部分。其中轻工业包括造纸、食品、皮革、塑胶、家电、照明、日用陶瓷、日用玻璃、家具、五金等十几个行业。轻纺产品不仅是人民的基本生活资料，也广泛用于国防、重工业、文教卫生等方面。轻纺工业部门也是国家积累资金和出口创汇的重要生产部门。

从能耗分布情况（见图10-14）来看，轻纺工业中纺织、造纸是能耗最大的两个行业，能源消耗量分别占轻纺工业能耗总量的27%和17%。此外，农副食品、食品饮料行业的能耗也相对较高。综合分析能耗和节能投资情况，轻纺工业节能市场中，最值得关注的几个行业包括纺织、造纸和食品饮料。这几个行业中，除了电力以外，水和蒸汽也是被关注和重视的能源。

在工业生产中，轻工业是8个重点耗能行业之一，约占全国工业总耗能的6.75%，其中造纸行业耗能约占工业的2%。终端消费中，家电和照明的耗电量占全国总发电量

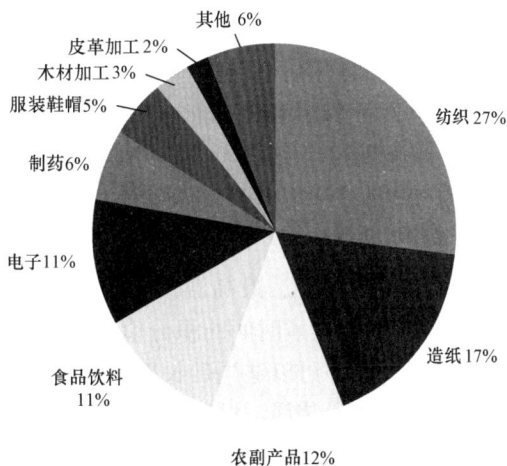

图10-14　轻纺工业能耗分布概况

的25%左右。在废水排放量方面，轻工的造纸、食品（味精、柠檬酸、酒精）、皮革、塑胶、洗涤5个行业约占全部废水排放量的24%，COD_{cr}排放量约占全部工业COD_{cr}排放量的58%，其中造纸行业废水排放为19%，COD_{cr}排放为35%。家用电器电子具有环境危害性，产品含有的有毒有害物质如不妥善处理，将污染环境，危害人体健康。

目前，我国纺织工业总耗能占全国工业总耗能的4.3%，企业用水量占全国工业企业的8.51%；废水排放量占全国工业废水排放总量的10%，其中80%为印染废水，平均回用率仅为10%左右。总体来看，多数纺织企业节能减排投入不足，先进工艺装备采用率较低。

（二）造纸节能技术

造纸工业不仅是技术密集、投资密集的部门，而且是轻工业中的耗能大户。2005年，我国吨浆纸综合能耗为1.38t，国外吨浆纸产品综合能耗为0.9~1.2t，比我国单位能耗低15%左右。但是应该看到，国外能耗的1.2t左右是指制浆造纸过程消耗的总能量，实际需要外购的能量仅为0.6~0.88t。相当大数量的能源是靠燃烧蒸煮废液、树皮及其他废料获得的。

20世纪70年代，美国造纸工业的能源自给率就达到47.1%，北欧各国更先进，芬兰为

54％，瑞典高达 62％。我国的情况与先进国家相比，发展很不平衡。只有少数造纸企业能源自给率达到 20％～30％，而为数众多的中小型企业对制浆废液和其他伴生能源几乎尚未利用，这不仅是对能源的极大浪费，而且对环境造成严重的污染，表明我国造纸工业的节能大有潜力。

　　我国造纸工业的节能当务之急是淘汰落后产能、原料结构的优化、推广节能减排技术，确保我国造纸工业向着大型化、技术和资金密集化的方向发展。

　　下面简单介绍造纸行业的几种节能技术。

　　1. 备料蒸煮节能技术

　　（1）草类原料合理储存，不仅可以平衡全年生产，使其水分均匀，还能使果胶、淀粉、蛋白质、脂肪自燃发酵，纤维胞间组织受到破坏，在蒸煮时，药液更容易渗透，能降低碱耗和能耗。

　　（2）原料的筛选要尽可能除去草叶、鞘、节、根、膜、髓、糠、谷壳、谷粒和泥沙，备料时若不能除去，会增加碱、汽、水的消耗。可针对不同原料采用干、湿法备料或风选除尘。

　　（3）蒸煮使用薄木片，可使纸浆得率提高 2％，筛浆率降低一半，用碱量下降 2％～5％。对高得率浆而言，降低筛浆率意味着可降低磨浆能耗。

　　（4）在硫酸盐法蒸煮过程中，适当提高蒸煮液的硫化度、提高白液浓度和温度能起到节能作用。

　　（5）蒸煮的液化、最高温度、保温时间等对能耗产生比较大的影响，在保持 H 因子（相对反应速率对蒸煮时间的积分值）不变的前提下，蒸煮时要尽可能采用较低的液比、较低的蒸煮温度，并可以适当延长蒸煮时间。

　　（6）采用预浸装锅，可以提高装锅量，节约装锅用的蒸汽，还可以缩短蒸煮时间。

　　（7）提高装锅量能够节能，蒸煮曲线固定后，每一锅次的散热损失都相等，提高装锅量能减少分摊到每吨浆的热损失，使吨浆能耗下降。大容积的蒸煮锅（球）比小容积的蒸煮锅（球）吨浆耗热低。对每吨浆来说，大容积蒸煮锅（球）的散热损失要比小容积的小。

　　（8）采用冷喷放，可使浆液温度降低至 90～95℃，降低蒸汽损失，吨浆节约蒸汽 0.6～0.9t。间歇蒸煮大放气或喷放的热量可用来预热下一锅蒸煮液，也可用来蒸发废液，还可用来加热污水，通过热交换生产清洁的温热水。

　　2. 洗选漂节能技术

　　（1）采用高效的纸浆洗涤设备，如鼓式真空洗浆机、单螺旋挤浆机、双辊挤浆机、置换洗浆机，并用逆流洗涤的工艺，大大提高了黑液提取率，可以达到 90％以上，提取的黑液浓度高，可节省蒸发用蒸汽，黑液中的固形物在碱回收车间，既回收蒸煮用碱，又可利用其产汽。

　　（2）采用封闭热筛选工艺比传统的筛选工艺，热量损失减少，提取黑液温度高。此外，封闭热筛选浆液浓度较高，可节约输送设备的电耗。

　　3. 碱回收节能技术

　　（1）适当增加蒸发器的效数有利于节能，采用多效蒸发器的目的在于充分利用热能。通过二次蒸汽的再利用，可减少蒸汽的消耗量，提高蒸汽的经济性。但是并不代表效数越多越好，还受到经济因素的限制，因此在确定蒸发器效数时，应该综合考虑设备费用和操作费用总和最小来确定最合适效数。在蒸发操作中，为保证传热的正常进行，多效蒸发器间应有合适温差。

（2）采用板式蒸发器。板式蒸发器具有蒸发效率高、结垢轻、易除垢等优点，板式蒸发器一般来说热效率比管式蒸发器高 10%～15%，节能性较好。余热回收采用效果更好的板式冷凝器，经过热交换回收热水，节约能源。

（3）碱回收炉烟气中的粉尘容易在过热器、锅炉管束及省煤器上结垢，吹灰一般使用蒸汽，为节约蒸汽，可采用合理吹灰压力、增加吹灰器的运行，采用这些措施可节约总产汽量的 3%～5%。

（4）燃烧工段采用单汽包喷射燃烧炉，可提高碱炉的热效率。引风机采用变频风机，节约电能。

（5）苛化工段配置新型预挂式真空洗渣机，可提高白泥的干度，降低碱的损失，有利于碱回收率的提高，也有利于白泥的运输。

（6）石灰窑节能的措施主要采用排出石灰通过管式冷却器冷却，同时预热燃烧空气，绝热砖采用浇注成型砖；石灰窑的长度与直径之比为 29：1，采取上述措施可节约石灰窑总用能的 20% 左右。

4. 打浆节能技术

（1）选用高效节能打浆设备，合理选择齿形和磨片材质，对节能有一定效果，一般节能 10%～40%。合理选择盘磨机速度和荷载能减少 15%～30% 能耗。

（2）采用中浓打浆比低浓打浆可有效保留和提高阔叶木浆的固有强度和结合强度，阔叶木浆造纸的各项物理强度指标均有提高，能耗降低 36% 左右，对于针叶木浆，中浓打浆能提高纸张物理强度指标 10%～24%，能耗降低 30%。

（3）磨浆机选用高效的传动装置，配用高性能长寿命打浆磨盘和先进的自动控制系统，实现功率恒定。

（4）水力碎浆机采用中浓碎浆，比低浓碎浆可降低能耗约 40%，相同容积的设备可提高生产能力 1 倍。

5. 流送系统节能技术

通过采用 PLC 自动控制技术和变频技术，实现流浆箱浆网速比（纸浆的流动速度与网面运动的速度比）的稳定控制，使流浆箱的浆网速比及压力的控制精确度均大为提高，能自动适应纸机的不同网速，并可根据网速自动设定总压，从而可改善纸的匀度，方便操作，稳定工艺条件。同时，冲浆泵使用变频器调速替代阀门调节浆流量，使冲浆泵的能耗降低，节能 30% 以上。

6. 纸机节能技术

（1）纸机网部采用整饰辊不仅可以改善纸页匀度，增加水印，还可以提高纸页干度。

（2）采用靴式压榨，提高了纸页进烘干部的干度，降低了蒸汽消耗。压榨部水分每降低 1%，就可节约蒸汽 5%。对纸机而言，网部、压榨部和烘干部脱出同样质量的水所需的成本之比为 1：70：330，因此纸机应尽可能在网部和压榨部脱出较多的水，以节约干燥部蒸汽消耗。

（3）多缸造纸机干燥部所消耗的能量占整台纸机能耗的 60%～80%，采用热泵系统能对造纸机干燥各段的供汽温度进行单独调节，使烘缸顺畅排出冷凝水。主要以工作蒸汽减压前后的势能差为动力，回收汽化缸二次蒸汽使其增压，提高能量品位供生产使用，可节约蒸汽量 7%。

（4）纸机使用聚酯干网，比干毯和帆布节能，聚酯干网不吸湿，可省去干毯缸，节约蒸汽。

（5）采用变频器后可提高纸机的运转性能，各分部速度既准确又易于调整，传动效率高，降低动力消耗 10%～35%。此外，各部分的负荷控制和传动的管理比较方便，降低了维护费用，减少运行成本。

（6）纸机烘缸采用全封闭汽罩，收集纸机汽缸散发的大量热湿气体，并设置该部分气体的废热回收设备，采用两级热回收，将回收的热量用于纸机干燥部加热及屋面热风系统，可提高热效率 10%～15%。封闭汽罩还能有效调节罩内气流，使纸页横向水分分布均匀而稳定，减少断头，提高了纸机效率和成纸质量。封闭汽罩还改善了操作条件，减少了车间强制通风。

（7）烘缸内设扰流棒，可明显减少烘缸所需的驱动力与驱动扭矩，可大大提高烘缸的传热速度和传热的均匀性，提高热效率，降低热能消耗。烘缸采用固定虹吸管式排水装置，需要的压力差较低，冷凝水排出顺畅，提高了干燥速率。

（8）在纸机完成部进行水分自动控制，可将纸页水分控制在上限。纸页水分每提高 1%，每吨干纸少蒸发水分 10kg，相当于 24 244kJ 的热量。

（9）真空泵使用变频器后，可根据真空度所需的抽气量实时调整真空泵电动机的转速，在真空泵富裕量大大超出生产工艺需求时，变频器可降低真空泵转速，从而达到节能的目的。在纸机压榨部的高真空系统中，目前数台真空泵并列运行的情况，有的企业控制抽气量的方法是将多台真空泵全部运行，通过阀门来调节，这样耗电量大。可采用变频恒真空控制抽气量，选取其中 1 台为变频真空泵，其余为工频真空泵，可以节能。

（10）采用红外干燥技术，红外干燥不受纸页表面状况的影响，红外线能迅速浸透纸页，在纸页内部转化为热能，对纸页进行干燥。用红外干燥技术能改善纸页水分均匀性，提高电动机转速，降低能耗。

（11）抄纸机选用全封闭式冷凝水回收系统，既可以降低热量回收时的跑、冒、滴、漏，又可以减少热损失和热污染。

7. 其他节能技术

（1）芦苇备料产生的苇膜、苇黬、苇穗，麦草备料产生的谷粒、尘土、草叶、草节，杨木备料产生的树皮、木屑，送废料锅炉用作燃料。麦秸平均低位发热量为 14 700kJ/kg，稻秆平均低位发热量 12 545kJ/kg、薪柴平均低位发热量 16 726kJ/kg，充分利用这些燃料，能提高造纸工业的能源自给率 10%～20%。

（2）污水处理站产生的沼气，送锅炉作为燃料使用。沼气平均低位发热量为 21 000kJ/m³。

（3）化学机械浆磨浆产生的废蒸汽进入余热锅炉，利用炉内管式热交换器进行热交换，其热交换率一般为 75%，经热交换后进入系统，清水变成蒸汽供生产用。

（4）不同的化学助剂在制浆、造纸工艺中采用，其节能也比较明显。如蒸煮中的惠酶，漂白前木聚糖酶预处理，采用这些助剂能提高浆得率和减少化学品消耗。

（5）提高机械浆在印刷书写纸的比重。由于机械浆得率高，药品、蒸汽单耗低，因此生产成本较低，提高机械浆配比，本身就意味着节能。

（6）采用气流干燥浆传热效率高，能耗比烘缸干燥减少 75%。

造纸企业既是用电大户也是用热大户，采用热电联产能极大提高能源利用效率。

二、纺织企业的节能

纺织工业是指将自然纤维和人造纤维原料加工成各种纱、丝、线、绳、织物及其染整制品的工业，如棉纺织、毛纺织、丝纺织、化纤纺织、针织、印染等工业。

据统计，2006 年纺织规模以上企业总能耗为 7803 万 t，占全国工业总能耗的 4.1%。其中，燃料约占消耗能源的 60%（煤炭约占 50%，石油、煤气约占 10%），电力约占消耗能源的 40%。纺织工业能源消耗结构见图 10-15。

我国是世界上最大的纺织品生产国，纱、布等产量均居世界第一位。然而，纺织行业在高速发展的同时，却面临着环境的约束和日趋激烈的

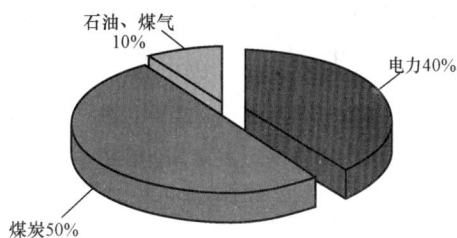

图 10-15　纺织工业能源消耗结构

国际市场竞争，尤其是资源利用率偏低、能耗居高不下，高能耗带来的高成本严重削弱了纺织企业的竞争力。纺纱、织布以电力消耗为主，印染以蒸汽为主，电力为辅。统计数据显示，当前我国电力、钢铁、有色、石化、建材、化工、轻工和纺织 8 个行业主要产品单位能耗平均比国际先进水平高 40%。因此，在节能方面，存在着较大的潜力空间。我国印染企业总体上与国外相比单位产品取水量是发达国家的 2～3 倍，能源消耗量则为 3 倍左右。通常，印染环节能耗占纺织产品链能耗的 30% 以上，而印染环节的能源利用效率却很低，印染厂用能 50% 为蒸汽，主要在给水加热达到工艺温度、烘干、蒸汽三方面，其中给水加热占到消耗量的 65% 以上，高温排液量大，热能利用率只有 35% 左右。目前，只有少部分企业采用余热回收利用技术，而量大面广的企业热废气、热废水直接排放，设备控制没有节能装置。

1. 节电锭带的应用

（1）技术内容。采用 CNG 橡胶节电锭带代替棉锭带。

（2）效果分析。采用 CNG 橡胶节电锭带代替棉锭带，可节电 5% 左右，节电效果比较明显，并且不影响成纱质量。

（3）典型案例。某纺纱厂，在 FA506 型细纱机上分别配用棉锭带、CNG 橡胶节电锭带进行纺纱节电试验对比。纺纱品种为 T/C13tex，设计捻度为每 10cm 95.2 捻，锭速 105r/min；锭子型号为 3203 型。试验在 10 台 FA506 型细纱机上进行，改前全部配用棉锭带，改后全部配用 CNG 橡胶节电锭带。为保证试验的准确性，缩短改前、改后间隔时间，使更换锭带、机械状态、纺纱工艺保持不变。在同台、同品种、同工况条件下对 CNG 橡胶节电锭带与棉锭带的用电情况进行了测试，测试时间为 6 个月。棉锭带纺纱产量为 344kg，用电量为 795.6kWh，单耗 2.313kWh/kg；CNG 橡胶节电锭带纺纱产量为 94kg，用电量为 204.9kWh，单耗 2.18kWh/kg，CNG 橡胶节电锭带相对于棉锭带节电率为 5.76%。细纱机万锭年节电量约为 1.78×10^5 kWh，每万锭年节约电费 10.68 万元，全年节约电费 213.6 万元。

2. PLC 和变频技术

（1）技术内容。空调系统耗电量占总耗电量的 30% 左右。由于空调系统都是按最大负载并增加一定裕量设计，而实际上一年当中，大部分时间负载都在 70% 以下运行。另外，

由于控制精确度受到限制，造成能源浪费和设备损失，从而导致生产成本增加，设备使用寿命缩短，设备维护、维修费用增大。

对空调系统送风机实行变频控制，利用变频器、PLC（可编程序控制器）、数模转换模块、温湿度传感器等器件的有机结合，构成温差闭环自动控制系统。变频器装机容量按照系统最大负荷再增加 $10\%\sim20\%$ 的裕量选择。

（2）效果分析。风机、泵类设备均属平方转矩负载。当转速降为原转速的 80% 时，功率降为原功率的 51.2%。采用变频器和 PLC 控制可以调节电动机转速，从而达到节电目的，节电率一般为 $20\%\sim50\%$。

（3）典型案例。2006 年，某纺织企业对空调送风机实行了变频控制，以后纺工序为例，风机型号为 Y280M-6，额定功率为 45kW，额定转速为 980r/min，全年运行时间按照 340 天计算。改造前，年耗电量为 160 574kWh；改造后，年耗电量为 96 466kWh，节电率 40%，年可节约电费 8 万余元，投资回收期约 15 个月，节能效果明显。

3. 活性染料短流程湿蒸染色

（1）技术内容。活性染料短流程湿蒸染色是一种全新的平幅染色工艺。该工艺的特点是织物浸轧染液后，不经预烘，直接在一个可控制温度和湿度的反应箱内进行反应，处理后的织物各方面性能与传统工艺相比，都有明显提高。

该技术工艺流程：进布→浸轧染液（染料与碱剂轧液率为 $60\%\sim70\%$）→红外线反应区高温蒸汽箱→水洗→皂洗→水洗→烘干。

（2）效果分析。该工艺具有流程短、重现性好、工艺条件相对宽、固色率高、色泽鲜艳、节能、节约染化料、有利于环境保护等优点，与传统工艺相比，能耗可降低 $20\%\sim30\%$。

4. 蒸发冷却技术

（1）技术内容。空气调节是棉纺织厂必不可少的环节之一，空调用电占总用电量的 $15\%\sim25\%$。蒸发冷却技术是一种新型空调制冷技术，它利用干湿球的温差作为推动力，使空气和水进行热湿交换，制冷性能系数（COP）很高。蒸发冷却空调主要有三种形式，即单元式直接蒸发冷却空调机、湿膜蒸发式加湿（降温）器及间接蒸发冷却和直接蒸发冷却相结合的复合式蒸发冷却空调机。

（2）效果分析。蒸发冷却制冷机与一般常规制冷机相比，COP 可提高 2.5～5 倍，从而大大降低空调制冷能耗。

5. 微波技术

（1）技术内容。微波技术可用于纺织材料的测湿、烘干、染料及高分子材料的合成及染整加工等，具有均匀、高效、节能、污染小等特点。微波技术在纺织上的主要应用如下：

1）微波测湿。回潮率、含水率是纺织材料的重要性能之一。近年来，智能微波测湿仪已被用于测湿。测湿原理：当微波发射到纺织材料上，材料在微波外电场作用下，分子产生极化，微波以很高的频率变化电场极性而使分子快速转动，相邻分子之间相互作用产生类摩擦效应，使分子热运动加剧，材料温度升高。

2）微波加热与烘干。微波加热是靠电磁波将能量传递到纺织品内部的，微波加热烘干具有快速、均匀及穿透性大的特点，含水织物的水分在微波场中可快速烘燥，织物回潮率在短时间内可降至 2% 以内。

3）微波染整加工。微波在烘燥等领域内的应用已很普遍，并已作为热源用于人们的日常生活中。在染整行业，除了可用于烘干外，还可用于染色。微波染色是一种应用电磁波进行染色的技术，与传统染色相比，具有污染小，节约能源，降低成本，染色织物稳定的特点。

（2）效果分析。

1）微波测湿技术。应用微波测湿技术，对于质量为10g左右的棉纤维、合成纤维、羊毛等分子材料，耗电功率为250W，测湿时间只需2～5s；而传统的烘箱测湿法耗电功率一般为3000W，测湿时间为1.5h，且易损坏纤维。

2）微波加热技术。微波加热不仅具有反应速度快、反应效率高的特点，而且有益于环境。

3）微波染整加工。与传统染色相比，微波染色的优点：①热量在纤维内部扩展，无游移、渗化、白花，着色均匀，色牢度高，质量好；②染料扩散迅速，固色时间短，甚至可缩短至1/10；③设备简单，控制迅速、简便，可以实现自动控制，加工速度快。

6. 低温等离子技术

由于低温等离子体所具有的既可改善聚合物表面性质，同时又不改变聚合物母体性质的特点，使其非常适合纺织材料的改善，且具有节能、高效、无污染等特点。最常用于纺织品改性的低温等离子体可分为两类，即电晕放电和辉光放电。两者比较起来，辉光放电比较稳定，对材料的作用比较均匀，改性的效果比较好，因此大多纺织品的低温等离子体改性处理都采用辉光放电。但辉光放电是在低气压下进行的，设备价格昂贵，且很难实现连续化处理，所以受到一定的限制。电晕放电是在常压下进行的，设备价格较低，可实现连续化处理，因此许多人也在尝试用它来对纺织品进行改性。

7. 连续加工技术

虽然连续加工技术设备占地面积大，投入高，整个生产过程中需要有经验和技能的管理人员进行适当的管理和控制。但可以肯定的是，连续化加工具有生产重现性好、批与批之间变化小、节能、节水、省时、劳动力成本低，减少人工操作和提高生产效率等优点，因而它带来的效益是长期性的。

8. 短流程/快速系统

染整设备的处理速度越来越快，与此相伴的是设备体积也越来越大，这意味着单位时间内的能耗越来越高，但对于单位产量的织物，能耗通常是降低的。

（1）尽可能以先进的浸轧显色工艺替代卷染机染色。

（2）染色涤棉混纺织物时，省去涤纶纤维染色后的中间烘燥。

（3）用同一类染料染色双组分混纺织物。

9. 取消或合并操作单元

（1）一步法预处理工艺。将传统的多步前处理工艺合并，可节能，节约化学品、水和时间。

（2）热丝光。该工艺是指织物在一定高温下浸渍高浓度的氢氧化钠丝光溶液，以获得丝光和煮炼的效果，然后在保持预设强力的条件下，冷却溶胀的织物，再洗除多余的碱液。

将合成纤维织物的荧光增白和热定形合并为一步，将染色和整理合并为一步，整理浴中含有整理剂（如高分子树脂）、一定的染料（还原、直接、活性染料或者涂料）、添加剂（润湿剂、柔软剂），并辅以相应的催化剂。这种一步法工艺可使纤维素纤维及其混纺织物的染色与树脂整理同时完成，并且能耗低、用水量少、化学品用量低，从而减轻了环境负担，降低了生产总成本。

第六节　机械加工企业的节能

一、机械加工工业的能耗概述

当前我国机械工业发展速度已连续 5 年超过 20%，总规模位居世界前列，但总体水平与发达国家相比仍有较大差距，主要体现在：产业结构不尽合理；大部分企业自主创新能力较弱，产品升级换代缓慢；能源和原材料消耗大，污染严重。

对于机械工业而言，单位增加值能耗不高，总量却不小，各行业综合能耗水平差异较大。近年来，我国机械工业全行业和大中型企业综合能耗逐年下降，2004 年万元增加值综合能耗为 0.73t 标准煤，2005 年为 0.65t 标准煤，2006 年为 0.56t 标准煤。

2006 年，机械工业行业总能耗约 8134.2 万 t 标准煤，占工业能耗的 4.6%，占全国能耗总量的 3.3%；万元增加值能耗为 0.56t 标准煤，相当于全国工业万元增加值能耗的 24.8%，全国 GDP 综合能耗的 47.4%。与此同时，机械工业十分重视高效节能产品的研发，开发了许多高效节能重大技术装备和量大面广的通用产品，节能效果显著。例如，火力发电设备制造业实现由亚临界参数向超临界、超超临界参数的升级，机组效率提高了 2%～5%；发展高效电动机，比普通电动机效率提高 5%～2%，2005 年产量达 3000 万 kW，约占全部产量的 23%；在关键部件应用方面，以电力电子技术实现变频调速，节约了大量能量；积极推广节能变压器；开发了风机、水泵、压缩机等高效通用机械产品。

尽管我国机械工业单位增加值能耗远远低于高耗能行业，也低于全国万元 GDP 能耗，但单位产品综合能耗与工业发达国家相比还有差距。热加工工艺是机械工业制造过程中的主要耗能环节。2006 年，我国铸造、热处理和锻造等行业消耗能源 4056.8 万 t 标准煤，占机械工业总能耗的 49.9%。铸造行业每生产 1t 铸铁件能耗为 0.55～0.7t 标准煤，国外为 0.3～0.4t 标准煤；锻造行业每吨锻件平均能耗约为 0.88t 标准煤，日本仅为 0.515t 标准煤；重型行业炼钢平均吨钢总能耗为 800～1000kWh，国外先进水平仅为 550～600kWh。

作为高耗能行业，机械行业 2004 年消费钢材 12 510 万 t，占同期全国钢材产量的 39%；消费铜材为 358 万 t（国产仅有 220 万 t）；消耗铝材为 152 万 t，占全国铝材产量的 28%。在材料利用方面，国内轴承生产企业轴承套圈材料利用率一般水平为 50% 左右，而发达国家可达 75%。

二、铸造工艺的节能

国外对于铸造厂的减排主要集中在：冲天炉烟气处理、旧砂再生、车间除尘等几个方面。在德国的一些铸造厂中，普遍使用多种结构形式的滤筒式除尘器，具有更换滤芯方便、使用寿命长和除尘效率高的特点。一些欧洲国家对铸造废旧砂的排放管理十分严格，排放费用昂贵，迫使不少工厂对旧砂进行再生回用，从而尽量减少铸造废弃物对环境造成的污染，如采用再生成套设备等进行减排。福特英国公司为了防治和防止铸造厂对大环境造成污染，车间厂房建成如同一个个封闭式大集装箱，即使车间内有粉尘和噪声等污染，对大气和周围环境的影响也很小。对车间内的各种污染也采取相应的措施加以限制和解决。

铸造行业是机械工业的耗能大户，能耗高、能源利用率低、污染严重、经济效益差等制约了铸造行业的发展。节能技术与节能措施包含以下几个方面。

1. 黏结剂的循环再利用

环保型砂芯无机黏结剂和砂处理及再生技术得到越来越多的关注。Laempe 公司的 Beach-BoX 无机黏结剂是含有多种矿物质的流体，芯砂用 95％砂及 5％黏结剂，如铸件用干法除芯，黏结剂残留在砂中，为激活黏结剂，只要加入 2.5％的水可重复使用多次而不用再加新的黏结剂，这就意味着在生产中每批最大黏结剂加入量仅为 1.6％，通过除水导致黏结剂组分的化学反应而硬化，可使用时间无限制，但相对湿度不应超过 70％，混制好的砂密封好可长期储存。Foundry Automation 和 MEG 的黏结剂为粉状，用于铝合金制芯、储存和浇注过程中均不发气，且均无树脂类黏结剂可能引起的环境问题。湿法清砂的水可回用 85％，回收的材料可 100％再使用。

2. 旧砂回收与再利用

在欧美工业发达国家，一直把旧砂再利用作为一项重大研究课题，取得了较好的研究成果，并已经付诸工业生产。在浇铸有色金属件、铸铁件以及铸钢件时，根据旧砂的烧结温度，用机械法再生旧砂，其再生率大致分别为 90％、80％及 70％。旧砂回用与湿法再生结合是最经济最理想的选择，两级湿法再生去除率（Na_2O）达 85％～95％，单级也可达 70％。90％的旧砂回收再利用，质量接近新砂。英国理查德（Richard）公司采用热法再生，可以提高再生率 10％～20％。而且，热法旧砂再生成套设备的成本回收期较短，一般运转两年就可收回成本。回收得到的无法用机械法再生处理的锆砂采用热法处理后，再生砂的质量优于新砂。在美国，铸造行业用砂年消耗量在 500 万 t 左右，研究发现，铸造用后的旧砂用于高速公路路基材料，完全可以满足高速路建设所用材料的性能要求，其性能同样优于同品种的新砂。

3. 铸模和模料的再生

自 20 世纪 90 年代以来，美国和欧洲各国将精铸生产厂家废弃的模料或回收模料，经特殊的净化处理，再按用户不同需求调整成分，形成"回收-再生模料"，这种技术的关键在于采用先进的多级过滤或者离心分离法，加速操作过程并获得更纯净的模料。研究中发现，在钢制铸模表面涂一层硬质薄膜，可以有效地抑制腐蚀，利用氮和碳化物的保护作用提高对热裂、腐蚀等破坏行为的抵抗力，以薄膜取代厚的氧基涂层材料，从而有效地延长铸模使用周期，其核心技术是 PACVD 技术，即等离子化学蒸气沉积。

4. 以熔炼为中心的节能技术

铸件熔炼部分的能耗约占铸件生产总能耗的 50％，由于熔炼原因而造成的铸件废品约占总废品的 50％。因此，采用先进适用的熔炼设备和熔炼工艺是节能的主要措施。下面以铸铁熔炼的节能技术为例说明。

（1）推广冲天炉-电炉双联熔炼工艺。冲天炉-电炉双联熔炼工艺是利用冲天炉预热、熔化效率高和感应电炉过热效率高的优点，来提高铁液的质量，达到降低能耗的目的。近些年来，随着焦炭、生铁等原材料价格的大幅度上扬和铸件品质的要求越来越高，单独使用电炉熔炼日益增多，利用夜间低谷电生产，也取得了较好的经济效益和节能效果。

（2）推广采用热风、水冷、连续作业，长炉龄冲天炉向大型化、长时间连续作业方向发展是必然趋势。国外的铸造企业把其作为一项重要节能措施加以应用。近些年来，国内也在这些方面做了大量的工作，已有部分企业采用，取得了明显的节能效果。例如，采用大排距双层送风冲天炉技术，可节约焦炭 20%～30%，降低废品率 5%，Si、Mn 烧损分别降低 5%、10%；水冷无炉衬和薄炉衬冲天炉，连续作业时间长，可节能 30% 以上；热风冲天炉既节能又环保。

（3）推广应用铸造焦冲天炉熔炼工艺。采用铸造焦燃料是提高铁液温度和质量的有效途径。国外大多数冲天炉熔炼采用铸造焦。由于铸造焦价格高或是由于习惯等原因至今国内大多数企业仍使用冶金焦，甚至有的企业使用土焦，这不仅影响铸件质量，而且焦耗量大。如应用铸造焦，废品率可下降 2%。因此，发展铸造焦生产，推广应用铸造焦是提高铸件质量，降低能源消耗的措施之一。

（4）采用富氧送风工艺。除湿送风冲天炉使用冶金焦时，铁液温度很难稳定达到 1500℃。如采用 3% 的富氧送风就能保证，并且每吨铁液可净降低能耗 10kg 左右标准煤。冲天炉除湿送风通常在南方潮湿地区使用，它可以提高铁液温度，减少 Si、Mn 等元素的烧损。提高铁液质量和熔化率，降低焦耗 13%～17%。

（5）冲天炉采用计算机控制技术。冲天炉采用计算机控制包含计算机配料、炉料自动称量定量和熔化过程的自动化控制。使冲天炉处于优化状态下工作，可获得高质量的铁液和合适的铁液温度。与手工控制相比，可节约焦炭 10%～15%。

（6）推广使用冲天炉专用高压离心节能风机。目前国内仍有不少冲天炉使用罗茨或叶氏容积式风机，能耗大、噪声大。采用冲天炉专用高压离心节能风机，可节电 50%～60%，熔化率提高 33% 左右。

5. 以加热系统为中心的节能技术

铸造生产中工业炉窑能耗仅次于熔化设备，约占总能耗的 20%。对各种加热炉、烘干炉、退火炉，应从炉型结构到燃烧技术等进行技术改造。采用耐火保温材料改造现有炉窑，节能效果显著。对燃煤工业炉的加煤采用机械加煤比手工加煤节能 20% 左右。将燃煤的砂型、砂芯烘干炉改为明火反烧法，可节煤 15%～30%。对型芯烘干炉采用远红外干燥技术可节电 30%～40%。对大型铸件采用振动时效消除应力处理比采用热时效处理可节能 80% 以上。可锻铸铁锌气氛快速退火工艺可节电或降低煤耗 50% 以上。

6. 以采用先进适用造型制芯技术与装备为中心的节能技术

目前，国内几种造型工艺的能耗比例分别为湿型 1，自硬砂 1.2～1.4，黏土干砂 3.5。黏土干砂型能耗最高，应予以淘汰。湿型能耗最低，且适应性强，这是湿型仍大量采用的原因之一。应根据铸件品质要求、铸件特点来选用先进的高压、静压、射压、气冲造型工艺和设备，以及应用自硬砂技术、消失模铸造技术和特种铸造技术。用树脂自硬砂、水玻璃有机酯自硬砂和 VRH 法造型制芯工艺代替黏土干型。可提高铸件尺寸精度和降低表面粗糙度，提高铸件质量，降低能耗。特种铸造工艺与普通黏土砂相比，铸件尺寸精度为 2～4 级，表面粗糙度为 1～3 级，质量减轻 10%～30%，加工余量减少 5% 以上，铸件废品率也大大降低，综合节能效果显著。铸件合格率每提高 1%，每吨铁水可多生产 8～10 铸件，相当于节煤 5～7kg。铸件废品率每降低 1%，能耗就降低 1.25%。铸件质量每降低 1%，能耗就降低 1.01%。由此可见，采用先进工艺技术与装备，提高铸件质量，降低铸造废品率是提高能源利用率、降低能耗的一个重要途径。

7. 推广低应力铸铁、铸态球铁等技术

我国用于灰铸铁件热时效的能耗每吨铸件为 40～100kg 标准煤，用于球墨铸铁件退火、正火的能耗每吨铸件为 100～180kg 标准煤。除少数企业生产汽车发动机、内燃机铸件不用热时效工艺外，大多生产这类铸件的企业仍采用热时效工艺消除应力，这是我国铸造行业能耗居高不下的原因之一。推广使用薄壁高强度灰铸铁件生产技术和高硅碳铸铁件生产技术，生产汽车发动机、内燃机的缸体、缸盖和机床床身等铸件，可获得不用热时效工艺的低应力铸铁件，达到节能目的。我国球墨铸铁件中高韧性铁素体球铁和高强度珠光体墨铸球铁占有很大的比重，通常是采用退火、正火处理。采用铸态球墨铸铁生产技术省去了退火、正火处理工序，节约能源，避免了因高温处理而带来的铸件变形、氧化等缺陷。采用球铁无冒口铸造工艺，可提高工艺出品率 10％～30％，能耗降低也很显著。例如，2003 年中国铸件总产量为 1987 万 t，其中灰铸铁件为 1049 万 t，球墨铸铁件为 470 万 t，因此，推广应用低应力铸铁件、铸态球墨铸铁件和球铁无冒口铸造技术，对于全行业的节能降耗具有重要的意义。铸钢件采用保温冒口、保温补贴，可使工艺出品率由 60％提高到 80％。

8. 推广冲天炉废气利用和余热回收技术

目前，我国 90％的铸铁是用冲天炉熔炼生产的，这种状况仍将保持相当长的时间。铸造行业的余热利用主要集中在冲天炉上。冲天炉熔炼时排出大量的烟气，烟气中含有可燃性炭粒和可燃性气体，既造成环境污染，又浪费大量的热能。冲天炉熔炼时除 38％～43％的有效热量用于熔炼外，烟气带走的热量为 7％～16％，不完全燃烧热量（可燃性气体）为 20％～25％，固体不完全燃烧热量为 3％～5％，这些热量占 30％～45％。由此可见，冲天炉熔炼的余热利用潜力很大。我国冲天炉的余热利用绝大多数是利用密筋炉胆预热鼓风，热风温度为 200℃左右，余热利用率低。近些年来，有部分企业使用长炉龄连续作业热风冲天炉，充分利用了废气的余热和可燃烧炭粒及可燃烧性气体再燃烧的热量，使热风温度达 600～800℃，冲天炉铁水温度达 1500～1550℃，熔化效率提高 45％，既达到节能、提高铁水质量的目的，又实现了环境保护的要求。

9. 开发先进技术

日本铸造业通过对铸造设备、铸造材料、铸造工艺的改进，使铸造企业节能降耗，并对环境污染降到最低。例如：改造后的冲天炉使用变频控制，增加除尘装置，使耗费的电力减少一半，60％的排放热量循环利用，废气排放可达到任何国家的排放标准。重新改造后的节能造型机，由于采用了高频振动，所需的能量仅为油压式造型机的 10％。消失模铸造在生产净尺寸铸件上有优势，造成的污染极少，有利于环境保护，被称为绿色铸造工艺。

利用太阳能处理铝精炼时的浮渣及铸造用砂，可以较大程度地节约能源消耗。而这种处理所利用的主要设备是一台旋转的直接加热的干燥炉。在德国宇航中心，利用太阳能加热处理固体废物的生产过程已经在商业范围内发展，并且应用到了铝废料的重熔，避免了传统的处理方式，需要消耗大量的能量，导致成本较高，因而很多企业将这些废料堆积起来。

三、锻造工艺的节能

锻造行业能源消耗主要表现在锻锤、压力机等设备耗能、坯料加热、锻件热处理。锻造行业拥有的各类锻锤和压力机结构，大部分是沿袭苏联 20 世纪四五十年代的设计方案，存在先天性能耗高的问题。自由锻造液压机和模锻液压机的工作介质为水或油，多采用成套的泵-蓄能器提供动力，通过管道将动力传送至液压机做功，主要生产大型自由锻件和模锻件。模锻压力机包括双盘摩擦螺旋压力机、机械压力机以及离合器式和电动直驱式螺旋压力机，是我国生产各类民用或军用机械产品大中小型模锻件的主要设备。

坯料加热和锻件热处理的加热炉分别为电加热炉和燃料（煤气、天然气、油）加热炉，总量超过 10 000 台。根据行业调研资料显示，就锻造加热环节，在可比条件下（生产同等重量、形状复杂程度相当的锻件），能耗统计表明，每生产 1t 锻件，将消耗油 401 元，消耗煤 215 元，消耗天然气 145 元或电 123 元。燃煤炉的能耗大约是电加热炉的 2 倍，燃油加热炉的能耗大约是电加热炉的 3.3 倍。

锻造工艺节能方法如下：

（1）推广冷挤压及冷锻工艺。在原生产过程中，需要各种加热及热处理，锻造过程中 80％的能耗在此过程中，通过冷锻工艺，可以最大限度地减少用热量，减少热能的应用。

（2）余热热处理工艺的应用。余热热处理工艺是指利用锻造过程中产生的余热来完成所需要的热处理，包括余热淬火、余热等温正火等。

（3）燃油炉的改造。改造的主要措施为减少热量的散失，增加保温层，减小炉门通径，增加炉门，采用高级雾化喷嘴。

（4）中频感应器的匹配。采用专用的中频感应器，使之感应能力大大提高，达到最佳匹配效果，提高加热效率。

（5）热处理炉的改造。提高热处理炉的保温能力，减少其散热。

（6）循环水系统的改造。加装水净化及散热系统，使水能够循环利用，减少了水的使用。

（7）蒸汽锤改电液锤。对原有蒸汽、空气锻锤的驱动部分进行改造，取消原有动力供应系统。蒸汽、空气锻锤改电液锤的特点是用电液锤动力头来替代原蒸汽锤或空气锤的汽（气）缸，原锤的锤体和基础都保持不动。电液锤驱动头工作原理就是液压蓄能、气体膨胀和自重做功。电液锤驱动头主要由驱动头、动力头和电控柜组成。动力头是电液锤的打击部件、泵站为其提供动力，电控柜进行逻辑控制。动力头包括主箱体、主操纵阀、蓄能器、氮气罐等；液压站包括油箱、电控卸荷阀、齿轮油泵及配用电动机、先导卸荷阀、油过滤装置、冷却器等。项目改造后能源利用率可提高至 20％左右。

（8）谐波治理及功率因数的提高。由于在冶炼过程中使用中频炉，企业内部的功率因数低，谐波含量大，因而需要针对企业性质，加装动态无功功率补偿装置及动态谐波治理装置，这样可减少线损。

（9）水循环中水泵的变频改造。通过采用恒压供水的方式来控制水泵的转速，达到节能的目的。

四、热处理工艺的节能

常用热处理设备有加热设备、冷却设备和检验设备等。

1. 加热设备

加热炉是热处理车间的主要设备，通常的分类方法为：按能源分为电阻炉、燃料炉；按工作温度分为高温炉（＞1000℃）、中温炉（650～1000℃）、低温炉（＜600℃）；按工艺用途分为正火炉、退火炉、淬火炉、回火炉、渗碳炉等；按形状结构分为箱式炉、井式炉等。

常用的热处理加热炉有电阻炉和盐浴炉。

（1）中温箱式电阻炉应用最为广泛，常用于碳素钢、合金钢零件的退火、正火、淬火及渗碳等，如图 10-16 所示。

（2）井式炉宜于长轴类零件的垂直悬挂加热，可以减少弯曲变形，可用吊车装卸工件，故应用较为广泛，如图 10-17 所示。

（3）盐浴炉是用液态的熔盐作为加热介质，加热速度快而均匀，工件氧化、脱碳少，可进行正火、淬火、化学热处理、局部淬火、回火等，如图 10-18 所示。

2. 冷却设备

常用的冷却设备有水槽、油槽、浴炉、缓冷坑等，介质包括自来水、盐水、机油、硝酸盐溶液等。

3. 检验设备

常用的检验设备有洛氏硬度计、布氏硬度计、金相显微镜、物理性能测试仪、游标卡尺、量具、无损探伤设备等。

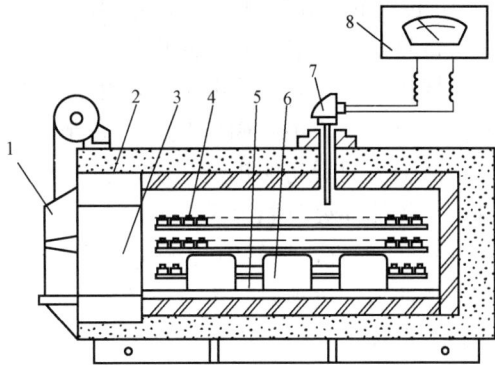

图 10-16 中温箱式电阻炉

1—炉门；2—炉体；3—炉膛前部；4—电热元件；5—耐热钢炉底板；6—工件；7—测温热电偶；8—电子控温仪表

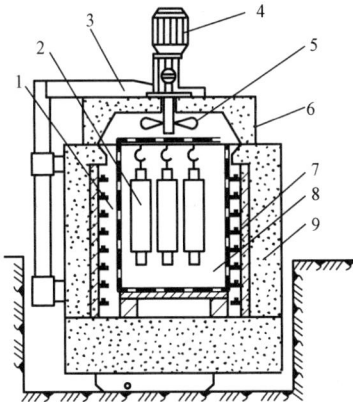

图 10-17 井式炉

1—装料筐；2—工件；3—炉盖升降机构；4—电动机；5—风扇；6—炉盖；7—电热元件；8—炉膛；9—炉体

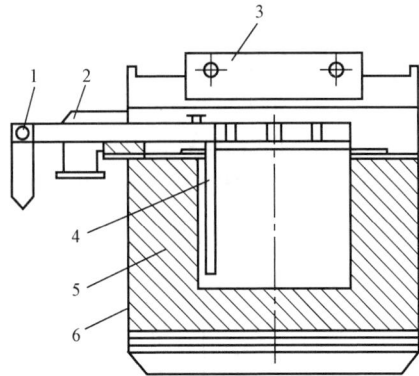

图 10-18 盐浴炉

1—连接变压器的铜排；2—风管；3—炉盖；4—电极；5—炉衬；6—炉壳

4. 热处理设备节能方法

加热设备的节能潜力巨大，对节能的设备基本要求是，有较大的炉膛、有效的利用面积率、均匀的温度区域、较高的装载量、良好的加热装置、廉价的能源、良好的传热效果、良好的保温能力、较少的热损失及较高的热效率等。按该要求，对设备进行引进、改造、自发研制以及合理使用，有效地开展节能生产。

（1）合理选择能源。

1）用电干净，易控制。如井式电阻炉，属间接加热工件，热效率较低，通过强化辐射、减少炉衬蓄热及炉壁散热来提高热效率；脉冲离子氮化炉，用电能把低真空的气体电离成离子，在电场作用下，高速冲击工件，在加热工件的同时，把氮元素渗入工件，这种热处理方式有较高的热效率；中频感应加热，处于交变电磁场中的曲轴，内部产生交变电流（即涡流）而把曲轴表面瞬间加热至高温，属直接加热，热效率高达 $55\% \sim 90\%$，感应淬火属局部处理，比整体淬火节能近 $80\% \sim 90\%$。

2）用燃料便宜，最好用天然气或煤气等发热量高的气体，可以在喷射式烧嘴上形成火焰，通过热冲击、热辐射、热对流的方式，直接加热工件，有高的传热系数和加热速度，故热效率高。台式正火炉、连续正火流水线等用天然气作加热能源来处理工件。

（2）减少热损失，提高热效率。

1）台式正火炉及正火流水线。为减少炉衬蓄热采用复合炉衬，炉壁使用陶瓷纤维，内壁表面涂红外反射涂料；考虑到炉底强度要求高，采取黏土砖加轻质耐火砖结构，炉门为内壁贴陶瓷纤维。

2）自制台式正火炉。为提高炉子密封性，炉体尽量少开孔，以避免热量散失。

3）井式电阻炉。减少料盘、料框的质量，只要能承载设备允许的最大装炉量即可，避免消耗更多的能量来加热料盘、料框。

（3）燃料炉-高效燃烧嘴的开发应用。优良的燃烧嘴，应能自动调节燃气与空气的比例，且燃烧的火焰能实现炉内强辐射及强对流。正火流水线使用的是 SIC100HB 型燃烧嘴，与对面相对交叉均匀放置在炉两侧壁接近底部处，点火后迅速升温，有利于促进热气流再循环，可显著节能。

（4）充分利用余热及废热。

1）氮化处理温度控制如图 10-19 所示。加热到 590℃，保温 3h，停电随炉降温到 540℃，利用炉内余热继续通介质氮化，可获得良好的效果，前提是设备密封性好。用额定功率 180kW、型号为 SL02-35 的井式氮化炉，处理同样的产品，改进后每条曲轴产品可节电 20kWh。

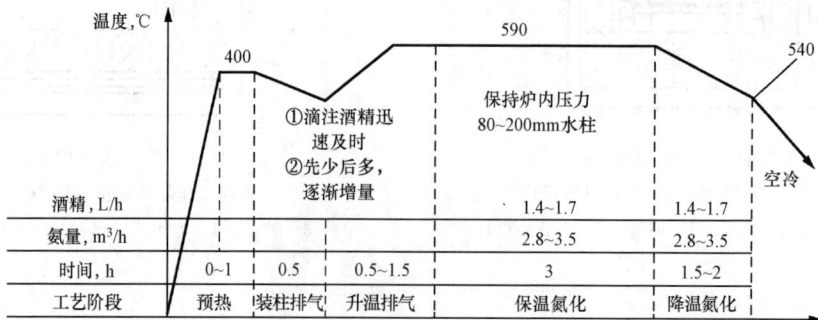

图 10-19 氮化处理温度控制

2）正火流水线利用天然气作燃料加热，其烟囱排除废气的同时，也带走炉内 $20\% \sim 50\%$ 的热量。但在设备设计安装时应充分考虑到余热的再利用，把助燃空气管道设置在紧贴烟囱位置以预热，助燃空气刚进入炉内能达到 $100 \sim 100$℃，可降低热损耗。

（5）炉型的合理选择。当热处理产品的批量及工艺确定后，选用炉型就成为实现工艺、节能和降低成本的关键。连续式炉比周期式炉耗能少，各种炉子的热效率顺序由高到低为：振底式炉、井式炉、输送带式炉、箱式炉或台式炉。当批量大时，宜选用连续式炉；当品种比较多数量较少时，集中使用周期炉。

（6）推广氨基气氛井式电阻炉热处理。氨基气氛用于客户特殊要求的回火热处理，可以达到少/无氧化脱碳和工件表面光亮无锈蚀的效果；用于化学热处理可减少内氧化、防腐蚀，提高化学热处理质量。氨基气氛气源丰富，成本低廉，安全性好，适应性强，污染少，废气燃烧后生成水和氮气释放到空气中。一般选用液化的氨气作保护气氛及化学热处理的介质资源。

参 考 文 献

[1] 黄素逸. 能源科学导论. 北京：中国电力出版社，2012.

[2] 黄素逸，高伟. 能源概论. 2 版. 北京：高等教育出版社，2013.

[3] 黄素逸，王晓墨. 节能概论. 武汉：华中科技大学出版社，2007.

[4] 黄素逸，林秀诚，叶志瑾. 采暖空调制冷手册. 北京：机械工业出版社，1996.

[5] 黄素逸，刘伟. 高等工程传热学. 北京：中国电力出版社，2006.

[6] 龙敏贤，刘铁军. 能源管理工程. 广州：华南理工大学出版社，2000.

[7] 中国科学院. 2002 高技术发展报告. 北京：科学出版社，2002.

[8] 郑楚光. 温室效应及其控制对策. 北京：中国电力出版社，2001.

[9] 任泽霈，蔡睿贤. 热工手册. 北京：机械工业出版社，2002.

[10] 王如竹，丁国良. 最新制冷空调技术. 北京：科学出版社，2002.

[11] 曾丹苓. 工程热力学 .3 版. 北京：高等教育出版社，2002.

[12] 毛宗强. 氢能——21 世纪的绿色能源. 北京：化学工业出版社，2005.

[13] 褚同金. 海洋能资源开发利用. 北京：化学工业出版社，2005.

[14] 姚向君，田宜水. 生物质能资源清洁转化利用技术. 北京：化学工业出版社，2005.

[15] 罗运俊，何梓年，王长贵. 太阳能利用技术. 北京：化学工业出版社，2005.

[16] 赖向军，戴林. 石油与天然气——机遇与挑战. 北京：化学工业出版社，2005.

[17] 张希良. 风能开发利用. 北京：化学工业出版社，2005.

[18] 刘时彬. 地热资源及其开发利用和保护. 北京：化学工业出版社，2005.

[19] 王革华. 能源与可持续发展. 北京：化学工业出版社，2005.

[20] 王大中. 21 世纪中国能源科技发展展望. 北京：清华大学出版社，2007.

[21] 刘晓华，江亿. 温湿度独立控制空调系统. 北京：中国建筑工业出版社，2006.

[22] 谢克昌. 煤化工发展与规划. 北京：化学工业出版社，2005.

[23] 绿色奥运建筑研究课题组. 绿色奥运建筑评估体系. 北京：中国建筑工业出版社，2003.

[24] 国际能源署. 世界能源展望(2002). 北京：中国石化出版社，2004.

[25] 黄素逸，龙妍. 能源经济学 . 北京：中国电力出版社，2010.

[26] 黄素逸，杜一庆，明廷臻. 新能源技术 . 北京：中国电力出版社，2011.

[27] 黄素逸，闫金定，关欣. 能源监测与评价. 北京：中国电力出版社，2013.

[28] 黄素逸，黄树红. 太阳能热发电原理与技术. 北京：中国电力出版社，2012.

[29] 陈学俊，袁旦庆. 能源工程. 西安：西安交通大学出版社，2002.

[30] 左然，施明恒，王希麟. 可再生能源概论. 北京：机械工业出版社，2007.

[31] 邢运民，陶永红. 现代能源与发电技术. 西安电子科技大学出版社，2007.

[32] 王革华. 新能源概论. 北京：化学工业出版社，2006.

[33] 曾丹苓. 工程热力学. 3 版. 北京：高等教育出版社，2002.

[34] 林伯强. 现代能源经济学. 北京：中国财政经济出版社，2007.

[35] 马栩泉. 核能开发与应用. 北京：化学工业出版社，2005.

[36] 任有中. 能源工程管理. 中国电力出版社，2004.

[37] 王成孝. 核能与核技术应用. 北京：原子能出版社，2002.

[38] 田瑞，闫素英. 能源与动力工程概论. 北京：中国电力出版社 2008.

［39］ 蔡义汉. 地热直接利用. 天津：天津大学出版社，2004.

［40］ 张建安，刘德华. 生物质能源利用技术. 北京：化学工业出版社，2009.

［41］ 李方正. 新能源. 北京：化学工业出版社，2008.

［42］ 陈砺，王红林，方利国. 能源概论. 北京：化学工业出版社，2009.

［43］ 王承煦，张源. 风力发电. 北京：中国电力出版社，2003.

［44］ 华一新. 有色冶金概论. 2版. 北京：冶金工业出版社，2007.

［45］ 王绍文. 冶金工业节能与余热利用技术指南. 北京：冶金工业出版社，2010.

［46］ 李坚利，周慧群. 水泥生产工艺. 武汉：武汉理工大学出版社，2008.

［47］ 李浈. 中国传统建筑形制与工艺. 上海：同济大学出版社，2006.

［48］ 邹长军. 石油化工工艺学. 化学工业出版社，2010.

［49］ 姜子刚，赵旭东. 节能技术. 北京：中国标准出版社，2010.

［50］ 杨世铭，陶文铨. 传热学. 4版. 北京：高等教育出版社，2006.

［51］ 国家电力公司战略规划部. 中国能源五十年. 北京：中国电力出版社，2001.